司法解释理解与适用丛书

# 《全国法院民商事审判工作会议纪要》理解与适用

**最高人民法院民事审判第二庭** 编著

人民法院出版社

PEOPLE'S COURT PRESS

# 图书在版编目（CIP）数据

《全国法院民商事审判工作会议纪要》理解与适用 / 最高人民法院民事审判第二庭编著. --北京：人民法院出版社，2019.12

ISBN 978-7-5109-2695-2

Ⅰ.①全… Ⅱ.①最… Ⅲ.①民事诉讼-审判-法律解释-中国②民事诉讼-审判-法律适用-中国 Ⅳ.①D925.118.25

中国版本图书馆 CIP 数据核字（2019）第 253599 号

《全国法院民商事审判工作会议纪要》理解与适用
最高人民法院民事审判第二庭　编著

| | |
|---|---|
| 责任编辑 | 韦钦平　李安尼　周利航　张　怡　邓　灿　巩　雪　赵芳慧 |
| 执行编辑 | 张　艺　卢乐宁 |
| 出版发行 | 人民法院出版社 |
| 地　　址 | 北京市东城区东交民巷 27 号（100745） |
| 电　　话 | （010）67550691（责任编辑）　67550558（发行部查询）<br>　　　　65223677（读者服务部） |
| 客服 QQ | 2092078039 |
| 网　　址 | http://www.courtbook.com.cn |
| E-mail | courtpress@sohu.com |
| 印　　刷 | 天津嘉恒印务有限公司 |
| 经　　销 | 新华书店 |
| 开　　本 | 787 毫米×1092 毫米　1/16 |
| 字　　数 | 747 千字 |
| 印　　张 | 43.25 |
| 版　　次 | 2019 年 12 月第 1 版　2024 年 4 月第 9 次印刷 |
| 书　　号 | ISBN 978-7-5109-2695-2 |
| 定　　价 | 138.00 元 |

版权所有　侵权必究

## 《全国法院民商事审判工作会议纪要》理解与适用 编辑委员会

**主　任**　刘贵祥
**副主任**　林文学　杨永清　付金联　关　丽
　　　　　盛学军　毕东升
**成　员**　(以姓氏笔画为序)
　　　　　王毓莹　关　丽　杨永清　张雪楳
　　　　　林文学　郁　琳　周伦军　郑　勇
　　　　　高燕竹　麻锦亮　潘勇锋

# 凡 例

1. 法律文件名称中的"中华人民共和国"省略，其余一般不省略，例如《中华人民共和国民法总则》，简称为《民法总则》；

2. 《最高人民法院关于审理买卖合同纠纷案件适用法律问题的解释》，简称买卖合同司法解释；

3. 《最高人民法院关于适用〈中华人民共和国合同法〉若干问题的解释（一）》，简称合同法司法解释（一）；

4. 《最高人民法院关于适用〈中华人民共和国合同法〉若干问题的解释（二）》，简称合同法司法解释（二）；

5. 《最高人民法院关于适用〈中华人民共和国民事诉讼法〉的解释》，简称民事诉讼法司法解释；

6. 《最高人民法院关于审理民间借贷案件适用法律若干问题的规定》，简称民间借贷司法解释；

7. 《最高人民法院关于适用〈中华人民共和国担保法〉若干问题的解释》，简称担保法司法解释；

8. 《最高人民法院关于适用〈中华人民共和国企业破产法〉若干问题的规定（一）》，简称破产法司法解释（一）；

9. 《最高人民法院关于适用〈中华人民共和国企业破产法〉若干问题的规定（二）》，简称破产法司法解释（二）；

10. 《最高人民法院关于适用〈中华人民共和国企业破产法〉若干问题的规定（三）》，简称破产法司法解释（三）；

11. 《最高人民法院关于适用〈中华人民共和国公司法〉若干问题的规定（一）》，简称公司法司法解释（一）；

12. 《最高人民法院关于适用〈中华人民共和国公司法〉若干问题的规定（二）》，简称公司法司法解释（二）；

13. 《最高人民法院关于适用〈中华人民共和国公司法〉若干问题的规定（三）》，简称公司法司法解释（三）；

14.《最高人民法院关于适用〈中华人民共和国公司法〉若干问题的规定（四）》，简称公司法司法解释（四）；

15.《最高人民法院关于适用〈中华人民共和国仲裁法〉若干问题的解释》，简称仲裁法司法解释；

16.《最高人民法院关于人民法院办理执行异议和复议案件若干问题的规定》，简称执行异议复议规定；

17.《最高人民法院关于审理建设工程施工合同纠纷案件适用法律问题的解释》，简称建设工程施工合同司法解释；

18.《最高人民法院关于适用〈中华人民共和国物权法〉若干问题的解释（一）》，简称物权法司法解释；

19.《最高人民法院关于审理证券市场因虚假陈述引发的民事赔偿案件的若干规定》，简称虚假陈述司法解释。

# 目　录

### 第一部分　会议纪要

最高人民法院
　关于印发《全国法院民商事审判工作会议纪要》的通知
　　（2019年11月8日）……………………………………（3）

### 第二部分　会议讲话

在全国法院民商事审判工作会议上的讲话
　　（2019年7月3日）………………………………周　强（53）
在全国法院民商事审判工作会议上的讲话
　　（2019年7月3日）………………………………刘贵祥（63）

### 第三部分　答记者问

最高人民法院民二庭负责人
　就《全国法院民商事审判工作会议纪要》答记者问 ………（85）

### 第四部分　纪要释义

第一章　关于民法总则适用的法律衔接 ………………（99）
　【说明】………………………………………………………（100）

1.【民法总则与民法通则的关系及其适用】
【条文主旨】……………………………………………（101）
【理解与适用】…………………………………………（101）
【实务问题】……………………………………………（101）
2.【民法总则与合同法的关系及其适用】
【条文主旨】……………………………………………（103）
【理解与适用】…………………………………………（103）
3.【民法总则与公司法的关系及其适用】
【条文主旨】……………………………………………（104）
【理解与适用】…………………………………………（105）
4.【民法总则的时间效力】
【条文主旨】……………………………………………（107）
【理解与适用】…………………………………………（107）

# 第二章 关于公司纠纷案件的审理 …………………（111）

【说明】……………………………………………………（112）

## 第一节 关于"对赌协议"的效力及履行 ……………（112）

【说明】……………………………………………………（113）
5.【与目标公司"对赌"】
【条文主旨】……………………………………………（114）
【争议观点】……………………………………………（114）
【理解与适用】…………………………………………（114）
【实务问题】……………………………………………（119）
【典型案例】……………………………………………（121）

## 第二节 关于股东出资加速到期及表决权 ……………（122）

6.【股东出资应否加速到期】
【条文主旨】……………………………………………（122）
【争议观点】……………………………………………（122）
【理解与适用】…………………………………………（123）
【实务问题】……………………………………………（127）
7.【表决权能否受限】
【条文主旨】……………………………………………（128）

【争议观点】 …………………………………………………………… (128)
【理解与适用】 ………………………………………………………… (129)
【实务问题】 …………………………………………………………… (131)

### 第三节 关于股权转让 ……………………………………………… (133)

#### 8.【有限责任公司的股权变动】
【条文主旨】 …………………………………………………………… (133)
【争议观点】 …………………………………………………………… (133)
【理解与适用】 ………………………………………………………… (134)
【实务问题】 …………………………………………………………… (136)
【典型案例】 …………………………………………………………… (137)

#### 9.【侵犯优先购买权的股权转让合同的效力】
【条文主旨】 …………………………………………………………… (138)
【争议观点】 …………………………………………………………… (138)
【理解与适用】 ………………………………………………………… (139)
【实务问题】 …………………………………………………………… (144)

### 第四节 关于公司人格否认 ………………………………………… (145)
【说明】 ………………………………………………………………… (145)

#### 10.【人格混同】
【条文主旨】 …………………………………………………………… (149)
【争议观点】 …………………………………………………………… (149)
【理解与适用】 ………………………………………………………… (149)
【实务问题】 …………………………………………………………… (151)

#### 11.【过度支配与控制】
【条文主旨】 …………………………………………………………… (152)
【争议观点】 …………………………………………………………… (152)
【理解与适用】 ………………………………………………………… (153)
【实务问题】 …………………………………………………………… (154)

#### 12.【资本显著不足】
【条文主旨】 …………………………………………………………… (155)
【争议观点】 …………………………………………………………… (155)
【理解与适用】 ………………………………………………………… (156)
【实务问题】 …………………………………………………………… (157)

### 13.【诉讼地位】
【条文主旨】 …………………………………………………………（158）
【争议观点】 …………………………………………………………（158）
【理解与适用】 ………………………………………………………（158）
【实务问题】 …………………………………………………………（159）

## 第五节　关于有限责任公司清算义务人的责任 ……………（161）
【说明】 ………………………………………………………………（161）

### 14.【怠于履行清算义务的认定】
【条文主旨】 …………………………………………………………（163）
【争议观点】 …………………………………………………………（163）
【理解与适用】 ………………………………………………………（163）
【实务问题】 …………………………………………………………（167）

### 15.【因果关系抗辩】
【条文主旨】 …………………………………………………………（168）
【争议观点】 …………………………………………………………（168）
【理解与适用】 ………………………………………………………（169）
【实务问题】 …………………………………………………………（169）

### 16.【诉讼时效期间】
【条文主旨】 …………………………………………………………（173）
【争议观点】 …………………………………………………………（173）
【理解与适用】 ………………………………………………………（173）
【实务问题】 …………………………………………………………（176）

## 第六节　关于公司为他人提供担保 …………………………（178）
【说明】 ………………………………………………………………（178）

### 17.【违反《公司法》第 16 条构成越权代表】
【条文主旨】 …………………………………………………………（180）
【争议观点】 …………………………………………………………（180）
【理解与适用】 ………………………………………………………（180）
【实务问题】 …………………………………………………………（182）

### 18.【善意的认定】
【条文主旨】 …………………………………………………………（185）
【争议观点】 …………………………………………………………（185）

【理解与适用】…………………………………………………（185）
【实务问题】…………………………………………………（187）
    19.【无须机关决议的例外情况】
【条文主旨】…………………………………………………（188）
【理解与适用】…………………………………………………（188）
【典型案例】…………………………………………………（189）
    20.【越权担保的民事责任】
【条文主旨】…………………………………………………（190）
【争议观点】…………………………………………………（190）
【理解与适用】…………………………………………………（190）
【实务问题】…………………………………………………（193）
    21.【权利救济】
【条文主旨】…………………………………………………（194）
【理解与适用】…………………………………………………（194）
    22.【上市公司为他人提供担保】
【条文主旨】…………………………………………………（195）
【争议观点】…………………………………………………（195）
【理解与适用】…………………………………………………（196）
【实务问题】…………………………………………………（200）
    23.【债务加入准用担保规则】
【条文主旨】…………………………………………………（200）
【争议观点】…………………………………………………（200）
【理解与适用】…………………………………………………（200）

第七节  关于股东代表诉讼……………………………………（202）
    24.【何时成为股东不影响起诉】
【条文主旨】…………………………………………………（202）
【争议观点】…………………………………………………（202）
【理解与适用】…………………………………………………（203）
【实务问题】…………………………………………………（206）
【典型案例】…………………………………………………（208）
    25.【正确适用前置程序】
【条文主旨】…………………………………………………（209）

【争议观点】……………………………………………………（209）
【理解与适用】…………………………………………………（210）
【实务问题】……………………………………………………（214）
【典型案例】……………………………………………………（216）

### 26.【股东代表诉讼的反诉】
【条文主旨】……………………………………………………（216）
【争议观点】……………………………………………………（216）
【理解与适用】…………………………………………………（217）
【实务问题】……………………………………………………（219）

### 27.【股东代表诉讼的调解】
【条文主旨】……………………………………………………（221）
【争议观点】……………………………………………………（221）
【理解与适用】…………………………………………………（222）
【实务问题】……………………………………………………（225）
【典型案例】……………………………………………………（227）

## 第八节　其他问题……………………………………………（228）

### 28.【实际出资人显名的条件】
【条文主旨】……………………………………………………（228）
【争议观点】……………………………………………………（228）
【理解与适用】…………………………………………………（229）
【实务问题】……………………………………………………（231）

### 29.【请求召开股东（大）会不可诉】
【条文主旨】……………………………………………………（233）
【争议观点】……………………………………………………（233）
【理解与适用】…………………………………………………（234）
【实务问题】……………………………………………………（236）

# 第三章　关于合同纠纷案件的审理……………………………（239）
【说明】…………………………………………………………（240）

## 第一节　关于合同效力…………………………………………（240）
【说明】…………………………………………………………（240）

30.【强制性规定的识别】
【条文主旨】……………………………………………………（242）
【争议观点】……………………………………………………（242）
【理解与适用】…………………………………………………（242）
【实务问题】……………………………………………………（249）

31.【违反规章的合同效力】
【条文主旨】……………………………………………………（252）
【争议观点】……………………………………………………（252）
【理解与适用】…………………………………………………（252）
【实务问题】……………………………………………………（257）

32.【合同不成立、无效或者被撤销的法律后果】
【条文主旨】……………………………………………………（259）
【争议观点】……………………………………………………（259）
【理解与适用】…………………………………………………（259）
【实务问题】……………………………………………………（261）

33.【财产返还与折价补偿】
【条文主旨】……………………………………………………（262）
【争议观点】……………………………………………………（262）
【理解与适用】…………………………………………………（263）
【实务问题】……………………………………………………（266）

34.【价款返还】
【条文主旨】……………………………………………………（266）
【争议观点】……………………………………………………（267）
【理解与适用】…………………………………………………（267）

35.【损害赔偿】
【条文主旨】……………………………………………………（268）
【争议观点】……………………………………………………（268）
【理解与适用】…………………………………………………（268）
【实务问题】……………………………………………………（269）

36.【合同无效时的释明问题】
【条文主旨】……………………………………………………（271）
【争议观点】……………………………………………………（271）

【理解与适用】……………………………………………………（271）
【实务问题】……………………………………………………（273）

### 37.【未经批准合同的效力】
【条文主旨】……………………………………………………（274）
【争议观点】……………………………………………………（274）
【理解与适用】……………………………………………………（275）
【实务问题】……………………………………………………（278）

### 38.【报批义务及相关违约条款独立生效】
【条文主旨】……………………………………………………（279）
【争议观点】……………………………………………………（279）
【理解与适用】……………………………………………………（280）
【实务问题】……………………………………………………（283）

### 39.【报批义务的释明】
【条文主旨】……………………………………………………（284）
【争议观点】……………………………………………………（284）
【理解与适用】……………………………………………………（285）
【实务问题】……………………………………………………（285）

### 40.【判决履行报批义务后的处理】
【条文主旨】……………………………………………………（287）
【争议观点】……………………………………………………（287）
【理解与适用】……………………………………………………（287）
【实务问题】……………………………………………………（288）

### 41.【盖章行为的法律效力】
【条文主旨】……………………………………………………（289）
【争议观点】……………………………………………………（289）
【理解与适用】……………………………………………………（289）
【实务问题】……………………………………………………（291）

### 42.【撤销权的行使】
【条文主旨】……………………………………………………（293）
【争议观点】……………………………………………………（293）
【理解与适用】……………………………………………………（293）
【实务问题】……………………………………………………（295）

## 第二节 关于合同履行与救济 (296)

【说明】 (296)

### 43. 【抵销】
【条文主旨】 (297)
【争议观点】 (297)
【理解与适用】 (297)
【典型案例】 (299)

### 44. 【履行期届满后达成的以物抵债协议】
【条文主旨】 (300)
【争议观点】 (300)
【理解与适用】 (300)
【实务问题】 (304)
【典型案例】 (306)

### 45. 【履行期届满前达成的以物抵债协议】
【条文主旨】 (307)
【争议观点】 (307)
【理解与适用】 (307)
【实务问题】 (308)

### 46. 【通知解除的条件】
【条文主旨】 (309)
【争议观点】 (309)
【理解与适用】 (310)
【实务问题】 (312)
【典型案例】 (312)

### 47. 【约定解除条件】
【条文主旨】 (314)
【争议观点】 (314)
【理解与适用】 (314)
【实务问题】 (315)

### 48. 【违约方起诉解除】
【条文主旨】 (316)
【争议观点】 (316)

【理解与适用】……………………………………………………（316）
【实务问题】……………………………………………………（318）
【典型案例】……………………………………………………（319）

  49.【合同解除的法律后果】
【条文主旨】……………………………………………………（321）
【争议观点】……………………………………………………（321）
【理解与适用】……………………………………………………（321）
【实务问题】……………………………………………………（324）
【典型案例】……………………………………………………（324）

  50.【违约金过高标准及举证责任】
【条文主旨】……………………………………………………（325）
【争议观点】……………………………………………………（325）
【理解与适用】……………………………………………………（325）
【实务问题】……………………………………………………（328）

### 第三节　关于借款合同………………………………………（329）

  51.【变相利息的认定】
【条文主旨】……………………………………………………（329）
【争议观点】……………………………………………………（329）
【理解与适用】……………………………………………………（330）
【实务问题】……………………………………………………（333）
【典型案例】……………………………………………………（333）

  52.【高利转贷】
【条文主旨】……………………………………………………（335）
【争议观点】……………………………………………………（335）
【理解与适用】……………………………………………………（335）
【实务问题】……………………………………………………（337）
【典型案例】……………………………………………………（338）

  53.【职业放贷人】
【条文主旨】……………………………………………………（339）
【争议观点】……………………………………………………（339）
【理解与适用】……………………………………………………（339）
【实务问题】……………………………………………………（341）

【典型案例】 …………………………………………………………（342）

## 第四章　关于担保纠纷案件的审理 …………………………（343）

【说明】 ………………………………………………………………（344）

### 第一节　关于担保的一般规则 ………………………………………（345）

54.【独立担保】
【条文主旨】 …………………………………………………………（345）
【争议观点】 …………………………………………………………（345）
【理解与适用】 ………………………………………………………（346）

55.【担保责任的范围】
【条文主旨】 …………………………………………………………（349）
【争议观点】 …………………………………………………………（349）
【理解与适用】 ………………………………………………………（349）
【实务问题】 …………………………………………………………（350）

56.【混合担保中担保人之间的追偿问题】
【条文主旨】 …………………………………………………………（351）
【争议观点】 …………………………………………………………（351）
【理解与适用】 ………………………………………………………（351）
【实务问题】 …………………………………………………………（353）

57.【借新还旧的担保物权】
【条文主旨】 …………………………………………………………（354）
【争议观点】 …………………………………………………………（354）
【理解与适用】 ………………………………………………………（354）
【实务问题】 …………………………………………………………（355）

58.【担保债权的范围】
【条文主旨】 …………………………………………………………（357）
【争议观点】 …………………………………………………………（357）
【理解与适用】 ………………………………………………………（357）

59.【主债权诉讼时效届满的法律后果】
【条文主旨】 …………………………………………………………（359）
【争议观点】 …………………………………………………………（359）
【理解与适用】 ………………………………………………………（359）

## 第二节　关于不动产担保物权 ……………………………………(362)

### 60.【未办理登记的不动产抵押合同的效力】
【条文主旨】……………………………………………………(362)
【争议观点】……………………………………………………(362)
【理解与适用】…………………………………………………(363)
【实务问题】……………………………………………………(364)
【典型案例】……………………………………………………(365)

### 61.【房地分别抵押】
【条文主旨】……………………………………………………(366)
【争议观点】……………………………………………………(366)
【理解与适用】…………………………………………………(366)
【实务问题】……………………………………………………(368)
【典型案例】……………………………………………………(368)

### 62.【抵押权随主债权转让】
【条文主旨】……………………………………………………(370)
【争议观点】……………………………………………………(370)
【理解与适用】…………………………………………………(371)
【实务问题】……………………………………………………(372)
【典型案例】……………………………………………………(372)

## 第三节　关于动产担保物权 ………………………………………(374)

### 63.【流动质押的设立与监管人的责任】
【条文主旨】……………………………………………………(374)
【争议观点】……………………………………………………(374)
【理解与适用】…………………………………………………(375)
【实务问题】……………………………………………………(377)
【典型案例】……………………………………………………(378)

### 64.【浮动抵押的效力】
【条文主旨】……………………………………………………(379)
【争议观点】……………………………………………………(379)
【理解与适用】…………………………………………………(380)
【实务问题】……………………………………………………(382)

### 65.【动产抵押权与质权竞存】
【条文主旨】 …………………………………………………………（383）
【争议观点】 …………………………………………………………（383）
【理解与适用】 ………………………………………………………（383）
【实务问题】 …………………………………………………………（385）

## 第四节 关于非典型担保 …………………………………………（386）

### 66.【担保关系的认定】
【条文主旨】 …………………………………………………………（386）
【争议观点】 …………………………………………………………（386）
【理解与适用】 ………………………………………………………（386）

### 67.【约定担保物权的效力】
【条文主旨】 …………………………………………………………（388）
【争议观点】 …………………………………………………………（388）
【理解与适用】 ………………………………………………………（389）

### 68.【保兑仓交易】
【条文主旨】 …………………………………………………………（395）
【争议观点】 …………………………………………………………（395）
【理解与适用】 ………………………………………………………（395）
【实务问题】 …………………………………………………………（397）

### 69.【无真实贸易背景的保兑仓交易】
【条文主旨】 …………………………………………………………（398）
【争议观点】 …………………………………………………………（398）
【理解与适用】 ………………………………………………………（398）

### 70.【保兑仓交易的合并审理】
【条文主旨】 …………………………………………………………（400）
【争议观点】 …………………………………………………………（400）
【理解与适用】 ………………………………………………………（400）

### 71.【让与担保】
【条文主旨】 …………………………………………………………（402）
【争议观点】 …………………………………………………………（402）
【理解与适用】 ………………………………………………………（402）
【实务问题】 …………………………………………………………（407）

【典型案例】……(407)

# 第五章　关于金融消费者权益保护纠纷案件的审理……(409)

【说明】……(410)

### 72.【适当性义务】
【条文主旨】……(411)
【争议观点】……(411)
【理解与适用】……(412)
【实务问题】……(414)

### 73.【法律适用规则】
【条文主旨】……(416)
【争议观点】……(416)
【理解与适用】……(416)
【实务问题】……(417)

### 74.【责任主体】
【条文主旨】……(419)
【争议观点】……(419)
【理解与适用】……(419)
【实务问题】……(421)

### 75.【举证责任分配】
【条文主旨】……(422)
【争议观点】……(422)
【理解与适用】……(422)
【实务问题】……(424)

### 76.【告知说明义务】
【条文主旨】……(425)
【争议观点】……(425)
【理解与适用】……(426)
【实务问题】……(427)

### 77.【损失赔偿数额】
【条文主旨】……(429)
【争议观点】……(429)

【理解与适用】………………………………………………（429）
  78.【免责事由】
【条文主旨】…………………………………………………（431）
【争议观点】…………………………………………………（431）
【理解与适用】………………………………………………（432）
【实务问题】…………………………………………………（433）

## 第六章　关于证券纠纷案件的审理 ………………………（435）

### 第一节　关于证券虚假陈述 …………………………………（436）
【说明】………………………………………………………（436）
  79.【共同管辖的案件移送】
【条文主旨】…………………………………………………（438）
【理解与适用】………………………………………………（438）
  80.【案件审理方式】
【条文主旨】…………………………………………………（440）
【理解与适用】………………………………………………（440）
  81.【立案登记】
【条文主旨】…………………………………………………（443）
【理解与适用】………………………………………………（443）
  82.【案件甄别及程序决定】
【条文主旨】…………………………………………………（444）
【理解与适用】………………………………………………（444）
  83.【选定代表人】
【条文主旨】…………………………………………………（445）
【理解与适用】………………………………………………（445）
  84.【揭露日和更正日的认定】
【条文主旨】…………………………………………………（446）
【理解与适用】………………………………………………（446）
  85.【重大性要件的认定】
【条文主旨】…………………………………………………（448）
【理解与适用】………………………………………………（448）

## 第二节 关于场外配资 (449)

【说明】 (449)

### 86.【场外配资合同的效力】

【条文主旨】 (453)

【争议观点】 (453)

【理解与适用】 (453)

【实务问题】 (455)

### 87.【合同无效的责任承担】

【条文主旨】 (457)

【争议观点】 (457)

【理解与适用】 (458)

## 第七章 关于营业信托纠纷案件的审理 (461)

【说明】 (462)

### 88.【营业信托纠纷的认定】

【条文主旨】 (464)

【争议观点】 (464)

【理解与适用】 (464)

【实务问题】 (468)

### 89.【资产或者资产收益权转让及回购】

【条文主旨】 (469)

【争议观点】 (470)

【理解与适用】 (470)

【实务问题】 (472)

### 90.【劣后级受益人的责任承担】

【条文主旨】 (472)

【争议观点】 (472)

【理解与适用】 (473)

【实务问题】 (477)

### 91.【增信文件的性质】

【条文主旨】 (477)

【争议观点】 (478)

【理解与适用】……………………………………………………（478）
【实务问题】……………………………………………………（481）
### 92.【保底或者刚兑条款无效】
【条文主旨】……………………………………………………（482）
【争议观点】……………………………………………………（482）
【理解与适用】……………………………………………………（482）
【实务问题】……………………………………………………（485）
### 93.【通道业务的效力】
【条文主旨】……………………………………………………（486）
【争议问题】……………………………………………………（486）
【理解与适用】……………………………………………………（487）
【实务问题】……………………………………………………（490）
### 94.【受托人的举证责任】
【条文主旨】……………………………………………………（491）
【争议观点】……………………………………………………（491）
【理解与适用】……………………………………………………（491）
【实务问题】……………………………………………………（492）
### 95.【信托财产的诉讼保全】
【条文主旨】……………………………………………………（493）
【争议观点】……………………………………………………（493）
【理解与适用】……………………………………………………（494）
【实务问题】……………………………………………………（498）
### 96.【信托公司固有财产的诉讼保全】
【条文主旨】……………………………………………………（499）
【争议问题】……………………………………………………（499）
【理解与适用】……………………………………………………（499）
【实务问题】……………………………………………………（500）

## 第八章 关于财产保险合同纠纷案件的审理 ……………（501）

### 97.【未依约支付保险费的合同效力】
【条文主旨】……………………………………………………（502）
【争议观点】……………………………………………………（502）

【理解与适用】……………………………………………………（502）
【实务问题】……………………………………………………（506）
  98.【仲裁协议对保险人的效力】
【条文主旨】……………………………………………………（507）
【争议观点】……………………………………………………（507）
【理解与适用】……………………………………………………（507）
【实务问题】……………………………………………………（509）
【典型案例】……………………………………………………（509）
  99.【直接索赔的诉讼时效】
【条文主旨】……………………………………………………（511）
【争议观点】……………………………………………………（511）
【理解与适用】……………………………………………………（511）
【实务问题】……………………………………………………（515）

## 第九章 关于票据纠纷案件的审理 ……………………（517）

【说明】…………………………………………………………（518）
  100.【合谋伪造贴现申请材料的后果】
【条文主旨】……………………………………………………（519）
【争议观点】……………………………………………………（519）
【理解与适用】……………………………………………………（519）
【实务问题】……………………………………………………（522）
  101.【民间贴现行为的效力】
【条文主旨】……………………………………………………（523）
【争议观点】……………………………………………………（523）
【理解与适用】……………………………………………………（524）
【实务问题】……………………………………………………（525）
  102.【转贴现协议】
【条文主旨】……………………………………………………（526）
【争议观点】……………………………………………………（526）
【理解与适用】……………………………………………………（527）
【实务问题】……………………………………………………（529）
【典型案例】……………………………………………………（530）

103. 【票据清单交易、封包交易案件中的票据权利】
　　【条文主旨】 ………………………………………………… (531)
　　【争议观点】 ………………………………………………… (531)
　　【理解与适用】 ……………………………………………… (531)
　　【实务问题】 ………………………………………………… (534)

104. 【票据清单交易、封包交易案件的处理原则】
　　【条文主旨】 ………………………………………………… (535)
　　【争议观点】 ………………………………………………… (536)
　　【理解与适用】 ……………………………………………… (536)
　　【实务问题】 ………………………………………………… (538)

105. 【票据清单交易、封包交易案件中的民刑交叉问题】
　　【条文主旨】 ………………………………………………… (539)
　　【争议问题】 ………………………………………………… (539)
　　【理解与适用】 ……………………………………………… (539)
　　【实务问题】 ………………………………………………… (540)

106. 【恶意申请公示催告的救济】
　　【条文主旨】 ………………………………………………… (541)
　　【争议观点】 ………………………………………………… (541)
　　【理解与适用】 ……………………………………………… (542)
　　【实务问题】 ………………………………………………… (544)

# 第十章　关于破产纠纷案件的审理 …………………… (545)

107. 【继续推动破产案件的及时受理】
　　【条文主旨】 ………………………………………………… (546)
　　【争议观点】 ………………………………………………… (546)
　　【理解与适用】 ……………………………………………… (547)
　　【实务问题】 ………………………………………………… (549)

108. 【破产申请的不予受理和撤回】
　　【条文主旨】 ………………………………………………… (550)
　　【争议观点】 ………………………………………………… (550)
　　【理解与适用】 ……………………………………………… (551)
　　【实务问题】 ………………………………………………… (553)

109.【受理后债务人财产保全措施的处理】
【条文主旨】……………………………………………………(554)
【争议观点】……………………………………………………(554)
【理解与适用】…………………………………………………(555)
【实务问题】……………………………………………………(557)

110.【受理后有关债务人诉讼的处理】
【条文主旨】……………………………………………………(558)
【争议观点】……………………………………………………(558)
【理解与适用】…………………………………………………(559)
【实务问题】……………………………………………………(560)

111.【债务人自行管理的条件】
【条文主旨】……………………………………………………(562)
【争议观点】……………………………………………………(562)
【理解与适用】…………………………………………………(563)
【实务问题】……………………………………………………(566)

112.【重整中担保物权的恢复行使】
【条文主旨】……………………………………………………(567)
【争议观点】……………………………………………………(567)
【理解与适用】…………………………………………………(568)
【实务问题】……………………………………………………(570)

113.【重整计划监督期间的管理人报酬及诉讼管辖】
【条文主旨】……………………………………………………(571)
【争议观点】……………………………………………………(571)
【理解与适用】…………………………………………………(573)
【实务问题】……………………………………………………(575)

114.【重整程序与破产清算程序的衔接】
【条文主旨】……………………………………………………(576)
【争议观点】……………………………………………………(576)
【理解与适用】…………………………………………………(577)
【实务问题】……………………………………………………(579)

115.【庭外重组协议效力在重整程序中的延伸】
【条文主旨】……………………………………………………(581)

【争议观点】 ……………………………………………………………… (581)
【理解与适用】 …………………………………………………………… (581)
【实务问题】 ……………………………………………………………… (582)

### 116.【审计、评估等中介机构的确定及责任】
【条文主旨】 ……………………………………………………………… (584)
【争议观点】 ……………………………………………………………… (584)
【理解与适用】 …………………………………………………………… (585)
【实务问题】 ……………………………………………………………… (587)

### 117.【公司解散清算与破产清算的衔接】
【条文主旨】 ……………………………………………………………… (588)
【争议观点】 ……………………………………………………………… (588)
【理解与适用】 …………………………………………………………… (589)
【实务问题】 ……………………………………………………………… (591)

### 118.【无法清算案件的审理与责任承担】
【条文主旨】 ……………………………………………………………… (593)
【争议观点】 ……………………………………………………………… (593)
【理解与适用】 …………………………………………………………… (594)
【实务问题】 ……………………………………………………………… (596)

## 第十一章 关于案外人救济案件的审理 …………………………… (599)

【说明】 …………………………………………………………………… (600)

### 119.【案外人执行异议之诉的审理】
【条文主旨】 ……………………………………………………………… (603)
【争议观点】 ……………………………………………………………… (603)
【理解与适用】 …………………………………………………………… (603)
【实务问题】 ……………………………………………………………… (605)

### 120.【债权人能否提起第三人撤销之诉】
【条文主旨】 ……………………………………………………………… (608)
【争议观点】 ……………………………………………………………… (608)
【理解与适用】 …………………………………………………………… (609)
【实务问题】 ……………………………………………………………… (611)
【典型案例】 ……………………………………………………………… (612)

121.【必要共同诉讼漏列的当事人申请再审】
【条文主旨】……………………………………………………(613)
【争议观点】……………………………………………………(613)
【理解与适用】…………………………………………………(613)
【实务问题】……………………………………………………(615)

122.【程序启动后案外人不享有程序选择权】
【条文主旨】……………………………………………………(617)
【争议观点】……………………………………………………(617)
【理解与适用】…………………………………………………(617)
【实务问题】……………………………………………………(619)

123.【案外人依据另案生效裁判对非金钱债权的执行提起执行异议之诉】
【条文主旨】……………………………………………………(621)
【争议观点】……………………………………………………(621)
【理解与适用】…………………………………………………(622)
【实务问题】……………………………………………………(623)

124.【案外人依据另案生效裁判对金钱债权的执行提起执行异议之诉】
【条文主旨】……………………………………………………(625)
【争议观点】……………………………………………………(625)
【理解与适用】…………………………………………………(625)
【实务问题】……………………………………………………(627)

125.【案外人系商品房消费者】
【条文主旨】……………………………………………………(628)
【争议观点】……………………………………………………(628)
【理解与适用】…………………………………………………(629)
【实务问题】……………………………………………………(630)

126.【商品房消费者的权利与抵押权的关系】
【条文主旨】……………………………………………………(633)
【争议观点】……………………………………………………(633)
【理解与适用】…………………………………………………(634)
【实务问题】……………………………………………………(637)

127. 【案外人系商品房消费者之外的一般买受人】
【条文主旨】……………………………………………………………（640）
【争议观点】……………………………………………………………（640）
【理解与适用】…………………………………………………………（641）
【实务问题】……………………………………………………………（644）

# 第十二章　关于民刑交叉案件的程序处理 …………………（647）

【说明】……………………………………………………………………（648）

128. 【分别审理】
【条文主旨】……………………………………………………………（650）
【争议观点】……………………………………………………………（650）
【理解与适用】…………………………………………………………（650）
【实务问题】……………………………………………………………（653）
【典型案例】……………………………………………………………（654）

129. 【涉众型经济犯罪与民商事案件的程序处理】
【条文主旨】……………………………………………………………（655）
【争议观点】……………………………………………………………（655）
【理解与适用】…………………………………………………………（656）
【实务问题】……………………………………………………………（657）

130. 【民刑交叉案件中民商事案件中止审理的条件】
【条文主旨】……………………………………………………………（658）
【争议观点】……………………………………………………………（658）
【理解与适用】…………………………………………………………（658）
【实务问题】……………………………………………………………（659）

# 后　记 ………………………………………………………………………（660）

# 第一部分  会议纪要

# 最高人民法院
## 关于印发《全国法院民商事审判工作会议纪要》的通知

2019年11月8日　　　　　　　　　　法〔2019〕254号

各省、自治区、直辖市高级人民法院，解放军军事法院，新疆维吾尔自治区高级人民法院生产建设兵团分院：

《全国法院民商事审判工作会议纪要》（以下简称《会议纪要》）已于2019年9月11日经最高人民法院审判委员会民事行政专业委员会第319次会议原则通过。为便于进一步学习领会和正确适用《会议纪要》，特作如下通知：

### 一、充分认识《会议纪要》出台的意义

《会议纪要》针对民商事审判中的前沿疑难争议问题，在广泛征求各方面意见的基础上，经最高人民法院审判委员会民事行政专业委员会讨论决定。《会议纪要》的出台，对统一裁判思路，规范法官自由裁量权，增强民商事审判的公开性、透明度以及可预期性，提高司法公信力具有重要意义。各级人民法院要正确把握和理解适用《会议纪要》的精神实质和基本内容。

### 二、及时组织学习培训

为使各级人民法院尽快准确理解掌握《会议纪要》的内涵，在案件审理中正确理解适用，各级人民法院要在妥善处理好工学关系的前提下，通过多种形式组织学习培训，做好宣传工作。

### 三、准确把握《会议纪要》的应用范围

纪要不是司法解释，不能作为裁判依据进行援引。《会议纪要》发布后，人民法院尚未审结的一审、二审案件，在裁判文书"本院认为"部分具体分析法律适用的理由时，可以根据《会议纪要》的相关规定进行说理。

对于适用中存在的问题，请层报最高人民法院。

# 全国法院民商事审判工作会议纪要

## 目 录

引言
一、关于民法总则适用的法律衔接
二、关于公司纠纷案件的审理
三、关于合同纠纷案件的审理
四、关于担保纠纷案件的审理
五、关于金融消费者权益保护纠纷案件的审理
六、关于证券纠纷案件的审理
七、关于营业信托纠纷案件的审理
八、关于财产保险合同纠纷案件的审理
九、关于票据纠纷案件的审理
十、关于破产纠纷案件的审理
十一、关于案外人救济案件的审理
十二、关于民刑交叉案件的程序处理

## 引言

为全面贯彻党的十九大和十九届二中、三中全会以及中央经济工作会议、中央政法工作会议、全国金融工作会议精神，研究当前形势下如何进一步加强人民法院民商事审判工作，着力提升民商事审判工作能力和水平，为我国经济高质量发展提供更加有力的司法服务和保障，最高人民法院于2019年7月3日至4日在黑龙江省哈尔滨市召开了全国法院民商事审判工作会议。最高人民法院党组书记、院长周强同志出席会议并讲话。各省、自治区、直辖市高级人民法院分管民商事审判工作的副院长、承担民商事案件审判任务的审判庭庭长、解放军军事法院的代表、最高人民法院有关部门负责人在主会场出席会议，地方各级人民法院的其他负责同志和民商事审判法官在各地分会场通过视频参加会议。中央政法委、全国人大常委会法工委的代表、部分全国人大代表、全国政协委员、最高人民法院特约监督员、专家学

者应邀参加会议。

　　会议认为，民商事审判工作必须坚持正确的政治方向，必须以习近平新时代中国特色社会主义思想武装头脑、指导实践、推动工作。一要坚持党的绝对领导。这是中国特色社会主义司法制度的本质特征和根本要求，是人民法院永远不变的根和魂。在民商事审判工作中，要切实增强"四个意识"、坚定"四个自信"、做到"两个维护"，坚定不移走中国特色社会主义法治道路。二要坚持服务党和国家大局。认清形势，高度关注中国特色社会主义进入新时代背景下经济社会的重大变化、社会主要矛盾的历史性变化、各类风险隐患的多元多变，提高服务大局的自觉性、针对性，主动作为，勇于担当，处理好依法办案和服务大局的辩证关系，着眼于贯彻落实党中央的重大决策部署、维护人民群众的根本利益、维护法治的统一。三要坚持司法为民。牢固树立以人民为中心的发展思想，始终坚守人民立场，胸怀人民群众，满足人民需求，带着对人民群众的深厚感情和强烈责任感去做好民商事审判工作。在民商事审判工作中要弘扬社会主义核心价值观，注意情理法的交融平衡，做到以法为据、以理服人、以情感人，既要义正辞严讲清法理，又要循循善诱讲明事理，还要感同身受讲透情理，争取广大人民群众和社会的理解与支持。要建立健全方便人民群众诉讼的民商事审判工作机制。四要坚持公正司法。公平正义是中国特色社会主义制度的内在要求，也是我党治国理政的一贯主张。司法是维护社会公平正义的最后一道防线，必须把公平正义作为生命线，必须把公平正义作为镌刻在心中的价值坐标，必须把"努力让人民群众在每一个司法案件中感受到公平正义"作为矢志不渝的奋斗目标。

　　会议指出，民商事审判工作要树立正确的审判理念。注意辩证理解并准确把握契约自由、平等保护、诚实信用、公序良俗等民商事审判基本原则；注意树立请求权基础思维、逻辑和价值相一致思维、同案同判思维，通过检索类案、参考指导案例等方式统一裁判尺度，有效防止滥用自由裁量权；注意处理好民商事审判与行政监管的关系，通过穿透式审判思维，查明当事人的真实意思，探求真实法律关系；特别注意外观主义系民商法上的学理概括，并非现行法律规定的原则，现行法律只是规定了体现外观主义的具体规则，如《物权法》第106条规定的善意取得，《合同法》第49条、《民法总则》第172条规定的表见代理，《合同法》第50条规定的越权代表，审判实务中应当依据有关具体法律规则进行判断，类推适用亦应当以法律规则设定的情形、条件为基础。从现行法律规则看，外观主义是为保护交易安全设置的例外规定，一般适用于因合理信赖权利外观或意思表示外观的交易行为。实际权利人与名义权利人的关系，应注重财产的实质归属，而不单纯地取决于公示外观。总之，审判实务中要准确把握外观主义的适用边界，避免泛化和滥用。

会议对当前民商事审判工作中的一些疑难法律问题取得了基本一致的看法，现纪要如下：

## 一、关于民法总则适用的法律衔接

会议认为，民法总则施行后至民法典施行前，拟编入民法典但尚未完成修订的物权法、合同法等民商事基本法，以及不编入民法典的公司法、证券法、信托法、保险法、票据法等民商事特别法，均可能存在与民法总则规定不一致的情形。人民法院应当依照《立法法》第92条、《民法总则》第11条等规定，综合考虑新的规定优于旧的规定、特别规定优于一般规定等法律适用规则，依法处理好民法总则与相关法律的衔接问题，主要是处理好与民法通则、合同法、公司法的关系。

1.【民法总则与民法通则的关系及其适用】民法通则既规定了民法的一些基本制度和一般性规则，也规定了合同、所有权及其他财产权、知识产权、民事责任、涉外民事法律关系适用等具体内容。民法总则基本吸收了民法通则规定的基本制度和一般性规则，同时作了补充、完善和发展。民法通则规定的合同、所有权及其他财产权、民事责任等具体内容还需要在编撰民法典各分编时作进一步统筹，系统整合。因民法总则施行后暂不废止民法通则，在此之前，民法总则与民法通则规定不一致的，根据新的规定优于旧的规定的法律适用规则，适用民法总则的规定。最高人民法院已依据民法总则制定了关于诉讼时效问题的司法解释，而原依据民法通则制定的关于诉讼时效的司法解释，只要与民法总则不冲突，仍可适用。

2.【民法总则与合同法的关系及其适用】根据民法典编撰工作"两步走"的安排，民法总则施行后，目前正在进行民法典的合同编、物权编等各分编的编撰工作。民法典施行后，合同法不再保留。在这之前，因民法总则施行前成立的合同发生的纠纷，原则上适用合同法的有关规定处理。因民法总则施行后成立的合同发生的纠纷，如果合同法"总则"对此的规定与民法总则的规定不一致的，根据新的规定优于旧的规定的法律适用规则，适用民法总则的规定。例如，关于欺诈、胁迫问题，根据合同法的规定，只有合同当事人之间存在欺诈、胁迫行为的，被欺诈、胁迫一方才享有撤销合同的权利。而依民法总则的规定，第三人实施的欺诈、胁迫行为，被欺诈、胁迫一方也有撤销合同的权利。另外，合同法视欺诈、胁迫行为所损害利益的不同，对合同效力作出了不同规定：损害合同当事人利益的，属于可撤销或者可变更合同；损害国家利益的，则属于无效合同。民法总则则未加区别，规定一律按可撤销合同对待。再如，关于显失公平问题，合同法将显失公平与乘人之危作为两类不同的可撤销或者可变更合同事由，而民法总则则将二者合并为一类可撤销合同事由。

民法总则施行后发生的纠纷，在民法典施行前，如果合同法"分则"对此的规定与民法总则不一致的，根据特别规定优于一般规定的法律适用规则，适用合同法"分则"的规定。例如，民法总则仅规定了显名代理，没有规定《合同法》第 402 条的隐名代理和第 403 条的间接代理。在民法典施行前，这两条规定应当继续适用。

3.【民法总则与公司法的关系及其适用】民法总则与公司法的关系，是一般法与商事特别法的关系。民法总则第三章"法人"第一节"一般规定"和第二节"营利法人"基本上是根据公司法的有关规定提炼的，二者的精神大体一致。因此，涉及民法总则这一部分的内容，规定一致的，适用民法总则或者公司法皆可；规定不一致的，根据《民法总则》第 11 条有关"其他法律对民事关系有特别规定的，依照其规定"的规定，原则上应当适用公司法的规定。但应当注意也有例外情况，主要表现在两个方面：一是就同一事项，民法总则制定时有意修正公司法有关条款的，应当适用民法总则的规定。例如，《公司法》第 32 条第 3 款规定："公司应当将股东的姓名或者名称向公司登记机关登记；登记事项发生变更的，应当办理变更登记。未经登记或者变更登记的，不得对抗第三人。"而《民法总则》第 65 条的规定则把"不得对抗第三人"修正为"不得对抗善意相对人"。经查询有关立法理由，可以认为，此种情况应当适用民法总则的规定。二是民法总则在公司法规定基础上增加了新内容的，如《公司法》第 22 条第 2 款就公司决议的撤销问题进行了规定，《民法总则》第 85 条在该条基础上增加规定："但是营利法人依据该决议与善意相对人形成的民事法律关系不受影响。"此时，也应当适用民法总则的规定。

4.【民法总则的时间效力】根据"法不溯及既往"的原则，民法总则原则上没有溯及力，故只能适用于施行后发生的法律事实；民法总则施行前发生的法律事实，适用当时的法律；某一法律事实发生在民法总则施行前，其行为延续至民法总则施行后的，适用民法总则的规定。但要注意有例外情形,如虽然法律事实发生在民法总则施行前,但当时的法律对此没有规定而民法总则有规定的,例如,对于虚伪意思表示、第三人实施欺诈行为,合同法均无规定,发生纠纷后,基于"法官不得拒绝裁判"规则,可以将民法总则的相关规定作为裁判依据。又如,民法总则施行前成立的合同,根据当时的法律应当认定无效,而根据民法总则应当认定有效或者可撤销的,应当适用民法总则的规定。

在民法总则无溯及力的场合,人民法院应当依据法律事实发生时的法律进行裁判,但如果法律事实发生时的法律虽有规定,但内容不具体、不明确的,如关于无权代理在被代理人不予追认时的法律后果,民法通则和合同法均规定由行为人承担民事责任,但对民事责任的性质和方式没有规定,而民法总则对此有明确且详细的规定,人民法院在审理案件时,就可以在裁判文书的说理部分将民法总则规定的内容作为解释法律事实发生时法律规定的参考。

## 二、关于公司纠纷案件的审理

会议认为,审理好公司纠纷案件,对于保护交易安全和投资安全,激发经济活力,增强投资创业信心,具有重要意义。要依法协调好公司债权人、股东、公司等各种利益主体之间的关系,处理好公司外部与内部的关系,解决好公司自治与司法介入的关系。

(一)关于"对赌协议"的效力及履行

实践中俗称的"对赌协议",又称估值调整协议,是指投资方与融资方在达成股权性融资协议时,为解决交易双方对目标公司未来发展的不确定性、信息不对称以及代理成本而设计的包含了股权回购、金钱补偿等对未来目标公司的估值进行调整的协议。从订立"对赌协议"的主体来看,有投资方与目标公司的股东或者实际控制人"对赌"、投资方与目标公司"对赌"、投资方与目标公司的股东、目标公司"对赌"等形式。人民法院在审理"对赌协议"纠纷案件时,不仅应当适用合同法的相关规定,还应当适用公司法的相关规定;既要坚持鼓励投资方对实体企业特别是科技创新企业投资原则,从而在一定程度上缓解企业融资难问题,又要贯彻资本维持原则和保护债权人合法权益原则,依法平衡投资方、公司债权人、公司之间的利益。对于投资方与目标公司的股东或者实际控制人订立的"对赌协议",如无其他无效事由,认定有效并支持实际履行,实践中并无争议。但投资方与目标公司订立的"对赌协议"是否有效以及能否实际履行,存在争议。对此,应当把握如下处理规则。

5.【与目标公司"对赌"】投资方与目标公司订立的"对赌协议"在不存在法定无效事由的情况下，目标公司仅以存在股权回购或者金钱补偿约定为由，主张"对赌协议"无效的，人民法院不予支持，但投资方主张实际履行的，人民法院应当审查是否符合公司法关于"股东不得抽逃出资"及股份回购的强制性规定，判决是否支持其诉讼请求。

投资方请求目标公司回购股权的，人民法院应当依据《公司法》第35条关于"股东不得抽逃出资"或者第142条关于股份回购的强制性规定进行审查。经审查，目标公司未完成减资程序的，人民法院应当驳回其诉讼请求。

投资方请求目标公司承担金钱补偿义务的，人民法院应当依据《公司法》第35条关于"股东不得抽逃出资"和第166条关于利润分配的强制性规定进行审查。经审查，目标公司没有利润或者虽有利润但不足以补偿投资方的，人民法院应当驳回或者部分支持其诉讼请求。今后目标公司有利润时，投资方还可以依据该事实另行提起诉讼。

（二）关于股东出资加速到期及表决权

6.【股东出资应否加速到期】在注册资本认缴制下，股东依法享有期限利益。债权人以公司不能清偿到期债务为由，请求未届出资期限的股东在未出资范围内对公司不能清偿的债务承担补充赔偿责任的，人民法院不予支持。但是，下列情形除外：

（1）公司作为被执行人的案件，人民法院穷尽执行措施无财产可供执行，已具备破产原因，但不申请破产的；

（2）在公司债务产生后，公司股东（大）会决议或以其他方式延长股东出资期限的。

7.【表决权能否受限】股东认缴的出资未届履行期限，对未缴纳部分的出资是否享有以及如何行使表决权等问题，应当根据公司章程来确定。公司章程没有规定的，应当按照认缴出资的比例确定。如果股东（大）会作出不按认缴出资比例而按实际出资比例或者其他标准确定表决权的决议，股东请求确认决议无效的，人民法院应当审查该决议是否符合修改公司章程所要求的表决程序，即必须经代表三分之二以上表决权的股东通过。符合的，人民法院不予支持；反之，则依法予以支持。

（三）关于股权转让

8.【有限责任公司的股权变动】当事人之间转让有限责任公司股权，受让人以其姓名或者名称已记载于股东名册为由主张其已经取得股权的，人民法院依法予以支持，但法律、行政法规规定应当办理批准手续生效的股权转让除外。未向公司登记机关办理股权变更登记的，不得对抗善意相对人。

9.【侵犯优先购买权的股权转让合同的效力】审判实践中，部分人民法院对公司法司法解释（四）第21条规定的理解存在偏差，往往以保护其他股东的优先购买权为由认定股权转让合同无效。准确理解该条规定，既要注意保护其他股东的优先购买权，也要注意保护股东以外的股权受让人的合法权益，正确认定有限责任公司的股东与股东以外的股权受让人订立的股权转让合同的效力。一方面，其他股东依法享有优先购买权，在其主张按照股权转让合同约定的同等条件购买股权的情况下，应当支持其诉讼请求，除非出现该条第1款规定的情形。另一方面，为保护股东以外的股权受让人的合法权益，股权转让合同如无其他影响合同效力的事由，应当认定有效。其他股东行使优先购买权的，虽然股东以外的股权受让人关于继续履行股权转让合同的请求不能得到支持，但不影响其依约请求转让股东承担相应的违约责任。

（四）关于公司人格否认

公司人格独立和股东有限责任是公司法的基本原则。否认公司独立人格，由滥用公司法人独立地位和股东有限责任的股东对公司债务承担连带责任，是股东有限责任的例外情形，旨在矫正有限责任制度在特定法律事实发生时对债权人保护的失衡现象。在审判实践中，要准确把握《公司法》第20条第3款规定的精神。一是只有在股东实施了滥用公司法人独立地位及股东有限责任的行为，且该行为严重损害了公司债权人利益的情况下，才能适用。损害债权人利益，主要是指股东滥用权利使公司财产不足以清偿公司债权人的债权。二是只有实施了滥用法人独立地位和股东有限责任行为的股东才对公司债务承担连带清偿责任，而其他股东不应承担此责任。三是公司人格否认不是全面、彻底、永久地否定公司的法人资格，而只是在具体案件中依据特定的法律事实、法律关系，突破股东对公司债务不承担责任的一般规则，例外地判令其承担连带责任。人民法院在个案中否认公司人格的判决的既判力仅仅约束该诉讼的各方当事人，不当然适用于涉及该公司的其他诉讼，不影响公司独立法人资格的存续。如果其他债权人提起公司人格否认诉讼，已生效判决认定的事实可以作为证据使用。四是《公司法》第20条第3款规定的滥用行为，实践中常见的情形有人格混同、过度支配与控制、资本显著不足等。在审理案件时，需要根据查明的案件事实进行综合判断，既审慎适用，又当用则用。实践中存在标准把握不严而滥用这一例外制度的现象，同时也存在因法律规定较为原则、抽象，适用难度大，而不善于适用、不敢于适用的现象，均应当引起高度重视。

10.【人格混同】认定公司人格与股东人格是否存在混同，最根本的判断标准是公司是否具有独立意思和独立财产，最主要的表现是公司的财产与股东的财产是否混同且无法区分。在认定是否构成人格混同时，应当综合考虑以下因素：

（1）股东无偿使用公司资金或者财产，不作财务记载的；

（2）股东用公司的资金偿还股东的债务，或者将公司的资金供关联公司无偿使用，不作财务记载的；

（3）公司账簿与股东账簿不分，致使公司财产与股东财产无法区分的；

（4）股东自身收益与公司盈利不加区分，致使双方利益不清的；

（5）公司的财产记载于股东名下，由股东占有、使用的；

（6）人格混同的其他情形。

在出现人格混同的情况下，往往同时出现以下混同：公司业务和股东业务混同；公司员工与股东员工混同，特别是财务人员混同；公司住所与股东住所混同。人民法院在审理案件时，关键要审查是否构成人格混同，而不要求同时具备其他方面的混同，其他方面的混同往往只是人格混同的补强。

11.【过度支配与控制】公司控制股东对公司过度支配与控制，操纵公司的决策过程，使公司完全丧失独立性，沦为控制股东的工具或躯壳，严重损害公司债权人利益，应当否认公司人格，由滥用控制权的股东对公司债务承担连带责任。实践中常见的情形包括：

（1）母子公司之间或者子公司之间进行利益输送的；

（2）母子公司或者子公司之间进行交易，收益归一方，损失却由另一方承担的；

（3）先从原公司抽走资金，然后再成立经营目的相同或者类似的公司，逃避原公司债务的；

（4）先解散公司，再以原公司场所、设备、人员及相同或者相似的经营目的另设公司，逃避原公司债务的；

（5）过度支配与控制的其他情形。

控制股东或实际控制人控制多个子公司或者关联公司，滥用控制权使多个子公司或者关联公司财产边界不清、财务混同，利益相互输送，丧失人格独立性，沦为控制股东逃避债务、非法经营，甚至违法犯罪工具的，可以综合案件事实,否认子公司或者关联公司法人人格,判令承担连带责任。

12.【资本显著不足】资本显著不足指的是,公司设立后在经营过程中,股东实际投入公司的资本数额与公司经营所隐含的风险相比明显不匹配。股东利用较少资本从事力所不及的经营,表明其没有从事公司经营的诚意,实质是恶意利用公司独立人格和股东有限责任把投资风险转嫁给债权人。由于资本显著不足的判断标准有很大的模糊性,特别是要与公司采取"以小博大"的正常经营方式相区分,因此在适用时要十分谨慎,应当与其他因素结合起来综合判断。

13.【诉讼地位】人民法院在审理公司人格否认纠纷案件时,应当根据不同情形确定当事人的诉讼地位:

(1)债权人对债务人公司享有的债权已经由生效裁判确认,其另行提起公司人格否认诉讼,请求股东对公司债务承担连带责任的,列股东为被告,公司为第三人;

(2)债权人对债务人公司享有的债权提起诉讼的同时,一并提起公司人格否认诉讼,请求股东对公司债务承担连带责任的,列公司和股东为共同被告;

(3)债权人对债务人公司享有的债权尚未经生效裁判确认,直接提起公司人格否认诉讼,请求公司股东对公司债务承担连带责任的,人民法院应当向债权人释明,告知其追加公司为共同被告。债权人拒绝追加的,人民法院应当裁定驳回起诉。

(五)关于有限责任公司清算义务人的责任

关于有限责任公司股东清算责任的认定,一些案件的处理结果不适当地扩大了股东的清算责任。特别是实践中出现了一些职业债权人,从其他债权人处大批量超低价收购僵尸企业的"陈年旧账"后,对批量僵尸企业提起强制清算之诉,在获得人民法院对公司主要财产、账册、重要文件等灭失的认定后,根据公司法司法解释(二)第18条第2款的规定,请求有限责任公司的股东对公司债务承担连带清偿责任。有的人民法院没有准确把握上述规定的适用条件,判决没有"怠于履行义务"的小股东或者虽"怠于履行义务"但与公司主要财产、账册、重要文件等灭失没有因果关系的小股东对公司债务承担远远超过其出资数额的责任,导致出现利益明显失衡的现象。需要明确的是,上述司法解释关于有限责任公司股东清算责任的规定,其性质是因股东怠于履行清算义务致使公司无法清算所应当承担的侵权责任。在认定有限责任公司股东是否应当对债权人承担侵权赔偿责任时,应当注意以下问题：

14. 【怠于履行清算义务的认定】公司法司法解释（二）第18条第2款规定的"怠于履行义务"，是指有限责任公司的股东在法定清算事由出现后，在能够履行清算义务的情况下，故意拖延、拒绝履行清算义务，或者因过失导致无法进行清算的消极行为。股东举证证明其已经为履行清算义务采取了积极措施，或者小股东举证证明其既不是公司董事会或者监事会成员，也没有选派人员担任该机关成员，且从未参与公司经营管理，以不构成"怠于履行义务"为由，主张其不应当对公司债务承担连带清偿责任的，人民法院依法予以支持。

15. 【因果关系抗辩】有限责任公司的股东举证证明其"怠于履行义务"的消极不作为与"公司主要财产、账册、重要文件等灭失，无法进行清算"的结果之间没有因果关系，主张其不应对公司债务承担连带清偿责任的，人民法院依法予以支持。

16. 【诉讼时效期间】公司债权人请求股东对公司债务承担连带清偿责任，股东以公司债权人对公司的债权已经超过诉讼时效期间为由抗辩，经查证属实的，人民法院依法予以支持。

公司债权人以公司法司法解释（二）第18条第2款为依据，请求有限责任公司的股东对公司债务承担连带清偿责任的，诉讼时效期间自公司债权人知道或者应当知道公司无法进行清算之日起计算。

（六）关于公司为他人提供担保

关于公司为他人提供担保的合同效力问题，审判实践中裁判尺度不统一，严重影响了司法公信力，有必要予以规范。对此，应当把握以下几点：

17. 【违反《公司法》第16条构成越权代表】为防止法定代表人随意代表公司为他人提供担保给公司造成损失，损害中小股东利益，《公司法》第16条对法定代表人的代表权进行了限制。根据该条规定，担保行为不是法定代表人所能单独决定的事项，而必须以公司股东（大）会、董事会等公司机关的决议作为授权的基础和来源。法定代表人未经授权擅自为他人提供担保的，构成越权代表，人民法院应当根据《合同法》第50条关于法定代表人越权代表的规定，区分订立合同时债权人是否善意分别认定合同效力：债权人善意的，合同有效；反之，合同无效。

18. 【善意的认定】前条所称的善意，是指债权人不知道或者不应当知道法定代表人超越权限订立担保合同。《公司法》第16条对关联担保和非关联担保的决议机关作出了区别规定，相应地，在善意的判断标准上也应当有所区别。一种情形是，为公司股东或者实际控制人提供关联担保，《公司法》第16条明确规定必须由股东（大）会决议，未经股东（大）会决议，构成越权代表。在此情况下，债权人主张担保合同有效，应当提供证据证明其在订立合同时对股东（大）会决议进行了审查，决议的表决程序符合《公司法》第16条的规定，即在排除被担保股东表决权的情况下，该项表决由出席会议的其他股东所持表决权的过半数通过，签字人员也符合公司章程的规定。另一种情形是，公司为公司股东或者实际控制人以外的人提供非关联担保，根据《公司法》第16条的规定，此时由公司章程规定是由董事会决议还是股东（大）会决议。无论章程是否对决议机关作出规定，也无论章程规定决议机关为董事会还是股东（大）会，根据《民法总则》第61条第3款关于"法人章程或者法人权力机构对法定代表人代表权的限制，不得对抗善意相对人"的规定，只要债权人能够证明其在订立担保合同时对董事会决议或者股东（大）会决议进行了审查，同意决议的人数及签字人员符合公司章程的规定，就应当认定其构成善意，但公司能够证明债权人明知公司章程对决议机关有明确规定的除外。

债权人对公司机关决议内容的审查一般限于形式审查，只要求尽到必要的注意义务即可，标准不宜太过严苛。公司以机关决议系法定代表人伪造或者变造、决议程序违法、签章（名）不实、担保金额超过法定限额等事由抗辩债权人非善意的，人民法院一般不予支持。但是，公司有证据证明债权人明知决议系伪造或者变造的除外。

19.【无须机关决议的例外情况】存在下列情形的，即便债权人知道或者应当知道没有公司机关决议，也应当认定担保合同符合公司的真实意思表示，合同有效：

（1）公司是以为他人提供担保为主营业务的担保公司，或者是开展保函业务的银行或者非银行金融机构；

（2）公司为其直接或者间接控制的公司开展经营活动向债权人提供担保；

（3）公司与主债务人之间存在相互担保等商业合作关系；

（4）担保合同系由单独或者共同持有公司三分之二以上有表决权的股东签字同意。

20.【越权担保的民事责任】依据前述3条规定，担保合同有效，债权人请求公司承担担保责任的，人民法院依法予以支持；担保合同无效，债权人请求公司承担担保责任的，人民法院不予支持，但可以按照担保法及有关司法解释关于担保无效的规定处理。公司举证证明债权人明知法定代表人超越权限或者机关决议系伪造或者变造，债权人请求公司承担合同无效后的民事责任的，人民法院不予支持。

21.【权利救济】法定代表人的越权担保行为给公司造成损失，公司请求法定代表人承担赔偿责任的，人民法院依法予以支持。公司没有提起诉讼，股东依据《公司法》第151条的规定请求法定代表人承担赔偿责任的，人民法院依法予以支持。

22.【上市公司为他人提供担保】债权人根据上市公司公开披露的关于担保事项已经董事会或者股东大会决议通过的信息订立的担保合同，人民法院应当认定有效。

23.【债务加入准用担保规则】法定代表人以公司名义与债务人约定加入债务并通知债权人或者向债权人表示愿意加入债务，该约定的效力问题，参照本纪要关于公司为他人提供担保的有关规则处理。

（七）关于股东代表诉讼

24.【何时成为股东不影响起诉】股东提起股东代表诉讼，被告以行为发生时原告尚未成为公司股东为由抗辩该股东不是适格原告的，人民法院不予支持。

25.【正确适用前置程序】根据《公司法》第151条的规定，股东提起代表诉讼的前置程序之一是，股东必须先书面请求公司有关机关向人民法院提起诉讼。一般情况下，股东没有履行该前置程序的，应当驳回起诉。但是，该项前置程序针对的是公司治理的一般情况，即在股东向公司有关机关提出书面申请之时，存在公司有关机关提起诉讼的可能性。如果查明的相关事实表明，根本不存在该种可能性的，人民法院不应当以原告未履行前置程序为由驳回起诉。

26.【股东代表诉讼的反诉】股东依据《公司法》第151条第3款的规定提起股东代表诉讼后，被告以原告股东恶意起诉侵犯其合法权益为由提起反诉的，人民法院应当受理。被告以公司在案涉纠纷中应当承担侵权或者违约等责任为由对公司提出的反诉，因不符合反诉的要件，人民法院应当裁定不予受理；已经受理的，裁定驳回起诉。

27.【股东代表诉讼的调解】公司是股东代表诉讼的最终受益人，为避免因原告股东与被告通过调解损害公司利益，人民法院应当审查调解协议是否为公司的意思。只有在调解协议经公司股东（大）会、董事会决议通过后，人民法院才能出具调解书予以确认。至于具体决议机关，取决于公司章程的规定。公司章程没有规定的,人民法院应当认定公司股东(大)会为决议机关。

（八）其他问题

28.【实际出资人显名的条件】实际出资人能够提供证据证明有限责任公司过半数的其他股东知道其实际出资的事实,且对其实际行使股东权利未曾提出异议的,对实际出资人提出的登记为公司股东的请求,人民法院依法予以支持。公司以实际出资人的请求不符合公司法司法解释（三）第24条的规定为由抗辩的,人民法院不予支持。

29.【请求召开股东（大）会不可诉】公司召开股东（大）会本质上属于公司内部治理范围。股东请求判令公司召开股东（大）会的,人民法院应当告知其按照《公司法》第40条或者第101条规定的程序自行召开。股东坚持起诉的,人民法院应当裁定不予受理;已经受理的,裁定驳回起诉。

### 三、关于合同纠纷案件的审理

会议认为,合同是市场化配置资源的主要方式,合同纠纷也是民商事纠纷的主要类型。人民法院在审理合同纠纷案件时,要坚持鼓励交易原则,充分尊重当事人的意思自治。要依法审慎认定合同效力。要根据诚实信用原则,合理解释合同条款、确定履行内容,合理确定当事人的权利义务关系,审慎适用合同解除制度,依法调整过高的违约金,强化对守约者诚信行为的保护力度,提高违法违约成本,促进诚信社会构建。

（一）关于合同效力

人民法院在审理合同纠纷案件过程中,要依职权审查合同是否存在无效的情形,注意无效与可撤销、未生效、效力待定等合同效力形态之间的区别,准确认定合同效力,并根据效力的不同情形,结合当事人的诉讼请求,确定相应的民事责任。

30.【强制性规定的识别】合同法施行后,针对一些人民法院动辄以违反法律、行政法规的强制性规定为由认定合同无效,不当扩大无效合同范围的情形,合同法司法解释（二）第14条将《合同法》第52条第5项规定的"强制性规定"明确限于"效力性强制性规定"。此后,《最高人民法院关于当前形势下审理民商事合同纠纷案件若干问题的指导意见》进一步提出了"管理性强制性规定"的概念,指出违反管理性强制性规定的,人民法院应当根据具体情形认定合同效力。随着这一概念的提出,审判实践中又出现了另一种倾向,有的人民法院认为凡是行政管理性质的强制性规定都属于"管理性强制性规定",不影响合同效力。这种望文生义的认定方法,应予纠正。

人民法院在审理合同纠纷案件时,要依据《民法总则》第153条第1款和合同法司法解释(二)第14条的规定慎重判断"强制性规定"的性质,特别是要在考量强制性规定所保护的法益类型、违法行为的法律后果以及交易安全保护等因素的基础上认定其性质,并在裁判文书中充分说明理由。下列强制性规定,应当认定为"效力性强制性规定":强制性规定涉及金融安全、市场秩序、国家宏观政策等公序良俗的;交易标的禁止买卖的,如禁止人体器官、毒品、枪支等买卖;违反特许经营规定的,如场外配资合同;交易方式严重违法的,如违反招投标等竞争性缔约方式订立的合同;交易场所违法的,如在批准的交易场所之外进行期货交易。关于经营范围、交易时间、交易数量等行政管理性质的强制性规定,一般应当认定为"管理性强制性规定"。

31.【违反规章的合同效力】违反规章一般情况下不影响合同效力,但该规章的内容涉及金融安全、市场秩序、国家宏观政策等公序良俗的,应当认定合同无效。人民法院在认定规章是否涉及公序良俗时,要在考察规范对象基础上,兼顾监管强度、交易安全保护以及社会影响等方面进行慎重考量,并在裁判文书中进行充分说理。

32.【合同不成立、无效或者被撤销的法律后果】《合同法》第58条就合同无效或者被撤销时的财产返还责任和损害赔偿责任作了规定,但未规定合同不成立的法律后果。考虑到合同不成立时也可能发生财产返还和损害赔偿责任问题,故应当参照适用该条的规定。

在确定合同不成立、无效或者被撤销后财产返还或者折价补偿范围时,要根据诚实信用原则的要求,在当事人之间合理分配,不能使不诚信的当事人因合同不成立、无效或者被撤销而获益。合同不成立、无效或者被撤销情况下,当事人所承担的缔约过失责任不应超过合同履行利益。比如,依据《最高人民法院关于审理建设工程施工合同纠纷案件适用法律问题的解释》第2条规定,建设工程施工合同无效,在建设工程经竣工验收合格情况下,可以参照合同约定支付工程款,但除非增加了合同约定之外新的工程项目,一般不应超出合同约定支付工程款。

33.【财产返还与折价补偿】合同不成立、无效或者被撤销后,在确定财产返还时,要允分考虑财产增值或者贬值的因素。双务合同不成立、无效或者被撤销后,双方因该合同取得财产的,应当相互返还。应予返还的股权、房屋等财产相对于合同约定价款出现增值或者贬值的,人民法院要综合考虑市场因素、受让人的经营或者添附等行为与财产增值或者贬值之间的关联性，在当事人之间合理分配或者分担，避免一方因合同不成立、无效或者被撤销而获益。在标的物已经灭失、转售他人或者其他无法返还的情况下，当事人主张返还原物的，人民法院不予支持，但其主张折价补偿的，人民法院依法予以支持。折价时，应当以当事人交易时约定的价款为基础，同时考虑当事人在标的物灭失或者转售时的获益情况综合确定补偿标准。标的物灭失时当事人获得的保险金或者其他赔偿金，转售时取得的对价，均属于当事人因标的物而获得的利益。对获益高于或者低于价款的部分，也应当在当事人之间合理分配或者分担。

34.【价款返还】双务合同不成立、无效或者被撤销时，标的物返还与价款返还互为对待给付，双方应当同时返还。关于应否支付利息问题，只要一方对标的物有使用情形的，一般应当支付使用费，该费用可与占有价款一方应当支付的资金占用费相互抵销，故在一方返还原物前，另一方仅须支付本金，而无须支付利息。

35.【损害赔偿】合同不成立、无效或者被撤销时，仅返还财产或者折价补偿不足以弥补损失，一方还可以向有过错的另一方请求损害赔偿。在确定损害赔偿范围时，既要根据当事人的过错程度合理确定责任，又要考虑在确定财产返还范围时已经考虑过的财产增值或者贬值因素，避免双重获利或者双重受损的现象发生。

36.【合同无效时的释明问题】在双务合同中，原告起诉请求确认合同有效并请求继续履行合同，被告主张合同无效的，或者原告起诉请求确认合同无效并返还财产，而被告主张合同有效的，都要防止机械适用"不告不理"原则，仅就当事人的诉讼请求进行审理，而应向原告释明变更或者增加诉讼请求，或者向被告释明提出同时履行抗辩，尽可能一次性解决纠纷。例如，基于合同有给付行为的原告请求确认合同无效，但并未提出返还原物或者折价补偿、赔偿损失等请求的，人民法院应当向其释明，告知其一并提出相应诉讼请求；原告请求确认合同无效并要求被告返还原物或者赔偿损失，被告基于合同也有给付行为的，人民法院同样应当向被告释明，告知其也可以提出返还请求；人民法院经审理认定合同无效的，除了要在判决书"本院认为"部分对同时返还作出认定外，还应当在判项中作出明确表述，避免因判令单方返还而出现不公平的结果。

第一审人民法院未予释明，第二审人民法院认为应当对合同不成立、无效或者被撤销的法律后果作出判决的，可以直接释明并改判。当然，如果返还财产或者赔偿损失的范围确实难以确定或者双方争议较大的，也可以告知当事人通过另行起诉等方式解决，并在裁判文书中予以明确。

当事人按照释明变更诉讼请求或者提出抗辩的，人民法院应当将其归纳为案件争议焦点，组织当事人充分举证、质证、辩论。

37.【未经批准合同的效力】法律、行政法规规定某类合同应当办理批准手续生效的，如商业银行法、证券法、保险法等法律规定购买商业银行、证券公司、保险公司5%以上股权须经相关主管部门批准，依据《合同法》第44条第2款的规定，批准是合同的法定生效条件，未经批准的合同因欠缺法律规定的特别生效条件而未生效。实践中的一个突出问题是，把未生效合同认定为无效合同，或者虽认定为未生效，却按无效合同处理。无效合同从本质上来说是欠缺合同的有效要件，或者具有合同无效的法定事由，自始不发生法律效力。而未生效合同已具备合同的有效要件，对双方具有一定的约束力，任何一方不得擅自撤回、解除、变更，但因欠缺法律、行政法规规定或当事人约定的特别生效条件，在该生效条件成就前，不能产生请求对方履行合同主要权利义务的法律效力。

38.【报批义务及相关违约条款独立生效】须经行政机关批准生效的合同，对报批义务及未履行报批义务的违约责任等相关内容作出专门约定的，该约定独立生效。一方因另一方不履行报批义务，请求解除合同并请求其承担合同约定的相应违约责任的，人民法院依法予以支持。

39.【报批义务的释明】须经行政机关批准生效的合同，一方请求另一方履行合同主要权利义务的，人民法院应当向其释明，将诉讼请求变更为请求履行报批义务。一方变更诉讼请求的，人民法院依法予以支持；经释明后当事人拒绝变更的，应当驳回其诉讼请求，但不影响其另行提起诉讼。

40.【判决履行报批义务后的处理】人民法院判决一方履行报批义务后，该当事人拒绝履行，经人民法院强制执行仍未履行，对方请求其承担合同违约责任的，人民法院依法予以支持。一方依据判决履行报批义务，行政机关予以批准，合同发生完全的法律效力，其请求对方履行合同的，人民法院依法予以支持；行政机关没有批准，合同不具有法律上的可履行性，一方请求解除合同的，人民法院依法予以支持。

41.【盖章行为的法律效力】司法实践中，有些公司有意刻制两套甚至多套公章，有的法定代表人或者代理人甚至私刻公章，订立合同时恶意加盖非备案的公章或者假公章，发生纠纷后法人以加盖的是假公章为由否定合同效力的情形并不鲜见。人民法院在审理案件时，应当主要审查签约人于盖章之时有无代表权或者代理权，从而根据代表或者代理的相关规则来确定合同的效力。

法定代表人或者其授权之人在合同上加盖法人公章的行为，表明其是以法人名义签订合同，除《公司法》第16条等法律对其职权有特别规定的情形外，应当由法人承担相应的法律后果。法人以法定代表人事后已无代表权、加盖的是假章、所盖之章与备案公章不一致等为由否定合同效力的，人民法院不予支持。

代理人以被代理人名义签订合同，要取得合法授权。代理人取得合法授权后，以被代理人名义签订的合同，应当由被代理人承担责任。被代理人以代理人事后已无代理权、加盖的是假章、所盖之章与备案公章不一致等为由否定合同效力的，人民法院不予支持。

42.【撤销权的行使】撤销权应当由当事人行使。当事人未请求撤销的，人民法院不应当依职权撤销合同。一方请求另一方履行合同，另一方以合同具有可撤销事由提出抗辩的，人民法院应当在审查合同是否具有可撤销事由以及是否超过法定期间等事实的基础上，对合同是否可撤销作出判断，不能仅以当事人未提起诉讼或者反诉为由不予审查或者不予支持。一方主张合同无效，依据的却是可撤销事由，此时人民法院应当全面审查合同是否具有无效事由以及当事人主张的可撤销事由。当事人关于合同无效的事由成立的，人民法院应当认定合同无效。当事人主张合同无效的理由不成立，而可撤销的事由成立的，因合同无效和可撤销的后果相同，人民法院也可以结合当事人的诉讼请求，直接判决撤销合同。

（二）关于合同履行与救济

在认定以物抵债协议的性质和效力时，要根据订立协议时履行期限是否已经届满予以区别对待。合同解除、违约责任都是非违约方寻求救济的主要方式，人民法院在认定合同应否解除时，要根据当事人有无解除权、是约定解除还是法定解除等不同情形，分别予以处理。在确定违约责任时，尤其要注意依法适用违约金调整的相关规则，避免简单地以民间借贷利率的司法保护上限作为调整依据。

43.【抵销】抵销权既可以通知的方式行使，也可以提出抗辩或者提起反诉的方式行使。抵销的意思表示自到达对方时生效，抵销一经生效，其效力溯及自抵销条件成就之时，双方互负的债务在同等数额内消灭。双方互负的债务数额，是截至抵销条件成就之时各自负有的包括主债务、利息、违约金、赔偿金等在内的全部债务数额。行使抵销权一方享有的债权不足以抵销全部债务数额，当事人对抵销顺序又没有特别约定的，应当根据实现债权的费用、利息、主债务的顺序进行抵销。

44.【履行期届满后达成的以物抵债协议】当事人在债务履行期限届满后达成以物抵债协议，抵债物尚未交付债权人，债权人请求债务人交付的，人民法院要着重审查以物抵债协议是否存在恶意损害第三人合法权益等情形，避免虚假诉讼的发生。经审查，不存在以上情况，且无其他无效事由的，人民法院依法予以支持。

当事人在一审程序中因达成以物抵债协议申请撤回起诉的，人民法院可予准许。当事人在二审程序中申请撤回上诉的，人民法院应当告知其申请撤回起诉。当事人申请撤回起诉，经审查不损害国家利益、社会公共利益、他人合法权益的，人民法院可予准许。当事人不申请撤回起诉，请求人民法院出具调解书对以物抵债协议予以确认的，因债务人完全可以立即履行该协议，没有必要由人民法院出具调解书，故人民法院不应准许，同时应当继续对原债权债务关系进行审理。

45.【履行期届满前达成的以物抵债协议】当事人在债务履行期届满前达成以物抵债协议，抵债物尚未交付债权人，债权人请求债务人交付的，因此种情况不同于本纪要第71条规定的让与担保，人民法院应当向其释明，其应当根据原债权债务关系提起诉讼。经释明后当事人仍拒绝变更诉讼请求的，应当驳回其诉讼请求，但不影响其根据原债权债务关系另行提起诉讼。

46.【通知解除的条件】审判实践中，部分人民法院对合同法司法解释（二）第24条的理解存在偏差，认为不论发出解除通知的一方有无解除权，只要另一方未在异议期限内以起诉方式提出异议，就判令解除合同，这不符合合同法关于合同解除权行使的有关规定。对该条的准确理解是，只有享有法定或者约定解除权的当事人才能以通知方式解除合同。不享有解除权的一方向另一方发出解除通知，另一方即便未在异议期限内提起诉讼，也不发生合同解除的效果。人民法院在审理案件时，应当审查发出解除通知的一方是否享有约定或者法定的解除权来决定合同应否解除，不能仅以受通知一方在约定或者法定的异议期限届满内未起诉这一事实就认定合同已经解除。

47.【约定解除条件】合同约定的解除条件成就时，守约方以此为由请求解除合同的，人民法院应当审查违约方的违约程度是否显著轻微，是否影响守约方合同目的的实现，根据诚实信用原则，确定合同应否解除。违约方的违约程度显著轻微，不影响守约方合同目的的实现，守约方请求解除合同的，人民法院不予支持；反之，则依法予以支持。

48.【违约方起诉解除】违约方不享有单方解除合同的权利。但是，在一些长期性合同如房屋租赁合同履行过程中，双方形成合同僵局，一概不允许违约方通过起诉的方式解除合同，有时对双方都不利。在此前提下，符合下列条件，违约方起诉请求解除合同的，人民法院依法予以支持：

（1）违约方不存在恶意违约的情形；

（2）违约方继续履行合同，对其显失公平；

（3）守约方拒绝解除合同，违反诚实信用原则。

人民法院判决解除合同的，违约方本应当承担的违约责任不能因解除合同而减少或者免除。

49.【合同解除的法律后果】合同解除时，一方依据合同中有关违约金、约定损害赔偿的计算方法、定金责任等违约责任条款的约定，请求另一方承担违约责任的，人民法院依法予以支持。

双务合同解除时人民法院的释明问题，参照本纪要第 36 条的相关规定处理。

50.【违约金过高标准及举证责任】认定约定违约金是否过高，一般应当以《合同法》第 113 条规定的损失为基础进行判断，这里的损失包括合同履行后可以获得的利益。除借款合同外的双务合同，作为对价的价款或者报酬给付之债，并非借款合同项下的还款义务，不能以受法律保护的民间借贷利率上限作为判断违约金是否过高的标准，而应当兼顾合同履行情况、当事人过错程度以及预期利益等因素综合确定。主张违约金过高的违约方应当对违约金是否过高承担举证责任。

（三）关于借款合同

人民法院在审理借款合同纠纷案件过程中，要根据防范化解重大金融风险、金融服务实体经济、降低融资成本的精神，区别对待金融借贷与民间借贷，并适用不同规则与利率标准。要依法否定高利转贷行为、职业放贷行为的效力，充分发挥司法的示范、引导作用，促进金融服务实体经济。要注意到，为深化利率市场化改革，推动降低实体利率水平，自 2019 年 8 月 20 日起，中国人民银行已经授权全国银行间同业拆借中心于每月 20 日（遇节假日顺延）9 时 30 分公布贷款市场报价利率（LPR），中国人民银行贷款基准利率这一标准已经取消。因此，自此之后人民法院裁判贷款利息的基本标准应改为全国银行间同业拆借中心公布的贷款市场报价利率。应予注意的是，贷款利率标准尽管发生了变化，但存款基准利率并未发生相应变化，相关标准仍可适用。

51.【变相利息的认定】金融借款合同纠纷中，借款人认为金融机构以服务费、咨询费、顾问费、管理费等为名变相收取利息，金融机构或者由其指定的人收取的相关费用不合理的，人民法院可以根据提供服务的实际情况确定借款人应否支付或者酌减相关费用。

52.【高利转贷】民间借贷中，出借人的资金必须是自有资金。出借人套取金融机构信贷资金又高利转贷给借款人的民间借贷行为，既增加了融资成本，又扰乱了信贷秩序，根据民间借贷司法解释第 14 条第 1 项的规定，应当认定此类民间借贷行为无效。人民法院在适用该条规定时，应当注意把握以下几点：一是要审查出借人的资金来源。借款人能够举证证明在签订借款合同时出借人尚欠银行贷款未还的，一般可以推定为出借人套取信贷资金，但出借人能够举反证予以推翻的除外；二是从宽认定"高利"转贷行为的标准，只要出借人通过转贷行为牟利的，就可以认定为是"高利"转贷行为；三是对该条规定的"借款人事先知道或者应当知道"要件，不宜把握过苛。实践中，只要出借人在签订借款合同时存在尚欠银行贷款未还事实的，一般可以认为满足了该条规定的"借款人事先知道或者应当知道"这一要件。

53.【职业放贷人】未依法取得放贷资格的以民间借贷为业的法人，以及以民间借贷为业的非法人组织或者自然人从事的民间借贷行为，应当依法认定无效。同一出借人在一定期间内多次反复从事有偿民间借贷行为的，一般可以认定为是职业放贷人。民间借贷比较活跃的地方的高级人民法院或者经其授权的中级人民法院，可以根据本地区的实际情况制定具体的认定标准。

## 四、关于担保纠纷案件的审理

会议认为，要注意担保法及其司法解释与物权法对独立担保、混合担保、担保期间等有关制度的不同规定，根据新的规定优于旧的规定的法律适用规则，优先适用物权法的规定。从属性是担保的基本属性，要慎重认定独立担保行为的效力，将其严格限定在法律或者司法解释明确规定的情形。要根据区分原则，准确认定担保合同效力。要坚持物权法定、公示公信原则，区分不动产与动产担保物权在物权变动、效力规则等方面的异同，准确适用法律。要充分发挥担保对缓解融资难融资贵问题的积极作用，不轻易否定新类型担保、非典型担保的合同效力及担保功能。

（一）关于担保的一般规则

54.【独立担保】从属性是担保的基本属性，但由银行或者非银行金融机构开立的独立保函除外。独立保函纠纷案件依据《最高人民法院关于审理独立保函纠纷案件若干问题的规定》处理。需要进一步明确的是：凡是由银行或者非银行金融机构开立的符合该司法解释第1条、第3条规定情形的保函，无论是用于国际商事交易还是用于国内商事交易，均不影响保函的效力。银行或者非银行金融机构之外的当事人开立的独立保函，以及当事人有关排除担保从属性的约定，应当认定无效。但是，根据"无效法律行为的转换"原理，在否定其独立担保效力的同时，应当将其认定为从属性担保。此时，如果主合同有效，则担保合同有效，担保人与主债务人承担连带保证责任。主合同无效，则该所谓的独立担保也随之无效，担保人无过错的，不承担责任；担保人有过错的，其承担民事责任的部分，不应超过债务人不能清偿部分的三分之一。

55.【担保责任的范围】担保人承担的担保责任范围不应当大于主债务，是担保从属性的必然要求。当事人约定的担保责任的范围大于主债务的，如针对担保责任约定专门的违约责任、担保责任的数额高于主债务、担保责任约定的利息高于主债务利息、担保责任的履行期先于主债务履行期届满，等等，均应当认定大于主债务部分的约定无效，从而使担保责任缩减至主债务的范围。

56.【混合担保中担保人之间的追偿问题】被担保的债权既有保证又有第三人提供的物的担保的，担保法司法解释第38条明确规定，承担了担保责任的担保人可以要求其他担保人清偿其应当分担的份额。但《物权法》第176条并未作出类似规定，根据《物权法》第178条关于"担保法与本法的规定不一致的，适用本法"的规定，承担了担保责任的担保人向其他担保人追偿的，人民法院不予支持，但担保人在担保合同中约定可以相互追偿的除外。

57.【借新还旧的担保物权】贷款到期后，借款人与贷款人订立新的借款合同，将新贷用于归还旧贷，旧贷因清偿而消灭，为旧贷设立的担保物权也随之消灭。贷款人以旧贷上的担保物权尚未进行涂销登记为由，主张对新贷行使担保物权的，人民法院不予支持，但当事人约定继续为新贷提供担保的除外。

58.【担保债权的范围】以登记作为公示方式的不动产担保物权的担保范围，一般应当以登记的范围为准。但是，我国目前不动产担保物权登记，不同地区的系统设置及登记规则并不一致，人民法院在审理案件时应当充分注意制度设计上的差别，作出符合实际的判断：一是多数省区市的登记系统未设置"担保范围"栏目，仅有"被担保主债权数额（最高债权数额）"的表述，且只能填写固定数字。而当事人在合同中又往往约定担保物权的担保范围包括主债权及其利息、违约金等附属债权，致使合同约定的担保范围与登记不一致。显然，这种不一致是由于该地区登记系统设置及登记规则造成的该地区的普遍现象。人民法院以合同约定认定担保物权的担保范围，是符合实际的妥当选择。二是一些省区市不动产登记系统设置与登记规则比较规范，担保物权登记范围与合同约定一致在该地区是常态或者普遍现象，人民法院在审理案件时，应当以登记的担保范围为准。

59.【主债权诉讼时效届满的法律后果】抵押权人应当在主债权的诉讼时效期间内行使抵押权。抵押权人在主债权诉讼时效届满前未行使抵押权，抵押人在主债权诉讼时效届满后请求涂销抵押权登记的，人民法院依法予以支持。

以登记作为公示方法的权利质权，参照适用前款规定。

（二）关于不动产担保物权

60.【未办理登记的不动产抵押合同的效力】不动产抵押合同依法成立，但未办理抵押登记手续，债权人请求抵押人办理抵押登记手续的，人民法院依法予以支持。因抵押物灭失以及抵押物转让他人等原因不能办理抵押登记，债权人请求抵押人以抵押物的价值为限承担责任的，人民法院依法予以支持，但其范围不得超过抵押权有效设立时抵押人所应当承担的责任。

61.【房地分别抵押】根据《物权法》第182条之规定，仅以建筑物设定抵押的，抵押权的效力及于占用范围内的土地；仅以建设用地使用权抵押的，抵押权的效力亦及于其上的建筑物。在房地分别抵押，即建设用地使用权抵押给一个债权人，而其上的建筑物又抵押给另一个人的情况下，可能产生两个抵押权的冲突问题。基于"房地一体"规则，此时应当将建筑物和建设用地使用权视为同一财产，从而依照《物权法》第199条的规定确定清偿顺序：登记在先的先清偿；同时登记的，按照债权比例清偿。同一天登记的，视为同时登记。应予注意的是，根据《物权法》第200条的规定，建设用地使用权抵押后，该土地上新增的建筑物不属于抵押财产。

62.【抵押权随主债权转让】抵押权是从属于主合同的从权利，根据"从随主"规则，债权转让的，除法律另有规定或者当事人另有约定外，担保该债权的抵押权一并转让。受让人向抵押人主张行使抵押权，抵押人以受让人不是抵押合同的当事人、未办理变更登记等为由提出抗辩的，人民法院不予支持。

（三）关于动产担保物权

63.【流动质押的设立与监管人的责任】在流动质押中，经常由债权人、出质人与监管人订立三方监管协议，此时应当查明监管人究竟是受债权人的委托还是受出质人的委托监管质物，确定质物是否已经交付债权人，从而判断质权是否有效设立。如果监管人系受债权人的委托监管质物，则其是债权人的直接占有人，应当认定完成了质物交付，质权有效设立。监管人违反监管协议约定，违规向出质人放货、因保管不善导致质物毁损灭失，债权人请求监管人承担违约责任的，人民法院依法予以支持。

如果监管人系受出质人委托监管质物，表明质物并未交付债权人，应当认定质权未有效设立。尽管监管协议约定监管人系受债权人的委托监管质物，但有证据证明其并未履行监管职责，质物实际上仍由出质人管领控制的，也应当认定质物并未实际交付，质权未有效设立。此时，债权人可以基于质押合同的约定请求质押人承担违约责任，但其范围不得超过质权有效设立时质押人所应当承担的责任。监管人未履行监管职责的，债权人也可以请求监管人承担违约责任。

64.【浮动抵押的效力】企业将其现有的以及将有的生产设备、原材料、半成品及产品等财产设定浮动抵押后，又将其中的生产设备等部分财产设定了动产抵押，并都办理了抵押登记的，根据《物权法》第199条的规定，登记在先的浮动抵押优先于登记在后的动产抵押。

65.【动产抵押权与质权竞存】同一动产上同时设立质权和抵押权的，应当参照适用《物权法》第199条的规定，根据是否完成公示以及公示先后情况来确定清偿顺序：质权有效设立、抵押权办理了抵押登记的，按照公示先后确定清偿顺序；顺序相同的，按照债权比例清偿；质权有效设立，抵押权未办理抵押登记的，质权优先于抵押权；质权未有效设立，抵押权未办理抵押登记的，因此时抵押权已经有效设立，故抵押权优先受偿。

根据《物权法》第178条规定的精神，担保法司法解释第79条第1款不再适用。

（四）关于非典型担保

66.【担保关系的认定】当事人订立的具有担保功能的合同，不存在法定无效情形的，应当认定有效。虽然合同约定的权利义务关系不属于物权法规定的典型担保类型，但是其担保功能应予肯定。

67.【约定担保物权的效力】债权人与担保人订立担保合同,约定以法律、行政法规未禁止抵押或者质押的财产设定以登记作为公示方法的担保,因无法定的登记机构而未能进行登记的,不具有物权效力。当事人请求按照担保合同的约定就该财产折价、变卖或者拍卖所得价款等方式清偿债务的,人民法院依法予以支持,但对其他权利人不具有对抗效力和优先性。

68.【保兑仓交易】保兑仓交易作为一种新类型融资担保方式,其基本交易模式是,以银行信用为载体、以银行承兑汇票为结算工具、由银行控制货权、卖方(或者仓储方)受托保管货物并以承兑汇票与保证金之间的差额作为担保。其基本的交易流程是:卖方、买方和银行订立三方合作协议,其中买方向银行缴存一定比例的承兑保证金,银行向买方签发以卖方为收款人的银行承兑汇票,买方将银行承兑汇票交付卖方作为货款,银行根据买方缴纳的保证金的一定比例向卖方签发提货单,卖方根据提货单向买方交付对应金额的货物,买方销售货物后,将货款再缴存为保证金。

在三方协议中,一般来说,银行的主要义务是及时签发承兑汇票并按约定方式将其交给卖方,卖方的主要义务是根据银行签发的提货单发货,并在买方未及时销售或者回赎货物时,就保证金与承兑汇票之间的差额部分承担责任。银行为保障自身利益,往往还会约定卖方要将货物交给由其指定的当事人监管,并设定质押,从而涉及监管协议以及流动质押等问题。实践中,当事人还可能在前述基本交易模式基础上另行作出其他约定,只要不违反法律、行政法规的效力性强制性规定,这些约定应当认定有效。

一方当事人因保兑仓交易纠纷提起诉讼的,人民法院应当以保兑仓交易合同作为审理案件的基本依据,但买卖双方没有真实买卖关系的除外。

69.【无真实贸易背景的保兑仓交易】保兑仓交易以买卖双方有真实买卖关系为前提。双方无真实买卖关系的,该交易属于名为保兑仓交易实为借款合同,保兑仓交易因构成虚伪意思表示而无效,被隐藏的借款合同是当事人的真实意思表示,如不存在其他合同无效情形,应当认定有效。保兑仓交易认定为借款合同关系的,不影响卖方和银行之间担保关系的效力,卖方仍应当承担担保责任。

70.【保兑仓交易的合并审理】当事人就保兑仓交易中的不同法律关系的相对方分别或者同时向同一人民法院起诉的,人民法院可以根据民事诉讼法司法解释第221条的规定,合并审理。当事人未起诉某一方当事人的,人民法院可以依职权追加未参加诉讼的当事人为第三人,以便查明相关事实,正确认定责任。

71.【让与担保】债务人或者第三人与债权人订立合同,约定将财产形式上转让至债权人名下,债务人到期清偿债务,债权人将该财产返还给债务人或第三人,债务人到期没有清偿债务,债权人可以对财产拍卖、变卖、折价偿还债权的,人民法院应当认定合同有效。合同如果约定债务人到期没有清偿债务,财产归债权人所有的,人民法院应当认定该部分约定无效,但不影响合同其他部分的效力。

当事人根据上述合同约定,已经完成财产权利变动的公示方式转让至债权人名下,债务人到期没有清偿债务,债权人请求确认财产归其所有的,人民法院不予支持,但债权人请求参照法律关于担保物权的规定对财产拍卖、变卖、折价优先偿还其债权的,人民法院依法予以支持。债务人因到期没有清偿债务,请求对该财产拍卖、变卖、折价偿还所欠债权人合同项下债务的,人民法院亦应依法予以支持。

## 五、关于金融消费者权益保护纠纷案件的审理

会议认为,在审理金融产品发行人、销售者以及金融服务提供者(以下简称卖方机构)与金融消费者之间因销售各类高风险等级金融产品和为金融消费者参与高风险等级投资活动提供服务而引发的民商事案件中,必须坚持"卖者尽责、买者自负"原则,将金融消费者是否充分了解相关金融产品、投资活动的性质及风险并在此基础上作出自主决定作为应当查明的案件基本事实,依法保护金融消费者的合法权益,规范卖方机构的经营行为,推动形成公开、公平、公正的市场环境和市场秩序。

72.【适当性义务】适当性义务是指卖方机构在向金融消费者推介、销售银行理财产品、保险投资产品、信托理财产品、券商集合理财计划、杠杆基金份额、期权及其他场外衍生品等高风险等级金融产品,以及为金融消费者参与融资融券、新三板、创业板、科创板、期货等高风险等级投资活动提供服务的过程中,必须履行的了解客户、了解产品、将适当的产品(或者服务)销售(或者提供)给适合的金融消费者等义务。卖方机构承担适当性义务的目的是为了确保金融消费者能够在充分了解相关金融产品、投资活动的性质及风险的基础上作出自主决定,并承受由此产生的收益和风险。在推介、销售高风险等级金融产品和提供高风险等级金融服务领域,适当性义务的履行是"卖者尽责"的主要内容,也是"买者自负"的前提和基础。

73.【法律适用规则】在确定卖方机构适当性义务的内容时,应当以合同法、证券法、证券投资基金法、信托法等法律规定的基本原则和国务院发

布的规范性文件作为主要依据。相关部门在部门规章、规范性文件中对高风险等级金融产品的推介、销售,以及为金融消费者参与高风险等级投资活动提供服务作出的监管规定,与法律和国务院发布的规范性文件的规定不相抵触的,可以参照适用。

74.【责任主体】金融产品发行人、销售者未尽适当性义务,导致金融消费者在购买金融产品过程中遭受损失的,金融消费者既可以请求金融产品的发行人承担赔偿责任,也可以请求金融产品的销售者承担赔偿责任,还可以根据《民法总则》第167条的规定,请求金融产品的发行人、销售者共同承担连带赔偿责任。发行人、销售者请求人民法院明确各自的责任份额的,人民法院可以在判决发行人、销售者对金融消费者承担连带赔偿责任的同时,明确发行人、销售者在实际承担了赔偿责任后,有权向责任方追偿其应当承担的赔偿份额。

金融服务提供者未尽适当性义务,导致金融消费者在接受金融服务后参与高风险等级投资活动遭受损失的,金融消费者可以请求金融服务提供者承担赔偿责任。

75.【举证责任分配】在案件审理过程中,金融消费者应当对购买产品(或者接受服务)、遭受的损失等事实承担举证责任。卖方机构对其是否履行了适当性义务承担举证责任。卖方机构不能提供其已经建立了金融产品(或者服务)的风险评估及相应管理制度、对金融消费者的风险认知、风险偏好和风险承受能力进行了测试、向金融消费者告知产品(或者服务)的收益和主要风险因素等相关证据的,应当承担举证不能的法律后果。

76.【告知说明义务】告知说明义务的履行是金融消费者能够真正了解各类高风险等级金融产品或者高风险等级投资活动的投资风险和收益的关键,人民法院应当根据产品、投资活动的风险和金融消费者的实际情况,综合理性人能够理解的客观标准和金融消费者能够理解的主观标准来确定卖方机构是否已经履行了告知说明义务。卖方机构简单地以金融消费者手写了诸如"本人明确知悉可能存在本金损失风险"等内容主张其已经履行了告知说明义务,不能提供其他相关证据的,人民法院对其抗辩理由不予支持。

77.【损失赔偿数额】卖方机构未尽适当性义务导致金融消费者损失的,应当赔偿金融消费者所受的实际损失。实际损失为损失的本金和利息,利息按照中国人民银行发布的同期同类存款基准利率计算。

金融消费者因购买高风险等级金融产品或者为参与高风险投资活动接受服务,以卖方机构存在欺诈行为为由,主张卖方机构应当根据《消费者权益保护法》第 55 条的规定承担惩罚性赔偿责任的，人民法院不予支持。卖方机构的行为构成欺诈的，对金融消费者提出赔偿其支付金钱总额的利息损失请求，应当注意区分不同情况进行处理：

（1）金融产品的合同文本中载明了预期收益率、业绩比较基准或者类似约定的，可以将其作为计算利息损失的标准；

（2）合同文本以浮动区间的方式对预期收益率或者业绩比较基准等进行约定，金融消费者请求按照约定的上限作为利息损失计算标准的，人民法院依法予以支持；

（3）合同文本虽然没有关于预期收益率、业绩比较基准或者类似约定，但金融消费者能够提供证据证明产品发行的广告宣传资料中载明了预期收益率、业绩比较基准或者类似表述的，应当将宣传资料作为合同文本的组成部分；

（4）合同文本及广告宣传资料中未载明预期收益率、业绩比较基准或者类似表述的，按照全国银行间同业拆借中心公布的贷款市场报价利率计算。

78.【免责事由】因金融消费者故意提供虚假信息、拒绝听取卖方机构的建议等自身原因导致其购买产品或者接受服务不适当，卖方机构请求免除相应责任的，人民法院依法予以支持，但金融消费者能够证明该虚假信息的出具系卖方机构误导的除外。卖方机构能够举证证明根据金融消费者的既往投资经验、受教育程度等事实，适当性义务的违反并未影响金融消费者作出自主决定的，对其关于应当由金融消费者自负投资风险的抗辩理由，人民法院依法予以支持。

## 六、关于证券纠纷案件的审理

（一）关于证券虚假陈述

会议认为，《最高人民法院关于审理证券市场因虚假陈述引发的民事赔偿案件的若干规定》施行以来，证券市场的发展出现了新的情况，证券虚假陈述纠纷案件的审理对司法能力提出了更高的要求。在案件审理过程中，对于需要借助其他学科领域的专业知识进行职业判断的问题，要充分发挥专家证人的作用，使得案件的事实认定符合证券市场的基本常识和普遍认知或者认可的经验法则，责任承担与侵权行为及其主观过错程度相匹配，在切实维护投资者合法权益的同时，通过民事责任追究实现震慑违法的功能，维护公开、公平、公正的资本市场秩序。

79.【共同管辖的案件移送】原告以发行人、上市公司以外的虚假陈述行为人为被告提起诉讼，被告申请追加发行人或者上市公司为共同被告的，人民法院应予准许。人民法院在追加后发现其他有管辖权的人民法院已先行受理因同一虚假陈述引发的民事赔偿案件的，应当按照民事诉讼法司法解释第36条的规定，将案件移送给先立案的人民法院。

80.【案件审理方式】案件审理方式方面，在传统的"一案一立、分别审理"的方式之外，一些人民法院已经进行了将部分案件合并审理、在示范判决基础上委托调解等改革，初步实现了案件审理的集约化和诉讼经济。在认真总结审判实践经验的基础上，有条件的地方人民法院可以选择个案以《民事诉讼法》第54条规定的代表人诉讼方式进行审理，逐步展开试点工作。就案件审理中涉及的适格原告范围认定、公告通知方式、投资者权利登记、代表人推选、执行款项的发放等具体工作，积极协调相关部门和有关方面，推动信息技术审判辅助平台和常态化、可持续的工作机制建设，保障投资者能够便捷、高效、透明和低成本地维护自身合法权益，为构建符合中国国情的证券民事诉讼制度积累审判经验，培养审判队伍。

81.【立案登记】多个投资者就同一虚假陈述向人民法院提起诉讼，可以采用代表人诉讼方式对案件进行审理的，人民法院在登记立案时可以根据原告起诉状中所描述的虚假陈述的数量、性质及其实施日、揭露日或者更正日等时间节点，将投资者作为共同原告统一立案登记。原告主张被告实施了多个虚假陈述的，可以分别立案登记。

82.【案件甄别及程序决定】人民法院决定采用《民事诉讼法》第54条规定的方式审理案件的，在发出公告前，应当先行就被告的行为是否构成虚假陈述，投资者的交易方向与诱多、诱空的虚假陈述是否一致，以及虚假陈述的实施日、揭露日或者更正日等案件基本事实进行审查。

83.【选定代表人】权利登记的期间届满后，人民法院应当通知当事人在指定期间内完成代表人的推选工作。推选不出代表人的，人民法院可以与当事人商定代表人。人民法院在提出人选时，应当将当事人诉讼请求的典型性和利益诉求的份额等作为考量因素，确保代表行为能够充分、公正地表达投资者的诉讼主张。国家设立的投资者保护机构以自己的名义提起诉讼，或者接受投资者的委托指派工作人员或者委托诉讼代理人参与案件审理活动的，人民法院可以商定该机构或者其代理的当事人作为代表人。

84.【揭露日和更正日的认定】虚假陈述的揭露和更正，是指虚假陈述被市场所知悉、了解，其精确程度并不以"镜像规则"为必要，不要求达到全面、完整、准确的程度。原则上，只要交易市场对监管部门立案调查、权威媒体刊载的揭露文章等信息存在着明显的反应，对一方主张市场已经知悉虚假陈述的抗辩，人民法院依法予以支持。

85.【重大性要件的认定】审判实践中，部分人民法院对重大性要件和信赖要件存在着混淆认识，以行政处罚认定的信息披露违法行为对投资者的交易决定没有影响为由否定违法行为的重大性，应当引起注意。重大性是指可能对投资者进行投资决策具有重要影响的信息，虚假陈述已经被监管部门行政处罚的，应当认为是具有重大性的违法行为。在案件审理过程中，对于一方提出的监管部门作出处罚决定的行为不具有重大性的抗辩，人民法院不予支持，同时应当向其释明，该抗辩并非民商事案件的审理范围，应当通过行政复议、行政诉讼加以解决。

（二）关于场外配资

会议认为，将证券市场的信用交易纳入国家统一监管的范围，是维护金融市场透明度和金融稳定的重要内容。不受监管的场外配资业务，不仅盲目扩张了资本市场信用交易的规模，也容易冲击资本市场的交易秩序。融资融券作为证券市场的主要信用交易方式和证券经营机构的核心业务之一，依法属于国家特许经营的金融业务，未经依法批准，任何单位和个人不得非法从事配资业务。

86.【场外配资合同的效力】从审判实践看，场外配资业务主要是指一些P2P公司或者私募类配资公司利用互联网信息技术，搭建起游离于监管体系之外的融资业务平台，将资金融出方、资金融入方即用资人和券商营业部三方连接起来，配资公司利用计算机软件系统的二级分仓功能将其自有资金或者以较低成本融入的资金出借给用资人，赚取利息收入的行为。这些场外配资公司所开展的经营活动，本质上属于只有证券公司才能依法开展的融资活动，不仅规避了监管部门对融资融券业务中资金来源、投资标的、杠杆比例等诸多方面的限制，也加剧了市场的非理性波动。在案件审理过程中，除依法取得融资融券资格的证券公司与客户开展的融资融券业务外，对其他任何单位或者个人与用资人的场外配资合同，人民法院应当根据《证券法》第142条、合同法司法解释（一）第10条的规定，认定为无效。

87.【合同无效的责任承担】场外配资合同被确认无效后，配资方依场外配资合同的约定，请求用资人向其支付约定的利息和费用的，人民法院不予支持。

配资方依场外配资合同的约定，请求分享用资人因使用配资所产生的收益的，人民法院不予支持。

用资人以其因使用配资导致投资损失为由请求配资方予以赔偿的，人民法院不予支持。用资人能够证明因配资方采取更改密码等方式控制账户使得用资人无法及时平仓止损，并据此请求配资方赔偿其因此遭受的损失的，人民法院依法予以支持。

用资人能够证明配资合同是因配资方招揽、劝诱而订立，请求配资方赔偿其全部或者部分损失的，人民法院应当综合考虑配资方招揽、劝诱行为的方式、对用资人的实际影响、用资人自身的投资经历、风险判断和承受能力等因素，判决配资方承担与其过错相适应的赔偿责任。

### 七、关于营业信托纠纷案件的审理

会议认为，从审判实践看，营业信托纠纷主要表现为事务管理信托纠纷和主动管理信托纠纷两种类型。在事务管理信托纠纷案件中，对信托公司开展和参与的多层嵌套、通道业务、回购承诺等融资活动，要以其实际构成的法律关系确定其效力，并在此基础上依法确定各方的权利义务。在主动管理信托纠纷案件中，应当重点审查受托人在"受人之托，忠人之事"的财产管理过程中，是否恪尽职守，履行了谨慎、有效管理等法定或者约定义务。

88.【营业信托纠纷的认定】信托公司根据法律法规以及金融监督管理部门的监管规定，以取得信托报酬为目的接受委托人的委托，以受托人身份处理信托事务的经营行为，属于营业信托。由此产生的信托当事人之间的纠纷，为营业信托纠纷。

根据《关于规范金融机构资产管理业务的指导意见》的规定，其他金融机构开展的资产管理业务构成信托关系的，当事人之间的纠纷适用信托法及其他有关规定处理。

89.【资产或者资产收益权转让及回购】信托公司在资金信托成立后，以募集的信托资金受让特定资产或者特定资产收益权，属于信托公司在资金依法募集后的资金运用行为，由此引发的纠纷不应当认定为营业信托纠纷。如果合同中约定由转让方或者其指定的第三方在一定期间后以交易本金加上溢价款等固定价款无条件回购的，无论转让方所转让的标的物是否真实存在、是否实际交付或者过户，只要合同不存在法定无效事由，对信托公司提出的由转让方或者其指定的第三方按约定承担责任的诉讼请求，人民法院依法予以支持。

当事人在相关合同中同时约定采用信托公司受让目标公司股权、向目标公司增资方式并以相应股权担保债权实现的，应当认定在当事人之间成立让与担保法律关系。当事人之间的具体权利义务，根据本纪要第71条的规定加以确定。

90.【劣后级受益人的责任承担】信托文件及相关合同将受益人区分为优先级受益人和劣后级受益人等不同类别，约定优先级受益人以其财产认购信托计划份额，在信托到期后，劣后级受益人负有对优先级受益人从信托财产获得利益与其投资本金及约定收益之间的差额承担补足义务，优先级受益人请求劣后级受益人按照约定承担责任的，人民法院依法予以支持。

信托文件中关于不同类型受益人权利义务关系的约定，不影响受益人与受托人之间信托法律关系的认定。

91.【增信文件的性质】信托合同之外的当事人提供第三方差额补足、代为履行到期回购义务、流动性支持等类似承诺文件作为增信措施，其内容符合法律关于保证的规定的，人民法院应当认定当事人之间成立保证合同关系。其内容不符合法律关于保证的规定的，依据承诺文件的具体内容确定相应的权利义务关系，并根据案件事实情况确定相应的民事责任。

92.【保底或者刚兑条款无效】信托公司、商业银行等金融机构作为资产管理产品的受托人与受益人订立的含有保证本息固定回报、保证本金不受损失等保底或者刚兑条款的合同，人民法院应当认定该条款无效。受益人请求受托人对其损失承担与其过错相适应的赔偿责任的，人民法院依法予以支持。

实践中，保底或者刚兑条款通常不在资产管理产品合同中明确约定，而是以"抽屉协议"或者其他方式约定，不管形式如何，均应认定无效。

93.【通道业务的效力】当事人在信托文件中约定，委托人自主决定信托设立、信托财产运用对象、信托财产管理运用处分方式等事宜，自行承担信托资产的风险管理责任和相应风险损失，受托人仅提供必要的事务协助或者服务，不承担主动管理职责的，应当认定为通道业务。《中国人民银行、中国银行保险监督管理委员会、中国证券监督管理委员会、国家外汇管理局关于规范金融机构资产管理业务的指导意见》第22条在规定"金融机构不得为其他金融机构的资产管理产品提供规避投资范围、杠杆约束等监管要求的通道服务"的同时，也在第29条明确按照"新老划断"原则，将过渡期设置为截止2020年底，确保平稳过渡。在过渡期内，对通道业务中存在的利用信托通道掩盖风险、规避资金投向、资产分类、拨备计提和资本占用等监管规定，或者通过信托通道将表内资产虚假出表等信托业务，如果不存在其他无效事由，一方以信托目的违法违规为由请求确认无效的，人民法院不予支持。至于委托人和受托人之间的权利义务关系，应当依据信托文件的约定加以确定。

94.【受托人的举证责任】资产管理产品的委托人以受托人未履行勤勉尽责、公平对待客户等义务损害其合法权益为由，请求受托人承担损害赔偿责任的，应当由受托人举证证明其已经履行了义务。受托人不能举证证明，委托人请求其承担相应赔偿责任的，人民法院依法予以支持。

95.【信托财产的诉讼保全】信托财产在信托存续期间独立于委托人、受托人、受益人各自的固有财产。委托人将其财产委托给受托人进行管理，在信托依法设立后，该信托财产即独立于委托人未设立信托的其他固有财产。受托人因承诺信托而取得的信托财产，以及通过对信托财产的管理、运用、处分等方式取得的财产，均独立于受托人的固有财产。受益人对信托财产享有的权利表现为信托受益权，信托财产并非受益人的责任财产。因此，当事人因其与委托人、受托人或者受益人之间的纠纷申请对存管银行或者信托公司专门账户中的信托资金采取保全措施的，除符合《信托法》第17条规定的情形外，人民法院不应当准许。已经采取保全措施的，存管银行或者信托公司能够提供证据证明该账户为信托账户的，应当立即解除保全措施。对信托公司管理的其他信托财产的保全，也应当根据前述规则办理。

当事人申请对受益人的受益权采取保全措施的，人民法院应当根据《信托法》第47条的规定进行审查，决定是否采取保全措施。决定采取保全措施的，应当将保全裁定送达受托人和受益人。

96.【信托公司固有财产的诉讼保全】除信托公司作为被告外，原告申请对信托公司固有资金账户的资金采取保全措施的，人民法院不应准许。信托公司作为被告，确有必要对其固有财产采取诉讼保全措施的，必须强化善意执行理念，防范发生金融风险。要严格遵守相应的适用条件与法定程序，坚决杜绝超标的执行。在采取具体保全措施时，要尽量寻求依法平等保护各方利益的平衡点，优先采取方便执行且对信托公司正常经营影响最小的执行措施，能采取"活封""活扣"措施的，尽量不进行"死封""死扣"。在条件允许的情况下，可以为信托公司预留必要的流动资金和往来账户，最大限度降低对信托公司正常经营活动的不利影响。信托公司申请解除财产保全符合法律、司法解释规定情形的，应当在法定期限内及时解除保全措施。

## 八、关于财产保险合同纠纷案件的审理

会议认为，妥善审理财产保险合同纠纷案件，对于充分发挥保险的风险

管理和保障功能，依法保护各方当事人合法权益，实现保险业持续健康发展和服务实体经济，具有重大意义。

97.【未依约支付保险费的合同效力】当事人在财产保险合同中约定以投保人支付保险费作为合同生效条件，但对该生效条件是否为全额支付保险费约定不明，已经支付了部分保险费的投保人主张保险合同已经生效的，人民法院依法予以支持。

98.【仲裁协议对保险人的效力】被保险人和第三者在保险事故发生前达成的仲裁协议，对行使保险代位求偿权的保险人是否具有约束力，实务中存在争议。保险代位求偿权是一种法定债权转让，保险人在向被保险人赔偿保险金后，有权行使被保险人对第三者请求赔偿的权利。被保险人和第三者在保险事故发生前达成的仲裁协议，对保险人具有约束力。考虑到涉外民商事案件的处理常常涉及国际条约、国际惯例的适用，相关问题具有特殊性，故具有涉外因素的民商事纠纷案件中该问题的处理，不纳入本条规范的范围。

99.【直接索赔的诉讼时效】商业责任保险的被保险人给第三者造成损害，被保险人对第三者应当承担的赔偿责任确定后，保险人应当根据被保险人的请求，直接向第三者赔偿保险金。被保险人怠于提出请求的，第三者有权依据《保险法》第65条第2款的规定，就其应获赔偿部分直接向保险人请求赔偿保险金。保险人拒绝赔偿的，第三者请求保险人直接赔偿保险金的诉讼时效期间的起算时间如何认定，实务中存在争议。根据诉讼时效制度的基本原理，第三者请求保险人直接赔偿保险金的诉讼时效期间，自其知道或者应当知道向保险人的保险金赔偿请求权行使条件成就之日起计算。

## 九、关于票据纠纷案件的审理

会议认为，人民法院在审理票据纠纷案件时，应当注意区分票据的种类和功能，正确理解票据行为无因性的立法目的，在维护票据流通性功能的同时，依法认定票据行为的效力，依法确认当事人之间的权利义务关系以及保护合法持票人的权益，防范和化解票据融资市场风险，维护票据市场的交易安全。

100.【合谋伪造贴现申请材料的后果】贴现行的负责人或者有权从事该业务的工作人员与贴现申请人合谋，伪造贴现申请人与其前手之间具有真实的商品交易关系的合同、增值税专用发票等材料申请贴现，贴现行主张其享有票据权利的，人民法院不予支持。对贴现行因支付资金而产生的损失，按照基础关系处理。

101.【民间贴现行为的效力】票据贴现属于国家特许经营业务,合法持票人向不具有法定贴现资质的当事人进行"贴现"的,该行为应当认定无效,贴现款和票据应当相互返还。当事人不能返还票据的,原合法持票人可以拒绝返还贴现款。人民法院在民商事案件审理过程中,发现不具有法定资质的当事人以"贴现"为业的,因该行为涉嫌犯罪,应当将有关材料移送公安机关。民商事案件的审理必须以相关刑事案件的审理结果为依据的,应当中止诉讼,待刑事案件审结后,再恢复案件的审理。案件的基本事实无须以相关刑事案件的审理结果为依据的,人民法院应当继续审理。

根据票据行为无因性原理,在合法持票人向不具有贴现资质的主体进行"贴现",该"贴现"人给付贴现款后直接将票据交付其后手,其后手支付对价并记载自己为被背书人后,又基于真实的交易关系和债权债务关系将票据进行背书转让的情形下,应当认定最后持票人为合法持票人。

102.【转贴现协议】转贴现是通过票据贴现持有票据的商业银行为了融通资金,在票据到期日之前将票据权利转让给其他商业银行,由转贴现行在收取一定的利息后,将转贴现款支付给持票人的票据转让行为。转贴现行提示付款被拒付后,依据转贴现协议的约定,请求未在票据上背书的转贴现申请人按照合同法律关系返还转贴现款并赔偿损失的,案由应当确定为合同纠纷。转贴现合同法律关系有效成立的,对于原告的诉讼请求,人民法院依法予以支持。当事人虚构转贴现事实,或者当事人之间不存在真实的转贴现合同法律关系的,人民法院应当向当事人释明按照真实交易关系提出诉讼请求,并按照真实交易关系和当事人约定本意依法确定当事人的责任。

103.【票据清单交易、封包交易案件中的票据权利】审判实践中,以票据贴现为手段的多链条融资模式引发的案件应当引起重视。这种交易俗称票据清单交易、封包交易,是指商业银行之间就案涉票据订立转贴现或者回购协议,附以票据清单,或者将票据封包作为质押,双方约定按照票据清单中列明的基本信息进行票据转贴现或者回购,但往往并不进行票据交付和背书。实务中,双方还往往再订立一份代保管协议,约定由原票据持有人代对方继续持有票据,从而实现合法、合规的形式要求。

出资银行仅以参与交易的单个或者部分银行为被告提起诉讼行使票据追索权,被告能够举证证明票据交易存在诸如不符合正常转贴现交易顺序的倒打款、未进行背书转让、票据未实际交付等相关证据,并据此主张相关金融机构之间并无转贴现的真实意思表示,抗辩出资银行不享有票据权利的,人民法院依法予以支持。

出资银行在取得商业承兑汇票后又将票据转贴现给其他商业银行，持票人向其前手主张票据权利的，人民法院依法予以支持。

104.【票据清单交易、封包交易案件的处理原则】在村镇银行、农信社等作为直贴行，农信社、农商行、城商行、股份制银行等多家金融机构共同开展以商业承兑汇票为基础的票据清单交易、封包交易引发的纠纷案件中，在商业承兑汇票的出票人等实际用资人不能归还票款的情况下，为实现纠纷的一次性解决，出资银行以实际用资人和参与交易的其他金融机构为共同被告，请求实际用资人归还本息、参与交易的其他金融机构承担与其过错相适应的赔偿责任的，人民法院依法予以支持。

出资银行仅以整个交易链条的部分当事人为被告提起诉讼的，人民法院应当向其释明，其应当申请追加参与交易的其他当事人作为共同被告。出资银行拒绝追加实际用资人为被告的，人民法院应当驳回其诉讼请求；出资银行拒绝追加参与交易的其他金融机构为被告的，人民法院在确定其他金融机构的过错责任范围时，应当将未参加诉讼的当事人应当承担的相应份额作为考量因素，相应减轻本案当事人的责任。在确定参与交易的其他金融机构的过错责任范围时，可以参照其收取的"通道费""过桥费"等费用的比例以及案件的其他情况综合加以确定。

105.【票据清单交易、封包交易案件中的民刑交叉问题】人民法院在案件审理过程中，如果发现公安机关已经就实际用资人、直贴行、出资银行的工作人员涉嫌骗取票据承兑罪、伪造印章罪等立案侦查，一方当事人根据《最高人民法院关于在审理经济纠纷案件中涉及经济犯罪嫌疑若干问题的规定》第11条的规定申请将案件移送公安机关的，因该节事实对于查明出资银行是否为正当持票人，以及参与交易的其他金融机构的抗辩理由能否成立存在重要关联，人民法院应当将有关材料移送公安机关。民商事案件的审理必须以相关刑事案件的审理结果为依据的，应当中止诉讼，待刑事案件审结后，再恢复案件的审理。案件的基本事实无须以相关刑事案件的审理结果为依据的，人民法院应当继续案件的审理。

参与交易的其他商业银行以公安机关已经对其工作人员涉嫌受贿、伪造印章等犯罪立案侦查为由请求将案件移送公安机关的，因该节事实并不影响相关当事人民事责任的承担，人民法院应当根据《最高人民法院关于在审理经济纠纷案件中涉及经济犯罪嫌疑若干问题的规定》第10条的规定继续审理。

106.【恶意申请公示催告的救济】公示催告程序本为对合法持票人进行失票救济所设，但实践中却沦为部分票据出卖方在未获得票款情形下，通过伪报票据丧失事实申请公示催告、阻止合法持票人行使票据权利的工具。对此，民事诉讼法司法解释已经作出了相应规定。适用时，应当区别付款人是否已经付款等情形，作出不同认定：

（1）在除权判决作出后，付款人尚未付款的情况下，最后合法持票人可以根据《民事诉讼法》第223条的规定，在法定期限内请求撤销除权判决，待票据恢复效力后再依法行使票据权利。最后合法持票人也可以基于基础法律关系向其直接前手退票并请求其直接前手另行给付基础法律关系项下的对价。

（2）除权判决作出后，付款人已经付款的，因恶意申请公示催告并持除权判决获得票款的行为损害了最后合法持票人的权利，最后合法持票人请求申请人承担侵权损害赔偿责任的，人民法院依法予以支持。

### 十、关于破产纠纷案件的审理

会议认为，审理好破产案件对于推动高质量发展、深化供给侧结构性改革、营造稳定公平透明可预期的营商环境，具有十分重要的意义。要继续深入推进破产审判工作的市场化、法治化、专业化、信息化，充分发挥破产审判公平清理债权债务、促进优胜劣汰、优化资源配置、维护市场经济秩序等重要功能。一是要继续加大对破产保护理念的宣传和落实，及时发挥破产重整制度的积极拯救功能，通过平衡债权人、债务人、出资人、员工等利害关系人的利益，实现社会整体价值最大化；注重发挥和解程序简便快速清理债权债务关系的功能，鼓励当事人通过和解程序或者达成自行和解的方式实现各方利益共赢；积极推进清算程序中的企业整体处置方式，有效维护企业营运价值和职工就业。二是要推进不符合国家产业政策、丧失经营价值的企业主体尽快从市场退出，通过依法简化破产清算程序流程加快对"僵尸企业"的清理。三是要注重提升破产制度实施的经济效益，降低破产程序运行的时间和成本，有效维护企业营运价值，最大程度发挥各类要素和资源潜力，减少企业破产给社会经济造成的损害。四是要积极稳妥进行实践探索，加强理论研究，分步骤、有重点地推进建立自然人破产制度，进一步推动健全市场主体退出制度。

107.【继续推动破产案件的及时受理】充分发挥破产重整案件信息网的线上预约登记功能，提高破产案件的受理效率。当事人提出破产申请的，人民法院不得以非法定理由拒绝接收破产申请材料。如果可能影响社会稳定的，要加强府院协调，制定相应预案，但不应当以"影响社会稳定"之名，行消极不作为之实。破产申请材料不完备的，立案部门应当告知当事人在指定期限内补充材料，待材料齐备后以"破申"作为案件类型代字编制案号登记立案，并及时将案件移送破产审判部门进行破产审查。

注重发挥破产和解制度简便快速清理债权债务关系的功能，债务人根据《企业破产法》第95条的规定，直接提出和解申请，或者在破产申请受理后宣告破产前申请和解的，人民法院应当依法受理并及时作出是否批准的裁定。

108.【破产申请的不予受理和撤回】人民法院裁定受理破产申请前，提出破产申请的债权人的债权因清偿或者其他原因消灭的，因申请人不再具备申请资格，人民法院应当裁定不予受理。但该裁定不影响其他符合条件的主体再次提出破产申请。破产申请受理后，管理人以上述清偿符合《企业破产法》第31条、第32条为由请求撤销的，人民法院查实后应当予以支持。

人民法院裁定受理破产申请系对债务人具有破产原因的初步认可，破产申请受理后，申请人请求撤回破产申请的，人民法院不予准许。除非存在《企业破产法》第12条第2款规定的情形，人民法院不得裁定驳回破产申请。

109.【受理后债务人财产保全措施的处理】要切实落实破产案件受理后相关保全措施应予解除、相关执行措施应当中止、债务人财产应当及时交付管理人等规定，充分运用信息化技术手段，通过信息共享与整合，维护债务人财产的完整性。相关人民法院拒不解除保全措施或者拒不中止执行的，破产受理人民法院可以请求该法院的上级人民法院依法予以纠正。对债务人财产采取保全措施或者执行措施的人民法院未依法及时解除保全措施、移交处置权，或者中止执行程序并移交有关财产的，上级人民法院应当依法予以纠正。相关人员违反上述规定造成严重后果的，破产受理人民法院可以向人民法院纪检监察部门移送其违法审判责任线索。

人民法院审理企业破产案件时，有关债务人财产被其他具有强制执行权力的国家行政机关，包括税务机关、公安机关、海关等采取保全措施或者执行程序的，人民法院应当积极与上述机关进行协调和沟通，取得有关机关的配合，参照上述具体操作规程，解除有关保全措施，中止有关执行程序，以便保障破产程序顺利进行。

110.【受理后有关债务人诉讼的处理】人民法院受理破产申请后，已经开始而尚未终结的有关债务人的民事诉讼，在管理人接管债务人财产和诉讼事务后继续进行。债权人已经对债务人提起的给付之诉，破产申请受理后，人民法院应当继续审理，但是在判定相关当事人实体权利义务时，应当注意与企业破产法及其司法解释的规定相协调。

上述裁判作出并生效前，债权人可以同时向管理人申报债权，但其作为债权尚未确定的债权人，原则上不得行使表决权，除非人民法院临时确定其债权额。上述裁判生效后，债权人应当根据裁判认定的债权数额在破产程序中依法统一受偿，其对债务人享有的债权利息应当按照《企业破产法》第46条第2款的规定停止计算。

人民法院受理破产申请后，债权人新提起的要求债务人清偿的民事诉讼，人民法院不予受理，同时告知债权人应当向管理人申报债权。债权人申报债权后，对管理人编制的债权表记载有异议的，可以根据《企业破产法》第58条的规定提起债权确认之诉。

111.【债务人自行管理的条件】重整期间，债务人同时符合下列条件的，经申请，人民法院可以批准债务人在管理人的监督下自行管理财产和营业事务：

（1）债务人的内部治理机制仍正常运转；
（2）债务人自行管理有利于债务人继续经营；
（3）债务人不存在隐匿、转移财产的行为；
（4）债务人不存在其他严重损害债权人利益的行为。

债务人提出重整申请时可以一并提出自行管理的申请。经人民法院批准由债务人自行管理财产和营业事务的，企业破产法规定的管理人职权中有关财产管理和营业经营的职权应当由债务人行使。

管理人应当对债务人的自行管理行为进行监督。管理人发现债务人存在严重损害债权人利益的行为或者有其他不适宜自行管理情形的，可以申请人民法院作出终止债务人自行管理的决定。人民法院决定终止的，应当通知管理人接管债务人财产和营业事务。债务人有上述行为而管理人未申请人民法院作出终止决定的，债权人等利害关系人可以向人民法院提出申请。

112.【重整中担保物权的恢复行使】重整程序中，要依法平衡保护担保物权人的合法权益和企业重整价值。重整申请受理后，管理人或者自行管理的债务人应当及时确定设定有担保物权的债务人财产是否为重整所必需。如果认为担保物不是重整所必需，管理人或者自行管理的债务人应当及时对担保物进行拍卖或者变卖，拍卖或者变卖担保物所得价款在支付拍卖、变卖费用后优先清偿担保物权人的债权。

在担保物权暂停行使期间，担保物权人根据《企业破产法》第75条的规定向人民法院请求恢复行使担保物权的，人民法院应当自收到恢复行使担保物权申请之日起三十日内作出裁定。经审查，担保物权人的申请不符合第75条的规定，或者虽然符合该条规定但管理人或者自行管理的债务人有证据证明担保物是重整所必需，并且提供与减少价值相应担保或者补偿的，人民法院应当裁定不予批准恢复行使担保物权。担保物权人不服该裁定的，可以自收到裁定书之日起十日内，向作出裁定的人民法院申请复议。人民法院裁定批准行使担保物权的，管理人或者自行管理的债务人应当自收到裁定书之日起十五日内启动对担保物的拍卖或者变卖，拍卖或者变卖担保物所得价款在支付拍卖、变卖费用后优先清偿担保物权人的债权。

113.【重整计划监督期间的管理人报酬及诉讼管辖】要依法确保重整计划的执行和有效监督。重整计划的执行期间和监督期间原则上应当一致。二者不一致的，人民法院在确定和调整重整程序中的管理人报酬方案时，应当根据重整期间和重整计划监督期间管理人工作量的不同予以区别对待。其中，重整期间的管理人报酬应当根据管理人对重整发挥的实际作用等因素予以确定和支付；重整计划监督期间管理人报酬的支付比例和支付时间，应当根据管理人监督职责的履行情况，与债权人按照重整计划实际受偿比例和受偿时间相匹配。

重整计划执行期间，因重整程序终止后新发生的事实或者事件引发的有关债务人的民事诉讼，不适用《企业破产法》第21条有关集中管辖的规定。除重整计划有明确约定外，上述纠纷引发的诉讼，不再由管理人代表债务人进行。

114.【重整程序与破产清算程序的衔接】重整期间或者重整计划执行期间，债务人因法定事由被宣告破产的，人民法院不再另立新的案号，原重整程序的管理人原则上应当继续履行破产清算程序中的职责。原重整程序的管理人不能继续履行职责或者不适宜继续担任管理人的，人民法院应当依法重新指定管理人。

重整程序转破产清算案件中的管理人报酬，应当综合管理人为重整工作和清算工作分别发挥的实际作用等因素合理确定。重整期间因法定事由转入破产清算程序的，应当按照破产清算案件确定管理人报酬。重整计划执行期间因法定事由转入破产清算程序的，后续破产清算阶段的管理人报酬应当根据管理人实际工作量予以确定，不能简单根据债务人最终清偿的财产价值总额计算。

重整程序因人民法院裁定批准重整计划草案而终止的，重整案件可作结案处理。重整计划执行完毕后，人民法院可以根据管理人等利害关系人申请，作出重整程序终结的裁定。

115.【庭外重组协议效力在重整程序中的延伸】继续完善庭外重组与庭内重整的衔接机制，降低制度性成本，提高破产制度效率。人民法院受理重整申请前，债务人和部分债权人已经达成的有关协议与重整程序中制作的重整计划草案内容一致的，有关债权人对该协议的同意视为对该重整计划草案表决的同意。但重整计划草案对协议内容进行了修改并对有关债权人有不利影响，或者与有关债权人重大利益相关的，受到影响的债权人有权按照企业破产法的规定对重整计划草案重新进行表决。

116.【审计、评估等中介机构的确定及责任】要合理区分人民法院和管理人在委托审计、评估等财产管理工作中的职责。破产程序中确实需要聘请中介机构对债务人财产进行审计、评估的，根据《企业破产法》第28条的规定，经人民法院许可后，管理人可以自行公开聘请，但是应当对其聘请的中介机构的相关行为进行监督。上述中介机构因不当履行职责给债务人、债权人或者第三人造成损害的，应当承担赔偿责任。管理人在聘用过程中存在过错的，应当在其过错范围内承担相应的补充赔偿责任。

117.【公司解散清算与破产清算的衔接】要依法区分公司解散清算与破产清算的不同功能和不同适用条件。债务人同时符合破产清算条件和强制清算条件的，应当及时适用破产清算程序实现对债权人利益的公平保护。债权人对符合破产清算条件的债务人提起公司强制清算申请，经人民法院释明，债权人仍然坚持申请对债务人强制清算的，人民法院应当裁定不予受理。

118.【无法清算案件的审理与责任承担】人民法院在审理债务人相关人员下落不明或者财产状况不清的破产案件时，应当充分贯彻债权人利益保护原则，避免债务人通过破产程序不当损害债权人利益，同时也要避免不当突破股东有限责任原则。

人民法院在适用《最高人民法院关于债权人对人员下落不明或者财产状况不清的债务人申请破产清算案件如何处理的批复》第3款的规定，判定债务人相关人员承担责任时，应当依照企业破产法的相关规定来确定相关主体的义务内容和责任范围，不得根据公司法司法解释（二）第18条第2款的规定来判定相关主体的责任。

上述批复第3款规定的"债务人的有关人员不履行法定义务，人民法院可依据有关法律规定追究其相应法律责任"，系指债务人的法定代表人、财务管理人员和其他经营管理人员不履行《企业破产法》第15条规定的配合清算义务，人民法院可以根据《企业破产法》第126条、第127条追究其相应法律责任，或者参照《民事诉讼法》第111条的规定，依法拘留，构成犯罪的，依法追究刑事责任；债务人的法定代表人或者实际控制人不配合清算的，人民法院可以依据《出境入境管理法》第12条的规定，对其作出不准出境的决定，以确保破产程序顺利进行。

上述批复第3款规定的"其行为导致无法清算或者造成损失"，系指债务人的有关人员不配合清算的行为导致债务人财产状况不明，或者依法负有清算责任的人未依照《企业破产法》第7条第3款的规定及时履行破产申请义务，导致债务人主要财产、账册、重要文件等灭失，致使管理人无法执行清算职务，给债权人利益造成损害。"有关权利人起诉请求其承担相应民事责任"，系指管理人请求上述主体承担相应损害赔偿责任并将因此获得的赔偿归入债务人财产。管理人未主张上述赔偿，个别债权人可以代表全体债权人提起上述诉讼。

上述破产清算案件被裁定终结后，相关主体以债务人主要财产、账册、重要文件等重新出现为由，申请对破产清算程序启动审判监督的，人民法院不予受理，但符合《企业破产法》第123条规定的，债权人可以请求人民法院追加分配。

## 十一、关于案外人救济案件的审理

案外人救济案件包括案外人申请再审、案外人执行异议之诉和第三人撤销之诉三种类型。修改后的民事诉讼法在保留案外人执行异议之诉及案外人申请再审的基础上，新设立第三人撤销之诉制度，在为案外人权利保障提供更多救济渠道的同时，因彼此之间错综复杂的关系也容易导致认识上的偏差，有必要厘清其相互之间的关系，以便正确适用不同程序，依法充分保护各方主体合法权益。

119.【案外人执行异议之诉的审理】案外人执行异议之诉以排除对特定标的物的执行为目的，从程序上而言，案外人依据《民事诉讼法》第227条提出执行异议被驳回的，即可向执行人民法院提起执行异议之诉。人民法院对执行异议之诉的审理，一般应当就案外人对执行标的物是否享有权利、享有什么样的权利、权利是否足以排除强制执行进行判断。至于是否作出具体的确权判项，视案外人的诉讼请求而定。案外人未提出确权或者给付诉讼请求的，不作出确权判项，仅在裁判理由中进行分析判断并作出是否排除执行的判项即可。但案外人既提出确权、给付请求，又提出排除执行请求的，人民法院对该请求是否支持、是否排除执行，均应当在具体判项中予以明确。执行异议之诉不以否定作为执行依据的生效裁判为目的，案外人如认为裁判确有错误的，只能通过申请再审或者提起第三人撤销之诉的方式进行救济。

120.【债权人能否提起第三人撤销之诉】第三人撤销之诉中的第三人仅局限于《民事诉讼法》第56条规定的有独立请求权及无独立请求权的第三人，而且一般不包括债权人。但是，设立第三人撤销之诉的目的在于，救济第三人享有的因不能归责于本人的事由未参加诉讼但因生效裁判文书内容错误受到损害的民事权益，因此，债权人在下列情况下可以提起第三人撤销之诉：

（1）该债权是法律明确给予特殊保护的债权，如《合同法》第286条规定的建设工程价款优先受偿权，《海商法》第22条规定的船舶优先权；

（2）因债务人与他人的权利义务被生效裁判文书确定，导致债权人本来可以对《合同法》第74条和《企业破产法》第31条规定的债务人的行为享有撤销权而不能行使的；

（3）债权人有证据证明，裁判文书主文确定的债权内容部分或者全部虚假的。

债权人提起第三人撤销之诉还要符合法律和司法解释规定的其他条件。对于除此之外的其他债权，债权人原则上不得提起第三人撤销之诉。

121.【必要共同诉讼漏列的当事人申请再审】民事诉讼法司法解释对必要共同诉讼漏列的当事人申请再审规定了两种不同的程序，二者在管辖法院及申请再审期限的起算点上存在明显差别，人民法院在审理相关案件时应予注意：

（1）该当事人在执行程序中以案外人身份提出异议，异议被驳回的，根据民事诉讼法司法解释第423条的规定，其可以在驳回异议裁定送达之日起6个月内向原审人民法院申请再审；

（2）该当事人未在执行程序中以案外人身份提出异议的，根据民事诉讼法司法解释第422条的规定，其可以根据《民事诉讼法》第200条第8项的规定，自知道或者应当知道生效裁判之日起6个月内向上一级人民法院申请再审。当事人一方人数众多或者当事人双方为公民的案件，也可以向原审人民法院申请再审。

122.【程序启动后案外人不享有程序选择权】案外人申请再审与第三人

撤销之诉功能上近似，如果案外人既有申请再审的权利，又符合第三人撤销之诉的条件，对于案外人是否可以行使选择权，民事诉讼法司法解释采取了限制的司法态度，即依据民事诉讼法司法解释第303条的规定，按照启动程序的先后，案外人只能选择相应的救济程序：案外人先启动执行异议程序的，对执行异议裁定不服，认为原裁判内容错误损害其合法权益的，只能向作出原裁判的人民法院申请再审，而不能提起第三人撤销之诉；案外人先启动了第三人撤销之诉，即便在执行程序中又提出执行异议，也只能继续进行第三人撤销之诉，而不能依《民事诉讼法》第227条申请再审。

123.【案外人依据另案生效裁判对非金钱债权的执行提起执行异议之诉】审判实践中，案外人有时依据另案生效裁判所认定的与执行标的物有关的权利提起执行异议之诉，请求排除对标的物的执行。此时，鉴于作为执行依据的生效裁判与作为案外人提出执行异议依据的生效裁判，均涉及对同一标的物权属或给付的认定，性质上属于两个生效裁判所认定的权利之间可能产生的冲突，人民法院在审理执行异议之诉时，需区别不同情况作出判断：如果作为执行依据的生效裁判是确权裁判，不论作为执行异议依据的裁判是确权裁判还是给付裁判，一般不应据此排除执行，但人民法院应当告知案外人对作为执行依据的确权裁判申请再审；如果作为执行依据的生效裁判是给付标的物的裁判，而作为提出异议之诉依据的裁判是确权裁判，一般应据此排除执行，此时人民法院应告知其对该确权裁判申请再审；如果两个裁判均属给付标的物的裁判，人民法院需依法判断哪个裁判所认定的给付权利具有优先性，进而判断是否可以排除执行。

124.【案外人依据另案生效裁判对金钱债权的执行提起执行异议之诉】作为执行依据的生效裁判并未涉及执行标的物，只是执行中为实现金钱债权对特定标的物采取了执行措施。对此种情形，《最高人民法院关于人民法院办理执行异议和复议案件若干问题的规定》第26条规定了解决案外人执行异议的规则，在审理执行异议之诉时可以参考适用。依据该条规定，作为案外人提起执行异议之诉依据的裁判将执行标的物确权给案外人，可以排除执行；作为案外人提起执行异议之诉依据的裁判，未将执行标的物确权给案外人，而是基于不以转移所有权为目的的有效合同（如租赁、借用、保管合同），判令向案外人返还执行标的物的，其性质属于物权请求权，亦可以排除执行；基于以转移所有权为目的有效合同（如买卖合同），判令向案外人交付标的物的，其性质属于债权请求权，不能排除执行。

应予注意的是，在金钱债权执行中，如果案外人提出执行异议之诉依据的生效裁判认定以转移所有权为目的的合同（如买卖合同）无效或应当解除，进而判令向案外人返还执行标的物的，此时案外人享有的是物权性质的返还请求权，本可排除金钱债权的执行，但在双务合同无效的情况下，双方互负返还义务，在案外人未返还价款的情况下，如果允许其排除金钱债权的执行，将会使申请执行人既执行不到被执行人名下的财产，又执行不到本应返还给被执行人的价款，显然有失公允。为平衡各方当事人的利益，只有在案外人已经返还价款的情况下，才能排除普通债权人的执行。反之，案外人未返还价款的，不能排除执行。

125.【案外人系商品房消费者】实践中，商品房消费者向房地产开发企业购买商品房，往往没有及时办理房地产过户手续。房地产开发企业因欠债而被强制执行，人民法院在对尚登记在房地产开发企业名下但已出卖给消费者的商品房采取执行措施时，商品房消费者往往会提出执行异议，以排除强制执行。对此，《最高人民法院关于人民法院办理执行异议和复议案件若干问题的规定》第29条规定，符合下列情形的，应当支持商品房消费者的诉讼请求：一是在人民法院查封之前已签订合法有效的书面买卖合同；二是所购商品房系用于居住且买受人名下无其他用于居住的房屋；三是已支付的价款超过合同约定总价款的百分之五十。人民法院在审理执行异议之诉案件时，可参照适用此条款。

问题是，对于其中"所购商品房系用于居住且买受人名下无其他用于居住的房屋"如何理解，审判实践中掌握的标准不一。"买受人名下无其他用于居住的房屋"，可以理解为在案涉房屋同一设区的市或者县级市范围内商品房消费者名下没有用于居住的房屋。商品房消费者名下虽然已有1套房屋，但购买的房屋在面积上仍然属于满足基本居住需要的，可以理解为符合该规定的精神。

对于其中"已支付的价款超过合同约定总价款的百分之五十"如何理解，审判实践中掌握的标准也不一致。如果商品房消费者支付的价款接近于百分之五十，且已按照合同约定将剩余价款支付给申请执行人或者按照人民法院的要求交付执行的，可以理解为符合该规定的精神。

126.【商品房消费者的权利与抵押权的关系】根据《最高人民法院关于建设工程价款优先受偿权问题的批复》第1条、第2条的规定，交付全部或者大部分款项的商品房消费者的权利优先于抵押权人的抵押权，故抵押权人申请执行登记在房地产开发企业名下但已销售给消费者的商品房，消费者提出执行异议的，人民法院依法予以支持。但应当特别注意的是，此情况是针对实践中存在的商品房预售不规范现象为保护消费者生存权而作出的例外规定，必须严格把握条件，避免扩大范围，以免动摇抵押权具有优先性的基本原则。因此，这里的商品房消费者应当仅限于符合本纪要第 125 条规定的商品房消费者。买受人不是本纪要第 125 条规定的商品房消费者，而是一般的房屋买卖合同的买受人，不适用上述处理规则。

127.【案外人系商品房消费者之外的一般买受人】金钱债权执行中，商品房消费者之外的一般买受人对登记在被执行人名下的不动产提出异议，请求排除执行的，《最高人民法院关于人民法院办理执行异议和复议案件若干问题的规定》第 28 条规定，符合下列情形的依法予以支持：一是在人民法院查封之前已签订合法有效的书面买卖合同；二是在人民法院查封之前已合法占有该不动产；三是已支付全部价款，或者已按照合同约定支付部分价款且将剩余价款按照人民法院的要求交付执行；四是非因买受人自身原因未办理过户登记。人民法院在审理执行异议之诉案件时，可参照适用此条款。

实践中，对于该规定的前 3 个条件，理解并无分歧。对于其中的第 4 个条件，理解不一致。一般而言，买受人只要有向房屋登记机构递交过户登记材料，或向出卖人提出了办理过户登记的请求等积极行为的，可以认为符合该条件。买受人无上述积极行为，其未办理过户登记有合理的客观理由的，亦可认定符合该条件。

## 十二、关于民刑交叉案件的程序处理

会议认为，近年来，在民间借贷、P2P 等融资活动中，与涉嫌诈骗、合同诈骗、票据诈骗、集资诈骗、非法吸收公众存款等犯罪有关的民商事案件的数量有所增加，出现了一些新情况和新问题。在审理案件时，应当依照《最高人民法院关于在审理经济纠纷案件中涉及经济犯罪嫌疑若干问题的规定》《最高人民法院关于审理非法集资刑事案件具体应用法律若干问题的解释》《最高人民法院最高人民检察院公安部关于办理非法集资刑事案件适用法律若干问题的意见》以及民间借贷司法解释等规定，处理好民刑交叉案件之间的程序关系。

128.【分别审理】同一当事人因不同事实分别发生民商事纠纷和涉嫌刑事犯罪，民商事案件与刑事案件应当分别审理，主要有下列情形：

（1）主合同的债务人涉嫌刑事犯罪或者刑事裁判认定其构成犯罪，债权人请求担保人承担民事责任的；

（2）行为人以法人、非法人组织或者他人名义订立合同的行为涉嫌刑事犯罪或者刑事裁判认定其构成犯罪，合同相对人请求该法人、非法人组织或者他人承担民事责任的；

（3）法人或者非法人组织的法定代表人、负责人或者其他工作人员的职务行为涉嫌刑事犯罪或者刑事裁判认定其构成犯罪，受害人请求该法人或者非法人组织承担民事责任的；

（4）侵权行为人涉嫌刑事犯罪或者刑事裁判认定其构成犯罪，被保险人、受益人或者其他赔偿权利人请求保险人支付保险金的；

（5）受害人请求涉嫌刑事犯罪的行为人之外的其他主体承担民事责任的。

审判实践中出现的问题是，在上述情形下，有的人民法院仍然以民商事案件涉嫌刑事犯罪为由不予受理，已经受理的，裁定驳回起诉。对此，应予纠正。

129.【涉众型经济犯罪与民商事案件的程序处理】2014年颁布实施的《最高人民法院最高人民检察院公安部关于办理非法集资刑事案件适用法律若干问题的意见》和2019年1月颁布实施的《最高人民法院最高人民检察院公安部关于办理非法集资刑事案件若干问题的意见》规定的涉嫌集资诈骗、非法吸收公众存款等涉众型经济犯罪，所涉人数众多、当事人分布地域广、标的额特别巨大、影响范围广，严重影响社会稳定，对于受害人就同一事实提起的以犯罪嫌疑人或者刑事被告人为被告的民事诉讼，人民法院应当裁定不予受理，并将有关材料移送侦查机关、检察机关或者正在审理该刑事案件的人民法院。受害人的民事权利保护应当通过刑事追赃、退赔的方式解决。正在审理民商事案件的人民法院发现有上述涉众型经济犯罪线索的，应当及时将犯罪线索和有关材料移送侦查机关。侦查机关作出立案决定前，人民法院应当中止审理；作出立案决定后，应当裁定驳回起诉；侦查机关未及时立案的，人民法院必要时可以将案件报请党委政法委协调处理。除上述情形人民法院不予受理外，要防止通过刑事手段干预民商事审判，搞地方保护，影响营商环境。

当事人因租赁、买卖、金融借款等与上述涉众型经济犯罪无关的民事纠纷，请求上述主体承担民事责任的，人民法院应予受理。

130.【民刑交叉案件中民商事案件中止审理的条件】人民法院在审理民商事案件时，如果民商事案件必须以相关刑事案件的审理结果为依据，而刑事案件尚未审结的，应当根据《民事诉讼法》第150条第5项的规定裁定中止诉讼。待刑事案件审结后，再恢复民商事案件的审理。如果民商事案件不是必须以相关的刑事案件的审理结果为依据，则民商事案件应当继续审理。

# 第二部分　会议讲话

# 在全国法院民商事审判工作会议上的讲话

周 强[*]

(2019年7月3日)

同志们：

这次会议的主要任务是，坚持以习近平新时代中国特色社会主义思想为指导，全面贯彻党的十九大和十九届二中、三中全会以及中央经济工作会议、中央政法工作会议、全国金融工作会议精神，总结成绩，分析形势，部署工作，着力提升人民法院民商事审判工作能力和水平，为我国经济高质量发展提供更加有力的司法服务和保障。

习近平总书记在党的十九大报告中指出，我国经济已由高速增长阶段转向高质量发展阶段，要贯彻新发展理念，建设现代化经济体系。在全国金融工作会议上，习近平总书记强调，要紧紧围绕服务实体经济、防控金融风险、深化金融改革三项任务，创新和完善金融调控，完善金融市场体系，推进构建现代金融监管框架，促进经济和金融良性循环、健康发展。在中央经济工作会议上，习近平总书记强调，我国发展仍处于并将长期处于重要战略机遇期，要紧扣重要战略机遇新内涵，坚持推动高质量发展，坚持以供给侧结构性改革为主线，加快建设现代化经济体系，继续打好三大攻坚战，统筹推进稳增长、促改革、调结构、惠民生、防风险工作，保持经济持续健康发展和社会大局稳定。在中央政法工作会议上，习近平总书记强调，要加快推进社会治理现代化，加快推进政法领域全面深化改革，加快推进政法队伍革命化、正规化、专业化、职业化建设，履行好维护国家政治安全、确保社会大局稳定、促进社会公平正义、保障人民安居乐业的职责任务。在中央依法治国委员会第一次、第二次会议上，习近平总书记强调，法治是最好的营商环境，要更好发挥法治固根本、稳预期、利长远的保障作用。在刚刚召开的二十国集团领导人第十四次峰会上，习近平总书记发表重要讲话，强调我国将推出进一步开放市场、主动扩大

---

[*] 最高人民法院党组书记、院长。

进口、持续改善营商环境、全面实施平等待遇、大力推动经贸谈判等重大举措，加快形成对外开放新局面，努力实现高质量发展。在坚持新发展理念、深化供给侧结构性改革、打好三大攻坚战、推动全方位对外开放、服务民营企业发展等多个方面，习近平总书记都作出重要论述。习近平总书记的重要讲话和指示批示精神，为人民法院民商事审判工作指明了方向，提供了根本遵循。各级法院要坚持以习近平新时代中国特色社会主义思想为指导，增强"四个意识"、坚定"四个自信"、做到"两个维护"，切实把思想和行动统一到习近平总书记重要讲话、指示批示精神和党中央决策部署上来，积极发挥民商事审判职能作用，为经济社会持续健康发展提供高水平司法服务和保障。

民商事审判是化解经济纠纷、调节经济运行、保障经济发展的重要审判部门，是营造法治化营商环境的重要力量。做好民商事审判工作，事关经济高质量发展，事关全面深化改革，事关人民群众美好生活，责任重大，任务艰巨，使命光荣。党的十八大以来，在以习近平同志为核心的党中央坚强领导下，人民法院民商事审判工作坚持以习近平新时代中国特色社会主义思想为指导，认真贯彻新发展理念，坚持围绕中心、服务大局，充分发挥职能作用，取得了显著成绩，开创了崭新局面。一是民商事审判质效有了新提高。2013年至2018年，全国法院共审结一审商事案件1985.6万件，同比增长55%，占一审民商事结案总数的31.3%，特别是超过20万件证券、保险类纠纷通过非诉讼纠纷解决渠道实现多元化解，光大证券"乌龙指事件"系列内幕交易民事赔偿案、重庆钢铁破产重整案等一批重大案件取得良好效果。二是营造法治化营商环境取得新进展。推出立案登记制、裁判文书公开、智慧法院建设等一系列司法改革举措，出台公司法、破产法等相关司法解释，不断优化营商环境司法指标，为我国营商环境全球排名大幅提升作出积极贡献。根据世界银行2019年营商环境报告，我国"执行合同"指标全球排名第六，"司法程序质量指标"位列全球第一。三是产权司法保护达到新水平。深入贯彻习近平总书记在民营企业座谈会上重要讲话精神，制定一系列影响深远的司法解释和司法政策，依法审理一大批涉产权民商事案件，坚决平等保护各类市场主体合法权益，促进稳定市场预期、增强市场信心。四是金融审判工作实现新突破。出台金融审判司法政策，明确金融案件裁判尺度，更好服务金融工作三项任务。设立上海金融法院，世界银行专家认为这是全球金融法治的最佳实践。上海、江苏、陕西等地法院发布金融审判白皮书，积极延伸金融审判职能。最近，最高人民法院专门出台为设立科创板并试点注册制改革提供司法保障的意见，依法服务深化金融供给侧结构性改革、保障资本市场持续健康发展。五是破产审判工作开创新局面。参与 G20 杭州峰会中美元首会晤成果协商,相关工作列入成果清单。破产审判制度化、专业化和信息化建设取得丰硕成果,设立北京、上海、深圳 3 个破产法庭和 98 个破产审判庭,破产审判服务供给侧结构性改革能力明显增强,等等。

我们深深体会到,人民法院民商事审判工作的发展进步,根本在于以习近平同志为核心的党中央坚强领导,根本在于习近平新时代中国特色社会主义思想科学指引,根本在于习近平总书记作为党中央的核心、全党的核心掌舵领航。这些成绩的取得,离不开各方面大力支持,离不开广大干警奉献担当。在此,我代表最高人民法院,向中央有关部门,向各级党委、人大、政府、政协,各级人大代表、政协委员、人民法院特约监督员、专家学者、媒体朋友和社会各界表示衷心感谢!向长期奋战在民商事审判一线的广大干警致以诚挚问候!下面,我讲几点意见。

**一、准确把握当前民商事审判工作面临的新形势新任务**

中国特色社会主义进入新时代,我国社会主要矛盾发生变化,经济转向高质量发展阶段,这为民商事审判提供了明确的新坐标,也提出了更高的要求。各级法院要准确把握形势任务,积极主动作为,切实围绕大局履职尽责。

——国际国内新形势对民商事审判提出新挑战。习近平总书记深刻指出,世界面临百年未有之大变局,变局中危和机同生并存,这给中华民族伟大复兴带来重大机遇,我国发展仍处于并将长期处于重要战略机遇期。从国际上看,世界经济延续复苏态势,但正在经历深刻调整,保护主义、单边主义明显抬头,经济全球化遭遇逆流,由美国单方挑起的中美经贸摩擦成为影响世界经济发展和我国外部发展环境的最大不确定因素。从国内看,我国经济保持总体平稳、稳中有进良好态势,但稳中有变、变中有忧,经济运行仍然面临不少问题和困难,存在下行压力。作为国家经济社会发展的"晴雨表"、司法服务经济发展的主战场,民商事审判要敏锐感知国际环境和国内条件的发展变化,切实把思想统一到党中央对当前经济形势的分析判断上来,深刻领会我国发展重要战略机遇新内涵,积极应对案件快速增长、办案难度不断加大的严峻考验,充分发挥审判职能作用,依法保障经济平稳运行。

——经济高质量发展对民商事审判提出新要求。习近平总书记深刻指出,推动高质量发展,是保持经济持续健康发展、适应我国社会主要矛盾变化、遵循经济规律发展的必然要求,是党和国家当前和今后一个时期确定发展思路、制定经济政策、实施宏观调控的根本要求。实现高质量发展,必须坚持以供给侧结构性改革为主线，推动经济发展质量变革、效率变革、动力变革，建设现代化经济体系。要按照高质量发展要求，在审判理念、体系、机制、方式上实现迭代升级，在服务保障供给侧结构性改革、打好三大攻坚战、促进新旧发展动能转换、实施区域协调发展战略、加快完善社会主义市场经济体制、推动形成全面开放新格局等方面及时跟上、深度回应、有所作为，加快推进民商事审判体系和审判能力现代化，为经济高质量发展营造良好法治环境。自贸区范围的扩大、海南自由贸易港的推进，都对民商事审判提出了新要求。

——优化营商环境对民商事审判提出新任务。习近平总书记深刻指出，投资环境就像空气，空气清新才能吸引更多外资，要营造国际一流营商环境。营商环境是一个国家的重要软实力和核心竞争力，优化营商环境就是解放生产力、提高竞争力。近年来，党中央高度重视优化营商环境，在营造市场化、法治化、国际化营商环境方面作出一系列重大决策部署，如制定外商投资法、加强知识产权保护、深化"放管服"改革、更大规模"减税降费"等，这些重大举措都与民商事审判息息相关，司法在优化营商环境方面的功能和作用也愈发凸显，任务也越来越繁重。我国在世界银行营商环境报告中"办理破产""中小投资者保护"指标方面，全球排名分别是 61 位和 64 位，还有很大提升空间。我们要紧紧抓住历史机遇，坚决破除影响民商事审判发展的体制机制障碍，更好发挥司法工作在稳定预期、提振信心、激发活力、促进发展、优化环境方面的独特作用，促进经济社会繁荣发展。

面对繁重艰巨的工作任务，民商事审判仍有不适应的地方，存在不少问题和困难。一是审判理念亟待更新。面对复杂多变的国际形势和快速发展的国内经济，一些干警还没有把审判理念、思想观念同步更新到新时代要求上来，没有把新发展理念和高质量发展要求准确及时地贯彻到司法裁判中去，与时代需求相脱节。二是司法能力亟待提高。民商事案件涉及市场经济各领域各环节，内容纷繁复杂，政策性、专业性、时效性非常强，新类型案件层出不穷，一些干警在办案过程中，对新知识、新领域不了解，无法对新型疑难复杂案件作出科学、审慎、恰当的司法评价，与实际需要还存在差距。三是工作体制机制亟待健全。从全国来看，民商事审判体系的空间布局需要进一步优化，金融、破产等领域专业化建设仍需持续推进，在相关制度机制方面还有一些短板和不足，需要通过深化司法体制改革等加以解决。四是队伍建设亟待加强。队伍的政治建设、素质能力尤其是专业能力、人才培养等还存在不健全不完善的地方，民商事审判领域违纪违法问题时有发生，存在着廉政建设的风险，革命化、正规化、专业化、职业化建设任重而道远。对于这些问题，我们必须采取切实有效举措，努力加以解决。

根据新的形势任务，做好当前和今后一个时期人民法院民商事审判工作，总的要求是：坚持以习近平新时代中国特色社会主义思想为指导，深入贯彻落实党的十九大和十九届二中、三中全会以及中央经济工作会议、中央政法工作会议、全国金融工作会议精神，坚持稳中求进工作总基调，贯彻新发展理念，紧紧围绕"努力让人民群众在每一个司法案件中感受到公平正义"目标，坚持服务大局、司法为民、公正司法，以营造法治化营商环境为工作重心，重点抓好产权保护、金融审判和破产审判三项工作，建设过硬民商事审判队伍，充分发挥民商事审判职能作用，为经济高质量发展提供高水平司法服务和保障。

## 二、进一步营造稳定公平透明、可预期的法治化营商环境

习近平总书记强调，营商环境只有更好，没有最好。民商事审判作为人民法院营造法治化营商环境的前沿阵地，要坚持最高标准，努力营造更加稳定公平透明、可预期的法治化营商环境，确保把习近平总书记"法治是最好的营商环境"重要指示落到实处，确保党和国家事业推进到哪里，司法服务保障就跟进到哪里。

一是认真贯彻落实党中央关于优化营商环境的决策部署，切实找准司法服务的切入点、着力点。要认真落实最高人民法院关于提升2020年《世界银行营商环境报告》有关指标排名的工作方案要求，准确把握世界银行营商环境评价体系内容，积极推动构建开放型经济新体制。世界银行认为，良好的营商环境，主要由强有力的产权保护机制、公平有序的市场竞争机制、规范高效的行政监管体系、公平可及的基础设施供给、良好的金融基础设施保障、公正高效的纠纷解决机制、开放便利的跨境监管体系等7个方面决定。根据相关分析，法律要素在世行评估指标中比重高达62%。要紧抓对应司法指标不放松，确保"执行合同"全球排名继续保持领先，同时有效提升"办理破产"指标排名。要突出重点，着力加强产权司法保护、维护公平市场交易秩序、完善破产审判机制、促进社会诚信建设、提升审判质效以及提升诉讼自动化、便利化、透明化程度等工作，进一步提高司法能力水平。

二是进一步健全审判工作机制，切实提高民商事审判质效。要按照全国高级法院院长座谈会部署，落实把非诉讼纠纷解决机制挺在前面要求，大力推进多元化纠纷解决机制和现代化诉讼服务体系建设，促进审判体系和审判能力现代化。要深化"分调裁审"机制改革，实现民商事案件繁简分流、轻重分离、快慢分道。加强网上立案和电子送达工作，提升电子诉讼应用水平。推进多元

化民商事纠纷解决机制建设，为各方主体提供更加多元、便捷、高效的纠纷解决服务，让更多矛盾纠纷一站式解决。加快实现人工智能、5G、区块链技术等现代科技与民商事审判的深度融合，为法官减负，为群众解忧。要切实提高审判管理精细化水平，严格审限延长、扣除、中止审批，严格控制重复开庭和多次开庭的时间间隔，让审理进程再提速。完善有利于事实认定的专家证人、专家陪审员等审判辅助机制，提高审判质量。加强案件质量评查，加大对涉及产权保护、民营企业、营商环境等案件的评查力度。加强民商事领域司法解释立、改、废工作，促进统一裁判尺度。

三是紧紧依靠党委领导，推动营造优化营商环境良好氛围。各级法院要主动向地方党委、政法委汇报优化营商环境工作，全力支持由政府牵头的优化营商环境协调机制建设，建立与工商联、行业协会等沟通联络长效机制，形成工作合力。要深度回应市场主体对优化营商环境的司法需求，提高司法改革举措的精准度。要加大司法公开和法治宣传力度，通过发布典型案例、民商事审判白皮书等方式，为优化营商环境营造良好社会氛围。

### 三、进一步提高产权司法保护水平

习近平总书记强调，要健全以公平为核心原则的产权保护制度，推进产权保护法治化。产权制度是社会主义市场经济的基石。加大产权司法保护力度，是人民法院服务经济高质量发展、服务现代化经济体系建设的重要着力点。民商事审判部门要牢固树立产权保护意识，通过一个个案件的公正审理，切实增强各类市场主体人身和财产安全感，激发全社会创新创业创造活力。

一是以高度的政治责任感，把全面、依法、平等保护产权要求落到实处。要深入贯彻落实习近平总书记在民营企业座谈会上的重要讲话精神，依法保护民营企业和企业家合法权益，坚决避免"办一个案子，垮一个企业，跑一批企业家"，坚决杜绝审判"主客场"现象。要在涉民营企业和企业家案件中严格区分经济纠纷与刑事犯罪，对改革开放以来各类企业特别是民营企业因经营不规范引发的问题，坚持以历史和发展的眼光来看待，严格落实罪刑法定、疑罪从无、法不溯及既往等原则，确保裁判结果经得起法律和历史的检验。要坚持依法平等保护原则，不论国有民营、外资内资、规模大小，也不论是法人还是个人，坚持做到对各类市场交易主体平等对待、一视同仁。要牢固树立谦抑、审慎、善意理念，坚决避免因采取措施不当影响企业正常生产经营活动，严防侵害企业合法权益行为，让企业家专心创业、放心投资、安心经营。要全面清理司法解释，对涉民营企业的不平等规定一律废止，助力民营经济健康发展。

二是加强合同、担保类案件审理，保护投资和交易安全。要尊重契约自由，严格按照法律和司法解释规定认定和维护合同效力，促进市场交易。要维护契约正义，旗帜鲜明宣示正当权利的行使规则和违法行为的法律后果，坚决防止当事人通过诉讼活动获得不法利益，严厉打击虚假诉讼。要高度关注地方债、三角债、股权质押、互联互保等所涉法律问题，准确把握新类型担保的效力认定，促进解决民营企业和中小微企业融资难、融资贵问题。

三是加强公司案件审理，有效提振市场主体投资兴业信心。要紧扣经济运行发展变化，结合民法总则等相关规定，深入研究解决公司诉讼的新情况新问题，通过司法裁判提升市场活力。要认真贯彻公司法解释（五）规定，加强股东特别是中小股东权益保护，促进公司治理规范化。要针对社会各界反映较多的热点难点问题，明确裁判标准和思路，让市场交易规则更加清晰透明，让交易更加高效有序。

**四、进一步加强金融审判工作**

习近平总书记强调，金融是国家重要的核心竞争力，金融安全是国家安全的重要组成部分，金融制度是经济社会发展中重要的基础性制度，要健全金融法治，保障国家金融安全。各级法院要深刻领会和把握党中央对当前金融工作的形势分析和决策部署，继续紧紧围绕服务实体经济、防控金融风险、深化金融改革三项任务，妥善审理各类金融案件，提升金融审判能力水平，为经济社会健康发展提供有力司法保障。

一是把促进金融服务实体经济作为金融审判出发点和落脚点。要树立科学的金融审判理念，充分认识为实体经济服务是金融的天职和宗旨，严格遵循金融规律和审判规律，依法妥善化解金融纠纷。要严格按照法律和司法解释规定，依法审理各类借贷案件，合理认定利息费用标准，进一步规范投融资市场秩序，有效降低实体经济融资成本。要依法规制国有企业贷款通道业务，推动解决金融资本"脱实向虚"问题，促进把更多金融资源配置到经济社会发展的重点领域和薄弱环节。

二是把防范化解金融风险作为金融审判根本任务。要高度关注互联网金融风险，妥善审理 P2P 等涉众型案件，依法严惩非法集资犯罪行为，为坚决守住不发生系统性金融风险底线作出贡献。对利用互联网平台经营贷款业务的，要依法审查主体资格和合同效力。对金融创新业务，要按照"穿透监管"要求，正确认定多层嵌套交易合同下的真实交易关系，打破刚性兑付。对能够实际支持经济结构转型、降低企业杠杆率、促进普惠金融的金融创新交易模式，要依法予以保护。要按照功能监管要求，对以金融创新为名掩盖金融风险、规避金融监管、进行制度套利的金融违规行为，以其实际构成的法律关系认定合同效力和权利义务，防止金融风险在不同金融行业和金融机构之间快速传播。要平等保护金融消费者、投资者及金融机构的合法权益，妥善处理各类金融犯罪后续工作，切实维护群众合法权益。

三是把促进金融体制改革作为金融审判重要使命。要紧扣党中央重大决策部署，充分发挥上海金融法院专业化审判和金融案件集中管辖优势，为上交所设立科创板并试点注册制等改革举措提供司法服务和保障。要主动加强与金融监管机构的协调沟通，支持、促进金融监管机构依法履职，加强金融风险行政处置与民商事审判的衔接，协助做好金融风险预警预防和化解工作，促进金融市场规范有序发展。要尊重金融监管规定和交易规则，重视金融市场交易惯例作用，支持自律监管组织采取公平合理自律措施，促进提高金融市场治理水平。要持续加强金融审判机构专业化建设，优化金融审判空间布局，更加及时有效化解金融纠纷。

## 五、进一步加强破产审判工作

习近平总书记强调，要坚持以供给侧结构性改革为主线不动摇，更多运用市场化、法治化手段，在"巩固、增强、提升、畅通"八个字上下功夫。加强破产审判工作，是深化供给侧结构性改革的重要举措，是建设现代化经济体系的应有之义，是推动经济高质量发展的必然要求。各级法院要在已有工作基础上，深入查找问题和困难，全力破解制约破产审判发展的体制机制障碍。

一是进一步明确破产审判工作思路和重点。要紧紧围绕供给侧结构性改革，以处置"僵尸企业"为重点，依法稳妥审理破产案件，推动完善市场主体救治和退出制度机制，保障"三去一降一补"深入推进。要始终坚持破产审判市场化、法治化、专业化、信息化方向，依法保护各方主体合法权益，促进企业优胜劣汰。要坚持精准识别，分类施策，坚决将没有清偿能力的"僵尸企业"清退出市场，对具有发展前景和挽救价值的危困企业，要积极适用重整、和解程序，让市场资源配置更加高效。

二是持续深化破产审判机制改革。要进一步解决破产案件入口问题，落实并强化相关责任主体的清算义务，加强"执行转破产"工作，实现"能够执行的依法执行，整体执行不能符合破产法定条件的依法破产"良性工作态势。要探索破产案件繁简分流机制，将符合条件的简单破产案件纳入快速审理范围。要坚定不移推进破产审判专业化建设，实现破产审判机构专业化、队伍专门化,保持破产审判队伍稳定。要严格贯彻执行最高人民法院下发的关于强制清算和破产案件单独绩效考核的通知,因地制宜制定科学合理的考核机制,最大限度激发工作积极性。

三是积极推动完善破产法制及配套机制建设。要积极配合破产法修法工作,对现行破产法实施情况进行全面评估,推动个人破产立法,解决关联企业破产等问题。要联合国家有关部门尽快成立全国统一的破产管理人协会,规范管理人的资格认定、分级管理、考核、培训等工作,提高管理人能力水平。要推动设立破产费用专项基金,为"无产可破"案件提供费用支持。要推进"府院联动"破产工作统一协调机制,统筹推进破产程序中的业务协调、信息提供、维护稳定等工作。积极协调政府运用财政奖补资金或设立专项基金,妥善处理职工安置和利益保障问题。要协调解决重整、和解成功企业的信用修复问题,促进企业重返市场。

## 六、进一步建设过硬民商事审判队伍

习近平总书记强调,要旗帜鲜明把政治建设放在首位,努力打造一支党中央放心、人民群众满意的高素质政法队伍。各级法院要认真学习贯彻习近平总书记在"不忘初心、牢记使命"主题教育工作会议的重要讲话精神,结合"不忘初心、牢记使命"主题教育,围绕新时代新任务新要求,坚定不移推进队伍革命化、正规化、专业化、职业化建设,牢牢坚持党对政法工作的绝对领导,坚持走中国特色社会主义法治道路,努力建设一支忠诚、干净、担当的民商事审判队伍。

一是坚持把党的政治建设摆在首位。要认真学习贯彻习近平总书记在"不忘初心、牢记使命"主题教育工作会议和主持中央政治局第十五次集体学习时的重要讲话精神,把组织开展好主题教育作为重大政治任务抓紧抓好,确保主题教育扎实开展、取得实效。要深入学习贯彻习近平新时代中国特色社会主义思想,坚持读原著、悟原理,真正做到学深悟透、融会贯通、真信笃行。要进一步增强"四个意识"、坚定"四个自信"、做到"两个维护",自觉在思想上政治上行动上同以习近平同志为核心的党中央保持高度一致,确保民商事审判正确政治方向。

二是坚持把能力建设放在更加突出的位置。要大力加强教育培训,加强专业化建设,全面提升法官的法律政策运用能力、防控风险能力、群众工作能力、科技应用能力、舆论引导能力。要通过民商事法官与行政机关人员开展联合调研、座谈研讨等形式,加强业务交流,促进相互了解和提高,更好形成工作合力。要坚持国际视野和世界眼光，加强涉外法律知识储备和技能培养，更好满足民商事审判国际化发展需求。

三是一刻不松懈抓好党风廉政建设。要坚持从严治党、从严治院，持之以恒狠刹"四风"，力戒形式主义、官僚主义，切实为基层减负。继续深入开展集中整治活动，进一步强化内部管理，严格执行防止干预过问案件"两个规定"、法官任职回避、从业禁止、规范与律师交往等铁规禁令，坚决查处诉讼掮客，以零容忍态度严惩司法腐败，以清正廉洁保障公正司法。要加强审判监督管理。今年调整高级、中级法院管辖标准后，绝大部分重大民商事案件将由中级法院审理，各级法院要在落实司法责任制的同时，重点解决好院庭长不会管、不愿管、不敢管问题，确保放权不放任、放权与监督相统一。要坚持严格管理与热情关怀相结合，坚决支持法官依法办案，强化履职保障，把从优待警举措落到实处，为法官公正司法营造良好环境。

同志们，做好民商事审判工作责任重大、使命光荣。我们要更加紧密地团结在以习近平同志为核心的党中央周围，深入学习贯彻习近平新时代中国特色社会主义思想，不忘初心、牢记使命、奋发进取、扎实工作，为决胜全面建成小康社会、实现中华民族伟大复兴的中国梦作出新的更大贡献！

# 在全国法院民商事审判工作会议上的讲话

刘贵祥*

(2019年7月3日)

最高人民法院党组对这次全国法院民商事审判工作会议高度重视，周强院长出席会议并作了重要讲话，讲话以习近平新时代中国特色社会主义思想为指导，紧紧围绕党中央的一系列重大决策部署，全面总结了党的十八大以来民商事审判工作取得的成就、积累的经验，深入分析了新时代民商事审判工作面临的新形势新任务，深刻指明了新时代民商事审判工作的总体思路、工作重点，对人民法院充分发挥民商事审判职能作用，营造法治化营商环境，提高产权司法保护水平，防范化解金融风险，推进供给侧结构性改革以及进一步建设过硬民商事审判队伍等工作作出了一系列重要部署。讲话政治站位高、方向把握准、措施要求实，具有很强的前瞻性、指导性、针对性。我们一定要认真学习，吃透精神，将工作真正落到实处。下面，我讲几点意见。

## 一、关于民商事审判中必须坚持的几个重大原则性问题

民商事审判工作，事关国家安全、社会稳定以及经济社会发展大局，事关营造法治化营商环境以及防范化解重大风险，事关人民群众对社会公平正义的向往和期待。人民法院要履行好民商事审判的职责使命，必须学深悟透习近平总书记关于政法工作的一系列重要讲话、批示、指示精神，以习近平新时代中国特色社会主义思想武装头脑，时刻把政治建设摆在首位，旗帜鲜明讲政治，坚持正确的政治方向。

（一）要坚持党的绝对领导

党的领导是中国特色社会主义的根本要求，是人民法院永远不变的根和魂，民商事审判工作当然也无任何例外的余地，对此要头脑十分清醒、立场十分坚定、行动十分坚决，要把党中央的各项决策部署在民商事审判中贯彻好、

---

\* 最高人民法院审判委员会副部级专职委员。

落实好，切实增强"四个意识"，坚定"四个自信"，做到"两个维护"。要充分认识到，党的绝对领导是做好民商事审判工作的根本保证，是落实司法责任制等基础性司法改革的坚强政治保障。从民商事审判中长期存在的短板弱项及发生的一系列问题看，更加需要强化政治建设的统领地位，夯实党的政治根基，涵养良好的政治生态。要充分认识到，党的领导是人民法院依法独立行使审判权的根本保证。党的十八大以来，党中央反复强调支持包括人民法院在内的司法机关依法公正独立行使职权，并发布领导干部干预司法活动、司法机关内部人员过问案件的记录和问责制度，杜绝领导干部违法插手案件的现象。问题在于我们在审判实务中没有不折不扣地落实好，违法过问案件登记制度的功能没有得到有效发挥。必须采取有效措施，把这项与司法责任制相配套的改革措施落到实处。要充分认识到，没有不具有政治立场、政治观点的法治。在民商事审判中必须站稳政治立场、把准政治方向、注重政治效果、考虑政治影响，善于从政治角度、从人民群众根本利益角度、从党和国家经济社会发展大局的角度分析处理错综复杂的民商事矛盾纠纷，把政治考量融入具体的民商事审判工作中去。民商法中的意思自治原则、诚实信用原则、公平正义等原则，是人类法治文明的共同成果，在我国立法中有充分体现，民商事审判当然也要坚持和适用。但对西方的所谓"宪政民主""三权鼎立""司法独立"等错误思潮，必须要坚决予以抵制，这是个重大的政治原则问题，不能有半点含糊。必须坚定不移地走中国特色社会主义法治道路，立足中国国情党情社情，化解民商事领域的矛盾纠纷。即便是对一些技术性规范，也要去粗取精，考虑是否存在水土不服问题，不应不加辨别地奉为圭臬、照抄照搬。

（二）要坚持服务党和国家大局

习近平总书记在今年的中央政法工作会议上深刻指出："无论形势如何变化，政法机关全心全意为人民服务的根本宗旨不能变，捍卫党的领导和人民民主专政的国家政权、维护党和国家工作大局的使命任务不能变。"总书记提出的"两个不能变"，是对政法事业从诞生、发展到不断成熟奋斗历程的深刻总结，是新时代政法工作的纲和本。保障、维护、服务党和国家经济社会发展大局是民商事审判重要的职责使命，我们必须不负使命，忠实履职。一是要认清形势，把握大局。要以习近平新时代中国特色社会主义思想武装头脑，学深悟透习近平总书记在中央政法工作会议上从国际形势、国内形势、科技发展三个方面对政法工作面临的新情况新问题的深刻分析，要以敏锐的政治眼光，高度关注中国特色社会主义进入新时代背景下经济社会形势的重大变化、社会主要矛盾的历史性变化；高度关注各类风险隐患的多元多变、维护改革发展稳定大局任务的艰巨性；高度关注美国从经济、政治、科技等领域对我国进行全方位打压，实施所谓"长臂管辖"给我国司法带来的新挑战；高度关注在深化供给侧结构性改革、促进经济高质量发展进程中，"僵尸企业"出清、濒危企业救治、防范金融风险、平等保护民营企业合法权益、建立法治化营商环境等与民商事审判息息相关的艰巨任务。只有认清形势，把握大局，才能提高服务大局的主动性、自觉性、针对性，真正保障、维护、服务好大局。二是要主动作为，勇于担当。牢固树立大局意识，自觉把民商事审判各项工作放到大局中去思考去谋划。为服务供给侧结构性改革，人民法院要加强府院协调，推进解决企业破产清算、重整中存在的体制机制性障碍，短平快地出台司法解释解决法律适用问题。为服务防范化解重大风险攻坚战，人民法院对直接影响金融安全、社会普遍关切的债券违约、上市公司股权质押、互联网借贷等问题，要及时出台司法解释或者司法政策，对裁判思路、理念、尺度进行引领和统一，提高服务大局的前瞻性、针对性、有效性。三是要处理好依法办案和服务大局的辩证关系。一般情况下，依法办案，维护社会公平正义，提高司法的公信力，形成良好的法治环境，就是营造稳定公平透明、可预期的营商环境，就是最好地服务大局，二者是辩证统一的。民商事审判中往往不可避免地存在事实认定和法律适用的裁量空间，我们在作出判断时，要充分考虑经济社会发展大局、政治效果、社会效果。在处理重大敏感案件时，要注意听取金融监管部门、国有资产管理等部门以及中小企业协会等社会组织的意见，精确把握社会稳定大局、社会影响、政治影响。四是要处理好服务党和国家大局与服务局部利益的关系。服务大局必须着眼于维护党中央的重大决策部署、维护人民群众的根本利益、维护国家整体利益。各级人民法院在民商事审判中也要在地方党委的领导下，围绕各级党委的决策部署做好服务和保障工作。但要注意坚决杜绝以服务大局之名行地方保护之实，以服务大局之名行侵害个人、企业合法权益之实，以服务大局之名行损害国家司法形象、破坏国家法治统一之实。比如，一些地方以刑事手段处理民商事纠纷、争管辖、案件进入破产程序不解除查封、漠视民商事审判中的平等保护原则等等现象，往往以服务大局的面貌出现。这不仅不是服务大局，而是给大局添乱，必须从讲政治的高度澄清这些错误认识。

（三）要坚持司法为民

全心全意为人民服务是我们党的根本宗旨，坚持以人民为中心是我们党的根本政治立场。民商事审判工作必须坚持以人民为中心的发展思想，始终把人民利益摆在至高无上的地位，更加主动做好司法为民工作，更加自觉倾听人民群众的呼声，更加准确把握人民群众的司法需求，着力解决人民群众最关心最直接最现实的利益问题。一是要带着对人民群众的深厚感情去做好民商事审判工作。把人民群众对公平正义的期盼作为自己的职业使命和追求，把满足人民群众日益多元化司法需求作为自己前进的目标和动力，始终坚守人民立场，胸怀人民群众，满足人民需求，在执法办案中注意情理法的交融平衡。要做到以法为据、以理服人、以情感人，既要义正辞严讲清法理，又要循循善诱讲明事理，还要感同身受讲透情理，争取广大人民群众和社会的理解与支持。二是要带着对人民群众的强烈责任感去做好审判工作。当前，我国正处在经济转型期，疑难、复杂、新类型案件层出不穷。司法责任制改革赋予法官更多权力的同时，也对法官执法办案提出更高要求。更大权力意味着更多责任，法官要从对人民负责的高度行使人民赋予的审判权，保证每一个案件的审理都符合宪法和法律的要求，都经得起历史和人民的检验。"执法司法中万分之一的失误，对当事人就是百分之百的伤害"，民商事审判工作要充分展现司法为民的价值追求，转变工作作风，改进工作方式方法。三是要建立健全方便人民群众诉讼的民商事审判工作机制。以坚持创新发展新时代"枫桥经验"为抓手，以"一站式"多元纠纷解决为着力点，建立健全民商事纠纷多元化解机制和诉讼服务机制。据了解，福建等地法院试点建立金融审判中心，对辖区内小额金融诉讼、金融消费纠纷立审执及多元化解集中到一个中心，在法律框架内进行了有益的探索。最高人民法院与证监会建立证券、期货纠纷多元化解机制已由试点到全面推行，各级法院应加大利用这一机制的工作力度。最高法院将总结这方面的经验，将这一模式借助信息化手段向其他金融审判领域延伸。

（四）要坚持公正司法

公平正义是中国特色社会主义的内在要求，是我们党治国理政的一贯主张。司法是维护公平正义的最后一道防线，民商事审判必须把公平正义作为生命线，民商事法官必须把公平正义作为镌刻在心中的价值坐标，把努力"让人民群众在每一个司法案件中感受到公平正义"作为矢志不渝的奋斗目标。习近平总书记告诫政法工作者，"要懂得'100-1=0'的道理，一个错案的负面影响足以摧毁99个公正裁判积累起来的良好形象。"在民商事审判中，要以更大的决心和勇气，驰而不息地与司法腐败现象作坚决斗争，杜绝人情案、关系案、金钱案，杜绝以案谋利、徇私枉法，杜绝恣意妄为、滥用自由裁量权。严格执法程序，严格办案纪律，完善审判权运行机制、约束机制、监督机制、阳光机制，落实好党中央对公正司法提出的要求。要加强司法良知和职业道德教育，将司法不公不廉作为最大耻辱。真正树立信仰法治、坚守法治、把法治精神当作主心骨的风尚。要以"我将无我、不负人民"的精神为指引，耐得住寂寞、守得住清贫、经得起诱惑、抗得住侵蚀、顶得住压力，真正做到不偏不倚、不枉不纵、铁面无私、秉公执法。要坚持法律效果与政治效果、社会效果的有机统一，在处理个案过程中要时刻考虑类案导向、行业发展和交易秩序的维护，通过个案引导、促进市场交易秩序，弘扬社会主义核心价值观。要坚持实体公正和程序公正、实质公正与形式公正的有机统一，充分尊重、平等保护各方当事人的诉讼权利，充分发挥当事人、律师在诉讼中提出请求、提供证据、反驳证据、提出抗辩的功能作用，同时法院也要依职权审查、判断证据，依法调取证据，使法律事实最大限度地接近、还原客观事实，防止以虚假诉讼方式损害第三人或社会公共利益。要尽可能提高司法公开性、透明度，实现阳光司法，让人民群众看得见、感受得到公平正义，增强人民群众对司法的信任和信赖。要完善诉讼事务集约化及诉讼程序繁简分流机制，对消费型、法律关系简单型民商事纠纷速裁速决，甚至立审执一体化，有效提高办案效率，及时实现当事人的合法权益。

## 二、关于民商事审判必须把握好的几个理念性问题

周强院长在"第八次全国法院民事商事审判工作会议"上提出，民事商事审判要坚持"六个原则"，即坚持依法保护产权原则、坚持尊重契约自由原则、坚持平等保护原则、坚持权利义务责任相统一原则、坚持诚实守信原则、坚持程序公正与实体公正相统一原则。这"六个原则"，是对民事商事审判经验的高度提炼，应当把握好、实践好。针对实践中存在的一些认识偏差，特别强调以下几点：

要注意辩证理解民商事审判的基本原则。一是要辩证理解契约自由原则。契约本身既是财富的重要形式，也是市场化配置资源的主要方式。让市场在资源配置中起决定性作用，必须尊重当事人的契约自由，充分发挥市场主体的创造性。但现实生活中，当事人假创新之名行规避监管之实的行为也大量存在，这就要求人民法院要辩证认识契约自由与国家干预的关系，不能以尊重契约自由为由，对多层嵌套、通道业务甚至违法违规行为视而不见，防止以契约自由为名从事违规交易行为，违背契约正义，破坏公平公正的市场秩序。二是要辩证理解平等保护原则。全面平等保护各种所有制经济、各类市场主体的合法权益，做到平等相待、一视同仁，这是毋庸置疑的，但同时要将平等保护与优先保护结合起来，对中小股东、劳动者、金融消费者等弱势群体的相对优先保护，是对平等保护原则的必要补充。比如，合同法第286条体现的就是对农民

工利益的法律关怀,而法释〔2002〕16号《最高人民法院关于建设工程价款优先受偿问题的批复》对消费者购买商品房的优先保护,体现了对生存权的法律关怀。只有对消费者等弱势群体适度优先保护,才能真正达到平等保护的效果,才能实现社会的公平正义。三是要辩证处理民商事审判与行政监管的关系。既要使市场在资源配置中起决定性作用,又要更好地发挥政府作用。这就要深入研究市场准入资格、行政审批等各种行政监管规范对民商事合同效力及履行的影响,依法确定当事人之间的权利义务关系。要充分尊重监管规定和交易规则,依法支持监管机构有效行使监管职能。要有效应对监管政策变化给民商事审判带来的挑战,加强与监管部门的协调配合,协力化解重大风险。

要注意民商事审判中的利益平衡。民商事纠纷本质上是利益冲突。践行公平正义理念,要依法依情依理平衡好协调好各方利益。一要坚持诚实信用原则,协调好交易主体之间的利益冲突。诚实信用原则不仅是民商事实体法,而且也是民商事程序法的基本原则,贯穿于整个民商事交易的始终,贯穿于民事诉讼始终,如在合同义务类型上,先契约义务、诚信义务以及后契约义务均来源于诚信原则;人民法院在解释合同条款、确定履行内容、决定合同应否解除时,均应考虑诚实信用原则;在确定违约责任、缔约过失责任时,也要根据诚实信用原则,合理确定当事人的权利义务关系,强化对守法守约者诚信行为的保护,加大对违法违约行为的制裁与惩罚。二要坚持公序良俗原则,协调好个人利益和公共利益之间的冲突。人民法院在认定合同是否因违反法律、行政法规的强制性规定而无效时,在考察规范性质、规范目的以及规范对象基础上,还要权衡所保护的法益类型、违法性程度以及交易安全等因素综合进行认定。违反规章、监管政策等规范性文件的合同,不应作为认定无效的依据。但因违反规章、监管政策导致违反公序良俗的,人民法院则应当认定合同无效。人民法院在认定是否违反公序良俗时,可以从规范内容、监管强度以及法律后果等方面进行考量,并在裁判文书中进行充分说理。要尽可能通过类型化方法明确违反公共秩序的具体情形,提高规则的稳定性、可预期性。三要坚持均衡保护原则,协调好投资人、公司和债权人之间的利益冲突。如在审理对赌协议纠纷案件时,既要鼓励投资方对实体企业特别是科技创新企业投资,缓解企业融资难,又要贯彻资本维持原则和保护债权人合法权益原则,平衡好公司股东、公司债权人以及新的投资者之间的利益。

要注意民商事审判中裁判尺度的统一。裁判尺度不统一,是一段时间以来困扰民商事审判的突出问题,如公司对外担保的效力问题、盖假章合同的效力问题、合同约定与登记簿记载不一致的担保物权的范围问题、让与担保问题、甚至连违约金如何调整、解除权行使的条件等一些常见问题，裁判尺度都不完全统一。裁判尺度不一为滥用裁量权开了方便之门。因此，应通过司法解释、法律适用指导意见、指导案例、类案检索制度以及完善审判权运行约束机制等措施统一裁判尺度。同时，民商事法官也要不断在实践中积累经验，注意正确裁判方法和理念的养成。一是要树立法律关系思维。法律关系包括主体、内容以及客体三方面内容，法律关系思维的核心在于确定权利义务内容，并据此确定法律关系的性质。比如，名股实债中当事人享有的是股权还是债权，售后回租型融资租赁是企业间借贷还是融资租赁，股权让与是股权转让、让与担保还是股权质押，都需要根据权利义务的内容来认定其性质进而确定其效力。二是要树立逻辑和价值相一致的思维。民商事纠纷尤其是金融纠纷具有很强的专业性，加上交易结构往往又极为复杂，很容易导致法官在适用法律时从专业的法律视角思考问题，从而忽略价值判断。这就需要民商事法官在坚持专业判断、逻辑推理的同时，一旦发现某一裁判尺度可能有违基本常识时，要反思是否在某一逻辑推理环节出了问题，从而主动校正，在逻辑和价值的互动中实现法律效果、社会效果和政治效果的有机统一。三是要树立穿透式审判思维。商事交易如融资租赁、保理、信托等本来就涉及多方当事人的多个交易，再加上当事人有时为了规避监管，采取多层嵌套、循环交易、虚伪意思表示等模式，人为增加查明事实、认定真实法律关系的难度。妥善审理此类案件，要树立穿透式审判思维，在准确揭示交易模式的基础上，探究当事人真实交易目的，根据真实的权利义务关系认定交易的性质与效力。在仅有部分当事人就其中的某一交易环节提起诉讼，如在融资性买卖中，当事人仅就形式上的买卖合同提起诉讼的情况下，为方便查明事实、准确认定责任，人民法院可以依职权追加相关当事人参加诉讼。四是要坚持同案同判思维。民商事法官在审理疑难复杂和新类型案件时要进行类案检索，充分了解案件涉及的法律适用问题此前是否已经有了相应的案例。如果已经有了相应案例，该案例的法律能否适用于本案；如果不能，理由又是什么。特别是对上级法院及本院已生效类案，在本案中作出不同的法律适用，一般应提交主审法官会议、审判委员会充分讨论，并在文书中充分说理。当前的问题是，对类案检索及同案同判缺乏刚性约束，对类案检索涉及的时间范围、地域范围、什么级别的裁判，缺乏具体的操作规范，最高人民法院将加强调研，尽快出台相应规定。

### 三、关于民法总则适用的法律衔接问题

民法总则颁布施行后到民法典编纂完成前，拟编入民法典但尚未完成修订

的物权法、合同法等法律，以及不编入民法典的公司法、证券法、信托法、保险法、票据法等民商事特别法，均可能存在与民法总则规定不一致的情形。人民法院应当依照立法法有关新的规定优于旧的规定、特别规定优于一般规定等法律适用规则，依法处理好民法总则与相关法律的衔接问题，尤其要处理好与民法通则、合同法、公司法等法律之间的关系。

一是关于民法总则与民法通则的关系。民法通则既规定了民法的一些基本制度和一般性规则，也规定了合同、所有权及其他财产权、知识产权、民事责任、涉外民事法律关系适用等具体内容。民法总则基本吸收了民法通则规定的民事基本制度和一般性规则，同时作了补充、完善和发展。民法通则规定的合同、所有权及其他财产权、民事责任等具体内容还需要在编撰民法典各分编时作进一步统筹，系统整合。据此，民法总则施行后暂不废止民法通则，待民法典施行后再予以废止。在此之前，民法总则与民法通则的规定不一致的，根据新的规定优于旧的规定的法律适用规则，适用民法总则的规定。最高法院已依据民法总则制定了关于诉讼时效问题的相应司法解释，而原依据民法通则制定的关于诉讼时效的司法解释，只要与民法总则不冲突，仍可适用。民法通则废止后，有关司法解释再根据民法典的规定作相应调整。

二是关于民法总则与合同法的关系。民法典施行后，现行合同法不再适用。在此之前，存在民法总则与合同法在适用时的衔接问题。民法总则与合同法"总则"之间并非一般规定与特别规定的关系，而是新的规定与旧的规定的关系。合同法"总则"的相关规定与民法总则的规定不一致的，根据新的规定优先于旧的规定的法律适用规则，应当适用民法总则的规定，主要包括：第一，关于可变更合同问题。民法总则保留了可撤销合同，而未规定可变更合同，应当认为废止了合同法有关可变更合同的规定。第二，关于隐藏行为问题。合同法中规定了"以合法形式掩盖非法目的"这一合同无效事由，民法总则取消了该规定，而以第146条关于"虚伪意思表示及隐藏行为"的表述代替。虚伪意思表示尽管因其非当事人的真实意思表示而无效，但被隐藏的行为则要根据法律行为的一般有效要件来判断，符合合同有效要件的，应认定有效。第三，关于欺诈、胁迫问题。合同法仅规定发生在合同当事人之间的欺诈、胁迫可撤销，而民法总则规定第三人实施欺诈、胁迫行为的，受欺诈、胁迫人也可依法请求撤销。此外，合同法把因欺诈损害国家利益的合同作为绝对无效的合同，而民法总则对因欺诈而签订的合同未再区分所损害的法益类型，一律按可撤销对待。第四，关于显失公平问题。合同法将显失公平和乘人之危作为两类不同的可撤销或可变更事由，而民法总则将合同法规定的乘人之危和显失公平合二为一，从主客观两个方面赋予了显失公平制度新的内涵，从而事实上吸收了合同法规定的乘人之危制度。

还要注意到，合同法"分则"有规定而民法总则未作规定的，如合同法"分则"关于隐名代理、间接代理的规定，显然有别于民法总则关于代理原则上属于显名代理的规定，仍可继续适用合同法"分则"的规定。

三是关于民法总则与公司法的关系。民法总则与公司法的关系，是一般法与民商事特别法的关系，同时也是新的规定和旧的规定的关系，公司法与民法总则的规定不一致的，判断二者之间优先适用问题较为复杂，需要根据民法总则的立法理由、立法过程综合考量，在此特举两例：一是就同一事项，民法总则制定时有意修正公司法有关条款的，应当适用民法总则的规定。例如，《公司法》第32条第3款规定："公司应当将股东的姓名或者名称向公司登记机关登记；登记事项发生变更的，应当办理变更登记。未经登记或者变更登记的，不得对抗第三人。"而《民法总则》第65条的规定则把"不得对抗第三人"修正为"不得对抗善意相对人"，经查询有关立法理由，可以认为，此种情况应当适用民法总则规定。二是民法总则在公司法规定基础上增加了新内容的，如《公司法》第22条第2款就公司决议的撤销问题进行了规定。《民法总则》第85条在该条基础上增加规定："但是营利法人依据该决议与善意相对人形成的民事法律关系不受影响。"此时，也应适用民法总则的规定。

四是关于民法总则的溯及力。法不溯及既往是法律适用的基本原则，意指一般情况下法不适用于其实施前已经发生的行为。民法总则实施前的行为，原则上不适用民法总则的规定。换言之，我们在审理民商事案件时，对民法总则实施前发生的民事行为，一般适用当时的法律规定，而不应适用民法总则。但应注意也有例外适用的情形：一是某项制度民法总则有规定，而旧法没有规定，旧的司法解释亦无规定的，就可以参照适用民法总则的规定。二是根据"有利追溯"原则，对民法总则实施前的民事行为，例外情况下允许适用民法总则规定。例如，民法总则认为民事行为有效，而过去的法律认为无效的，例外地适用民法总则的规定认定合同有效。再如，较之于民法通则，民法总则规定的诉讼时效期间相对较长，对债权人较为有利。为保护债权人利益，诉讼时效问题原则适用民法总则的规定，对此有关司法解释已有充分体现。

## 四、关于合同效力的司法判断问题

合同效力的认定，是民商事审判中最常见且对当事人权责影响甚巨的司法行为，必须审慎精准把握。在这里，我着重讲三个问题：

一是关于未生效合同问题。实践中的一个突出问题是，把未生效合同认定为无效合同，或者虽认定为未生效，却按无效合同处理。无效合同，从本质上来说是欠缺合同的有效要件，或者具有合同无效的法定事由，自始不发生法律效力。而未生效合同，已具备合同的有效要件，只是欠缺法律规定或当事人约定的特别生效条件，该条件是否成就，未确定前不能产生当事人请求履行合同主要权利义务的法律效力。比如，《合同法》第 44 条关于需经行政审批的合同，《合同法》第 45 条、第 46 条关于附条件、附期限的合同的规定。这种情况下，合同依法成立，对双方当事人具有拘束力，任何一方不能随意撤回、解除、变更合同。只是行政机关是否核准，条件是否成就未确定，合同当事人不能请求履行主要合同义务，实现合同目的。这也是合同法司法解释（一）第 8 条用"未生效合同"的概念而未用"无效合同"概念的法律意义之所在。结合合同法司法解释（二）第 9 条及外商投资企业司法解释第 2 条、第 6 条等条款规定，可以认为：第一，依法应批准而未批准的合同，一方当事人请求对方履行报批义务的，人民法院应予支持。请求履行合同主要权利义务的，应向当事人予以释明，改变诉讼请求。第二，人民法院判决一方当事人履行报批义务后，该当事人拒绝履行，人民法院又无法强制执行的，对方可以另行向人民法院提起诉讼请求其承担合同违约责任，人民法院按照合同违约责任的思路处理。第三，如果一方当事人依据判决履行报批义务，可能出现两种情况：一是行政机关予以批准，合同发生完全的法律效力，当事人可以依此请求履行合同；二是行政机关不予批准，合同不具有法律上的可履行性，根据一方当事人的请求，人民法院可以判决解除合同。

二是关于盖章行为的法律后果问题。实践中，法定代表人或者代理人在从事了某一行为后，公司经常以其加盖的是假章、所盖之章与备案公章不一致等为由否定合同效力，进而要求对公章申请鉴定，有的甚至还以伪造公章涉嫌刑事犯罪为由请求驳回起诉或者中止审理，人为造成诉讼拖延的同时，也使故意使用假章的不诚信当事人从中获益，导致不公平的结果。为此，有必要明确裁判思路，那就是盖章问题的本质是代表权或者代理权问题，关键要看盖章之人在盖章之时是否有代表权或者代理权，从而根据代表或代理的相关规则来确定合同的效力，而不能将重点放在公章的真伪问题上。法定代表人或者代理人在合同上加盖法人公章的行为，表明其是以法人名义从事行为，除《公司法》第 16 条等法律对其职权有特别规定的情形外，应当由法人承担相应的法律后果。法人以法定代表人或者代理人事后丧失代表权或者代理权、加盖的是假章、所盖之章与备案公章不一致等为由否定合同效力的，人民法院不应支持。

三是关于合同不成立、无效或者被撤销的法律后果。《合同法》第58条就合同无效或者被撤销时的财产返还和损害赔偿责任作了规定，但未规定合同不成立的法律后果，考虑到合同不成立亦可能发生财产返还和损害赔偿问题，故可以参照适用该条规定。在合同不成立、无效或者被撤销时，总的原则是，要根据诚实信用原则的要求，在当事人之间合理分配责任，不能使不诚信的当事人因合同不成立、无效或者被撤销而获益。具体来说，要把握住以下几点：第一，在确定财产返还时，如果财产相对于合同约定的价款增值或者贬值的，人民法院要综合考虑市场因素、受让人的经营或者添附等行为与财产增值或者贬值之间的关联性，在当事人间合理分配或者分担责任，避免出现一方因合同不成立、被撤销或者无效获益，而另一方受损的情形。在标的物已经灭失或者转售他人的情况下，当事人不能主张返还原物，但可主张折价补偿。折价时，应以当事人交易时约定的价款为基础，再考虑当事人在标的物灭失或转售时的获益情况综合确定补偿标准。标的物灭失时当事人获得的保险金或者其他赔偿金，转售时取得的对价，均属于当事人因标的物而获得的利益。对获益高于或者低于价款的部分，也应在当事人间合理分配或者分担。第二，关于价款返还。在双务合同无效的情况下，标的物返还与价款返还互为对待给付，双方应当同时返还，在一方未返还标的物之前，另一方有权拒绝返还价款。只有在一方已经返还标的物的情况下，另一方才可以请求返还价款。另应注意应否支付利息。在双务合同中，只要一方对标的物有使用情形的，就应当支付使用费，该笔费用可与占有资金一方应当支付的资金占用费相互抵销，故在一方返还原物前，另一方仅须支付本金，而无须支付利息。在单务合同如借款合同无效的情况下，货币返还包括利息。因合同无效，利息计算标准不宜依据合同约定，罚息等违约责任亦不应支持。第三，要正确处理财产返还和损害赔偿责任的关系。仅返还财产不足以弥补其损失，当事人同时又请求损害赔偿的，人民法院在确定赔偿范围时，既要根据当事人的过错程度合理确定责任，又要考虑在确定财产返还范围时已经考虑过的财产增值或者贬值因素，避免当事人双重获利或者双重受损。在确定赔偿标准时，鉴于该责任性质属于缔约过失责任，故其赔偿的是信赖利益损失，原则上不能参照合同约定来确定。只有在极少数的特殊情况下，才可以参照有效合同来确定损失，如建设工程施工合同尽管被认定无效，但工程竣工验收合格，承包人请求参照合同约定支付价款的，人民法院应予支持，但要注意所支付的价款不应超出合同有效情况下的履行利益。第四，要强化程序保障。在双务合同中，原告起诉请求确认合同有效并请求继续履行合同，被告则主张合同无效，或者原告诉请确认合同无效并返还财产，而被告则主张合同有效，都要防止机械适用"不告不理"的原则仅就当事人的诉讼请求进行审理，而应适度发挥司法的能动性，向原告释明变更或者追加诉讼请求，或者向被告释明提出抗辩或者反诉，尽可能一次性解决纠纷。例如原告请求确认合同无效，但并未提出返还原物或者折价补偿、赔偿损失等请求的，人民法院应当向其释明，告知其一并提出相应请求；原告请求确认合同无效并要求被告返还原物或者赔偿损失，被告基于合同也有给付行为，在案件审理中被告认可合同无效的，人民法院同样应向其释明，告知其可根据恢复原状原则提出反诉或抗辩。当然，根据"举重以明轻"的原则，如果被告在案件审理中提出合同有效的抗辩，自然应理解为如果合同被认定无效则会主张相应的法律后果，故人民法院应依职权认定合同无效的相关事实以及法律后果，并在判项中就合同无效的法律后果作出裁判。一审法院未予释明，二审法院认为应当对合同不成立、无效或者被撤销的法律后果作出判决的，可以直接释明并改判。但是，如果返还财产或者赔偿损失的范围确实难以确定或者双方争议较大的，也可以告知当事人通过另行起诉等方式解决，并在裁判文书中予以明确。

## 五、关于公司对外担保问题

关于公司为他人提供担保的合同效力问题，实践中裁判尺度不统一，严重影响了司法公信力，有必要予以统一。对此，要把握以下几点：

一是违反《公司法》第16条构成越权代表。公司对外提供担保属于高风险的经营活动，对公司运营的安全性影响至巨。《公司法》第16条为防止法定代表人随意代表公司对外提供担保给公司造成损失，损害中小股东利益，对法定代表人的代表权进行了限制。这意味着担保行为不是法定代表人所能单独决定的事项，而必须以公司股东（大）会、董事会等公司机关的决议作为授权的基础和来源。从体系解释的角度而言，法定代表人未经授权，自然构成越权代表，应适用《合同法》第50条关于法定代表人越权代表的规定来认定担保合同的效力，而不应将《公司法》第16条理解为效力性强制性规定或者管理性强制性规定，再依据《合同法》第52条第5项或者《民法总则》第153条认定担保合同的效力。否则，法律关于越权代表的规定将被架空，在今后的民商事审判中，对《公司法》第16条的解释应当统一到"代表权的法定限制"的解释路径上来。

二是相对人善意时，担保合同有效。根据《民法总则》第61条及《合同法》第50条的规定，在相对人为善意，法定代表人的行为构成表见代表的情况下，法定代表人超越权限与相对人签订的担保合同有效，公司以法定代表人超越权限为由提出的抗辩不能得到支持。这就涉及对善意的判断问题。一般而言，这里所称的善意应当是指相对人不知道或者不应当知道法定代表人越权签订担保合同。《公司法》第 16 条对关联担保和非关联担保的决议机关问题作了区别规定，因此对善意的判断亦应有所区别。一种情形是，为公司股东、实际控制人等与公司有关联关系的主体提供担保，《公司法》第 16 条明确规定须由股东（大）会决议，未经股东（大）会决议，构成越权代表。因此，相对人主张担保合同有效的，应提供证据证明其在订立合同时对股东（大）会文件进行了审查，文件所记载的内容符合《公司法》第 16 条的规定，即在排除被担保股东表决权情况下，二分之一以上股东表决同意。相对人能够提供上述证明的，应认定构成善意。这里应注意的是，如果相对人仅能够证明其审查了董事会决议，即便董事会决议真实存在，因此时董事会非法定的决议机关，相对人亦不构成善意。另一种情形是，公司为不具有关联关系的其他主体提供担保，《公司法》第 16 条规定，由公司章程规定是由董事会决议还是股东（大）会决议。无论章程是否对决议机关作了规定，也无论章程规定决议机关为董事会还是股东（大）会，由于《民法总则》第 61 条规定，公司章程及公司机关对法定代表人代表权的限制，不得对抗善意相对人，因此，只要相对人能够证明其在签订担保合同时对董事会文件或股东（大）会文件的二者之一进行了审查，且文件记载内容符合《公司法》第 16 条的规定，即可认定相对人善意。但是，公司能够证明相对人明知公司章程对决议机关有明确规定的除外。值得注意的是，上述两种情况对机关决议文件内容的审查一般限于形式审查，只要求尽到必要的注意义务，标准不宜太过严苛。公司以机关决议系行为人伪造或变造、决议形式程序违法、签章（名）不实、担保金额超过法定限额等事由抗辩的，人民法院不应支持。当然，公司能够证明相对人明知上述情形的，相对人显非善意。还应当注意的是，实践中存在下列情形的，即便没有公司机关决议，也应当认定担保合同符合公司的真实意思表示，从而认定担保合同有效：第一，公司是以为他人提供担保为主营业务的担保公司，或者是开展独立保函业务的银行和非银行金融机构；第二，公司与主债务人之间存在着相互担保等商业合作关系；第三，公司为其直接或间接控制的公司开展经营活动向债权人提供担保；第四，担保合同系由单独或者共同持有公司三分之二以上有表决权的股东签字同意。

三是关于公司担保无效的法律后果。法定代表人超越代表权限订立的担保合同无效，债权人请求公司承担担保责任的，人民法院不予支持，但可以按照担保法及有关司法解释关于担保无效的规定处理。公司举证证明债权人明知法定代表人超越权限或者机关决议系伪造或者变造，债权人请求公司承担合同无效后的民事责任的，人民法院不予支持。

## 六、关于公司的清算责任问题

公司法司法解释（二）第18条第2款规定有限责任公司的股东、股份有限公司的董事和控股股东"因怠于履行义务，导致公司主要财产、账册、重要文件等灭失，无法清算，债权人主张其对公司债务承担连带清偿责任的，人民法院应当依法予以支持"。在以往的司法实践中，由于对该条的理解不够准确，往往判令无过错的中小股东承担公司无法清算的责任，出现一些较为极端的个案，引起对该条款的质疑。我们认为，对该条款的适用，要注意把握以下几点：

一是要准确认定"怠于履行清算义务"要件。所谓"怠于"履行清算义务，指的是能够履行清算义务而不履行。清算义务人如果能够举证证明其已经为履行清算义务作出了积极努力，或者未能履行清算义务是由于实际控制公司主要财产、账册、文件的股东的故意拖延、拒绝清算行为等客观原因所导致，或者能够证明自己没有参与经营、也没有管理账册文件的，均不构成怠于履行清算义务。

二是不能忽略因果关系要件。公司法司法解释（二）第18条第2款规定清算义务人承担责任的条件是怠于履行清算义务行为，导致了财产、账册、文件灭失，最终造成无法清算的后果，这其中包含了因果关系要件。实践中，存在着一种简单化处理倾向，只要清算义务人怠于履行清算义务，就直接判令其承担责任，是不妥当的。清算义务人能够证明，公司主要财产、账册、文件灭失与其怠于履行清算义务之间没有因果关系的，也不应判令其承担责任。

三是要依法适用诉讼时效制度。公司债权人请求股东对公司债务承担连带清偿责任，股东以公司债权人对公司的债权已经超过诉讼时效期间为由抗辩，经查证属实的，人民法院依法予以支持。公司债权人以公司法司法解释（二）第18条第2款为依据，请求有限责任公司的股东对公司债务承担连带清偿责任的，诉讼时效期间自公司债权人知道或者应当知道公司无法进行清算之日起计算。

## 七、关于金钱之债的裁判思路问题

在民商事审判实践中，民间借贷利率泛化适用现象较为突出，有必要坚持金融服务实体经济原则，根据切实降低实际融资成本的要求，区别对待金融借贷与民间借贷，适用不同的规则和利率标准。要高度关注出借人套取金融机构信贷资金又高利转贷的行为，从宽认定高利转贷行为的"牟利"标准以及借款人知情标准。

此外，要考虑出借行为是否具有经常性、出借资金是否为自有资金等因素综合认定某一出借人是否为职业放贷人，依法认定以高息放贷为业的职业放贷人签订的借贷合同无效。目前，民间借贷利率保护的上限引起质疑，多认为利率保护上限过高。对此，最高人民法院将加强调研，广泛听取各方意见，适时提出解决方案。

在确定违约金是否过高时，一般应当以造成的包括预期利益在内的损失为基础来判断，并注意违约金制度在证明责任分配上的功能：主张违约金过高的当事人，须承担违约金远高于守约方损失的举证责任；主张违约金低于损失的，亦应承担相应的举证责任。除借款合同外的双务合同，作为对价的价款或报酬给付之债，并非借款合同项下的还款义务，不能以民间借贷利率上限作为判断违约金是否过高的标准，而应当以中国人民银行公布的相关利率标准为基础，兼顾合同履行情况、当事人过错程度以及预期利益等因素综合确定。

要切实提高对"套路贷"的警觉性，加强对虚假诉讼的防范和制裁力度。这就要求民商事法官在审理涉嫌"套路贷"或者虚假诉讼的民间借贷纠纷案件时，要加大对借贷事实和证据的审查力度，除了要对借据、收据、欠条等债权凭证及银行流水等交付凭证进行审查外，还应结合款项来源、交易习惯、经济能力、财产变化、当事人关系以及当事人陈述等因素综合判断借贷的真实情况，避免司法裁判沦为犯罪分子谋取不当利益的工具。

## 八、关于股权让与担保问题

股权让与担保是让与担保的一种，指的是债务人或者第三人为担保债务的履行，约定将其股权转移至债权人名下并完成变更登记，债权人以约定的期限和价款赎回股权，在债务人不履行到期债务时，股权归属于债权人。由于现行法律没有规定包括股权让与担保在内的让与担保，因此股权让与担保的法律效力在实践中存在较大的争议。需要看到的是，仅就担保功能而言，股权让与担保可以为股权质押所代替。在物权法明确规定了股权质押的情况下，似无再肯定股权让与担保的必要。尤其是公司的组织性以及股权的复合性决定了，股权让与担保不仅涉及设定股权让与担保的股东及其债权人利益，还涉及目标公司及其债权人利益；不仅涉及分红权等自益性权利，还涉及投票权等共益性权利，甚至涉及公司的控制权是否转移等问题。但还应看到，一些市场主体之所以设定股权让与担保,而不是设定股权质押,主要是为防止公司重大资产处置等情况下导致用于担保的股权非正常贬损。对此,我们的基本态度是:既要关注股权让与担保所可能带来的消极影响,又要尊重合同自由原则,维护交易的安全。

尽管物权法未将让与担保作为一种担保物权予以规定,但并不意味着让与担保合同是无效的。之所以还有人认为让与担保合同无效,主要是受传统民法有关通谋虚伪意思表示说、物权法定说、流质契约说等学说的影响。首先,股权让与担保合同是当事人为实现担保的目的而签订的股权转让合同,股权转让的意思表示是真实的,担保的意思表示也是真实的,股权转让就是为了担保,因此不应适用《民法总则》第146条的规定。其次,关于股权让与担保合同是否违反物权法定原则的问题。根据区分原则,违反物权法定原则,只是不发生物权的效力,但不应影响合同的效力。就让与担保合同而言,如果符合物权公示要求,可以认定其具有物权效力;反之,则不具有物权效力。以物权法定为由否定合同的效力,不符合区分原则。最后,关于股权让与担保合同是否违反流押或流质契约禁止的问题。我国物权法明确禁止流押或流质,禁止抵押权人或质权人在债务履行期限届满前与抵押人或出质人约定债务人不履行债务时担保财产归债权人所有,以避免债权人乘债务人之急迫而滥用其优势地位,通过压低担保物价值的方式获取暴利。物权法关于禁止流押或流质的规定在否定事前归属型让与担保效力的同时,也为清算型让与担保指明了方向。也就是说,法律关于流押或流质的规定仅意味着事前归属型的让与担保不能发生物权法上的效力,如果能够通过事后清算解决当事人之间的利益失衡问题,就不能据此认为当事人签订的让与担保合同无效。更何况,违反流押或流质契约禁止,也仅仅是流押或流质条款无效,并非使整个担保合同无效。合同的目的是担保债权的实现,当债务人在约定期限内不能清偿债务,债权人主张取得股权的,因该约定违反禁止流质的规定,而不应支持。但债权人主张对股权享有优先受偿权的,因当事人提供担保的意思合法有效,且已有股权变更登记的公示手段,自应予以支持。

### 九、关于案外人救济制度问题

案外人救济制度包括案外人申请再审、案外人执行异议之诉、第三人撤销之诉三种类型。修改后的民事诉讼法在保留执行异议之诉及案外人申请再审的基础上,新设立第三人撤销之诉制度,在为案外人权利保障提供更多救济渠道的同时,因彼此之间错综复杂的关系也容易导致认识上的偏差，有必要厘清其相互之间的关系，以便正确适用不同程序，依法充分维护各方主体合法权益。

第一，案外人异议之诉以排除对特定标的物的执行为目的，从程序上而言，案外人依据《民事诉讼法》第227条提出执行异议被驳回的，即可向执行法院提起异议之诉。人民法院对异议之诉的审理，一般应就案外人对执行标的物是否享有权利，享有什么样的权利进行判断。至于是否作出具体的确权判项，视案外人的诉讼请求而定，案外人未提出确权或给付诉讼请求的，仅在裁判理由中进行分析判断，可不作出确权判项，仅作出是否排除执行的判项即可。但案外人既提出确权、给付请求，又提出排除执行请求的，法院对确权请求是否支持、是否排除执行，均应在具体判项中予以明确。异议之诉不以否定作为执行依据的生效裁判为目的，如认为裁判有错误，只能适用申请再审或撤销之诉的救济途径。

第二，第三人撤销之诉中的第三人仅局限于《民事诉讼法》第56条规定的有独立请求权及无独立请求权的第三人。有几种特殊情况，即《合同法》第74条规定的可以行使撤销权的债权人，如果撤销权所指向的合同已被生效裁判确认有效，该债权人只能对该裁判提起撤销之诉。另外，《企业破产法》第31条、第32条规定的债权人的撤销权、虚假诉讼中债权人的权益亦是如此。

第三，必要共同诉讼漏列的当事人申请再审分为两种情况：首先，如果该当事人在执行程序中以案外人身份提出了异议，异议被驳回，按民事诉讼法司法解释第423条规定，在驳回异议裁定送达之日起6个月内向原审法院申请再审；其次，如果该当事人未在执行程序中以案外人身份提出异议，根据民事诉讼法司法解释第422条规定，其可以按《民事诉讼法》第200条第8项的规定申请再审，也就是说其可以像案件当事人一样，在知道或者应当知道生效裁判作出之日起向上一级法院申请再审。由此可见，民事诉讼法司法解释对必要共同诉讼漏列的当事人申请再审规定了两种不同的申请再审程序，管辖法院及提起申请的期限起算点有明显差别。

第四，案外人申请再审与第三人撤销之诉功能上近似，如果案外人既有申请再审的权利，又符合撤销之诉的条件，案外人是否可以行使选择权？民事诉讼法司法解释采取了予以限制的司法态度。即依据民事诉讼法司法解释第303条规定，按照启动程序的先后，当事人只能选择相应的救济程序：如果案外人先启动执行异议程序的，对执行异议不服，只能向作出生效裁判的法院申请再审，而不可提起撤销之诉；如果先启动了第三人撤销之诉，即便在执行程序中又提出执行异议，也只能继续进行撤销之诉，而不能依《民事诉讼法》227条申请再审。

上述几点只是对民事诉讼法及司法解释关于案外人各种救济程序进行了一个较为系统的梳理，以便于大家在实践中把握。异议之诉所涉及的实体性问题更是复杂，要注意吃透关于执行异议复议司法解释第26条、第28条、第29条以及法释〔2002〕16号批复的精神。

### 十、关于刑民交叉问题

在民商事审判中，如何处理好刑民交叉案件的程序衔接、如何认定民事法律行为效力等问题，对于保护当事人合法权利、维护正常交易秩序具有重要意义。在这里，我着重讲讲其中的"同一事实"认定问题。

刑民交叉案件的一个基本规则是：刑事案件与民事案件涉及"同一事实"的，原则上应通过刑事诉讼方式解决。人民法院在审理民商事案件过程中，发现民商事案件涉及的事实同时涉及刑事犯罪的，应当及时将犯罪线索和有关材料移送侦查机关，侦查机关作出立案决定的，应当裁定驳回起诉；侦查机关不及时立案的，应当及时报请当地党委政法委协调处理。实践中，主要问题在于如何认定"同一事实"。鉴于民事诉讼与刑事诉讼具有不同的职能与程序，分开审理是基本原则，因此要从行为主体、相对人以及行为本身三个方面认定是否属于"同一事实"：一是从行为实施主体的角度判断。"同一事实"指的是同一主体实施的行为，不同主体实施的行为不属于同一事实。要特别注意的是，法定代表人、负责人以及其他工作人员等对外以法人名义从事的职务行为，应当由法人承担相应的民事后果。如果法定代表人、负责人以及其他工作人员构成犯罪，但法人本身不构成犯罪的，鉴于犯罪行为的主体与民事行为的主体属于不同的主体，一般不宜认定为"同一事实"。二是从法律关系的角度进行认定。如，刑事案件的受害人同时也是民事法律关系的相对人的，一般可以认定该事实为"同一事实"。实践中，侵权行为人涉嫌刑事犯罪，被保险人、受益人或其他赔偿权利人请求保险人支付保险金；主合同的债务人涉嫌刑事犯罪，债权人请求担保人承担民事责任的，因涉及不同的法律关系，均不属于"同一事实"。三是从要件事实的角度认定。只有民事案件争议的事实，同时也是构成刑事犯罪的要件事实的情况下，才属于"同一事实"。如当事人因票据贴现发生民事纠纷，人民法院在审理过程中发现汇票的出票人因签发无资金保证的汇票构成票据诈骗罪，但鉴于背书转让行为并非票据诈骗犯罪的构成要件，因而民事案件与刑事案件不属于"同一事实"。

需要特别指出的是,对于涉嫌集资诈骗、非法吸收公众存款等涉众型经济犯罪,由人民法院通过单个地审理民商事案件的方式化解矛盾,效果肯定不好。对于正在侦查、起诉、审理的涉众型经济犯罪案件,当事人就同一事实向人民法院提起民事诉讼的,人民法院应当裁定不予受理,并将有关材料移送侦查机关、检察机关或者正在审理该刑事案件的人民法院。正在审理的民商事案件,发现有经济犯罪线索的,应当及时将犯罪线索和有关材料移送侦查机关。侦查机关作出立案决定前,人民法院应当中止审理;作出立案决定后,应当裁定驳回起诉;侦查机关未及时立案的,必要时可以将案件报请党委政法委请求协调处理。

最后,我想特别说明的是,本次会议的一项重要议程就是讨论"全国法院民商事审判工作会议纪要",会后我们会在总结吸收相关意见基础上对其作进一步修改完善,并就争议比较大的问题提交我院民事行政审判专业委员会讨论。我的讲话中涉及的相关法律适用问题,如有与此后出台的"会议纪要"不一致的,以"会议纪要"为准。

同志们,一分部署,九分落实。党的十九大描绘了新时代中国特色社会主义发展的宏伟蓝图。如何让蓝图变方案、让方案变行动,是人民法院民商事审判工作必须面对的重大课题。让我们更加紧密团结在以习近平同志为核心的党中央周围,坚持以习近平新时代中国特色社会主义思想为指导,不忘初心、牢记使命、锐意进取、埋头苦干,全面推进新时代人民法院民商事审判工作实现新发展,为决胜全面建成小康社会、夺取新时代中国特色社会主义伟大胜利、实现中华民族伟大复兴的中国梦、实现人民对美好生活的向往作出新的更大贡献!

# 第三部分　答记者问

# 最高人民法院民二庭负责人
# 就《全国法院民商事审判工作会议纪要》答记者问

最高人民法院于 2019 年 7 月 3 日至 4 日在黑龙江省哈尔滨市召开了全国法院民商事审判工作会议。最高人民法院党组书记、院长周强出席会议并讲话，刘贵祥专委作了工作报告。会上讨论了《全国法院民商事审判工作会议纪要（稿）》。会后向全社会公开征求意见，社会反响热烈，希望尽快出台。纪要今天正式发布，记者为此采访了最高人民法院民二庭负责人。

**问：** 能否请您简要说明一下纪要的起草过程以及主要特点？

**答：** 从今年 2 月份开始起草到 11 月份出台，历时 8 个多月，其间我们多次专门调研、征求专家学者意见、书面征求有关部门和单位意见，还向全社会公开征求意见。纪要的公布对统一裁判思路，规范法官自由裁量权，增强民商事审判的公开性、透明度以及可预期性，提高司法公信力具有重要意义。纪要主要有以下几个特点：一是问题意识强。纪要本着高度的责任感和担当意识，直面民商事审判中的前沿疑难争议问题，明确最高人民法院的态度，避免因规则的不明确而影响司法公信力。二是指导理论新。纪要密切关注正在制定修改过程中的民法典、公司法、证券法、破产法等法律的最新动态，密切跟踪金融领域最新监管政策、民商法学最前沿理论研究成果。三是涉及面广。纪要共计 12 部分 130 条，涉及公司、合同、担保、金融（包括金融消费者保护、证券、信托、保险、票据）、破产等民商事审判的绝大部分领域。纪要同时对案外人执行异议之诉、第三人撤销之诉、民刑交叉等突出程序问题进行了规范。

**问：** 请您谈谈民商事审判要坚持哪些基本原则和理念？

**答：** 民商事审判工作，事关国家安全、社会稳定以及经济社会发展大局，事关营造法治化营商环境以及防范化解重大风险，事关人民群众对社会公平正义的向往和期待，必须以习近平新时代中国特色社会主义思想武装头脑、指导实践、推动工作。一要坚持党的绝对领导。这是中国特色社会主义司法制度的本质特征和根本要求，是人民法院永远不变的根和魂。在民商事审判工作中,要切实增强"四个意识",坚定"四个自信",做到"两个维护",坚定不移走中国特色社会主义法治道路。二要坚持服务党和国家大局。认清形势,高度关注中国特色社会主义进入新时代背景下经济社会的重大变化、社会主要矛盾的历史性变化、各类风险隐患的多元多变,提高服务大局的自觉性、针对性,主动作为,勇于担当,处理好依法办案和服务大局的辩证关系,着眼于贯彻落实党中央的重大决策部署、维护人民群众的根本利益、维护法治的统一。三要坚持司法为民。牢固树立以人民为中心的发展思想,始终坚守人民立场,胸怀人民群众,满足人民需求,带着对人民群众的深厚感情和强烈责任感去做好民商事审判工作。在民商事审判工作中要弘扬社会主义核心价值观,注意情理法的交融平衡,做到以法为据、以理服人、以情感人,既要义正辞严讲清法理,又要循循善诱讲明事理,还要感同身受讲透情理,争取广大人民群众和社会的理解与支持。要建立健全方便人民群众诉讼的民商事审判工作机制。四要坚持公正司法。公平正义是中国特色社会主义制度的内在要求,也是我党治国理政的一贯主张。司法是维护社会公平正义的最后一道防线,必须把公平正义作为生命线,必须把公平正义作为镌刻在心中的价值坐标,必须把"努力让人民群众在每一个司法案件中感受到公平正义"作为矢志不渝的奋斗目标。

会议指出,民商事审判工作要树立正确的审判理念。注意辩证理解并准确把握契约自由、平等保护、诚实信用、公序良俗等民商事审判基本原则;注意树立请求权基础思维、逻辑和价值相一致思维、同案同判思维,通过检索类案、参考指导案例等方式统一裁判尺度,有效防止滥用自由裁量权;注意处理好民商事审判与行政监管的关系,通过穿透式审判思维,查明当事人的真实意思,探求真实法律关系;特别注意外观主义系民商法上的学理概括,并非现行法律规定的原则,现行法律只是规定了体现外观主义的具体规则,审判实务中应当依据有关具体法律规则进行判断,类推适用亦应当以法律规则设定的情形、条件为基础。从现行法律规则看,外观主义是为保护交易安全设置的例外规定,一般适用于因合理信赖权利外观或意思表示外观的交易行为。实际权利人与名义权利人的关系,应注重财产的实质归属,而不单纯地取决于公示外观。总之,审判实务中要准确把握外观主义的适用边界,避免泛化和滥用。

**问:据了解,纪要部分内容提交了最高人民法院民事行政审判专业委员会讨论,您能不能介绍一下这方面的情况?**

**答:**纪要涉及面广、问题多,对争议比较大、实践中迫切需要统一裁判尺度的12个问题审委会进行了讨论，它们分别是：一是与目标公司签订的"对赌协议"的效力及能否履行；二是股东出资能否加速到期；三是如何理解公司法司法解释（二）第18条第2款规定的清算义务人的责任；四是法定代表人未经授权对外提供担保，公司应否承担责任；五是违约方能否起诉解除合同；六是混合担保中承担了担保责任的担保人能否向其他担保人追偿；七是因登记簿设置原因，导致登记簿记载与合同约定的担保范围不一致的情况下，究竟应以合同约定还是以登记簿记载为准来确定担保物权的担保范围；八是在房地分别抵押情况下，如何确定抵押范围以及清偿顺序；九是让与担保的效力如何；十是场外配资合同无效，应否以及如何返还利息；十一是如何理解信托财产的独立性；十二是实际权利人能否对抗一般债权人的执行。

**问：请您谈谈纪要中公司纠纷案件部分对哪些问题统一了裁判思路？**

**答：**纪要对"对赌协议"、股东出资加速到期、表决权限制、有限责任公司清算义务人的责任、公司人格否认、公司对外担保等争议问题统一了裁判思路。关于"对赌协议"的效力及履行。纪要规定，投资方与目标公司签订的"对赌协议"在不存在法定无效事由的情况下，一方当事人仅以协议存在股权回购或者金钱补偿约定为由，主张协议无效的，人民法院不予支持。但当事人主张实际履行的，人民法院应当审查是否符合公司法关于"股东不得抽逃出资"或股份回购的强制性规定，判决是否支持其请求。关于股东出资应否加速到期。纪要规定了两种例外情形：一是公司作为被执行人的案件，因穷尽执行措施无财产可供执行，已具备破产原因，但不申请破产的；二是在公司债务产生后，公司股东（大）会决议延长股东出资期限的。关于公司人格否认。纪要明确，公司人格独立和股东有限责任是公司法的基本原则。否认公司独立人格，由滥用公司法人独立地位和股东有限责任的股东对公司债务承担连带责任，只是股东有限责任的例外情形，旨在运用平衡的方法矫正有限责任制度在特定法律事实发生时对债权人保护的失衡现象。要准确把握《公司法》第20条第3款的规定精神。要根据查明的案件事实，进行综合判断，既审慎适用，又当用则用。实践中存在标准把握不严而滥用这一例外制度的现象，同时也存在因法律规定较为原则、抽象，适用难度大，而不善于适用、不敢于适用现象，均应当引起高度重视。纪要对否定公司人格的3种典型情形（人格混同、过度支配与控制、资本显著不足）如何把握进行了细化。关于有限责任公司清算义务人的责任。纪要明确，公司法司法解释（二）第18条第2款规定的"怠于履行义务"，是指有限责任公司的股东在法定清算事由出现后，在能够履行清算义务的情况下，故意拖延、拒绝履行清算义务，或者因过失导致无法进行清算的消极行为。股东举证证明其已经为履行清算义务采取了积极措施，或者小股东举证证明其既不是公司董事会或者监事会成员，也没有选派人员担任该机关成员，且从未参与公司经营管理，则不是"怠于履行义务"。有限责任公司的股东能够证明其"怠于履行义务"与公司主要财产、账册、重要文件等灭失之间没有因果关系，其不应承担连带清偿责任。关于公司对外担保。纪要明确，根据《公司法》第16条的规定，担保行为不是法定代表人所能单独决定的事项，必须以公司股东（大）会、董事会等公司机关的决议作为授权的基础和来源。法定代表人未经授权擅自对外提供担保的，构成越权代表，人民法院应当根据《合同法》第50条关于法定代表人越权代表的规定，区分订立合同时债权人是否善意分别认定合同效力：债权人善意的，合同有效；反之，合同无效。债权人的善意，是指债权人对公司机关决议内容进行了审查，但这种审查一般限于形式审查，只要求尽到必要的注意义务即可，标准不宜太过严苛。纪要规定，担保合同有效，债权人请求公司承担担保责任的，人民法院依法予以支持；担保合同无效，债权人请求公司承担担保责任的，人民法院不予支持，但可以按照担保法及有关司法解释关于担保无效的规定处理。公司举证证明债权人明知法定代表人超越权限或者机关决议系伪造或者变造，债权人请求公司承担合同无效后的民事责任的，人民法院不予支持。纪要还对表决权能否受限、有限公司的股权变动、侵犯优先购买权的股权转让合同的效力、上市公司为他人提供担保的合同效力、债务加入准用担保规则、实际出资人显名的条件以及股东代表诉讼等问题进行了规定。

**问**：请您谈谈纪要中合同纠纷案件部分对哪些问题统一了裁判思路？

**答**：纪要对合同效力、合同履行与救济以及借款合同中的一些争议问题统一了裁判思路。关于合同无效及其法律后果。纪要从鼓励交易原则出发，明确了强制性规定的识别标准、违反公序良俗无效的适用情形，尽量避免泛化认定合同无效；明确了合同不成立、无效或者被撤销时的返还责任、折价补偿以及损害赔偿之间的关系，重申要根据诚实信用原则确定合同无效后的法律后果，不能使不诚信的当事人从合同无效中获利；规定了合同无效和解除时人民法院的释明义务，避免案结事不了现象的发生。关于批准生效合同未经批准的效力。纪要明确，法律、行政法规规定合同需要批准生效的，批准是法定的生效条件，未经批准的合同属于未生效合同，当事人既不能请求履行，也不能请求确认合同无效。纪要强调，尽管整个合同未生效，但报批义务及相关条款独立生效，一方可以请求另一方履行报批义务。报批义务人拒不履行报批义务的，另一方也可以直接请求解除合同，并请求其承担专门针对报批义务约定的违约责任。人民法院判令一方履行报批义务后，一方拒不履行判决的，应当承担相当于违约责任的责任。关于盖章行为的法律效力。盖章行为表明代表人或者代理人从事的是职务行为，因此，要根据签约人于盖章之时有无代表权或者代理权，并根据代表或者代理的相关规则来确定合同的效力。纪要强调，不能将重点放在公章的真伪上去，要纠正过分依赖鉴定来解决相关问题的裁判思路。关于以物抵债的性质和效力。纪要区别履行期限届满后签订的以物抵债和履行期限届满前签订的以物抵债两种情形，而异其处理方式。前一种以物抵债协议，当事人可以直接请求履行；后一种以物抵债协议，当事人不能直接请求履行，只能根据原债权债务关系确定双方的权利义务关系。关于合同解除。纪要明确了通知解除的条件，强调要根据诚实信用原则认定约定解除的条件。纪要规定，违约方在合同僵局的前提下，符合下列条件的，违约方起诉请求解除合同的，人民法院应予支持：违约方不存在恶意违约的情形；违约方继续履行合同，对其显失公平；守约方拒绝解除合同，违反诚实信用原则。关于金钱之债的裁判思路。纪要明确，要坚持金融服务实体经济原则，区别对待金融借贷与民间借贷，适用不同的利率标准。关于民间借贷，着重从规范高利转贷以及职业放贷人两个方面着手，从宽认定高利转贷行为的牟利标准以及借款人知情标准，明确职业放贷行为无效；关于金融借贷，纪要着重对变相利息进行规制。纪要强调，作为对价的价款或报酬给付之债，并非借款合同项下的还款义务，不能以民间借贷利率上限作为判断违约金是否过高的标准，避免简单地以民间借贷利率的司法保护上限作为调整依据。此外，纪要还对撤销权的行使方式、抵销的效力等问题进行了规定，明确撤销权也可以抗辩的方式行使；抵销的效力溯及至抵销条件成就之时，而非抵销通知达到之时。

**问**：请您谈谈纪要中担保纠纷案件部分对哪些问题统一了裁判思路？

**答**：纪要对担保的一般规则、不动产担保物权、动产担保物权、非典型担保的一些争议问题统一了裁判思路。关于独立担保。纪要明确，从属性是担保的基本属性，要将独立担保限于独立保函司法解释规定的银行和非银行机构出具的独立保函的范围，不能任意扩大独立保函的适用范围。其他当事人开立的独立保函以及当事人有关排除担保从属性的约定，应当认定无效。但根据"无效法律行为的转换"原理，在否定其独立担保效力的同时，应当将其认定为从属性担保，并根据主合同的效力状况区别对待担保合同的效力。关于担保责任的范围。纪要明确,担保人承担的担保责任不能大于主债务的范围,是担保从属性的必然要求。当事人通过针对担保责任约定专门的违约责任等方式,使担保人承担的责任范围大于、程度强于债务人所应承担的责任的,大于或者强于的部分无效,避免过度担保等对担保人不利现象的发生。关于混合担保中担保人之间的求偿问题。司法实践存在不同做法,理论界也有不同观点。为此,纪要明确,在混合担保中,根据《物权法》第176条的规定,承担了担保责任的担保人不能向其他担保人追偿。关于担保债权的范围。根据当前我国登记系统设置的实际情况,区别情形作出差别对待:对于不动产登记簿仅有"被担保主债权数额(最高债权数额)"表述,未设置"担保范围"栏目,导致合同约定的担保范围与登记簿记载不一致的,要根据合同约定来确定担保范围;对于系统设置比较规范,担保范围与登记簿记载一致的,则以登记簿记载为准。关于未办理登记的不动产抵押合同的效力。纪要明确,未办理抵押登记的,债权人既可以请求抵押人继续办理抵押登记,也可以请求抵押人以抵押物的价值为限承担责任,但其范围不得超过抵押权有效设立时抵押人所应承担的责任。关于房地分别抵押。纪要明确,设定抵押时土地上有建筑物的,根据《物权法》第182条之规定,在当事人仅以房或者地抵押,或者房地产分别抵押给不同债权人的场合,均应当认为房地一并抵押。房地分别抵押给不同债权人的,应当依照《物权法》第199条的规定确定清偿顺序:登记在先的先清偿;同时登记的,按照债权比例清偿。关于流动质押。纪要肯定了流动质押的效力,明确既要根据合同约定确定监管人系受谁的委托来监管质物,也要根据监管人是否已经实际履行监管职责、质物实际受谁管领控制等因素综合判断质物是否已经交付,进而确定质权是否已经设立。关于浮动抵押的效力。浮动抵押有英式结晶说和美式登记说两种理论,纪要采登记说,明确登记在先的浮动抵押优先于登记在后的动产抵押受偿。关于非典型担保。纪要明确,应当认可非典型担保的合同效力,至于应否认可其物权效力,要看其是否完成了公示。以登记作为公示方法的,未在法定的登记机构登记的,不具有物权效力。关于让与担保。纪要明确,债务人或者第三人与债权人订立合同,约定将财产形式上转让至债权人名下,债务人到期清偿债务,债权人将该财产返还给债务人或第三人,债务人到期没有清偿债务,债权人可以对财产拍卖、变卖、折价偿还债权的,人民法院应当认定合同有效。合同如果约定债务人到期没有清偿债务,财产归债权人所有的,人民法院应当认定该部分约定无效,但不影响合同其他部分的效力。当事人根据上述合同约定,已经完成财产权利变动的公示方式转让至债权人名下,债务人到期没有清偿债务,债权人请求确认财产归其所有的,人民法院不予支持,但债权人请求参照法律关于担保物权的规定对财产拍卖、变卖、折价优先偿还其债权的,人民法院依法予以支持。债务人因到期没有清偿债务,请求对该财产拍卖、变卖、折价偿还所欠债权人合同项下债务的,人民法院亦应依法予以支持。此外,纪要还对借新还旧时旧贷上的担保物权是否随之消灭、抵押权随主债权转让时未办理变更登记是否影响受让人享有抵押权、动产抵押权与质权竞存时如何确定清偿顺序、保兑仓的性质和效力等问题作出了规定。

**问:请您谈谈纪要中金融纠纷案件部分对哪些问题统一了裁判思路?**

**答:** 金融部分包括金融消费者权益保护、证券、营业信托、财产保险、票据纠纷案件审理5个方面的内容,纪要对其中的一些争议问题,统一了裁判思路。

关于金融消费者权益保护纠纷案件。纪要规定,在审理金融产品发行人、销售者以及金融服务提供者(以下简称卖方机构)与金融消费者之间因销售各类高风险等级金融产品和为金融消费者参与高风险等级投资活动提供服务而引发的民商事案件中,必须坚持"卖者尽责、买者自负"原则,将金融消费者是否充分了解相关金融产品、投资活动的性质及风险并在此基础上作出自主决定作为应当查明的案件基本事实,依法保护金融消费者的合法权益,规范卖方机构的经营行为。卖方机构不能证明其已经按照法律、行政法规和相关监管规定的要求履行了适当性义务的,应当对金融消费者因此所受的损失承担赔偿责任。纪要还对举证责任、告知说明义务的衡量标准、损失赔偿数额的确定、免责事由进行了规定。

关于证券纠纷案件。纪要规定,对于需要借助其他学科领域的专业知识进行职业判断的问题,要充分发挥专家证人的作用,使得案件的事实认定符合证券市场的基本做法和普遍认知或者认可的经验法则,责任承担与侵权行为及其主观过错程度相匹配,在切实维护投资者合法权益的同时,通过民事责任追究实现震慑违法的功能,维护资本市场公开、公平、公正的市场秩序。在案件审理方式方面,一些人民法院已经进行了将部分案件合并审理、在示范判决基础上委托调解等尝试,有条件的人民法院可以选择个案以《民事诉讼法》第54条规定的代表人诉讼方式对案件进行审理,逐步展开试点工作,为构建符合中国国情的证券民事诉讼制度积累审判经验,培养审判队伍。纪要还对统一登记立案、案件甄别及程序审查、选定代表人、揭露日和更正日的认定、重大性要件的认定等进行了规定。对于场外配资合同纠纷,纪要明确,将证券市场的信用交易纳入国家统一监管的范围,是维护金融市场透明度和金融稳定的重要内容。不受监管的场外配资业务,不仅盲目扩张了资本市场信用交易的规模,也容易冲击资本市场的交易秩序。融资融券作为证券市场的主要交易方式和证券经营机构的核心业务,依法属国家特许经营的金融业务,未经依法核准,任何单位和个人不得非法从事配资业务。在认定配资合同无效的同时,纪要还对配资方和用资方的法律责任进行了规定。

关于营业信托纠纷案件。纪要明确,对信托公司开展和参与的多层嵌套、通道业务、回购承诺等融资活动,要以其实际构成的法律关系确定其效力,并在此基础上依法确定各方的权利义务。按照"新老划断"的监管政策要求,在过渡期之前,一方当事人以信托目的违法违规为由请求确认无效的,人民法院不予支持。在营业信托纠纷案件中,应当重点审查受托人在"受人之托,忠人之事"的财产管理过程中,是否恪尽职守,履行了谨慎、有效管理等法定或者约定义务,并将举证责任依法分配给受托人。除信托公司作为被告外,原告申请对信托公司固有资金账户的资金采取保全措施的,人民法院不应准许。信托公司作为案件被告,确有必要对其固有财产采取诉讼保全措施的,必须强化善意执行理念,防范发生金融风险。明确要求人民法院对信托公司的固有财产采取保全措施时,要尽量寻求依法平等保护各方利益的平衡点,优先采取方便执行且对信托公司正常经营影响最小的执行措施。纪要还对营业信托纠纷的认定、资产或者资产收益权转让及回购、劣后级受益人的责任承担、增信文件的性质、保底或者刚兑条款无效、信托财产的诉讼保全等进行了规定。

关于票据纠纷案件。纪要规定,贴现行的负责人或者有权从事该业务的工作人员与贴现申请人合谋,伪造贴现申请人与其前手之间具有真实的商品交易关系的合同、增值税发票等材料申请贴现,贴现行不享有票据权利。票据贴现属于国家特许经营业务,合法持票人向不具有法定贴现资质的当事人进行"贴现"的,该行为应当认定无效。人民法院在案件审理过程中,发现不具有法定资质的当事人以"贴现"为业的,因该行为涉嫌犯罪,应当将有关材料移送公安机关。纪要还对票据清单交易封包交易案件的处理原则、票据权利的认定以及民刑交叉的程序处理、恶意申请公示催告的权利救济等进行了规定。

关于保险纠纷案件。纪要规定,财产保险合同约定以投保人支付保险费作为合同生效条件,但对该生效条件是否为全额支付约定不明,投保人已经支付部分保险费的,应当认定保险合同已经生效。关于仲裁协议对行使保险代位求偿权的保险人的约束力问题,纪要明确,保险代位求偿权是一种法定债权转让,被保险人和第三者在保险事故发生前达成的仲裁协议,对保险人具有约束力。考虑到涉外民商事案件的处理常常涉及国际条约、国际惯例的适用,相关问题具有特殊性,故未将具有涉外因素的仲裁协议对保险人的约束力问题纳入纪要规范的范围。

**问:** 请您谈谈纪要中破产纠纷案件部分对哪些问题统一了裁判思路?

**答:** 为了进一步审理好破产案件,纪要再次明确和强调了破产审判工作总体思路和下一步工作重点,并对以下重要问题统一了裁判思路。关于受理后债务人财产保全和执行程序的处理。纪要首先强调了人民法院系统内部的责任追究机制,即相关人民法院未依法及时解除保全措施、移交处置权,或者中止执行程序并移交有关财产的,上级人民法院应当依法予以纠正;相关人员违反上述规定造成严重后果的,破产受理人民法院可以向人民法院纪检监察部门移送其违法审判责任线索。其次,对于国家行政机关采取的保全措施或者执行程序,纪要强调要积极与上述机关进行协调和沟通,取得有关机关的配合。关于重整中的债务人自行管理。纪要首次明确,重整期间,债务人同时符合下列条件的,经申请,人民法院可以批准债务人在管理人的监督下自行管理财产和营业事务:内部治理机制仍正常运转;债务人自行管理有利于债务人继续经营;债务人不存在隐匿、转移财产的行为;债务人不存在其他严重损害债权人利益的行为。同时,纪要明确规定,经人民法院批准由债务人自行管理财产和营业事务的,管理人职权中有关财产管理和营业经营的职权应当由债务人行使。关于重整中担保物权的恢复行使。针对《企业破产法》第75条关于重整期间对债务人的特定财产享有的担保权暂停行使等规定,纪要在明确暂停行使一般原则的基础上,强调要注重维护企业重整价值的同时,依法平衡保护担保权人的合法权益。管理人或者自行管理的债务人如果认为担保物不是重整所必需的,应当及时对担保物进行拍卖或者变卖,拍卖或者变卖担保物所得价款在支付拍卖、变卖费用后优先清偿担保权人的债权。担保权人与管理人或者自行管理的债务人就担保权应否恢复行使发生争议的,应当由管理人或者自行管理的债务人举证证明担保物是否为重整所必需,人民法院据此裁定是否应当恢复行使。担保权人对人民法院不予批准恢复行使的裁定不服的,可以自收到裁定书之日起十日内,向作出裁定的人民法院申请复议。关于重整计划执行期间的有关问题。针对重整计划执行期间与监督期间的关系,纪要明确二者原则上应当保持一致。如果不一致的，人民法院在确定和调整重整程序中的管理人报酬方案时，应当根据重整期间和重整计划监督期间管理人工作量的不同予以区别，以提升管理人工作报酬确定的合理性。对于重整计划执行期间的债务人诉讼管辖问题，纪要明确因重整程序终止后新发生的事实或者事件引发的有关债务人的民事诉讼，不适用《企业破产法》第21条有关集中管辖的规定。关于无法清算案件的审理与责任承担。针对实践中关于债务人相关人员下落不明或者财产状况不清的破产案件中相关主体的义务内容和责任范围、无法清算造成损失的责任性质、责任主体和追责方式不明，强制清算与破产清算制度适用错位等问题，纪要基于强制清算制度与破产清算制度的不同制度目标、不同适用条件，就此类破产清算案件中的责任承担问题予以纠偏，明确在破产程序终结后不能适用公司法司法解释（二）第18条第2款的规定判定债务人的原股东承担民事责任，避免不当突破股东有限责任原则。

**问**：纪要还涉及商事审判程序，请问这部分对哪些问题统一了裁判思路？

**答**：这部分包括案外人救济案件的审理和民刑交叉案件的程序处理两个问题。关于案外人救济案件各救济途径之间的关系。纪要界定了执行异议之诉与案外人申请再审以及第三人撤销之诉的关系，明确了执行异议之诉不以否定作为执行依据的生效裁判为目的，如认为裁判有错误，只能通过申请再审或提起第三人撤销之诉进行救济。纪要规定了同时符合案外人申请再审与第三人撤销之诉的条件时，要按照程序启动的先后顺序来确定相应的救济途径，限制当事人的程序选择权。纪要还规定了被遗漏的必要共同诉讼人申请再审的两种程序，明确了两种程序之间的区别。关于执行异议之诉的裁判规则。纪要规定了执行异议之诉案件的实体审查规则。在案外人依据另案生效裁判提起执行异议之诉的处理上，强调实质审查原则，而不拘泥于生效裁判作出的时间是在查封扣押之前还是之后。纪要同时规定，在案外人依据另案生效裁判提出执行异议之诉时，要区别执行标的是金钱债权和非金钱债权作出不同处理。对于非金钱债权，如果作为执行依据的生效裁判是确权裁判，不论作为执行异议依据的裁判是确权裁判还是给付裁判，一般不应据此排除执行，但人民法院应当告知案外人对作为执行依据的确权裁判申请再审；如果作为执行依据的生效裁判是给付标的物的裁判，而作为提出异议之诉依据的裁判是确权裁判，一般应据此排除执行，此时人民法院应告知其对该确权裁判申请再审；如果两个裁判均属给付标的物的裁判，人民法院需依法判断哪个裁判所认定的给付权利具有优先性，进而判断是否可以排除执行。对于金钱债权,作为案外人提起执行异议之诉依据的生效裁判将执行标的确权给案外人,可以排除执行;作为案外人提起执行异议之诉依据的生效裁判,未将执行标的物确权给案外人,而是基于不以转移所有权为目的的有效合同(如租赁、借用、保管合同),判令向案外人返还执行标的物的,其性质属于物权请求权,亦可以排除执行;基于以转移所有权为目的有效合同(如买卖合同),判令向案外人交付标的物的,其性质属于债权请求权,不能排除执行;如果案外人提出执行异议之诉依据的生效法律文书认定以转移所有权为目的的合同(如买卖合同)无效或应当解除,进而判令向案外人返还执行标的物的,只有在案外人已经返还价款的情况下,才能排除普通债权人的执行。在不动产买受人提起的执行异议之诉的处理上,对于未办理过户登记是否基于买受人自身原因,纪要作了细化的规定。在消费者购房人排除执行的规定中对于"买受人名下无其他用于居住的房屋"作了细化的规定。在消费者购房人权利与抵押权冲突的处理上,认定在符合规定条件的情况下消费者购房人的权利优先于抵押权,贯彻了生存利益至上的原则。关于债权人能否提起第三人撤销之诉。纪要从设立第三人撤销之诉的目的出发,规定特定条件下,债权人可以提起第三人撤销之诉进行救济的三种债权。关于房屋消费者的权利与抵押权冲突的处理。纪要明确,根据《最高人民法院关于建设工程价款优先受偿权问题的批复》的规定,符合本纪要第125条规定的,应当认定买受人对执行标的享有足以排除强制执行的民事权益。但是,买受人购买二手房的,或者买受人知道该商品房出售前已经办理抵押登记的,其对执行标的不享有足以排除强制执行的民事权益,除非抵押权人同意转让。

关于民刑交叉案件分别审理的原则和具体情形。纪要规定,同一当事人因不同事实分别发生民商事纠纷和涉嫌刑事犯罪,民商事案件与刑事案件应当分别审理,并且明确列举了应当分别审理的五种具体情形。关于涉众型经济犯罪与民商事案件的程序处理问题。集资诈骗、非法吸收公众存款等涉众型经济犯罪,由于所涉人数众多、当事人分布地域广、标的额特别巨大、影响范围广,严重影响社会稳定,故对于受害人就同一事实提起的以犯罪嫌疑人或者刑事被告人为被告的民事诉讼,人民法院应裁定不予受理,并将有关材料移送侦查机关、检察机关或者正在审理该刑事案件的人民法院。除上述人民法院不予受理的情形外,要防止通过刑事手段干预民商事审判,搞地方保护,影响营商环境。当事人因租赁、买卖、金融借款等与涉嫌集资诈骗、非法吸收公众存款等涉众型经济犯罪无关的民事纠纷,请求上述主体承担民事责任的,人民法院应予受理。关于民刑交叉案件中民商事案件中止审理的条件。纪要明确，如果民商事案件必须以相关刑事案件的审理结果为依据，而刑事案件尚未审结的，应当根据《民事诉讼法》第150条第5项的规定中止诉讼。如果民商事案件不是必须以相关的刑事案件的审理结果为依据，则民商事案件应当继续审理。

**问：** 请问纪要适用哪些案件？

**答：** 需要强调的是，纪要不是司法解释，不能作为裁判依据进行援引。人民法院尚未审结的一审、二审案件，在裁判文书"本院认为"部分具体分析法律适用的理由时，可以根据纪要的相关规定进行说理。

# 第四部分　纪要释义

# 第一章　关于民法总则适用的法律衔接

　　会议认为，民法总则施行后至民法典施行前，拟编入民法典但尚未完成修订的物权法、合同法等民商事基本法，以及不编入民法典的公司法、证券法、信托法、保险法、票据法等民商事特别法，均可能存在与民法总则规定不一致的情形。人民法院应当依照《立法法》第92条、《民法总则》第11条等规定，综合考虑新的规定优于旧的规定、特别规定优于一般规定等法律适用规则，依法处理好民法总则与相关法律的衔接问题，主要是处理好与民法通则、合同法、公司法的关系。

## 【说明】

民法总则施行后，首先要解决的就是与其他法律的衔接问题。初看这不是一个问题，很简单，实则不然，特别是民法总则与公司法的关系，我们的理解也经历了一个过程。刚起草该部分纪要时，认为民法总则是新法，就营利法人这一章的规定，公司法的规定与民法总则不一致的，当然应当适用民法总则的规定。但后来在召开专家论证会时，几乎所有的商法专家都提出了不同意见，指出公司法是特别法，应当适用公司法的规定。这促使我们认真思考，深入研究。在研究过程中，我们将民法总则有关条文与公司法的有关条文对照，发现了问题的答案。例如，《民法总则》第80条规定："营利法人应当设权力机构。权力机构行使修改法人章程，选举或者更换执行机构、监督机构成员，以及法人章程规定的其他职权。"而《公司法》第37条规定："股东会行使下列职权：（一）决定公司的经营方针和投资计划；（二）选举和更换非由职工代表担任的董事、监事，决定有关董事、监事的报酬事项；（三）审议批准董事会的报告；（四）审议批准监事会或者监事的报告；（五）审议批准公司的年度财务预算方案、决算方案；（六）审议批准公司的利润分配方案和弥补亏损方案；（七）对公司增加或者减少注册资本作出决议；（八）对发行公司债券作出决议；（九）对公司合并、分立、解散、清算或者变更公司形式作出决议；（十）修改公司章程；（十一）公司章程规定的其他职权。对前款所列事项股东以书面形式一致表示同意的，可以不召开股东会会议，直接作出决定，并由全体股东在决定文件上签名、盖章。"将这两条一对比，在回答有限责任公司股东会的职权有哪些时，答案是：当然应当适用公司法的规定。这也是我们转变观点的又一个原因。但是，问题远比想象的要复杂。例如，《公司法》第32条第3款规定："公司应当将股东的姓名或者名称向公司登记机关登记；登记事项发生变更的，应当办理变更登记。未经登记或者变更登记的，不得对抗第三人。"而《民法总则》第65条的规定则把"不得对抗第三人"修正为"不得对抗善意相对人"。刚开始时，我们认为案件审理中应当适用公司法的规定。专家论证会后，基于专家提出的公司法是特别法的原理，我们认为这一观点是对的，于是，在2019年7月召开的全国法院民商事审判工作会议上，我们提交的会议纪要就是这个观点。但与会的有关同志告诉我们，《民法总则》第65条是有意修改《公司法》第32条第3款的规定，将"不得对抗第三人"修正为"不得对抗善意相对人"。后经查立法理由书，我们最终采纳了该意见。总之，民法总则的法律适用衔接部分非常重要，其中的重点是民法总则与公司法的关系。有鉴于此，纪要对此进行了规范，以统一裁判思路。

1.【民法总则与民法通则的关系及其适用】民法通则既规定了民法的一些基本制度和一般性规则，也规定了合同、所有权及其他财产权、知识产权、民事责任、涉外民事法律关系适用等具体内容。民法总则基本吸收了民法通则规定的基本制度和一般性规则，同时作了补充、完善和发展。民法通则规定的合同、所有权及其他财产权、民事责任等具体内容还需要在编撰民法典各分编时作进一步统筹，系统整合。因民法总则施行后暂不废止民法通则，在此之前，民法总则与民法通则规定不一致的，根据新的规定优于旧的规定的法律适用规则，适用民法总则的规定。最高人民法院已依据民法总则制定了关于诉讼时效问题的司法解释，而原依据民法通则制定的关于诉讼时效的司法解释，只要与民法总则不冲突，仍可适用。

## 【条文主旨】

本条是关于民法总则与民法通则的关系及其适用的规定。

## 【理解与适用】

在民法典施行前，民法总则与民法通则的规定不一致的，根据新的规定优于旧的规定的法律适用规则，适用民法总则的规定。

## 【实务问题】

《民法通则》第134条第3款规定："人民法院审理民事案件，除适用上述规定外，还可以予以训诫、责令具结悔过、收缴进行非法活动的财物和非法所得，并可以依照法律规定处以罚款、拘留。"但《民法总则》第179条没有规定上述内容，这就引起了《民法通则》第134条第3款在审判实践中还要不要适用的争议。民法总则没有延续规定的原因不得而知，但我们认为在民法典施行前，《民法通则》第134条第3款当然应当适用，理由是该规定与民法总则的规定并不抵触，只是这部分内容放在民法总则并不适当，多数内容是违反民事诉讼程序的制裁措施，如训诫、责令具结悔过、罚款、拘留。收缴进行非法活动的财物和非法所得，这是人民法院在民事诉讼中长期以来可以依职权采取的方式，完全符合人民法院的职能，并无不妥。

2.【民法总则与合同法的关系及其适用】根据民法典编撰工作"两步走"的安排，民法总则施行后，目前正在进行民法典的合同编、物权编等各分编的编撰工作。民法典施行后，合同法不再保留。在这之前，因民法总则施行前成立的合同发生的纠纷，原则上适用合同法的有关规定处理。因民法总则施行后成立的合同发生的纠纷，如果合同法"总则"对此的规定与民法总则的规定不一致的，根据新的规定优于旧的规定的法律适用规则，适用民法总则的规定。例如，关于欺诈、胁迫问题，根据合同法的规定，只有合同当事人之间存在欺诈、胁迫行为的，被欺诈、胁迫一方才享有撤销合同的权利。而依民法总则的规定，第三人实施的欺诈、胁迫行为，被欺诈、胁迫一方也有撤销合同的权利。另外，合同法视欺诈、胁迫行为所损害利益的不同，对合同效力作出了不同规定：损害合同当事人利益的，属于可撤销或者可变更合同；损害国家利益的，则属于无效合同。民法总则则未加区别，规定一律按可撤销合同对待。再如，关于显失公平问题，合同法将显失公平与乘人之危作为两类不同的可撤销或者可变更合同事由，而民法总则则将二者合并为一类可撤销合同事由。

民法总则施行后发生的纠纷，在民法典施行前，如果合同法"分则"对此的规定与民法总则不一致的，根据特别规定优于一般规定的法律适用规则，适用合同法"分则"的规定。例如，民法总则仅规定了显名代理，没有规定《合同法》第402条的隐名代理和第403条的间接代理。在民法典施行前，这两条规定应当继续适用。

## 【条文主旨】

本条是关于民法总则与合同法的关系及其适用的规定。

## 【理解与适用】

民法典施行前，合同法"总则"的规定与民法总则的规定不一致的，根据新的规定优于旧的规定的法律适用规则，适用民法总则的规定。

民法典施行前，合同法"分则"的规定与民法总则的规定不一致的，根据特别规定优于一般规定的法律适用规则，适用合同法"分则"的规定。纪要中专门对《合同法》第402条和第403条作出说明，是因为在民法典施行前，这两条规定是否适用，大家的理解还不一，因此有必要统一裁判思路。民法总则仅规定了显名代理，没有规定《合同法》第402条的隐名代理和第403条的间接代理。我们认为，在民法典施行前，这两条规定应当继续适用，详细的立法理由是："在民法总则制定过程中，有的意见认为，在民法总则中仅规定显名代理即可，隐名代理和间接代理应当在合同法中作规定；有的意见建议，在民法总则中规定显名代理和隐名代理；有的意见建议，《合同法》第403条规定的特殊情形的间接代理也应当在民法总则中规定。在民法总则草案前面三个审议稿中，采纳了第二种意见，对显名代理和隐名代理都作了规定。主要考虑是，间接代理不是真正的代理，只有在特殊情况下基于法律的特别规定才会发生代理的部分效力，在合同法'分则'作出规定即可，民法总则没有必要专门规定。第十二届全国人民代表大会第五次会议审议民法总则时，有的意见提出，隐名代理也没有必要规定在总则中，在合同法中规定即可。因此，最后通过的民法总则中删除了隐名代理的规定。"[①] 可

---

[①] 贾东明主编：《〈中华人民共和国民法总则〉释解与适用》，人民法院出版社2017年版，第409页。

见，在民法总则起草过程中，人家讨论的是这两条要不要在民法总则中规定，而不是合不合理，在法律中该不该规定。因此，合同法这两条规定在民法典施行前，应当继续适用。

3.【民法总则与公司法的关系及其适用】民法总则与公司法的关系，是一般法与商事特别法的关系。民法总则第三章"法人"第一节"一般规定"和第二节"营利法人"基本上是根据公司法的有关规定提炼的，二者的精神大体一致。因此，涉及民法总则这一部分的内容，规定一致的，适用民法总则或者公司法皆可；规定不一致的，根据《民法总则》第11条有关"其他法律对民事关系有特别规定的，依照其规定"的规定，原则上应当适用公司法的规定。但应当注意也有例外情况，主要表现在两个方面：一是就同一事项，民法总则制定时有意修正公司法有关条款的，应当适用民法总则的规定。例如，《公司法》第32条第3款规定："公司应当将股东的姓名或者名称向公司登记机关登记；登记事项发生变更的，应当办理变更登记。未经登记或者变更登记的，不得对抗第三人。"而《民法总则》第65条的规定则把"不得对抗第三人"修正为"不得对抗善意相对人"。经查询有关立法理由，可以认为，此种情况应当适用民法总则的规定。二是民法总则在公司法规定基础上增加了新内容的，如《公司法》第22条第2款就公司决议的撤销问题进行了规定，《民法总则》第85条在该条基础上增加规定："但是营利法人依据该决议与善意相对人形成的民事法律关系不受影响。"此时，也应当适用民法总则的规定。

【条文主旨】

本条是关于民法总则与公司法的关系及其适用的规定。

## 【理解与适用】

关于民法总则与公司法的关系及适用，是这部分的难点。正如在第 1 条理解与适用我们提到的那样，我们起草这部分也经历了一个思想转变的过程。刚开始起草时，想当然地认为，公司法的规定与民法总则的规定不一致的，应当适用民法总则的规定，因为民法总则属于新的规定。后来征求专家意见时，商法学界的专家普遍表示反对。后来我们又认真梳理了二者的关系，就是纪要现在的规定。这就是：民法总则与公司法的关系，是一般法与商事特别法的关系，公司法与民法总则的规定不一致的，根据《民法总则》第 11 条有关"其他法律对民事关系有特别规定的，依照其规定"的规定，原则上应当适用公司法的规定。

任何事情，有原则，就有例外。在这里特别要说明一下《公司法》第 32 条第 3 款与《民法总则》第 65 条的关系。《民法总则》草案二审稿第 63 条规定："法人的实际情况与登记的事项不一致的，不得对抗善意第三人。"在其后的立法过程中，围绕"法人的实际情况与登记的事项不一致的"，其效果是"不得对抗善意相对人"，还是"不得对抗善意第三人"，也有不同意见。立法机关经研究认为，民法上的相对人是指合同对方当事人。按照合同相对性原理，一个合同关系（A—B）中，双方当事人互为"相对人"。善意相对人与恶意相对人的区分是：一方（A）有影响合同效力的事由（无处分权、超越代表权、超越代理权、超越经营范围）时，对方（B）对此事由"不知"而进行交易，即属于"善意相对人"；反之，对方（B）对此事由"明知"，即属于"恶意相对人"。民法上的"第三人"，指合同双方当事人之外的、与一方存在某种法律关系的特定人。其中，合同法上的"第三人"与物权法上的"第三人"，亦有不同。合同法上的"第三人"，指连续交易合同（A—B、B—C）关系中，后一合同（B—C）关系的受让人 C。如果 C 对于前合同（A—B）关系存在无效、可撤销事由"不知"而进行交易，即为"善意第三人"；反之，如果 C 对于前合同（A—B）关系存在无效、可撤销事由"明知"而进行交易，即为"恶意第三人"。物权法上的"第三人"，主要指重复交易（一物二卖）合同（A—B、A—C）关系中，后一合同（A—C）关系的受让人 C。如果 C 对于前一合同（A—B）关系的存在"不知"而进行交易，即为"善意第三人"；反之，如果 C 对于前一合同（A—B）关系的存在"明知"而进行交易，即为"恶意第三人"。例如，《物权法》第 24 条规定特别动产物权变动未经登记不得对抗"善意第三人",其所谓"第三人"即指重复交易(A—B、A—C)后一合同(A—C)关系的买受人 C。据此,《民法总则》草案三审稿第 63 条规定:"法人的实际情况与登记的事项不一致的,不得对抗善意相对人。"该内容最终成为《民法总则》第 65 条的规定。① 从上述立法机关关于"法人的实际情况与登记的事项不一致的",其效果是"不得对抗善意相对人",还是"不得对抗善意第三人"的论证过程来看,《公司法》第 32 条第 3 款的规定应该被《民法总则》第 65 条的规定所取代。基于上述立法背景及过程,纪要作了如上规定。

民法总则与公司法的关系,我们自己认为研究还远远不够,纪要的规定也仅仅是一个方向,审判实践中需要结合具体案件具体研究,目的是保证案件得到公正处理。

4.【民法总则的时间效力】根据"法不溯及既往"的原则,民法总则原则上没有溯及力,故只能适用于施行后发生的法律事实;民法总则施行前发生的法律事实,适用当时的法律;某一法律事实发生在民法总则施行前,其行为延续至民法总则施行后的,适用民法总则的规定。但要注意有例外情形,如虽然法律事实发生在民法总则施行前,但当时的法律对此没有规定而民法总则有规定的,例如,对于虚伪意思表示、第三人实施欺诈行为,合同法均无规定,发生纠纷后,基于"法官不得拒绝裁判"规则,可以将民法总则的相关规定作为裁判依据。又如,民法总则施行前成立的合同,根据当时的法律应当认定无效,而根据民法总则应当认定有效或者可撤销的,应当适用民法总则的规定。

在民法总则无溯及力的场合,人民法院应当依据法律事实发生时的法律进行裁判,但如果法律事实发生时的法律虽有规定,但内容不具体、不明确的,如关于无权代理在被代理人不予追认时的法

---

① 贾东明主编:《〈中华人民共和国民法总则〉释解与适用》,人民法院出版社 2017 年版,第 155~156 页;杜涛主编:《民法总则的诞生——民法总则重要草稿及立法过程背景介绍》,北京大学出版社 2017 年版,第 253~254 页。

律后果，民法通则和合同法均规定由行为人承担民事责任，但对民事责任的性质和方式没有规定，而民法总则对此有明确且详细的规定，人民法院在审理案件时，就可以在裁判文书的说理部分将民法总则规定的内容作为解释法律事实发生时法律规定的参考。

## 【条文主旨】

本条是关于民法总则的时间效力的规定。

## 【理解与适用】

"法不溯及既往"是法治社会的一个基本原则，也是法治社会的一个标志，中外概莫能外。民法总则原则上不具有溯及力，具体表现在：（1）民法总则施行前发生的法律事实，适用当时的法律，不适用民法总则；（2）某一法律事实发生在民法总则施行前，但其行为延续至民法总则施行后的，适用民法总则的规定；（3）民法总则施行后发生的法律事实，当然适用民法总则的规定。

任何事情有原则，就有例外，民法总则的法律溯及力问题也是如此。例外之一就是，虽然法律事实发生在民法总则施行前，但当时的法律对此没有规定而民法总则有规定的，例如，对于虚伪意思表示、第三人实施欺诈行为，合同法均无规定，发生纠纷后，基于"法官不得拒绝裁判"规则，可以将民法总则的相关规定作为裁判依据。这样处理，不会对哪一方不公平，因为以前的法律没有规定，而民法总则对此又规定了，为方便法官裁判，同时也为了保证裁判标准的统一，那就有必要统一适用民法总则的规则进行裁判。例外之二就是，民法总则施行前成立的合同，根据当时的法律应当认定无效，而根据民法总则应当认定有效或者可撤销的，应当适用民法总则的规定。这是因为，该合同根据成立时的法律认定无效，表明当时的法律对该合同是持否定评价的。无效合同是因其在内容上违反了法律、行政法规的强制性规定或者公序良俗而不发生法律效力的合同。"无效合同的本质特征在于其违法性。"[①] 但是，裁判时民法总则却认为其不是无效，不具有违法性，那

---

① 王利明：《合同法研究（第一卷）》（第三版），中国人民大学出版社2018年版，第608页。

么此时裁判者适用当时的法律认定无效，显然不妥，因为裁判时该合同并不具有违法性了，此时适用民法总则裁判案件，符合双方当事人签订合同的目的，又符合民法总则对该合同的评价，具有法律适用的正当性、妥当性。反之，则不符合法律适用的正当性和妥当性。

需要特别指出的是，民商事的某些法律有专门条文对法律溯及力进行特别规定，如《合同法》第74条规定的撤销权、《企业破产法》第31条规定的撤销权。但民法上的撤销权，以及破产法对诈欺的撤销，即《企业破产法》第31条规定的撤销，很容易给出充分的理由。比如，"破产前夕债务人之行为大抵出于诈害债权人之推定，而与普通债务人诈害债权人之情形不同故也"。① 但在破产法上对于那些所谓的偏颇行为，尤其是对"到期债务的清偿行为"的撤销，如《企业破产法》第32条规定的撤销，明确其具有溯及力，破产法如何创制出不同于一般法的根据，无疑是一个难题。因为对于关涉偏颇行为的债权人而言，如果没有破产程序的开始，其行为一般是合法或者说是不被撤销的，并且如果他们对破产程序的开始完全可能没有预知或者不可能预知，就很难说他们接受偏颇行为的动机是恶意的，破产法上这种看似不分青红皂白一概予以撤销的做法往往会使他们大感不解。然而，破产法上对偏颇行为的撤销权或许是"偏颇行为（撤销）制度最能彰显破产程序颠倒乾坤的威力"所在，② 也是破产法作为一种总括强制执行程序与破产法之外的个别强制执行程序的主要差别所在。在债务人并未丧失偿债能力时，债权的清偿是遵从"勤勉竞赛""先来先得"的个别强制执行规则，而当债务人丧失偿债能力尤其是进入破产程序之后，前述规则将被"概括清偿""公平分配"的破产法规则所替代。③ 加之，民商事法律规范并非全以民商事主体的行为作为其立法本位，社会资源的公平分配也是一些民商事法律规范的立法本位。正如曾世雄教授所言，当取得利益或取得生活资源的方法合法，但取得的结果却发生资源分配不公的现象时，即产生了应否受法律保护的问题。如尊重取得方法的合法，则利益应归取得利益的当事人；反之如尊重资源分配的合理性，则应将利益设法调回而归还他方当事人。④ 总体

---

① 吴传颐编著：《比较破产法》，商务印书馆2013年版，第212页。
② 李雅文：《从美国联邦破产法出发论偏颇行为撤销制度》，我国台湾地区大学产业经济研究所2007年硕士学位论文，第1页。
③ 详见韩长印：《个别强制执行与破产的双重立法选择——自然人和非法人组织的破产能力分析》，载《河南省政法管理干部学院学报》2000年第6期。
④ 参见曾世雄：《民法总则之现在与未来》，中国政法大学出版社2001年版，第46页。

上说，撤销权行使的结果的确可能会使个别无辜的债权人受到消极的影响，但如果特定的交易构成偏颇甚至带有诈害的因素而不予撤销，对于其他多数债权人的利益而言必然会使其受到同样无辜的伤害。破产法正是基于债权人平等原则以及由此决定的债权人公平分配原则的考虑，对临近破产程序或者符合特定条件的交易行为或者财产处分行为实施撤销，并追回已经脱离于破产财团的财产及财产利益；同时，撤销权制度还可以弱化破产前夕债权人与债务人实施诈害性或者偏颇性交易的动机，倡导一种正常的商业伦理，督促债权人善意行事，以利于增进交易的诚信程度并建立人们对信用制度的信任。破产法的立法目的之一即表现为追求全体债权人利益的公平保护和社会资源的最大节约，亦即维持可供债权人分配以及可供社会利用的总财富的价值。而实现该立法目的的制度运作方式不外乎两个方面：一方面是靠破产程序启动之时的"自动冻结制度"① 所产生的往后冻结的效力；另一方面是依靠撤销权制度所体现的溯及既往的功能。也就是说，两项制度前后衔接以达共同限制在这一全体债权人共有的责任财产的"公共鱼塘"内的个别"钓鱼"之效，因而要解决债务人的有限财产所引发的债权人的利益分配问题，缺少破产撤销权制度是绝对行不通的。②

在纪要提交2019年全国法院民商事审判工作会议和向社会公开征求意见时，本条第二段是单独作为一条的，主旨是"民法总则的参考说理作用"。后来考虑到这一内容仍然在民法总则溯及力的射程范围，且归纳的主旨容易引起误解，应当是民法总则在无溯及力时的参考说理作用，故将这部分内容放在本条。详细说明如下：在民法总则无溯及力的场合，人民法院应依据法律事实与行为发生时的法律作出裁判，但如果法律事实或者行为发生时的法律虽有规定，却语焉不详，而民法总则有明确且详细的规定，应将民法总则作为人民法院理解法律事实与行为发生时法律的依据。例如，关于无权代理在被代理人不予追认时的法律后果，《民法通则》第66条规定"由行为人承担民事责任"。至于该民事责任的性质为何，民法通则没有明确，更没有明确该民事责任的承担方式。《合同法》第48条延用这一规定，也仅规定"由

---

① 自动冻结制度是指破产程序开始后，一切有关债务人财产的处分行为一律自动停止的制度。英美立法中对此制度有明确的规定。大陆法系多以破产保全或者司法保全制度替代自动冻结制度。我国立法规定了破产程序开始的效力，虽名称不同，但与自动冻结有异曲同工之效。只是冻结的范围和程度有所差异罢了。

② 本段引自韩长印主编：《破产法学》（第二版），中国政法大学出版社2016年版，第115~116页。这一部分写得非常精彩，怕归纳不出全貌，故全部引用。

行为人承担责任",以致实践中争议不断,有的认为该责任为违约责任,有的认为该责任是缔约过失责任。对此,《民法总则》第171条第3款、第4款分别规定:"行为人实施的行为未被追认的,善意相对人有权请求行为人履行债务或者就其受到的损害请求行为人赔偿,但是赔偿的范围不得超过被代理人追认时相对人所能获得的利益。相对人知道或者应当知道行为人无权代理的,相对人和行为人按照各自的过错承担责任。"我们认为,这一规定不仅应适用于民法总则实施后发生的法律事实,也可以作为人民法院理解和适用《民法通则》第66条和《合同法》第48条的依据,从而在案件只能依据《民法通则》或《合同法》作出裁判时,就可以在判决书的说理部分将《民法总则》规定的内容作为解释法律事实发生时法律规定的参考。

# 第二章　关于公司纠纷案件的审理

　　会议认为，审理好公司纠纷案件，对于保护交易安全和投资安全，激发经济活力，增强投资创业信心，具有重要意义。要依法协调好公司债权人、股东、公司等各种利益主体之间的关系，处理好公司外部与内部的关系，解决好公司自治与司法介入的关系。

## 【说明】

我们在审理公司纠纷案件时，往往只强调保护交易安全。保护交易安全即保护公司债权人的债权，这固然没有错，但我们有时却忽视了保护投资安全，保护股东的出资。投资安全是否需要保护，即股东的出资安全是否也需要保护，这是一个理念性的问题。所以纪要首先提出"保护交易安全和投资安全"，就是要求转变理念，交易安全和投资安全依法均应给予保护，有的情况下还应当依法优先保护投资安全，如《公司法》第16条规范的公司对外担保纠纷案件中，应当依法保护公司作为担保人的权利，结果也同时依法保护了股东的股权。第二个理念是，公司债权人、股东、公司等各种主体的利益需要平衡好，特别是要处理好公司外部与内部的关系，如公司债权人对公司的债权，与股东对公司的债权，哪个债权应该优先保护的问题。第三个是解决好公司自治与司法介入的关系，凡是属于公司自治的事项，司法原则上不进行干预。只有公司自治失灵时，司法才进行有限度的干预。

## 第一节 关于"对赌协议"的效力及履行

实践中俗称的"对赌协议"，又称估值调整协议，是指投资方与融资方在达成股权性融资协议时，为解决交易双方对目标公司未来发展的不确定性、信息不对称以及代理成本而设计的包含了股权回购、金钱补偿等对未来目标公司的估值进行调整的协议。从订立"对赌协议"的主体来看，有投资方与目标公司的股东或者实际控制人"对赌"，投资方与目标公司"对赌"，投资方与目标公司的股东、目标公司"对赌"等形式。人民法院在审理"对赌协议"纠纷案件时，不仅应当适用合同法的相关规定，还应当适用公司法的相关规定；既要坚持鼓励投资方对实体企业特别是科技创新企业投资原则，从而在一定程度上缓解企业融资难问题，又要贯彻资本维持原则和保护债权人合法权益原则，依法平衡投资方、公司债权人、公司之间的利益。对于投资方与目标公司的股东或者实际控制人订立的"对赌协议"，如无其他无效事由，认定有效并支持实际履行，实践中并无争议。但投资方与目标公司订立的"对赌协议"是否有效以及能否实际履行，存在争议。对此，应当把握如下处理规则：

## 【说明】

关于投资方与目标公司签订合同的效力及履行，纪要强调了不仅应适用合同法的相关规定，还应适用公司法的相关规定，因为投资方已经是目标公司的股东了，这一点与一般的合同纠纷案件大不一样。如果只适用合同法的相关规定，或者只适用公司法的相关规定来处理这类案件，都会顾此失彼，有失公正。这类案件还应考虑投资方既是目标公司的股东，同时又是目标公司债权人的双重身份，在投资方的利益与公司债权人的利益发生冲突时，应优先保护谁的利益的问题。这也涉及如何处理好公司内部与外部的关系问题。

5.【与目标公司"对赌"】投资方与目标公司订立的"对赌协议"在不存在法定无效事由的情况下，目标公司仅以存在股权回购或者金钱补偿约定为由，主张"对赌协议"无效的，人民法院不予支持，但投资方主张实际履行的，人民法院应当审查是否符合公司法关于"股东不得抽逃出资"及股份回购的强制性规定，判决是否支持其诉讼请求。

投资方请求目标公司回购股权的，人民法院应当依据《公司法》第35条关于"股东不得抽逃出资"或者第142条关于股份回购的强制性规定进行审查。经审查，目标公司未完成减资程序的，人民法院应当驳回其诉讼请求。

投资方请求目标公司承担金钱补偿义务的，人民法院应当依据《公司法》第35条关于"股东不得抽逃出资"和第166条关于利润分配的强制性规定进行审查。经审查，目标公司没有利润或者虽有利润但不足以补偿投资方的，人民法院应当驳回或者部分支持其诉讼请求。今后目标公司有利润时，投资方还可以依据该事实另行提起诉讼。

## 【条文主旨】

本条是关于投资方与目标公司签订的"对赌协议"的效力以及如果有效能否履行的规定。

## 【争议观点】

最高人民法院民四庭于 2012 年 11 月 7 日作出最高人民法院（2012）民提字第 11 号苏州工业园区海富投资有限公司与甘肃世恒有色资源再利用有限公司、香港迪亚有限公司、陆波增资纠纷案（以下简称"海富公司案"）民事判决，认为：在民间融资投资活动中，融资方和投资者设置估值调整机制（即投资者与融资方根据企业将来的经营情况调整投资条件或给予投资者补偿）时要遵守公司法和合同法的规定。投资者与目标公司本身之间的补偿条款如果使投资者可以取得相对固定的收益，则该收益会脱离目标公司的经营业绩，直接或间接地损害公司利益和公司债权人利益，故应认定无效。但目标公司股东对投资者的补偿承诺不违反法律法规的禁止性规定，是有效的。在合同约定的补偿条件成立的情况下，根据合同当事人意思自治、诚实信用的原则，引资者应信守承诺，投资者应当得到约定的补偿。概括起来，最高人民法院当时的观点就是，投资方与目标公司的股东"对赌"有效，与目标公司"对赌"无效。在会议纪要公开征求意见过程中，还有少部分观点认为，投资方与目标公司的"对赌"协议应当认定无效，主要理由是该协议构成抽逃出资，违反资本维持原则。另一种观点则认为，投资方与目标公司的"对赌协议"如无其他法定无效事由，应认定有效，该协议不违反法律、行政法规的效力性强制性规定。

## 【理解与适用】

实践中俗称的"对赌协议"，又称估值调整协议，是指投资方与融资方在达成股权性融资协议时，为解决交易双方对目标公司未来发展的不确定性、信息不对称以及代理成本而设计的，包含了股权回购、金钱补偿等对未来不确定的目标公司的估值进行调整的协议。从与投资方"对赌"的主体角度看，有目标公司的股东或者实际控制人与投资方"对赌"，目标公司与投资方"对赌"，目标公司的股东和目标公司与投资方"对赌"等形式。人民法院在审理"对赌协议"纠纷案件时，不仅应适用合同法的相关规定，还应适用公司法的相关规定，既要坚持鼓励投资方对实体企业特别是科技创新企业投资原则，从而在一定程度上缓解企业融资难问题，又要贯彻资本维持原则和保护债权人合法权益原则，依法平衡投资方、公司股东、公司债权人、公司之间的利益。对于目标公司的股东或者实际控制人与投资方签订的"对赌协议"的效力及履行实践中并无争议。有争议的是目标公司与投资方签订的"对赌协议"的效力及履行。

所谓与目标公司"对赌"，指的是投资方与目标公司签订的协议约定，目标公司从投资方融资，投资方成为目标公司的股东，当目标公司在约定期限内实现双方预设的目标时，由投资方给予目标公司奖励；相反，由目标公司按照事先约定的方式回购投资方的股权或者/同时向投资方承担金钱补偿义务。

关于"对赌"协议的效力认定，如前所述，最高人民法院民四庭在"海富公司案"中认为：投资方与目标公司的股东"对赌"有效，与目标公司对赌无效。我们认为，在2012年"对赌"案件很少，民法学界和商法学界对此研究不多，我国开放性程度不高，人民法院在裁判此类案件时持非常慎重的态度，应当给予充分肯定。

但是，到目前为止，人民法院裁判的"对赌"案件已经很多，民法学界和商法学界对此的研究也越来越深入，仲裁裁决几乎都认为"对赌协议"有效，在此情况下，我们认为在投资方与目标公司"对赌"协议的效力问题上，现在应该改变"海富公司案"的观点了，应该认定有效。"海富公司案"关于投资方与目标公司对赌协议无效的主要理由是，"投资者与目标公司本身之间的补偿条款如果使投资者可以取得相对固定的收益，则该收益会脱离目标公司的经营业绩，直接或间接地损害公司利益和公司债权人利益，故应认定无效"。我们认为，就投资方与目标公司签订的"对赌协议"本身来看，如果达到了双方约定的目标，那么还能认为协议无效吗？显然不能。不能因为达到了预期目标合同就有效，没有达到合同就无效。这样逻辑明显存在问题。此其一。其二，约定投资方获得固定收益，如果满足了保护公司债权人利益这一要求，为什么不可以呢？其三，如果认定合同无效，那法律依据是什么呢？对合同的效力，我们的总体态度是，尽量使合同有效。如果不损害国家利益、集体利益、他人利益，不违反法律、行政法规的效力性强制性规定，就应当认定有效。基于以上理由，本纪要认为，投资方与目标公司签订的"对赌协议"在不存在法定无效事由的情况下，一方当事人仅以存在股权回购或者金钱补偿约定为由，主张"对赌协议"无效的，人民法院不予支持。

在认定投资方与目标公司"对赌协议"有效的情况下，纪要同时规定，由目标公司回购投资方的股权或者/同时向投资方承担金钱补偿义务的约定，投资方请求履行的，能否判决强制履行，人民法院应审查是否符合公司法关于"股东不得抽逃出资"或者股份回购的强制性规定。这样规定，理由在于，在合同有效的前提下，合同的履行也要注意不得违反法律、行政法规的效力性强制性规定。

投资方请求目标公司回购其股权的，人民法院应当审查是否符合公司法的有关规定。我国公司法采取"原则禁止、例外许可"的股份回购政策，其禁止公司取得自己股权的理由主要有：（1）逻辑上的矛盾。公司因回购而持有自己的股权，权利、义务主体合一，公司同时具有双重身份，这一现象在法理逻辑上自我矛盾。（2）违反资本维持原则。公司回购股权花费自有资金，结果可能本息偿还股东出资，违反"股东不得抽逃出资"原则，事实上减少公司资本，有损公司债权人利益。（3）诱发不公平交易的担忧。其一，公司掌握自己的财务信息，借助股权回购操纵股价或者进行内幕交易；其二，区别对待不同股东，如选择性回购或者对股东实行不同的回购条件和价格；其三，公司董事通过回购股权操纵公司，巩固自己地位。[1]《公司法》只有在第74条和第142条两个条文涉及收购本公司股份。《公司法》第74条规定："有下列情形之一的，对股东会该项决议投反对票的股东可以请求公司按照合理的价格收购其股权：（一）公司连续五年不向股东分配利润，而公司该五年连续盈利，并且符合本法规定的分配利润条件的；（二）公司合并、分立、转让主要财产的；（三）公司章程规定的营业期限届满或者章程规定的其他解散事由出现，股东会会议通过决议修改章程使公司存续的。自股东会会议决议通过之日起六十日内，股东与公司不能达成股权收购协议的，股东可以自股东会会议决议通过之日起九十日内向人民法院提起诉讼。"从该条文规定的内容来看，与目标公司"对赌"失败，投资方请求目标公司回购其股权没有关系。当然，有限责任公司与股东也可以约定公司回购股东的股份，但依据《公司法》第35条关于"股东不得抽逃出资"的效力性强

---

[1] 李建伟：《公司法学》（第三版），中国人民大学出版社2014年版，第247~248页。

制性规定，公司必须先履行减少注册资本的义务，以保护公司债权人的利益。公司法之所以规定"股东不得抽逃出资"，其主要目的是贯彻资本维持原则，保护公司债权人的利益。

《公司法》第142条第1款、第2款规定："公司不得收购本公司股份。但是，有下列情形之一的除外：（一）减少公司注册资本；（二）与持有本公司股份的其他公司合并；（三）将股份用于员工持股计划或者股权激励；（四）股东因对股东大会作出的公司合并、分立决议持异议，要求公司收购其股份；（五）将股份用于转换上市公司发行的可转换为股票的公司债券；（六）上市公司为维护公司价值及股东权益所必需。公司因前款第（一）项、第（二）项规定的情形收购本公司股份的，应当经股东大会决议；公司因前款第（三）项、第（五）项、第（六）项规定的情形收购本公司股份的，可以依照公司章程的规定或者股东大会的授权，经三分之二以上董事出席的董事会会议决议。"从这条规定可见，与投资方请求目标公司回购其股权相关的，只有"减少公司注册资本"这一情形。因此，在目标公司没有履行减资程序以保护债权人利益的情况下，对投资方有关目标公司回购其股权的请求，不应予以支持。

需要指出的是，之所以要求目标公司必须履行先减资的程序，实质是正确处理公司股东与公司债权人之间的关系。投资方同时作为目标公司的股东，其要求目标公司回购其股权，如果回购成功，其利益就可以完全得到满足，全身而退。那这时公司债权人的利益如何得到保护呢？在二者存在冲突的情况下，通说认为首先应该保护公司债权人的利益，而不是股东的利益，其手段就是履行"减少公司注册资本"程序。《公司法》第177条规定："公司需要减少注册资本时，必须编制资产负债表及财产清单。公司应当自作出减少注册资本决议之日起十日内通知债权人，并于三十日内在报纸上公告。债权人自接到通知书之日起三十日内，未接到通知书的自公告之日起四十五日内，有权要求公司清偿债务或者提供相应的担保。"据此，通过减资程序，公司债权人的利益得到了保护。在公司债权人的利益得到了保护之后，作为公司股东的投资方请求目标公司回购其股份的请求才具有正当性，才能得到人民法院的支持。

需要特别指出的是，在目标公司"对赌"失败的情况下，目标公司究竟应该先回购，还是先减资，观点分歧明显，而且先回购的观点还相当有市场。根据以上分析，在这个问题上，必须先减资，必须先保护公司债权人的利益。对此不能有任何含糊。假设目标公司先出资回购，保护了投资方这个股东的权益，如果到时不能保护债权人的利益怎么办？更为重要的是，目标公司回购股东的股权，其依据是什么？如果是股份公司，只能是《公司法》第142条第1款第1项。如果是有限公司，必须遵守《公司法》第35条关于"股东不得抽逃出资"的规定。这里的"抽逃"，其精神也包括"抽回"。为了满足这一规定，公司必须履行先减资的程序。

有人提出，一旦发生纠纷，公司肯定不走减资程序。减资必须经代表三分之二以上有表决权的股东通过，到时公司肯定不开股东会。纪要的规定是不是就是给投资方画了一个饼，但投资方吃不上。

我们认为，投资方对目标公司投资签协议时，就应在协议中把有关问题约定好。我们这个纪要就是给当事人提供规则、提供预期。

那么这样规定，会不会影响投资方的投资？我们认为，海富案认定投资方与目标公司"对赌"无效，也没有影响投资方的投资，所以答案应该是否定的。人民法院在这个问题上只要表明我们的裁判思路即可。这样，投资方采取什么方式，他会有相应的办法，知道怎么做。

实际上，实践中经常发生的情况是，一旦"对赌"失败，目标公司往往无力偿还公司债权人的债权，即使启动减资程序，公司债权人也不会同意。

投资方请求目标公司向其承担金钱补偿义务的，因投资方同时还是目标公司的股东，其和目标公司的关系一方面要受合同法的相关规定调整，另一方面也要受公司法的相关规定规范，其要从公司获得金钱补偿，只能从公司可以分配的利润中支付，否则就会构成抽逃出资，或者叫抽回出资。因此，只有在目标公司有可以分配的利润的情况下，投资方的诉讼请求才能得到全部或者部分支持。这里的利润，不仅包括公司当年的利润，而且也包括公司之前的剩余未分配利润。当然，起诉时目标公司不具有可以分配的利润，或者可以分配的利润不足以完全清偿的，今后具备时，投资方还可以依据新的事实另行提起诉讼。

有人提出，从公司的利润中拿钱补偿投资方，相当于分利润，得股东会作决议。股东会不作决议怎么办？这涉及同股不同权，投资方怎么变成了超级股东？

我们认为，投资方对目标公司投资时，应当在协议中把有关问题约定好。我们这个纪要就是给当事人提供预期。

目标公司"对赌"失败后，对投资方还可以采取"股权补偿"的方式补偿投资方。这种方式与"金钱补偿"类似，只不过这种方式是投资方不把补偿的金钱拿走，而是折算成公司股份。这种方式当然对于目标公司成长有利。由于这种方式并不常见，所以会议纪要没有明确列举出来。股权补偿的实质就是目标公司向投资方定向增资，但投资方不用再掏真金白银了，因为其在入股目标公司时，已经出资了。由于目标公司没有达到预期目标，对应于投资方当时的股份，投资方投贵了。换言之，在这种情况下，投资方原来的出资应当获得目标公司更多的股份，股权补偿方式就是增加投资方在目标公司的股份，其实质就是相比投资方原来在目标公司的股份，这次增加了股份比重。

还有一点需要说明。投资方入股目标公司时，其投资的小部分进入"资本"，多数进入资本公积金。有观点认为，在目标公司"对赌"失败的情况下，进入资本公积金的金钱可以用来补偿投资方。我们认为，这一观点在现行法下是不能成立的。根据《公司法》第168条的规定，公司的公积金用于弥补公司的亏损、扩大公司生产经营或者转为增加公司资本。但是，资本公积金不得用于弥补公司的亏损。因此，在投资方作为目标公司的股东的情况下，无论基于什么原因，都不能从公司"资本公积金"中拿走金钱。

最后需要强调一点，纪要制定的裁判思路只能基于现行法，特别是公司法的规定。那种与现行法的规定不符的观点，如与目标公司"对赌"，在目标公司"对赌"失败的情况下，应该先回购再减资，或者直接用公司财产补偿投资方，或者可以用资本公积金补偿投资方等观点，是不能得到支持的。我们在起草这部分条文时，始终把握以下原则：第一，金融服务实体经济的原则。不能形成金融压榨实体经济的结果。要与中央的大政方针保持一致。不能出现打一个官司，死一个企业的恶果，尤其是在当前实体企业比较困难的大背景下，更不能出现这样的结果，要服从大局。第二，投资方也应当承担一定风险的原则。在目标公司达到预期目标时，双方皆大欢喜。但一旦没有达到预期目标，如果让投资方全身而退，则投资方理论上不承担任何风险。此时，其作为股东，与原股东一道，为经营好实体企业创造条件，才是首选。第三，利益上总体平衡的原则。纪要提出的裁判思路，在投资方与目标公司的利益平衡方面，总体上的"度"是拿捏得比较准的。

## 【实务问题】

**一、关于目标公司履行减资程序是否具有可诉性的问题**

为了正确处理股东和目标公司债权人利益的冲突问题，纪要规定，投资方请求目标公司回购其股份的，必须是在目标公司已经履行减少公司注册资本程序以保护债权人利益的情况下，其请求才能全部或者部分得到实现。问题是，在双方发生纠纷的情况下，如果目标公司不履行这一程序，投资方是否可以通过起诉的方式判决目标公司履行呢？这一问题在纪要起草过程就已经注意到了。一种观点认为，在投资方与目标公司签订"对赌"协议时，目标公司就同意在对赌失败时，回购投资方的股权。而按照《公司法》第142条的规定，目标公司要回购股东的股权，必须履行减资程序。故可以这样解释，即目标公司股东会是同意为履行"对赌"协议而减资的。在此前提下，投资方可以向人民法院起诉请求目标公司履行减资程序。另一种观点则认为，公司减资程序属于公司自治事项，司法不宜介入。即使介入，也不能强制执行，社会效果不好。综合各种因素反复考虑，我们认为，司法不介入为宜。

**二、关于目标公司没有按照约定定向为投资方增资是否具有可诉性的问题**

如前所述，在目标公司"对赌"失败的情况下，如果协议约定目标公司应当为投资方定向增资，但目标公司不履行该约定，投资方可否向人民法院起诉，请求目标公司履行该义务？我们认为，该事项属于公司自治事项，人民法院不宜介入。因为即便判决强制履行，如果公司不履行相关的增资程序，那该判决也得不到履行，也不能强制履行或者代替履行，故司法不宜介入。

**三、关于公司是否有可以分配利润的举证责任的问题**

这个问题提交最高人民法院民事行政审判专业委员会讨论的时候条文有具体规定，但考虑到这个问题不具有特殊性，如果在条文中写上，容易冲淡主题，所以最后的正式文本就删去了。就举证责任的分配而言，投资方应当承担举证责任，证明目标公司有可以分配的利润。目标公司如对此反驳，应承担相应的举证责任。

**四、今后有利润时投资方还可以起诉的问题**

起草条文的这部分内容时，主要考虑的是如何对投资方进行更好保护，尽可能平衡好投资方和目标公司的利益。我们在查阅资料时，查到美国也有这方面的案例，就是投资方应当得到的利益没有完全满足时，一旦目标公司有可以分配的利润，投资方可以多次起诉。[1] 这就更加印证了我们的观点。

---

[1] 刘燕：《对赌协议与公司法资本管制——美国实践及其启示》，载《环球法律评论》2016年第3期。

## 【典型案例】

最高人民法院"对赌"纠纷第一案：苏州工业园区海富投资有限公司与甘肃世恒有色资源再利用有限公司、香港迪亚有限公司、陆波增资纠纷案［最高人民法院（2012）民提字第11号］

**裁判要旨：** 在民间融资投资活动中，融资方和投资者设置估值调整机制（即投资者与融资方根据企业将来的经营情况调整投资条件或给予投资者补偿）时要遵守公司法和合同法的规定。投资者与目标公司本身之间的补偿条款如果使投资者可以取得相对固定的收益，则该收益会脱离目标公司的经营业绩，直接或间接地损害公司利益和公司债权人利益，故应认定无效。但目标公司股东对投资者的补偿承诺不违反法律法规的禁止性规定，是有效的。在合同约定的补偿条件成立的情况下，根据合同当事人意思自治、诚实信用的原则，引资者应信守承诺，投资者应当得到约定的补偿。

## 第二节　关于股东出资加速到期及表决权

6.【股东出资应否加速到期】在注册资本认缴制下，股东依法享有期限利益。债权人以公司不能清偿到期债务为由，请求未届出资期限的股东在未出资范围内对公司不能清偿的债务承担补充赔偿责任的，人民法院不予支持。但是，下列情形除外：

（1）公司作为被执行人的案件，人民法院穷尽执行措施无财产可供执行，已具备破产原因，但不申请破产的；

（2）在公司债务产生后，公司股东（大）会决议或以其他方式延长股东出资期限的。

【条文主旨】

本条是关于公司在非破产与解散情形下股东出资应否加速到期的规定。

【争议观点】

在注册资本认缴制下，公司债权人以公司不能清偿到期债务为由，请求未届出资期限的股东在未出资范围内对公司不能清偿的债务承担补充赔偿责任的，人民法院应否支持，有两种截然不同的观点。

一种观点认为，任何合同自由都有其边界，股东出资义务的履行期限并非"完全自治"的事项——出资期限的设计应不影响公司的正常经营（包括偿债）。当公司存在"不清偿到期债务"之情形，无论公司是否已达"破产界限"，都应允许债权人主张加速股东出资义务之履行。这不是对"契约严守"的背离，而是对契约诚信的遵守。在合同法上，"非破产加速"存在可能空间：一则，按照合同的相对性原理，"契约严守"不能约束债权人；二则，合同权利不得滥用。在公司法上，"有限责任对价加速""公司人格否认加速"以及"非破产清算补资加速"等均为"非破产加速"提供了制度解释空间。最高人民法院有关强制执行规范也事实上许可了"非破产加速"。支持"非破产加速说"有助于形成"理性的股东认缴秩序"及"理性的公司偿债秩序";"非破产加速说"也是交易成本更小的"加速到期方法",应优先得到适用。因此,"非破产加速"与"破产加速"的适用情形不尽相同,它可填补"破产加速"衍生的规制漏洞——透过给股东施加清偿压力,解决"主观清偿不能"的公司赖债现象。而且,"非破产加速"的弊端也完全可以通过破产撤销权的运用控制在合理范围内,不必担心不合理的"偏颇给付"所衍生的"公平清偿"问题。①

另一种观点则认为,在非破产与解散情形下,股东出资原则上不应加速到期,主要理由是:从公司资本与债权人保护的关系来看,《企业信息公示暂行条例》第 8 条、第 9 条规定股东的出资时间向社会进行公示。所以,债权人在与公司交易时可以在审查公司股东出资时间等信用信息的基础上综合考察是否与公司进行交易。债权人一旦决定进行交易,即应受制于股东出资时间的约束;从单个债权人与全体债权人的利益衡量,主张加速到期的,基本上都是从单个债权人利益的角度,而我们更应该考虑的是,是从破产角度进行审视。对一个"不能清偿到期债务"的公司似不必抱有过多的幻想,对全体债权人的关注才应成为我们真实的感情投射,必须以更为有力的法律手段来维护全体债权人的利益。在公司不能清偿单个债权人的债权时,更应当从破产角度着眼来兼顾全体债权人的利益。人民法院应当遵循辩证思维,坚持有所为有所不为的司法理念,在个案中原则上以法律法规没有规定为由不支持债权人提出的加速到期请求,激励当事人依法运用破产规则来解决问题,这可能才是最佳途径。②

## 【理解与适用】

在注册资本认缴制下,规定股东的出资加速到期的,目前只有两个法律条文。一个是《企业破产法》第 35 条。该条规定:"人民法院受理破产申请后,债务人的出资人尚未完全履行出资义务的,管理人应当要求该出资人缴纳所认缴的出资,而不受出资期限的限制。"另一个是公司法司法解释

---

① 蒋人兴:《论股东出资义务之"加速到期"——认可"非破产加速"之功能价值》,载《社会科学》2019 年第 2 期。

② 贺小荣主编:《最高人民法院民事审判第二庭法官会议纪要——追寻裁判背后的法理》,人民法院出版社 2018 年版,第 149~153 页。

（二）第 22 条第 1 款。该款规定："公司解散时，股东尚未缴纳的出资均应作为清算财产。股东尚未缴纳的出资，包括到期应缴未缴的出资，以及依照公司法第二十六条和第八十条的规定分期缴纳尚未届满缴纳期限的出资。"这两条规定的法理在于，公司破产或者强制清算后将终止存在（在破产重整、和解的场合，公司不终止，但清理债权债务同破产清算一样），不可能再根据原定期限请求股东履行，因此，如果公司不能要求股东提前缴付出资，则股东将逃避履行对公司的出资义务，并进而损害公司债权人和其他股东的正当利益。对于公司股东而言，虽然章程规定了明确的出资期限，但是由于出资义务的对象是公司，因此，章程规定的出资期限不能超过公司的存续期限，所以，一旦公司破产或者强制清算，则视为章程规定的出资期限届至，即加速到期。①

本条规定了两种例外情形。一种情形是，公司作为被执行人的案件，因穷尽执行措施无财产可供执行，已具备破产原因，但不申请破产的。在有生效判决，经公司债权人申请执行的情况下，如果穷尽执行措施公司还无财产可供执行，已具备破产原因，但不申请破产的，其结果与《企业破产法》第 2 条规定的公司资产不足以清偿全部债务或者明显缺乏清偿能力完全相同，故这种情形下比照《企业破产法》第 35 条的规定，股东未届期限的认缴出资，加速到期。在中国民法学会和商法学会组织的对纪要的研讨会上，与会专家一致同意增加一种情形，使股东出资加速到期。当时的表述是："公司作为被执行人的案件，因穷尽执行措施无财产可供执行，被人民法院裁定终结本次执行或者终结执行的。"由于这一表述不如明确表述为"已具备破产原因，但不申请破产的"严谨、准确，且现在的表述实际上更严格，所以最后用了这种表述。我们认为，这样规定，对解决执行难有好处，且不会增加很多案件。需要注意的是，虽然标准是"已具备破产原因，但不申请破产的"，股东出资应当加速到期，但在这种情形下，加速到期的财产归公司的债权人，而不像破产那样归公司。实际上在这种情形下，就公司个别债权人利益和整体债权人利益的平衡方面，考虑到毕竟不是"破产程序"，所以我们倾向了个别债权人，但并不妨碍其他债权人申请公司破产，也不妨碍公司自身申请破产。一旦申请破产，那么未届出资期限的股东应当将其出资加速到期，归入债务人财产，实现所有债权人公平清偿。

---

① 最高人民法院民事审判第二庭编著：《最高人民法院关于公司法司法解释（一）、（二）理解与适用》，人民法院出版社 2010 年版，第 409 ~ 410 页。

第一种情形规定的已具备破产原因，是指符合《企业破产法》第 2 条第 1 款的规定，即"企业法人不能清偿到期债务，并且资产不足以清偿全部债务或者明显缺乏清偿能力"。据此，破产原因是指下列两种情形之一：（1）公司不能清偿到期债务＋公司资产不足以清偿全部债务；（2）公司不能清偿到期债务＋公司明显缺乏清偿能力。

根据破产法司法解释（一）第 2 条的规定，下列情形同时存在的，人民法院应当认定债务人"不能清偿到期债务"：（1）债权债务关系依法成立；（2）债务履行期限已经届满；（3）债务人未完全清偿债务。根据该解释第 3 条的规定，债务人的资产负债表，或者审计报告、资产评估报告等显示其全部"资产不足以偿付全部负债"的，人民法院应当认定债务人资产不足以清偿全部债务，但有相反证据足以证明债务人资产能够偿付全部负债的除外。根据该解释第 4 条的规定，债务人账面资产虽大于负债，但存在下列情形之一的，人民法院应当认定其"明显缺乏清偿能力"：（1）因资金严重不足或者财产不能变现等原因，无法清偿债务；（2）法定代表人下落不明且无其他人员负责管理财产，无法清偿债务；（3）经人民法院强制执行，无法清偿债务；（4）长期亏损且经营扭亏困难，无法清偿债务；（5）导致债务人丧失清偿能力的其他情形。

另一种情形是，在公司债务产生后，公司股东会决议延长股东的出资期限，以逃避公司不能履行债务时其股东将被要求补足出资义务的。这种情形没有争议，理论基础是债权人的撤销权，即对于公司股东会延长股东出资的行为，实质就是公司放弃即将到期的对股东的债权，损害公司债权人利益，公司债权人有权请求撤销。详言之，纪要规定，在公司债务产生后，公司股东会决议延长股东出资期限的，对该延长的出资期限，债权人可以申请撤销，请求股东按原来约定的出资期限履行出资义务。我们在调研中了解到，有这样一种情况，就是公司作为被告在人民法院参加诉讼，公司知道自己肯定败诉。这时，控制公司的股东或者实际控制人通过召开股东会，延长即将到期的股东的出资期限，以逃避公司不能履行债务时股东将被要求补足出资的责任。这种情况显然在法律上要给予否定评价。这就是第二种例外情况的最初原型。

这里规定的公司债务，既包括主动债务，如对外签订买卖合同、借款等民事活动产生的债务，也包括被动债务，如因产品责任产生的债务，因环境侵权产生的债务，还包括或然债务，如公司为他人提供担保产生的可能承担担保责任的债务。

从上述两种例外情形来看，我们对法律规定之外的"加速到期"持非常慎重的态度，主要有以下考虑：

1. 从民商事审判如何正确处理行政与司法的关系的角度考虑。2013年公司法修改注册资本为全面认缴制以后，股东认缴的数额及缴付时间是进行了公示的，是任何人包括债权人可以看到的，是政府允许的，是政府鼓励的。人民法院对这类案件采取的司法政策，就不得不考虑行政机关的做法。行政机关的做法是我们考虑这个问题的立足点。政府允许的，甚至是政府鼓励的，司法裁判的应有态度就是，要平衡好司法和行政的关系，使其产生合力。司法能够支持的，尽量支持。在这一问题上，还不存在司法监督行政的问题，因为认缴制是公司法规定的，政府是在执行公司法的规定。

2. 从裁判依据的角度考虑。对法律规定之外的"加速到期"，民法学界和商法学界的不少学者都进行了理论分析，其中不乏真知灼见。但作为司法机关，在法律或者司法解释没有明确规定的情况下，对此持谨慎的态度，与司法的谦抑性、保守性是吻合的。在起草会议纪要时，我们也秉持这样的态度。会议纪要增加的两种例外情形，第一种情形的实质原因与企业破产类似，只是没有进入破产程序罢了，按照类似情形类似处理的原理，我们规定此时股东出资应当加速到期，以便统一裁判尺度。第二种情形大家公认。

3. 从最高人民法院的一贯态度、做法考虑。对此问题持慎重态度，最高人民法院是一贯的。2015年12月，时任最高人民法院民二庭庭长杨临萍在《关于当前商事审判工作中的若干具体问题》的讲话中提到，"目前还要特别注意债权人请求股东提前履行出资义务以偿债的问题。对此，有不同的认识：一种意见认为，债务人公司无法清偿到期债务，而股东又有出资款未到期，此时通过出资义务加速到期的方式即可以解决债务清偿问题，所以应当许可此时出资义务加速到期，债权人可以直接向股东主张清偿债务。另一种意见认为，如果公司不能清偿单个债权人到期债权，那么其往往也资不抵债，或者明显缺乏清偿能力，或者有丧失清偿能力可能。此时按照《企业破产法》第2条，公司已经符合破产条件，所以更应当保障全体债权人的利益。单个的债权追及诉讼不尽符合《企业破产法》第31条、第32条的精神。债权人应当申请债务人破产，进入破产程序后再按照《企业破产法》第35条使股东出资义务加速到期，最终在真正意义上保护全体债权人利益。以上两种意见中，我们倾向于按照后一种意见处理。所以，在类似诉讼中，法院应当注意向当事人释明，如债务人公司不能通过融资或其股东自行提前缴纳出资以清偿债务，债权人有权启动破产程序。"2018年12月，贺小荣大法官主编的《最高人民法院民事审判第二庭法官会议纪要》一书中对此问题的观点是：公司不能清偿到期债务时，单个或部分债权人起诉请求股东以其认缴但未届出资期限的出资承担清偿责任的，人民法院一般不应支持。某项债权发生时，股东的相关行为已使该债权人对股东未届出资期限的出资额产生高度确信和依赖，在公司不能清偿该债权时，法院可以判令特定的股东以其尚未届出资期限的出资额向该债权人承担清偿责任。①

4. 从司法与立法的关系角度考虑。现行立法只有在《企业破产法》第35条规定了加速到期。司法解释也只有公司法司法解释（二）第22条第1款有规定。除此之外，按照有的学者的论述，在公司不能清偿债务时，未届出资期限的股东的出资都应加速到期。对此，我们认为，兹事体大，应该通过修改公司法的方式解决，看立法机关是否同意该观点。因为这涉及司法与立法的关系问题。

5. 在注册资本认缴制下，股东认为，登记缴纳的出资时间是公示的，当然不应当提前，当然不应当加速。我想，中国的几乎所有股东都是这个看法，这就是中国国情，这个国情我们不得不考虑，否则就可能出大问题。不管全面加速到期的理论多么正确，但毕竟没有法律和司法解释的规定，而纪要的主要目的是统一裁判思路。我们增加规定的两种例外情况，也是非常慎重的，一种是按照类似问题类似处理比照企业破产法作出的规定，一种是恶意延长认缴期限的规定。

## 【实务问题】

### 一、关于债权人诉讼的性质问题

根据本纪要的规定，公司作为被执行人的案件，因穷尽执行措施无财产可供执行，已具备破产原因，但不申请破产的，公司债权人可以起诉未届出资期限的股东，请求其对公司未能清偿的债务承担补充赔偿责任。换言之，只要出现本纪要规定的第一种情形，公司债权人就享有要求股东的出资加速到期的权利。债权人的这种诉讼，是就自身利益的诉讼，所获收益归原告债权人个人，而不归债务人。其不是代表全体债权人诉讼。这一点与破产案件中管理人起诉未出资的股东加速到期不同。与管理人不起诉时个别债权人

---

① 贺小荣主编：《最高人民法院民事审判第二庭法官会议纪要——追寻裁判背后的法理》，人民法院出版社2018年版，第141～142页。

起诉未届出资的股东也不同,这时的债权人是代表全体债权人起诉,所获收益归破产人。

**二、关于债权人如何举证证明公司具备破产原因的问题**

根据本条第一项的规定,公司作为被执行人的案件,因穷尽执行措施无财产可供执行,已具备破产原因,但不申请破产的,股东出资应当加速到期。那么审判实践中,债权人如何举证证明公司具备破产原因呢?

我们认为,严格按照破产法司法解释(一)第2条、第3条、第4条的规定执行即可,于此不赘。

7.【表决权能否受限】股东认缴的出资未届履行期限,对未缴纳部分的出资是否享有以及如何行使表决权等问题,应当根据公司章程来确定。公司章程没有规定的,应当按照认缴出资的比例确定。如果股东(大)会作出不按认缴出资比例而按实际出资比例或者其他标准确定表决权的决议,股东请求确认决议无效的,人民法院应当审查该决议是否符合修改公司章程所要求的表决程序,即必须经代表三分之二以上表决权的股东通过。符合的,人民法院不予支持;反之,则依法予以支持。

## 【条文主旨】

本条是关于股东的表决权能否受到限制的规定。

## 【争议观点】

股东认缴的出资未届履行期限,对未缴纳部分的出资是否享有以及如何行使表决权等问题,审判实践中存在争议。第一种观点认为,在公司章程没有规定的情况下,应当按照认缴出资的比例确定股东的表决权。第二种观点则认为,在公司章程没有规定的情况下,应当按照实缴出资的比例确定股东的表决权。第三种观点认为,公司章程没有规定的,应当按照认缴出资的比例确定;如果股东会或者股东大会作出不按认缴出资比例而按实际出资比例或者其他标准确定的决议，必须根据公司法及公司章程的规定，由符合修改公司章程要求的股东所持表决权的多数通过。

## 【理解与适用】

表决权，是股东就股东会议的议案进行投票表决的权利。具体方式是，股东出席或者委托代理人出席股东会议并投票，对由股东会议议决的事项表示赞成、弃权或者反对的意见。股东参与公司经营管理的法定模式就是通过表决权来表示意思，所以，表决权是股东参与公司经营管理的核心权利。如议决的事项是关于选举公司董事、监事的，表决权就表现为"选举权"，可见"选举权"包含在表决权之中。① 依照股东行使股权是单纯为自己还是兼为公司、其他股东，股东权利分为自益权与共益权。前者主要是财产权，是股东投资的本来目的所在。后者主要是非财产权，实际上是为了更好地实现投资收益权而必不可少的管理性权利。在内容上，自益权主要体现为股东获取投资收益权，以及有关的附属性权利。共益权主要体现为股东参与公司经营管理权，表决权就属于共益权。依据股权可否受到法律之外的剥夺或者限制为标准，股权可以分为固有权和非固有权。固有权，是指股东依法享有而不得以公司章程或者公司决议予以剥夺的权利。反之，就是非固有权。如何界定二者的具体范围，通说认为应依公司的本质及法律规定而定。一般而言，共益权多属固有权，自益权多属非固有权。依据股权行使是否必须具备一定的股权比例为标准，股权可以分为单独股东权和少数股东权。单独股东权，是指可以由股东一人单独行使的权利，不问其持股数额多寡。少数股东权，是指持有一定比例股权的股东才能行使的权利，具体比例由法律或者公司章程规定。在性质上，股东的自益权均属单独股东权，共益权中既有单独股东权，如表决权，也有少数股东权，如股东会议召集请求权。根据股东权利的内容可否依据股东的持股比例进行确定，可以将股权分为比例股权与非比例股权。比例股权，是指股权的内容必须以股东的持股比例为基础进行确定的权利，典型者如股利分配请求权、表决权。非比例股权，是指股权的内容不以股东持股比例为基础即可确定的权利，如知情权、股东提起各种诉讼的权利均为非比例股权。

在注册资本在认缴制下，股东认缴的出资未届履行期限，对未缴纳部分

---

① 李建伟：《公司法学》（第三版），中国人民大学出版社2014年版，第232页。

的出资是否享有以及如何行使表决权等问题，应当根据公司章程来确定。对此，没有疑义。有问题的是，如果公司章程没有规定，应该如何处理？我们认为，既然公司章程对此没有规定，那么在认缴制下从尊重设立公司时股东的真实意思出发，应当按照认缴出资的比例确定股东的表决权。这是一般的逻辑。否则，如果不按照认缴出资的比例确定股东的表决权，而是按照实际出资比例或者其他标准决定表决权，那么就应该由公司章程作出规定。

在公司章程没有规定的情况下，如果股东会或者股东大会作出不按认缴出资比例而按实际出资比例或者其他标准确定的决议，股东请求确认决议无效的，人民法院应当审查该决议是否由符合修改公司章程要求的股东所持表决权的多数通过。这是因为，如果股东会或者股东大会作出不按认缴出资比例而按实际出资比例或者其他标准确定的决议，就相当于修改公司章程。修改公司章程，就得由符合修改公司章程要求的股东所持表决权的多数通过。否则，其决议无效。

基于上述原理，股东认缴的出资未届履行期限，对未缴纳部分的出资是否享有以及如何行使表决权等问题，应当根据公司章程来确定。公司章程没有规定的，应当按照认缴出资的比例确定。如果股东会或者股东大会作出不按认缴出资比例而按实际出资比例或者其他标准确定的决议，股东请求确认决议无效的，人民法院应当审查该决议是否由符合修改公司章程要求的股东所持表决权的多数通过。符合的，人民法院不予支持；不符合的，人民法院应予支持。

本纪要征求意见过程中，有意见认为，本条规定是符合法理的，公司法司法解释（三）第16条就是其理论根据。我们认为，这一观点值得商榷。公司法司法解释（三）第16条规定："股东未履行或者未全面履行出资义务或者抽逃出资，公司根据公司章程或者股东会决议对其利润分配请求权、新股优先认购权、剩余财产分配请求权等股东权利作出相应的合理限制，该股东请求确认该限制无效的，人民法院不予支持。"从该条的文义来看，该条针对的对象是出资违约的股东或者违反法律规定抽逃出资的股东，而本纪要规范的对象是未届认缴期限的股东，由于其认缴出资还未到期，所以不存在出资违约的问题。

## 【实务问题】

### 一、股东同时提出决议可撤销或者不成立事由的审理

审判实践中可能出现的情况是，出资未届履行期限的股东请求确认该决议无效的同时，可能还提出该决议可撤销的事由，甚至可能提出该决议不成立的事由。对是否具备可撤销事由，应当按照《公司法》第22条第2款及公司法司法解释（四）第4条等进行审理。对决议是否具备不成立事由，应当按照公司法司法解释（四）第5条的规定进行审理。经审理，可撤销事由成立的，其结果与决议无效相同，可以直接判决决议不发生效力。需要注意的是，根据《公司法》第22条第2款的规定，提起可撤销诉讼必须在决议作出之日起60日内提出。决议不成立事由成立的，其结果也与决议无效相同，也可以直接判决决议不发生效力。

虽然股东请求的是确认决议无效，人民法院在审理中发现该决议不成立的，考虑到决议无效和决议不成立的结果相同，从减少诉累考虑，可以适度发挥法官职权主义的作用，直接支持股东的请求，判决决议不发生效力。但是，应当将决议是否不成立作为案件的争点进行审理，让双方当事人充分发表意见，避免职权主义过度，损害被告的诉讼权利。虽然股东请求的是确认决议无效，人民法院在审理中发现决议可撤销的，也应当按照前述思路处理。

### 二、股东会或者股东大会决议的有效性

我们在起草本条条文时，曾经认为，在公司章程没有规定的情况下，只要股东会或者股东大会作出了有效决议，那么决议内容就是有效的。一般来说，就是简单多数决。提交2019年全国法院民商事审判工作会议讨论的纪要稿，向社会公开征求意见的条文，都是这么考虑的。的确，当时没有想到这实际上就是修改公司章程。既然如此，在公司章程没有规定的情况下，股东会议作出决议，必须符合修改公司章程所需要的多数决。后来才意识到这个问题。因此，审判实践中对此问题应予注意，这时决议的有效性不是股东会决议所要求的多数决，而是修改公司章程所需要的多数决。

### 三、其他限制股东表决权情形的审理

本条规范的情形是，股东会或者股东大会作出按照实际出资比例或者类似标准行使表决权的决议，必须符合公司章程关于修改公司章程的多数决通过。否则，出资未届履行期限的股东有权起诉请求确认该决议无效。在其他

情形下，如股东会议决议不是按照实际出资比例，而是决议给某一股东比实际出资比例更少的表决权，那么该决议是无效的，因为该决议违反了公司法关于股权平等的规定，除非在章程中事先有明确规定，否则这种限制就属于违反法律的效力性强制性规定，因而不能得到裁判的认可。

## 第三节　关于股权转让

8.【有限责任公司的股权变动】当事人之间转让有限责任公司股权，受让人以其姓名或者名称已记载于股东名册为由主张其已经取得股权的，人民法院依法予以支持，但法律、行政法规规定应当办理批准手续生效的股权转让除外。未向公司登记机关办理股权变更登记的，不得对抗善意相对人。

【条文主旨】

本条是关于有限责任公司股权转让生效时点以股东名册变更为准的规定。

【争议观点】

关于有限责任公司股权转让何时生效的问题，我国理论界和实务界一般存在以下四种主要观点。

1. 股权转让合同生效则股权移转。出让人与受让人意思表示一致，则股权转让合同生效。除非法律法规明确规定或者当事人另有约定，股权转让合同生效后股权即在当事人之间发生移转，股东名册变更则产生对抗公司的效力，工商登记变更产生对抗第三人的效力。

2. 以通知公司股权转让事实为股权发生移转的标志。这种观点认为，股权转让合同生效后，只要转让人将转让事实以书面方式通知了公司，股权即在双方当事人之间发生移转。

3. 以股东名册变更为股权移转的标志。这种观点认为有限责任公司股东名册登记为设权登记，股东名册变更是受让人取得股权的标志。转让有限责任公司股权，双方意思表示一致，股权转让合同生效，还需要变更股东名册登记，将受让人姓名或者名称记载于股东名册，股权才由出让人移转到受让人。

4. 以公司登记机关登记变更为股权移转的标志。这种观点认为有限责任公司股权自公司登记机关核准变更登记之日起转移。公司登记机关变更登记是股权转让的法定要件,未经公司登记机关变更登记,股权转让行为不发生法律效力。

比较上述四种观点,以股东名册变更作为股权移转的标志,区分了股权转让合同生效与股权权属变更,区分了股东名册记载与公司登记机关记载的效力,兼顾了转让股东、受让股东的利益以及对公司债权人和不特定相对人的保护。该种观点也与最高人民法院审判实践中一贯的倾向性意见一致。现通过纪要方式对有限责任公司股权转让自公司股东名册变更时生效这一问题予以明确,统一司法实践中的适用。

## 【理解与适用】

股权是股东因出资行为而对公司享有的获取经济利益和参与公司经营管理的各项权利的总称。股权转让,则是股东与受让人意思表示一致,依照法律或者公司章程的规定将自己的股权让与受让人,使受让人继受取得股权成为公司股东。有限责任公司股权转让生效时点问题,涉及对股权转让合同生效、股东名册登记以及工商登记的效力和相互关系的理解。正确理解和适用本条纪要,应当注意以下几方面:

一、股权转让合同生效与股权转让生效相区别

股权转让合同的生效,是合同约定对转让人与受让人当事人双方产生法律约束力的问题。股权转让合同生效后,转让人所负主要合同义务是交付股权,而受让人所负主要合同义务是支付约定的价款。而股权转让则是股权权属在转让人与受让之间转移,实际是股权的交付行为。股权转让合同生效后,不会自动发生股权转让,还需要经过股权转让合同的实际履行。我国《公司法》第 32 条相关规定,将有限责任公司股东名册变更登记作为股权变动的公示方式。是否办理公司股东名册变更登记影响受让人对股权的取得,但无论公司股东名册变更还是公司登记机关的变更均不是股权转让合同成立或者生效的要件,对股权转让合同本身的效力没有影响。办理股权权属变更登记,是股权转让合同的履行问题,因一方的原因导致未办理有关变更登记的,对方有权要求其承担违约责任。

因此,当事人之间订立有关转让有限责任公司股权的合同,除法律另有

规定或者合同另有约定外，自合同成立时生效；未将受让人记载于股东名册或者未向公司登记机关办理变更登记的，不影响股权转让合同的效力。

## 二、有限责任公司股权转让自股东名册记载变更生效

根据我国《公司法》第32条之规定，有限责任公司应当置备股东名册，记载股东的姓名或者名称及住所、股东的出资额、出资证明书编号。记载于股东名册的股东，可以依股东名册主张行使股东权利。故有限责任公司股东名册记载在效力上属于设权登记，即有关事项登记后产生创设权利或者法律关系的效力。有观点认为，根据我国公司法相关规定，股东依法转让股权后，公司应当修改股东名册中有关股东及其出资额的记载。而只有在股权转让生效的情形下，才由公司履行相应的股东名册变更记载等义务。因此股权变更的生效应当在股东名册变更之前，股东名册变更是对股权变更结果的一种公示。对此，我们认为，股东名册登记的设权性质决定股权转让合同生效并不会使受让人自动取得股权。受让人只有在公司股东名册上记载了自己的姓名或者名称后，才能以股东身份对公司主张行使股东的权利，此时才取得了股权。因此，受让人取得股权是股权转让合同与股东名册变更共同作用的结果，而股东名册的变更是受让人取得股权的标志。故纪要本条规定受让人以其姓名或者名称已记载于股东名册为由主张其已经取得股权的，人民法院依法予以支持，但法律、行政法规规定应当办理批准手续生效的股权转让除外。

需要注意的是，虽然公司法中明确要求有限责任公司应当置备股东名册，但是目前实践中部分公司管理不规范，存在股东名册形同虚设甚至不设股东名册的情况。针对这一现实情况，考虑到股东名册记载变更的目的归根结底是公司正式认可股权转让的事实，审判实践中可以根据案件实际审理情况，认定股东名册是否变更。在不存在规范股东名册的情况下，有关的公司文件，如公司章程、会议纪要等，只要能够证明公司认可受让人为新股东的，都可以产生相应的效力。

## 三、股权转让经公司登记机关办理股权变更登记后具备对抗善意相对人的效力

有限责任公司股权转让过程中，还涉及公司登记机关的登记变更环节。有限责任公司股东转让股权的，可能出现股东名册与公司登记机关记载之间不一致的情况，对此公司应当及时办理变更登记，保持股东名册与公司登记机关登记之间的一致性。公司登记机关登记与股东名册记载都属于登记范畴，但两者效力存在区别：股东名册记载确定股权的归属，变更股东名册记

载之后，受让人便可以股东身份参与公司事务，实际享有股权，股权转让生效。而公司登记机关登记是以公司股东名册登记为基础和根据，具有向社会不特定多数人公示的作用。依据我国《公司法》第32条以及《民法总则》第64条、第65条的相关规定，公司应当将股东的姓名或者名称向公司登记机关登记；登记事项发生变更的，应当办理变更登记。未经变更登记的，不得对抗善意相对人。依据上述规定，有限责任公司股权转让后经公司登记机关变更登记，产生对抗效力。

因此，本条纪要再次强调了有限责任公司股权转让导致股东变更的，公司应当将股东变更情况向公司登记机关办理变更登记，未经变更登记的，不得对抗善意相对人。需要注意的是，根据公司法相关规定，公司是工商登记的义务人。工商变更登记不是股权转让双方的责任，而是公司的责任。公司是否办理工商登记，既不影响股权转让合同生效，也不影响受让人取得股权。

综上，我国目前在公司股权转让方面的法律规范尚不能满足庞大复杂的社会生活现状，通过本条纪要规定，在有限责任公司股权转让领域，明确了股东名册变更、公司登记机关变更登记与股权转让合同效力、股权变动效力之间的关系。即：以转让方式变动有限责任公司股权的，有限责任公司股权转让合同自签订时生效，附条件的自所附条件成就时生效，公司股东名册变更登记与公司登记机关变更登记不影响股权转让合同本身的效力；股权转让生效时点以股东名册变更为准，法律、行政法规规定应当办理批准手续才能生效的，则以股东名册变更与办理批准手续完成为准；股权变动未经公司登记机关变更登记的，不得对抗善意相对人。

# 【实务问题】

### 一、公司不变更股东名册时受让人的救济途径

股权转让自公司股东名册变更时生效，产生的问题就是公司如果没有按照法律规定履行股东名册变更义务时，受让人如何救济自己的权利？

股权转让实际是股权转让合同的履行行为。股权转让合同生效后，转让人所负的主要合同义务就是向受让人交付股权，而转让人与受让人股权转移的标志是股东名册变更，故转让人的交付股权的义务就具体体现为将股权转让的事实以书面方式通知公司，请求公司办理变更登记手续，并在需要时进行协助配合。而根据公司法及《公司登记管理条例》的相关规定，有限责任

公司股东转让股权的，公司负有将股权转让结果记载于股东名册、修改公司章程、申请变更工商登记的义务。故根据股权转让合同，双方当事人有权要求公司办理股东名册的变更，公司有义务将受让人的姓名或者名称、住所地在股东名册上记载，从而使受让人取得股东资格。如果因转让人不履行交付股权的义务导致公司不变更股东名册，则受让人应当就股权转让合同纠纷提起诉讼，追究转让人的违约责任。如果转让人通知了公司股权转让的事实，请求公司办理变更登记手续，而公司怠于或者拒绝履行义务，既造成转让人不能履行自己的合同义务，妨碍了转让人转让股权，又造成受让人不能正常取得股东身份或者行使股东权利，则转让人、受让人均可以公司为被告起诉请求办理股东名册变更，得到法律救济。法院可以判令公司履行法律规定的义务，排除对股东行使权利的妨碍。

**二、因股权转让行为发生的股权变动与因其他原因发生的股权变动生效时点相互区分**

纪要本条规定的是因有限责任公司股权转让行为发生的股权变动的生效时点，应当与因其他原因发生的股权变动生效时点区分开。例如，司法实践中法院强制执行标的物为有限责任公司股权的情形也很多见，根据民事诉讼法司法解释第493条关于"拍卖成交或者依法定程序裁定以物抵债的，标的物所有权自拍卖成交裁定或者抵债裁定送达买受人或者接受抵债物的债权人时转移"之规定，如果有限责任公司股权被人民法院在执行程序中强制拍卖或者依照法定程序裁定以物抵债，则在拍卖成交裁定书或者抵债裁定送达买受人或者接受抵债物的债权人时，该股权由原股东移转至买受人或者接受抵债物的债权人。

# 【典型案例】

广东梅雁水电股份有限公司与吉富创业投资股份有限公司、广州高金技术产业集团有限公司、普宁市信宏实业投资有限公司、宜华企业（集团）有限公司、湖北水牛实业发展有限公司股权转让纠纷案［最高人民法院（2009）民二终字第00117号］

**裁判要旨：**股权变动是股权转让协议的履行问题而非协议成立的问题。股权转让为股东权利，是否转让由当事人自行决定，当事人有权订立转让合同。股权转让目标公司的股东名册变更后，完成股权转让形式要件。

9.【侵犯优先购买权的股权转让合同的效力】审判实践中，部分人民法院对公司法司法解释（四）第21条规定的理解存在偏差，往往以保护其他股东的优先购买权为由认定股权转让合同无效。准确理解该条规定，既要注意保护其他股东的优先购买权，也要注意保护股东以外的股权受让人的合法权益，正确认定有限责任公司的股东与股东以外的股权受让人订立的股权转让合同的效力。一方面，其他股东依法享有优先购买权，在其主张按照股权转让合同约定的同等条件购买股权的情况下，应当支持其诉讼请求，除非出现该条第1款规定的情形。另一方面，为保护股东以外的股权受让人的合法权益，股权转让合同如无其他影响合同效力的事由，应当认定有效。其他股东行使优先购买权的，虽然股东以外的股权受让人关于继续履行股权转让合同的请求不能得到支持，但不影响其依约请求转让股东承担相应的违约责任。

## 【条文主旨】

本条是关于侵犯优先购买权的股权转让合同的效力的规定。

## 【争议观点】

公司法司法解释（四）第21条第1款规定："有限责任公司的股东向股东以外的人转让股权，未就其股权转让事项征求其他股东意见，或者以欺诈、恶意串通等手段，损害其他股东优先购买权，其他股东主张按照同等条件购买该转让股权的，人民法院应当予以支持，但其他股东自知道或者应当知道行使优先购买权的同等条件之日起三十日内没有主张，或者自股权变更登记之日起超过一年的除外。"据此，有限责任公司的股东向股东以外的人转让股权，未就其股权转让事项征求其他股东意见，或者以欺诈、恶意串通等手段，损害其他股东优先购买权，其他股东主张按照同等条件购买该转让股权的，人民法院原则上应当予以支持。但此时股东与股东以外的人签订的转让合同的效力，审判实践中认识不一。有观点认为合同无效，有观点认为合同可撤销，有观点认为合同效力待定，也有观点认为合同有效。

## 【理解与适用】

在公司法司法解释（四）起草过程中，对这类合同的效力如何认识，主要有以下五种观点：[①]

第一，无效说。该说认为，《公司法》第71条属于强行性规范，转让股东违反该条规定与第三人签订的股权转让合同应当归于无效。该说从法律规范的性质入手，试图从现行法中找到转让人与第三人之间合同无效的根据，认为该条是效力性强制性规定。

第二，附法定生效条件说。早在新公司法颁行之前就有学者指出，虽然公司法并未规定"公司同意"和股东"不行使优先购买权"是该类股权转让合同的生效要件，但是从公司法的规定来看，第三人要想取得股权必须满足这两个条件，否则，只要股东表示要购买股权，第三人的预期就将落空，因而，这两个条件应为法律规定的该类合同的法定生效条件，该类行为应为附法定生效条件的行为。并且因条件法定，股东向第三人转让出资时，无须声明已满足这两个条件，如果没有满足这两个条件，除非转让人承诺已满足，其无须向第三人承担交易不能的责任。该说并非从现有关于合同效力的法律规定来论证此类合同的效力，而是从贯彻立法目的的角度出发，推理得出结论。

第三，效力待定说。该说又具体分为两种观点：一种观点认为，股东在此种情况下对股份之处分类似于无权处分。公司法赋予全体股东以同意权，类似于在共有情况下共有人处分共有物必须经过其他共有人之同意，如未同意则对其他共有人不产生效力之规定。此种规定与无限公司中相关规定是基于同一法理。而无限公司股东拥有的股权具有共有性质。因此，未经股东会同意且其他股东未放弃优先购买权的股权转让合同的效力处于未定状态，且依照《合同法》第51条之规定，应当允许股东会事后追认。另一种观点认为，该合同不属于合同法规定的无权处分情形，但是可以类推适用"限制行

---

[①] 杜万华主编、最高人民法院民事审判第二庭编著：《最高人民法院公司法司法解释（四）理解与适用》，人民法院出版社2017年版，第472~474页。该部分作者为杨永清、许德风。

为能力人订立的合同"的规定。这两种观点无疑也是从实现股东优先购买的立法目的出发，从合同法中找到确定该类合同效力的法律依据。

第四，可撤销说。主张该说的学者认为，"此种合同有别于绝对有效合同，否则，老股东优先购买权势必落空。此种合同也有别于绝对无效合同，因为出让股东是享有股权的主体，老股东也未必反对该合同。""鉴于此种股权转让违反了公司法有关出让股东行使处分权的法定限制条款，侵害了老股东的法定优先购买权；又鉴于老股东是否有意、是否具有财力行使优先购买权并不确定，笔者认为此类股权转让合同应界定为可撤销合同。"

第五，有效说。有效说是目前多数学者主张的通说。即认为其他股东行使优先购买权不应影响转让人与第三人之间股权转让合同的效力。如胡晓静认为："合同效力应依法确认，优先购买权不构成合同效力的影响因素。虽然股权转让合同的标的非为有体物，但作为合同，并且依据《合同法》第174条关于有偿合同参照适用买卖合同法的规定，应以合同法关于合同效力的相关规定对股权转让合同的效力进行判断。如果未出现《合同法》第52条规定的情形，先合同为有效合同，同理，是否为可撤销合同，也需依照《合同法》第54条的规定进行判断。"

对上述观点的评论意见如下：①

## 一、对"无效说"的批评

1. 《公司法》第71条第2款和第3款之规定并非法律的效力性强制性规定。在股东违反法定规则与第三人签订转让合同的情形下，股东的优先购买权并未丧失，仍可以行使，这并不能说是已经侵犯了股东的优先购买权而应当使合同归于无效。而该类合同显然又不符合合同法规定的其他合同无效的情形。此外，股东是否行使优先购买权具有不确定性，如果只要违反《公司法》第71条就一概认定无效，并且是合同的自始、当然、确定无效，将导致优先购买权人在放弃优先购买权后，转让人和第三人将必须重新缔结合同的不合理结论，违背经济、效率的商事法则。

2. 基于负担行为与处分行为的区分，处分行为无效不影响负担行为的效力。依据股权变动的形式主义模式，股权转让合同并不必然导致股权变动。即使认定没有满足其他股东优先购买权的股权转让合同有效，也并不必然产生对其他股东优先购买权的实质侵害。如果其他股东主张行使优先购买权，

---

① 杜万华主编、最高人民法院民事审判第二庭编著：《最高人民法院公司法司法解释（四）理解与适用》，人民法院出版社2017年版，第482～486页。该部分作者为杨永清、许德风。

该股权转让合同将不能实际履行。也就是说，股权转让的限制仅仅构成对股权物权性的限制，不会对股权转让合同的效力产生影响。

3. 股东优先购买权的行使会影响出卖人与第三人之间的法律关系，但并不影响出卖人与第三人间买卖合同的效力，仅对标的物所有权之变动产生作用。

4.《最高人民法院关于审理城镇房屋租赁合同纠纷案件具体案件应用法律若干问题的解释》第 21 条规定："出租人出卖租赁房屋未在合理期限内通知承租人或者存在其他侵害承租人优先购买权情形，承租人请求出租人承担赔偿责任的，人民法院应予支持。但请求确认出租人与第三人签订的房屋买卖合同无效的，人民法院不予支持。"有学者指出，先买权的行使客观上导致双重买卖。在通常的双重买卖，只要符合合同的生效要件，买卖合同均有效，合同成立时间、方式等因素不影响合同效力。但在房屋承租人先买权的介入下，我国有观点认为在先合同不能生效，这种模式不同于双重买卖的通常处理方式。这种认识的不合理之处在于合同不能生效不仅浪费了缔约成本，给无辜的第三人带来不测风险，还会使"同等条件"失去依托，先买权的行使也就失去条件，租赁双方的买卖合同因此岌岌可危，谈何优先实际履行。不过，根据上述司法解释第 21 条第 2 句的规定，只要先前合同符合生效要件，就不会因租赁双方的买卖合同而无效。

5. 如果认为转让人与第三人之间的合同无效，则第三人只能请求缔约过失责任和赔偿信赖利益损失，如果有约定的违约金条款，也一并失效；而如果合同有效，则第三人可以请求转让人承担违约责任，因此，认定合同无效对第三人保护不周。

综上，学者多认为，除非符合《合同法》第 52 条所规定的合同无效的情形，转让人与第三人之间的合同应当有效。

## 二、对"附条件生效说"的批评

对于附法定生效条件说，这一点在德国法上也存在争议。若先前合同没有约定这样的解除条件，而第三人又明知有优先购买权的存在，能否据此推定双方默示以优先购买权的行使作为先前合同的解除条件？德国学理和实践的态度不一，有观点持肯定态度。也有观点持相反见解，认为是转让人而非第三人因双重买卖而陷入义务冲突困境之中，故转让人应依据诚实信用原则事先予以防范，不宜根据第三人的明知来推定先前合同有解除条件的默示约定。

## 三、对"效力待定说"的批评

对于效力待定说，学者提出的质疑主要是：

1. 《合同法》第 51 条规范的是"无处分权的人处分他人财产"的情形，而作为股权转让人的股东显然不是"无处分权的人"，他有处分权，只是处分权的行使受到一定的限制；另外，股权也并非"他人财产"，而是股东自己的财产。

2. 即使是属于无权处分，根据负担行为与处分行为的区分，设定股权转让负担的股权转让合同本身的效力也不应当受到影响，因为，负担行为并不需要具备处分权，无权处分只是导致合同有可能无法履行，产生违约责任。买卖合同司法解释第 3 条就有类似规定："当事人一方以出卖人在缔约时对标的物没有所有权或者处分权为由主张合同无效的，人民法院不予支持。出卖人因未取得所有权或者处分权致使标的物所有权不能转移，买受人要求出卖人承担违约责任或者要求解除合同并主张损害赔偿的，人民法院应予支持。"

3. 批评者也不认同对限制行为能力的比照，认为股东虽无完全的处分权限，但是其具有完全的行为能力当无疑问，将之类推限制行为能力人订立的合同并无合理的根据。

### 四、对"可撤销说"的批评

关于损害优先购买权合同的效力问题，《最高人民法院关于审理外商投资企业纠纷案件若干问题的规定（一）》第 11 条和第 12 条对此有规定。该解释第 11 条规定："外商投资企业一方股东将股权全部或部分转让给股东之外的第三人，应当经其他股东一致同意，其他股东以未征得其同意为由请求撤销股权转让合同的，人民法院应予支持。具有以下情形之一的除外：（一）有证据证明其他股东已经同意；（二）转让方已就股权转让事项书面通知，其他股东自接到书面通知之日满三十日未予答复；（三）其他股东不同意转让，又不购买该转让的股权。"第 12 条规定："外商投资企业一方股东将股权全部或部分转让给股东之外的第三人，其他股东以该股权转让侵害了其优先购买权为由请求撤销股权转让合同的，人民法院应予支持。其他股东在知道或者应当知道股权转让合同签订之日起一年内未主张优先购买权的除外。前款规定的转让方、受让方以侵害其他股东优先购买权为由请求认定股权转让合同无效的，人民法院不予支持。"

对该条的解释意见认为，正如无效说批评者所指出的，"无效合同通常是违反社会公共利益的合同。如一方以欺诈、胁迫的手段订立合同，损害国家利益；恶意串通，损害国家、集体或者第三人利益；损害社会公共利益。而侵害优先购买权的合同侵害的只是老股东的优先购买权，并不存在损害社会公共利益等合同无效的情形。如果优先购买权人没有能力受让股权或存在其他情况，其可能根本就不主张优先购买权，在此情况下，显然不应认定股权转让合同无效"。而规定享有优先购买权的股东有权请求撤销合同较为合适，其既可以保护发生在转让股东与受让人之间的交易（如在其他股东不行使优先购买权时，受让人就可以取得有关股份），又能够保护老股东的优先购买权。其他股东行使撤销权的法律效果，是使转让股东与受让股东之间的股权变动，对享有并行使优先购买权的其他股东不发生效力，即享有优先购买权的该股东仍可行使优先购买权而获得相应股份。

对"可撤销说"的批评如下：

1. 不符合区分负担行为与处分行为的"债物二分"理论。

2. 优先购买权人行使优先购买权的前提是存在出卖人和第三人之间的买卖合同，而现在该买卖合同被撤销，丧失同等条件也无法行使优先购买权，存在逻辑上的矛盾。

3. 合同撤销后第三人仅能请求信赖利益损失，无法请求违约损害赔偿，对第三人保护不利。

**五、公司法司法解释（四）第 21 条的起草者观点**

除转让股东和股东以外的股权受让人恶意串通损害其他股东优先购买权订立的合同无效外，一般情况下，转让股东与股东以外的股权受让人之间签订股权转让合同时即使没有履行《公司法》第 71 条第 2 款、第 3 款的义务侵犯了其他股东的优先购买权，该合同也是有效的，主要理由如下：股东优先购买权的行使目的在于通过保障其他股东优先获得拟转让股份而维护公司内部信赖关系，因此，法律所要否定的是股东以外的股权受让人优先于公司其他股东取得公司股份的行为，而不是转让股东与股东以外的股权受让人之间签订的股权转让合同的效力。并不是只有撤销股权转让合同或否定股权转让合同的效力才能保护其他股东的优先购买权。事实上，合同的效力是可以与权利变动的结果相区分的，法律可通过在权利变动领域施以控制以保护相关利害关系人的权益，而不必在合同效力领域加以干涉。而且，在否定合同效力情况下，股东以外的股权受让人只能通过缔约过失的责任机制获得救济，在肯定合同效力情况下，股东以外的股权受让人则可以凭借违约为由，追究转让股东的责任。而合同有效下的违约责任与合同不生效或无效下的缔约过失责任，无论在归责要件上还是在追责力度上都不可同日而语。违约责任可以不以违约方的过错为要件，只要合同未能履行，就要承担违约责任，但缔约过失责任则必须以缔约当事人的过错为责任要件。违约责任不仅可以就守约方的实际损失请求赔偿，而且还可以就间接损失即合同履行后可得利益的损失请求赔偿，但缔约过失责任的赔偿范围则只能限于当事人实际遭受的损失。总之，转让股东和股东以外的股权受让人之间订立的股权转让合同，与转让股东和其他股东之间订立的股权转让合同，二者可以相互独立。

## 【实务问题】

公司法司法解释（四）第 21 条虽然没有明确规定，即使没有履行《公司法》第 71 条第 2 款、第 3 款的义务侵犯了其他股东的优先购买权，转让股东与股东以外的股权受让人之间签订的股权转让合同如无其他无效事由，也是有效的，但从文义来看，应该得出上述结论。最高人民法院再次通过会议纪要的形式对此进行重申，就是要统一这类案件的裁判尺度。

## 第四节  关于公司人格否认

公司人格独立和股东有限责任是公司法的基本原则。否认公司独立人格，由滥用公司法人独立地位和股东有限责任的股东对公司债务承担连带责任，是股东有限责任的例外情形，旨在矫正有限责任制度在特定法律事实发生时对债权人保护的失衡现象。在审判实践中，要准确把握《公司法》第20条第3款规定的精神。一是只有在股东实施了滥用公司法人独立地位及股东有限责任的行为，且该行为严重损害了公司债权人利益的情况下，才能适用。损害债权人利益，主要是指股东滥用权利使公司财产不足以清偿公司债权人的债权。二是只有实施了滥用法人独立地位和股东有限责任行为的股东才对公司债务承担连带清偿责任，而其他股东不应承担此责任。三是公司人格否认不是全面、彻底、永久地否定公司的法人资格，而只是在具体案件中依据特定的法律事实、法律关系，突破股东对公司债务不承担责任的一般规则，例外地判令其承担连带责任。人民法院在个案中否认公司人格的判决的既判力仅仅约束该诉讼的各方当事人，不当然适用于涉及该公司的其他诉讼，不影响公司独立法人资格的存续。如果其他债权人提起公司人格否认诉讼，已生效判决认定的事实可以作为证据使用。四是《公司法》第20条第3款规定的滥用行为，实践中常见的情形有人格混同、过度支配与控制、资本显著不足等。在审理案件时，需要根据查明的案件事实进行综合判断，既审慎适用，又当用则用。实践中存在标准把握不严而滥用这一例外制度的现象，同时也存在因法律规定较为原则、抽象，适用难度大，而不善于适用、不敢于适用的现象，均应当引起高度重视。

## 【说明】

纪要在这部分开宗明义地指出，公司人格独立和股东有限责任是公司法的基本原则，民商事审判必须坚持。然后指出，否认公司独立人格，由滥用公司法人独立地位和股东有限责任的股东对公司债务承担连带责任，只是股东有限责任的例外情形。例外的原因是，旨在运用平衡的方法矫正有限责任制度在特定法律事实发生时对债权人保护的失衡现象。

审理公司人格否认案件，常用的法律依据是《公司法》第20条第3款。尽管《公司法》第63条对一人有限公司人格否认作了特别规定，但审判实践中该条并没有成为适用的难点。难点还是在如何适用《公司法》第20条第3款。对于该条款，我们认为应当注意把握以下几点：

一、主体要件

从公司人格否认案件的双方当事人来看，原告是公司的债权人，包括主动债权人和被动债权人；被告是实施了滥用公司法人独立地位和股东有限责任行为的股东，且该行为严重损害了公司债权人利益的股东，而不是其他股东。不能让无辜股东受到牵连，否则有违公司人格独立和股东有限责任是公司法的基本原则。

二、主观要件

从被告的主观过错来看，滥用公司法人独立地位和股东有限责任的股东，其目的是逃避债务，主观上有明显过错，是故意为之。如果股东主观上没有过错，或者过错不明显，属于过失，也没有必要否定公司人格。换言之，公司股东的行为必须达到"滥用"公司法人独立地位和股东有限责任的程度，才有必要否定公司人格。如果没有达到"滥用"的程度，就没有必要否定公司人格，否则有违公司人格独立和股东有限责任是公司法的基本原则。

三、结果要件

从原告来看，其因股东实施的"滥用"公司法人独立地位和股东有限责任的行为，受到的损害必须达到"严重"程度，才有必要否定公司人格，让股东对公司债务承担连带责任。否则，没有必要对公司独立人格和股东有限责任进行突破。

四、因果关系要件

债权人的债权受到"严重"损害，是因为股东"滥用"公司法人独立地位和股东有限责任行为造成的，股东实施"滥用"行为是"因"，债权人受到"严重"损害是"果"。虽然债权人受到"严重"损害，如果不是股东"滥用"行为造成的，而是其他原因，如市场原因、公司经营管理不善等原因，那么就不能突破公司法人独立地位和股东有限责任的原则。

需要强调的是，公司人格否认不是全面、彻底、永久地否定公司的法人资格，而只是在具体案件中依据特定的法律事实、法律关系，突破股东对公司债务不承担责任的一般规则，例外地判令其承担连带责任。人民法院在个案中否认公司人格的判决的既判力仅仅约束该诉讼的各方当事人，不当然适用于涉及该公司的其他判决，不影响公司作为独立法人资格的存续。当然，如果其他债权人提起公司人格否认诉讼，对已生效判决认定的事实可以作为证据使用。

就司法政策而言，否认公司人格的法律规定是一把"双刃剑"，用好了，其制度效用就能发挥到最佳，就能有效遏制股东滥用公司法人独立地位和股东有限责任原则严重损害公司债权人利益的行为。反之，用不好，没用好，就可能伤害公司法人独立地位和股东有限责任这个公司法制度的基石。因此，审判实践中一定要把握好"度"，这就是纪要中提到的，在审理案件时需根据查明的案件事实，进行综合判断，既审慎适用，又当用则用。实践中存在标准把握不严而滥用这一例外制度的现象，同时也存在因法律规定较为原则、抽象，适用难度大，而不善于适用、不敢于适用现象，均应当引起高度重视。可以形象地说，《公司法》第20条第3款是一种"备用"武器，在正常情况下即"股东没有滥用公司法人独立地位和股东有限责任"时不用。但在异常情况下即"股东滥用公司法人独立地位和股东有限责任，严重损害公司债权人利益"时，为了维护正常的秩序，维护好公司法的基本原则，要用，但一定要用好、用准，用得"稳、准、狠"，以保证其在关键时候发挥"定海神针"的作用。

对于公司人格否认案件，还有以下问题需要说明：

1. 这类案件的性质。公司人格否认案件是侵权纠纷案件，公司股东滥用公司独立法人地位和股东有限责任，侵犯了公司债权人的利益，应当按照侵权责任的构成要件承担相应的侵权赔偿责任。

2. 公司人格否认案件应根据原告公司债权人的请求而适用，人民法院不得主动援用。

3. 公司逃避债务的形式多种多样，在公司债权人利益能够得到保护的情况下，如果股东滥用公司法人独立地位和股东有限责任的行为同时符合其他法律的规定如《合同法》第73条、第74条，可以考虑优先适用其他法律的规定。换言之，杀鸡不用宰牛刀。例如，公司欠债权人3个亿，公司的控股股东从公司无偿拿走3000万元，没有做账。这时，把这3000万元从控股股东拿来即可，没有必要也没有法律依据让其对公司3个亿债务承担连带责任。当然，这要看原告公司债权人起诉的法律依据。如果起诉的法律依据既有《公司法》第20条第3款，又有其他法律依据如《合同法》第73条、第74条，那么看其他法律依据是否足以保护债权人的利益。如足以保护，就没有必要再否认公司人格。如不足以保护，那就看股东行为是否符合《公司法》第 20 条第 3 款的规定。如果原告公司债权人起诉的法律依据只有《公司法》第 20 条第 3 款，那就不需要考虑是否符合其他法律的规定来保护债权人利益。

4. 本纪要没有涉及一人公司的人格否定问题，因为在审判实践中这不是一个问题。本纪要不考虑体系完整，按照问题导向的原则，只注重解决审判实践中的问题。

10.【人格混同】认定公司人格与股东人格是否存在混同，最根本的判断标准是公司是否具有独立意思和独立财产，最主要的表现是公司的财产与股东的财产是否混同且无法区分。在认定是否构成人格混同时，应当综合考虑以下因素：

（1）股东无偿使用公司资金或者财产，不作财务记载的；

（2）股东用公司的资金偿还股东的债务，或者将公司的资金供关联公司无偿使用，不作财务记载的；

（3）公司账簿与股东账簿不分，致使公司财产与股东财产无法区分的；

（4）股东自身收益与公司盈利不加区分，致使双方利益不清的；

（5）公司的财产记载于股东名下，由股东占有、使用的；

（6）人格混同的其他情形。

在出现人格混同的情况下，往往同时出现以下混同：公司业务和股东业务混同；公司员工与股东员工混同，特别是财务人员混同；公司住所与股东住所混同。人民法院在审理案件时，关键要审查是否构成人格混同，而不要求同时具备其他方面的混同，其他方面的混同往往只是人格混同的补强。

## 【条文主旨】

本条是关于公司人格否认案件中如何认定公司人格混同的规定。

## 【争议观点】

《公司法》第 20 条规定："公司股东应当遵守法律、行政法规和公司章程，依法行使股东权利，不得滥用股东权利损害公司或者其他股东的利益；不得滥用公司法人独立地位和股东有限责任损害公司债权人的利益。公司股东滥用股东权利给公司或者其他股东造成损失的，应当依法承担赔偿责任。公司股东滥用公司法人独立地位和股东有限责任，逃避债务，严重损害公司债权人利益的，应当对公司债务承担连带责任。"该条被公认为是审理公司人格否认案件的主要法律依据。当然，一人公司除外。争议的问题是，出现哪些情况，才构成"滥用"公司法人独立地位和股东有限责任，逃避债务，"严重"损害公司债权人利益。核心在如何认定公司股东的行为构成《公司法》第 20 条规定的"滥用"？"滥用"的标准是什么？具体情形有哪些？

## 【理解与适用】

公司与股东人格混同，又称公司人格的形骸化、公司与股东关系不清，意指公司成为股东的另一自我、工具、同一体，因而失去独立存在的价值，应否定其人格，股东对公司债务承担连带责任。

认定公司人格与股东人格是否存在混同，最根本的判断标准是公司是否具有独立意思和独立财产。这是因为，公司是企业法人，是独立的民事主体，具有独立于股东的意思和财产。如果公司不具有独立于股东的意思，那么公司人格就形骸化了。公司作为独立的民事主体，要求其必须拥有责任财产。如果没有独立财产，那么也就没有成为独立民事主体的必要。公司是否具有独立意思和独立财产的主要表现之一，就是公司的财产与股东的财产是否混同且无法区分，公司的财产是否独立。

纪要规定，在认定是否构成人格混同时，应当综合考虑以下因素：

1. 股东无偿使用公司资金、财产，不作财务记载。股东出资成立公司后，其出资的财产就成为公司的财产，所有权属于公司，与股东个人无关，公司是该财产的所有人，该财产是完全独立于股东的，因此，股东无偿使用公司资金或者财产，不作财务记载的，是认定公司与股东人格混同的重要考量因素。纪要征求意见过程中，有不少人建议，删去"不作财务记载"的表述。他们的观点是，只要股东无偿使用公司资金、财产，就构成人格混同，而不管是否作财务记载。经研究认为，如果公司作了财务记载，那么就证明股东与公司之间的法律关系是借贷或者借用，而法律并不禁止股东与公司之间的借贷或者借用活动。在有财务记载的情况下，恰恰证明了股东与公司是两个独立的民事责任主体。因此，这一建议我们没有采纳。股东无偿使用公司资金、财产，不作财务记载，恰恰可以证明公司人格不独立，已成为股东的工具、另一个自我。这时，应否定公司的人格。

2. 股东用公司的资金、财产偿还股东的债务，或者将公司的资金供关联公司无偿使用，不作财务记载。上述第一种因素，主要是股东本人无偿使用公司的资金、财产，这里谈到的情形，其表现形态与上述第一种因素略有不同，即不是股东本人使用，而是偿还了股东自身的债务，或者供股东的关联公司无偿使用。表现形式不一，但实质是一样的。在这里也强调，一定是公司没有作财务记载。如果作了财务记载，一般不构成人格混同。

3. 公司账簿与股东账簿不分，致使公司财产与股东财产无法区分。公司账簿与股东账簿不分，致使公司财产与股东财产无法区分，既表明公司没有独立的财产，也表明公司没有独立的意思。公司没有独立的意思，没有独立的财产，那就表明公司已经形骸化。在这种情况下，当然应当否定公司人格。

4. 股东自身收益与公司盈利不加区分，致使双方利益不清。这种情况也会导致使公司财产与股东财产无法区分，表明公司没有独立的意思，其财产也不独立，公司已经成为股东赚钱的工具，故应突破股东以出资为限承担责任的规定，让其对公司债务承担连带责任。

5. 公司的财产记载于股东名下，由股东占有、使用。这一观点是我们在组织纪要的专家论证会上，中国政法大学赵旭东教授提出来的。他举的例子就是，公司的股东滥用公司法人独立地位和股东有限责任，公司出钱购买车辆或者房屋，登记在股东名下，由股东占有、使用。我们认为，这一情形实质上是混淆了公司的财产和股东的财产，严重损害了公司债权人的利益，应否定公司人格，让股东对公司承担连带责任。

6. 人格混同的其他情形。审判实践中可能出现各种各样的公司与股东人格混同的情形，上面举出的5种情形是常见的情形，所以需要有一个兜底条款。

需要指出的是，上述情形应当综合考虑，一般很少出现一种情形就认定人格混同。

从我们了解到的这类案件看，在出现人格混同的情况下，往往同时出现以下混同：公司业务和股东业务混同；公司员工与股东员工混同，特别是财务人员混同；公司住所与股东住所混同。于是问题就产生了，是出现4种情况同时出现才否定公司人格，还是只要出现人格混同就应当否定公司人格。经过研究认为，关键要看是否构成人格混同，而不要求同时具备其他方面的混同，其他方面的混同往往只是人格混同的补强。

【实务问题】

认定公司与股东是否构成人格混同，最根本的判断标准是公司是否具有独立意思和独立财产，这里需要把握一个度，这个度就是混同多少。我们认为，还是应当回到《公司法》第20条第3款的规定上来，就是要达到"滥用"的程度，达到"严重"损害公司债权人利益的程度。"滥用"行为往往具有持续性，一般很少出现一次行为就认定为滥用。另外，债权人因股东"滥用"行为受到的损害也是严重的，如果没有达到"严重"的程度，也不能否认公司人格。比如，公司欠债权人5000万元债务，公司控股股东从公司无偿拿走500万元，公司没有作财务记载，而且就这一笔。是否因为控股股东的这一行为，就否定公司人格，让控股股东对公司的5000万元都承担连带责任呢？我们认为答案是否定的。这时不应该适用《公司法》第20条第3款否定公司人格，因为不符合该条适用的条件，而应通过适用其他法律规定追回被控股股东拿走的500万元，如债权人可以依据《合同法》第74条规定的撤销权来追回被控股股东无偿拿走的500万元。

11.【过度支配与控制】公司控制股东对公司过度支配与控制，操纵公司的决策过程，使公司完全丧失独立性，沦为控制股东的工具或躯壳，严重损害公司债权人利益，应当否认公司人格，由滥用控制权的股东对公司债务承担连带责任。实践中常见的情形包括：

（1）母子公司之间或者子公司之间进行利益输送的；

（2）母子公司或者子公司之间进行交易，收益归一方，损失却由另一方承担的；

（3）先从原公司抽走资金，然后再成立经营目的相同或者类似的公司，逃避原公司债务的；

（4）先解散公司，再以原公司场所、设备、人员及相同或者相似的经营目的另设公司，逃避原公司债务的；

（5）过度支配与控制的其他情形。

控制股东或实际控制人控制多个子公司或者关联公司，滥用控制权使多个子公司或者关联公司财产边界不清、财务混同，利益相互输送，丧失人格独立性，沦为控制股东逃避债务、非法经营，甚至违法犯罪工具的，可以综合案件事实，否认子公司或者关联公司法人人格，判令承担连带责任。

【条文主旨】

本条是关于公司人格否认案件中如何认定股东对公司进行过度支配与控制的规定。

【争议观点】

股东对公司进行过度支配与控制，严重损害债权人利益的，应当否定公司独立法人地位，对此没有争议。有争议的是，股东的哪些行为属于滥用控制的行为，审判实践中标准不一。纪要在这方面作出了一点努力，以便为人民法院审理这类案件提供参考。

## 【理解与适用】

过度支配与控制，是指公司控制股东对公司过度支配与控制，操纵公司的决策过程，使公司完全丧失独立性，沦为控制股东的工具或躯壳。公司一旦被某一股东滥用控制权，就不再具有独立意思和独立财产，其独立人格就会沦为工具，如仍然恪守公司独立人格，就会严重损害公司债权人利益，此时应当否认公司人格。审判实践中，在多个关联公司由同一人、夫妻、母子或者家族控制的场合，如果发生公司债权人利益受到损害的情况，公司债权人提出公司某一样股东存在滥用控制权的行为，就应该重点进行审查是否存在滥用控制行为的情形。以下情形，一般可以认定为滥用控制权：

1. 母子公司之间或者子公司之间输送利益。这里的子公司，是指母公司的全资子公司或者母公司的控股公司。这里的输送利益，是指利益输送没有合同依据，之所以要输送利益，纯粹是因为某一股东滥用公司控制权的结果。既然是在母子公司之间或者子公司之间相互输送利益，表明无论是母公司，还是子公司，都没有独立的意思，财产也不独立，这时就应当否定母公司和子公司的人格，让滥用控制权的股东对母公司或者子公司的债务承担连带责任。

2. 母子公司或者子公司之间进行交易，收益归一方公司，损失却由另一方公司承担。本来，按照交易的规则，收益该归哪个公司就归哪个公司，损失该由哪个公司承担就由哪个公司承担。如果存在收益永远归一方，损失却由另一方公司承担的情形，表明公司的某一股东滥用控制行为，表明母公司和子公司没有独立的意思，财产也不独立。这时就应当否定母公司和子公司的人格，让滥用控制权的股东对母公司或者子公司的债务承担连带责任。

3. 先从原公司抽走资金，然后再成立经营目的相同或者类似的公司，逃避原公司债务。之所以能够发生这种情况，就是因为原公司的某一控股股东"滥用"公司控制权。

4. 先解散公司，再以原设备、场所、人员及相同或者相似的经营目的另设公司，从而逃避原公司债务。这种情况现实中还不少见。当然，这里的解散公司肯定是不规范的，没有经过清算程序。这种滥用公司控制权的行为直接损害公司债权人利益的，公司债权人有权要求该股东对公司债务承担连带责任。

5. 股东滥用控制权的其他情形。实践中，上述 4 种情形不能包括滥用控制权的所有情形，肯定还存在各种各样的滥用控制权的行为，所以需要有一个兜底条款。

特别需要指出的是，纪要在本条第 2 款规定了公司人格否认类型中横向否认的典型情形。横向否认，指的是控制股东控制多个子公司或关联公司，其滥用控制权使多个子公司或关联公司财产边界不清、财务混同，利益相互输送，丧失人格独立性，沦为控制股东逃避债务、非法经营，甚至违法犯罪工具的，可以综合案件事实，相互否认子公司或关联公司法人人格，判令相互承担相应的连带责任。我们经常谈到的人格否认，指的是纵向否认，即否定公司人格，否定股东以出资为限对公司债务承担有限责任，而判令股东对公司债务承担连带责任。而横向否认则是不限于否定股东的有限责任，而是对控制股东控制下的子公司或者关联公司相互否认人格，相互承担连带责任。从《公司法》第 20 条第 3 款的规定来看，指的是公司股东对公司债务承担连带责任，没有谈到本条第 2 款规定的情形，即公司之间相互否认人格。但从审判实践来看，如果没有这一规定，对本条第 2 款规定的情形很难处理。有鉴于此，本着从问题意识出发的纪要起草原则，根据《公司法》第 20 条特别是第 3 款规定的精神，纪要对此作出了规定。我们相信，这一规定，必将统一审理这类案件的裁判尺度，从而为公正审理案件起到积极的作用，也将为公司法的修改提供法院方案。

## 【实务问题】

认定某股东的行为是否构成过度支配与控制，最根本的判断标准是公司是否具有独立意思和独立财产。其中需要把握一个度，这个度就是《公司法》第 20 条第 3 款的规定。换言之，股东行使控制权的行为一定要达到"滥用"的程度，一定要达到"严重"损害公司债权人利益的程度。只有这两个要件同时具备，才能认定该股东的行为构成"过度支配与控制"，从而判令该股东对公司债务承担连带责任。

如何适用本条第 2 款规定的横向否认，是审判实践中的难点。对于这类案件，最重要的是要查清以下案件事实：（1）控制股东控制多个子公司或关联公司。控制股东在子公司或者关联公司担任股东的比较好认定。有很大难度的是，有的控制股东并不在子公司或者关联公司中显名担任股东，这就需要结合案件的整个事实进行综合判断。控制股东可能利用亲属关系、同学关系、战友关系以及其他自己信得过的人如司机,有的案件甚至是情人来控制其他公司。总之,凡是控制股东相信的人、信赖的人,控制股东都可能利用他(她)们来替自己控制公司。(2)控制股东滥用控制权使多个子公司或关联公司财产边界不清、财务混同,利益相互输送,丧失人格独立性。这些都需要案件事实来证明。从实践来看,在民商事案件中债权人要举出这方面的证据相当困难,主要原因在于这些证据都不在自己手里,而在被告方。而在刑事案件中,往往可以查清楚。通过公安机关的侦查,有些事实就能水落石出。因此,在民商事案件中,只有债权人对此进行充分举证,人民法院才能根据证据规则对该事实是否存在进行认定,并进而作出是否横向否认的判决。

12.【资本显著不足】资本显著不足指的是,公司设立后在经营过程中,股东实际投入公司的资本数额与公司经营所隐含的风险相比明显不匹配。股东利用较少资本从事力所不及的经营,表明其没有从事公司经营的诚意,实质是恶意利用公司独立人格和股东有限责任把投资风险转嫁给债权人。由于资本显著不足的判断标准有很大的模糊性,特别是要与公司采取"以小博大"的正常经营方式相区分,因此在适用时要十分谨慎,应当与其他因素结合起来综合判断。

【条文主旨】

本条是关于公司人格否认案件中如何认定资本显著不足的规定。

【争议观点】

在认缴制下,资本显著不足是否还包括设立时的显著不足,存在争议。一种观点认为,设立时不存在资本显著不足的问题,因为认缴制下设立时出资多少是对外公示的。另一种观点则认为,设立时也可能存在资本显著不足的问题,即使股东出资进行了公示,公司实缴资本进行了公示,也可能存在实缴资本与经营的事业规模与隐含的风险相比明显不匹配的问题。

## 【理解与适用】

资本显著不足，从理论上来说，包括公司成立时资本显著不足和经营过程中资本显著不足两种情形。公司成立时资本显著不足，是指在行政机关登记的股东资本实缴数额与公司经营所隐含的风险相比明显不匹配。成立时资本显著不足应该由行政机关处理，但由于除特殊行业设立公司需要政府审批外，绝大多数行业是不需要政府审批的，公司成立时登记备案就行。因此，从审判实践来看，还没有因为公司成立时资本显著不足而否定公司人格的案例。不过，纪要公开征求意见稿写明，资本显著不足包括公司成立时资本显著不足和经营过程中资本显著不足两种情形。在本会议纪要征求意见过程中，有观点提出，作为否定公司人格基础的资本显著不足，在我国只可能发生在公司经营过程中，而不会出现在公司成立时。经认真研究，我们认为上述观点是正确的，纪要予以了采纳，删去了公司成立时资本显著不足这一情形。

审判实践中，资本显著不足，是指公司成立后在经营过程中，股东实际投入公司的资本数额与公司经营所隐含的风险相比明显不匹配。对此，有三点需要强调：

第一，不匹配必须达到"明显"的程度。这是因为，股东实际投入公司的资本数额与公司经营所隐含的风险相比是否相匹配，主观性很强。一旦掌握不当，而轻易否定公司人格，对企业的正常经营活动是致命的打击。原则上，市场的情况由市场来判断，发生纠纷时，不轻易否定公司人格。只有发展到一般人都认为是"明显"不匹配的程度，才能否定公司人格。至于何为"明显"，一定要根据具体案情综合判断。

第二，在判断股东实际投入公司的资本数额与公司经营所隐含的风险相比是否"明显"不匹配时，还应当有时间要求。换言之，如果只是一时的"明显"不匹配，即使不匹配的程度达到了"明显"的程度，这时也不宜轻易否定公司人格。我们认为，应该是"明显"不匹配达到了一定的时间段，才能认为是公司故意为之。否则，可能因为是短期经营方面的原因。如果如此，则不能否定公司人格。

第三，公司主观过错明显。公司在经营过程中资本显著不足，表明股东利用较少资本从事力所不及的经营，没有从事公司经营的诚意，实质是恶意利用公司独立人格和股东有限责任把投资风险转嫁给债权人。

审判实践中，由于资本显著不足的判断标准有很大的模糊性，特别是不应与公司采取"以小博大"的正常经营方式混淆，因此在适用时应当慎之又慎，应该与其他因素结合起来综合判断。

## 【实务问题】

在资本显著不足的场合，很可能同时出现"人格混同""过度支配与控制"。因此，在审理债权人提起的否认公司人格案件时，要看具体案件与否认公司人格的三种典型情形哪一种更吻合，用最相近的情形处理，这样说理更充分。我们在调研过程中发现，不少否定公司人格案件在论述理由时，"人格混同""过度支配与控制"都用。我们认为，从加强说理性来说，也没有问题。但是，无论用哪一种情形说理，都应说透。

在适用资本显著不足否定公司人格时，还需要把握一个度的问题，这个度就是《公司法》第20条第3款的规定。换言之，公司经营过程中的资本显著不足，一定要达到"滥用"的程度，一定要达到"严重"损害公司债权人利益的程度。只有这两个要件同时具备，才能认定资本显著不足，从而判令公司股东对公司债务承担连带责任。

需要特别强调的是，在资本显著不足的场合，负责公司经营管理的股东都应该对公司债务承担连带责任。但是，没有参加公司经营的股东，不应该承担责任。

13.【诉讼地位】人民法院在审理公司人格否认纠纷案件时，应当根据不同情形确定当事人的诉讼地位：

（1）债权人对债务人公司享有的债权已经由生效裁判确认，其另行提起公司人格否认诉讼，请求股东对公司债务承担连带责任的，列股东为被告，公司为第三人；

（2）债权人对债务人公司享有的债权提起诉讼的同时，一并提起公司人格否认诉讼，请求股东对公司债务承担连带责任的，列公司和股东为共同被告；

(3) 债权人对债务人公司享有的债权尚未经生效裁判确认，直接提起公司人格否认诉讼，请求公司股东对公司债务承担连带责任的，人民法院应当向债权人释明，告知其追加公司为共同被告。债权人拒绝追加的，人民法院应当裁定驳回起诉。

## 【条文主旨】

本条是关于公司人格否认案件中当事人诉讼地位的规定。

## 【争议观点】

公司与债权人之间的债务已由生效法律文书确认，债权人另行提起公司人格否认诉讼，要求股东对债务承担连带责任的，列股东为被告。是否列公司为第三人，有不同意见。一种观点认为，在有生效法律文书确认了公司与债权人之间的债权的情况下，债权人另行提起公司人格否认案件的，不用列公司为第三人。另一种观点则认为应当列。

债权人与公司之间的债权尚未经生效法律文书确认，债权人直接提起公司人格否认诉讼，要求股东对公司债务承担连带责任的，人民法院是向债权人释明，还是不用释明，直接驳回起诉，存在不同意见。

## 【理解与适用】

人民法院审理公司人格否认案件，就当事人的诉讼地位，纪要分3种情况进行了规定：

1. 债权人对债务人公司拥有的债权已由生效法律文书确认，债权人另行提起公司人格否认诉讼，请求公司股东对公司债务承担连带责任的，列公司股东为被告，公司为第三人。之所以列公司为第三人，主要考虑还是便于全面查明事实。毕竟公司是第一顺序的债务人，股东是否"滥用"公司法人独立地位和股东有限责任，公司方面了解情况。根据查明案件事实的需要，人民法院还可以要求公司提供有关方面的证据。所以，纪要最后选择了另一种观点。

2. 债权人就其对债务人公司拥有的债权提起诉讼的同时，一并提起公司人格否认诉讼，请求公司股东对公司债务承担连带责任的，列公司和股东为共同被告。纪要这样规定，符合民事诉讼法关于共同被告的基本原理。此外，从民事诉讼法原理来看，虽然债权人与公司之间的诉讼的争点是债权债务关系，而债权人与股东之间的诉讼的争点是公司人格是否应当被否认，表面看起来这是两个案件，不符合民事诉讼法关于合并审理的条件，但实质上允许债权人以债权债务关系起诉公司，同时一并以公司人格否认为由起诉公司股东对公司债务承担连带责任，有利于方便原告诉讼，也有利于提高诉讼效率，体现司法为民。

3. 债权人就其对债务人公司拥有的债权尚未经生效法律文书确认，债权人直接提起公司人格否认诉讼，请求公司股东对公司债务承担连带责任的，人民法院应当向债权人释明，追加债务人公司为共同被告。债权人拒绝追加的，裁定驳回起诉。纪要这样规定的理由在于，公司人格否认案件以公司债务确定且公司不能清偿为前提。如果公司能够清偿债务，那就没有必要否定公司人格，让股东对公司债务承担连带责任。公司人格否认案件，一定是在公司不能清偿债务的情况下，公司债权人通过否认公司人格的方式，请求股东对公司债务承担连带责任。既然如此，债权人对公司的债权应当确定。如果债权人对公司的债权没有经过生效法律文书确认，那么就可能出现公司不欠债权人债务的情况，或者公司所欠债务公司自身能够偿还，在这两种情况下，公司债权人都没有必要发起公司人格否认诉讼。因此，在债权人的债权未经生效法律文书确认的情况下，债权人直接提起公司人格否认诉讼，要求股东对公司债务承担连带责任，不符合《公司法》第20条第3款的规定。总之，在债权人与公司之间的债权债务没有经过生效法律文书确认的情况下，对债权人仅起诉股东的公司人格否认案件，人民法院不予支持。债权人提起诉讼的，人民法院应当向债权人释明，追加公司为被告。债权人拒绝追加的，裁定驳回起诉。

## 【实务问题】

债权人就其对债务人公司拥有的债权提起诉讼的同时，一并提起公司人格否认诉讼，请求公司股东对公司债务承担连带责任的案件，经审理，债权人的诉讼请求成立的，在书写判决主文时应当注意：应当将债权人对债务人公司拥有的确定债权单独作为一个判项。在这个判项后，再判决股东对公司上述债务承担连带责任，这项判决单独作为一个判项。这是因为，虽然公司人格否认诉讼一旦成立，滥用公司独立法人地位和股东有限责任的股东就应当对公司债务承担连带责任，但是，这里的连带责任不是平行性连带责任，而是补充性连带责任，即只有在公司没有清偿能力的前提下，股东才承担责任。这样理解，才符合公司人格否认诉讼的原理。所以，在生效文书的执行阶段，应先就公司是否有财产进行执行。只有在公司没有能力执行或者其财产不足以全部清偿生效判决确定的全部债务的情况下，才能执行股东的财产。

## 第五节　关于有限责任公司清算义务人的责任

关于有限责任公司股东清算责任的认定，一些案件的处理结果不适当地扩大了股东的清算责任。特别是实践中出现了一些职业债权人，从其他债权人处大批量超低价收购"僵尸企业"的"陈年旧账"后，对批量"僵尸企业"提起强制清算之诉，在获得人民法院对公司主要财产、账册、重要文件等灭失的认定后，根据公司法司法解释（二）第18条第2款的规定，请求有限责任公司的股东对公司债务承担连带清偿责任。有的人民法院没有准确把握上述规定的适用条件，判决没有"怠于履行义务"的小股东或者虽"怠于履行义务"但与公司主要财产、账册、重要文件等灭失没有因果关系的小股东对公司债务承担远远超过其出资数额的责任，导致出现利益明显失衡的现象。需要明确的是，上述司法解释关于有限责任公司股东清算责任的规定，其性质是因股东怠于履行清算义务致使公司无法清算所应当承担的侵权责任。在认定有限责任公司股东是否应当对债权人承担侵权赔偿责任时，应当注意以下问题：

## 【说明】

公司法司法解释（二）第18条第2款规定："有限责任公司的股东、股份有限公司的董事和控股股东因怠于履行义务，导致公司主要财产、账册、重要文件等灭失，无法进行清算，债权人主张其对公司债务承担连带清偿责任的，人民法院应依法予以支持。"制定该条司法解释的背景是，"目前司法实践中，大量公司解散后应当清算而不清算，甚至故意借解散之机逃废债务，严重损害债权人利益并危害社会经济秩序。该条通过对清算义务人及其应清算而不清算民事责任的界定，旨在强化清算义务人依法清算的法律责任，建立一个健康、有序的法人退出机制"。[①] 实践证明，该条规定的制定在

---

① 最高人民法院民事审判第二庭编著：《最高人民法院关于公司法司法解释（一）、（二）理解与适用》，人民法院出版社2010年版，第333页。

实施后的一段时期内起到了应有的效果，推动了公司解散后清算义务人及时启动清算程序，保护了公司债权人的合法权益。但是也要看到，由于有的人民法院对该条规定的理解存在偏差，有的案件的处理结果不适当地扩大了股东的清算责任，出现了极端案例，如出资几百万的小股东，最后承担了上亿元的债务。特别是实践中出现了一些职业债权人，如有的资产管理公司从其他债权人处大批量超低价收购"僵尸企业"的"陈年旧账"后，对批量"僵尸企业"提起强制清算之诉，在获得人民法院对公司主要财产、账册、重要文件等灭失的认定后，根据公司法司法解释（二）第18条第2款的规定，请求有限责任公司的股东对公司债务承担连带清偿责任。大股东往往已经金蝉脱壳了，而真正承担责任的往往是小股东，有的没有怠于履行清算义务的并不控制公司主要财产，也不掌控公司的账册、重要文件，这些资产和文件都由其他股东控制，但审判实践中有的法院并没有准确把握上述规定的适用条件，判决没有"怠于履行义务"的小股东或者虽"怠于履行义务"但与"公司主要财产、账册、重要文件等灭失"的后果没有因果关系的小股东对公司债务承担远超过其出资数额的责任，导致出现利益明显失衡的现象。有的承担巨额责任的小股东向全国人大和最高人民法院反映情况，全国人大常委会法工委备案室也来文让最高人民法院认真研究这个问题。统战部也来文，将该条司法解释和最高人民法院第9号指导性案例出现的问题的观点转给最高人民法院，希望认真研究。有鉴于此，纪要对该条款应当如何正确理解进行了规范，同时对这类案件的诉讼时效进行了明确。

14.【怠于履行清算义务的认定】公司法司法解释（二）第18条第2款规定的"怠于履行义务"，是指有限责任公司的股东在法定清算事由出现后，在能够履行清算义务的情况下，故意拖延、拒绝履行清算义务，或者因过失导致无法进行清算的消极行为。股东举证证明其已经为履行清算义务采取了积极措施，或者小股东举证证明其既不是公司董事会或者监事会成员，也没有选派人员担任该机关成员，且从未参与公司经营管理，以不构成"怠于履行义务"为由，主张其不应当对公司债务承担连带清偿责任的，人民法院依法予以支持。

## 【条文主旨】

本条是关于怠于履行清算义务认定的规定。

## 【争议观点】

第一种观点认为,公司法司法解释(二)第 18 条第 2 款规定的"怠于履行义务",是指公司无法进行清算的结果。只要公司没有实际清算,就构成该条规定的"怠于履行义务"。审判实践中不少法院持这种观点。

第二种观点认为,该条规定的"怠于履行义务",是指有限责任公司的股东在法定清算事由出现后,在能够履行清算义务的情况下,故意拖延、拒绝履行清算义务,或者因过失导致无法进行清算的消极行为。如果股东为履行清算义务采取了一定的行为,如请求其他股东组成清算组,但其他股东对此不予理睬的,不能认为该股东"怠于履行义务"。这种观点还认为,对于从未参与经营管理的小股东,对清算不负有责任的股东,不应当认定其"怠于履行义务"。

第三种观点认为,公司法司法解释(二)第 18 条将股东作为有限责任公司的清算义务人,是错误的。有限责任公司的清算义务人应当是董事,不应当包括股东。[①] 因此,无论股东是否"怠于履行义务",股东均不应对公司债务承担连带责任。

## 【理解与适用】

### 一、背景

(一)清算义务人的概念

清算义务人,是指法人解散后依法负有启动清算程序的主体,其义务在于根据法律规定及时启动相应的清算程序以终止法人。

清算人,在我国通常被称为清算组,是指具体负责清算事务的主体,其义务在于依照法定程序进行清算。

---

① 梁上上:《有限公司股东清算义务人地位质疑》,载《中国法学》2019 年第 2 期。

（二）《民法总则》第70条第2款、《公司法》第180条、第183条及公司法司法解释（二）第18条第2款的规定

《民法总则》第70条第2款规定："法人的董事、理事等执行机构或者决策机构的成员为清算义务人。法律、行政法规另有规定的，依照其规定。"

《公司法》第180条规定："公司因下列原因解散：（一）公司章程规定的营业期限届满或者公司章程规定的其他解散事由出现；（二）股东会或者股东大会决议解散；（三）因公司合并或者分立需要解散；（四）依法被吊销营业执照、责令关闭或者被撤销；（五）人民法院依照本法第一百八十二条的规定予以解散。"

《公司法》第183条规定："公司因本法第一百八十条第（一）项、第（二）项、第（四）项、第（五）项规定而解散的，应当在解散事由出现之日起十五日内成立清算组，开始清算。有限责任公司的清算组由股东组成，股份有限公司的清算组由董事或者股东大会确定的人员组成，逾期不成立清算组进行清算的，债权人可以申请人民法院指定有关人员组成清算组进行清算。人民法院应当受理该申请，并及时组织清算组进行清算。"

公司法司法解释（二）第18条第2款规定："有限责任公司的股东、股份有限公司的董事和控股股东因怠于履行义务，导致公司主要财产、账册、重要文件等灭失，无法进行清算，债权人主张其对公司债务承担连带清偿责任的，人民法院应依法予以支持。"

**二、民法总则施行后，有限责任公司的清算义务人是谁**

理解这个问题之前，我们先来谈谈哪些人应当是有限责任公司的清算义务人。《公司法》第183条仅仅规定了有限责任公司的清算组由股东组成，但并没有规定"清算义务人"是谁。在民法总则施行前，一般都理所当然认为是公司全体股东。[①] 但是，民法总则施行后，对此问题引起了争议。《民法总则》第70条第2款规定："法人的董事、理事等执行机构或者决策机构的成员为清算义务人。法律、行政法规另有规定的，依照其规定。"通说认为，这里的执行机构，指的是营利法人的执行机构。这里的董事，指的是营利法人的执行机构的成员，即营利法人的董事会成员为清算义务人。这里的决策机构，指的是非营利法人的决策机构，而不是营利法人的决策机构。这里的理事，指的是非营利法人的决策机构的成员，如依照《慈善法》第18条规

---

[①] 最高人民法院民事审判第二庭编著：《最高人民法院关于公司法司法解释（一）、（二）理解与适用》，人民法院出版社2010年版，第334页。

定,慈善组织的决策机构成员为清算义务人。慈善组织的组织形式中包括基金会和社会服务机构,二者皆为捐助法人,捐助法人无权力机构,只有理事会等决策机构。因此,《慈善法》第18条规定的决策机构成员指的是捐助法人的理事等决策机构成员。需要特别注意的是,在我国目前的法律体系中,理事、董事的称谓较乱,如根据《民办教育促进法》第20条"民办学校应当设立学校理事会、董事会或者其他形式的决策机构"的规定,决策机构成员也可称为董事或者其他称谓。但一般而言,我们将营利法人中的执行机构成员称为董事,非营利法人中捐助法人的决策机构成员称理事,非营利法人中的社会团体法人的执行机构成员也称理事。① 总而言之,根据《民法总则》第70条第2款的规定,营利法人的执行机构的董事是清算义务人,营利法人的权力机构的成员不是清算义务人,非营利法人的决策机构的理事是清算义务人。那有限责任公司的清算义务人是谁呢?《民法总则》第70条第2款后句规定:"法律、行政法规另有规定的,依照其规定。"但《公司法》第183条只规定了有限责任公司的清算组成员由股东组成,并没有规定清算义务人,只是公司法司法解释(二)第18条第1款、第2款规定有限责任公司的清算义务人是股东。那么,民法总则施行后,有限责任公司的清算义务人是谁呢?目前有三种观点。第一种观点认为,有限责任公司的清算义务人是公司董事,而不应包括股东。主要理由是,民法总则将营利法人的清算义务人规定为执行机构的成员即董事,执行机构非权力机构,非民法总则所谓的决策机构,其理论依据在于执行机构负责公司的经营,其更了解公司的经营情况,由其作为清算义务人,符合公司治理规则。这一观点还有一个适用法律的依据,就是民法总则施行后,公司法的规定与民法总则的规定不一致的,应当适用民法总则的规定。因《公司法》第183条并没有规定有限责任公司的清算义务人是谁,所以应适用民法总则的规定。第二种观点认为,根据我国现状,无论如何不能将股东排除在清算义务人之外。如果规定只有董事是清算义务人,那么实践中还会出现事实董事的问题,即有的股东没有董事身份,但却以股东身份直接负责公司经营,那这种人是不是不应该排除在清算义务人之外?第三种观点认为,由于《公司法》第183条对此问题没有明确规定,而公司法司法解释(二)第18条已经对此作出了规定,目前宜暂按司法解释来确定清算义务人。公司法修改已经纳入议事日程,该问题

---

① 贾东明主编:《〈中华人民共和国民法总则〉释解与适用》,人民法院出版社2017年版,第170页。

宜留待修改后的公司法解决。现在作出司法解释对此进行规定，万一没有得到修改的公司法的采纳，会影响司法解释的权威性。我们认为，上述三种观点都有一定道理，但倾向于第三种观点，主要考虑是民法总则将此问题留给了公司法，但公司法恰恰没有规定，而公司法修改很可能会在今后较短时间内完成，为避免我们现在对此作出的解释与修改后的公司法不一致，因此，第三种观点是一种更为妥当的选择，即现阶段仍然按公司法司法解释（二）第18条的规定来执行，即有限责任公司的清算义务人包括公司股东，但应当对公司法司法解释（二）第18条第2款的规定作正确的解读，避免理解不正确，导致不应当承担责任的股东承担责任，不仅法律效果不好，而且社会效果也很差。

**三、本条的理解**

公司法司法解释（二）第18条第2款规定的"怠于履行义务"中的"履行义务"，不是指履行清算的一系列义务，包括启动清算程序成立清算组，进行清算、完成清算、发现公司财产不足清偿债务应当向人民法院申请宣告破产的义务，而仅仅是指没有启动清算程序成立清算组，或者在清算组组成后没有履行清理公司主要财产以及管理好公司账册、重要文件等义务。这里的"怠于"，是一种消极的不作为行为，过错形态既包括故意，也包括过失。故意是指有限责任公司的股东在法定清算事由出现后，有意不履行启动清算程序、成立清算组进行清算、清理公司主要财产以及管理好公司账册、重要文件等义务；在其他股东请求其履行清算义务的情况下，拒绝履行。过失是指公司在法定清算事由出现的情况下，股东基于法律知识的欠缺，不知道要履行清算义务，启动清算程序，成立清算组、清理公司主要财产以及管理好公司账册、重要文件等义务。因此，在审理这类案件的过程中，股东举证证明其已经为履行清算义务采取了一定的积极行为，如请求控股股东或者其他股东对公司进行清算，但后者没有启动。又如，股东作为清算组成员，请求清算组的其他成员清理公司主要财产以及管理好公司账册、重要文件，但清算组其他成员没有积极作为。审判实践中，"怠于履行义务"主要是指没有按要求启动清算程序，成立清算组。至于清算组成立后，则是指怠于履行清理公司主要财产以及管理好公司账册、重要文件等义务。

小股东能够举证证明其既不是公司董事会或者监事会成员，也没有选派人员担任该机关成员，且从未参与公司经营管理的，应当认定其不构成"怠于履行义务"。主要理由是，让公司股东对公司债务承担连带责任的理论基础是《公司法》第20条第3款规定的公司人格否认制度，适用该制度的前提是股东"滥用"公司法人独立地位和股东有限责任，而上述小股东的不作为，根本谈不上达到"滥用"的程度。既然如此，尽管公司法司法解释（二）第18条将公司全体股东都作为清算义务人，但是由于这样的小股东没有"滥用"公司法人独立地位和股东有限责任，不符合《公司法》第20条第3款的适用条件，所以在其没有提起组成清算组的请求的情况下，不认定该不作为构成"怠于履行义务"。从司法政策上考量，也应当作如此理解。

## 【实务问题】

### 一、要审查公司股东是否"怠于履行义务"

人民法院在审理这类案件适用公司法司法解释（二）第18条第2款规定时，往往不重视作为被告的公司股东特别是小股东关于其没有"怠于履行义务"的抗辩，而简单以结果论，即只要没有启动清算程序成立清算组，就认为是"怠于履行义务"。成立了清算组的，也简单以结果论，而没有审查股东是否履行或者要求清算组履行清理公司主要财产以及管理好公司账册、重要文件等义务。纪要施行后，人民法院应当认真审查股东提出的关于其没有"怠于履行义务"的有关证据，作出是否支持其抗辩的认定。

### 二、公司股东没有申请人民法院指定清算组对公司进行清算，是否属于公司法司法解释（二）第18条第2款规定的"怠于履行义务"

公司法司法解释（二）第7条规定："公司应当依照公司法第一百八十三条的规定，在解散事由出现之日起十五日内成立清算组，开始自行清算。有下列情形之一，债权人申请人民法院指定清算组进行清算的，人民法院应予受理：（一）公司解散逾期不成立清算组进行清算的；（二）虽然成立清算组但故意拖延清算的；（三）违法清算可能严重损害债权人或者股东利益的。具有本条第二款所列情形，而债权人未提起清算申请，公司股东申请人民法院指定清算组对公司进行清算的，人民法院应予受理。"据此，如果出现本条第2款所列情形，债权人未提起清算申请，公司股东也没有申请人民法院指定清算组对公司进行清算的，公司股东的不作为是否属于公司法司法解释（二）第18条第2款规定的"怠于履行义务"？我们认为，这里规定的"怠于履行义务"，不包括这种情形。主要理由是，在公司法司法解释（二）第7条第2款规定的三种情形下，公司股东申请人民法院指定清算组对公司进行清算，并不是法律规定的股东的义务。没有哪部法律规定出现这三种情况，公司股东有义务申请人民法院指定清算组对公司进行清算。既然不是公司股东的法律上的"义务",那就谈不上"怠于履行"的问题。实际上,从公司法司法解释(二)第7条规定的表述来看,"公司股东申请人民法院指定清算组对公司进行清算的",反而是公司股东的权利。

三、在判断是否"怠于履行义务"这个标准时,应当从司法政策上对公司法司法解释(二)第18条第2款规定的小股东进行倾斜保护

在股东举证证明其已经为履行清算义务采取了积极措施,或者小股东举证证明其既不是公司董事会或者监事会成员,也没有选派人员担任该机关成员,且从未参与公司经营管理,此种情形下,应当认定该股东没有"怠于履行义务",从而不应对公司债务承担连带责任。

15.【因果关系抗辩】有限责任公司的股东举证证明其"怠于履行义务"的消极不作为与"公司主要财产、账册、重要文件等灭失,无法进行清算"的结果之间没有因果关系,主张其不应对公司债务承担连带清偿责任的,人民法院依法予以支持。

【条文主旨】

· 本条是关于因果关系抗辩的规定。

【争议观点】

第一种观点认为,只要公司主要财产、账册、重要文件等灭失,无法进行清算,有限责任公司的股东就应当对公司债务承担连带清偿责任。

第二种观点认为,一定要注意公司法司法解释(二)第18条第2款规定股东承担连带清偿责任的要件,即有限责任公司的股东"怠于履行义务"与"公司主要财产、账册、重要文件等灭失,无法进行清算"具有因果关系。如果没有因果关系,则股东不承担责任。

第三种观点认为,公司法司法解释(二)第18条将股东作为有限责任公司的清算义务人,是错误的。有限责任公司的清算义务人应当是董事,不应当包括股东。因此,无论股东"怠于履行义务"的消极不作为是否与

"公司主要财产、账册、重要文件等灭失,无法进行清算"的结果之间有因果关系,股东均不应对公司债务承担连带责任。

## 【理解与适用】

对公司法司法解释(二)第18条第2款的规定,有的人民法院在适用时理解不到位,出现了一种结果论的倾向,即只要公司主要财产、账册、重要文件等灭失,公司无法清算,就认定有限责任公司的股东应当承担责任,而不考虑股东"怠于履行义务"的消极不作为与"公司主要财产、账册、重要文件等灭失,无法进行清算"的结果之间是否存在因果关系。

公司法司法解释(二)第18条第2款规定:"有限责任公司的股东、股份有限公司的董事和控股股东因怠于履行义务,导致公司主要财产、账册、重要文件等灭失,无法进行清算,债权人主张其对公司债务承担连带清偿责任的,人民法院应依法予以支持。"从文义理解的角度看,"怠于履行义务"之后,接的是一个因果关系的动词"导致",因此准确的理解应该是,"因怠于履行义务"的消极不作为,导致"公司主要财产、账册、重要文件等灭失,无法进行清算"的结果的,公司股东才应当对公司债务承担连带清偿责任。换言之,"公司主要财产、账册、重要文件等灭失,无法进行清算",是因为股东"怠于履行义务"造成的,股东才应该承担连带赔偿责任。

在假设股东"怠于履行义务"的前提下,出现哪些情况才能证明与"公司主要财产、账册、重要文件等灭失,无法进行清算"的结果没有因果关系呢?比如,有证据证明公司经营过程中公司财务室发生了火灾,公司账册和重要文件已烧毁,此事已向公安机关报案。又如,小股东有证据证明,公司主要财产、账册、重要文件均由大股东及其所派人员掌握、控制,即使其"怠于履行义务",也与"公司主要财产、账册、重要文件等灭失,无法进行清算"的结果无关。

## 【实务问题】

**一、在司法政策上,要注意改变唯结果论的倾向**

对于股东提出的其"怠于履行义务"的消极不作为与"公司主要财产、账册、重要文件等灭失,无法进行清算"的结果没有因果关系的抗辩事由,要按照证据规则认真审查。抗辩成立的,即使出现"公司主要财产、账册、重要文件等灭失,无法进行清算"的结果,股东也不应就公司债务承担连带清偿责任。

## 二、注意与本纪要第118条的规定相衔接

在审判实践中,存在对公司法司法解释(二)第18条第2款扩大适用的做法,包括在破产案件中,出现"公司主要财产、账册、重要文件等灭失,无法进行清算"的情形,破产程序结束后,有的债权人还根据公司法司法解释(二)第18条第2款的规定,起诉破产企业的原股东承担责任。对此,在本纪要第118条已作出了明确规定,即公司法司法解释(二)第18条第2款规定不适用于终结破产后的情形。详细内容请参看该条规定及条文释义。

## 三、关于最高人民法院9号指导性案例

先将9号指导性案例完整介绍如下:

上海存亮贸易有限公司诉<br>蒋志东、王卫明等买卖合同纠纷案

(最高人民法院审判委员会讨论通过 2012年9月18日发布)

**关键词** 民事 公司清算义务 连带清偿责任

[案例要旨]

有限责任公司的股东、股份有限公司的董事和控股股东,应当依法在公司被吊销营业执照后履行清算义务,不能以其不是实际控制人或者未实际参加公司经营管理为由,免除清算义务。

[相关法条]

《中华人民共和国公司法》第二十条、第一百八十四条

[基本案情]

原告上海存亮贸易有限公司(简称存亮公司)诉称:其向被告常州拓恒机械设备有限公司(简称拓恒公司)供应钢材,拓恒公司尚欠货款1 395 228.6元。被告房恒福、蒋志东和王卫明为拓恒公司的股东,拓恒公司未年检,被工商部门吊销营业执照,至今未组织清算。因其怠于履行清算义务,导致公司财产流失、灭失,存亮公司的债权得不到清偿。根据公司法及相关司法解释规定,房恒福、蒋志东和王卫明应对拓恒公司的债务承担连带责任。故请求判令拓恒公司偿还存亮公司货款1 395 228.6元及违约金,房恒福、蒋志东和王卫明对拓恒公司的债务承担连带清偿责任。

被告蒋志东、王卫明辩称:(1)两人从未参与过拓恒公司的经营管理;(2)拓恒公司实际由大股东房恒福控制,两人无法对其进行清算;(3)拓恒公司由于经营不善,在被吊销营业执照前已背负了大量债务,资不抵债,

并非由于蒋志东、王卫明怠于履行清算义务而导致拓恒公司财产灭失；（4）蒋志东、王卫明也曾委托律师对拓恒公司进行清算，但由于拓恒公司财物多次被债权人哄抢，导致无法清算，因此蒋志东、王卫明不存在怠于履行清算义务的情况。故请求驳回存亮公司对蒋志东、王卫明的诉讼请求。

被告拓恒公司、房恒福未到庭参加诉讼，亦未作答辩。

法院经审理查明：2007年6月28日，存亮公司与拓恒公司建立钢材买卖合同关系。存亮公司履行了7 095 006.6元的供货义务，拓恒公司已付货款5 699 778元，尚欠货款1 395 228.6元。另，房恒福、蒋志东和王卫明为拓恒公司的股东，所占股份分别为40%、30%、30%。拓恒公司因未进行年检，2008年12月25日被工商部门吊销营业执照，至今股东未组织清算。现拓恒公司无办公经营地，账册及财产均下落不明。拓恒公司在其他案件中因无财产可供执行被中止执行。

[裁判结果]

上海市松江区人民法院于2009年12月8日作出（2009）松民二（商）初字第1052号民事判决：一、拓恒公司偿付存亮公司货款1 395 228.6元及相应的违约金；二、房恒福、蒋志东和王卫明对拓恒公司的上述债务承担连带清偿责任。宣判后，蒋志东、王卫明提出上诉。上海市第一中级人民法院于2010年9月1日作出（2010）沪一中民四（商）终字第1302号民事判决：驳回上诉，维持原判。

[裁判理由]

法院生效裁判认为：存亮公司按约供货后，拓恒公司未能按约付清货款，应当承担相应的付款责任及违约责任。房恒福、蒋志东和王卫明作为拓恒公司的股东，应在拓恒公司被吊销营业执照后及时组织清算。因房恒福、蒋志东和王卫明怠于履行清算义务，导致拓恒公司的主要财产、账册等均已灭失，无法进行清算，房恒福、蒋志东和王卫明怠于履行清算义务的行为，违反了公司法及其司法解释的相关规定，应当对拓恒公司的债务承担连带清偿责任。拓恒公司作为有限责任公司，其全体股东在法律上应一体成为公司的清算义务人。公司法及其相关司法解释并未规定蒋志东、王卫明所辩称的例外条款，因此无论蒋志东、王卫明在拓恒公司中所占的股份为多少，是否实际参与了公司的经营管理，两人在拓恒公司被吊销营业执照后，都有义务在法定期限内依法对拓恒公司进行清算。

关于蒋志东、王卫明辩称拓恒公司在被吊销营业执照前已背负大量债务，即使其怠于履行清算义务，也与拓恒公司财产灭失之间没有关联性。根据查明的事实，拓恒公司在其他案件中因无财产可供执行被中止执行的情况，只能证明人民法院在执行中未查找到拓恒公司的财产，不能证明拓恒公司的财产在被吊销营业执照前已全部灭失。拓恒公司的三名股东怠于履行清算义务与拓恒公司的财产、账册灭失之间具有因果联系，蒋志东、王卫明的该项抗辩理由不成立。据此，不能认定蒋志东、王卫明依法履行了清算义务，故对蒋志东、王卫明的该项抗辩理由不予采纳。

最高人民法院9号指导性案例的公布，对于督促公司股东在公司解散时及时履行清算义务发挥了积极作用。但是也应该看到，该案例在裁判理由部分，对公司法司法解释（二）第18条第2款规定的"怠于履行义务"的内涵理解不够准确。9号指导性案例裁判理由提道："蒋志东、王卫明委托律师进行清算的委托代理合同及律师的证明，仅能证明蒋志东、王卫明欲对拓恒公司进行清算，但事实上对拓恒公司的清算并未进行。"该理由以结果论，即"事实上对拓恒公司的清算并未进行"来认定蒋志东、王卫明两人"怠于履行义务"。对该问题，本来应该是案件的争点，但由于对其重要性认识不够，没有作为争点，而是一笔带过，对蒋志东、王卫明提到的没有"怠于履行义务"的证据并没有进行详细分析。实际上，如果该证据属实，表明蒋志东、王卫明两人并没有"怠于履行义务"。由于没有看到这些证据的全部内容，没有看到债权人对这些证据的质证意见，所以不便就这一事实问题发表看法。

9号指导性案例在认定股东只要"怠于履行义务"，就与公司主要财产、账册、重要文件等灭失之间存在因果关系，对此理解也不够准确。例如，裁判理由认为："关于蒋志东、王卫明辩称拓恒公司在被吊销营业执照前已背负大量债务，即使其怠于履行清算义务，也与拓恒公司财产灭失之间没有关联性。根据查明的事实，拓恒公司在其他案件中因无财产可供执行被中止执行的情况，只能证明人民法院在执行中未查找到拓恒公司的财产，不能证明拓恒公司的财产在被吊销营业执照前已全部灭失。拓恒公司的三名股东怠于履行清算义务与拓恒公司的财产、账册灭失之间具有因果联系，蒋志东、王卫明的该项抗辩理由不成立。"该论述值得进一步研究。

基于以上分析，我们认为，本纪要公布后，人民法院在审理这类案件时，应当根据本纪要的规定处理。

16.【诉讼时效期间】公司债权人请求股东对公司债务承担连带清偿责任,股东以公司债权人对公司的债权已经超过诉讼时效期间为由抗辩,经查证属实的,人民法院依法予以支持。

公司债权人以公司法司法解释(二)第 18 条第 2 款为依据,请求有限责任公司的股东对公司债务承担连带清偿责任的,诉讼时效期间自公司债权人知道或者应当知道公司无法进行清算之日起计算。

【条文主旨】

本条是关于适用公司法司法解释(二)第 18 条第 2 款时诉讼时效期间如何计算的规定。

【争议观点】

第一种观点认为,债权人以公司未及时清算、无法清算为由主张清算义务人承担民事赔偿责任的诉讼时效,自债权人知道或者应当知道公司法定清算事由出现之日起第 15 日后开始起算。这是本纪要公开征求意见时最高人民法院民二庭的观点。

第二种观点认为,公司的债权人以公司法司法解释(二)第 18 条第 2 款为依据,请求有限责任公司的股东对公司债务承担连带清偿责任的,诉讼时效期间自公司债权人知道或者应当知道公司无法进行清算时起开始计算。这是现在纪要的观点。

【理解与适用】

有的人民法院在适用公司法司法解释(二)第 18 条第 2 款裁判案件时,没有考虑公司债权人对公司债权的诉讼时效。有人认为,原因是 2009 年 11 月颁布实施的《关于审理公司强制清算案件工作座谈会纪要》第 29 条的规定。该条是这样规定的："债权人申请强制清算，人民法院以无法清算或者无法全面清算为由裁定终结强制清算程序的，应当在终结裁定中载明，债权人可以另行依据公司法司法解释（二）第十八条的规定，要求被申请人的股东、董事、实际控制人等清算义务人对其债务承担偿还责任。股东申请强制清算，人民法院以无法清算或者无法全面清算为由作出终结强制清算程序的，应当在终结裁定中载明，股东可以向控股股东等实际控制公司的主体主张有关权利。"我们认为，公司债权人对公司享有债权是适用公司法司法解释（二）第18条第2款的前提，这是不言自明的。因为这是公司不能履行债务后股东才承担的责任。如果公司能够履行债务，就不能要求股东承担责任。所以，在适用公司法司法解释（二）第18条第2款时不考虑公司债权人对公司债权的诉讼时效的观点是错误的。从前述纪要的文字表述来看，确实没有提这个问题，但我们认为是当然之理，无须提，所以不提也没什么问题。至于实践中理解不正确，是理解的问题，与前述纪要的规定无关，不能说前述纪要规定不正确。但是，考虑到实践中还有这种不正确的理解，所以本条重申了这一基本原理，即公司债权人请求股东对公司债务承担连带责任，股东以公司债权人对公司的债权已经超时诉讼时效期间为由抗辩不承担责任的，人民法院应予支持。

关于公司债权人以公司法司法解释（二）第18条第2款为依据，请求有限责任公司的股东对公司债务承担连带清偿责任的，诉讼时效期间的起算点，早在2014年12月11日最高人民法院民二庭对上海市高级人民法院的请示就作出了明确的答复意见。答复意见全文是："依据《最高人民法院关于适用〈中华人民共和国公司法〉若干问题的规定（二）》第十八条的规定，作为清算义务人的公司股东怠于履行清算义务导致公司债权人损失的，公司债权人有权请求公司股东承担赔偿责任。该赔偿请求权在性质上属于债权请求权，依据《最高人民法院关于审理民事案件适用诉讼时效制度若干问题的规定》第一条规定，债权人行使该项权利，应受诉讼时效制度约束。依据《中华人民共和国民法通则》第一百三十七条的规定，该赔偿请求权的诉讼时效期间应从债权人知道或者应当知道因公司股东不履行清算义务而致其债权受到损害之日起计算。综上，同意你院审委会的多数意见。以上意见仅供参考。"① 这一观点与本纪要公开征求意见的观点一致，只是文字表述不同，因为《公司法》第 183 条明确规定，除因公司合并或者分立需要解散的以外，公司应当在解散事由出现之日起 15 日内成立清算组，所以本纪要公开征求意见稿的表述是诉讼时效"自债权人知道或者应当知道公司法定清算事由出现之日起第 15 日后开始起算"。

　　本纪要向社会公开征求意见后，社会各界不少人对本条提出了意见，不同意公开征求意见稿的观点。其代表性理由如下：对于基于公司法司法解释（二）第 18 条第 2 款的请求权，清算义务人若主张从某一时点起算请求权诉讼时效，则必须至少举证证明在该时点公司已无法清算。在公司还未清算的情况下，债权人如何能要求清算义务人承担责任？对于债权人要求清算义务人承担连带清偿责任的案件，债权人据以向清算义务人主张请求权的请求权基础是公司法司法解释（二）第 18 条第 2 款。债权人该请求权的构成要件是："公司股东因怠于履行义务，导致公司主要财产、账册、重要文件等灭失，无法进行清算。"因此，公司出现无法清算的结果，是债权人向公司股东主张连带清偿责任请求权的必备要件。在公司出现无法清算结果之前，债权人该请求权不能成立，债权人无法行使请求权，所以不能起算诉讼时效。债权人可申请对公司进行强制清算，并不等于债权人有权要求清算义务人对公司债务承担连带清偿责任。公司应当在解散事由出现之日起 15 日内成立清算组，开始自行清算，逾期则债权人可向人民法院申请对公司进行强制清算，这个并不适用诉讼时效。而公司无法清算是债权人向股东主张连带清偿责任请求权的必备要件。债权人是否有权申请强制清算，与公司是否无法清算没有逻辑关联，债权人有权申请强制清算，并不等同于债权人要求股东承担连带清偿责任的请求权已经成立。所以，没有理由将债权人知道或应当知道有权申请强制清算的时间，作为债权人要求股东承担连带清偿责任请求权诉讼时效的起算点。

　　经研究认为，上述意见是成立的。诉讼时效是指权利人在一定期间不行使权利，在该期间届满后，发生义务人可以拒绝履行其给付义务效果的法律制度。其适用对象是民事实体法上的请求权。欲行使请求权，则需请求权已经成立。若权利人的请求权尚未成立，则其不能行使该请求权，诉讼时效就

---

① 《关于债权人主张公司股东承担清算赔偿责任诉讼时效问题请示的答复》（2014 年 12 月 11 日〔2014〕民二他字第 16 号），载杜万华主编：《最高人民法院企业破产与公司清算案件审判指导》，中国法制出版社 2017 年版，第 383～384 页。

不能开始计算。因此，诉讼时效起算，必须以权利人的请求权已经成立为前提。既然如此，那么对于任何有关诉讼时效争议的案件，人民法院都必须首先审查原告能够向被告主张的请求权的成立时间，方能确认诉讼时效的起算点。根据民法总则的规定，诉讼时效期间自权利人知道或者应当知道权利受到损害以及义务人之日起计算。公司债权人依据公司法司法解释（二）第18条第2款提起的诉讼，其权利受到损害的时间应当是其知道或者应当知道"公司主要财产、账册、重要文件灭失，无法进行清算"之日。也只有在这时，公司债权人才知道"怠于履行义务"的公司股东应当对公司债务承担连带清偿责任。这之前，公司债权人是无法向公司股东主张赔偿权利的。据此，本纪要规定："公司债权人以公司法司法解释（二）第18条第2款为依据，请求有限责任公司的股东对公司债务承担连带清偿责任的，诉讼时效期间自公司债权人知道或者应当知道公司无法进行清算之日起计算。"

## 【实务问题】

一、正确理解《最高人民法院关于审理公司强制清算案件工作座谈会纪要》第29条的有关规定

该条规定："债权人申请强制清算，人民法院以无法清算或者无法全面清算为由裁定终结强制清算程序的，应当在裁定中载明，债权人可以另行依据公司法司法解释（二）第十八条的规定，要求被申请人的股东、董事、实际控制人等清算义务人对其债务承担偿还责任。"债权人据此提起诉讼的，诉讼时效期间自公司债权人知道或者应当知道公司无法进行清算之日起计算。

二、《关于债权人主张公司股东承担清算赔偿责任诉讼时效问题请示的答复》（2014年12月11日〔2014〕民二他字第16号）不再作为处理这类案件的依据

由于该答复意见"诉讼时效期间应从债权人知道或者应当知道因公司股东不履行清算义务而致其债权受到损害之日起计算"与本纪要的规定不一致，且该答复意见写明"仅供参考"，故今后不再作为处理这类案件的依据。

三、债权人依据公司法司法解释（二）第18条第2款请求股东对公司债务承担连带责任的，是否必须先提出强制清算

我们认为，理论上债权人可以直接提起诉讼，不必先提起强制清算。但问题是，债权人要想在案件中胜诉，能否举出股东"因怠于履行义务，导致

公司主要财产、账册、重要文件等灭失，无法进行清算"的证据。实践中，债权人如果不先提起强制清算，在人民法院的终结裁定中获得类似"公司主要财产、账册、重要文件等灭失，无法进行清算"的事实认定，很难胜诉。所以，我们了解到的案件都是债权人先申请强制清算，然后再起诉股东。因此，这个问题在理论上是没有争议的，不过，在实践中的做法几乎一致，即先提起强制清算，然后再起诉股东。当然，因为我们了解的案例有限，不排除有直接起诉的案件。

## 第六节　关于公司为他人提供担保

关于公司为他人提供担保的合同效力问题，审判实践中裁判尺度不统一，严重影响了司法公信力，有必要予以规范。对此，应当把握以下几点：

## 【说明】

担保制度对于促进资金融通和商品流通，保证债权实现，具有重大意义。在公司为他人提供担保领域，为保障资本充实和公司股东利益，许多国家和地区的立法对公司为他人提供担保采取了禁止[1]或者限制[2]的做法。我国2005年修订公司法时，专门增设了《公司法》第16条的规定，在立法层面肯定了公司的对外担保能力。公司作为现代经济主要的商事主体，公司为他人提供担保行为非常活跃。与此同时，人民法院近年来受理的公司为他人提供担保纠纷案件数与标的额增长迅猛。根据司法统计，2011年全国法院一审受理的公司担保案件为5.87万件，起诉标的为4200亿元；2017年，全国法院公司担保一审案件数增长到39.7万件，起诉标的达22.1万亿元，案件数占全国法院一审商事案件总数的近10%。《公司法》第16条同时规定，公司对外提供一般担保和关联担保均应当由公司有权决议机关依法定程序作出决议。但是，对于公司的法定代表人或者其他人员违反法定程序即未经股东会或董事会决议而擅自实施的对外担保行为效力如何认定问题，2005年公司法却并未予以规定，由此产生了新的法律适用问题，使得各地法院对此类公司为他人提供担保的案件处理较为混乱。

### 一、裁判不统一现象较为突出

在公司为他人提供担保领域，为保障资本充实和公司股东利益，许多国家和地区的立法对公司为他人提供担保采取了禁止或者限制的做法。我国

---

[1] 我国台湾地区"公司法"第16条规定："公司除依其他法律或者公司章程规定得为保证者外，不得为任何保证人。"

[2] 《法国商事公司法》第106条就股份公司担保规定："除公司经营金融事业外，禁止公司为董事、总经理、法人董事的常任代理人及他们的亲属向第三人承担的义务提供物的担保和保证。"

2005 年修订公司法时，专门增设了第 16 条的规定，在立法层面肯定了公司的对外担保能力。《公司法》第 16 条同时规定，公司对外提供一般担保和关联担保均应当由公司有权决议机关依法定程序作出决议。但是，对于公司的法定代表人或者其他人员违反法定程序即未经股东会或董事会决议而擅自实施的对外担保行为效力如何认定问题，2005 年公司法却并未予以规定。因缺乏明确规定，各地法院对此类公司为他人提供担保案件的裁判标准较为不一致。

我们选取了 2006 年到 2015 年全国法院审结的 455 件公司未经法定程序对外担保的商事案件进行统计分析：认定担保合同有效的判决占 49.8%，而认定担保合同无效的判决占 50.2%；在担保合同被认定无效的案件中，判令公司对担保相对人承担部分责任的占 67.4%，承担连带责任的占 23.6%，公司不承担责任的占 9%。

**二、利用对外担保损害中小股东和公司利益问题突出**

此类案件的处理，不仅关系到担保权人的债权实现，也关系到公司股东和其他债权人的合法权益，往往涉案数额巨大，直接影响多个市场主体的正常经营甚至生死存亡。实践中，由于司法审判并未刚性执行《公司法》第 16 条的规定，公司控股股东和实际控制人操控公司或法定代表人肆意对外提供巨额担保"掏空"公司资产的案例亦屡见不鲜。2017 年被曝光的上市公司亿阳信通违规担保案，公司控股股东为达到上市公司不经决议为其提供关联担保，连续撤换多名不敢签字的董事长，最后迫使继任董事长以上市公司名义签字为其违规关联担保 44.82 亿元，最终导致公司被证券监管部门行政处罚，公司被实施退市风险警示。

另外，因目前许多法院对公司为他人提供担保普遍采取公司盖章或法人签字即有效的司法态度，而公司出让时未经决议的公司隐形担保债务难以审查，使得公司股权受让人的交易风险大增，许多潜在的投资者对买受公司望而却步。

17.【违反《公司法》第 16 条构成越权代表】为防止法定代表人随意代表公司为他人提供担保给公司造成损失，损害中小股东利益，《公司法》第 16 条对法定代表人的代表权进行了限制。根据该条规定，担保行为不是法定代表人所能单独决定的事项，而必须以公司股东（大）会、董事会等公司机关的决议作为授权的基础和来源。法定代表人未经授权擅自为他人提供担保的，构成越权代表，人民法院应当根据《合同法》第 50 条关于法定代表人越权代表的规定，区分订立合同时债权人是否善意分别认定合同效力：债权人善意的，合同有效；反之，合同无效。

## 【条文主旨】

本条是关于越权担保效力判断规则的一般性规定。

## 【争议观点】

关于《公司法》第 16 条的规范性质，有管理性规定说、效力性规定说以及代表权限制说。本纪要采代表权限制说，将该条视为对法定代表人代表权的法定限制，进而根据《合同法》第 50 条的规定认定越权代表行为的效力。

## 【理解与适用】

一、关于《公司法》第 16 条的规范性质

对《公司法》第 16 条规范性质的不同理解，决定了越权代表行为的不同效力认定规则。在相当长的一段时间内，司法实践主流观点认为，该条性质上属于管理性规定，故即便法定代表人未经决议程序擅自对外签订担保合同，也不影响合同效力。其结果一方面，完全架空了《公司法》第 16 条的规定，使该条成为具文。另一方面，让公司承担担保责任，不利于保护股东

尤其是中小股东的合法权益。另一种观点认为，该条属于效力性规定，违反的后果是担保合同无效。但一概认定担保合同无效，既不利于善意相对人的保护，有时也不符合公司自身的利益。

正是看到前述两种观点存在的不足，本纪要改采代表权限制规范说，认为其作为公司法规定的规范，属于组织规范的范畴，限制的是法定代表人的代表权限，即法定代表人尽管可以一般地代表公司对外从事行为，但对于担保行为，因其涉及公司以及股东的重大利益，不是法定代表人所能单独决定的事项，而必须要以公司股东（大）会、董事会等公司机关的决议作为法定代表人代表权的基础和来源。法定代表人未经授权擅自为他人提供担保的，构成越权代表，应当根据《合同法》第50条的规定来认定其效力。需要特别说明的是，效力性规定和管理性规定是对强制性规定所作的区分，而强制性规定、任意性规定本身属于行为规范的范畴。而公司法作为组织法，其规范既有组织规范，也有行为规范，而《公司法》第16条就属于组织规范的范畴，因而不能简单地将其归入管理性规定或者效力性规定。

**二、对代表权的两种限制**

对法定代表人代表权的限制有两种情形：一是意定限制，包括公司章程对代表权事先所作的一般性限制，以及股东会、股东大会等公司权力机构对代表权所作的个别限制；二是法定限制，即法律对代表权所作的限制。根据《民法总则》第61条第3款有关"法人章程或者法人权力机构对法定代表人代表权的限制，不得对抗善意相对人"的规定，意定限制仅具有内部效力，不得对抗善意相对人。换言之，在相对人善意的情况下，仍有构成表见代表的可能。而法律一经公布，推定所有人都应知晓并遵守，故法定代表人违反《公司法》第16条的规定，未经公司决议程序擅自对外提供担保的，既意味着构成越权代表，往往也意味着相对人不是善意的，不存在根据表见代表规则让公司承担担保责任的问题，此点使其区别于第一种情形。

**三、越权担保的效力**

关于越权担保的效力，既要根据公司法的相关规定判断是否构成越权，也要根据合同法的相关规定来认定合同效力，因此，存在双重判断规则：

一是根据《公司法》第16条的规定来判断是否构成越权代表。一方面，根据《公司法》第16条的规定，不论是关联担保还是非关联担保，都需要经过公司决议程序来决定。因此，法定代表人未经公司决议程序擅自对外提供担保的，构成越权代表。另一方面，为公司股东或者实际控制人提供的关联担保，必须要经股东会或者股东大会决议。未经股东会或者股东大会决议，或者仅由董事会决议的，都构成越权代表。

二是要根据《合同法》第50条的规定，区分缔约时相对人是否善意来认定越权代表行为的效力。缔约时相对人是善意的，构成表见代表，由公司承担担保责任；反之，缔约时相对人恶意的，则公司不承担担保责任。公司不承担担保责任，并不意味着公司不承担任何责任。公司对担保合同无效有过失的，仍然应当根据本纪要第20条的规定来承担相应的责任，此种责任的性质属于缔约过失责任，有别于担保有效时所应承担的担保责任。

### 四、公司对外担保案件的基本裁判思路

本条是有关公司对外担保的一般性规定，也是整个纪要关于公司担保规定的基石。准确理解本条，还需要将其与后边的几条联系起来，明确公司对外担保案件的基本裁判思路。为此，我们将其归纳为以下三个步骤：

一是先看有无决议。法定代表人未经公司决议程序对外提供担保，构成越权代表；相对人未审查公司决议，就直接与公司签订担保合同，表明其并非善意相对人，因而公司不承担担保责任。当然，公司不承担担保责任，并不意味着无须承担任何责任，在一定情况下，公司也应承担一定的责任。但考虑到当前我国公司治理的现状，本纪要第19条规定了4种例外情形，只要出现其中之一的，即便未经公司决议程序，公司也应承担担保责任。

二是有决议的，要看是否为适格决议。此时要根据本纪要第18条的规定，区别关联担保和非关联担保：前者必须要是股东会或股东大会决议；后者董事会决议或股东会决议。

三是尽管有决议，但在决议伪造、变造等情况下，已经尽了必要形式审查义务的善意相对人，可根据表见代表规则请求公司承担担保责任。

## 【实务问题】

### 一、关于分公司的负责人越权对外提供担保的问题

根据担保法司法解释第17条之规定，分公司未经法人书面授权擅自提供保证的，保证合同无效。该条并未明确在获得法人书面授权的同时，是否还需要有公司法人的相关决议。对此，有不同理解。一种观点认为，根据反面解释，只要取得公司的书面授权，分公司对外提供的担保就是有效的。我们认为，根据"举重以明轻"的法律解释规则，公司对外提供担保尚且需要有公司决议，分公司对外提供担保更需要有决议，否则，公司完全可以通过让其分公司提供担保的方式将前述有关公司对外担保的规则架空。因此，分

公司对外提供担保，除了需要提供公司的书面授权外，还需要有公司决议。①分公司的负责人未提供公司的书面授权，或者仅有授权没有公司决议的，都应当认为构成越权担保，应当根据《合同法》第50条的规定认定其效力。

**二、要区别越权代表和无权代理**

特别需要注意的是，代表和代理在规则上有很多相通之处，正因如此，用无权代理的相关规则来解释越权代表被认为具有正当性。但不论是从合同法、民法总则等法条的表述看，还是从本纪要相关条文的设计看，都并未完全将越权代表等同于无权代理，具体来说：

一是从相关权限的表述看。合同法、民法总则将无权代理概括为没有代理权、超越代理权以及代理权终止以后三种情形，而《合同法》第50条仅有"超越权限"的表述，并无"没有代表权"或者"代表权终止"的表述。

二是从相对人善意的表述看。关于越权代表，《合同法》第50条仅区分善意与恶意两种情形：善意的，合同有效；恶意的，合同无效。并未考虑相对人的过失问题。但从《民法总则》第171条、第172条关于无权代理、表见代理的规定看，实际上是将无权代理区别为三种情形：相对人善意的无权代理（第171条第3款）、相对人恶意的无权代理（第171条第4款）、相对人善意且无过失的表见代理（第172条）。可见，越权代表与无权代理的规则并不完全一致。

三是从权限来源的角度看。根据《民法总则》第61条第2款有关"法定代表人以法人名义从事的民事活动，其法律后果由法人承受"的规定，法定代表人无须另行授权，就可以一般性地代表公司从事民事活动。即便超越权限对外从事行为，也仅是越权代表，并非无权代表。而除法定代理人外，委托代理一般是一事一授权，代理人变动性很大。在无权代理的情况下，代理人根本就没有代理权，其与所谓的被代理人间并无任何联系。正因如此，《合同法》第50条仅有越权代表的规定，而无无权代表的规定。

四是从是否为职务行为的角度看。法定代表人是公司的法定机关，其代表权限来源于法律的明确规定。法定代表人对外从事的行为，即便是越权行为，也是公司对外从事的行为，本质上属于履职行为，即便越权行为不对公司发生效力，但由法定代表人个人承担责任也缺乏依据。而委托代理情况下，代理人的权限来自被代理人的授权，未经被代理人授权的，其行为与被

---

① 关于金融机构分支机构对外担保的问题，需另行专门研究。这里讲的公司，指的是非金融机构。

代理人无关，自然不对被代理人发生效力，而应由代理人自身承担责任。

正因为注意到越权代表和无权代理的前述区别，本纪要第20条才规定即便构成越权担保，公司在一定条件下也要承担一定的责任。

18.【善意的认定】前条所称的善意，是指债权人不知道或者不应当知道法定代表人超越权限订立担保合同。《公司法》第16条对关联担保和非关联担保的决议机关作出了区别规定，相应地，在善意的判断标准上也应当有所区别。一种情形是，为公司股东或者实际控制人提供关联担保，《公司法》第16条明确规定必须由股东（大）会决议，未经股东（大）会决议，构成越权代表。在此情况下，债权人主张担保合同有效，应当提供证据证明其在订立合同时对股东（大）会决议进行了审查，决议的表决程序符合《公司法》第16条的规定，即在排除被担保股东表决权的情况下，该项表决由出席会议的其他股东所持表决权的过半数通过，签字人员也符合公司章程的规定。另一种情形是，公司为公司股东或者实际控制人以外的人提供非关联担保，根据《公司法》第16条的规定，此时由公司章程规定是由董事会决议还是股东（大）会决议。无论章程是否对决议机关作出规定，也无论章程规定决议机关为董事会还是股东（大）会，根据《民法总则》第61条第3款关于"法人章程或者法人权力机构对法定代表人代表权的限制，不得对抗善意相对人"的规定，只要债权人能够证明其在订立担保合同时对董事会决议或者股东（大）会决议进行了审查，同意决议的人数及签字人员符合公司章程的规定，就应当认定其构成善意，但公司能够证明债权人明知公司章程对决议机关有明确规定的除外。

债权人对公司机关决议内容的审查一般限于形式审查，只要求尽到必要的注意义务即可，标准不宜太过严苛。公司以机关决议系法定代表人伪造或者变造、决议程序违法、签章（名）不实、担保金额超过法定限额等事由抗辩债权人非善意的，人民法院一般不予支持。但是，公司有证据证明债权人明知决议系伪造或者变造的除外。

## 【条文主旨】

本条是关于如何认定相对人善意的规定。

## 【争议观点】

在举证责任方面,有一种观点认为,从《合同法》第 50 条的表述看,越权代表情况下,应当先推定相对人是善意的,从而应由主张合同无效的公司来举证证明相对人为恶意。另一种观点认为,相对人究竟是善意还是恶意,要区别关联担保和非关联担保来具体认定,不能根据《合同法》第 50 条的规定作望文生义的理解。本纪要采第二种观点。

## 【理解与适用】

### 一、区分善意与恶意的意义

此处所谓善意,指的是相对人对法定代表人超越代表权限这一事实不知情。反之,如果其对该事实知情的,则构成恶意。首先应当明确的是,如果法定代表人没有超越代表权限,则其代表行为自然是有效的,并无区分善意与恶意的必要。而如果法定代表人未经公司决议程序擅自对外提供担保,此时,除非出现本纪要第 19 条规定的例外情形,否则相对人因未审查公司决议构成恶意,也谈不上区分善意与否的问题。可见,区分善意与恶意,只有在法定代表人越权代表而又有可能构成表见代表的情形才有意义,实践中主要包括两种情形:一是有决议但不是适格决议;二是形式上有决议,但该决议是伪造或者变造的。

就善意的举证责任而言,存在不同观点。从《合同法》第 50 条有关"法人或者其他组织的法定代表人、负责人超越权限订立的合同,除相对人知道或者应当知道其超越权限的以外,该代表行为有效"的规定看,确实容易给人以先推定相对人是善意的,从而应由主张合同无效的公司来举证证明相对人为恶意的错觉。但从司法实践看,当一个担保合同订立后,往往是公司以法定代表人超越代表权限为由认为构成越权代表,从而主张担保行为无效。此时,主张合同有效的相对人大体有两种选择:一是在无决议的情况下,举证证明存在本纪要第 19 条的例外情形;二是在有决议的情况下,举证证明其已对相关决议进行了形式审查，从而表明其签约时是善意的。可见，善意与否的举证责任在相对人而非公司。这与善意取得情况下推定受让人为善意还有所区别，此点应予特别注意。

## 二、适格决议的形式

所谓适格决议的形式，指的是什么情况下需要由股东会或者股东大会决议，什么情况下仅需由董事会决议，而这需要区别关联担保和非关联担保来具体认定。

所谓关联担保，指的是对公司为其股东或者实际控制人提供担保。根据《公司法》第16条第2款的规定，此时必须要经股东会或者股东大会决议。法定代表人未经股东会或者股东大会决议，或仅经董事会决议的，其对外签署的担保合同均构成越权代表。在法律规定如此明确的情况下，未审查股东会或者股东大会决议就签订担保合同的相对人应当认定为恶意相对人，不存在适用表见代表的可能。

所谓非关联担保，指的是公司为股东或者实际控制人以外的人提供担保。根据《公司法》第16条第1款的规定，此时由公司章程规定是由股东会（或股东大会）决议还是董事会决议。章程未规定的，董事会或者股东会、股东大会决议任一决议都可以；章程规定由股东会（或股东大会）决议，实际上出具董事会决议的，根据《民法总则》第61条第3款有关"法人章程或者法人权力机构对法定代表人代表权的限制，不得对抗善意相对人"的规定，原则上不得对抗善意相对人，除非该公司为上市公司；公司章程规定由董事会决议的，根据"举重以明轻"的解释规则，股东会决议也可以。由此可见，对于非关联担保，原则上只要有决议就行，不问该决议为董事会决议还是股东会或者股东大会决议。

## 三、关于相对人的形式审查义务

法定代表人尽管向相对人提供了形式上符合要求的决议，但在该决议实质上却是不合格甚至违法的情况下，就有必要考察相对人是否履行了形式审查义务，从而认定其是否构成善意，从而确定应否适用表见代表制度。如前所述，实践中主要有两种情形：一是有决议但不是适格决议，主要是在非关联担保情况下，章程规定由股东会（或股东大会）决议，实际上出具董事会决议的情形，此时尽管构成越权担保，但仍有相对人善意的可能；二是形式上有决议，但该决议是伪造或者变造的。

在考察相对人是否已尽审查义务时，要求不可过苛，毕竟相对人并非公司的内部人，难以了解公司决议的具体情况。因此，其对公司决议的审查只能是形式审查，基本要求包括：一是审查股东或者董事的身份是否属实；二是在关联担保情况下，应当回避表决的股东是否参与了表决。至于公司以机关决议系法定代表人伪造或者变造、决议程序违法、签章（名）不实、担保金额超过法定限额等事由抗辩债权人非善意的，人民法院一般不予支持，除非公司有证据证明债权人明知决议系伪造或者变造。

## 【实务问题】

### 仅有执行董事的公司，是否仍然需要董事会决议

《公司法》第50条规定："股东人数较少或者规模较小的有限责任公司，可以设一名执行董事，不设董事会。执行董事可以兼任公司经理。执行董事的职权由公司章程规定。"可见，股东人数较少的或者规模较小的公司可以不设董事会，自然谈不上董事会决议的问题。此时，鉴于执行董事的职权由公司章程规定，如公司章程规定执行董事享有相当于董事会职权的，执行董事当然有权决定是否提供非关联担保；如章程对此并无规定，或者规定其并无相当于董事会职权的，根据章程规定不能对抗善意相对人的法理，该执行董事签字仍然具有相当于董事会决议的效力。问题是，在执行董事本身就是法定代表人的情况下，仅有其作为法定代表人的签字，而无作为执行董事身份的签字，此时能否认定其行使了相当于董事会的职权？对此存在不同理解。第一种观点认为，从尊重公司治理结构，维护公司担保制度出发，应当认为其仍然需要以执行董事身份另行签字，否则不能认为具有相当于董事会决议的效果。第二种观点则认为，既然法定代表人具有双重身份，其签字行为本身也具有双重身份，第一种解释违背常理。该观点最高人民法院民二庭没有进行过研究。撰写本条的作者倾向于认为，如果法定代表人在缔约时同时表明执行董事身份，此时不必要另行签字；如果未亮明身份的，原则上需另行签字。

19.【无须机关决议的例外情况】存在下列情形的，即便债权人知道或者应当知道没有公司机关决议，也应当认定担保合同符合公司的真实意思表示，合同有效：

（1）公司是以为他人提供担保为主营业务的担保公司，或者是开展保函业务的银行或者非银行金融机构；

（2）公司为其直接或者间接控制的公司开展经营活动向债权人提供担保；

（3）公司与主债务人之间存在相互担保等商业合作关系；

（4）担保合同系由单独或者共同持有公司三分之二以上有表决权的股东签字同意。

【条文主旨】

本条是关于无须机关决议的例外情况的规定。

【理解与适用】

《公司法》第16条关于公司为他人提供担保公司决议前置的规定，是专门针对公司法定代表人提供担保的权限进行限制的强制规定，以公司财产为他人提供担保的行为不是法定代表人及其他公司人员所能单独决定的事项，而必须经过公司股东会或者股东大会、董事会等公司机关决议。我们认为，公司法如此规定，实际以公司意思作为代表权的基础和来源，相对人在接受担保的时候，依法应当负有甄别法定代表人或公司代理人实施的担保行为是否符合公司真实意思的注意义务。也就是说，债权人只要有证据证明法定代表人以公司名义签订担保合同符合公司真实意思，该担保行为就符合民事法律行为有效要件。在判断担保合同的效力时，公司决议的存在当然是证明公司就对外担保行为作出了真实意思表示的最直接书面证据。也正因为此，按照公司治理现代化的要求，立法和司法均选择从公司作出决议作为切入口来规制公司对外担保行为，以确保公司担保符合公司真实意思，防止法定代表人慷他人之慨损害公司其他股东和债权人的合法利益。

与此同时，我们也要看到，在我国现阶段，正确处理好公司治理现代化目标与当前我国公司治理水平整体较低的矛盾关系，协调好公司内部与外部关系，对平等保护公司股东和债权人合法权益具有特殊重要的意义。在公司审判实务中，由于立法规定不明确、司法裁判规则不统一，我国公司在为他人提供担保方面，没有经公司决议而径行对外担保的情况普遍存在。在没有公司决议的情况下，根据目前公司治理不规范的现实情况，对公司法定代表人或实际负责人所提供的担保，如果案件事实表明该担保是为了公司的利益，就可以认定公司具有对外提供担保的真实意思表示。如果司法仅因公司没有作出决议就认定公司不承担担保责任，不仅会扰乱已安定的公司交易秩序，也容易滋长公司恶意逃避担保责任的道德风险。

基于以上考虑，对于公司为其直接或者间接控制的公司开展经营活动向债权人提供担保、公司与主债务人之间存在相互担保等商业合作关系、担保合同系由单独或者共同持有公司三分之二以上有表决权的股东签字同意等三种情形，本条明确属于公司决议的例外情形。至于之所以对以为他人提供担保为主营业务的担保公司以及开展保函业务的银行或者非银行金融机构规定决议豁免，原因是以担保为业的公司不是《公司法》第16条的调整范围。需要重点说明的是，除本条规定的四种公司决议例外情形，在公司为提供担保领域，不存在其他任何公司决议例外事由，须从严把握。

## 【典型案例】

**中新房南方集团有限公司与中国工商银行股份有限公司鹰潭分行委托贷款合同纠纷案〔（2017）最高法民终369号〕**

裁判要旨：法院认为，《公司法》第16条规定的决议前置程序旨在确保公司为他人提供担保系公司的真实意思表示。本案中，中新房南方公司为其控股子公司履行合同项下的义务提供担保，其担保行为不损害中新房南方公司的自身利益，应认定为中新房南方公司的真实意思表示。据此，中新房南方公司虽未提供其公司董事会决议，但根据本案相关证据可以认定案涉《担保函》的出具系其真实意思表示，中新房南方公司关于案涉《担保函》无效的上诉理由，明显违反诚信原则，依法不能成立。

20.【越权担保的民事责任】依据前述 3 条规定，担保合同有效，债权人请求公司承担担保责任的，人民法院依法予以支持；担保合同无效，债权人请求公司承担担保责任的，人民法院不予支持，但可以按照担保法及有关司法解释关于担保无效的规定处理。公司举证证明债权人明知法定代表人超越权限或者机关决议系伪造或者变造，债权人请求公司承担合同无效后的民事责任的，人民法院不予支持。

## 【条文主旨】

本条是关于越权担保民事责任的规定。

## 【争议观点】

在法定代表人越权担保的情况下，如果债权人非善意，公司是否承担担保责任，观点不一。有观点认为，比照无权代理的规定，公司不承担任何责任。有观点认为，法定代表人是公司的机关，公司不承担担保责任，但应当承担担保无效的民事责任。还有观点认为，公司应当承担担保责任。

## 【理解与适用】

**一、债权人签订担保合同时是善意的，公司承担担保责任**

关于善意的认定，详见本纪要第 18 条的规定及本书关于该条的理解与适用部分。债权人签订担保合同时是善意的，担保合同有效，公司应当承担担保责任。

**二、存在本纪要第 19 条规定的 4 种情形之一的，公司承担担保责任**

有 4 种情形之一的，即便债权人知道或者应当知道没有公司机关决议，也应当认定担保合同符合公司的真实意思表示，合同有效。此时，公司应承担担保责任。

### 三、债权人签订担保合同时是非善意的，公司原则上应当承担担保无效的民事责任

在债权人非善意的情况下，公司是否应当承担责任以及如果要承担责任应如何承担，在纪要起草过程中，存在着较大的分歧，主要有三种观点：

第一种观点认为，只要公司法定代表人或者授权代表在担保合同上签字，合同上加盖有公司印章，该合同就是有效的。《民法总则》第61条第2款明确规定："法定代表人以法人名义从事的民事活动，其后果由法人承受"。《公司法》第16条是针对公司内部的法律规范，不涉及其他人。债权人不应当承担审查公司决议的义务，哪怕是形式审查义务也不应当承担。此种情况下，担保合同有效，公司应当承担担保责任。该观点影响很深，与中国人信"章"的观念有很大关系。

第二种观点认为，法定代表人签订担保合同的效力不归属于公司，公司不应承担任何责任。该种观点的理论依据是参照无权代理。因为在无权代理的情况下，被代理人不承担任何责任。我国台湾地区"公司法"第16条对此有明确规定。

第三种观点认为，公司应当承担担保无效的民事责任。应当根据《合同法》第50条以及法定代表人是公司机关的理论，决定公司是否承担责任。理论基础是法定代表人是公司的机关，法定代表人的意思就是公司的意思。因此，在担保合同无效的情况下，公司应当承担部分责任。"一个巴掌拍不响""不能把板子打在一个人的身上"，不能把板子打在债权人一个人身上，因为公司也有过错。

我们认为，在纪要没有出台前，根据上述任何一种观点判决的案件都不应认定为错案，这主要还是法官个人的理解问题。但起草纪要时，只能选择一种既符合法理，又与大多数判决的结果差不太多，且能凝聚最大公约数的方案。在选择方案时，我们对上述三种观点有一个基本的评价：

第一种观点关于《民法总则》第61条第2款的理解似有值得商榷之处。该款仅仅涉及法律后果由公司承受，但并不涉及合同是否有效的问题。合同效力，要回到《合同法》第50条的规定上来，要回到本源上来。该条规定得很清楚，法人或者其他组织的法定代表人、负责人超越权限订立的合同，除相对人知道或者应当知道其超越权限的以外，该代表行为有效。在相对人知道或者应当知道其超越权限的情况下，合同就不是有效了，而是无效。理论上，此种情况属于效力待定，但考虑到在已经诉讼的情况下，公司不可能追认，所以我们直接认定合同无效。因为如果公司追认，债权人就不会诉讼

到法院了。此其一。其二，该说无视《公司法》第16条的规定，似不可取。《公司法》第16条规范公司内部不假，但是，它也是法律，债权人当然知道或者应当知道。结合《合同法》第50条，《公司法》第16条应当作为判断债权人是否善意的标准。在债权人非善意的情况下，担保合同不应该有效，而应当无效。其三，债权人不应当承担审查公司决议的义务这一观点欠妥，除了第二点理由外，还因为其享受如此巨大的利益，按照权利义务相一致的原则，其当然应负有一定的义务，只要这种义务不会给债权人带来很大负担就行。形式审查正好满足了这一要求，其几乎不费什么精力，只要对决议进行形式审查即可。

第二种观点忽视了无权代理和越权代表的根本区别。无权代理有两个主体：被代理人和代理人；而越权代表是一个主体，法定代表人是公司的机关，法定代表人就是公司，公司和法定代表人合一。这一观点认为，凡是债权人没有审查决议的，除推定是公司的担保意思外，公司一律不承担责任。这一裁判思路也与已有的裁判思路差异较大，因目前多数判决为公司要承担一定的责任。我们认为，审判应当保持裁判思路的相对稳定。所以说参照无权代理来处理越权代表，无论是理论上，还是实务上，均不可取。

第三种观点是纪要采纳的观点。理由已如前述，这里再强调三点：第一，公司是一个拟制的主体，法定代表人是公司的机关，法定代表人的意思就是公司的意思，法定代表人和公司合二为一。因此，在合同无效的情况下，认定公司不是订约主体，法定代表人个人是订约主体，公司不承担任何责任，在理论上无法自圆其说，在实务上也几乎没有让法定代表人承担责任而公司不承担责任的判决。第二，《合同法》第50条规定得很清楚，法人或者其他组织的法定代表人、负责人超越权限订立的合同，除相对人知道或者应当知道其超越权限的以外，该代表行为有效。在相对人知道或者应当知道其超越权限的情况下，合同无效，但合同主体一方是公司，而不是法定代表人这个自然人，因此公司应当承担合同无效的责任。第三，这种观点同时保持了既有的裁判思路，即公司大部分情况下都要承担一定的责任，而不是一点责任都不承担。如果公司一点责任都不承担，不会得到社会的认同，因为法定代表人就是公司的机关，就代表公司。我们起草这一条的总的原则是：符合基本法理、结果大致公平、与既有的裁判思路大体保持一致、符合我国国情。

四、债权人明知法定代表人超越权限或者公司机关决议系伪造或者变造的，公司不承担责任

原理是，这时公司法定代表人虽然形式上具有法定代表人的身份，但实质上已经纯粹是自然人了，与公司法定代表人是两个民事主体，既然债权人明知，就失去了让公司承担责任的法律基础，就不应当让公司承担任何责任。

## 【实务问题】

一、债权人非善意的认定标准

这个问题在本书关于纪要第18条的理解与适用部分已有论述。

二、在主合同有效而担保合同无效情况下公司的责任承担

根据担保法司法解释第7条的规定，主合同有效而担保合同无效，债权人（没对决议进行形式审查）、公司（法定代表人越权）有过错的，公司承担民事责任的部分，不应超过债务人不能清偿部分的二分之一。我们认为，实践中的情况非常复杂，既有关联担保，又有非关联担保，债权人与担保人之间的关系各异，债权人的法律知识不同，审查能力有别等，人民法院应当根据案件的各种具体情况，作出判决，而不应一律判公司承担债务人不能清偿部分的二分之一。这时法官要拿捏好自由裁量权。

三、在主合同无效、担保合同无效情况下公司的责任承担

担保法司法解释第8条规定：主合同无效而导致担保合同无效，担保人无过错的，担保人不承担民事责任；担保人有过错的，担保人承担民事责任的部分，不应超过债务人不能清偿部分的三分之一。而在公司担保无效的情况下，担保合同无效的原因，不是因为主合同无效，而是担保合同本身无效，因此，担保法司法解释第8条没有适用的余地。

21.【权利救济】法定代表人的越权担保行为给公司造成损失，公司请求法定代表人承担赔偿责任的，人民法院依法予以支持。公司没有提起诉讼，股东依据《公司法》第151条的规定请求法定代表人承担赔偿责任的，人民法院依法予以支持。

## 【条文主旨】

本条是关于法定代表人越权担保行为给公司造成损失后，公司权利救济方面的规定。

## 【理解与适用】

本条是关于法定代表人越权担保行为给公司造成损失后，公司权利救济方面的规定。正确理解适用本条规定，应当注意以下几个方面：

首先，法定代表人越权担保给公司造成损失的，应当向公司承担赔偿责任。《公司法》第16条对法定代表人的代表权进行了限制。根据该条规定，公司对外提供担保必须以公司股东（大）会、董事会等公司机关的决议作为授权的基础和来源。如果法定代表人未经授权擅自为他人提供担保的，需要根据合同相对人是否善意认定合同效力。如果相对人善意的，则合同有效，公司需要承担担保责任；担保人非善意的，担保合同无效，公司不需要承担担保责任，但还可能需要承担合同无效后的民事责任。上述情形都属于法定代表人擅自代表公司为他人提供担保，这不仅给公司造成损失，实际上也损害了中小股东利益。

依照我国公司法相关规定，公司法定代表人应当由董事长、执行董事或者经理担任，即我国公司的法定代表人必然属于公司董事、高级管理人员之列。在我国现有法律框架体系下，公司董事、高级管理人员执行公司职务时违反法律、行政法规或者公司章程的规定，给公司造成损失的，应当承担赔偿责任。故法定代表人越权担保给公司造成损失后，公司可以请求法定代表人承担赔偿责任。本条纪要再次明确了这一点。

其次，强调了股东可以提起股东代表诉讼的救济途径。法定代表人同时是公司的董事长、执行董事或者经理，往往与公司的大股东有着密切关系，实际控制着公司的经营决策或者对公司决策能够产生重大影响。因此，法定代表人侵犯公司利益时，公司本身很难主动追究其法律责任。故为保护中小投资者利益，还应当给受到侵害的其他股东以救济的权利。其救济即通过提出股东代表诉讼来实现。根据《公司法》第149条及第151条之规定，公司董事、高级管理人员执行公司职务时违反法律、行政法规或者公司章程的规定，给公司造成损失的，应当承担赔偿责任。符合条件的股东可以书面请求监事会或者监事向人民法院提起诉讼，公司怠于起诉、拒绝起诉或者情况紧急、不立即提起诉讼将会使公司利益受到难以弥补的损害的，符合条件的股东有权为了公司的利益以自己的名义直接向人民法院提起诉讼。在公司不追究法定代表人损害赔偿责任的情形下，其他股东可提起股东代表诉讼，来维护公司和自身利益。

最后，我国股东代表诉讼制度在公司法及公司法司法解释（一）（二）（四）（五）中均有相关规定，在本纪要中也对股东代表诉讼的部分制度进行了阐释。股东提起股东代表诉讼时，需要符合上述各项程序性或实质性条件要求。

综上所述，法定代表人越权担保行为给公司造成损失的，本条纪要提供了两种救济途径：首先，公司自身有权直接请求法定代表人承担赔偿责任；其次，如果公司自身没有起诉追究法定代表人的赔偿责任，股东可以依据《公司法》第151条的规定提起股东代表诉讼，以自己的名义为了公司的利益向法院起诉，请求法定代表人向公司承担赔偿责任。本条纪要实际是指引性规定，重点强调该种情形下股东可以提起股东代表诉讼，鼓励广大中小投资者使用股东代表诉讼这一利器，维护公司和股东自身的合法权益。

22.【上市公司为他人提供担保】债权人根据上市公司公开披露的关于担保事项已经董事会或者股东大会决议通过的信息订立的担保合同，人民法院应当认定有效。

【条文主旨】

本条是关于上市公司为他人提供担保的合同效力的规定。

【争议观点】

一种观点认为，就《公司法》第16条规定的担保而言，没有区分上市公司和非上市公司，所有公司统一适用，因而对上市公司不应该有特殊的规则。另一种观点则认为，上市公司属于公众公司，上市公司对外担保会影响到股东和潜在股东的利益，如果其违规担保，会影响到证券市场的健康发展，因此，有必要作出单独规定，引导债权人在签订上市公司为其债权提供担保的合同时，采取正确的审查方式，以保证其担保债权能够得到实现。同时，因上市公司的合规担保上市公司都会主动披露，所以不会对证券市场造成不利影响。只有违规签订的担保合同，才会影响证券市场的健康发展，这类合同也是人民法院审判重点规范的对象。

## 【理解与适用】

在为他人提供担保方面，上市公司与非上市公司的区别主要有以下两点：一是在担保合同是否需要公开披露方面不同。根据深交所和上交所的交易规则，上市公司所有为他人提供担保的事项，因影响到广大股民的利益，都必须公开披露。而非上市公司则因为合同的相对性的原因，不影响其他人的利益，所以不要求公开。不仅如此，还因涉及商业秘密，所以双方都不希望公开。二是在违规签订担保合同的社会影响方面不一样。上市公司违规担保问题是资本市场的"顽疾"和"毒瘤"，多年来屡禁不止，严重影响到我国证券市场的健康发展。而非上市公司未经授权签订的担保合同，损害的主要还是单个公司的利益，一般不会对整个社会造成影响。

根据法律、监管规定要求，"发生可能对上市公司股票交易价格产生较大影响的重大事件""发生可能对上市公司证券及其衍生品种交易价格产生较大影响的重大事件"，上市公司应当将重大事项公开披露。例如，《证券法》第67条第1款规定："发生可能对上市公司股票交易价格产生较大影响的重大事件，投资者尚未得知时，上市公司应当立即将有关该重大事件的情况向国务院证券监督管理机构和证券交易所报送临时报告，并予公告，说明事件的起因、目前的状态和可能产生的法律后果。"该条所称的重大事件在该条第2款列明，其中包括"公司订立重要合同，可能对公司的资产、负债、权益和经营成果产生重要影响"。《上市公司信息披露管理办法》第30条第1款规定："发生可能对上市公司证券及其衍生品种交易价格产生较大影响的重大事件，投资者尚未得知时，上市公司应当立即披露，说明事件的起因、目前的状态和可能产生的影响。"该条所称的重大事件在该条第2款列明，其中包括"公司订立重要合同，可能对公司的资产、负债、权益和经营成果产生重要影响""对外提供重大担保"。

但是，根据《上海证券交易所股票上市规则》① 第9.11 规定，上市公司发生"提供担保"交易事项，应当提交董事会或者股东大会进行审议，并及时披露。所以，根据上述规则，上市公司的所有"担保事项"均应当公开披露，而不仅仅限于"重大事件"。该规则还规定："下述担保事项应当在董事会审议通过后提交股东大会审议：（一）单笔担保额超过公司最近一期经审计净资产10%的担保；（二）公司及其控股子公司的对外担保总额，超过公司最近一期经审计净资产50%以后提供的任何担保；（三）为资产负债率超过70%的担保对象提供的担保；（四）按照担保金额连续12个月内累计计算原则，超过公司最近一期经审计总资产30%的担保；（五）按照担保金额连续12个月内累计计算原则，超过公司最近一期经审计净资产的50%，且绝对金额超过5000万元以上；（六）本所或者公司章程规定的其他担保。对于董事会权限范围内的担保事项，除应当经全体董事的过半数通过外，还应当经出席董事会会议的三分之二以上董事同意；前款第（四）项担保，应当经出席会议的股东所持表决权的三分之二以上通过。"

经过股东大会审议的决议，上市公司肯定会公告。实际上，担保事项已经股东大会决议一事，凡在线参加了股东大会的股民都知道。《上市公司股东大会规则》第 5 条也明确规定："上市公司召开股东大会，应当聘请律师对以下问题出具法律意见并公告：（一）会议的召集、召开程序是否符合法律、行政法规、本规则和公司章程的规定；（二）出席会议人员的资格、召集人资格是否合法有效；（三）会议的表决程序、表决结果是否合法有效；（四）应公司要求对其他有关问题出具的法律意见。"既然律师参加了股东大会，上市公司不可能不公告。理论上说，如果上市公司不公告，交易所和证券监管部门也会下达监管函，督促其公告。也就是说，仅仅是理论上上市公司有不公告的可能，实际上不存在。经过董事会审议的决议，上市公司也肯定会公告，不公告只是理论上的，实际上不公告的事情同样不可能发生。

从上可知，上市公司只要进行合规担保，都会进行公告。因此，纪要规定，债权人根据上市公司公开披露的关于担保事项已经董事会或者股东大会决议通过的信息签订的担保合同，应当认定有效。这样规定，就会起到一种倡导作用，即为了保证债权人与上市公司签订的担保合同有效，债权人只要审查上市公司公开披露的信息即可。如果上市公司公开披露了与债权人拟签

---

① 深交所规则与此相同。

订的担保合同主要内容，如为谁担保，担保金额多少，那么，合同有效，其担保权利就能够得到法律的保护。公开披露的担保，都是合规的，对上市公司股东的影响，由股东自己决定是继续持有，还是抛售，潜在股东自己决定是否购买该公司股票，因此，对证券市场不会产生不利影响，不会影响证券市场的健康发展。

需要重点研究的是，上市公司违规与债权人签订的担保合同的效力。这里的违规，是指上市公司法定代表人或者签约代表没有机关决议授权，违规代表公司为他人提供担保。根据《公司法》第16条的规定，在违规担保的情况下，主要是看债权人是否善意？那么实践中怎么把握呢？

**一、上市公司的签约代表违规代表公司为公司股东或者实际控制人提供担保的，上市公司不承担责任**

因为上市公司提供这类担保，根据《公司法》第16条第2款的规定，必须经股东大会决议。而债权人审查股东大会是否召开，是很容易的。第一个原因是召开股东大会要提前公告；第二个原因是召开股东大会时，股东可以在线参加；第三个原因是会议召开后一般当晚最迟第二天就会进行公告。因此，债权人无论从哪个渠道都可以知道股东大会召开情况。而在违规担保的情况下，股东大会肯定是没有召开的，债权人与签约代表签订担保合同，债权人显然不是善意，根据《合同法》第50条的规定，上市公司不承担民事责任。这时债权人以上市公司在担保合同上加盖了公章、签约代表有授权为由抗辩的，人民法院不予支持，具体理由见本纪要公司为他人提供担保部分。

**二、上市公司的签约代表违规为公司或者实际控制人之外的人提供担保，债权人如何才能证明自己是善意的**

1. 前已述及，如果担保事项需经公司股东大会决议，而在违规担保的情况下，那么债权人肯定不是善意，上市公司不承担民事责任。

至于哪些事项须经股东大会决议，证券法、交易所的规则及公司章程有明确规定。债权人不得以其不知道这些规定为由来证明自己的善意。与债权人签订合同的相对方是上市公司，债权人有义务了解法律、交易所的规则及公司章程。例如，单笔担保额超过公司最近一期经审计净资产10%的担保，根据上交所和深交所的交易规则规定，应当在董事会审议通过后提交股东大会审议。可能会有争议的是，对于交易所的规则，债权人是否应当知道。我们认为，上市公司是公众公司，不是封闭公司，其必须遵守交易所的规则，这些规则就包括所有"提供担保"须公开披露；为他人提供担保，哪些是董事会的职权，哪些是股东大会的职权；等等。作为与上市公司签订担保合同的担保权人，作为善意的相对人，其理应知道上市公司签订担保合同哪些事项需经董事会决议，哪些事项不仅需要董事会决议，还必须经过股东大会决议。还需要注意的是，根据《民法总则》第61条第3款的规定，法人章程对法定代表人代表权的限制，不得对抗善意相对人。但是，对于债权人而言，其就不属于该条规定的"善意相对人"，因为上市公司是公众公司，债权人要与其签订担保合同，当然有义务查看该公司的章程，特别是与担保有关的事项。其签订的担保合同不符合公司章程规定的，上市公司不承担责任。

2. 如果担保事项仅需上市公司董事会决议，那么债权人在与上市公司签订担保合同时，如何证明自己是善意呢？

（1）要审查董事会的决议。如果没有审查该决议，即使担保人不是上市公司，而是非上市公司，担保权人也不能证明自己是善意的。

（2）要审查哪些董事出席了会议，决议具体内容、赞成决议的董事人数、董事签名。由于本来就没有召开董事会，所以上面要审查的内容肯定是上市公司签约代表伪造的。那么，如果债权人进行了形式审查，形式上符合有关规定，就一定能认定担保合同有效吗？我们倾向于认为不能，因为如果债权人真是善意的，其应当知道该担保信息上市公司肯定会披露，上市公司没有不披露的任何理由。退一步讲，在签约当时债权人是善意，在签订了担保合同之后的当天或者第二天上市公司没有公开披露该信息，难道这仅仅是上市公司自己的事情吗？难道债权人不想想这是为什么吗？债权人为什么不可以在看到上市公司公开披露的信息再签合同呢？时间最多不就差1天吗？所以有人说，凡是上市公司没有公开披露的担保，债权人都不是善意的。我们倾向认为，这是很有道理的。

（3）如果有证据证明，上市公司召开了董事会会议，会议通过了为该债权人提供担保的决议，债权人据此与上市公司签订了担保合同，但上市公司没有公告担保事项，这时应认为债权人善意担保合同有效。此时，债权人的义务不是形式审查，而是实质审查，原因在于，担保人是上市公司，上市公司召开董事会会议后都会及时公告，因此，债权人完全可以看到公告后再签订担保合同，故课以其实质审查义务，对其并无不公。

上市公司违规担保问题是资本市场的"顽疾"和"毒瘤"，多年来屡禁不止、影响恶劣。我们希望本纪要规定的裁判思路，能够倡导债权人看到上市公司公开披露的信息才与上市公司签订担保合同，对上市公司违规担保明确持否定态度，为资本市场持续健康发展提供巨大支持和制度保障。

## 【实务问题】

### 注意银行业金融机构作为担保权人的特殊规定

根据证监会和原银监会于 2005 年 11 月 4 日发布的《中国证券监督管理委员会、中国银行业监督管理委员会关于规范上市公司对外担保行为的通知》（证监发〔2005〕120 号）的规定，上市公司在办理贷款担保业务时，应向银行业金融机构提交《公司章程》、有关该担保事项董事会或股东大会决议原件、刊登该担保事项信息的指定报刊等材料。据此，如果担保权人是银行业金融机构，那么只要其按通知要求审查了上述材料，那么担保合同应当认定有效，因为上市公司有关该担保的决议事项已经公开披露，其依据公开披露的信息签订的担保合同，其权利当然应当得到保护。

23.【债务加入准用担保规则】法定代表人以公司名义与债务人约定加入债务并通知债权人或者向债权人表示愿意加入债务，该约定的效力问题，参照本纪要关于公司为他人提供担保的有关规则处理。

## 【条文主旨】

本条是关于债务加入准用担保规则的规定。

## 【争议观点】

详见本书第 91 条的有关论述。

## 【理解与适用】

债务加入，在现行法上并无规定，但民法典草案对此进行了规定。不过,审判实践中已有债务加入的案例。起草纪要时,基于既解决问题又具有一定前瞻性的考虑,我们对此进行了规范,但仅规定:"该约定的效力问题,参照本纪要关于公司为他人提供担保的有关规则处理。"关于债务加入的定义,与保证的区别等问题,请参见本书第91条的有关论述。

## 第七节  关于股东代表诉讼

24.【何时成为股东不影响起诉】股东提起股东代表诉讼，被告以行为发生时原告尚未成为公司股东为由抗辩该股东不是适格原告的，人民法院不予支持。

【条文主旨】

本条是关于何时成为股东不影响起诉的规定。

【争议观点】

对于是否允许股东针对其取得股权之前的不法行为提起股东代表诉讼的问题，国外立法例普遍存在两种争议观点：一种认为股东代表诉讼的原告必须在其起诉的损害公司利益行为发生时就持有并在诉讼期间持续持有公司股份，不得对其成为公司股东之前发生的行为提起股东代表诉讼。另一种则认为针对公司的不法行为发生在原告取得股权之前还是之后，并无影响。

在我国，公司法及司法解释对股东代表诉讼原告股东持股时间、数额问题的要求是：对股份有限公司股东提起股东代表诉讼有连续180日，合计持有1%以上股份的持股期限及数额双重限制，对有限责任公司股东则无持股期限及数额的要求。而对于是否允许股东针对其取得股权之前的不法行为提起股东代表诉讼的问题，则没有明确规定。故理论与实践中产生了两种争议观点：一种认为应当允许股东对其取得股权之前发生的不法行为提起股东代表诉讼，其主要理由为我国公司法及司法解释中没有明确禁止，故应当允许。另一种观点则认为，股东不能对其成为公司股东之前的不法行为提起股东代表诉讼。事实上，在起草公司法以及制定公司法司法解释（一）时，都曾有意见提出，我国应当规定股东代表诉讼中原告股东应当在损害公司利益行为发生时持有并持续持有公司股份。

纪要本条规定明确了我国在这一问题上的态度：针对公司的不法行为发生在原告股东取得股东资格之前不会影响其原告资格，允许不法行为发生后取得股权的股东提起股东代表诉讼。

## 【理解与适用】

本条主要解决了股东代表诉讼中原告股东资格问题，进一步明确了股东代表诉讼的起诉条件。本条规定了股东代表诉讼中，原告股东取得股权的时间是在损害公司利益行为发生之前还是之后，不影响其原告资格。正确适用本条规定，应从以下方面予以理解：

### 一、明确取得股权时间不影响原告起诉资格的原因及意义

为了防止股东代表诉讼中原告股东滥用诉权，影响公司的正常经营活动，各个国家和地区都规定了防范措施，其中很重要的一项措施就是对原告股东持股时间进行限制。综观各个国家和地区的规定，对原告股东持股时间的限制主要存在以下两种典型做法：

第一种做法称为"当时股份持有原则"（the contemporaneons ownership rule），也称为"当时所有权规则"。该原则要求股东代表诉讼的原告必须在其起诉的损害公司利益行为发生时就持有并在诉讼期间持续持有公司股份，不得对其成为公司股东之前发生的行为提起股东代表诉讼。这一原则是美国联邦最高法院在 Hawes v. City of Oakland 一案中确立的，多为英美法系立法例所采纳。例如，美国判例法就要求，提起股东代表诉讼的原告股东应是从针对公司的不法行为发生时起至诉讼判决时止，持续拥有本公司股票的人，原则上股东不得对其成为股东之前所受到的损害提起股东代表诉讼，但也允许存在少数例外情况。该原则对股东持股时间的长短并无要求。

第二种做法称为"持股期限原则"。该原则要求提起股东代表诉讼的原告必须在其起诉之前持有公司股权达到法律规定的期限，至于针对公司的不法行为发生在原告取得股权之前还是之后，并无影响。持股期限原则主要为大陆法系国家所采用。例如，日本商法对于提起股东代表诉讼的原告，就要求其在书面请求公司起诉之前的6个月起持续持有公司的股权。德国公司法则将原告股东持股期限限制为3个月以上，而我国台湾地区则规定股东代表诉讼原告起诉条件为持续1年以上持有1个公司已经发行股份总数5%以上。该原则不要求股东在不法行为发生时必须持有公司的股权。

上述两种做法均是防范滥用股东代表诉讼的制度，其效果各有所长：依

照"当时股份持有原则",原告股东在不法行为发生前拥有公司股份,有利于防止"购买诉讼"行为,即公司外的非股东知晓不法行为后,为提起股东代表诉讼而购买少量股份,提起股东代表诉讼。但同时,这一原则也限制了那些在侵害公司利益的行为发生之后受让股权的股东的正当权利。而依据"持股期限原则",股东持有股份达到相当期限后,其利益与公司利益密切相关,适合代表公司提起诉讼,但同样限制了许多持股未达到规定期限的股东,使其无法提起股东代表诉讼。

我国公司法中在股东代表诉讼原告股东持股时间上采用的是持股期限原则,对股份有限公司股东提起股东代表诉讼有180日的持股期限限制,对有限责任公司股东则无期限要求。然而,是否同时采纳当时股份持有原则,没有明确规定。因此,对于是否允许股东针对其取得股权之前的不法行为提起股东代表诉讼的问题,在理论上一直存在争议,在司法实践中也造成一定困惑。本条规定适应司法实践需求,明确了我国在这一问题上不采纳当时股份持有原则,针对公司的不法行为发生在原告股东取得股东资格之前不会影响其原告资格,允许不法行为发生后取得股权的股东提起股东代表诉讼。无论是有限责任公司股东,还是股份有限公司股东,只要满足法律及司法解释中规定的起诉条件,其取得股权在所诉不法行为发生之前还是之后,均不影响其提起股东代表诉讼的资格。明确该点主要存在以下重要意义:

第一,股东代表诉讼制度本身是对中小投资者的一种保护措施。原告股东往往是不参与公司经营管理的小股东,不清楚不法行为发生的时间。如果仅因股东在不法行为发生之后才取得股权就不允许其起诉,实质上对提起股东代表诉讼设置了障碍。对中小股东而言,即使在不法行为发生以后才持有公司股权,在受让股权时可能也并不知晓该行为的存在,故在受让股权时支付的对价也没有扣减不法行为所产生的影响。如果不允许这些股东提起股东代表诉讼,就可能损害其合法权益。

第二,从股东代表诉讼的目的来看,其根本目的是维护公司或者全体股东的共同利益,而不是为了维护股东的个人利益。原告股东是在代表公司行使诉权,不应当因其取得股权的时间受到限制。考虑到股东代表诉讼最终受益人是公司,针对公司的不法行为所造成的损害后果,间接损害到此后受让股权的股东的利益,故应当允许不法行为发生后受让股权的股东提起股东代表诉讼。

第三,即使在采纳当时股份持有原则的国家和地区,法院也通过判例等形式对这一原则进行灵活解释,规定了多种例外情况。如:允许依据继承、司法判决的执行等某种法律事件而成为股东的人，即使其取得股权在不法行为发生之后，也可以提起诉讼；①允许在被诉不法行为持续期间取得公司股权的人提起股东代表诉讼；请求公司内幕人员向公司返还短线交易获利的股东代表诉讼，不受原告持股应当在不法行为发生之前的限制等。随着司法实践的发展，许多学者也认为在提起代表诉讼时不应再受当时股份持有原则的限制，如有学者反思后将对公司董事、高级管理人员的错误行为提起诉讼的权利作为一种属于公司股东所享有的资产利益，而股东的这种资产利益就显然是可以转让的，因此在不法行为发生后才取得股权的股东，也同时受让了附着于股权之上的提起诉讼的资产利益。

第四，当时股份持有原则的现代意义主要在于防止购买诉讼，即防止某人原本不是公司的股东，通过临时购买少量股份的方式来达到提起派生诉讼的目的，从而防止恶意诉讼。在我国，有限责任公司具有人合性，股东对外转让股权应当经其他股东过半数同意，在同等条件下，其他股东还享有优先购买权。故有限责任公司股东之外的人得知针对公司的不法行为之后觉得有利可图，想通过受让股权的方式来实现购买诉讼，不但客观上很难达成，其他股东也可以行使优先购买权来阻止。而对股份有限公司尤其是上市公司来说，其股权转让不受限制，出现通过受让股份或持极少股份方式滥用代表诉讼情况可能性比较高。但我国公司法已经对股份有限公司股东起诉设置了持股比例和持股期限的限制，无须再以取得股权的时间进行限制。

综合考虑各方面因素，股东代表诉讼中，我国公司法就原告股东资格问题采纳了持股期限原则，本条规定则明确阐述何时成为股东不影响其原告资格。

**二、进一步明确了股东代表诉讼原告股东的起诉条件**

股东代表诉讼中，为了防止个别股东滥用诉权，提起无益的诉讼影响公司的正常经营，确有必要对原告股东资格条件作相应限制。各国立法例多对原告股东持股期限、取得股权时间、持股数量等提出相应要求。我国法律也对股东代表诉讼原告主体资格进行了相应规定。根据我国《公司法》第151条之规定，对有限责任公司股东的持股期限、数额等没有任何限制，只要是有限责任公司适格股东，即可提起股东代表诉讼；而对股份有限公司股东，

---

① 例如，原告股东的股份取得是依据继承法而继受取得的，虽然原告股东取得股份发生在针对公司的不法行为发生之后，但是，只要被继承人是在针对公司的不法行为发生之前取得股份的，该原告股东同样能够取得股东代表诉讼的原告资格。

则针对持股期限和持股数额均提出了要求,即连续180日以上单独或者合计持有公司百分之一以上股份的股份有限公司股东才符合原告主体资格条件。公司法司法解释(一)第4条则解释了180日以上连续持股期间,应为股东向人民法院提起诉讼时,已期满的持股时间。规定的合计持有公司百分之一以上股份,是指两个以上股东持股份额的合计。本条纪要则进一步明确了取得股权是在不法行为发生前还是不法行为发生后并不影响原告提起股东代表诉讼的主体资格。故《公司法》第151条、公司法司法解释(一)第4条以及本条规定相结合,构成了我国股东代表诉讼原告主体资格的完整要求。

### 三、本条规定进一步降低了股东提起代表诉讼的门槛

限制股东代表诉讼中原告股东资格的主要目的是防止少数股东滥用诉权,维护公司的正常运营。然而,如果该限制不必要地阻止了绝大多数股东的起诉权利,则阻碍了股东代表诉讼制度的实际适用,违背了设置股东代表诉讼制度的初心。

有限责任公司具有人合性,欲实现购买诉讼显然非常困难,故要求股东在不法行为发生时已经持有公司的股权才能提起股东代表诉讼就并无必要,反而使股东正当权益无法得到法律保护。虽然股份有限公司尤其是上市公司中,股权转让较为自由,但法律已经限制了只有连续180日以上单独或者合计持有1%以上股份的股东才有资格提起股东代表诉讼,从持股比例和持股期限两方面防止出现非股东通过受让股份或持极少股份滥用代表诉讼诉权的情况。单就持股数量要求来说,我国对股份有限公司股东持股数额要求是比较高的。例如,韩国公司法对股东持股数量也有要求,但只要求千分之三以上。而现代股份公司发展趋势就是资本额越来越庞大,股权越来越分散,满足这一持股数额要求本身就已经增加了股东提起代表诉讼的难度。如果再要求股东取得股权的时间必须在针对公司的不法行为发生之前,显然不利于股东代表诉讼的提起。

鉴于我国目前股东代表诉讼适用还不广泛,需要鼓励广大中小投资者通过这种诉讼形式维护公司以及自身的合法权益,本条规定明确了股东何时取得股权不影响其原告主体资格,降低了股东代表诉讼的门槛。

## 【实务问题】

### 一、关于其他股东申请参加已经开始的股东代表诉讼的问题

股东代表诉讼中,与原告股东处于相同地位的其他股东,能否申请参加

已经开始的诉讼？对于这一问题，各国立法例通常针对其他股东设立诉讼告知和诉讼参与制度，要求原告股东提起代表诉讼后，告知其他股东，其他股东有参加诉讼的权利。例如，在美国，其他股东可以申请参加已经提起的股东代表诉讼。股东申请参加诉讼的，由法官决定是否允许。日本商法则规定原告股东提起股东代表诉讼后，其他股东不得就同一诉讼标的再行提起诉讼，但可以参加原告股东提起的诉讼。如果因参加诉讼将不当拖延或者显著增加法院负担时，则不允许其参加诉讼。

事实上，股东代表诉讼中原告股东不一定能代表其他股东的利益。而当股东代表诉讼提起之后，根据民事诉讼法"一事不再理"原则，其他股东和公司均不得就同一诉讼标的再行提起诉讼。原告股东如果与被告串通，提起股东代表诉讼后又故意败诉，就会使自己获得不当利益，却损害了公司以及其他股东的合法权益。故股东代表诉讼中应允许其他股东申请参加诉讼。我国公司法司法解释（四）第24条第2款规定了"一审法庭辩论终结前，符合公司法第一百五十一条第一款规定条件的其他股东，以相同的诉讼请求申请参加诉讼的，应当列为共同原告"，赋予了其他股东在一审法庭辩论终结前申请参加诉讼的权利。允许其他股东以原告身份参加诉讼，使股东更具有代表性，有助于查明案件事实，同时也可以防止原告股东与被告勾结故意败诉。而申请参加诉讼的时间点定于一审法庭辩论终结前，可以防止因其他股东申请参加诉讼而不当拖延诉讼进程。申请参加诉讼的股东，同样不受持股时间是否在不法行为发生之前的条件限制。

**二、洁手原则**

明确何时成为股东不影响其提起股东代表诉讼后，客观上将使股东更易于提起股东代表诉讼。为防止股东滥用诉权，必须有相应的恶意诉讼防止机制。洁手原则也是对原告股东资格通常进行的一种限制措施。所谓洁手原则，是指原告股东必须与案涉不法行为没有牵连，才有资格提起股东代表诉讼。例如，美国1997年标准商事公司法即规定，股东代表诉讼中原告股东必须没有支持、批准或者追认过公司董事会等实施的侵害行为的成员，并在提起诉讼时能公正地、充分地代表公司的利益。否则，股东因为欠缺"纯洁的手"而被禁止起诉。

当股东知道针对公司的不法行为发生时，在其权利范围内，应当对此行为提出异议或者采取积极的行动去维护公司的利益。如果对不法行为，原告股东已经表决同意、批准、默认或者事后追认了该行为，则其应当丧失针对这一行为提起股东代表诉讼的权利。我国虽然没有明确规定这一原则，但是基于诚实信用原则，提起股东代表诉讼的原告股东应当是没有同意、默认或者追认过所诉不法行为的股东。

### 三、诉讼期间，股东应当保持其股东资格

股东代表诉讼审理过程中，股东身份或者持股数额可能发生变化。如果有限责任公司股东丧失股东身份，例如股东将其所持股份全部转让给他人，则该股东就丧失了在案件中继续以股东身份进行代表诉讼的资格。如果股份有限责任公司的股东将其股份全部或者部分转让，导致原告全部剩余股份达不到合计持股百分之一的要求，则原告股东丧失其代表性。股东代表诉讼应当驳回。

此外，实践中还需要注意，我国现有法律制度体系下，要求股份有限公司股东提起股东代表诉讼的，应当满足180日以上连续持股期间。该期间为股东向人民法院提起诉讼时已期满的持股时间，与涉诉的不法行为发生的时间无关。如果公司成立未满180日，则只要在公司成立后持续持有公司股份就可以提起派生诉讼，不受持股180日期限的限制。

## 【典型案例】

**上海高金股权投资合伙企业、许某某等与许某某、谢某某等损害公司利益责任纠纷案［最高人民法院（2015）民申字第2204号］**

裁判要旨：公司召开股东会并作出决议，以减少注册资本的形式解除了原告股东的股东资格。原告股东并没有依法提起申请撤销股东会决议诉讼或申请确认股东会决议无效诉讼。原告股东在诉讼中丧失了股东资格，无权提起股东代表诉讼，裁定驳回起诉。

25.【正确适用前置程序】根据《公司法》第151条的规定，股东提起代表诉讼的前置程序之一是，股东必须先书面请求公司有关机关向人民法院提起诉讼。一般情况下，股东没有履行该前置程序的，应当驳回起诉。但是，该项前置程序针对的是公司治理的一般情况，即在股东向公司有关机关提出书面申请之时，存在公司有

关机关提起诉讼的可能性。如果查明的相关事实表明，根本不存在该种可能性的，人民法院不应当以原告未履行前置程序为由驳回起诉。

【条文主旨】

本条是关于正确适用股东代表诉讼前置程序的规定。

【争议观点】

股东代表诉讼制度是防止董事、监事、高级管理人员履职不尽责，损害公司利益的重要措施，也是保护中小投资者的有力武器。然而，如果少数股东滥用诉权，将会导致公司面临大量诉讼困扰，日常经营难以为继。故设置股东代表诉讼制度的同时还应当为防止少数股东滥用诉权设置防火墙。而股东代表诉讼前置程序就是其中重要措施之一。股东代表诉讼的前置程序又称为先诉请求，是指股东提起代表诉讼之前，必须先书面请求公司以自己的名义向法院提起诉讼。前置程序是股东代表诉讼"穷尽内部救济原则"的体现，对于过滤无价值诉讼，避免扰乱公司正常的经营活动具有重要作用。不过，前置程序也不是绝对的。关于股东代表诉讼前置程序能否豁免的问题，存在不同的观点：

一种观点认为，在特殊情况下，原告股东可不经过前置程序而直接提起股东代表诉讼。例如，《日本公司法》第267条第3项规定，如果经过原告股东提起诉讼申请30天内尚有发生对公司的不可恢复损害之虞时，股东可不经过前置程序而直接向法院起诉。美国一些州的公司法规定在下列情况下，可免除前置程序：（1）董事们是所诉的过错行为人；（2）董事在过错行为人的控制之下；（3）董事们否认过错行为的发生；（4）董事们已批准了所诉的过错行为。还有观点认为，如股东能够证明履行前置程序已无必要（如公司董事会或监事会成员全部或过半数均为加害人时）或履行前置程序将使公司所受损害有无法挽回之虞的，可不必履行前置程序而径行起诉。

而另一种观点则认为，股东代表诉讼前置程序不应豁免。其理由是，设置前置程序让股东必须等待一段时间，总体成本并不高。如果允许特定情形下的豁免，则法院需要耗费巨大的司法成本来确定是否需要豁免前置程序，反而不利于提高司法效率。

我国《公司法》第151条第2款规定了情况紧急，不立即提起诉讼将会使公司利益受到难以弥补的损失的情形，股东可以直接提起股东代表诉讼，实质上也是对前置程序的一种豁免，而本条则增加了公司治理失灵情况下豁免前置程序的情形。

## 【理解与适用】

本条主要规定了如何正确适用股东代表诉讼中前置程序的问题。正确适用本条规定，应从以下方面予以理解：

### 一、股东代表诉讼前置程序的履行与豁免

根据我国《公司法》第151条及相关司法解释之规定，我国股东代表诉讼前置程序为，原告股东需首先书面请求监事会或监事向人民法院提起诉讼；如果是监事侵害公司权益，则向董事会或执行董事提出上述请求。监事会、监事、董事会、执行董事收到前述书面请求后拒绝提起诉讼，或者自收到请求之日起30日内未提起诉讼。符合上述两个条件时，股东方可以自己名义提起股东代表诉讼。

规定股东代表诉讼的前置程序是由股东代表诉讼的性质决定的。股东代表诉讼本质上是一种间接诉讼，只有当公司拒绝或者怠于行使诉权追究损害公司合法权益人的损害赔偿责任时，才由股东代为行使诉权。股东未征求公司是否就不法行为起诉之前，不能提起间接诉讼。前置程序具有重要作用，一方面可以充分利用公司内部监督机制，给予公司最后的考虑机会，衡量各方面情况，综合判断是否提起诉讼；另一方面也可以促使股东慎重考虑，防止股东滥用诉权，过滤无价值的诉讼。故先诉请求规定应当严格遵守。一般说来，股东没有履行这一前置程序而提起股东代表诉讼的，不应当受理。毕竟公司内部争议，原则上应当由公司机关处理，这有助于公司内部机关正常行使职能，维护公司治理结构正常运作。股东代表诉讼只是作为公司内部监督失灵而设置的救济措施，故只能在用尽公司内部救济措施之后才能启动，在原告股东没有提出先诉请求而直接向法院提出诉讼的情况下，法院应当不予受理，已经受理的，应当驳回原告的起诉。但是，不考虑案件具体情况僵化适用前置程序实质上又会造成诉讼障碍，对股东和公司维护合法权益带来消极影响。

为了平衡两者利益，我国《公司法》第151条明确规定了在紧急情况下

不立即提起诉讼将会使公司利益受到难以弥补损害的情形下，前置程序的豁免。然而，对于虽不属于紧急情况，但股东寻求内部救济不可能达到既定目的或者履行前置程序确有困难的情形同样存在前置程序豁免的需要。公司法设定前置程序的主要目的在于促使公司内部治理结构充分发挥作用，以维护公司的独立人格、尊重公司的自主意志以及防止股东滥用诉权、节约诉讼成本。其所针对的是公司治理形态的一般情况，即在股东向公司有关机关提出书面申请之时，后者是否会依股东的请求而提起诉讼尚处于不确定状态，也即存在公司有关机关依股东申请而提起诉讼的可能性。如果根本不存在这种可能性，要求股东还要提出先诉请求才能提起代表诉讼，则徒然增加诉累。此时，法院不应仅以股东没有向公司机关提出书面请求为由就驳回股东的起诉。司法实践中也已经出现了相关裁判。

本条总结实践经验，补充规定了豁免股东代表诉讼前置程序的另一种情况，即审理过程中如果查明股东向公司有关机关提出书面申请之时，根本不存在公司有关机关提起诉讼的可能性，则在考虑前置程序设立的根本目的情况下为避免当事人诉累，可以豁免前置程序。纠正了审判实践中，有的法院对前置程序把握过苛，没有准确理解前置程序设立目的，不问案件的具体情况，只要股东没有向公司机关提出书面申请，一概以不符合上述法律规定为由驳回股东起诉的做法。

**二、适用本条的具体条件**

首先，适用本条时需要注意，判断公司有关机关是否存在提起诉讼可能性时，以股东应当向公司有关机关提出书面申请之时为时间点。如果在股东起诉前公司治理失灵，不存在提起诉讼的可能性，而在股东已经提起代表诉讼之后公司有关机关发生相应变动，即使又存在了提起诉讼的可能性，也不能因此导致股东代表诉讼被驳回起诉。

其次，关于公司有关机关不存在提出诉讼可能性的具体情形。司法实践中，具体包括以下情况：

1. 公司相关机关不存在或者因公司陷入经营僵局当中，相应的公司机构或者有关人员已不在其位或不司其职，股东无从提起请求的情形。例如，我国目前实践中某些公司治理机构不完善，没有按照公司法要求设立监事会或者监事这一机构，因此股东提起股东代表诉讼时，无从履行向监事会或者监事提出书面申请的前置程序，此时先诉请求应予豁免。例如，在最高人民法院（2007）民一终字第 49 号东风汽车贸易公司、内蒙古汽车修造厂与内蒙古物资集团有限责任公司、内蒙古环成汽车技术有限公司、赫连某某、梁某某、内蒙古东风汽车销售技术服务联合公司共同侵权纠纷上诉案中，股东起诉公司高级管理人员损害公司利益，本应当向监事会或者监事提起先诉请求。但因该公司治理结构不完整，未设监事会或者监事，故免除其先诉请求。此外，公司法司法解释（二）第23条规定："清算组成员从事清算事务时，违反法律、行政法规或者公司章程给公司或者债权人造成损失，公司或者债权人主张其承担赔偿责任的，人民法院应依法予以支持。有限责任公司的股东、股份有限公司连续一百八十日以上单独或者合计持有公司百分之一以上股份的股东，依据公司法第一百五十一条第三款的规定，以清算组成员有前款所述行为为由向人民法院提起诉讼的，人民法院应予受理。公司已经清算完毕注销，上述股东参照公司法第一百五十一条第三款的规定，直接以清算组成员为被告、其他股东为第三人向人民法院提起诉讼的，人民法院应予受理。"在清算程序中，清算组实际接管公司，其地位与公司正常经营期间的公司董事、高级管理人员无异。因此，在清算过程中，公司清算组成员滥用其对公司的控制权利，任意处置公司资产进而造成公司、股东或者债权人利益受到损害的，赋予公司股东追究其责任的权利。此时，在公司清算阶段，公司机关各项职权均由清算组具体行使，股东提起股东代表诉讼追究清算组成员，也无向监事会或者监事提出书面申请的必要。

2. 股东准备起诉董事或者高级管理人员，按照前置程序要求本应先书面请求公司监事会或者监事以公司名义起诉。假如该董事与监事受到同一名股东或者实际控制人控制，则监事根本不可能起诉该董事。此时，可以根据案件具体审理情况豁免前置程序。

3. 应当向其进行先诉请求的董事或者监事本身即为被告，可以豁免股东的前置程序。例如，在某一案件中，原告股东兼任公司董事，同时起诉了除自己之外的公司其他董事以及监事，要求他们向公司承担赔偿责任。如要求该股东履行前置程序，则起诉董事应当向监事会或者监事提出书面请求，起诉监事应当向董事会提出书面请求。从《公司法》第151条之规定来看，起诉董事需向监事会或监事而非董事会提出书面请求，起诉监事则需向董事会或执行董事而非监事会或监事本人提出书面请求，此规定意在通过公司内部机关的相互制衡，实现利害关系人的回避，避免利益冲突。但在这一案件的特殊情况下，其他董事与监事与案涉纠纷均有利害关系，已无途径达成该目的，因此该案中免除了该原告股东履行前置程序的义务。在最高人民法院提审的另一起股东代表诉讼案件中也是同样情况。公司仅有三名股东，未设董事会和监事会，由其中两名股东担任执行董事和监事职务。该两名股东代公司持有该公司全资子公司100%的股份。代持期间将该股权转让给他人。第三名股东认为其低价转让公司财产，遂提起股东代表诉讼，但在起诉前，未与该两名股东就本案所涉事宜召开股东会议。根据公司法规定，该两名股东兼任公司执行董事与监事，故股东起诉他们应当先向监事或者执行董事提出书面请求。但在这两个人因为同一事项均为被告的前提下，且案件中三名股东之前已经因股权转让事宜起争执，若向该两人中任何一人提出先诉请求，必然遭到拒绝，该执行董事或者监事不存在依股东申请而提起诉讼的可能性。此时，可以说公司内部的救济途径已经穷尽。在这种公司治理失灵的情形下，股东申请无益，最高人民法院因此认为应当免除该案中原告股东提起股东代表诉讼的前置程序，不应当因该股东未履行前置程序而驳回其起诉。

4. 董事会多数成员或者执行董事本身与他人损害公司利益的行为有利害关系。因他人侵犯公司合法权益提起股东代表诉讼，应当向董事会或者执行董事提出先诉请求。如果董事会的大多数成员或者执行董事本身与所诉称的交易存在着利害关系，或者该行为本身与实际控制董事会的董事有利害关系时，原告股东即使提出先诉请求，也会被董事会拒绝。这种情况下，无须向董事会提出先诉请求。

5. 虽然董事会成员或者执行董事本人与所诉称的损害公司利益行为不存在利害关系，但却可能受到与行为有关的利害关系人的控制而失去其独立性，则可能免除先诉请求。如董事会的大多数成员都是由控股股东选任的，而在追究该控股股东侵犯公司合法权益的责任时，可以豁免前置程序。

6. 是否存在豁免前置程序的情形，应当由原告股东负举证责任。因履行前置程序是股东提起代表诉讼的前提，对于具体案件中是否存在上述可以豁免前置程序的例外情形，就应当由原告股东承担举证责任。如果原告股东无充分证据证明存在豁免前置程序的例外情形，在其没有履行先诉请求的前置程序即提起代表诉讼时，法院应当对该代表诉讼不予受理，已经受理的应当驳回起诉。例如，最高人民法院在（2015）民申字第2767号案件中就强调原告股东代表公司请求原执行董事返还证照，但未履行股东代表诉讼的法定前置程序，其无充分证据证明本案存在免除前置程序的例外情形，应当驳回其起诉。而（2017）最高法民终214号陈某某、黄某确认合同效力纠纷一案中，再次明确了是否履行股东代表诉讼前置程序或者是否存在豁免股东代表诉讼前置程序的情形，由原告股东负举证责任。如果不能证明，对于已经受理的股东代表诉讼，应当驳回起诉。

综上，在公司治理正常情况下，股东没有履行前置程序而提起股东代表诉讼的，应当驳回起诉。公司治理失灵时，可以根据案件具体情况豁免股东代表诉讼前置程序。如果股东应当向公司书面请求提起诉讼时，公司有关机关根本不存在提起诉讼的可能，可以豁免前置程序，即使股东起诉前没有履行前置程序，人民法院也应当予以受理。在《公司法》第151条规定的情况紧急、不立即提起诉讼将会使公司利益受到难以弥补的损害的情形之外，本规定又增加了一种股东代表诉讼前置程序豁免的情形。

## 【实务问题】

### 一、股东履行前置程序时先诉请求的公司机关

各国立法例中对于股东代表诉讼前置程序的要求一般是以书面形式向公司机关提起，请求公司以自己的名义提起诉讼。由于各国公司治理结构不尽相同，先诉请求诉诸对象的规定也不尽相同。英美法系国家的公司法中，一般要求原告股东首先向董事会提出先诉请求，如果董事会不能或者不愿以公司名义起诉，则应当向股东会提出请求，要求其以公司名义提起诉讼。只有董事会或者股东会不愿提起诉讼时，股东才能代表公司以自己的名义提起股东代表诉讼。大陆法系国家的公司法则规定监事会是专门的监督机构，有权对侵害公司的行为进行监督并提起诉讼。故股东代表诉讼前置程序中，股东首先应当请求公司监事会提起诉讼，请求失败时才能提起股东代表诉讼。

我国《公司法》第151条股东代表诉讼前置程序中，先诉请求对象是监事会或者监事，向董事会或者执行董事提出先诉请求则是替补措施。监事会或者监事的职责是履行内部监督职能，是否对董事、高级管理人员履职不尽责行为追究其责任，属于监事会或者监事的法定职责，由其处理这一先诉请求更为适宜。而对因他人侵犯公司合法权益提起的诉讼，先诉请求机关并未明确写明，根据公司法司法解释（四）第23条之规定，应当向董事会提出先诉请求。

比较上述处理先诉请求的公司机关来说，是否对他人提起诉讼本质上是对起诉是否符合公司最佳利益的判断，应当属于公司董事会或者股东会的职权范围。而公司董事会定期召集，向董事会提出先诉请求比向股东会提出先诉请求更有效率。与董事会相比股东会并非经常召开，且在股东人数众多的公司中，召集股东会表决处理股东提出的先诉请求，将导致诉讼成本大为增加。而且由于代表诉讼的复杂性，股东会并不负责公司的经营管理，不是一个合格的决策机构。因此在应当向监事会、监事、董事会或者执行董事提起

先诉请求的情况下,上述公司机关如果不存在或者治理失灵,不需要继续要求股东向股东会提出先诉请求,而是可以豁免其先诉请求的前置程序。

## 二、关于母公司股东能否通过股东代表诉讼主张子公司的权利

这一问题实际是股东双重代表诉讼或者股东多重代表诉讼的问题。所谓股东双重代表诉讼是指由母公司的股东提起的诉讼,代表母公司全资持有或控股的子公司,行使属于该子公司的诉讼权利。而多重代表诉讼是指由母公司的股东提起诉讼,代表母公司所属子公司的子公司,主张属于子公司的子公司的诉权。

一般情况下,是否对子公司诉权行使代表诉讼,只有作为子公司股东的母公司可以通过其董事会来行使。然而,有时候有证据证明母公司的董事会不可能就是否主张子公司的请求权作出公正的商业判断,有国家和地区立法例允许母公司的股东代表母公司主张请求权。双重代表诉讼也可以理解为两个诉讼合二为一:(1)母公司股东提起的代表诉讼,取代了母公司的诉讼权利;(2)代表母公司作为子公司股东,取得了子公司的诉讼权利。反对意见则认为,只有在穷尽所有救济手段仍无法保护合法权益时,司法实践才可启动例外原则进行个案突破。市场主体在商业活动中设计多层次的投资结构从事商业活动,应该予以尊重。在没有出现法人人格否认的情形下,司法实践不应轻易否定这种多层次的投资安排,否则不仅违背公司法立法初衷,而且会给公司法的实践带来混乱。公司法中没有授权股东的股东可以穿透行使权力。

目前各地司法实践中,关于母公司股东是否能够代表子公司提起股东代表诉讼,有不同的认识。有法院判决中认为母公司股东不具有子公司股东身份,其代表子公司提起诉讼主体不适格。而有的法院判决中则认为,股东因公司的全资子公司利益受到损害,依据《公司法》第151条提起诉讼,请求被告向全资子公司承担民事责任的,符合法律规定。否定母公司股东提起股东代表诉讼的原告主体资格,则无法保护子公司利益进而导致母公司的利益受损,亦与《公司法》第151条的立法本意相悖。在公司法司法解释(四)提交审委会讨论时,讨论稿中规定了双重代表诉讼相关条文。审委会经研究认为,鉴于目前这类案件较少,待案件数量增加,积累经验后再提交审委会讨论。

【典型案例】

一、李某与周某某、刘某某损害公司利益责任纠纷案［最高人民法院（2015）民四终字第54号］

**裁判要旨**：股东代表诉讼中，公司所有监事与董事均作为被告的情况下，先诉请求已经无从提起，应当豁免原告股东的前置程序。

二、东风汽车贸易公司、内蒙古汽车修造厂与内蒙古物资集团有限责任公司、内蒙古环成汽车技术有限公司、赫连某某、梁某某、内蒙古东风汽车销售技术服务联合公司共同侵权纠纷上诉案［最高人民法院（2007）民一终字第49号］

**裁判要旨**：公司未设立监事会或者监事，股东提起股东代表诉讼起诉高级管理人员对公司承担赔偿责任的，可以豁免前置程序。

26.【股东代表诉讼的反诉】股东依据《公司法》第151条第3款的规定提起股东代表诉讼后，被告以原告股东恶意起诉侵犯其合法权益为由提起反诉的，人民法院应予受理。被告以公司在案涉纠纷中应当承担侵权或者违约等责任为由对公司提出的反诉，因不符合反诉的要件，人民法院应当裁定不予受理；已经受理的，裁定驳回起诉。

【条文主旨】

本条是关于股东代表诉讼反诉的规定。

【争议观点】

股东代表诉讼中能否允许被告提起反诉？对于这一问题，理论界与司法实务界一直存在两种不同观点：

一种观点认为：股东代表诉讼中被告原则上不能提起反诉。因为反诉是用来抵消、吞并本诉的诉讼主张的，而股东代表诉讼的诉讼请求是为公司的利益而主张的，所以，如果被告针对原告股东提出反诉，要求原告股东承担责任，并不能达到抵消其与公司之间的权利义务关系的目的，无法构成反诉。例如深圳中院发布的《广东省深圳市中级人民法院关于审理股东代表诉讼案件的裁判指引》第13条规定："股东依据公司法第一百五十一条的规定提起股东代表诉讼后，被告以原告股东恶意起诉侵犯其合法权益为由对原告提出反诉的，人民法院应裁定不予受理，并告知另行起诉。股东依据公司法第一百五十一条第三款规定提起股东代表诉讼后，被告以公司在涉案纠纷中应承担侵权或违约等责任为由对公司提出反诉的，人民法院应裁定不予受理，并告知另行起诉。"

另一种观点则认为：股东代表诉讼中被告也可以提起反诉。反诉是当事人的权利，股东代表诉讼中的被告也可以提起反诉，但因其反诉请求针对的并非作为形式原告的公司股东，而是指向公司，所以反诉中公司应当作为被告，只是公司的诉讼权利由原告股东行使。

股东代表诉讼一般禁止反诉，本条纪要充分吸收了上述两种观点的合理部分，根据股东代表诉讼本诉理由、反诉请求和理由的不同，区分情况规定了反诉受理与不受理两种情形。依据本条规定，只有在因他人侵犯公司合法权益提起的股东代表诉讼中，区分不同情况予以处理：被告以原告股东恶意起诉侵犯其合法权益为由提出反诉的，符合反诉形式要件，应当受理；被告以公司在涉案纠纷中应当承担侵权或者违约等责任为由对公司提出反诉的，不符合反诉形式要件，不能作为反诉受理，但是当事人可以另行起诉。

## 【理解与适用】

所谓反诉，是指在民事诉讼过程中，本诉被告以本诉中的原告为被告，向人民法院提出与本诉有法律上牵连关系的诉讼，旨在抵消、吞并、排斥本诉原告的诉讼请求的一项诉讼制度。《民事诉讼法》第51条规定被告有权提起反诉，第140条规定被告提出反诉可以合并审理。本条规定了股东代表诉讼中反诉是否受理的问题，正确理解与适用该条，应当注意以下几点：

**一、股东因《公司法》第 151 条第 3 款规定提起股东代表诉讼是前提条件**

股东代表诉讼中，公司是被告不法行为的直接受害者，最终利益归属公司。而公司不能以自己名义行使其正当的诉权来追究有关人员的法律责任，所以才由股东代位行使诉权。股东代表诉讼的一般规则是禁止反诉。但我国股东代表诉讼的诉讼范围较为广泛，被告既可以是传统的公司董事、监事、高级管理人员，也可以是与公司有其他法律关系的第三人。如果是因董事、监事、高级管理人员执行公司职务时违反法律、行政法规或者公司章程的规定，给公司造成损失而提起的股东代表诉讼，无论因何种理由，被告均不能提起反诉；只有在因他人侵犯公司合法权益而提起的股东代表诉讼中，被告才可能基于特定的法律事由提起反诉。

本条规定了能够提出反诉的前提条件就是因《公司法》第 151 条第 3 款规定提起的股东代表诉讼，也就是说是他人侵犯公司合法权益而提起的反诉，根据反诉请求和理由的不同，区分情况规定了不同情形。

**二、因《公司法》第 151 条第 3 款规定提起的股东代表诉讼，被告对原告股东提起反诉的，人民法院应当受理**

首先，反诉的基本特征是由本诉被告对本诉原告提出，反诉的利益冲突应当在本诉的原告与被告之间展开。他人侵犯公司合法权益，符合条件的股东提起股东代表诉讼后，被告如果以原告股东恶意起诉侵犯其合法权益为由对原告股东提出反诉的，则该诉讼是由本诉被告对本诉原告提出的，反诉中的利益冲突是在本诉被告与原告股东之间展开的，符合反诉的形式要件，人民法院应当受理。

其次，被告主张原告股东恶意起诉，侵犯其合法权益，将其作为反诉受理有利于查明案情，节约诉讼资源。因他人侵犯公司利益而提起的股东代表诉讼中，被告以原告股东恶意起诉侵犯其合法权益为由提出反诉的，符合反诉的形式要件，且有利于查明案情，节约诉讼资源，故本条规定人民法院对此应当受理。

再次，受理被告对原告股东提起的反诉应当注意，只有当被告以原告股东恶意起诉侵犯其合法权益为由要求原告股东对其承担民事责任时才能成立反诉，如果被告要求原告股东对他人承担民事责任，如要求向公司承担民事责任，则不能成立反诉。

最后，应当特别注意的是，股东代表诉讼中原告股东起诉是要求被告向公司承担相应责任，而反诉中被告主张原告股东恶意起诉侵犯其合法权益，是要求原告股东向其承担相应责任，这两项诉讼请求之间不能相互抵消。

三、因《公司法》第 151 条第 3 款规定提起的股东代表诉讼，被告以公司在涉案纠纷中应当承担侵权或者违约等责任为由对公司提出的反诉，不予受理，但可以另行提起诉讼

首先，该种情形不符合反诉的诉讼构造，故不能成立反诉。反诉的重要特征在于反诉对象的特定性，即反诉只能由本诉被告对本诉原告提出，反诉的利益冲突应当在本诉的原告与被告之间展开。股东代表诉讼中，原告股东是以自己的名义代表公司提起诉讼，行使的是公司的请求权，公司才是直接的利害关系人，法院进行实体审理的是公司的权利义务，判决的利益也全部归于公司。而在我国股东代表诉讼构造中，公司被列为第三人参加诉讼。被告如果对公司提出的反诉，则是对本诉第三人提起的反诉，不符合诉讼构造理论，故不能成立。

其次，股东代表诉讼的前提是公司拒绝或者怠于起诉。公司往往因被内部人或者关联人控制，对于诉讼采取消极态度。如果公司成为反诉被告，其有可能会直接承认反诉请求，而原告股东通常是中小投资者，即使原告股东同时作为反诉被告，因其往往很难全面了解公司运营情况，也无法充分举证证明公司是否存在侵权或者违约行为。故允许被告以公司在涉案纠纷中应当承担侵权或者违约等责任为由对公司提出反诉，不利于案件的查明，也不利于对公司和其他股东利益的保护，反而可能使得反诉失去正当性，并有可能架空股东代表诉讼的本诉。

综上，在因他人侵犯公司合法权益而提起的股东代表诉讼中，被告以公司在涉案纠纷中应当承担侵权或者违约等责任为由对公司提出的反诉，法院不予受理，已经受理的，应当驳回起诉。但被告可以针对公司应当承担的侵权或者违约等责任另行提出单独的诉讼，既保护了被告实体诉权，又理顺了法律关系。

## 【实务问题】

### 一、关于被告抗辩的问题

股东代表诉讼中，虽然形式上股东是原告，但与通常的诉讼不同，原告股东并非诉讼标的的直接权利义务主体，审理的实际是他人与公司之间的权利义务关系，故被告不能主张对原告股东的抗辩，而只能主张对公司的抗辩。这是由派生诉讼审理的内容是公司与股东之间的权利义务关系所决定的。

**二、诉讼方式选择的问题**

股东代表诉讼制度设置的基础在于股东本身没有诉权而公司有诉权却基于种种原因拒绝诉讼或怠于诉讼，股东在穷尽内部救济情况下才能以自己的名义为了公司的利益提起股东代表诉讼。如果股东和公司就同一事项均有诉权时，可能出现股东既能够通过自身起诉的途径获得救济，又因公司拒绝或怠于起诉而符合提起股东代表诉讼的条件。例如，根据公司法司法解释（三）第13条第1款关于"股东未履行或者未全面履行出资义务，公司或者其他股东请求其向公司依法全面履行出资义务的，人民法院应予支持"之规定，股东出资不实的情况下，公司与其他股东都有权请求出资不实的股东向公司履行出资义务；根据公司法司法解释（三）第14条第1款关于"股东抽逃出资，公司或者其他股东请求其向公司返还出资本息、协助抽逃出资的其他股东、董事、高级管理人员或者实际控制人对此承担连带责任的，人民法院应予支持"之规定，在股东抽逃出资的情况下，公司与其他股东也都具有诉权。在上述情形下，股东均可以以自己的名义直接起诉该出资不实的股东、抽逃出资的股东以及协助抽逃出资的其他股东、董事、高级管理人员或者实际控制人，要求其向公司承担责任；也可以公司股东的身份，请求公司向上述责任人提起诉讼，在公司拒绝或者怠于起诉的情况下，形式上就符合了股东代表诉讼的要件。

在股东和公司同时具有诉权的情况下，从股东代表诉讼设置基础以及其构造的复杂性和特殊性来看，不应允许采取股东代表诉讼的方式。例如，提起股东代表诉讼将会使得被告本可以提起的反诉无法提起，实质上限制了被告的诉讼权利。故只要股东能够通过自身起诉的途径获得救济，就不应允许其提起股东代表诉讼，否则就违背了股东代表诉讼制度设置的初衷。

27.【股东代表诉讼的调解】公司是股东代表诉讼的最终受益人，为避免因原告股东与被告通过调解损害公司利益，人民法院应当审查调解协议是否为公司的意思。只有在调解协议经公司股东（大）会、董事会决议通过后，人民法院才能出具调解书予以确认。至于具体决议机关，取决于公司章程的规定。公司章程没有规定的，人民法院应当认定公司股东（大）会为决议机关。

## 【条文主旨】

本条是关于股东代表诉讼中调解的特殊规定。

## 【争议观点】

调解是指当事人就争议的实体权利、义务,在人民法院、人民调解委员会及其他有权组织主持下,自愿进行协商,达成协议、解决纠纷的程序制度。我国民事诉讼法规定,人民法院审理民事案件,根据当事人自愿的原则,在事实清楚的基础上,分清是非,进行调解。调解实际上包括在和解之中,是当事人和解的一种特殊形式。而在更广泛的意义上,我们往往要考察股东代表诉讼中的和解。综观各国和地区制度设计及法学理论研究,关于股东代表诉讼中当事人能否进行和解以及和解方式问题,理论与实践中一直存在争议,概括起来,具有代表性的有以下三种观点:

第一种观点认为,民事诉讼当事人有权在法律规定的范围内对自己的实体权利和诉讼权利进行处分。诉讼和解即是当事人对自己权利的处分,股东代表诉讼中原告股东代位行使公司的权利,有权与被告进行和解。但为防止公司和其他股东的合法权益受到不当和解的危害,该和解的效力仅及于原告股东自身而不及于公司和原告股东以外的其他股东。根据该种观点,股东代表诉讼原告股东可以进行和解,但和解效力范围有限。

第二种观点认为,股东代表诉讼具有特殊性,一般不能和解。原告股东在股东代表诉讼中所行使的权利并非自身享有的权利,而是代表公司行使公司享有的实体权利与诉讼权利。由原告股东进行和解,实质上处分了他人的权利。而且和解可能侵害了公司其他股东利益,导致被告逃脱责任。如果由人民法院主持进行诉讼中的调解,则相当于法院主持召开公司的股东会或股东大会,这是对商事行为的过度干预。例如,在日本,一般认为股东代表诉讼是为了监督公司而行使的股东权利,属于共益权,并非为股东固有权,原告进行诉讼应保护之利益归于公司,股东不应就原属于公司权利而为的诉讼进行和解。

第三种观点认为,股东代表诉讼中,原告股东与被告有权进行和解,且和解效力及于公司和其他股东。其埋由是:股东代表诉讼中,只要通知了公司和其他股东有关股东代表诉讼情况后,已经给予其机会参加诉讼,此时公司和其他股东就应受和解效力的约束,但法院需要对股东代表诉讼的和解协议进行司法审查，以确保不损害公司和其他股东的利益。股东代表诉讼中的和解，必须要经过法院的审查同意。法院审查的标准是和解协议是否对其他股东的利益有所损害。如果和解协议对其他股东利益没有损害，法院同意和解。如果双方达成的和解协议损害了其他股东的利益，法院则不同意双方的和解。

纪要本条规定明确了股东代表诉讼中当事人可以进行调解，但比之普通诉讼的调解，该调解在当事人行使处分权方面存在一定特殊性。

## 【理解与适用】

本条主要规定了股东代表诉讼调解的特殊程序规范。正确适用本条规定，应从以下方面予以理解：

### 一、股东代表诉讼中允许有限制性地调解

首先，股东代表诉讼应当允许调解。股东代表诉讼属于民事诉讼，而民事主体有权依照自己的意志处分自己的实体权利和程序权利。和解是当事人对自身权利的处分，应当对当事人的意思自治予以充分尊重，允许当事人在股东代表诉讼中进行和解。而且，股东代表诉讼的作用是事前威慑与事后弥补相结合。甚至事前威慑作用更加重要，主要用于解决公司代理成本问题，使得董事、监事、高管等人忠实地、勤勉地为股东利益服务。股东代表诉讼提起后，其主要作用就已经发挥，而诉讼和解更有利于及时解决纠纷，节约诉讼成本，维护公司的正常运营。调解是在法院主持下进行的和解，故股东代表诉讼中应当允许当事人调解。

其次，股东代表诉讼调解受到一定限制。调解是当事人的一项权利，只要调解内容符合自愿、合法原则，法院不会干涉。但股东代表诉讼案件又与一般的诉讼案件不同：一般诉讼案件原告与案件有直接的利害关系，原告与被告和解，是处分自己诉讼权利和实体权利的行为，即使对自己不利，也属于当事人私权自治范围内的自有处分，只要不损害他人的合法权益，应当允许。但股东代表诉讼有其特殊性，在股东代表诉讼中，原告股东实质上是代表公司行使公司的权利，原告股东与案件没有直接利害关系，其诉讼的目的是维护公司的利益，间接维护自己与其他股东的利益。故原告股东有可能与被告或者公司一方串通，达成和解，损害公司或其他股东的利益，从而获得个人利益。而股东代表诉讼中的调解书同样对公司及其他股东具有既判力和拘束力，公司及其他股东受"一事不再理"规则的拘束，不得基于同一事实、同一理由再对同一被告提起代表诉讼。例如，有的公司为了防止代表诉

讼发生，采取先发制人的手段，指使某些股东抢先提起代表诉讼，然后以低廉的代价达成和解，以一事不再理的诉讼规则阻却其他中小股东的诉讼机会。有学者因此认为和解有时是一种对诉讼人的贿赂，原告股东通过和解协议而获得不当利益，这种行径使公司受到双重欺诈。"因和解而支付的金钱通常来源于公司的资本，因而此种诉讼的最终结果就是，公司受到两次欺诈和损害：一次是为了找到此种诉讼的理由，一次是为了付清所发现的不适行为的损害。"[1] 而被告由于担心败诉或者名誉受损，希望和解，这样就有可能达成一个并不符合公司的最佳利益的和解协议。

因此，各国法律通常对原告股东的和解行为予以限制。主要采取两种方式：一种方式是要求原告股东及时将行使处分权的情况告知公司和其他股东，以便于公司和其他股东提出异议。例如，有些国家和地区法律规定，股东代表诉讼中提出的撤诉和和解协议应以法庭命令的方式通知其他股东。股东代表诉讼中，原则上原告与被告之间可以通过和解方式结束诉讼，双方在不损害公司、其他股东和公司债权人利益的前提下，达成和解协议，从而终结诉讼。但由于该诉讼涉及公司的利益，原告股东进行和解或者撤诉应当由法院批准并有义务向其他股东披露与此相关的事项。毕竟股东代表诉讼只需要少数股东就可以提起，而当事人和解的效力却要及于公司以及未参加诉讼的其他股东，不告知公司其他股东就有可能出现被告向原告利益输送，损害公司利益的行为。因此，股东代表诉讼中，当事人和解必须通知其他股东。另一种方式是赋予法院对原告股东行使处分权的状况进行审查的权利。现代英美法中，法院对诉讼具有决定性的影响和作用，可以对股东代表诉讼的原告股东与被告之间的和解协议或者原告股东的撤诉进行审查。例如，《美国联邦程序规则》规定，派生诉讼在没有取得法庭许可之前，不得撤销，不得私下和解。如果股东和被告之间进行私下和解，并由被告对原告支付赔偿金，则公司的其他股东可以对此提起派生诉讼，要求原告将因与被告和解而取得的赔偿金返还给公司。而《美国联邦民事诉讼法》规定，代表诉讼或者集团诉讼，未经法院批准不得撤诉或者和解。有关撤诉或者和解方案的通知应按法院指示的方式送达股东。美国经法院批准的和解与判决具有同等效力。上述两种方式并不截然分开，往往同时采取。

我国公司法对此未作明确规定，但在司法实践中，股东代表诉讼相关案

---

[1] O. C. Schreiner, *The Shareholder Derivative Action: A Comparative Study of Procedure*, (1976) 96 South African, L. J. P. 225.

件也有以调解方式结案的情况。而在调解中，往往采取通知公司其他股东一起参与调解的方式，只有对调解协议一致同意的情况下，法院才出具调解书。本规定一方面肯定了股东代表诉讼调解有利于保护公司和股东的合法权益，并且也有利于实现诉讼经济性；另一方面也采纳了实践中经验，规定调解中原告股东权利受限，公司享有知情权和最终决定性地同意权，而该同意权必须以会议方式行使，以此保证公司其他股东的权益。

## 二、人民法院出具调解书确认股东代表诉讼调解协议的前提条件——该调解协议经公司机关决议通过

股东代表诉讼中，原告股东代表公司进行诉讼，和解中其处分的实质是公司的实体权利，公司虽然不是股东代表诉讼的原告，但是由于股东代表诉讼中原告股东的诉权派生于公司的诉权，且诉讼结果直接关乎公司的利益，因此，调解协议如果损害了公司的利益，该协议无效，法院不能确认其效力。所以，在股东代表诉讼程序中的调解，法院必须对调解协议的内容进行审查，只有在该协议不损害公司利益时才能对调解协议予以确认。而对于是否损害公司利益的问题，法官往往无法作出准确判断，适当的判断方式是将其交由公司通过正当程序来进行判断。因此，调解协议应当经过公司同意，法院才能确认。公司同意的权利则应当由公司股东会或董事会按照公司章程规定的职权和议事规则作出决议予以行使。

此外，需要注意的是，本条中虽然没有明确规定，但是该处股东会或董事会决议应当是有效的决议。如果股东会或董事会决议存在效力瑕疵，如内容或程序违反法律或行政法规、公司章程的规定，则相关权利主体可以申请法院确认该决议不成立、无效或撤销该决议。

## 三、有权对调解协议进行决议的机关

明确调解协议必须经公司同意后，需要确定的问题是，公司董事会与股东会都是公司的意思决定机关，此时公司同意的意思应当由谁作出？

我国公司法中对于公司股东会和董事会的法定职权中均未涉及这一内容，而根据我国《公司法》第37条、第46条之规定，在法律明确规定的职权之外，股东会与董事会可以行使公司章程规定的职权。故在公司章程有明确规定的情况下，应当根据章程规定来确定由股东会还是董事会行使这一职权。然而，实践中很少有公司在章程中作出如此系统详细的规定，必须考虑到章程没有规定的情况下，应当由哪一机关行使这一职权。

确定公司章程没有规定情况下应当经过公司股东会或者股东大会决议，有以下两个原因：第一，基于股东与公司关系紧密，股东对公司利益高度关

注，且公司原本可以通过直接诉讼追究侵害人的责任，但是出于各种因素没有行使此项诉权，不能排除公司有故意放弃权利、损害股东利益的可能，为了让公司的意思能够得到充分的体现，最大程度维护股东的利益，在章程没有规定的情况下，调解协议应当由公司股东会或者股东大会决议是否同意。第二，股东代表诉讼是涉及多方主体的复杂诉讼，原告股东在和解中实质上处分的是公司的实体权益，与其他股东存在密切的利益关系，故而在代表诉讼中进行和解应当有公司和其他股东的参与。法院在股东代表诉讼和解中通常需要征求公司和其他股东意见，保证他们行使知情权和异议权。在公司章程没有明确规定的情况下，要求调解协议必须经公司股东会或者股东大会同意，实际也是在我国目前法律框架下赋予了公司和其他股东和解知情权和异议权。

因此，纪要最终对这一问题规定为，有权对股东代表诉讼调解协议进行决议的机关是公司的股东会、股东大会或者董事会，具体取决于公司章程的规定。公司章程没有规定的，应当以公司股东会或者股东大会为决议机关。

需要注意两个问题：第一，公司作出同意的意思必须经公司股东会或者董事会决议。在纪要起草过程中，曾有观点认为，如果公司的法定代表人或者特别授权代理人已经在调解协议上签字的，则不必履行经公司股东会、股东大会或者董事会会议决议通过的程序。鉴于股东代表诉讼的特殊性，法定代表人或者特别授权代理人的签字在股东代表诉讼中不一定能代表公司的真实意思，这种意见最终未被采纳。也就是说，未经公司股东会或者董事会决议，仅仅以法定代表人签字或者特别授权委托代理人签字的，不能认为公司已经同意。第二，法院对于所有调解协议都需要审查其是否符合自愿、合法两项原则。故法院对于股东代表诉讼中达成的调解协议的审查，除要按照上述规定审查股东会或董事会决议外，还应当与其他案件调解协议一样，审查其是否符合自愿、合法原则。

综上，本条纪要为防止股东代表诉讼中原告股东与被告在调解过程中私下串通，从而损害公司利益的情况，强调为保护公司的利益，对股东代表诉讼的调解进行限制。原告股东不能私下与被告达成调解协议，必须经过公司股东会或董事会批准。只有调解协议经公司会议决议通过后，法院才能出具调解书予以确认。

## 【实务问题】

### 一、对股东代表诉讼中原告股东撤诉问题的审查

有观点认为，股东代表诉讼中，原告股东的撤诉行为是对公司不提起诉

讼的理解和认可，也不会对其他股东的利益造成损害，有利于公司内部的和谐。且原告如拒不出庭参加诉讼，诉讼很难进行下去。故股东代表诉讼的原告可自由撤诉，法院不必进行审查。然而，根据我国《民事诉讼法》第145条之规定，宣判前，原告申请撤诉的，是否准许，由人民法院裁定。人民法院裁定不准许撤诉的，原告经传票传唤，无正当理由拒不到庭的，可以缺席判决。对于一般的撤诉申请，法院也需要进行审查决定是否准许撤诉。而股东代表诉讼则更具有特殊性，原告股东实质上行使的是公司的权利，与普通诉讼相比，存在与被告私下串通，损害公司和其他股东的利益，获得个人利益后撤诉的更大可能性。各国法律通常对原告股东的和解和撤诉行为均予以限制。故司法实践中，对原告股东提出的撤诉申请，应当注意审查其是否侵犯了公司和其他股东的利益，以决定是否准许其撤诉。

如果原告为多人，部分原告撤诉后，其余原告股东符合提起股东代表诉讼的，诉讼可以继续进行下去。若是股份有限责任公司股东提起的诉讼，余下股东的持股比例不足公司股份1%的，应裁定终结诉讼。

**二、在法律文书中直接体现出是否满足股东代表诉讼调解案件中的特殊性要求**

司法实践中，在对股东代表诉讼中达成的调解协议进行确认，出具调解书时，需要注意，除一般调解书中应当写明的内容外，还应当在调解书中写明调解协议经公司股东会或者股东大会、董事会决议通过，或者征求了公司其他股东意见，其他股东均表示同意的情况。

**三、关于股东代表诉讼生效法律文书的强制执行问题**

股东代表诉讼判决支持了原告股东部分或者全部诉讼请求后，债务人如不自觉履行，则需要申请法院强制执行。申请执行人应当是生效法律文书确定的权利人。在股东代表诉讼中，诉讼利益应归公司所有，不能要求直接向原告股东承担责任。就裁判文书中判定被告向公司进行给付的部分，如果债务人不自觉履行，应当由公司申请强制执行。如果公司怠于申请执行，也是属于董事不履行责任的情况。但如果要求由股东再就申请执行的问题提起股东代表诉讼，实际是增加了诉累。故原告股东可以申请强制执行，只是执行利益应当给付公司，而不能直接给付申请执行的原告股东。如最高人民法院在（2016）最高法执复28号裁定中就明确了股东代表诉讼案件裁判生效后，股东有权向法院申请执行生效法律文书。在一起股东代表诉讼案件中，股东请求确认公司与第三人签订的合同无效，公司高级管理人员履行职务损害公司利益，向公司承担赔偿责任。获得胜诉判决后，公司怠于主张自己的权利,在债务人没有自觉履行生效法律文书确定的义务的情况下,没有向法院申请强制执行。股东因此向法院申请强制执行。在该案中,最高人民法院认为:"在股东代表诉讼中,股东个人的利益没有直接受到损害,只是由于公司的利益受到损害而间接受损,因此,股东代表诉讼是股东为了公司的利益而以股东的名义直接提起的诉讼,胜诉后的利益归于公司。同样,当股东代表诉讼进入执行程序后,股东代表出于继续维护公司利益的目的,向人民法院申请执行生效法律文书,符合股东代表诉讼这一制度设计的内在逻辑。"因此,股东在公司怠于主张自身权利时,有权向法院申请执行。

同理,如果被告破产,也需要积极申请债权,参加破产财产分配。在公司怠于申请的情况下,原告股东可以持生效法律文书直接代为申报。

**四、本规定要求只有以公司会议决议的形式通过的调解协议,法院才能出具调解书予以确认**

实际上,公司在股东代表诉讼中处于第三人的诉讼地位,如果没有公司的委托诉讼代理人代表公司意思进行签章,该调解协议本身就是不成立的。之所以如此规定,是为了保证公司本身的知情权和维护公司本身的利益。同时,该调解协议还关系着公司其他股东的利益。故尽管没有经过股东会召开会议并作出决议的过程,但是如果有证据证明全体股东均对该调解协议表示同意,或者全体股东实际参与调解,而不表示反对的情况下,也可以认为符合公司与股东的利益,法院也可以出具相应的调解书。

# 【典型案例】

**浙江和信电力开发有限公司、金华市大兴物资有限公司与通和置业投资有限公司、广厦控股创业投资有限公司及通和投资控股有限公司等损害公司权益纠纷案[最高人民法院(2008)民二终字第123号]**

**裁判要旨:** 股东提起代表诉讼后,经法院主持,诉讼各方达成调解协议的,该调解协议不仅要经过诉讼各方一致同意,还必须经过提起股东代表诉讼的股东所在的公司和该公司未参与诉讼的其他股东一致同意,人民法院才最终出具调解书确认该调解协议。

## 第八节 其他问题

28.【实际出资人显名的条件】实际出资人能够提供证据证明有限责任公司过半数的其他股东知道其实际出资的事实，且对其实际行使股东权利未曾提出异议的，对实际出资人提出的登记为公司股东的请求，人民法院依法予以支持。公司以实际出资人的请求不符合公司法司法解释（三）第24条的规定为由抗辩的，人民法院不予支持。

【条文主旨】

本条是关于实际出资人显名条件的规定。

【争议观点】

本条涉及的争议主要在于对公司法司法解释（三）第24条规定的"公司其他股东半数以上同意"的理解存在分歧。一种观点认为，公司其他股东半数以上同意仅指明示的同意，需要公司其他半数以上股东作出明确的意思表示认可实际出资人的股东身份，实际出资人方可主张登记为公司股东。另一种观点认为，公司其他股东半数以上同意既包括明示的同意，也包括默示的同意，即公司其他半数以上股东在知晓实际出资人的存在，且实际行使股东权利的情况下，未曾提出过异议，即可推定为其认可实际出资人的股东身份，实际出资人即符合登记为公司股东的要件。我们倾向于第二种观点，实际出资人显名化需要征得公司其他股东过半数以上同意，是基于有限责任公司的人合性。如果在公司经营过程中，其他半数以上股东知晓实际出资人实际行使股东的权利，且从未提出过异议，则说明已经以其自身行为认可了实际出资人实际享有股东权利的地位，此时赋予实际出资人显名的股东地位，不会对公司的实际经营产生影响，亦不会破坏股东之间的信赖关系。此时，为了防止半数以上其他股东违反诚实信用原则故意反对将实际出资人登记为公司股东，在其长期知晓这一事实而未曾提出过异议的情况下，也应支持实际出资人登记为公司股东的请求。

## 【理解与适用】

在理解与适用本条时，应当注意以下几个方面：

**一、要把握好半数以上其他股东知晓实际出资人实际出资的认定标准**

股东作出明确意思表示同意将实际出资人登记为公司股东时，往往会有股东会决议、股东同意函等书面文件予以证明，此种情形的证据认定思路较为清晰，即实际出资人未能提供证明半数以上股东同意将其登记为公司股东的证据，即可认定为没有达到相应的证明标准，需要承担举证不能的不利后果。本条在认可半数以上股东默示意思表示具有将实际出资人显名化效力的同时，证据认定思路也要相应地发生变化。对于完全没有参与公司实际经营的实际出资人而言，半数以上其他股东无法从公司日常经营活动中知悉其作为实际出资人的事实，除非该实际出资人能够举证证明其明确告知了半数以上其他股东自己作为实际出资人的身份，或者其与半数以上其他股东签订的协议文本中确认了这一事实，否则应视为半数以上其他股东不知晓实际出资人的真实身份。对于参与公司日常经营管理的实际出资人而言，考虑到有限责任公司的人合性，股东必然对公司的经营管理密切关注，未注意到实际出资人参与公司管理实为小概率事件。此种情形下，只要实际出资人证明自己以实际出资人的名义参与公司重要经营管理（如担任或指派人员担任公司董事、法定代表人、财务负责人等）超过一定的合理期限，就应推定公司半数以上其他股东知晓实际出资人实际出资的事实。

**二、要正确理解半数以上其他股东未曾对实际出资人行使股东权利提出异议**

根据公司法的规定，股东权利主要包括知情权、资产收益权、参加重大决策和选择管理者等权利。实际出资人一般可以通过制定和修改公司章程、列席股东会、委派董监高等方式实际行使股东权利。实际出资人行使股东权利的方式有两种情形：一种是由名义股东代为行使股东权利，由名义股东向半数以上其他股东披露实际出资人的身份，并明确表示自己是在按照实际出资人的指示行使股东权利，有关决策均是基于实际出资人的意志，投资收益也归属于实际出资人，半数以上其他股东在知悉名义股东是在代实际出资人行使股东权利后未表示反对的，应当认定为认可实际出资人行使股东权利。另一种情形是实际出资人撇开名义股东，直接参与到公司的决策与经营活动中来，只在必要的时候由名义股东出面解决形式合法性问题，平时均由实际出资人直接与其他股东共同进行决策，指派管理人员对公司直接进行管理，半数以上其他股东接受与实际出资人共同管理公司的事实，则可认定为其认可实际出资人行使股东权利，未提出异议。

### 三、要正确分配举证责任

本条规定实际出资人须同时证明半数以上其他股东知晓其实际出资的事实，以及半数以上其他股东未曾对其行使股东权利提出异议的事实，前者属于积极事实，后者属于消极事实。对于积极事实而言，实际出资人可以通过代持协议、决策文件、银行转账流水、函件、聊天记录等证据来证明半数以上其他股东主观上知晓其实际出资的事实；对于消极事实而言，实际出资人主动证明半数以上其他股东未曾对其行使股东权利提出异议的难度较大，甚至基本上可以说是不可能证明，因此只要实际出资人证明自己行使股东权利的状态一直在持续，如仍正常地从公司分配利润、指派的人员仍在参与公司的经营管理、仍参与公司的重大决策，则可以推定半数以上其他股东对实际出资人行使股东权利不持异议。若诉讼时，半数以上其他股东主张自己曾提出异议的，则应由主张曾提出异议的股东对此进行举证。否则，若要求实际出资人自己证明半数以上其他股东未曾对其行使股东权利的行为提出过异议，则本条的意义将大打折扣，将默示意思表示理解为公司法司法解释（三）第24条规定的"同意"的价值也将大为降低。

### 四、要正确理解本条与公司法司法解释（三）第24条的关系

值得注意的是，本条并未直接更改公司法司法解释（三）第24条的规定，仅是对第24条规定的"实际出资人未经公司其他股东半数以上同意"进行了进一步的解释，从保护实际权利人的角度，打破实际出资人行使权利时所遇到的不必要的障碍，通过穿透式思维，查明实际出资人、显名持股人以及半数以上其他股东的真实意思，保护各方当事人的真实法律关系。而不是仅仅拘泥于股权变动的形式要件，只要半数以上其他股东没有明示同意，即便在其早已默示同意实际出资人法律地位的情况下，仍不支持实际出资人登记为公司股东的请求。公司法司法解释（三）出台以来，不少法院在进行司法裁判时，将半数以上其他股东的"同意权"过于绝对化，没有对半数以上其他股东的真实主观形态加以考量，没有对真实的法律关系进行认定。这就导致半数以上其他股东对于实际出资人的显名程序毫无缘故的拒绝，其拒

绝实际出资人成为真正意义上的股东时是否具有正当理由也没有进行考量。甚至即使半数以上其他股东违反诚实信用原则恶意拒绝实际出资人登记为公司股东的，有些法院也只机械适用公司法司法解释（三）第 24 条的规定，驳回实际出资人的诉讼请求。我们认为这种一刀切地、过于教条地适用公司法司法解释（三）第 24 条的裁判思路是不可取的，应当予以纠正。本条即是在对该条的解释上进行了扩大，更加丰富了该条规定的内涵，也是纠正过往司法实践之中的这种不良倾向的一种努力，但不能因此就认为公司法司法解释（三）第 24 条第 3 款不再适用，而是继续适用，只不过要正确理解它的含义，在个案裁判中通过行为探求当事人的真意，并在此基础上进行裁判。

## 【实务问题】

一是半数以上其他股东可否在默示同意实际出资人行使股东权利后，再明示提出异议？实际出资人行使股东权利是一种持续的状态，实务中存在这样一种情形：即半数以上其他股东在相当长的一段时间内均保持沉默，但到了实际出资人主张将自己登记为公司股东的时刻或前夕，明确提出异议，反对实际出资人行使股东权利，亦反对将其登记为公司股东。在本会议纪要出台之前，根据公司法司法解释（三）第 24 条的字面规定，在半数以上其他股东明确表示反对意见的情况下基本不可能支持实际出资人登记为公司股东的请求。但是，本条将公司法司法解释（三）第 24 条进行了扩张解释，拓展了公司半数以上其他股东作出意思表示的形式，即默示同意亦是一种认可的情形。在此基础上，若半数以上其他股东在平时从未对实际出资人行使股东权利提出过异议，只在诉讼中或诉讼前明确表示反对意见，系属前后意思不一致，违反诚实信用原则，应当根据其长期接受实际出资人行使股东权利的行为来判断其真实意思表示。至于半数以上股东在知晓实际出资人行使股东权利多长时间内没有明确提出异议，即可推定为同意，则应当进行个案判断。实务中，可以综合实际出资人行使股东权利的类型、参与公司经营管理的紧密程度、与半数以上其他股东接触的便捷程度等多种因素进行综合判断。

二是若实际出资人本身即是公司股东，同时与其他股东签订有代持协议，其主张将名义股东的股份登记在自己名下，应如何处理？公司法司法解释（三）第 24 条要求半数以上其他股东同意，以及本条要求半数以上其他股东未提出异议的法理基础均是有限责任公司的人合性。在实际出资人本就是公司股东的情况下，将实际出资人的股权份额登记为其真实持有的状态，只涉及股东权利的调整，而不会存在破坏有限责任公司人合性的问题。在此情况下，可以直接根据公司法解释（三）第24条第2款的规定，认定实际出资人实际享有登记在代持人名下的股权，并支持将实际出资人按其实际出资份额登记为公司股东，至于包括代持人在内的公司其他股东是否明示同意或默示同意，在所不问。在此情况下，即便实际出资人没有举证证明其他股东知晓其实际出资的数额，或者其他股东反对其按照实际出资份额登记为公司股东，都不影响实际出资人显名化的诉求。

三是没有书面代持股协议，是否能认定实际股东身份？在考察股权代持关系时，在厘定实际权利人责任的同时不可忽视实际权利人因履行了实际出资义务而享有的相应权利。尤其在股东资格与权益争议当事人之间没有签订书面股权代持协议的情形下，如何认定实际出资人（股东资格）及其相关股东权益问题？按照公司法司法解释（三）第22条第1项以及第24条第2款的规定，该问题应以是否实际履行了出资义务作为案件审理的实质要件与标准，实际履行了出资义务的主体或当事人为实际出资人，实际出资人依法享有该股份的收益权，而其对公司享有的收益权，应归实际出资人。有限责任公司实际出资人申请登记为显名股东的，依照公司法司法解释（三）第24条第3款的规定以及本条的规定处理。

四是公司债权人能否以股东未履行出资义务为由请求实际出资人承担责任？公司法司法解释（三）第26条第1款规定："公司债权人以登记于公司登记机关的股东未履行出资义务为由，请求其对公司债务不能清偿的部分在未出资本息范围内承担补充赔偿责任，股东以其仅为名义股东而非实际出资人为由进行抗辩的，人民法院不予支持。"该条对名义股东对外应当承担补充赔偿责任作了规定，但对公司债权人能否请求实际权利人承担责任未作规定。对此，实践中存在不同观点。一种观点认为，出资义务是股东的法定义务，其前提条件是必须具有股东身份，实际权利人与名义股东之间系合同关系，其本人并非公司股东，从法律上讲对公司并不负有出资义务，故不应当承担责任。另一种观点认为，尽管实际权利人并不具有股东资格，但通常来讲，实际权利人与名义股东约定出资义务由实际权利人而非名义股东履行。当公司债权人知晓名义股东仅系代实际权利人持股时，其直接要求实际权利人承担责任，既未损害实际出资人利益，也未加重实际权利人的责任，符合实质公平原则。这一问题分歧较大，原拟规定，但最后删去，待日后再作规定。

五是名义股东的债权人申请查封执行名义股东代持股权时，隐名股东以自己是实际权利人为由提出执行异议，能否得到支持？这一问题实践中存在不同观点。认为隐名股东可排除强制执行的理由主要在于，非股权交易的债权人不属于公司法规定的信赖公示的第三人，其并非基于公示而与显名股东进行股权交易，不存在对该公示的信赖问题。因此，工商登记的外观主义原则上不适用于非股权交易当事人。认为隐名股东不得排除强制执行的理由主要在于，股权代持仅具有内部效力，对于外部第三人而言，股权登记具有公示公信力，其作为名义股东的债权人有权申请查封执行，且隐名股东在享受隐名便利的同时，应当承担可能出现的风险。鉴于最高人民法院正在起草执行异议之诉的司法解释，该问题暂未规定。

29. 【请求召开股东（大）会不可诉】公司召开股东（大）会本质上属于公司内部治理范围。股东请求判令公司召开股东（大）会的，人民法院应当告知其按照《公司法》第40条或者第101条规定的程序自行召开。股东坚持起诉的，人民法院应当裁定不予受理；已经受理的，裁定驳回起诉。

【条文主旨】

本条是关于股东会或者股东大会的召集是否具有可诉性的规定。

【争议观点】

实践中对股东会或者股东大会的召集是否具有可诉性存在不同观点。一种观点认为，从维护小股东利益角度出发，司法对公司治理的适度介入具有正当性和必要性，承认股东关于股东会或者股东大会召集权的可诉性，是调整公司内部治理结构失灵、为非控股股东行使共益权创造条件的重要保证。主要理由如下：(1) 法律未规定，不等于股东就不能提起此诉。新公司法的可诉性与以前相比虽然明显增强，但并非完美。在立法存在缺失的情况下，法院无权拒绝受理法无规定或规定不明的公司诉讼案件。（2）实践中，因不召开股东会而产生的纠纷不断，从司法具有定分止争的职能考虑，法院也有受理的必要。（3）只要原告的权利或法律状态现实地处于不安状态，就应当肯定其诉讼利益。另一种观点则认为，公司是否决定召开股东会本质上属于公司内部治理问题，司法应当尽量避免干预，公司法已经对股东会或者股东大会的召开作了比较完善的程序性规定，再允许通过诉讼程序赋予所有股东股东会或股东大会的召集权是对公司法现行规定的突破。主要理由如下：（1）新旧公司法均没有规定股东可以就召开股东会会议提起诉讼，可见立法机关在对公司法修订时，已经对于股东是否有权提起此类诉讼有了明确的态度。（2）股东会的召集程序、表决方式，除法律法规有强制性规定外，应由公司章程决定。股东会是否召开，公司有权自主决定。法院不应干预公司自治范围内的事务，以促进公司的活力。（3）如果股东认为不召开股东会损害其利益可以提起损害赔偿诉讼。我们认为，股东会或股东大会的召集，属于公司的内部事务，司法不应干预。

## 【理解与适用】

准确理解该条，需要把握以下几点：

### 一、要准确把握公司自治与司法干预的关系

公司自治是私法自治在公司法上的体现，为保持公司的活力，司法应当尊重公司的自治，而不应不当干预。公司是否召开股东会或者股东大会，以及何时召开，均属于公司自治的范围，人民法院不应当干预。征求意见稿规定："《公司法》第40条和第101条分别对有限责任公司和股份有限公司召开股东会或者股东大会的程序作出了规定。公司召开股东会或者股东大会本质上属于公司内部治理问题。股东请求判令公司召开股东会或者股东大会的，人民法院应当告知其按照上述法律规定的程序自行召开股东会或者股东大会。股东坚持起诉的，人民法院应当裁定不予受理；已经受理的，裁定驳回起诉。出现公司僵局，持有公司全部股东表决权10%以上的股东，依据《公司法》第182条等规定，起诉请求解散公司的，人民法院应予受理。"在征求意见过程中，有人提出，公司僵局能否起诉的问题，法律已经作出规定，本条可以不作规定，经研究认为，该意见有一定合理性，故我们删除了该内容。

**二、要准确把握诉的利益与诉的类型**

从诉的利益以及诉的类型理论两个方面来探析，股东会或股东大会的召集不具有可诉性。从诉的利益理论分析。根据我国《民事诉讼法》第119条规定的四个起诉条件：原告与案件有利害关系，有明确的被告，原告有具体的请求及事实与理由，案件属于法院主管。如果说只要符合该条规定的起诉，法院就应当受理，显然对其认识是存在一定片面性的。原因是对"诉的利益"范围有着过于宽泛的认识。所谓诉的利益，是指当事人所提起的诉中应具有的法院对该诉讼请求作出判决的必要性和实效性。多数学者认为，诉的利益属于诉讼要件，是法院对案件实体问题作出审判的前提要件。特别是在受理公司诉讼时，考虑诉的利益尤为重要，如果当事人可以就任何事项提起诉讼，很多人将成为被告而陷于诉讼之中，原告则是滥用权利。从诉的类型看，根据诉讼标的的性质和内容，诉可以分为确认之诉、给付之诉和变更之诉。确认之诉，是指一方当事人请求法院确认其与对方当事人之间争议的民事法律关系是否存在或者存在的具体状态之诉。确认之诉具有两个基本特点：(1)当事人提出确认之诉的目的，不是要求法院判令对方当事人履行一定的给付义务，而是要求法院明确某一争议的民事法律关系是否存在或存在的具体状态，法院对确认之诉进行审理后所作出的判决，本身没有给付内容，不具有执行性。(2)当事人所请求确认的争议的民事法律关系，既可以是原告已经受到实际侵害的民事法律关系，也可以是原告尚未受到实际侵害的民事法律关系。确认之诉有肯定（积极）确认之诉和否定（消极）确认之诉之分。主张法律关系存在的，是积极确认之诉；主张法律关系不存在的，是消极确认之诉。给付之诉，是指一方当事人请求法院判令对方当事人履行一定民事义务之诉。给付之诉具有两个基本特点：(1)当事人提起给付之诉的目的，在于请求法院判令对方当事人履行一定的民事义务。(2)给付之诉具有执行性，即法院作出的给付判决生效后，负有义务的当事人必须按照判决的要求履行义务，否则法院将根据对方当事人的申请强制执行。变更之诉，是指一方当事人请求法院通过判决，改变或者消灭其与对方当事人之间现存的某种民事法律关系之诉。变更之诉具有两个基本特点：(1)当事人之间对某一民事法律关系的存在无争议；(2)在法院作出的变更判决生效前，原法律关系仍然存在。股东会或股东大会的召集提起的诉讼应当归入给付之诉。(1)确认股东会或股东大会是否应当召集须另一方或多方当事人的积极作为才能实现，才具有法律意义；(2)即使法院判决股东会或股东大会应当召集，按现行法律并不能直接被执行，故不存在可执行性；(3)一般情况下，提起股东会召集之诉的当事人应当是对股东会是否召集处于不确定状态，双方当事人对这一行为的必要性是有争议的。是否召开以及如何召开股东会或者股东大会是公司内部事务，人民法院不宜干预。

**三、要准确理解股东会或者股东大会召集权的权利性质**

本条规定认为，召开股东会或者股东大会本质上属于公司内部治理问题。公司决策过程中，不仅要注重保护股东利益，还要考虑提高公司决策效率。以有限责任公司为例，《公司法》第40条规定："有限责任公司设立董事会的，股东会会议由董事会召集，董事长主持；董事长不能履行职务或者不履行职务的，由副董事长主持；副董事长不能履行职务或者不履行职务的，由半数以上董事共同推举一名董事主持。有限责任公司不设董事会的，股东会会议由执行董事召集和主持。董事会或者执行董事不能履行或者不履行召集股东会会议职责的，由监事会或者不设监事会的公司的监事召集和主持；监事会或者监事不召集和主持的，代表十分之一以上表决权的股东可以自行召集和主持。"该条规定通过层层递进的程序设计，已经为股东会的召集设置了清晰的步骤和方式。如果允许股东随意突破召集程序，反而容易影响公司正常管理秩序和决策效率。

**四、要履行向当事人的告知程序**

实践中，也有股东因法律知识欠缺，径行选择向法院起诉请求判令公司召开股东会或者股东大会，人民法院应当向当事人告知，可以按照《公司法》第40条或者第101条规定，自行召开股东会或者股东大会。股东坚持起诉的，人民法院应当裁定不予受理；已经受理的，裁定驳回起诉。

# 【实务问题】

**一、公司出现僵局，股东可否提起解散之诉**

本条原来规定了两款，第2款规定："出现公司僵局，持有公司全部股东表决权10%以上的股东，依据《公司法》第182条等规定，起诉请求解散公司的，人民法院应予受理。"当时考虑的是股东会决议虽不可诉，但是应该给股东一个救济途径。但是并非股东会决议不可诉，就必然出现公司僵局。两者缺乏必然联系，因此，删去了第2款的规定。但是如果出现公司僵局，股东是可以提起解散之诉的。因为公司僵局一旦形成得不到及时化解，不仅仅会损害公司自身及股东，当公司陷入僵局时，股东会或者董事会难以召开，即使可以召开也无法就公司经营管理达成共识并通过有效决议，然而，这并不意味着对立股东之间已无法就任何事项进行建设性的磋商。公司僵局的实质是股东之间对公司的经营管理无法取得一致意见，股东因达不到十分之一以上表决权而无法召开股东会或者股东大会时，其权利应当如何救济需要重点关注。由于此类股东的股权比例较低，对公司经营管理的话语权相对较弱，主要应当通过事前的章程约定对权利义务作出合理安排。如果认为公司决议损害其股东权利的，可以根据公司法规定提起撤销公司决议的诉讼。但在有些情况下，公司会陷入僵局，既可能表现为股东会或者股东大会无法召开，也可能表现为无法形成有效决议，此时，即使司法强制判令公司召开股东会也无济于事，只能由股东根据公司法规定提起公司解散之诉，人民法院对此类案件应当受理。此种情况下，构成公司僵局。《公司法》第182条规定："公司经营管理发生严重困难，继续存续会使股东利益受到重大损失，通过其他途径不能解决的，持有公司全部股东表决权百分之十以上的股东，可以请求人民法院解散公司。"公司解散的目的是维护股东的合法权益，其实质在于公司存续对于个别股东已经失去了意义，表现为股东无法参与公司决策、管理、分配利润，甚至不能自由转让和退出公司。为维护公司的正常的良性的运转，解散公司也是规范公司治理结构的有力举措。

二、公司出现僵局，股东能否要求退股

公司虽然出现僵局，但股东并不享有退股的权利。公司是一个复杂的利益共同体，各公司参与人之间的利益休戚相关，任何一方利益的变动都会影响到其他参与主体的利益。股东退股会产生公司资本减少的客观后果，公司资本的减少使公司的偿债能力下降，从而影响到公司债权人的清偿。如果股东和公司串通一气，通过向公司退股逃避债务，还会构成对公司债权人的侵权。因此公司出现僵局，股东起诉要求退股的，人民法院不予支持。

# 第三章　关于合同纠纷案件的审理

会议认为，合同是市场化配置资源的主要方式，合同纠纷也是民商事纠纷的主要类型。人民法院在审理合同纠纷案件时，要坚持鼓励交易原则，充分尊重当事人的意思自治。要依法审慎认定合同效力。要根据诚实信用原则，合理解释合同条款、确定履行内容，合理确定当事人的权利义务关系，审慎适用合同解除制度，依法调整过高的违约金，强化对守约者诚信行为的保护力度，提高违法违约成本，促进诚信社会构建。

## 【说明】

　　这部分是对审理合同纠纷案件所应坚持的基本原则的规定，主要包括：一是坚持鼓励交易原则。如在适用违法无效规则、背俗无效规则时，坚持鼓励交易原则要求要尽可能地限制无效合同的范围；在未生效合同问题上，要尽量通过让报批义务人履行报批义务，促成合同生效。二是坚持诚实信用原则。如在合同不成立、无效或者被撤销的法律后果问题上，就要根据诚实信用原则在当事人之间合理分配责任，避免使不诚信的当事人从其不诚信行为中获益；再如，在约定解除条件的认定上也要坚持诚实信用原则，避免轻易解除合同。

## 第一节　关于合同效力

　　人民法院在审理合同纠纷案件过程中，要依职权审查合同是否存在无效的情形，注意无效与可撤销、未生效、效力待定等合同效力形态之间的区别，准确认定合同效力，并根据效力的不同情形，结合当事人的诉讼请求，确定相应的民事责任。

## 【说明】

　　这是对人民法院在认定合同效力过程中提出的要求，主要包括以下内容：一是要依职权审查合同是否存在无效的情形，实现意思自治与国家强制之间的平衡；二是要注意各种效力形态之间的区别，尤其要注意未生效合同和无效合同之间的区别，避免将未生效认定为无效；要注意无效和可撤销合同的区别，法院应当依职权认定无效，但不能依职权撤销合同；三是要贯彻案结事了的原则，在合同不成立、无效或者被撤销情况下，人民法院应当通过合理行使释明权，实现当事人间的利益平衡，节约诉讼资源。

30. 【强制性规定的识别】合同法施行后，针对一些人民法院动辄以违反法律、行政法规的强制性规定为由认定合同无效，不当扩大无效合同范围的情形，合同法司法解释（二）第 14 条将《合同法》第 52 条第 5 项规定的"强制性规定"明确限于"效力性强制性规定"。此后，《最高人民法院关于当前形势下审理民商事合同纠纷案件若干问题的指导意见》进一步提出了"管理性强制性规定"的概念，指出违反管理性强制性规定的，人民法院应当根据具体情形认定合同效力。随着这一概念的提出，审判实践中又出现了另一种倾向，有的人民法院认为凡是行政管理性质的强制性规定都属于"管理性强制性规定"，不影响合同效力。这种望文生义的认定方法，应予纠正。

人民法院在审理合同纠纷案件时，要依据《民法总则》第 153 条第 1 款和合同法司法解释（二）第 14 条的规定慎重判断"强制性规定"的性质，特别是要在考量强制性规定所保护的法益类型、违法行为的法律后果以及交易安全保护等因素的基础上认定其性质，并在裁判文书中充分说明理由。下列强制性规定，应当认定为"效力性强制性规定"：强制性规定涉及金融安全、市场秩序、国家宏观政策等公序良俗的；交易标的禁止买卖的，如禁止人体器官、毒品、枪支等买卖；违反特许经营规定的，如场外配资合同；交易方式严重违法的，如违反招投标等竞争性缔约方式订立的合同；交易场所违法的，如在批准的交易场所之外进行期货交易。关于经营范围、交易时间、交易数量等行政管理性质的强制性规定，一般应当认定为"管理性强制性规定"。

## 【条文主旨】

本条是关于违反法律、行政法规强制性规定无效的规定。

## 【争议观点】

一是是否仍有区分效力性规定和管理性规定的必要？一种观点认为，区分这两种规范，有助于准确认定合同效力，避免合同无效的泛化。另一种观点认为，在认定合同是否因违反法律、行政法规强制性规定而无效时，要作个案判断，很难说违反某一个规范就是有效的或者无效的。我们原则上赞同第二种观点，但区分效力性规定和管理性规定，对于法官准确认定合同效力具有方法论上的指导意义，不必完全摒弃此种区分。

二是此处所谓的强制性规定是仅包括公法上的强制性规定，还是也包括私法上的强制性规定？我们认为，也包括私法上的强制性规定，但不包括专门规范合同效力的强制性规定，如关于批准生效、无权处分等规定。

## 【理解与适用】

### 一、从《合同法》第52条第5项到《民法总则》第153条第1款

合同法于1999年施行后，一些法院对《合同法》第52条第5项规定的适用存在一些不恰当的情况，不当地扩大了合同无效的范围。有鉴于此，合同法司法解释（二）第14条明确规定，该条所谓的"强制性规定"指的是效力性强制性规定。后来，最高人民法院又在《关于当前形势下审理民商事合同纠纷案件若干问题的指导意见》第15条中进一步提出了"管理性强制规定"的概念，对应于"效力性强制规定"。《民法总则》制定过程中，一度采纳了有关"效力性强制性规定"的概念，《民法总则草案》（三次审议稿）第155条规定："违反法律、行政法规的效力性强制规定或者违背善良风俗的民事法律行为无效。"但有意见认为，"效力性强制性规定"的概念比较模糊，建议换一种更加明确的方式，因此才有了现在《民法总则》第153条第1款的规定："违反法律、行政法规的强制性规定的民事法律行为无效，但是该强制性规定不导致该民事法律行为无效的除外。"从《民法总则》第153条第1款的表述看，有两个"强制性规定"，其中前一个强制性

规定指的就是效力性规定，后一个强制性规定这是管理性规定。可见，《民法总则》第153条第1款尽管在表述上与合同法有所不同，但其精神内核并没有变，区分效力性规定与管理性规定仍然有其积极意义。

二、要准确认定强制性规定的范围

《民法总则》第153条第1款有两个"强制性规定"，其中前半句规定的强制性规定，违反的后果是导致合同无效，因而其性质上属于效力性规定。一般认为，导致合同无效的效力性规定，作为公法进入私法的一条重要通道，具有引致条款的意义，因而往往是指公法上的强制性规定。但如果完全将私法上的强制性规定排除在外，会造成认定合同效力上的困难。如，学校等以公益为目的的事业单位签订的保证合同，就可以违反我国《担保法》第9条有关"学校、幼儿园、医院等以公益为目的的事业单位、社会团体不得为保证人"的规定，进而根据《民法总则》第153条第1款的规定认定保证合同无效。否则，认定此类合同无效就缺乏法律依据。就此而言，效力性规定不仅包括公法上的强制性规定，也包括私法上的强制性规定。至于该条后半句规定的强制性规定，则指的是管理性规定。鉴于私法中一般不存在管理性规定问题，因而这里的强制性规定主要是指公法上的强制性规定。需要特别注意的是，随着"管理性强制性规定"这一概念的提出，审判实践中又出现了另一种倾向，有的法院认为凡是行政管理性质的强制性规定都属于管理性规定，不影响合同效力，这是对管理性规定的望文生义的理解，应予纠正。

需要注意的是，违法无效规则不过是合同法对合同效力进行控制的规则之一，它并不是有关合同效力判断的全部规则，其与效力待定、未生效、可撤销以及其他合同无效规定之间属于并列而非包含关系。因此，《民法总则》第153条第1款所谓的"强制性规定"并不包括合同法有关效力控制的其他规定。在司法实践中，务必要将其与合同法有关因未经批准的合同、无权代表合同、无权代理合同以及无权处分合同的相关规定区别开来。具体来说：

（一）《民法总则》第153条第1款的强制性规定不包括法律、行政法规有关要求办理批准手续的规定

尽管法律、行政法规有关批准的规定属于管理性规定，因而看似符合该条后半句有关"该强制性规定不导致该民事法律行为无效的"情形。但该条后半句所谓的不导致民事法律行为无效，其后果一般是认定合同有效。换言之，尽管违反了管理性规定，但不影响合同效力。而未经批准的合同，根据《合同法》第44条第2款以及结合相关司法解释的规定，其后果是未生效，

既非有效亦非无效，难以为《民法总则》第 153 条第 1 款的强制性规定所涵盖。如《最高人民法院关于审理涉及国有土地使用权合同纠纷案件适用法律问题的解释》第 16 条规定："土地使用权人未经有批准权的人民政府批准，以划拨土地使用权作为投资与他人订立合同合作开发房地产的，应当认定合同无效。但起诉前已经办理批准手续的，应当认定合同有效。"但《城市房地产管理法》第 40 条规定，以划拨方式取得土地使用权的，转让房地产时，应当按照国务院规定，报有批准权的人民政府审批。可见，只要获得政府的批准，该转让行为就是有效的，就此而言，划拨土地使用权的转让属于《合同法》第 44 条第 2 款所规定的以批准作为其生效条件的合同，批准属于合同的特别生效条件，而非《民法总则》第 153 条第 1 款所谓的导致合同无效或不影响合同效力的强制性规定。

（二）《民法总则》第 153 条第 1 款的强制性规定不包括权限性规定

关于《公司法》第 16 条的规范性质，存在着管理性规定、效力性规定以及权限性规定等不同观点。本纪要认为，该条既非效力性规定亦非管理性规定，而是有关代表权限制的规定。也就是说，法定代表人尽管一般来说可以代表公司对外从事行为，但在对外担保等事项上，基于《公司法》第 16 条的规定，只有在经公司股东会或董事会决议后才能代表公司对外提供担保，否则，就构成越权代表。一旦构成越权代表，就要根据《合同法》第 50 条的有关规定来认定合同效力，而不能以《合同法》第 52 条第 5 项或者《民法总则》第 153 条第 1 款的规定来认定合同无效。

（三）《民法总则》第 153 条第 1 款的强制性规定也不包括赋权性规定

实践中，在有关法律、行政法规明确规定一定情况下某些特定标的物禁止或限制转让的情况下，就可能涉及是适用《民法总则》第 153 条第 1 款还是适用《合同法》第 51 条的问题。如根据《房地产管理法》第 38 条第 4 项规定，共有房地产未经其他共有人书面同意的，不得转让。如果某共有人未经其他共有人书面同意，将共有房地产转让给他人，此时是根据《合同法》第 51 条有关无权处分的规定认定合同效力待定，还是以违反《房地产管理法》的强制性规定，进而根据《合同法》第 52 条第 5 项宣告合同无效？我们认为，违反《房地产管理法》的前述规定，其性质构成无权处分，因而只能依据《合同法》第 51 条对无权处分的规定认定合同效力。当然，无权处分是否影响合同效力，如何看待《合同法》第 51 条的规定与买卖合同司法解释的相关规定，那是另一个层次的问题。

### 三、要准确适用违法无效规则

从《民法总则》第 153 条第 1 款的规定看，违反法律、行政法规强制性规定的合同原则上无效，只有在例外情况下才有效。因此，似乎只要把作为例外情况下不影响合同效力的管理性规定揭示出来就可以了，并无区分效力性规定与管理性规定的必要。但在具体判断合同效力时，很难凭一个简单的标准就认定某一强制性规定是否属于管理性规定，仍需根据一定的标准综合认定某一强制性规定究竟是属于该条前半句所谓的效力性规定，还是属于后半句所谓的管理性规定，进而确定合同是有效还是无效。就此而言，区分效力性规定与管理性规定仍有其积极意义，不能仅仅根据现有的表述，就认为已无区分效力性规定与管理性规定的必要了。准确适用《民法总则》第 153 条第 1 款规定的违法无效规则，要坚持以下顺序：

（一）要确定是否存在强制性规定

首先要区别某一规定究竟是强制性规定，还是倡导性规定、任意性规定。如果是强制性规定，还要进一步区分是公法上的强制性规定，还是私法上的强制性规定。只有公法上的强制性规定才可能是管理性规定，而私法上的强制性规定也不都是效力性规定，例如违反权限性规定、赋权性规定的后果就是效力待定。

（二）要考察规范对象

即强制性规定规制的对象究竟是意思表示本身，主体的准入条件，还是合同的缔约方式、时间、场所等要素，甚或是合同的履行行为，来具体认定合同效力：第一，合同内容违法。合同作为交易的主要形式，本身违法的情形并不多见，内容违法主要体现为标的物违法，包括：（1）以禁止流通物和限制流通物作为交易对象的行为，如买卖珍贵文物、珍稀动物、毒品、枪支弹药等行为；（2）以人身或人格利益作为交易对象的行为，如拐卖妇女、儿童、卖淫嫖娼、器官买卖、雇用童工等行为；（3）以违法标的物作为交易对象的行为，如销售假币、淫秽书刊、伪劣产品、淫秽书刊等行为。第二，主体资格违法，如学校等以公益事业为目的的单位提供保证。第三，合同的其他要素违法，如：（1）缔约方式违法，如建设工程合同必须进行招标而未采取招投标方式；（2）场所违法，如在批准的交易场所之外进行期货交易；（3）期限、数量违法，如股份公司的发起人在禁售期内转让股权，租赁合同超过最长的 20 年期限，民间借贷利息超过 36% 等。第四，履行行为违法，如以走私的方式履行买卖合同。一般来说，合同内容违法，表明该行为是法律、行政法规所要禁止的，原则上应当认定合同无效；主体违法、要素违法，表明法律、行政法规并不禁止该法律行为本身，原则上不应认定合同无效；履行行为违法，一般不影响合同效力。

（三）要进行法益衡量

在初步认定合同无效或者有效后，还要再根据法益衡量说进行检验校正，最终确定合同效力。所不同的是，对于因内容违法而原则上认定无效的行为，要通过法益衡量考察是否存在不影响合同效力的情形。反之，对于原则上不影响合同效力的行为，则要通过法益衡量考察是否存在合同无效的情形。但就考量的因素而言，大体是相同的，一般包括以下几个方面：第一，要看权衡相互冲突的法益，即考察所要保护的法益是否超过合同自由这一法益。一般来说，当强制性规定所要保护的是人身和人格权利（包括生命健康利益、人格自由和人格尊严）、基本政治权利和民事权利（如选举权和被选举权、婚姻自由权、劳动权、休息权等）时，基于基本权利保护的需要，应当认定侵害这些权利的合同是无效的。另一方面，如果强制性规定涉及金融安全、市场秩序、国家宏观政策等公序良俗的，一般也应当认定合同无效。当然，法益衡量并不是全部标准，在认定合同效力时，还要结合其他因素来综合认定。第二，要考察违法行为的法律后果。如果违法行为可能构成刑罚处罚的，意味着此种行为具有严重的社会危害性，为避免法律体系的矛盾，并顾及通常的法律情感（一般人很难接受一个应受刑罚处罚的行为在民法上却是有效的），应认为合同也是无效的。如果违法行为仅是轻微的行政违法行为，此时，就要兼顾考虑其他因素，如有无接受行政处罚的可能，行政处罚对于遏制违法行为是否已经足够；受害人是否特定，对特定当事人利益的侵害一般不应导致合同绝对无效，而是可撤销。反之，如果是不特定当事人，则意味着其属于社会公共利益的范畴，可能导致合同无效。第三，要考察是否涉及交易安全保护问题，主要是考察禁止性规范禁止的是一方的行为还是双方的行为。如果法律仅是禁止一方为某种行为，在确定合同效力时，需要优先考虑交易相对人保护的问题。如在房屋上涨的情况下，开发商以其未获得商品房预售许可为由请求宣告商品房预售合同无效，此时，就要考虑善意买受人的保护问题，对其保护就是对交易安全的保护。第四，还要考察合同是否已经履行。合同能否通过履行被治愈，取决于合同瑕疵的程度。如果是严重的瑕疵，如买卖枪支弹药，因其意思表示从根本上违反了社会公共利益，因此不能通过履行而被治愈。但如果不是严重的瑕疵，则在合同已经履行的情况下，也要考量履行的要素，在一定情况下承认合同有效，否则，会极大地浪费社会成本。

### 四、商事审判中常见的违法行为及其合同效力

#### (一) 关于主体资格违法问题

法律对民事主体从事某类行为可能资格、资质的要求，这些要求有些是针对法律行为的，如《担保法》关于国家机关以及学校、医院等以公益为目的的事业单位、社会团体不能作为保证人的规定，就是对从事保证行为的资格要求；有些是针对事实行为的，如要求建筑施工企业只有在取得相应资质后才可在其资质等级范围内从事建筑活动。取得这些资格、资质，有的不需要民事主体作出某种行为，如除特殊主体不得从事保证外，多数可以从事保证行为的主体无须取得保证资格；有的需要报批，如要取得银行等金融机构5%以上股权的，要报相关监管部门审批；有的需要取得行政许可，如商品房预售要取得预售许可。一般来说，法律、行政法规对实施事实行为的主体资格、资质的要求，目的并不在于直接禁止法律行为本身，对其的违反原则上不影响合同效力。而法律对于实施法律行为的主体资格、资质的要求，其目的在于禁止不具有相应资格、资质的主体进入、从事相应的法律行为，故不具有相应资格、资质的主体从事的法律行为原则上无效。但仍要进行法益衡量，特别是要考察有无对善意相对人保护的必要、所要保护的法益是否构成公共利益、违法行为的法律后果以及能否通过履行治愈等因素，综合认定合同效力。

#### (二) 关于超越经营范围和违反特许经营问题

根据合同法司法解释（一）第 10 条的规定，当事人超越经营范围订立合同一般不影响合同效力。很长一段时间以来，经营范围往往被视为是企业的行为能力甚至权利能力，超越经营范围而订立的合同被作为效力待定甚至无效合同对待。随着社会经济的发展以及法学理论研究的日渐深入，此种做法越来越不能适应已经发展变化了的社会经济现实，也不利于保护交易安全以及维护诚实信用的交易秩序。因此，学说与司法实践越来越倾向于认为，经营范围只是对企业自身营业范围的限制，并不影响企业的能力，也不能约束相对人，因而一般不能认定超越经营范围订立的合同无效，如对银行以其向他人借款超越经营范围为由认定无效的主张，人民法院就不应予以支持。

合同法司法解释（一）第 10 条同时又在但书部分规定，违反限制经营、特许经营以及禁止经营订立的合同无效。实践中，违反限制经营、特许经营以及禁止经营主要包括以下情形：一是对主体资格的限制，即只能由特定的主体从事某种行为，限制甚至禁止其他主体从事该种行为。如《储蓄管理条例》规定，只有经中国人民银行或者其分支机构批准的各商业银行、信用合

作社以及邮政企业才能依法办理储蓄义务，其他个人和机构无权办理该项业务。再如，我国对食盐、化肥、农药、农膜、甘草麻黄草实行专营制度，对烟草实行专卖制度，采取许可证管理办法，也属于对主体资格的限制。二是对标的物的限制，如禁止流通物包含着禁止经营的意味，限制流通物虽不禁止经营，但应对其经营加以限制，如管制刀具、麻醉药品和精神药品等只能由具备相当条件并获得特别许可的机构来经营。三是对行为本身的限制，如建筑工程施工需要取得诸如规划许可证、施工许可证等许可，商品房预售需要取得预售许可证等。在这三种情形中，不论是对主体的限制、对标的物的限制还是对行为本身的限制，最终都表现为主体从事某一行为需要获得某种许可，从这一意义上说，违反限制经营、特许经营以及禁止经营的行为，本质上就是主体未取得行政许可的行为。在此特别需要注意的是，认定违反特许经营的行为无效，可以合同法司法解释（一）第10条作为法律依据。但在认定某一违反特许经营的行为是否无效时，要根据前述有关主体不合格的相关规则来综合认定，不能笼统地以违反特许经营为由就一概认定合同无效。

（三）关于保底条款无效问题

根据资管新规，信托公司、商业银行等金融机构作为资产管理产品的受托人为受益人提供含有保证本息固定回报、保证本金不受损失等保底承诺的，此类条款就是保底条款。《最高人民法院关于审理联营合同纠纷案件若干问题的解答》第4条指出，保底条款违背了联营活动中应当遵循的共负盈亏、共担风险的原则，损害了其他联营方和联营体的债权人的合法权益，因此，应当确认无效。由此可见，不论是信托合同还是委托理财合同、联营合同，只要双方在合同中约定了保底条款，就与"投资有风险"的本质是相冲突的，因而构成矛盾条款，应当认定该条款无效。保底条款如果构成合同核心条款的，其无效将导致整个合同无效，当事人将根据各自的过错情况承担相应的责任。

（四）关于违反竞争性缔约方式问题

某些合同，依法应当通过招拍挂等竞争性方式来缔结。如我国《招标投标法》第3条规定："在中华人民共和国境内进行下列工程建设项目包括项目的勘察、设计、施工、监理以及与工程建设有关的重要设备、材料等的采购，必须进行招标：（一）大型基础设施、公用事业等关系社会公共利益、公众安全的项目；（二）全部或者部分使用国有资金投资或者国家融资的项目；（三）使用国际组织或者外国政府贷款、援助资金的项目。"问题是，对于必须采取招投标方式订立合同的工程建设项目以及采购行为，当事人没有采取招投标方式订立的，合同效力如何？《招标投标法》之所以规定某些特定的法律行为必须采取招投标的方式订立，目的就在于禁止当事人以招投标之外的方式订立合同。从其保护的法益看，规范招投标活动不仅涉及当事人的合法权益保护问题，同时也是维护公平竞争的市场经济秩序，预防和遏制腐败的重要环节，涉及国家利益、社会公共利益的问题。因此法律、行政法规规定的必须通过招投标方式订立的合同，违反招投标方式订立的合同属于无效合同。建设工程施工合同司法解释第1条有关"建设工程合同必须进行招标而没有通过招标方式订立的，合同无效"的规定，就是该原理的体现。

（五）关于场所不法问题

场所往往是合同的外围情事，其违法原则上不影响合同效力，如禁止占道经营，或者禁止在军事禁区附近经营，法律禁止的只是在特定场所内从事经营，本身并不禁止当事人从事的经营行为本身，故违反时不影响合同效力。但当法律对有关场所进行限制，其目的是通过对场所的禁止（或限制）来禁止（或限制）当事人从事某类法律行为本身时，对其的违反将导致合同无效。如，法律规定只能在特定场所从事博彩行为，则在该场所以外从事的博彩行为都是无效的；再如，根据《河道管理条例》第24条的规定，法律禁止在河道管理范围内植树，则尽管植树行为本身不存在违法问题，但"在河道管理范围内的河滩植树"则构成标的不合法，从而导致合同无效。再如，诸如场外配资、场外证券交易，看似属于场所不合法，实际上却不然。配资的实质是融资融券，配资方未取得融资融券资格进行场外配资的，本质上属于违反特许经营的无效行为。场外证券交易是当事人在证券交易所或者国家批准的其他证券交易场所以外的场所进行证券交易的行为，相对于法定交易所以公开竞价方式交易而言，场外证券交易是通过协议的方式进行证券交易的，本质上属于交易方式违法而非场所违法的问题，此类违法行为也应依法认定无效。

## 【实务问题】

### 一、如何判断一个规范是否属于强制性规定

《民法总则》第153条规定的"强制性规定"，是相对于任意性规定而言的，是不允许人们依自己的意思加以变更或排除适用的规定。强制性规定

要求当事人必须从事或者不从事某一种行为，属于行为规范的范畴，有别于纯粹约束法院的裁判规范。如《合同法》第41条有关"对格式条款的理解发生争议的，应当按照通常理解予以解释"的规定，其规范对象是法院而非当事人，属于纯粹的裁判规范，而非强制性规定。认定某一规定是否为强制性规定，可首先采取形式标准，看某一规范是否包含诸如"应当""必须""不得""禁止"等字样来认定其是否为强制性规定。具体来说：

（一）关于"应当"

带"应当"字样的规范通常为强制性规定，但例外情况下也包括裁判规范与倡导性规范，因此不可简单根据形式标准来认定某一规定就是强制性规定。如前述《合同法》第41条的规定，尽管用了"应当"的表述，但其属于纯粹的裁判规范，而非强制性规定。再如，《合同法》第215条规定："租赁期限6个月以上的，应当采用书面形式。当事人未采用书面形式的，视为不定期租赁。"该条的意思是6个月以上的长期租赁"最好"采取书面形式，如果没有采取书面形式，将被视为不定期租赁，承租人的利益将不能向定期租赁那样得到保障。就此而言，该条性质上属于倡导性规范。

（二）关于"必须"

"必须"作为强化版的"应当"，其表征的就是强制性规定。但《物权法》第87条规定："不动产权利人对相邻权利人因通行等必须利用其土地的，应当提供必要的便利。"此时，"必须"并不具有表征规范性质的意义，而是"很有必要"的意思，不能作为认定规范形态的依据。

（三）关于"不得"

带有"不得"字样的规定通常是强制性规定，但也包括裁判规范与半强制性规定，因而也不能简单地凭语义加以识别。如《合同法》第54条第3款规定："当事人请求变更的，人民法院或者仲裁机构不得撤销。"该条就是纯粹的裁判规范。再如，《合同法》第87条第2款规定："债权人转让权利的通知不得撤销，但经受让人同意的除外。"该条为债权人设定了不得撤销通知的强制性义务，但对受让人而言，则享有经由同意而解除债权人通知义务的权利。《合同法》第 19 条、① 第 266 条、② 第 371 条第 1 款、③ 第 372 条④中的"不得",均表征的是"一方不能,但经另一方同意或许可的除外"的意思,性质上属于半强制性规定。可见,带"不得"字样的规范在很大程度上与处分或让与禁止联系在一起,对其的违反在很大程度上与无权处分、无权代理等联系在一起,与违法无效规则还存在一定的区别。

（四）关于"禁止"

"禁止"在民商法中用得较少,意思是当事人"不得"为或不为某一行为,是强化版的"不得",表征的都是强制性规定。

总之,凡带有"必须""禁止"这样的规范,均为强制性规定。带有"应当""不得"字样的规范通常为强制性规定,但要排除属于裁判规范、倡导性规范或半强制规范的情形。没有形式标准可供识别的,再根据实质标准来判断。鉴于合同法考察强制性规定的主要目的在于确定其是否影响合同效力,因此在难以确定某一规范是强制性规定还是任意性规范的情况下,不妨先将其纳入《民法总则》第 153 条的考察范围,再根据相应的规则认定其是否为强制性规定,以及如果属于强制性规定的,根据其是否属于效力性强制性规定,来具体认定合同效力。

**二、民事合同构成刑事犯罪的,合同是否无效**

对此,存在不同观点。一种观点认为,为保持法秩序的一致性,应当认定构成刑事犯罪的民事合同无效。另一种观点则认为,违法性程度考察仅是法益衡量的一个因素,但不是全部因素,在确定违法合同的效力时,还要兼顾考察交易安全保护等其他因素,如合同诈骗在合同法的效力是可撤销,为充分保护受害人的合法权益,应赋予受害人以撤销权,并由其决定合同是否无效。我们赞同后一观点,民间借贷司法解释第 13 条规定："借款人或者出借人的借贷行为涉嫌犯罪,或者已经生效的判决认定构成犯罪,当事人提起民事诉讼的,民间借贷合同并不当然无效。人民法院应当根据合同法第五十

---

① 《合同法》第 19 条规定："有下列情形之一的,要约不得撤销：（一）要约人确定了承诺期限或者以其他形式明示要约不可撤销；（二）受要约人有理由认为要约是不可撤销的,并已经为履行合同作了准备工作。"

② 《合同法》第 266 条规定："承揽人应当按照定作人的要求保守秘密,未经定作人许可,不得留存复制品或者技术资料。"

③ 《合同法》第 371 条第 1 款规定："保管人不得将保管物转交第三人保管,但当事人另有约定的除外。"

④ 《合同法》第 372 条规定："保管人不得使用或者许可第三人使用保管物,但当事人另有约定的除外。"

二条、本规定第十四条之规定,认定民间借贷合同的效力。"该条体现的就是后一观点。

31.【违反规章的合同效力】违反规章一般情况下不影响合同效力,但该规章的内容涉及金融安全、市场秩序、国家宏观政策等公序良俗的,应当认定合同无效。人民法院在认定规章是否涉及公序良俗时,要在考察规范对象基础上,兼顾监管强度、交易安全保护以及社会影响等方面进行慎重考量,并在裁判文书中进行充分说理。

【条文主旨】

条是关于违反公序良俗无效的规定。

【争议观点】

违反部门规章的行为是否都是违背公序良俗的行为?对此存在肯定与否定两种观点。我们认为,不宜一概地认为违反规章的行为就是违背公序良俗的行为,进而认定合同无效,否则会不当地扩大无效合同的范围,有违鼓励交易原则。

【理解与适用】

一、从"社会公共利益"到"公序良俗"

《合同法》第52条第4项规定,损害"社会公共利益"的合同无效。但"社会公共利益"的提法不足以涵盖"国家利益",为使概念更为周延,《民法总则》用传统民法上的"公序良俗"代替了"社会公共利益"。从比较法上看,最早将公共秩序和善良风俗并称为"公序良俗"的是法国。《法国民法典》第6条规定:"个人的约定不得违反有关公共秩序和善良风俗的法律。"尽管法国将公共秩序与善良风俗并称,但实际上却是将善良风俗归于政治公序，从而以公共秩序为中心来设计整个公序良俗制度。《德国民法典》沿用罗马法的做法，只有"善良风俗"而无"公共秩序"的概念。《德国民法典》第138条第1款规定："违反善良风俗的法律行为无效。"但在德国的判例中，是否违反善良风俗一般应考虑"正当且公平的一切人的道义感"，"《德国民法典》第138条既包括了法制本身内在的伦理道德价值和原则，也包括了现今社会占'统治地位的道德'的行为准则。"① 在其援引对象包括了法体系内的原则精神与法体系外占统治地位的道德的情况下，善良风俗与公序良俗就并无实质区别了。《日本民法典》并用"公共秩序"和"善良风俗"概念。《日本民法典》第90条规定："违反公共秩序和善良风俗的法律行为无效。"我国台湾地区采日本学说，将公共秩序和善良风俗并用。在英美法上，与"公序良俗"相当的是"公共政策"。18世纪后半期，以公共政策为理由而否定契约上的救济的判例大量出现，其基本的表述是"不法的约定""对法的一般原则的违反""对善良风俗的违反"等。

总之，不论是"公共秩序""善良风俗"还是"公序良俗""公共政策"，在合同法领域，其本质均体现为对契约自由进行限制，意在于为契约自由划定界限，逾越界限从事的法律行为将不能达到预期的法律效果。准确理解其内涵，要着眼于对契约自由限制这一本质，而不可望文生义。

**二、公序良俗的类型**

从我国的司法实践看，公序良俗原则在合同法领域的运用主要体现在两个方面：一是诸如找关系解决就业、找关系打赢官司、调查婚外不正当关系等委托合同；二是基于婚外同居而产生的诸如赠与、买卖等合同，类型相对单一。② 而从比较法上看，很多国家有关公序良俗的形态是非常丰富的，对我国有一定的借鉴意义，故此处予以简单介绍。③

德国民法中的违反公序良俗的行为主要包括以下几类：（1）设定过度担保的行为，指债权人要求债务人提供的担保远远超过满足其债权所需要的程度。（2）危害其他债权人的行为。（3）束缚债务人的行为，如对债务人的正当经营行为进行过度限制等。（4）违反职业道德的行为，如约定收取胜诉所得金额一定比例的律师费。（5）通过法律行为设立性交义务的行为，如卖

---

① ［德］卡尔·拉伦茨：《德国民法通论（下册）》，王晓晔等译，法律出版社2003年版，第597页。
② 蔡唱：《公序良俗在我国的司法运用研究》，载《中国法学》2016年第6期。
③ 下文的有关介绍，主要参见赵万一、吴晓锋：《契约自由与公序良俗》，载《现代法学》2003年第3期。

淫行为，以展示性行为为业的行为等。(6) 诱导违约行为，即行为人故意诱导债务人不履行其法定义务的行为。(7) 暴利行为，主要包括信用暴利行为，即双方为消费借贷或其他信贷约定了特别高的利息；销售暴利行为；租赁暴利行为。(8) 其他违反善良风俗的行为，包括夫妻之间订立的附条件抚养合同、借腹生子合同等。

法国学者将公序分为古典政治公序和现代经济公序。古典政治公序包括关于国家利益的公序、关于家族利益的公序以及关于道德的公序，其中关于道德的公序又包括：违反人格尊严的合意，如禁止结婚和再婚的契约；谋取不法利益的合意，如赌博契约、以开设妓馆为目的的房屋买卖或租赁契约；违反性道德的合意，如非法同居协议、姘居男女的赠与协议等。而经济公序则是为了调整契约当事人的契约关系对经济自由进行适当限制的公序，其表现形态是国家介入个人间的契约关系。对经济公序，从国家介入的目的来分可分为"指导型公序"和"保护型公序"。指导型公序是以贯彻一定的国家经济政策为目的，将个人契约有条件地纳入国家的宏观经济政策之内，典型的如对价格进行规制。保护型公序是为了对劳动者、消费者、高利贷债务人进行保护的公序。例如，对高利贷的规制、对商事信用的规制、对消费者知情权的规制等。

日本关于公序良俗的类型，最具代表性的是所谓的"我妻类型"，即我妻荣先生对公序良俗进行的区分。我妻荣认为，公序是指国家社会一般的利益，良俗是指社会一般的道德观念，二者都可归入"社会妥当性"之内。关于违反公序良俗的类型，我妻荣把它归纳为：(1) 违反人伦的行为；(2) 违反正义观念的行为；(3) 乘他人的无思虑、危难而谋取不正当利益；(4) 对个人自由的极度限制行为；(5) 对营业自由的限制行为；(6) 对作为生存基础的财产进行处分的行为；(7) 显著的射幸行为。

从比较法关于公序良俗的发展看，总的趋势是，人伦类型逐步减少、经济交易关联类型、劳动关系类型、行政关系类型、诈欺性商法类型逐步增加，对公序良俗的判断的标准也从以"人伦"为主过渡到对交易公正的追求和对当事人利害关系的调整上。其中特别是有关暴利行为、竞争交易妨害行为、不当约款、消费者保护关联事例等被引入公序良俗领域尤其令人瞩目，对我们构建公序良俗的类型具有很强的参考意义。

我们认为，公序良俗包括公共秩序与善良风俗两个方面，其中公共秩序是指法律秩序，善良风俗指的是法律秩序之外的道德。在现代法治社会，宪法是公共秩序最全面、集中的体现，因此对公共秩序的类型化应诉诸对宪法规范的类型化。宪法作为公民权利的宣言书，调整的是国家与公民之间的关系，在此基础上派生出国家机关之间、中央与地方之间的关系。国家机关之间的上下级关系及横向关系主要涉及组织法的问题，与当事人的民事权利义务关系关联不大，因而公共秩序主要涉及国家与公民的关系。就宪法上的国家与公民的关系而言，宪法规定的公民基本权利同时就是国家的基本义务，宪法规定的公民的基本义务同时就是国家的基本权力，二者属于一体两面的关系。从基本权利义务的角度，可将公共秩序分为基本权利实现型公序（对应的是国家的义务）和管理秩序维护型公序（对应的是国家的权力），其中前者又可进一步分为狭义的基本权利保护以及弱者利益保护两种类型，后者又可分为经济社会管理秩序之维护和婚姻家庭秩序之维护两类。如此，公序良俗主要包括基本权利之维护、弱者利益之保护、经济社会管理秩序之维护、婚姻家庭秩序之维护以及伦理道德之维护五大类。从商事审判的角度看，比较法上有关设定过度担保行为、律师违反职业道德行为、高利贷行为、对营业自由的限制、对个人自由或权利的极度限制等对我国有较强的借鉴意义，可以作为违反公序良俗的类型。

**三、背俗无效规则的适用**

从《民法总则》的规定看，至少有三处规定了公序良俗。其中，第10条规定的是公序良俗原则，第143条将不违背公序良俗作为合同有效的必备要件，其153条第2款又明确规定违背公序良俗的民事行为无效。在《民法总则》制定过程中，有意见认为，在《民法总则》第143条已经从正面规定了法律行为生效要件的情况下，没有必要再从反面规定违反法律、行政法规强制性规定以及违反公序良俗的合同无效了，认为这构成重复规定。但《民法总则》最终没有采纳此种意见，而是将第153条分为两款，分别规定违法无效以及背俗无效两种情形，主要的考虑是：违法无效、背俗无效规则是据以限制民事主体滥用意思自治、维护国家重大核心利益的重大法律手段。如果删掉的话，国家利益的保障将失去法律依据。另一方面，《民法总则》第143条是关于合同有效要件的一般性规定，是合同效力认定的一般条款，不能直接作为认定合同无效的依据。如果不专门对违法无效、背俗无效作出规定，很多情况下认定合同无效就缺乏法律依据。

准确适用《民法总则》第153条第2款，要将其与公序良俗原则相区别。《民法总则》第153条第2款确立的是有关背俗无效的合同无效规则，人民法院可以直接据此宣告合同无效。而《民法总则》第10条规定的公序良俗原则，只有在没有具体规范可供适用的情况下，才能适用。换言之，其在适用上具有补充性。因此，在判断合同效力时，为防止向一般条款逃避，只能援引《民法总则》第153条第2款的规定，不能直接援引该法第10条的规定。这也是从措辞看，第153条用的是"违背公序良俗"而非违反"公序良俗原则"的原因。

准确适用背俗无效规则，还要将其与违法无效规则相区别。违法无效与背俗无效作为合同无效规则，均具有引致条款的性质，违法无效规则是将合同法之外的强制性规范引入合同效力判断之中，而背俗无效则是将法律原则以及法外的道德引入合同效力的判断之中。正因为背俗无效规则引致的是更为抽象的法律原则乃至法外道德，其较之于违法无效规则更加抽象、更加具有不确定性。为避免出现向更抽象的一般条款逃逸的现象，在考察合同无效时，应先考察是否违反了强制性规范，只有在不存在强制性规范时，才能适用损害社会公共利益无效的规则。也就是说，在能够以违法无效规则认定合同无效的情况下，应尽量避免背俗无效规则来认定合同无效。

**四、规章与公序良俗**

本条主要想要解决的就是违反规章是否影响合同效力问题。对此，从合同法到民法总则，一个总的精神是，违法无效的"法"限于法律、行政法规的强制性，违反规章原则上不影响合同效力。违反规章同时构成违背公序良俗，即规章的内容涉及金融安全、市场秩序、国家宏观政策等公序良俗的，此时之所以认定合同无效，不是因为违反了规章，而是因为违背了公序良俗。但这并不意味着在考察某一合同是否违背公序良俗时，完全可以置规章而不顾。因为只有当一个合同违反了规章的强制性规定时，才会引发是否存在违背公序良俗的问题。在考察违反规章尤其是金融领域的规章是否构成违背公序良俗时，与违法无效的考察顺序较为相似，一般也要考察以下几方面的因素：

一是要考察规范对象。即考察规章规范的对象究竟是交易行为本身，还是市场主体的准入条件，抑或对监管对象进行合规性监管。如《金融企业国有资产转让管理办法》规范的对象则是金融企业的国有资产转让行为，是交易本身；而《金融许可证管理办法》则是有关金融机构市场准入的规定；有的则纯粹是对监管对象在某一具体事务上进行规范，如《商业银行资本管理办法（试行）》有关资本充足率的要求，《商业银行杠杆率管理办法》有关杠杆率的要求，规范对象均是银行经营行为的合规性。一般来说，只有当规章的规范对象是交易行为本身，或者是市场主体的准入条件时，才可能影响合同效力。对监管对象的合规性要求，一般不影响合同效力。另一方面，也要考察规章规范的对象是一方的行为还是双方的行为。如果仅是规范监管对象一方的行为,就需要优先考虑交易相对人保护的问题,不应轻易否定合同效力。

二是要考察交易安全保护因素。主要是考察规章规范的是一方的行为还是双方的行为。如果仅是规范一方的行为的,在确定合同效力时,就要考虑交易相对人保护的问题。

三是要考察监管强度。即考察规章中有无刑事犯罪的规定。如果违反规章的后果仅仅是导致行政处罚的,说明监管强度较弱,一般不宜以违反规章为由否定合同效力。但是违反规章的行为可能构成犯罪的,表明监管强度较强,在认定合同效力时就要予以考虑。

四是要考察社会影响。只有当违反规章的行为可能造成严重的社会后果,如导致系统性金融风险时,才可以违背善良风俗为由认定合同无效。在考察社会后果是否严重时,要看某类违规现象是否普遍,肯定或者否定某一类交易行为的效力对整个行业有何影响。

一旦认定违反规章的行为同时构成违背公序良俗的,人民法院要在裁判文书中进行充分说理。

## 【实务问题】

### 一、如何区别公序良俗原则和诚实信用原则

公序良俗和诚实信用都是民法的基本原则,性质上均属于一般条款,具有法官造法、弥补法律漏洞、克服成文法局限性的功能。但二者仍然存在区别。诚实信用原则尽管贯穿于合同法的始终,如在合同义务类型上,先契约义务、诚信义务以及后契约义务均来源于诚信原则;人民法院在解释合同条款、确定履行内容、决定合同应否解除时,均应考虑诚实信用原则;在确定违约责任、缔约过失责任时,也要根据诚实信用原则,合理确定当事人的权利义务关系,强化对守法守约者诚信行为的保护,加大对违法违约行为的制裁与惩罚。但诚实信用原则协调的是合同当事人以及与特定第三人之间的利益冲突,一般不涉及公共利益问题,故违反诚实信用原则不影响合同效力。而公序良俗是对合同自由的限制,是意思自治不得逾越的界限。合同一旦违背善良风俗,就要宣告无效。从这一意义上说,公序良俗原则协调的是个人和公共利益之间的冲突,这是二者的根本区别。实践中部分法官混淆二者关系,出现诸如合同因违反诚实信用原则无效之类的判断,应予纠正。

## 二、违反政策是否构成违背善良风俗

此处的政策,主要是指各类"红头文件",不是通常所说的公共政策,因为公共政策就相当于公序良俗或者社会公共利益,违反的结果是导致合同无效。在确定违反政策是否构成违背善良风俗时,要注意以下几点:

一是要区分政策的层级与种类。政策有党中央的政策、国家政策、部门政策和地方政策之别,党中央的政策指的是党中央、中办等下发的各种"红头文件",国家政策是指国务院、国办以及各部委联合下发的各种"红头文件",如经"一行两会"联合下发的深改组讨论通过的资管新规,就属于国家政策的范畴。一般来说,违反党中央的政策、国家政策的合同,可以认定构成违背公序良俗。而违反部门政策、地方政策,如违反各地有关"限购"政策的合同,一般不宜以违背善良风俗为由认定合同无效。在此特别需要注意的是,前述政策不包括司法政策。司法政策是指司法解释以外的诸如会议纪要、领导讲话、指导性意见等各种政策,不能直接作为裁判依据进行援引,但可以作为法官具体分析法律适用时的理由。本纪要就属于司法政策的范畴,在适用时应当注意这一点。

二是要区分政策的不同法律意义。缔约时各种政策已经存在,此时考察违反政策主要是考察是否构成违背善良风俗,从而是否应当认定合同无效的问题。缔约时政策尚未出台,缔约后出台的,此时违反政策就不是考察合同是否无效的问题,而是要考察是否构成情事变更,从而因素变更或者解除合同的问题。

三是要区分政策的规范对象。在考察违反政策是否违背善良风俗时,也要考察政策的规范对象究竟是禁止从事某类交易行为,还是对某一方主体的资格进行限制,或者是某一类交易的场所、时间、数量等进行限制,从而参照适用前述有关违反规章是否违背善良风俗判断规则来进行相应的判断。

32.【合同不成立、无效或者被撤销的法律后果】《合同法》第 58 条就合同无效或者被撤销时的财产返还责任和损害赔偿责任作了规定,但未规定合同不成立的法律后果。考虑到合同不成立时也可能发生财产返还和损害赔偿责任问题,故应当参照适用该条的规定。

在确定合同不成立、无效或者被撤销后财产返还或者折价补偿范围时，要根据诚实信用原则的要求，在当事人之间合理分配，不能使不诚信的当事人因合同不成立、无效或者被撤销而获益。合同不成立、无效或者被撤销情况下，当事人所承担的缔约过失责任不应超过合同履行利益。比如，依据建设工程施工合同司法解释第2条规定，建设工程施工合同无效，在建设工程经竣工验收合格情况下，可以参照合同约定支付工程款，但除非增加了合同约定之外新的工程项目，一般不应超出合同约定支付工程款。

【条文主旨】

本条是关于合同不成立、无效或者被撤销的法律后果的一般性规定。

【争议观点】

关于应否区别合同不成立和合同无效，存在着肯定说和否定说两种观点。本纪要采肯定说，认为有区别的必要。

【理解与适用】

一、区别合同不成立与无效的意义

基于民事案由的设置，司法实践中有确认合同无效纠纷，却无"确认合同不成立纠纷"。加之合同不成立与合同无效在效果上大体相当，因此尽管理论上有区分合同不成立与合同无效的必要，认为合同是否成立是一个事实判断，属于当事人意思自治的范畴；而合同是否无效则是一个价值判断，涉及意思自治和国家强制的关系问题，人民法院应当依职权判断合同的效力，但实践中很少对二者进行区分。

我们认为，区分合同不成立与合同无效在以下情形中有其意义：一是在合同中约定了仲裁条款等纠纷解决条款的情况下，根据《仲裁法》第19条的规定，合同无效不影响仲裁协议的效力；但如果合同不成立，表明合同并非当事人真实意思表示的表示，包括仲裁条款在内的所有合同条款对其均无拘束力。二是在某些情况下，合同无效制度解决不了合同不成立的问题。如甲伪造乙的签名，与丙签订股权转让合同，将乙对 A 公司的股权转让给丙。此时乙与丙之间的股权转让合同，形式上尽管符合合同成立的要件，但因为并无乙的意思表示，属于不成立的合同。如果认为是无效合同，因为在我国当前的效力体系中，并不存在伪造他人签名无效的制度，认定合同无效在法律依据上就存在困难。三是在公司决议诉讼中，公司决议无效的法律依据是《公司法》第 22 条第 1 款，主要事由是决议本身违反法律、行政法规的强制性规定；而公司决议不成立的法律依据则是公司法司法解释（四）第 5 条规定，主要事由包括公司未召开决议、会议未对决议事项进行表决、出席会议的人数或者股东所持表决权不符合公司法或者章程规定、会议的表决结果未达到公司法或者章程规定的通过比例以及其他情形。

## 二、关于合同不成立、无效的法律后果

鉴于在合同不成立情况，也可能存在当事人基于不成立合同进行给付的情形，如在前举案例中，甲很可能基于伪造的股权转让合同将乙的股权转让到丙名下，在此情况下也存在财产返还、折价补偿以及损害赔偿等问题，与合同无效或者被撤销并无实质区别。有鉴于此，本条规定，合同不成立的法律后果，参照《合同法》第 58 条有关合同无效或者被撤销的法律后果来处理。

根据《合同法》第 58 条的规定，合同无效或者被撤销涉及财产返还、折价补偿以及损害赔偿等后果，后边的三条就是有关合同无效后果的具体规定。本条是有关合同无效的法律后果的一般规定，强调要根据诚实信用原则，合理确定当事人的责任，不能使不诚信的当事人从合同无效中获益。实践中，如在房屋涨价的情况下，开发商以未取得有效的房屋预售许可为由，主动请求确认合同无效，试图从合同无效中获益；又如，在小产权房因征收而能获得巨额补偿的情况下，一些出卖人就向法院提起诉讼，请求确认有关小产权房的买卖无效，其目的均在于试图通过确认合同无效获益。对于此种不诚信的做法，人民法院要通过合理分配利益来平衡当事人的利益，既做到依法认定合同无效，又维护并促进诚信社会的构建，这是本条的主要规范目的。

## 三、关于缔约过失责任的性质与范围

关于合同不成立、无效或者被撤销时，有过错的一方承担的损害赔偿责任性质上属于缔约过失责任，其范围为信赖利益损失，主要是缔约费用的损失。在确定其范围时，要注意以下几点：

一是信赖利益损失限于直接损失。一般包括：因信赖对方邀约邀请或邀

约而与对方联系、赴实地考察等支出的合理费用；为缔约做各种准备时支出的合理费用；为谈判而支出的合理费用。信赖利益损失一般不包括因此而错失的机会损失等间接损失，否则，信赖利益就可能会漫无边际，不当地加重了当事人的责任。

二是不能参照合同约定来确定信赖利益的范围。一方面，合同无效情况下，约定的违约金等条款自然无效，不得作为确定缔约过失责任的依据。另一方面，约定的违约责任不以发生实际损失为必要，非违约方也无须举证证明遭受了实际损失。而在合同不成立、无效或者被撤销的情况下，一方请求另一方承担缔约过失责任的，必须要举证证明遭受了实际损失。这也是为什么不能参照合同约定来确定缔约过失责任的原因。应予注意的是，建设工程施工合同司法解释第2条的规定，建设工程施工合同无效，但建设工程经竣工验收合格，承包人可以请求参照合同约定支付工程价款。在建设工程竣工验收合格而合同又无效的情况下，发包方占有建设工程构成不当得利，承包方参照有效合同请求支付的所谓工程款，性质上属于不当得利而非损害赔偿。再如，继续性合同如租赁合同无效，对于已经履行的部分，承租人如果没有交付租金的，其因占用租赁物所取得的利益也构成不当得利，可以参照有效合同处理。在前述两种情况下，是在不当得利返还问题上参照有效合同处理，而非缔约过失责任参照合同约定的违约责任处理。

三是信赖利益不得超过履行利益。实践中，在合同无效情况下，部分当事人主张的赔偿责任甚至超过合同有效并且实际履行情况下可得的履行利益，这是不妥当的。因此，要明确信赖利益不得超过履行利益。

四是信赖利益损失属于财产损失，不包括人身损害或精神损害。当事人在缔约过程中遭受人身损害或者精神损害的，应当根据侵权责任法的相关规定提出请求，而不能基于缔约过失责任提出。

## 【实务问题】

### 如何在没有"确认合同不成立"案由的情况下构建合同不成立制度

鉴于当前并无"确认合同不成立"这一案由，而确认合同不成立又有其必要性。为此，不妨将"确认合同无效"这一案由作扩张解释，使其及于"确认合同不成立"。

33.【财产返还与折价补偿】合同不成立、无效或者被撤销后,在确定财产返还时,要充分考虑财产增值或者贬值的因素。双务合同不成立、无效或者被撤销后,双方因该合同取得财产的,应当相互返还。应予返还的股权、房屋等财产相对于合同约定价款出现增值或者贬值的,人民法院要综合考虑市场因素、受让人的经营或者添附等行为与财产增值或者贬值之间的关联性,在当事人之间合理分配或者分担,避免一方因合同不成立、无效或者被撤销而获益。在标的物已经灭失、转售他人或者其他无法返还的情况下,当事人主张返还原物的,人民法院不予支持,但其主张折价补偿的,人民法院依法予以支持。折价时,应当以当事人交易时约定的价款为基础,同时考虑当事人在标的物灭失或者转售时的获益情况综合确定补偿标准。标的物灭失时当事人获得的保险金或者其他赔偿金,转售时取得的对价,均属于当事人因标的物而获得的利益。对获益高于或者低于价款的部分,也应当在当事人之间合理分配或者分担。

【条文主旨】

本条是关于合同不成立、无效或者被撤销后有关返还财产和折价补偿的规定。

【争议观点】

合同无效情况下的财产返还请求权,其性质是物权性质的返还原物请求权还是债权性质的不当得利请求权,能否对抗金钱债权人的执行,实践中存在不同认识。对此,需要具体问题具体分析,不可一概而论。

## 【理解与适用】

### 一、关于财产返还请求权的性质

在双务合同如房屋买卖合同无效的情况下，买方需要向卖方返还房屋，卖方需要向买方返还价款，此处所谓的财产返还请求权，主要是指卖方请求买方返还房屋的权利。关于财产返还的性质，有两种观点。一种观点认为，其性质属于不当得利返还请求权，此种观点以承认物权行为独立性与无因性为前提，认为合同无效或者被撤销后，基于合同所发生的债权债务关系尽管归于消灭，但独立于债权行为的物权行为并不受影响，仍单独有效，发生物权变动的效力。在此情况下，转让人只能基于不当得利请求返还原物。另一种观点则认为，合同无效或者被撤销后，基于合同发生的物权变动也丧失了基础，自然产生物权回转的效果，转让人享有的是物权请求权性质的返还原物请求权。只有在原物不能返还或者没有必要返还的情况下，返还原物请求权才转变为不当得利请求权。我国立法并未采物权行为理论，不认可物权行为的独立性和无因性，所以后一种观点是学界通说，我们也采此种观点。

区分财产返还性质的实益在于，在返还义务人破产的情况下，如果是物权请求权，权利人享有取回权，优先于一般债权人受偿。反之，如果认为是不当得利请求权，则只能与其他债权人一起平等受偿。另一方面，在待返还的财产被执行时，权利人可以基于物权请求权对抗一般债权人的执行，而不当得利请求权则不能对抗一般债权人。当然，即便原物存在，转让人认为没有必要返还原物的，也可以请求折价补偿，不必非得请求返还原物。毕竟权利人选择行使何种权利，是其自由而不是义务。就此而言，不存在权利人必须先行使返还原物请求权，只有在不能行使情况下才能请求折价补偿的问题。

### 二、关于返还财产的范围

关于返还财产的范围，涉及两个问题：一是返还范围是否包括孳息；二是在财产增值或者贬值的情况下，如何确保相互返还的公平性。

关于返还原物的范围是否包括孳息，理论上存在分歧。一种观点认为，应区分占有人是善意还是恶意来确定：占有人对于合同无效没有过错的，是善意占有人，无须返还孳息；反之，其对于合同无效存在过错的，则属于恶意占有人，应当返还孳息。我们认为，不论是善意占有还是恶意占有，都是无权占有。既然是无权占有，不论是善意占有人还是恶意占有人，均无权获得孳息。换言之，返还原物的范围都包括原物和孳息。所不同的是，善意占有毕竟不同于恶意占有，为与恶意占有区别起见，其可以向权利人请求支付因维护该不动产或动产所支出的必要费用。《物权法》第 243 条规定："不动产或者动产被占有人占有的，权利人可以请求返还原物及其孳息，但应当支付善意占有人因维护该不动产或者动产支出的必要费用。"体现的就是这一精神。

关于在财产增值或者贬值的情况下，如何返还才能实现公平，是本纪要关注的重点。如甲以 100 万元从乙处购买了一套小产权房，如果小产权房被征收的话，可以获得 200 万元的补偿。在买卖合同被宣告无效后，如果简单地进行双方返还，即甲将房子返还乙，而乙将价款返还甲的话，则乙获利 200 万元，而甲则仅获利 100 万元。如果乙明知房子要被征收从而请求确认买卖合同无效的话，如此返还的结果就会使不诚信当事人从其不诚信行为中获利。为避免出现此种后果，本纪要规定，在财产增值或者贬值的情况下，要综合考虑市场因素、受让人的经营或者添附行为与财产增值与贬值的关联性，在当事人间合理分配或者分担损失。据此，一是要考虑市场因素。前述案件中，财产增值就属于市场因素，故要将增值的 100 万元在当事人间合理分配。所谓的合理分配，就是要考虑各自对合同无效的过错程度以及是否有从合同无效中获益的因素。对试图利用合同无效制度获益的一方，可以考虑少分甚至不分。比如，乙明知房屋被征收可以获得 200 万元补偿款，因而请求确认合同无效的，对增值部分就可以考虑少分甚至不分。二是要考虑受让人的经营或者添附行为与财产增值与贬值的关联性。经营行为主要适用于股权返还场合，而添附行为主要但不限于不动产返还场合。就前述案例来说，如果甲在买得房屋后又对房屋进行了改造，导致房屋增值的，则要先考虑其添附行为对房屋增值的部分，然后再考虑市场因素的影响。当然，如果股权、房屋等贬值的，也要根据相同的规则在双方之间分摊损失。

三、关于折价补偿问题

所谓折价补偿，是指在原物因事实或者法律上的原因不能返还的情况下，当事人可以请求折价补偿，其性质属于不当得利返还。在标的物灭失的情况下，如果标的物灭失时当事人取得的保险金、赔偿金或者补偿金的，应当将其返还转让人。该补偿如果低于转让款的，对于转让款与补偿之间的差额部分，应当在当事人间合理分担；没有补偿的，应当以全部转让款为限在双方间分担损失。还以前述小产权房的买卖为例，小产权房尽管灭失了，但不影响当事人获得 200 万元征收补偿款的，此时乙须将 100 万元房款返还甲，而甲则须将 200 万元补偿款返还乙，双方互负的债务在 100 万元内相互抵消，对于剩余的100万元，则在双方之间分配，可以考虑彼此分50万元。

在标的物转售他人的情况下，如甲将房屋以100万元卖给乙，乙又将其以120万元转卖给丙，在甲乙间的买卖合同被确认无效，而丙构成善意取得的情况下，甲只能根据其与乙签订的买卖合同请求返还100万元房款。对于高出房款的20万元，根据相同的前述规则在双方之间分配。同理，如果乙仅以80万元将房屋卖给丙，则甲仍然可以请求乙返还100万元，但对于不足的20万元，同样也要在双方之间进行分摊。

总之，在折价补偿问题上，本纪要以当事人间合同约定的转让款为折价补偿的基础，然后与标的物灭失时所得的价值补偿或者转售时可得的价款进行比较，对高于或者低于转让款的部分，根据一定的规则在当事人之间进行分配或者分担，以实现当事人间的利益平衡。本纪要规定的折价补偿尽管性质上属于不当得利，但与传统民法上的不当得利制度相比，有如下不同：

一是返还范围不同。传统民法上的不当得利制度区分所受利益和所受损失，并比较二者数额的大小，以数额较小的为准来确定返还范围：所受利益超过所受损失的，如100万元的房屋卖了120万元，以价值较小的所受损失100万元为准。反之，当所受损失超过所受利益，如100万元的房屋卖了80万元，以价值较小的所受利益80万元为准。而本纪要确定的折价补偿规则，其标准是恒定的，即以合同约定的转让款为准，不存在因数额大小而异其标准的问题。

二是是否区分善意恶意不同。传统民法上的不当得利制度，区分善意与恶意而异其处理规则。一方面，当现存利益不存在时，善意当事人不负返还责任，恶意当事人仍应负返还责任。另一方面，恶意当事人除了需要返还现存利益外，还需要支付现存利益产生的利益，所受损失超过所受利益的，还要承担损害赔偿责任。而折价补偿规则基本不考虑善意恶意，而且在分配时要考虑当事人的过错或者善意，也与不当得利场合的善意恶意在内涵上有着显著区别。不当得利返还场合所谓的善意恶意指的是对无法获得利益这一事实是否知情，而折价补偿在分配时所要考虑的是当事人对合同无效有无过错以及是否有从合同无效中获益的动机。

三是与损害赔偿的关系不同。在传统不当得利制度中，当所受利益超过所受损失时，以所受损失为限返还不当得利，不存在另行主张损害赔偿问题。但在所受损失超过所受利益场合，对超过的部分，当事人还可以请求损害赔偿。而在折价补偿场合，尽管从理论上说，折价后仍不足以弥补损失的，当事人还可以请求损害赔偿。但鉴于折价补偿时已经充分考虑到公平返还的因素,实践中于此之外另行求偿的空间较小。

只有准确理解折价补偿与传统不当得利制度的区别,才能更好地适用本条有关返还财产尤其是折价补偿的规定。

## 【实务问题】

**买卖合同无效的,转让人能否基于生效文书有关判令被执行人返还标的物的判决对抗一般债权人的执行**

对此,本纪要第124条有明确的规定,即在金钱债权执行中,如果案外人提出执行异议之诉依据的生效裁判认定以转移所有权为目的的合同(如买卖合同)无效,进而判令向案外人返还执行标的物的,此时案外人享有的是物权性质的返还请求权,可排除金钱债权的执行。但在双务合同无效的情况下,双方互负返还义务,在案外人未返还价款的情况下,如果允许其排除金钱债权的执行,将会使申请执行人既执行不到被执行人名下的财产,又执行不到本应返还给被执行人的价款,显然有失公允。为平衡各方当事人的利益,只有在案外人已经返还价款的情况下,才能排除普通债权人的执行。反之,案外人未返还价款的,不能排除执行。

34.【价款返还】双务合同不成立、无效或者被撤销时,标的物返还与价款返还互为对待给付,双方应当同时返还。关于应否支付利息问题,只要一方对标的物有使用情形的,一般应当支付使用费,该费用可与占有价款一方应当支付的资金占用费相互抵销,故在一方返还原物前,另一方仅须支付本金,而无须支付利息。

## 【条文主旨】

本条是关于双务合同不成立、无效或者被撤销时,应否以及如何返还价款的规定。

## 【争议观点】

相互返还情况下,对于占用资金的一方应否支付资金占用费,存在不同理解。本纪要认为,要根据不同的合同类型,具体问题具体分析。

## 【理解与适用】

### 一、关于相互返还问题

双务合同中,双方各自的给付构成对待给付。即便在合同无效的情况下,双方负有的返还义务仍然构成对待给付。在当事人未就返还事宜作出特别约定的情况下,应当同时履行,故在一方未提出给付前,另一方可以拒绝对方要求返还的请求。这也是即便享有原物返还请求权的转让人在未返还价款前不能排除一般债权人执行的法理依之所在,也是本纪要之所以专门规定负有释明义务,以便一揽子解决纠纷的原因。

### 二、关于应否返还利息问题

关于应否返还利息,应当根据不同的合同类型来具体确定。除借款合同之外的买卖、租赁等双务合同,金钱往往是以对价的形式出现的。此类合同无效的情况下,买受人、承租人从合同订立时起至将标的物返还转让人、出租人期间的占有就构成无权占有,理论上应当向转让人、出租人支付使用费。反之,转让人、出租人也应当向买受人、承租人支付资金占用费。使用费与资金占用费之间完全符合法定抵销的条件,一经抵销,各自的债务均归于消灭。因此在一方返还原物之前,另一方仅须支付本金,无须支付利息。

但专以金钱为标的的合同如借贷合同无效时,资金占用方原则上应当支付利息。至于是按贷款利率还是存款利率支付,存在不同观点。一般来说,贷款利率比存款利率高,所以参照贷款利率显然较参照存款对权利人更为有利。参照贷款利率的推理依据为:一方需要向银行贷款以获得同等资金,故应参照贷款利率。而参照存款利率的推理依据是:资金方并不需要向银行借钱,因此,其损失的不过是同期存款利息。我们认为,在商事审判中,原则上应当参照贷款利率支付。应予注意的是,为深化利率市场化改革,自2019年8月20日起,中国人民银行已经授权全国银行间同业拆借中心于每月20日(遇节假日顺延)9时30分公布贷款市场报价利率(LPR),并且取消了中国人民银行贷款基准率这一标准。在此情况下,今后利息要以全国银行间同业拆借中心公布的贷款市场报价利率为准。

35.【损害赔偿】合同不成立、无效或者被撤销时,仅返还财产或者折价补偿不足以弥补损失,一方还可以向有过错的另一方请求损害赔偿。在确定损害赔偿范围时,既要根据当事人的过错程度合理确定责任,又要考虑在确定财产返还范围时已经考虑过的财产增值或者贬值因素,避免双重获利或者双重受损的现象发生。

## 【条文主旨】

本条是关于合同不成立、无效或者被撤销时,如何适用损害赔偿制度的规定。

## 【争议观点】

返还财产后当事人仍有损失的,当事人能否同时请求损害赔偿,存在不同理解。本纪要认为理论上可以,但实践中要避免双重受偿现象的发生。

## 【理解与适用】

关于损害赔偿与返还财产的关系,如前所述,合同无效场合涉及的返还财产,包括不能返还或者没必要返还时的折价补偿。不论是返还财产还是折价补偿,都已经较为充分地考虑了财产贬值与增值的因素。在财产增值的情况下,一般不存在损害赔偿问题。而在财产贬值的情况下,当事人本可以通过损害赔偿制度弥补其损失。但本纪要规定此时要根据诚实信用原则在当事人之间分摊因财产贬值而导致的损失,在此情况下,损害赔偿的空间在很大程度上已经被公平地财产返还制度所代替。换言之,在确保公平返还的情况下,很难再有请求损害赔偿的空间与必要。有鉴于此,本条一方面规定,仅返还财产不足以弥补损失的,一方还可以请求有过错的另一方承担损害赔偿责任。另一方面,又规定在确定损害赔偿范围时,既要根据当事人的过错程度合理确定责任,又要考虑在确定财产返还范围时已经考虑过的财产增值或者贬值因素,避免出现双重获利或者双重受损的现象发生。

## 【实务问题】

**人民法院应当如何综合适用返还财产、折价补偿以及损害赔偿这三种制度**

合同不成立、无效或者被撤销的后果包括返还财产、折价补偿以及损害赔偿。其中返还财产性质上属于物权请求权,在财产不能返还或者当事人认为没必要返还时,则转化为不当得利请求权性质的折价补偿。可见,折价补偿是返还财产的代替,二者只能择一行使,不能同时行使。在确定返还财产或者折价补偿的范围时,本纪要的一个突出特点是固定地以当事人间合同约定的转让款为折价补偿的基础,然后与标的物灭失时所得的价值补偿或者转售时可得的价款进行比较,对高于或者低于转让款的部分,根据一定的规则在当事人之间进行分配或者分担,以实现当事人间的利益平衡,此点使其有别于传统民法上的不当得利制度。当返还财产或者折价补偿不足以弥补损失时,理论上当事人仍然可以请求损害赔偿,但只要返还财产或者折价补偿已经充分顾及当事人间的利益平衡的话,实践中就不会有太多的损害赔偿的空间。

从实务操作的情况看,要根据当事人的诉辩情况具体确定如何适用返还财产、折价补偿或者损害赔偿制度。一方请求确认合同无效并返还财产,另一方请求继续履行合同,并未提出损害赔偿请求的,一旦认定合同无效,则应根据前述的返还财产或者折价补偿确定返还的范围。如另一方提起反诉请求损害赔偿的,考虑到此时的损害赔偿责任是缔约过失责任而非违约责任,在财产增值的情况下,因不存在损失,人民法院应当根据返还财产或者折价补偿的规定在当事人间合理分配收益,同时驳回当事人有关损害赔偿的诉讼请求;如果财产贬值的,既可以根据返还财产或者折价补偿规则在当事人间分摊损失,也可以根据损害情况支持当事人的损害赔偿请求。为避免给当事人以判非所请的错觉,以支持其损害赔偿请求为佳。

36.【合同无效时的释明问题】在双务合同中，原告起诉请求确认合同有效并请求继续履行合同，被告主张合同无效的，或者原告起诉请求确认合同无效并返还财产，而被告主张合同有效的，都要防止机械适用"不告不理"原则，仅就当事人的诉讼请求进行审理，而应向原告释明变更或者增加诉讼请求，或者向被告释明提出同时履行抗辩，尽可能一次性解决纠纷。例如，基于合同有给付行为的原告请求确认合同无效，但并未提出返还原物或者折价补偿、赔偿损失等请求的，人民法院应当向其释明，告知其一并提出相应诉讼请求；原告请求确认合同无效并要求被告返还原物或者赔偿损失，被告基于合同也有给付行为的，人民法院同样应当向被告释明，告知其也可以提出返还请求；人民法院经审理认定合同无效的，除了要在判决书"本院认为"部分对同时返还作出认定外，还应当在判项中作出明确表述，避免因判令单方返还而出现不公平的结果。

第一审人民法院未予释明，第二审人民法院认为应当对合同不成立、无效或者被撤销的法律后果作出判决的，可以直接释明并改判。当然，如果返还财产或者赔偿损失的范围确实难以确定或者双方争议较大的，也可以告知当事人通过另行起诉等方式解决，并在裁判文书中予以明确。

当事人按照释明变更诉讼请求或者提出抗辩的，人民法院应当将其归纳为案件争议焦点，组织当事人充分举证、质证、辩论。

## 【条文主旨】

本条是有关合同不成立、无效或者被撤销时人民法院如何行使释明权的规定。

## 【争议观点】

原告请求确认合同无效并要求被告返还原物或者赔偿损失，被告基于合同有给付行为的，人民法院在向被告释明时，是应当告知其提出反诉，还是告知其提出同时履行抗辩，存在不同观点。本纪要认为，提出反诉当然可以，但实践中并不多见，因为被告往往会提出合同有效并且请求继续履行的抗辩，即便提出反诉，也很可能是基于有效合同提出反诉，并不能解决合同无效情况下同时返还的问题。因此，本纪要认为，只要其提出同时履行抗辩，人民法院就可作出相应的裁判。

## 【理解与适用】

### 一、课予法院释明义务的原因

在双务合同如房屋买卖合同中，如买受人起诉请求确认合同无效并请求转让人返还购房款，而转让人主张合同有效时，一旦法院认定合同无效并支持买受人的诉讼请求，则在转让人并未反诉请求买受人房屋的情况下，其结果是买受人既拿回了购房款，又可以继续占有房屋。转让人要想取回房屋，必须要提起新的请求返还房屋的诉讼，在买受人将房屋转售他人的情况下，还会因产权归属问题产生更多的纠纷。其结果是，从程序看既增加了当事人的诉累又浪费了司法资源，从实体看也不符合双务合同相互返还的法理，造成当事人间的利益失衡。因为双务合同中，当事人互负对待给付义务。在合同不成立、无效或者被撤销的情况下，相互返还的义务仍然构成对待给付，原则上应当同时履行，一方未向对方返还的，原则上无权请求对方返还。还有一种情形是，一方仅起诉请求确认合同有效或者无效，未提出相应的给付请求，如果人民法院不行使释明权，则在确认合同效力后，仍须就合同无效或者有效的法律后果提起新的诉讼，同样会浪费司法资源。为避免浪费诉讼资源，并平衡当事人之间的利益，有必要课予人民法院释明义务。

## 二、针对原告的释明

在原告仅提起确认之诉的情况下，人民法院应当向其核实是否基于合同进行了相应给付。如果已经进行了相应给付的，应当向其释明，告知其增加相应的给付诉讼，如请求确认合同无效的，告知其同时请求返还财产、折价补偿或者请求损害赔偿；如果请求确认合同有效的，告知应提出继续履行、承担其他违约责任等诉讼请求。经释明后，原告拒绝增加诉讼请求时该怎么处理，有不同观点。一种观点认为，此时可以缺乏诉的利益为由驳回其起诉。我们认为，此时驳回原告的起诉有理论依据，但缺乏明确的法律依据。况且在立案登记制背景下，也不具有可操作性。因此，原告拒绝增加诉讼请求的，人民法院以继续审理为宜。当然，如果原告并未基于合同进行相应的给付，此时其直接提起确认合同效力之诉是有的诉的利益的，人民法院应予受理。

另一种情形是，原告请求确认合同有效并继续履行合同，被告主张合同无效的，法院也可以向原告释明，告知其一旦认定合同无效，其是否基于合同无效提出返还财产等相应的给付请求。经释明后，原告拒绝基于合同无效提出相应给付请求的，鉴于原告此时享有确认之诉的利益，人民法院应当继续审理，在对合同效力作出认定后作出相应裁判，不能像前一种情形那样直接驳回起诉。

## 三、针对被告的释明

在原告基于合同无效提出相应给付请求的情况下，被告基于合同也作出了相应给付，但抗辩合同有效并请求继续履行，人民法院应当向其释明，告知其提出同时履行抗辩。如果被告有关合同有效的抗辩成立，则应当驳回原告的诉讼请求；即便被告有关合同有效的抗辩不成立，在合同被认定无效的情况下，鉴于被告已经提出了同时履行抗辩，人民法院不仅应在"本院认为"部分对相互返还的同时履行作出认定，还应当在判项中对此作出明确表述，不能以其未提出反诉为由就作出判令单方返还的不公平结果。

在前述情形中，一审法院未向被告释明，告知其可提出同时履行抗辩，如果一审认定合同无效，二审认定合同有效，直接驳回原告的诉讼请求即可，未释明不影响裁判结果。如果一审认定合同无效，二审予以维持，则在一审未释明的情况下，如果二审简单支持原告的诉讼请求，未对相互返还事项作出裁判，就会导致单方返还这一不公平的结果。我们认为，此时可以参照买卖合同司法解释第27条的做法，二审法院可以直接经释明后改判。当然，如果返还财产或者赔偿损失的范围确实难以确定或者双方争议较大的，也可以告知当事人通过另行起诉等方式解决，并在裁判文书中予以明确。有一种观点认为，此时应当根据民事诉讼法司法解释第328条的规定，先进行调解，调解不成的，告知当事人另行起诉。我们认为，民事诉讼法司法解释第328条针对的是当事人在二审程序中增加独立的诉讼请求或者提出反诉的情形，而相互返还只涉及抗辩，并非提出新的诉讼请求，故不宜适用该条规定。

**四、将释明事项作为争议焦点**

鉴于针对原告的释明可能涉及诉讼请求的变更，针对被告的释明可能涉及同时返还问题，对当事人的权利义务关系影响巨大。为充分保护当事人的诉讼权利，也为法院规范行使释明权，本纪要规定，当事人按照释明变更诉讼请求或者提出抗辩的，人民法院应当将其归纳为案件争议焦点，组织当事人充分举证、质证、辩论。具体来说，向原告释明，要求其增加或者变更诉讼请求，应当将增加或者变更的诉讼请求能否成立作为争议焦点；向被告释明同时返还的，应当将是否享有以及能否行使同时履行抗辩权作为争议焦点。

## 【实务问题】

**法院直接判令同时履行是否超出诉讼请求**

在原告请求确认合同无效，而被告抗辩合同有效，并且在经释明提出同时履行抗辩的情况下，如果仅仅在"本院认为"部分对同时履行事宜作出认定，而未在判项中作出认定的话，鉴于"本院认为"并无既判力，并不能避免单方返还的不公平结果。而在判项中对同时履行事项作出表述，又可能面临超出诉讼请求的责难，毕竟被告仅是提出抗辩而非反诉。我们认为，法院在判项中对同时履行抗辩作出表述，并未超出原告的诉讼请求。事实上，此种表述只是在支持原告有关合同无效及相应给付请求的基础上，对原告诉讼请求的实现进行了限制，即在其未返还被告财产前，不能请求被告返还。这既解决了单方返还面临的利益失衡问题，又为执行阶段的双方返还提供了依据，是一种两全其美的做法，应予提倡和鼓励。

37.【未经批准合同的效力】法律、行政法规规定某类合同应当办理批准手续生效的，如商业银行法、证券法、保险法等法律规定购买商业银行、证券公司、保险公司5%以上股权须经相关主管部门批准，依据《合同法》第44条第2款的规定，批准是合同的法定生效条件，未经批准的合同因欠缺法律规定的特别生效条件而未生效。实践中的一个突出问题是，把未生效合同认定为无效合同，或者虽认定为未生效，却按无效合同处理。无效合同从本质上来说是欠缺合同的有效要件，或者具有合同无效的法定事由，自始不发生法律效力。而未生效合同已具备合同的有效要件，对双方具有一定的拘束力，任何一方不得擅自撤回、解除、变更，但因欠缺法律、行政法规规定或当事人约定的特别生效条件，在该生效条件成就前，不能产生请求对方履行合同主要权利义务的法律效力。

## 【条文主旨】

本条是有关未经批准的合同效力的规定。

## 【争议观点】

关于未经批准的合同的效力，存在以下不同观点：

一是无效说。商业银行法、证券法、保险法等法律都有购买商业银行、证券公司、保险公司5%以上股权须经相关主管部门批准的规定，属于法律的强制性规定，违反的后果是导致合同无效。

二是有效说。该说内部又有几种不同的论证路径。有着眼于规范性质，认为前述规定属于管理性规定而非效力性规定，违反该类规定并不导致合同无效，仅是招致行政法上的不利后果；有着眼于审批对象，认为审批的对象是权利的变动而非作为其原因的合同，进而认为审批不影响合同效力，而影响的是权利的变动；还有着眼于规范性质，认为所谓的审批实质上是有关市场准入的规定，而非合同效力的规定，除非对市场准入有特殊限制，否则，未经批准一般不影响合同效力。

三是未生效说。前述法律有关股权转让行为须经批准的规定，属于法律规定的应当办理批准生效的情形。在法律规定批准生效的情况下，批准是合同的法定生效条件，未经批准的合同，属于生效条件未成就的合同，属于未生效的合同。

本纪要采未生效说。

## 【理解与适用】

### 一、关于批准生效合同的适用范围

《合同法》第 44 条第 2 款规定："法律、行政法规规定应当办理批准、登记等手续的，依照其规定。"可见，只有法律、行政法规规定应当办理批准手续的合同，批准才影响合同效力。部门规章、地方性法规有关批准的规定，不影响合同效力。从司法实践看，法律、行政法规规定应当办理批准手续的，主要出现在以下一些领域：

一是金融商事领域。如《商业银行法》第 28 条规定："任何单位和个人购买商业银行股份总额百分之五以上的，应当事先经国务院银行业监督管理机构批准。"《保险法》第 84 条[①]规定：变更出资额占有限责任公司资本总额百分之五以上的股东，或者变更持有股份有限公司股份百分之五以上的股东，应当经保险监督管理机构批准。《证券法》第 129 条也有类似规定："证券公司设立、收购或者撤销分支机构，变更业务范围，增加注册资本且股权结构发生重大调整，减少注册资本，变更持有百分之五以上股权的股东、实际控制人，变更公司章程中的重要条款，合并、分立、停业、解散、破产，必须经国务院证券监督管理机构批准。"

二是国有资产转让。如《企业国有资产监督管理暂行条例》第 24 条："所出资企业投资设立的重要于企业的重大事项，需出所出资企业报国有资产监督管理机构批准的，管理办法由国务院国有资产监督管理机构另行制

---

① 《保险法》第 84 条规定："保险公司有下列情形之一的，应当经保险监督管理机构批准：（一）变更名称；（二）变更注册资本；（三）变更公司或者分支机构的营业场所；（四）撤销分支机构；（五）公司分立或者合并；（六）修改公司章程；（七）变更出资额占有限责任公司资本总额百分之五以上的股东，或者变更持有股份有限公司股份百分之五以上的股东；（八）国务院保险监督管理机构规定的其他情形。"

定,报国务院批准。"但该条所谓的"重大事项"是指哪些事项,存在一定的模糊性。

三是外商投资领域。如中外合资经营企业法、中外合作经营企业法均有外商投资企业的章程、协议、合同应予报批的规定,[①] 以及外商投资企业对外转让股权须经报批的规定。[②] 当然,随着新的外商投资法的出台,外商投资企业的合同审批将逐渐退出历史舞台。

四是探矿权采矿权转让。如根据《矿产资源法》第 6 条之规定,探矿权、采矿权可在以下两种情形下转让:一是探矿权人在完成规定的最低勘查投入后,经依法批准,可以将探矿权转让他人。二是已取得采矿权的矿山企业,因企业合并、分立,与他人合资、合作经营,或者因企业资产出售以及有其他变更企业资产产权的情形而需要变更采矿权主体的,经依法批准可以将采矿权转让他人采矿。

总之,前述法律、行政法规有关批准手续的规定,批准的对象都是合同,而不是项目。而且此种审批性质上属于事后审批,而非事前审批。即便是《商业银行法》第 28 条所谓的事前审批,本质上还是对合同的事后审批。

## 二、相关司法解释的演进

关于未经批准的合同的效力问题,司法实践经历了一个认识不断深化的过程。合同法司法解释一第 9 条规定,依法应当办理批准手续的合同,当事人在一审法庭辩论终结前仍未办理批准手续的,人民法院应当认定该合同未生效。该司法解释第一次从规范层面规定了未生效合同,但鉴于其对于如何促成未生效合同向有效合同转化缺乏具体规定,而司法的解决纠纷职能决定了,必须要对合同效力作出明确判断。在未生效合同难以被认定有效的情况下,实践中往往是认定未生效,却按照无效处理,从而没有达到预期效果。有鉴于此,合同法司法解释(二)第 8 条规定:经批准才能生效的合同,办理批准手续属于《合同法》第 42 条第 3 项规定的"其他违背诚实信用原则的行为",人民法院可以根据案件的具体情况和相对人的请求,判决相对人自行办理报批手续,由怠于履行报批义务的当事人承担相关费用及损失。但相对人自行报批很难获得主管部门的批准,该条规定的实际效果并不理想。正是看到了前述司法解释的不足,2010 年出台的外商投资企业司法解释第一

---

　① 参见《中外合资经营企业法》第 3 条、《中外合资经营企业法实施条例》第 14 条;《中外合作经营企业法》第 5 条、《中外合作经营企业法实施细则》第 11 条。

　② 参见《中外合资经营企业法实施条例》第 20 条、《中外合作经营企业法实施细则》第 23 条、《外资企业法实施细则》第 22 条。

次规定报批条款及相关条款独立生效，完善了使未生效合同向有效合同转化的机制。该司法解释的相关规定被后续出台的"矿业权司法解释"以及民法典草案"合同编"①所采纳，对于人民法院认定未生效合同效力具有重要的参考意义。本纪要关于未经批准的合同效力问题，实际上就是借鉴了前述司法解释的相关规定。

### 三、关于未经批准的合同效力

学理认为，合同效力有形式拘束力与实质效力之分，形式拘束力意指当事人不能任意撤销、变更甚至解除合同的效力，实质效力则是指基于合同本身而在当事人间发生的权利义务关系。②合同的形式拘束力源于合同的成立，而实质效力则源于合同的生效。我国《合同法》第8条规定："依法成立的合同，对当事人具有法律约束力。当事人应当按照约定履行自己的义务，不得擅自变更或者解除合同。依法成立的合同，受法律保护。"该条就是关于形式拘束力的规定。在一般情况下，合同或者有效成立，或者无效不成立，区别形式拘束力与实质拘束力并无太多实益。但在合同已经成立，但因约定生效条件未成就、约定期限未届满，或者因未办理审批手续等原因未生效的情况下，区别形式拘束力与实质效力就有其积极意义。只有着眼于前述区分，才能准确理解未经批准的合同的效力。具体来说：

一是具有形式拘束力。未生效合同已经依法成立，双方当事人非经协商或具有法定事由，不得任意撤销、变更或解除合同。换言之，如果具有法定事由，如一方具有《合同法》第54条规定的可撤销或可变更事由时，另一方可以请求人民法院撤销或变更合同。

二是不具有实质效力。合同未生效属于欠缺生效要件的合同，有别于有效合同，一方直接请求另一方履行合同或者承担合同约定的违约责任，不应予以支持。

三是可以通过办理批准手续促成合同生效。未生效合同仍有通过办理批准手续而生效的可能，故也不同于无效合同。当事人直接请求确认合同无效的，亦不应予以支持。

---

① 民法典草案意见（二审稿）第294条第2款规定："法律、行政法规应当办理批准、登记手续生效的，依照其规定。当事人未办理批准、登记等手续的，该合同不生效，但是不影响合同中履行报批、登记等义务条款以及相关条款的效力。应当办理申请批准或者登记手续的当事人未履行该义务的，对方可以请求其承担违反该义务的责任。"

② 王泽鉴：《债法原理：基本理论、债之发生（第一册）》，中国政法大学出版社2001年版，第193页。

#### 四、未生效不同于无效

关于未经批准的合同效力，实践中的一个突出问题是，将其等同于无效。为此，有必要明确二者的区别：其一，从违反的规范类型看，合同无效是因为合同违反了法律、行政法规的效力性强制性规定或者违背善良风俗。而未生效合同违反的则是法律、行政法规有关审批的规定，此种规范属于管理性强制性规定。其二，从法律依据看，认定合同无效的依据是《合同法》第52条，本质是意思表示超越了国家管制的界限。而认定合同未生效的依据则是《合同法》第44条，本质是合同不具备法定的生效条件。其三，在是否允许补正上，合同无效原则上是自始无效、绝对无效、当然无效、全部无效，不存在补正的可能。而未生效合同在获得批准前效力处于不确定状态：也可能有效，也可能无效。当事人可以通过履行报批手续促成生效，此点有别于无效合同的确定无效。

## 【实务问题】

#### 一、能否在判项中认定合同未生效

人民法院受理合同纠纷后，只有在对合同是有效还是无效作出明确判断后，才能解决当事人之间的纠纷。而认定合同未生效，并没有达到解决纠纷的目的。考虑到未生效合同属于合同效力的中间状态，有必要规定合同效力的确定机制以及人民法院的释明义务。为此，该条既对当事人的诉讼请求提出要求，即当事人既不能基于有效合同提出继续履行合同或者承担违约责任的诉讼请求，也不能直接请求确认合同无效并请求另一方承担损害赔偿责任，而只能基于未生效合同提出相应诉讼请求。同时也要求人民法院要做好相应的释明工作，确保未生效合同得以通过诉讼程序得到实现。另一方面，又规定了未生效合同的效力推进或者消灭机制：如果当事人希望另一方继续履行合同，则应当请求另一方履行报批义务，进而通过报批义务的履行促进合同生效；反之，如果当事人不想继续履行合同，则应当请求解除合同，从而使当事人摆脱合同的约束。但不论如何，当事人都不能仅诉请确认合同未生效，人民法院也不能在判项中认定合同未生效。

#### 二、能否类推适用《合同法》第45条的规定

《合同法》第45条第2款规定："当事人为自己的利益不正当地阻止条件成就的，视为条件已成就；不正当地促成条件成就的，视为条件不成就。"该条规范的是附约定条件的合同。在约定条件中，是否约定条件、约定何种

条件以及条件何时成就均属当事人意思自治的范畴。在约定条件下，出于对恶意当事人的惩戒、维护诚实守信的交易秩序的考虑，《合同法》作出了前述规定。而法律、行政法规规定的批准属于合同的法定生效条件，而批准本质上是行政机关的监管行为，是否批准属于行政裁量权行使的范畴，不属于当事人意思自治的范畴。因此，一方拒不履行报批义务的，原则上不能类推适用《合同法》第45条第2款的规定，视为已经获得批准，进而认定合同有效。否则，就会使报批的规定沦为一纸空文。但在特定情况下，如生效判决已经判令当事人履行报批义务，当事人仍拒不履行的，可以类推适用该条规定，从而让当事人承担违约责任。对此，后文还将详述，此处不再赘述。

38.【报批义务及相关违约条款独立生效】须经行政机关批准生效的合同，对报批义务及未履行报批义务的违约责任等相关内容作出专门约定的，该约定独立生效。一方因另一方不履行报批义务，请求解除合同并请求其承担合同约定的相应违约责任的，人民法院依法予以支持。

## 【条文主旨】

本条是关于报批义务及相关违约条款独立生效的规定。

## 【争议观点】

关于报批义务及相关条款应否独立生效，存在不同观点。一种观点认为，在整个合同未生效的情况下，报批义务及相关条款独立生效既缺乏法律依据，也缺乏法理依据。另一种观点则认为，正因为整个合同未生效，才有必要课予当事人报批义务，并通过促使其履行报批义务，促进未生效合同向有效合同转化。本纪要采后一种观点，即独立生效说。

## 【理解与适用】

### 一、报批义务及相关条款独立生效的必要性

之所以规定整个合同未生效不影响当事人间有关报批义务条款以及因报批义务而设定的相关条款的效力，是因为实践中因审批而导致的合同纠纷，症结往往在于当事人不去报批而不是行政机关不批准。而当事人不报批，合同未生效；合同未生效，一方不能请求另一方履行合同义务，包括履行报批义务；当事人无须履行报批义务，则其往往会视情况决定是否报批：报批对自己有利的，就去报批；反之，就不去报批。其结果是使得不诚信的当事人从其不诚信行为中获得利益，显然是不妥当的。正是看到前述问题，才有必要规定合同未生效不影响当事人间有关报批义务及因该义务而设定的违约责任等相关条款的效力。

从法理上看，报批义务及相关条款独立生效也有坚实的理论依据。当事人间订立合同，核心目的自然是确定双方的权利义务关系。但还有两类合同条款，它们的性质决定了其独立于合同的权利义务条款：一是促成合同生效的条款。在合同以某一条件的成就为生效条件时，此种前提性的条款将独立于合同条款而事先生效。否则，就会陷入前述的悖论，最终既无助于缔约目的的实现，也不利于诚实信用原则的维护。二是在合同无效、被撤销或者终止时，有关争议解决的条款。《合同法》第57条仅规定了后者，并未对前者作出规定。事实上，二者一个针对的是合同的"生前"，另一个则针对合同的"死后"；一个促成合同有效，一个解决无效、被撤销或者终止后所产生的争议，均具有手段性特点，不同于当事人通过合同享受权利承担义务的其他合同条款，当然具有独立性。因此，合同未生效不影响报批义务条款的效力。既然报批条款独立生效，则专门针对报批义务设定的相关条款自然也独立生效。

本条所谓的"相关内容"，主要是指有关违约责任的规定，即合同中专门约定的报批义务人怠于履行报批义务时将承担违约责任的约定，此种约定有别于主合同约定的违约责任条款。当然，"相关内容"并不限于与报批义务相关的违约责任条款，还包括其他与报批义务有关的条款，如在股权转让场合，双方约定受让人先支付一定比例的价款时转让人才履行报批义务；再如在履行报批义务时，双方对报批期限以及受让人的协助义务又作了约定，这些约定都是与报批义务相关的条款，都具有效力上的独立性，不受整个合

同未生效的影响。

**二、关于报批义务的性质**

报批行为作为促成合同生效（或确定合同效力）的一项重要义务，与当事人订立的合同间有着密切联系，因而具有私法上的意义。而批准行为作为应申请而为的行政行为，由行政相对人的报批行为与审批机关的审批行为两部分构成，因此报批又具有公法上的意义。从实践看，当事人不去报批一般不会导致行政处罚，这点不同于行政许可。行政许可以法律"一般禁止"或"限制"某一行为为前提，表现为对此种禁止或限制的解除。由于行政许可的本质是行政相对人未经许可不得从事某种特定的活动，因此，行政相对人未经许可从事了某种特定活动的，即违反了法律的禁止性规定，应受到公法处罚，包括行政法制裁甚至刑法制裁。另一方面，在行政许可中，行政相对人之所以能从事某种行为，乃在于行政许可解除了某种禁止或限制，从而创设了某种权利。而行政审批性质上属于对当事人权利义务关系的事后确认，审批自身并未创设新的法律关系。可见，在行政许可中，居于主导地位的是行政机关的许可；而在行政审批中，居于主导地位的则是当事人自身的意思，而非审批。这也从另一个侧面揭示了报批义务并非公法义务。

如果当事人在合同中明确约定了报批义务，此时报批义务属于合同义务当无疑问。即便当事人未在合同中对报批义务作出约定，基于诚实信用原则，当事人也负有报批义务。问题是，此时报批义务究竟属于合同义务还是先合同义务？有一种观点认为，报批义务属于先合同义务，因为合同法司法解释（二）第8条①将当事人怠于履行报批义务的行为，认定为属于《合同法》第42条第3项规定的"其他违背诚实信用原则的行为"。而该条是有关缔约过失责任的规定，违反的是缔约阶段基于诚信原则产生的先合同义务，因此报批义务属于先合同义务。但先合同义务一般不能请求实际履行，且其对应的损害赔偿责任性质上也属于缔约过失责任。而本纪要既规定了报批义务及相关条款独立生效，而且也规定了一方可以请求另一方履行报批义务；专门针对报批义务约定违约责任的，还可以请求另一方承担专门的违约责任，这些规定显然超出了先合同义务的范畴。就此而言，我们认为，即便合

---

① 合同法司法解释（二）第8条规定："依照法律、行政法规的规定经批准或者登记才能生效的合同成立后，有义务办理申请批准或者申请登记等手续的一方当事人未按照法律规定或者合同约定办理申请批准或者未申请登记的，属于合同法第四十二条第（三）项规定的'其他违背诚实信用原则的行为'，人民法院可以根据案件的具体情况和相对人的请求，判决相对人自己办理有关手续；对方当事人对由此产生的费用和给相对人造成的实际损失，应当承担损害赔偿责任。"

同没有规定报批义务，报批义务也属于基于诚信原则产生的可以独立请求的附随义务，属于合同义务的范畴。因为合同义务除了主给付义务外，还包括基于诚实信用原则而产生的附随义务以及不真正义务，这些义务构成一个义务群，其中附随义务又包括可以独立诉请的附随义务以及不可独立诉请的附随义务两类，报批义务属于其中能够独立诉请的附随义务，其功能在于促进主给付义务的实现。

三、关于报批义务的实际履行问题

有一种观点认为，报批义务需要义务人有所作为，而义务人是否从事某种行为涉及行为自由问题，不具有可执行性，因而不能强制执行报批义务。我们认为，此种观点混淆了人身自由与行为自由，是错误的。现代法治尊重个人人格，因此不能以人格为执行标的，即不能通过侵害债务人物质性人格权（即生命健康权）、贬损精神性人格权或剥夺人身自由（人格权层面的自由权）的方式来迫使其履行债务。但这并不意味着不能将债务人的行为（包括作为和不作为）作为执行标的。事实上，当义务人怠于履行其义务时，权利人完全可以法院强制债务人作出某种行为，如请求债务人继续交付标的物或价金，这就是强制实际履行可以作为违约责任形态的基本法理。要求转让人履行报批义务尽管在一定程度上限制了义务人的行为自由，但并未侵害其人身自由，因而可以请求强制实际履行。

四、关于合同解除问题

一方不履行报批义务时，另一方除了请求履行报批义务外，还可以直接请求解除合同，并要求赔偿损失。有观点认为，未生效合同作为效力有瑕疵的合同，应当根据可撤销的有关规定否定其效力，不宜越过合同效力判断阶段直接解除合同。我们认为，可撤销合同中，撤销权应当在法定期限内行使，超过法定的除斥期间，撤销权将归于消灭。未生效合同尽管不具有实质效力，但对双方均具有形式约束力，如果认为经过一定期限后当事人就不能撤销合同，则在报批义务人拒不报批的情况下，非违约方既不能通过要求报批义务人履行报批义务促使合同生效，又因丧失撤销权而不能撤销合同，从而使未生效合同既不能向生效转化，又不能归于无效，陷于进退两难的"效力僵局"状态，不利于解决纠纷。解除权尽管也应当在法定期限内行使，但根据《合同法》第95条的规定，法律没有规定或者当事人没有约定解除权行使期限时，只有经对方催告后在合理期限内不行使的，解除权才归于消灭。在报批义务人拒不履行报批义务的情况下，其一般不会催告非违约方积极行使解除权。反之，如果其在拒不履行报批义务的情况下向非违约方发出催告，非违约方完全可以其先履行报批义务提出抗辩，从而不存在解除权因超过合理期限而消灭的问题。可见，较之于可撤销制度，通过合同解除制度来否定未生效合同的效力是更好的选择。

至于行使解除权的条件，只有经催告后在合理期限内仍未履行报批义务时，另一方才能解除合同，此点较有效合同的解除更为严格。根据《合同法》第94条规定，有效合同的解除，在拒绝履行或不履行场合，非违约方无须催告就可以直接解除合同，而只有迟延履行才有经催告解除的问题。本纪要之所以对未生效合同的解除规定更为严格的条件，是因为报批义务尽管是合同的主要义务，但其本身还具有促成合同生效的意义。根据鼓励交易原则，应尽量地促成当事人履行报批义务，而不宜轻易地以报批义务人没有报批为由解除合同。就法理依据而言，本条显然也吸收了根本违约的理论，只不过通常所谓的根本违约都是针对合同的实质效力而言的，而本条针对的却是合同的形式拘束力。

在直接请求解除合同场合，报批义务人所承担的责任视合同是否专门针对报批义务约定独立的违约责任而有所不同：专门针对报批义务约定违约责任的，根据报批义务及相关条款独立生效的法理，此种违约责任独立生效，当事人在解除合同的同时，可以基于约定请求报批义务人承担违约责任。反之，合同未专门针对报批义务约定违约责任的，此时当事人只能请求报批义务人承担缔约过失责任。

## 【实务问题】

**一、如何解决约定的报批义务人与实际报批义务人不一致的问题**

以外资股权转让为例，转让人的主给付义务是转让股权，根据合同相对性原理，受让人只能向转让人请求其完成报批手续。但根据《外商投资企业投资者股权变更的若干规定》的相关规定，股权变更的报批人是外商投资企业而非其股东。这就存在法律关系上的错位：受让人向转让人请求其完成报批手续，而转让人又只能请求外商投资企业去报批，受让人与外商投资企业之间并无直接联系，此时该如何实现报批义务？我们认为，外商投资企业在接到转让人的请求后，除非认为股权转让不符合公司法规定或章程的规定，否则，负有办理报批手续的义务。如其无正当理由不去办理的，则无异于侵害了转让人依法转让股份的权利，转让人可请求法院责令外商投资企业强制办理。为更好地解决报批义务人错位的问题，在涉及审批的合同纠纷中，当事人最好申请将目标公司列为第三人，法院也可以依职权追加目标公司为第三人，如此既可解决报批义务错位问题，也可解决裁判的既判力不及于目标公司的问题。

### 二、竞争性缔约场合如何履行报批义务

实践中，需要通过招拍挂等竞争性方式缔约的合同，此时因为不存在个别磋商，如何履行报批义务成为需要研究。我们认为，可以在招拍挂的公告中对受让人的条件作出明确要求，并由审批机关事先对当事人的资格进行审核，待确定当事人、签订合同后再履行报批手续就可以了。

### 三、能否适用协议解除制度

本条仅规定了法定解除的情形，并未涉及协议解除问题。如前所述，当事人关于报批义务及其相关条款的约定具有独立性，不受合同整体未生效的影响而独立生效。因此，当事人可以专门针对报批义务约定解除权，如约定报批义务人未在一定期限内完成报批的，另一方有权解除合同。此外，当事人还可以通过协议的方式解除股权转让合同。在诉讼阶段，一方请求解除合同，另一方面予以认可的，也可以认为双方就解除未生效合同达成了协议，从而解除合同。

39.【报批义务的释明】须经行政机关批准生效的合同，一方请求另一方履行合同主要权利义务的，人民法院应当向其释明，将诉讼请求变更为请求履行报批义务。一方变更诉讼请求的，人民法院依法予以支持；经释明后当事人拒绝变更的，应当驳回其诉讼请求，但不影响其另行提起诉讼。

## 【条文主旨】

本条是关于人民法院在合同未经批准情况下如何行使释明权问题的规定。

## 【争议观点】

一是经释明后当事人拒不变更诉讼请求的，在人民法院应当判令驳回起

诉还是驳回诉讼请求问题上，存在不同观点，本纪要倾向于驳回诉讼请求，但允许当事人另行起诉。

二是在一方当事人直接请求确认合同无效的情况下，人民法院是直接驳回其诉讼请求，还是应当向其释明，告知其解除合同，本纪要未作明确规定，但学理上认为应当向其释明。

## 【理解与适用】

### 一、关于报批义务的释明

未生效合同既不同于无效合同，也不同于有效合同，因此，在当事人基于有效合同或者无效合同提出相关诉讼请求时，人民法院尤其是一审法院要做好相关的释明工作。具体来说，一方直接请求另一方履行合同、承担合同约定的违约责任的，人民法院应当向其释明，告知其将诉讼请求变更为继续履行报批义务。经释明后当事人仍拒绝变更诉讼请求的，可以驳回其诉讼请求。有一种观点认为，如果直接驳回其诉讼请求，可能会受制于"一事不再理"规则而难以另行提起诉讼，从而事实上剥夺了当事人的诉权，并据此建议应当驳回起诉。因为起诉被驳回视为未提起诉讼，当事人另行提起诉讼并无法律障碍。我们认为，此说确有一定道理，但在未生效合同中，一方直接请求另一方承担违约责任固然缺乏法律依据，但其起诉形式上是符合民诉法规定的起诉条件的，驳回起诉缺乏依据。而且某一合同是否为批准生效合同、报批义务人应否履行报批义务等事实，只有在实体审理后才能确定，简单地驳回起诉难以解决实践问题。况且，驳回的是一方直接请求履行合同、承担违约责任的诉讼请求，而非继续履行报批义务的诉讼请求，故当事人仍可另行提起诉讼，请求报批义务人履行报批义务。

### 二、关于合同解除的释明

还有一种情形是，当事人直接请求确认合同无效的，人民法院也应当向其释明，告知其请求解除合同；经释明后当事人仍拒绝变更诉讼请求的，可以驳回其诉讼请求。

## 【实务问题】

### 一、未生效合同能否解除

在该问题上，存在两种不同的观点。本纪要之所以采取未生效合同可以解除的观点，一方面，固然是因为用可撤销或者直接宣告无效制度否定未生效合同的效力，前者可能存在前述的"效力僵局"问题，后者则不符合鼓励交易原则。另一方面，则是因为解除合同，兼具摆脱合同实质效力与形式拘束力的双重效果。更为重要的是，在批准生效合同中，以金融机构的股权转让合同为例，受让人的主要义务是支付价款，转让人的主要合同义务则是转让股权。而批准既是股权转让合同的生效条件，不批准合同未生效；同时也是履行股权转让合同的主要形式：合同一经批准，转让人就已经履行了转让股权的义务，登记不过是使其取得公示效力罢了。在报批义务兼具双重属性的情况下，如果严格将其限于合同效力控制层面，而不顾及其同时具有履行合同义务的性质，则会使不履行报批义务的当事人从其不诚信行为中获益，有违基本的公平正义理念。报批义务的双重属性，是本纪要规定未生效合同可以解除的重要考量因素。

## 二、如何对报批义务人进行救济

须经批准生效的合同如以金融机构为目标公司的股权转让合同，当事人在合同中约定以受让方支付一定价款作为转让方办理报批手续的条件，而受让人未依约支付价款时，转让人能否直接请求受让人履行付款义务？我们认为，该约定作为与报批义务相关的约定，应当独立生效。然而受让方支付价款虽然是转让方履行报批义务的约定条件，但整个合同毕竟尚未生效，当事人自然不能基于有效合同请求另一方履行合同。而且支付价款本身也是受让方取得股权的对价，在转让方尚未转让股权的情况下，让受让方先行付款会使当事人之间的权利义务失去平衡。因此，即使当事人将受让方支付全部或者部分转让款作为转让方履行报批义务的条件，也不意味着转让方在整个股权转让合同生效前即享有请求受让方支付该转让款的权利，而只能理解为转让方基于该约定享有针对受让方请求其履行报批义务的抗辩权，其可以据此拒绝履行自己的报批义务。

如前所述，如果受让方未履行支付价款，转让方无权请求受让方支付价款，但另一方面，如果受让方不依约支付价款，转让方也可提出不履行报批义务的抗辩，此时合同的履行同样会陷入僵局。为打破这种僵局，不使转让方因受让方不履行自己的义务而遭到损失，有必要让报批义务人在一定情况下也享有合同解除权：即在受让方经催告后在合理期限内不履行约定的付款义务时，转让方也可请求解除合同并要求赔偿损失。

40.【判决履行报批义务后的处理】人民法院判决一方履行报批义务后，该当事人拒绝履行，经人民法院强制执行仍未履行，对方请求其承担合同违约责任的，人民法院依法予以支持。一方依据判决履行报批义务，行政机关予以批准，合同发生完全的法律效力，其请求对方履行合同的，人民法院依法予以支持；行政机关没有批准，合同不具有法律上的可履行性，一方请求解除合同的，人民法院依法予以支持。

## 【条文主旨】

本条是关于不履行报批义务的法律后果的规定。

## 【争议观点】

报批义务人拒不履行生效判决确定的履行报批义务，所应承担的责任是缔约过失责任还是违约责任，对此存在不同认识。为加重报批义务人的责任，本纪要采违约责任说。

## 【理解与适用】

### 一、审批机关未予批准的

一方不履行报批义务时，另一方可以请求其履行报批义务，人民法院也可以根据当事人的诉讼请求判令该方当事人履行报批义务。当事人根据生效判决履行了报批义务，但有关部门未批准的，此时合同不具有可履行性，合同因嗣后履行不能而解除。至于报批义务人应否承担责任，则要视其对不能取得批准有无过错来具体判断。如果不能取得批准是因为报批义务怠于履行报批义务所导致，如本可以取得批准，但因政策变化导致不能取得批准的，报批义务人应当承担责任。反之，纯粹是因为批准机关不批准所导致的，则其无须承担责任。

## 二、报批义务人拒不履行报批义务的

还有一种情形是，人民法院判令报批义务人履行报批义务，报批义务人拒绝履行，经人民法院强制执行仍未履行的，当事人可以另行起诉，请求解除合同，同时要求报批义务人赔偿包括差价损失、合理收益以及其他损失在内的预期利益损失，其中损害性质上属于违约责任。有观点认为，在合同未生效的情况下，判令当事人承担违约责任既缺乏法律依据，法理上也说不通。我们认为，此时可以参照适用《合同法》第45条"当事人为自己的利益不正当地阻止条件成就的，视为条件已成就"的规定，认为合同所附的法定条件因报批义务人不正当地阻止条件成就而拟制成就，从而使另一方享有违约损害赔偿请求权。

## 【实务问题】

关于审批机关未予批准的法律效果，存在两种不同观点。一种观点认为，既然批准是合同的法定生效条件，则未予批准意味着法定生效条件确定不成就，合同不生效，效果等同于无效。另一种观点则认为，审判机构未予批准，意味着合同嗣后履行不能，当事人可以解除合同。纪要采取了后一观点。

41.【盖章行为的法律效力】司法实践中，有些公司有意刻制两套甚至多套公章，有的法定代表人或者代理人甚至私刻公章，订立合同时恶意加盖非备案的公章或者假公章，发生纠纷后法人以加盖的是假公章为由否定合同效力的情形并不鲜见。人民法院在审理案件时，应当主要审查签约人于盖章之时有无代表权或者代理权，从而根据代表或者代理的相关规则来确定合同的效力。

法定代表人或者其授权之人在合同上加盖法人公章的行为，表明其是以法人名义签订合同，除《公司法》第16条等法律对其职权有特别规定的情形外，应当由法人承担相应的法律后果。法人以法定代表人事后已无代表权、加盖的是假章、所盖之章与备案公章不一致等为由否定合同效力的，人民法院不予支持。

代理人以被代理人名义签订合同，要取得合法授权。代理人取得合法授权后，以被代理人名义签订的合同，应当由被代理人承担责任。被代理人以代理人事后已无代理权、加盖的是假章、所盖之章与备案公章不一致等为由否定合同效力的，人民法院不予支持。

## 【条文主旨】

本条是关于盖章行为法律效力的规定。

## 【争议观点】

在"真人假章"（有代表权或者代理权的人加盖假公章），或者"假人真章"（无代表权或者代理权的人加盖真公章）等"人章不一致"情况下，究竟如何认定合同效力，存在不同观点。一种观点认为，应当着重考察盖章之人有无代表权或者代理权来认定合同效力，有代表权或者代理权的人即便加盖的是假公章，也应认定其构成有权代表或者有权代理。另一种观点则认为，合同书上加盖公章的意义在于，该意思表示系公章显示的主体所为。假公章意味着该意思表示并非公司真实的意思表示，依法应当认定合同无效。反之，只要加盖的是真公章，即便盖章之人没有代表权或者代理权，也应由公章显示的主体承担民事责任。本纪要采第一种观点。

## 【理解与适用】

### 一、关于盖章行为的法律意义

印章是印在文件上表示鉴定或签署的文具，包括公章和私章两种。公章是国家机关、社会团体、企事业单位用自己的名称制作的签名印章，私章则是自然人用自己的名字制作的签名印章。《合同法》第32条规定："当事人采用合同书形式订立合同的，自双方当事人签字或者盖章时合同成立。"从该规定看，盖章与签字具有同等效力，都是对书面形式的意思表示的确认。对自然人而言，签字与加盖私章都出其自身完成，二者具有同等效力，一般不存在争议。但公司是个组织体，需要通过特定自然人的签字或盖章才能实现其意志。而该自然人本身同时也是独立的法律主体，在此情况下，确定该自然人的行为是其自身的行为还是代表公司从事的行为就至关重要。而仅凭法定代表人的签字，尚不足以区别某一行为是其个人行为还是公司行为。因此，只能通过加盖公章来区别。就此而言，盖章具有签字所不具备的功能。自然人在合同书上加盖公章的行为表明，该行为是职务行为而非个人行为，应由公司承担法律后果。

**二、要确立"看人不看章"的裁判思路**

既然盖章行为的本质在于表明行为人从事的是职务行为，而从事职务行为的前提是，该自然人不仅须是公司的工作人员，而且还需要享有代表权或代理权。有代表权或代理权的人盖章确认的合同，自然对公司具有约束力。而无代表权或代理权人加盖的公章，即便是真公章，也不能产生合同有效的预期效果。对合同相对人来说，合同书加盖公章的情况下，其可以信赖公章显示的主体为合同当事人，并推定合同记载的条款系该主体作出的意思表示。至于该意思表示是否自愿真实，盖章之人有无代表权或代理权等问题，均不能通过盖章行为本身直接得到确认。可见，公章之于合同的效力，关键不在公章的真假，而在盖章之人有无代表权或代理权。盖章之人为法定代表人或有权代理人的，即便其未在合同上盖章甚至盖的是假章，只要其在合同书上的签字是真实的，或能够证明该假章是其自己加盖或同意他人加盖的，仍应作为公司行为，由公司承担法律后果。反之，盖章之人如无代表权或超越代理权的，则即便加盖的是真公章，该合同仍然可能会因为无权代表或无权代理而最终归于无效。

**三、要注意代表与代理的区别**

不论是代表还是代理，都需要遵循前述的裁判思路以及相应的裁判规则。所不同的是，根据《民法总则》第61条第2款有关"法定代表人以法人名义从事的民事活动，其后果由法人承受"的规定，法定代表人无须另行授权，就可以一般性地代表公司从事民事活动。即便超越权限对外从事行为，也仅是越权代表，并非无权代表。而除法定代理人外，委托代理一般是一事一授权，代理人变动性很大。在无权代理的情况下，代理人根本就没有代理权，其与所谓的被代理人间并无任何联系。正因如此，《合同法》第50条仅有越权代表的规定，而无无权代表的规定。而《合同法》第49条有关表见代理的规定，除了越权代理外，还有没有代理权以及代理权终止后等两种无权代理情况下构成表见代理的规定，此点与代表判然有别。另一方面，法定代表人是公司的法定机关，其代表权限来源于法律的明确规定。法定代表人对外从事的行为，即便是越权行为，也是公司对外从事的行为，只不过越权行为不对公司生效罢了。而委托代理情况下，代理人的权限来自被代理人的授权，未经被代理人授权的，其行为与被代理人无关，自然不对被代理人发生效力，而应由代理人自身承担责任。尤其是，法定代表人以公司名义对外从事民事活动，本质上属于履职行为，由其个人承担责任缺乏依据。而无权代理人在根本没有代理权的情况下对外以被代理人名义从事行为，其行为与被代理人没有任何关系，自不应由被代理人承担责任，因此法律才规定由代理人自身承担责任。

**四、关于举证责任分配**

假公章的认定，往往需要借助举证责任的分配予以解决。通常情况下，是公司以加盖在合同书上的某一枚公章是假公章为由提出合同不成立或无效的抗辩，此时，应由该公司承担举证责任，公司可通过申请鉴定、比对备案公章等方式进行举证。公司举证后，合同相对人可通过举证证明盖章之人有代表权（如为法定代表人或负责人）、代理权（职务代理、个别代理）或其有合理理由相信盖章之人有代表权或代理权等事实，从而主张根据相关规则认定合同对公司有效。此时，公司只能通过举证证明交易相对人为恶意相对人来否定合同的效力。

# 【实务问题】

**一、仅有法定代表人或代理人的签字，合同未加盖公章的，能否认定为是公司的行为**

根据签字等同于盖章的规则，加之盖章问题的本质在于是否有代表权或代理权，故只要有证据证明法定代表人或代理人是以公司名义而非自身名义签订合同的，就应认定为是公司行为，由公司承担法律后果。

**二、先在空白合同书上加盖公章，后确定合同内容的，公章显示的公司应否作为合同主体承担责任**

通常情况下，是先有合同条款后加盖公章，故加盖公章的行为除了表明是公司行为外，往往还有对合同条款予以确认的性质。但在空白合同上加盖公章的场合，则是先加盖公章后有合同内容。此时，务必要严格考察空白合同持有人与公司之间是否具有代理关系，来综合认定合同效力是否及于公司。空白合同持有人确实具有代理权，或足以使交易相对人相信其具有代理权的，在空白合同上添加的合同条款效力及于公司。反之，仅仅根据持有盖章的空白合同这一事实，尚不足以认定其具有代理权，应按无权代理规则处理。

### 三、公章的种类与文件的种类是否必须要相匹配

公章种类很多，常见的有公章、财务章、合同专用章、发票专用章。原则上，公章的种类与文件的种类要相匹配，在最高法院（2014）民申字第1号陈某某与国本建设有限公司、中太建设集团股份有限公司民间借贷合同纠纷中，最高人民法院认为，当事人在借款合同上加盖具有特定用途的公司项目资料专用章，超越了该公章的使用范围，在未经公司追认的情况下，不能认定借款合同是公司的意思表示。该观点总体可值赞同，但尚须追根溯源。之所以不认可超出公章特定用途的盖章行为的效力，本质上并非公章本身代表了某种意思表示，而是因为盖章之人缺乏代理权。反之，如果盖章之人确有代理权，即便超出公章的使用范围，亦不宜认定合同无效。故公章须与文书种类相匹配的要求，并非绝对。即便考虑此种要求，实务中仍需要考虑交易习惯，尽可能保护相对人的合理信赖。借款合同加盖公司项目资料专用章固然不太符合交易习惯，但如加盖的是财务章，似亦在情理之中。故在匹配度的认定上，还要根据通常的交易观念从宽予以认定。

### 四、能否以与备案公章不符为由就认定某一枚公章是假公章

司法实践中，公司通常以涉案的某一枚公章为假公章为由提出合同不成立或无效的抗辩，理由则往往是与备案公章不符。公章的备案，既有公安机关的备案，也有工商管理部门的备案。就民商事审判来说，更多地涉及工商管理部门的备案问题。公司使用备案过的公章，即便该公章实际上已经废弃不用了，只要相对人信赖该枚公章仍在使用的，法律就要保护此种信赖。但要求相对人在任一交易活动中都去核查公章的真伪，是不符合交易便捷原则的，因此，相对人不应负有审核某一公章是否为备案公章的义务。故在公司使用备案公章以外的其他公章场合，法院不能以相对人未尽审核义务为由，就认定公司的该枚公章为假公章，除非公司能够举证证明该枚公章确实是伪造的、废弃不用的公章。当然，相对人也可以通过举证证明公司使用的该枚备案公章以外的公章，曾在此前的交易中或者在与其他的交易中使用过等事实，证明该枚公章就是公司的公章。与公章备案相似的是预留印鉴。所谓预留印鉴，是指存款人在银行开立银行结算账户时留存的、凭以办理款项支付结算的权利证明，也是开户银行收付结算的审核依据。预留印鉴约束的对象主要是银行，对交易当事人并无拘束力。在存款人预留印鉴的情况下，银行未尽审核义务，因向他人付款导致存款人损失的，应根据约定承担继续付款责任。

42.【撤销权的行使】撤销权应当由当事人行使。当事人未请求撤销的，人民法院不应当依职权撤销合同。一方请求另一方履行合同，另一方以合同具有可撤销事由提出抗辩的，人民法院应当在审查合同是否具有可撤销事由以及是否超过法定期间等事实的基础上，对合同是否可撤销作出判断，不能仅以当事人未提起诉讼或者反诉为由不予审查或者不予支持。一方主张合同无效，依据的却是可撤销事由，此时人民法院应当全面审查合同是否具有无效事由以及当事人主张的可撤销事由。当事人关于合同无效的事由成立的，人民法院应当认定合同无效。当事人主张合同无效的理由不成立，而可撤销的事由成立的，因合同无效和可撤销的后果相同，人民法院也可以结合当事人的诉讼请求，直接判决撤销合同。

【条文主旨】

本条是关于可撤销合同中，撤销权如何行使的规定。

【争议观点】

对撤销权能否以抗辩的方式提出，存在不同观点。一种观点认为，撤销权只能以提起诉讼或者反诉的方式行使，当事人仅提出抗辩的，人民法院不予审理。另一种观点认为，撤销权也可通过抗辩的方式行使。本纪要采后一种观点。

【理解与适用】

一、关于撤销权的行使

与解除权、抵销权等形成权可以在诉讼程序之外以通知的方式行使不同，撤销权只能通过提起诉讼或者仲裁的方式行使。至于撤销权人能否在诉讼中以提出抗辩的方式行使撤销权，在纪要起草过程中存在较大争议。鉴于对合同效力的审查是解决合同纠纷的基础，如果以当事人未提起撤销之诉为由，就对当事人提出合同具有可撤销事由的抗辩不予审查，进而认定合同有效并作出相应判决。则在当事人另案诉请撤销合同，并且获得胜诉判决时，基于生效判决作出的前案判决可能要通过审判监督程序来纠正，如此既不利于一揽子解决纠纷，也不利于维护裁判之间的协调性、统一性。有鉴于此，本纪要规定只要当事人以合同具有某项可撤销事由提出抗辩的，人民法院就应审查合同是否具有该项可撤销事由以及是否超过了撤销权的行使期限，进而对合同效力作出判断。

可撤销合同毕竟不同于无效合同，人民法院只能基于当事人主张的可撤销事由对合同效力进行审查，而不能无视当事人的主张依职权对全部的可撤销事由进行全面审查。为避免当事人在一审中以某一项可撤销事由提起诉讼（包括反诉）或抗辩，二审中又以另一项可撤销事由提起上诉或抗辩，导致人民法院在审查合同效力时处于不确定状态，一旦当事人以合同可撤销为由提起诉讼（包括反诉）或抗辩，一审法院就要向其释明，告知其明确可撤销事由。该事由一经明确，人民法院仅须针对当事人主张的该一项或多项可撤销事由进行审查即可，无须审查其他可撤销事由。

当事人在一审阶段以合同有效为由提出相应抗辩，在二审阶段再以合同具有可撤销事由提出抗辩的，基于禁反言规则，对其二审新提出的合同具有可撤销事由的抗辩，人民法院不予支持。当事人在一审阶段未提出合同具有可撤销事由的抗辩，而在二审阶段提出的，考虑到合同效力问题是合同纠纷的前提性问题，人民法院仍应就合同是否具有可撤销事由以及撤销权是否已过存续期间进行审查。

**二、关于可撤销合同与无效合同的关系**

可撤销合同与无效合同的区别主要体现在以下几个方面：一是在提出主体上，可撤销合同只能由具有撤销权的人提出，而无效合同任一当事人均可提出；二是在人民法院的审查问题上，对于合同是否无效，人民法院应当依职权进行审查，而可撤销合同人民法院只能针对当事人主张的可撤销事由进行审查；三是在损害利益问题上，可撤销合同损害的都是特定当事人的利益，而无效合同是损害国家利益和社会公共利益的行为；四是在行使期限上，可撤销合同中，撤销权有其行使期限，超过期限不行使的，撤销权归于消灭。而合同无效则是自始无效、当然无效，不存在行使期限问题。

当然，二者也有密切联系。如果当事人主张合同无效，依据的却是合同具有可撤销的事由，此时人民法院要全面审查合同是否具有无效事由以及是否具有当事人主张的可撤销事由。如果合同无效事由成立的，不论可撤销事由是否成立，人民法院均可直接认定合同无效。当事人主张合同无效的理由不成立，而可撤销的事由成立的，因无效和可撤销的后果相同，结合当事人的诉讼请求，人民法院也可以直接作出判决。

## 【实务问题】

**民法总则关于可撤销合同的规定较之于合同法有何不同**

一是关于可变更合同问题。民法总则保留了可撤销合同，而未规定可变更合同，应当认为废止了合同法有关可变更合同的规定。

二是关于欺诈、胁迫问题。合同法仅规定发生在合同当事人之间的欺诈、胁迫可撤销，而民法总则规定第三人实施欺诈、胁迫行为的，受欺诈、胁迫人也可依法请求撤销。此外，合同法把因欺诈损害国家利益的合同作为绝对无效的合同，而民法总则对因欺诈而签订的合同未再区分所损害的法益类型，一律按可撤销对待。

三是关于显失公平问题。合同法将显失公平和乘人之危作为两类不同的可撤销或可变更事由，而民法总则将合同法规定的乘人之危和显失公平合二为一，从主客观两个方面赋予了显失公平制度新的内涵，从而事实上吸收了合同法规定的乘人之危制度。

四是关于撤销权的行使期限。合同法仅笼统规定撤销权的行使期限为具有撤销权的当事人自知道或者应当知道撤销事由之日起1年。而民法总则则针对不同情形，规定了不同的撤销权行使期间，并且规定了撤销权存续的最长期间5年。具体来说：其一，当事人自知道或者应当知道撤销事由之日起1年内、重大误解的当事人自知道或者应当知道撤销事由之日起3个月内没有行使撤销权；其二，当事人受胁迫，自胁迫行为终止之日起1年内没有行使撤销权。当事人自民事法律行为发生之日起5年内没有行使撤销权的，撤销权消灭。

## 第二节　关于合同履行与救济

在认定以物抵债协议的性质和效力时,要根据订立协议时履行期限是否已经届满予以区别对待。合同解除、违约责任都是非违约方寻求救济的主要方式,人民法院在认定合同应否解除时,要根据当事人有无解除权、是约定解除还是法定解除等不同情形,分别予以处理。在确定违约责任时,尤其要注意依法适用违约金调整的相关规则,避免简单地以民间借贷利率的司法保护上限作为调整依据。

【说明】

这部分是关于合同履行和合同解除的一般性规定,主要包括以下几个方面的内容:一是以物抵债作为实践中履行债务的重要方式,要根据签约时债务是否已届履行期限,对以物抵债进行区别对待,避免因以物抵债而使当事人间的利益失衡;二是要准确适用合同解除制度,区别通知解除、约定解除以及违约解除等不同情形,严格把握合同解除的条件,明确合同解除的后果;三是要准确认定违约责任,尤其要注意依法适用违约金调整的相关规则,避免民间借贷利率标准的泛化适用。

43.【抵销】抵销权既可以通知的方式行使,也可以提出抗辩或者提起反诉的方式行使。抵销的意思表示自到达对方时生效,抵销一经生效,其效力溯及自抵销条件成就之时,双方互负的债务在同等数额内消灭。双方互负的债务数额,是截至抵销条件成就之时各自负有的包括主债务、利息、违约金、赔偿金等在内的全部债务数额。行使抵销权一方享有的债权不足以抵销全部债务数额,当事人对抵销顺序又没有特别约定的,应当根据实现债权的费用、利息、主债务的顺序进行抵销。

## 【条文主旨】

本条是关于抵销制度的规定。

## 【争议观点】

关于抵销有无溯及力问题，存在不同观点。肯定说认为，一经构成抵销，其效力溯及至抵销条件成就之时。否定说则认为，抵销自通知达到对方之日起生效，并不具有溯及既往的效力。本纪要采肯定说。

## 【理解与适用】

### 一、作为形成权的抵销权

抵销权、撤销权以及解除权，性质上都属于形成权。所谓形成权，是指权利人得依其单方意思表示引起法律关系变动的权利。形成权的行使方式包括单纯形成权与形成诉权两种，前者是指权利人无须通过诉讼，仅以其单方意思表示即可引起法律关系变动；后者是指只能通过诉讼或者仲裁方式提起，经法院或者仲裁机构确认权利人享有形成权后才能引起法律关系变动。以诉讼或者仲裁方式行使形成权，是形成权行使的例外情形，只有在法律有明确规定的情况下，才能依据此种方式行使。出于对当事人任意撤销合同的限制，我国合同法要求可撤销合同中的撤销权须以权利人向人民法院或仲裁机构提起诉讼或者仲裁的方式行使，而对抵销权、解除权则未施加此种限制，应当认为权利人既可以在诉讼程序外以单方意思表示的方式行使，也可以通过提起诉讼或者申请仲裁的方式行使。当然，此处所谓的提起诉讼或者申请仲裁，也包括提出抵销抗辩。

在通过诉讼程序行使形成权时，需要区别两种情形：一是权利人已在诉讼程序外以通知的方式行使形成权，但对方当事人有异议，并据此提起诉讼的，此时该诉讼在性质上属于确认之诉，即确认权利人是否享有形成权以及该形成权行使方式是否符合法律规定。二是权利人直接提起诉讼，请求撤销或者解除合同，此时，该诉讼性质上属于形成之诉。

## 二、关于抵销的溯及力问题

我国《合同法》第99条第2款规定:"当事人主张抵销的,应当通知对方。通知自到达对方时生效。抵销不得附条件或者附期限。"该条仅规定自通知到达对方之日起发生抵销的法律效果,但并未对抵销有无溯及力作出明确规定,因此才有前述观点的分歧。抵销的效力溯及自抵销条件成就之时,为许多国家和地区所肯定。如《德国民法典》第389条规定:"在双方债权能够相互抵销的情况下,抵销具有使双方债权在双方债权适合于相互抵销处理的当时视为已消灭的效力。"《日本民法典》第506条第2款规定:前款意思表示,"溯及于双方债务适于相互抵销之始发生效力"。《荷兰民法典》第129条第1款规定:"抵销之效力溯及抵销权产生之时。"我国台湾地区"民法典"第335条规定:"抵销,应以意思表示,向他方为之。其相互间债之关系,溯及最初得为抵销时,按照抵销数额而消灭。"从法理上看,抵销行为作为法律行为,原则上不应溯及既往。但当事人以为随时可以抵销,因而急于行使抵销权的情形也在所难免。如抵销的意思表示仅向将来发生效力,在两个债权的迟延损害赔偿金的比例不同时,将会导致不公平的结果。有鉴于此,本纪要采传统民法做法,规定抵销的效力溯及自抵销条件成就之时。

主动债权履行期迟于被动债权的,主动债权履行期限届满之日即为抵销条件成就之时。主动债权履行期早于被动债权,主动债权人主张抵销,除非被动债权人抛弃期限利益,否则,抵销条件不成就。鉴于抵销的意思表示不得附期限,因此不生抵销的法律效果。只有在被动债权已届履行期,被动债权人提出抵销,或者此时主动债权人再次提出抵销时,方生抵销之效力。可见,在两个债权异其履行期限的情况下,除非在后履行一方主动放弃期限利益,否则,原则上应以在后履行一方的履行期限届满之日作为抵销条件成就之日。

## 三、关于抵销的效力

债权一经抵销,双方互负的债务数额在同等范围内消灭。双方互负的债务数额,指的是截至抵销条件成就之时各自负有的包括主债务、利息、违约金、赔偿金等在内的全部债务数额。行使抵销权一方享有的债权不足以抵销全部债务数额,当事人对抵销顺序没有特别约定的,应当根据实现债权的费用、利息、主债务的顺序进行抵销。

## 【典型案例】

**天资公司与九鼎公司委托合同纠纷案**〔（2019）最高法民再12号〕

  最高人民法院认为：关于天资公司是否行使以及何时行使抵销权问题。抵销的意思表示既可以通知的方式行使，也可通过提出抗辩或者反诉的方式行使。本案中，天资公司先是于诉讼前向九鼎公司发送抵销通知，后又在本案诉讼中提出抵销的抗辩，尽管其在提出反诉后又撤诉，但在其并未明示撤回抵销意思表示的情况下，应当认定其已经行使了抵销权。九鼎公司关于天资公司撤回反诉即表示放弃行使抵销权的主张于法无据，本院不予支持。抵销的意思表示一经到达对方，其效力就溯及自抵销条件成就之日，即主动债权履行期限届满之日2017年7月20日，故应当认定本案中双方互负的债务于该日起抵销。

  关于抵销的法律效果问题。天资公司据以行使抵销权的债权不足以抵销其对九鼎公司负有的全部债务，参照合同法司法解释（二）第21条的规定，应当按照实现债权的有关费用、利息、主债务的顺序进行抵销，即天资公司对九鼎公司享有的8 296 517.52元，先用于抵销其对九鼎公司负有的5000万元债务中的利息，然后再用于抵本金。天资公司有关8 296 517.52元先用于抵销5000万元本金的再审申请缺乏事实和法律依据，最高人民法院不予支持。

  44.【履行期届满后达成的以物抵债协议】当事人在债务履行期限届满后达成以物抵债协议，抵债物尚未交付债权人，债权人请求债务人交付的，人民法院要着重审查以物抵债协议是否存在恶意损害第三人合法权益等情形，避免虚假诉讼的发生。经审查，不存在以上情况，且无其他无效事由的，人民法院依法予以支持。

  当事人在一审程序中因达成以物抵债协议申请撤回起诉的，人民法院可予准许。当事人在二审程序中申请撤回上诉的，人民法院应当告知其申请撤回起诉。当事人申请撤回起诉，经审查不损害国家利益、社会公共利益、他人合法权益的，人民法院可予准许。当事人不申请撤回起诉，请求人民法院出具调解书对以物抵债协议予以确认的，因债务人完全可以立即履行该协议，没有必要由人民法院出具调解书，故人民法院不应准许，同时应当继续对原债权债务关系进行审理。

## 【条文主旨】

本条是关于履行期限届满后达成的以物抵债协议效力的规定。

## 【争议观点】

关于履行期限届满后达成的以物抵债协议的性质与效力问题，存在以下争议：

一是关于以物抵债协议的性质，即其是属于诺成合同还是实践合同？有观点认为，以物抵债协议属于传统民法所谓的代物清偿协议，其性质为实践合同，债权人未受领抵债物的，以物抵债协议不成立。另一种观点则认为，在我国现行法并未规定代物清偿制度，当事人又未明确约定以债权人受领抵债物作为成立要件的情况下，应当将以物抵债协议认定为诺成合同，只要双方就以物抵债达成合意，以物抵债协议就成立。本纪要采诺成合同说。

二是关于新旧债的关系，即旧债是否因以物抵债协议的成立而消灭？对此，有债务更新说与新债清偿说之别。债务更新说认为，以物抵债协议在成立新债的同时，旧债及其上的担保也随之消灭。新债清偿说则认为，以物抵债协议成立后，同时存在新旧两债，债务人不履行以物抵债协议的，债权人既可以请求继续履行以物抵债协议，也可以请求恢复履行旧债。本纪要采新债清偿说。

## 【理解与适用】

**一、履行期限对于以物抵债协议的意义**

之所以根据履行期限是否已经届满对以物抵债协议进行区分，一方面是出于禁止流质（或流押）的考虑。根据我国物权法的规定，担保物权人在履行期限届满前不得与担保人约定债务人不履行到期债务时担保财产就归债权人所有，履行期限届满前约定的以物抵债协议，可能存在因违反禁止流质条款而无效的问题。另一方面，在履行期届满前约定以物抵债，标的物的价值在合同订立时与实现时往往存在较大变化，如果直接认可以物抵债协议的效力，可能导致双方利益显著失衡。而履行期限届满后签订的以物抵债协议，此时抵债物的价值和债权的数额都是确定的，一般不会存在利益失衡问题。

## 二、关于以物抵债协议的性质

以物抵债协议性质上是属于诺成合同还是实践合同，主要涉及应否在我国合同法中引入传统民法上的代物清偿制度问题。所谓代物清偿协议，是指双方约定债权人受领他种给付代替原来的给付，债务关系归于消灭的制度，通说认为其属于实践合同。但实践合同，是指除意思表示一致外，尚需实际交付标的物才能成立的合同。从代物清偿制度的历史发展看，罗马法时期，实践合同理论已经非常成熟，但罗马法学家并没有将代物清偿作为实践合同，而是强调代物清偿是一种以合意为基础的清偿行为。从《德国民法典》第364条、我国台湾地区"民法典"第319条有关代物清偿的规定看，亦难以将其与一般的实践合同相提并论。我们认为，不应按照传统的代物清偿理论构建以物抵债协议，具体理由如下：

一是混淆了"受领他种给付"与交付标的物。一般的实践合同以交付标的物为其成立要件，但代物清偿是债权人受领他种给付以代替原来给付进而消灭债的行为。此处所谓的"他种给付"既可能是动产，也可能是不动产，还可能是特定的作为或不作为。在标的物是动产时，交付动产与受领动产是一体两面的关系，可以相互替代。但如果标的物是不动产，则仅交付标的物还不足以实现清偿目的，只有在办理过户登记手续后才能实现该目的。如果是特定的行为，甚至不存在交付问题。一言以蔽之，债权人以消灭债务为目的所为的受领，必须要有所有权的移转，而物的交付并不必然意味着所有权的移转。据学者考证，传统理论之所以将代物清偿理解为实践合同，就是因为误解了"物的交付"和"所有权的移转"。

二是混淆了作为合同成立要件的交付行为，与作为债的消灭原因的清偿行为。在一般的实践合同中，物的交付导致合同的成立。合同有效成立后，在双方当事人之间产生债的关系，该债的关系因履行等原因而消灭。可见，在实践合同中，作为合同成立要件的物的交付，与作为债的消灭原因的合同履行往往是两个不同的行为。而在代物清偿合同中，代物清偿协议因物的交付而成立，同时也因物的交付（因其同时构成清偿）而消灭，并无债的效力存续问题。因此，与其说代物清偿产生了债，还不如说其消灭了债，与实践合同产生债的效力不可同日而语。

三将代物清偿合同当作要物合同，削弱了意思自治的效力。将代物清偿作为实践合同，则在仅达成协议但尚未交付替代物的情况下，代物清偿协议不成立，对双方不具有约束力。代物清偿协议之所以具有约束力，是因为替代物的给付，而非当事人的意思。因此，实践性的代物清偿协议，削弱了意思自治的效力，不利于鼓励诚信社会的建立。

四是适用代物清偿制度缺乏法律依据。我国法律并未规定代物清偿制度，故代物清偿制度在我国属于无名合同。根据《合同法》第124条之规定，无名合同适用合同法总则的规定，并可以参照本法分则最相类似的规定。根据《合同法》第25条有关"承诺生效时合同成立"的规定，在合同成立问题上，以诺成合同为原则，以实践合同为例外。也就是说，只要没有法律的明确规定或当事人的明确约定，合同原则上为诺成合同。考虑到与以物抵债性质最相类似的买卖合同亦属于诺成合同，因此，在我国，只要当事人没有约定将物的交付作为以物抵债协议的成立要件，就应当认定代物清偿协议为诺成合同，自双方达成合意时成立。

综上，在我国，以物抵债协议属于诺成合同而非实践合同，不以抵债物的交付作为成立要件。

### 三、关于以物抵债协议的效力

人民法院在审查以物抵债协议时，一方面要根据抵债物是否已经交付债权人，对履行期限届满后达成的以物抵债协议作进一步的区分。另一方面，要注重审查以物抵债协议是否存在当事人恶意串通逃避债务的问题，尽量避免虚假诉讼的发生。如果抵债物尚未交付债权人的，债权人有权请求债务人履行以物抵债协议，但不能直接请求确认对该抵债物享有所有权。鉴于以物抵债协议系双方事后所达成，一般不会对债务人造成不公平，故无须履行清算程序，债权人可以直接请求履行以物抵债协议。当然，如果该抵债行为存在损害第三人利益情形的，第三人可以参照《物权法》第195条第1款的规定主张撤销。

如果抵债物已交付债权人，债权人直接享有抵债物的所有权。但为防止一方当事人利用以物抵债损害对方的合法权益，当存在《合同法》第54条规定的情形时，债权人、债务人均可请求变更或撤销以物抵债协议。当事人利用以物抵债恶意逃债的，第三人既可依据《合同法》第52条的规定主张抵债行为无效，也可依据《合同法》第 74 条的规定行使撤销权。

**四、关于新债与旧债的关系**

如果抵债物已经交付债权人的，类似于传统民法的代物清偿，自以物抵债有效成立之日起，新旧两债均归于消灭，债权人取得抵债物的所有权。问题是，如果抵债物尚未给付债权人的，旧债是否因以物抵债协议的签订而归于消灭？对此，存在不同认识。有一种观点认为，以物抵债彻底变更了债的标的，构成债务更新，因此新债成立的同时旧债消灭。我国合同法并未规定债务更新，但基于合同法的任意法特性以及意思自治原则，并不妨碍当事人约定债务更新协议。债务更新的显著特点是，新债的成立和旧债的消灭互为因果，新债成立后旧债归于消灭，附属于旧债的担保等也一同归于消灭。而如果认为是新债清偿，则旧债仍然存在，故附属于旧债的担保仍然有效。考虑到债务更新彻底消灭旧债，附属于旧债的担保也随之消灭，对债权人非常不利。从保护债权人利益出发，除非当事人有明确的债务更新的意思表示，否则，应将以物抵债协议解释为是债务变更而非债务更新。我国台湾地区"民法典"第 320 条在规定新债清偿时明确规定，只要当事人没有明确的债务更新的意思表示，都应当认定属于新债清偿，体现的是同样的政策性考量。在新债清偿中，新债作为履行旧债的方法，债权人原则上应当先请求履行新债。债务人不履行新债的，债权人既可以根据新债主张继续履行、违约责任，也可以恢复旧债的履行。

**五、关于诉讼中达成的以物抵债协议**

当事人在诉讼中达成以物抵债协议，鉴于法院难以审查该协议是否存在恶意串通损害他人合法权益的情形，为慎重起见，不宜出具调解书予以确认。此时，人民法院可以建议当事人通过撤诉方式终结诉讼。当事人不申请撤诉，要求人民法院出具调解书予以确认的，人民法院不予准许，并按照当事人之间的债权债务关系继续审理。当事人撤诉后，一方不履行以物抵债协议的，参照本条第 1 款规定处理，即一方可以请求另一方继续履行以物抵债协议。这里的撤诉，一审程序中是撤诉，二审中则是撤回起诉，而非撤回上诉。因为如果是撤回上诉，则一审判决生效，仍然达不到通过以物抵债解决纠纷的效果。

但在人民法院应否出具调解书问题上，此前做法并不一致，人民法院以出具调解书方式对以物抵债协议予以确认的情形也不少见。在此情况下，需要解决的问题是，调解书是否属于《物权法》第 28 条规定的能够直接导致物权变动的法律文书？我们认为，鉴于调解书是对债权性质的以物抵债协议的确认,当事人据此仅享有请求另一方履行调解书确定的交付抵债物的权利。另一方不履行调解书确定的义务的,当事人可以申请强制执行,但不能直接请求确认对抵债物享有所有权。可见,对以物抵债协议进行确认的调解书并非《物权法》第28条规定的能够直接导致物权变动的法律文书,不能直接发生物权变动的效果。

# 【实务问题】

### 一、债权人能否基于以物抵债协议对抗金钱之债的执行

根据执行异议复议规定第28条、第29条的规定,无过错买受人、消费者购房人在一定条件下,即便没有办理过户登记手续,也可以对抗金钱之债的执行。对于符合该司法解释第28条、第29条要求的以物抵债协议项下的债权人,能否依据这两条规定对抗金钱之债的执行,存在不同认识。鉴于不少法院反映,实践中以物抵债的问题比较复杂,尤其是案外人与被执行人恶意串通倒签抵债时间以排除其他债权人执行、使受让人偏颇受偿的问题突出,在难以确切认定合同签订时间,且又难以认定当事人存在恶意串通的情况下,只能对以物抵债采取较为谨慎的态度,认为其债权人不能基于这两条规定对抗债权人的执行。事实上,本条之所以规定人民法院不宜出具调解书予以确认,也是基于这一道理。另一方面,之所以要对无过错的买受人、消费者购房人进行特别保护,基本的理念是,请求交付物的债权作为物权期待权,优先于金钱债权。而设立以物抵债的目的在于消灭旧的金钱之债,以物抵债作为履行原来金钱之债的方法,其债权人享有的本质上仍然是金钱之债,不应优先于另一个金钱之债。因此,以物抵债不适用该司法解释第28条、第29条的规定。

### 二、以物抵债裁定能否直接导致物权变动

关于执行程序中人民法院能否出具以物抵债裁定对执行和解协议进行确认,当前的司法政策可以概括为原则上禁止、例外允许。《最高人民法院关于执行和解若干问题的规定》第6条规定:"当事人达成以物抵债执行和解协议的,人民法院不得依据该协议作出以物抵债裁定。"可见,原则上不得依据和解协议作出以物抵债裁定。但在以下两种情况下,人民法院可以出具以物抵债裁定:一是双方同意的。民事诉讼法司法解释第491条规定:"经申请执行人和被执行人同意,且不损害其他债权人合法权益和社会公共利益的,人民法院可以不经拍卖、变卖,直接将被执行人的财产作价交申请执行

人抵偿债务。对剩余债务，被执行人应当继续清偿。"二是无法拍卖或变卖的。民事诉讼法司法解释第492条规定："被执行人的财产无法拍卖或者变卖的，经申请执行人同意，且不损害其他债权人合法权益和社会公共利益的，人民法院可以将该项财产作价后交付申请执行人抵偿债务，或者交付申请执行人管理；申请执行人拒绝接收或者管理的，退回被执行人。"

人民法院作出的以物抵债裁定，是否属于《物权法》第28条规定的直接导致物权变动的司法文件，存在不同认识。民事诉讼法司法解释第493条："拍卖成交或者依法定程序裁定以物抵债的，标的物所有权自拍卖成交裁定或者抵债裁定送达买受人或者接受抵债物的债权人时转移。"物权法司法解释（一）第7条规定："人民法院、仲裁委员会在分割共有不动产或者动产等案件中作出并依法生效的改变原有物权关系的判决书、裁决书、调解书，以及人民法院在执行程序中作出的拍卖成交裁定书、以物抵债裁定书，应当认定为物权法第二十八条所称导致物权设立、变更、转让或者消灭的人民法院、仲裁委员会的法律文书。"据此，以物抵债裁定属于《物权法》第28条规定的直接导致物权变动的司法文件。问题是，从人民法院作出的以物抵债裁定因送达当事人生效到办理变更登记前，如果登记簿记载的名义权利人将房屋转卖他人，受让人如果是善意的，能否基于善意取得制度取得所有权？对此，应作肯定回答。为避免出现此种情形，最好应事先采取查封等保护性措施。

### 三、签订以物抵债协议的债务人破产时，如何保护债权人的利益

在签订以物抵债协议的债务人企业破产的情况下，管理人能否基于《企业破产法》第18条的规定享有决定合同解除或者继续履行的权利？我们认为，该条适用的前提是债务人和对方当事人均未履行完合同义务，而在以物抵债协议中，债权人往往已经履行了自己的义务，并且享有了对债务人的权利，债务人为履行自己的义务，才签订以物抵债协议。由此可见，在以物抵债协议场合，不符合《企业破产法》第18条规定的条件，故管理人不得根据该条规定选择解除合同或者继续履行，尤其是不能随意解除合同。当然，如果抵债物是在建房屋，在债务人企业破产的情况下，可以事实或者法律上的履行不能为由，允许管理人解除合同。此时，管理人解除合同并不是依据该条规定，而是合同法上有关合同解除的相关规定。

管理人不能解除合同，并不意味着债权人就有权请求继续履行合同。因为一旦允许债权人有权请求债务人继续履行合同，并基于合同的履行享有物权，则无异于使该债权人享有了物权性质的权利，不符合破产程序公平受偿

的原则。因此，即便债权人请求继续履行合同，人民法院也要将其请求转化为金钱之债，进而通过破产程序公平受偿。

**【典型案例】**

  上诉人通州建总集团有限公司与被上诉人内蒙古兴华房地产有限责任公司建设工程施工合同纠纷案〔（2016）最高法民终484号〕[1]

  最高人民法院认为：以物抵债，系债务清偿的方式之一，是当事人之间对于如何清偿债务作出的安排，故对以物抵债协议的效力、履行等问题的认定，应以尊重当事人的意思自治为基本原则。一般而言，除当事人明确约定外，当事人于债务清偿期届满后签订的以物抵债协议，并不以债权人现实地受领抵债物，或取得抵债物所有权、使用权等财产权利，为成立或生效要件。只要双方当事人的意思表示真实，合同内容不违反法律、行政法规的强制性规定，合同即为有效。

  最高人民法院还认为：当事人于债务清偿期届满后达成的以物抵债协议，可能构成债的更改，即成立新债务，同时消灭旧债务；亦可能属于新债清偿，即成立新债务，与旧债务并存。基于保护债权的理念，债的更改一般需有当事人明确消灭旧债的合意，否则，当事人于债务清偿期届满后达成的以物抵债协议，性质一般应为新债清偿。换言之，债务清偿期届满后，债权人与债务人所签订的以物抵债协议，如未约定消灭原有的金钱给付债务，应认定系双方当事人另行增加一种清偿债务的履行方式，而非原金钱给付债务的消灭。

  45.【履行期届满前达成的以物抵债协议】当事人在债务履行期届满前达成以物抵债协议，抵债物尚未交付债权人，债权人请求债务人交付的，因此种情况不同于本纪要第71条规定的让与担保，人民法院应当向其释明，其应当根据原债权债务关系提起诉讼。经

---

[1] 案例来源：《最高人民法院公报案例》2017年第9期。

释明后当事人仍拒绝变更诉讼请求的，应当驳回其诉讼请求，但不影响其根据原债权债务关系另行提起诉讼。

## 【条文主旨】

本条是关于履行期限届满前的以物抵债协议性质与效力的规定。

## 【争议观点】

在履行期限届满前应否允许当事人签订以物抵债协议，存在不同观点。一种观点认为，基于禁止流质或流押的考虑，不应允许当事人签订此类协议；即便签订了，也应认定其无效。另一种观点认为，应当允许当事人签订以物抵债协议，但其性质属于让与担保。还有一种观点认为，当事人在履行期限届满前签订以物抵债，意味着放弃了期限利益，提前进行了清偿。将履行期限届满前签订的以物抵债协议认定为让与担保，拟制色彩过于浓厚，不符合当事人真实的意思表示。本纪要采第二种观点，即采让与担保说。

## 【理解与适用】

### 一、关于禁止流质或流押问题

我国《物权法》第186条、第211条明令禁止抵押权人或质权人在债务履行期限届满前与抵押人或出质人约定债务人不履行债务时担保财产归债权人所有，以避免债权人乘债务人之急迫而滥用其优势地位，通过压低担保物价值的方式获取暴利。物权法关于禁止流押或流质的规定，意味着在履行期限届满前有关债务人不能履行债务时抵债物就归属于债权人的约定，因违反禁止流质或流押的规定而无效。因此，债权人不能直接请求债务人履行交付或者权属变更义务，否则，其就可以基于合同的履行取得物权，从而架空了物权法关于禁止流质或流押的规定。但流押或流质条款无效，并不意味着整个以物抵债协议都无效。事实上，以物抵债协议仍然是有效的，其效力表现在，当债务人不履行债务时，债权人可以通过折价、拍卖、变卖抵债物等方式偿还债务。至于对拍卖所得的价款是否享有优先权，则因抵债物是否完成了相应的公示而异其效力。从这一意义上说，本条实际上是将此种以物抵债作为履行原债权债务关系的担保来对待的。

这就面临一个问题，当事人在签订以物抵债协议时，可能确实没有设定担保的意思表示，将其解释为担保是否与当事人真实意思表示相违背？我们认为，如果当事人有明确的抛弃期限利益的意思，则不再适用本条规定，而应适用前一条有关履行期限届满后签订的以物抵债协议的相关规则。反之，只要当事人没有明确的抛弃期限利益的意思，则将以物抵债解释为一种担保，既能平衡双方利益，也不违背当事人的真实意思表示。

二、关于此种以物抵债协议的效力

既然将此时的以物抵债协议认定为是一种担保，则抵债物是否完成相应的公示就至关重要。根据抵债物是否完成公示的不同，可将以物抵债的效力作出如下区分：

第一，尚未完成公示，即动产尚未交付、不动产尚未完成权属变更的。鉴于以物抵债在性质和功能上与买卖合同类似，双方签订以物抵债协议，类似于签订买卖合同作为原金钱债务的担保，故此时可以参照适用民间借贷司法解释第 24 条的规定来处理：据此，一是所谓的买卖合同实质上是借款合同的担保，法院应当按照民间借贷关系来审理，而不应按照所谓买卖合同来审理，从而明确了审理对象；二是买卖合同既然本质上属于担保，则出借人不得请求实际履行买卖合同，只能请求变价，从而较好地平衡了双方的权利义务关系；三是作为担保的买卖合同因未经公示，不具有物权效力，所以债权人不能对价款优先受偿。总之，此时作为履行依据的仍然是原债，以物抵债协议仅是作为债权性质的担保，债权人并无优先受偿效力，较之于新债清偿，可以较好地平衡双方当事人的利益。

第二，已经完成公示，即动产已经交付债权人、不动产已经完成登记的，构成让与担保，应当参照本纪要第 71 条"让与担保"的相关规定处理，此处不赘。

# 【实务问题】

### 当事人事先约定的折价协议是否有效

当事人在债务履行期限届满前约定，债务人不履行债务时，债权人以约定的价格取得担保财产，此种约定是否属于流质或流押条款？我们认为，折价作为担保物权实现的方式，原则上须是债务已届履行期限时对抵押物的折价，以缔约时的价格取得抵债物，本质上就是流质或流押条款，依法应当认定无效。

46.【通知解除的条件】审判实践中，部分人民法院对合同法司法解释（二）第 24 条的理解存在偏差，认为不论发出解除通知的一方有无解除权，只要另一方未在异议期限内以起诉方式提出异议，就判令解除合同，这不符合合同法关于合同解除权行使的有关规定。对该条的准确理解是，只有享有法定或者约定解除权的当事人才能以通知方式解除合同。不享有解除权的一方向另一方发出解除通知，另一方即便未在异议期限内提起诉讼，也不发生合同解除的效果。人民法院在审理案件时，应当审查发出解除通知的一方是否享有约定或者法定的解除权来决定合同应否解除，不能仅以受通知一方在约定或者法定的异议期限届满内未起诉这一事实就认定合同已经解除。

## 【条文主旨】

本条是关于只有享有法定或者约定解除权的当事人才能以通知方式解除合同的规定。

## 【争议观点】

在发出解除合同的一方应否享有合同解除权问题上，存在不同观点。一种观点认为，只有在发出解除通知的一方享有法定或者约定解除权的情况下，才发生通知解除的后果。另一种观点认为，不问发出解除通知的一方是否享有法定或者约定的解除权，只要对方当事人在收到解除合同通知后，未在约定或者法定期限提出异议的，合同就直接解除。本纪要采第一种观点。

## 【理解与适用】

### 一、合同解除概述

合同解除，是指在合同履行过程中，基于特定情形的出现，法律规定或者双方当事人约定可以终结该合同的权利。根据合同解除条件以及发生原因的不同，可以将合同解除分为三类：（1）法定解除，是指当事人基于法律的规定行使合同解除权致使合同发生解除效果。有关法定解除，《合同法》第94条作了明确规定，只要符合第94条规定的五种情形，当事人任何一方就可以行使解除权，解除合同。（2）约定解除，是指当事人在订立合同中约定合同解除的条件，当该条件成就时，被赋予解除权的一方或者双方就可以行使解除权，使合同发生解除的效果。（3）协议解除，合同的解除既非基于法律的规定，也不是合同双方当事人在合同中明确约定的，而是在合同履行过程中双方当事人经过协商一致后决定终结合同的效力。在实务中，协议解除常常会和约定解除发生混淆，两者的区别在于：协议解除的本质是通过双方缔结一个新的协议取代原合同，而约定解除则是合同中约定的解除条件成就而使合同发生解除；协议解除不存在行使解除权的问题，是双方当事人合意的结果，而约定解除存在解除权，当然，解除权可以约定为一方所有或者双方所有；协议解除通常发生在合同履行过程中，而约定解除则是在合同订立时事先约定的。对于协议解除，由于不存在任何一方当事人行使解除权的问题，所以不适用本条的相关规定。

### 二、通知解除仅适用于发出解除通知方享有解除权的情形

本条之所以规定法院仍需审查发出解除通知一方是否享有解除权，主要有以下几点考虑：

一是从文义解释来看。合同法司法解释（二）第24条规定："当事人对合同法第九十六条、第九十九条规定的合同解除或者债务抵销虽有异议，但在约定的异议期限届满后才提出异议并向人民法院起诉的，人民法院不予支持；当事人没有约定异议期间，在解除合同或者债务抵销通知到达之日起三个月以后才向人民法院起诉的，人民法院不予支持。"该条是对《合同法》第96条的适用作出的解释。《合同法》第96条规定："当事人一方依照本法第九十三条第二款、第九十四条的规定主张解除合同的，应当通知对方。合同自通知到达对方时解除。对方有异议的，可以请求人民法院或者仲裁机构确认解除合同的效力。"而《合同法》第93条第2款、第94条就是对约定

解除和法定解除条件的规定。《合同法》第 93 条第 2 款规定："当事人可以约定一方解除合同的条件。解除合同的条件成就时，解除权人可以解除合同。"《合同法》第 94 条规定："有下列情形之一的，当事人可以解除合同：（一）因不可抗力致使不能实现合同目的；（二）在履行期限届满之前，当事人一方明确表示或者以自己的行为表明不履行主要债务；（三）当事人一方迟延履行主要债务，经催告后在合理期限内仍未履行；（四）当事人一方迟延履行债务或者有其他违约行为致使不能实现合同目的；（五）法律规定的其他情形。"因此，异议权和异议期的适用前提是有解除权的合同解除，若发出解除通知一方根本没有解除权，就不涉及解除权解除，当然也就不存在《合同法》第 96 条所规定的"异议"。此时所谓的"解除合同通知"只能视为一方当事人要求解除合同的要约，除非对方予以承诺，否则不发生解除合同的效果。

　　二是从权利义务平衡的角度来看。《合同法》第 96 条并未对发出通知的形式作出明确要求，但对受领通知的一方异议方式却作出严格的规定，那就是只能通过诉讼或者仲裁的方式提出异议。相比之下，发出解除通知成本很小，而以诉讼或者仲裁的方式提出异议，需要投入相对高昂的人力、物力、财力。为弥补此种权利义务的不均衡、不对等，有必要适当提高对发出通知一方的资格要求，这就要求其享有合同解除权这种实体权利。如果不享有合同解除权的一方甚至违约方发出解除通知，也要求受通知一方以诉讼或者仲裁方式提出异议，其结果只能是让遵守合同的一方利益受损。假如承认无解除权之人发出解除通知，对方当事人于 3 个月未提异议，就发生合同解除的结果。这就会使本不享有解除权或不具备解除权行使条件的当事人一方，利用相对人不懂法律或其疏忽大意，恶意发出"解除通知"，一俟约定的异议期限届满或于当事人没有约定异议期间时解除通知到达之日起满 3 个月，就发生"合同解除"的结果，逃避本应履行的合同义务。这是是非颠倒、违背公平正义的。① 司法解释规定 3 个月的异议期，是审判实践经验的总结，有利于督促当事人及时提出异议，尽快明确合同效力，确定双方权利义务关系，而不是没有在异议期提出异议，就产生合同解除的法律效果。

　　《最高人民法院研究室对〈关于适用《中华人民共和国合同法》若干问题的解释（二）〉第 24 条理解与适用的请示的答复》（法研〔2013〕79 号）已经明确："当事人根据合同法第九十六条的规定通知对方要求解除合同的，

---

① 崔建远：《论外观主义的运用边界》，载《清华法学》2019 年第 5 期。

必须具备合同法第九十三条或者第九十四条规定的条件,才能发生解除合同的法律效力。"纪要的规定与最高人民法院研究室的答复意见是完全一致的。

## 【实务问题】

### 一、关于解除时间的确定

人民法院在判令合同解除时,应当对合同解除的时间作出认定。一般来说,当事人因行使解除权而解除合同的,从解除通知到达对方之日起解除。当事人直接以起诉方式解除合同,经人民法院确认原告确有解除权的,一般可以认定合同从起诉状副本送达之日起解除。违约方诉请解除合同以及因出现《合同法》第110条规定的除外情形而解除合同的,人民法院应当综合相关事实在裁判文书中确定合同解除时间。

### 二、关于解除通知能否通过诉讼方式行使

解除通知可以由解除权人直接发送给对方,也可以通过诉讼的方式行使。提起诉讼是解除权人意思表示的另一种表达方式,只不过不是解除权人直接通知对方解除合同,而是通过法院向对方送达法律文书,以起诉状方式间接通知对方解除合同。起诉状就是解除权行使的通知,载有解除请求的起诉状送达对方时,发生合同解除的效力。无论直接通知还是间接通知,只要解除权人行使解除权这一意思表示到达了对方,符合解除通知的条件,均应产生合同解除的法律效果。

### 三、关于解除权的放弃

解除权是一项民事权利,约定解除权和法定解除权都可以明示放弃。实务中,双方约定的合同解除条件成就时,一方未能以法定方式通知违约方解除合同,而是继续接受违约方履行合同的,其行为变更了合同约定的解除条款,视为放弃解除权,不能再依约定解除合同。

## 【典型案例】

**聚力公司与七星公司买卖合同纠纷案**〔(2016)最高法民申1049号〕

2010年12月23日,聚力公司与七星公司订立《HG型单晶炉合同书》,约定七星公司向聚力公司供应三种型号单晶炉共计63台,价格5286万元,

分三批供货，设备发货前，七星公司应至少提前 15 日通知聚力公司支付本批次货款的 30%。2011 年 7 月 1 日，聚力公司向七星公司发函称，按合同约定七星公司应在 2011 年 5 月底交付 30 台设备，因七星公司一直没有交付，聚力公司也没有收到书面发货通知书，故主张取消合同。同日，七星公司回函认为，七星公司不存在违约行为，不同意取消合同。聚力公司向连云港中级人民法院起诉，请求判令七星公司返还合同预付款 1065 万元及利息。连云港中级人民法院认为，七星公司在收到聚力公司的解除通知后未在 3 个月内提起诉讼，但本案仍需要对聚力公司是否享有法定解除权进行审查。因七星公司不构成根本性违约，聚力公司无权解除合同，故判决驳回聚力公司的诉讼请求。聚力公司不服，上诉至江苏省高级人民法院。江苏省高级人民法院判决驳回上诉，维持原判。聚力公司不服，向最高人民法院申请再审。

最高人民法院经审查认为，聚力公司主张七星公司未对其发出的解除通知提出异议表明双方合同已经解除的观点能否成立，还应审查其解除合同的理由是否符合《合同法》第 93 条第 2 款、第 94 条规定的情形。《合同法》第 93 条第 2 款规定的是合同的约定解除，而本案合同并未对此作出约定，双方也未达成解除合同的新的合意，因此本案不存在约定解除的情形。《合同法》第 94 条规定的是合同的法定解除。从聚力公司的主张看，其是以七星公司不按期交付货物致使其不能实现合同目的为由主张解除合同，因此本案应当审查该情形是否存在，以判断聚力公司是否享有法定解除权。经审查，七星公司从 2011 年 5 月初即开始多次通知聚力公司交付第二批货物的发货款，而聚力公司一直未支付，已构成违约，七星公司有权行使先履行抗辩权拒绝履行交付货物的合同义务，此种情况下聚力公司无法定解除权，其向七星公司发出的解除通知不发生解除合同的法律效力。最高人民法院驳回了聚力公司的再审申请。

47. **【约定解除条件】**合同约定的解除条件成就时，守约方以此为由请求解除合同的，人民法院应当审查违约方的违约程度是否显著轻微，是否影响守约方合同目的的实现，根据诚实信用原则，确定合同应否解除。违约方的违约程度显著轻微，不影响守约方合同目的的实现，守约方请求解除合同的，人民法院不予支持；反之，则依法予以支持。

## 【条文主旨】

本条是关于要根据诚实信用原则认定解除条件是否成就的规定。

## 【争议观点】

关于能否根据诚实信用原则对约定的解除条件进行解释,存在不同观点。一种观点认为,只要约定的解除条件成就,即便该约定不合理,根据合同自由原则,也对当事人有约束力。另一种观点认为,要根据诚实信用原则对约定的解除条件进行解释,适当限制合同解除权的行使。本纪要采第二种观点。

## 【理解与适用】

诚实信用原则是民商法的基本原则,贯穿于整个民商事交易的始终,如在合同义务类型上,先契约义务、诚信义务以及后契约义务均来源于诚信原则;人民法院在解释合同条款、确定履行内容、决定合同应否解除时,均应考虑诚实信用原则;在确定违约责任、缔约过失责任时,也要根据诚实信用原则,合理确定当事人的权利义务关系,强化对守法守约者诚信行为的保护,加大对违法违约行为的制裁与惩罚。

人民法院在认定约定解除条件是否成就时,不能完全根据合同文本机械地确定合同是否解除,而应根据诚实信用原则,综合考量以下因素来确定:一是要考察违约方的过错程度。尽管我国合同法坚持严格责任原则,在确定是否违约时不考察违约方是否具有过错,但这并不意味着过错在合同法中没有任何意义。在考察约定的解除条件是否成就时,要考察违约方的过错程度是轻微过失、严重过失还是故意,如果仅是轻微过失,一般不宜认定解除合同成就。二是要考察违约行为形态。如当事人在合同中作出诸如"任何一方违约,对方就有权解除合同"的约定,此时,要对"违约行为"进行适当限制,避免合同因某一方当事人的轻微违约行为而解除。如果约定的解除条件针对的是拒绝履行等重大违约行为,认定解除条件成就相对容易。如果约定的违约行为针对的是附随义务,则在认定解除条件是否成就时就要更加谨慎，不能轻易认定解除条件成就。三是要考察违约行为的后果。如果一方已经履行了合同的主要义务，如已经支付了全部1000万价款中的950万元，仅剩小部分尾款未付，此时，违约方的违约程度显著轻微，即便违约也不影响合同目的的实现，因而不能轻易根据合同约定认定解除合同已经成就。

总之，根据诚实信用原则以及鼓励交易原则，不宜轻易地否定一个已经生效甚至已经作出大部分履行的合同。尤其是在合同约定的解除条件较为宽泛的情况下，这一限制尤显必要。

## 【实务问题】

**当事人能否在合同中约定享有任意解除权**

当事人在合同中约定一方或双方享有任意解除权，对此类约定应否加以限制，存在不同理解。我们认为，除委托合同等基于人身信赖关系订立的合同，当事人可以约定任意解除权外，其他类型的合同中，原则上不应允许当事人作出此类约定，否则，既容易造成社会资源的浪费，也不符合当事人缔约的真实目的。

48.【违约方起诉解除】违约方不享有单方解除合同的权利。但是，在一些长期性合同如房屋租赁合同履行过程中，双方形成合同僵局，一概不允许违约方通过起诉的方式解除合同，有时对双方都不利。在此前提下，符合下列条件，违约方起诉请求解除合同的，人民法院依法予以支持：

（1）违约方不存在恶意违约的情形；
（2）违约方继续履行合同，对其显失公平；
（3）守约方拒绝解除合同，违反诚实信用原则。

人民法院判决解除合同的，违约方本应当承担的违约责任不能因解除合同而减少或者免除。

## 【条文主旨】

本条是关于违约方起诉解除的规定。

## 【争议观点】

关于违约方能否解除合同问题,存在两种观点。一种观点认为,合同解除作为非违约方的救济方式之一,只能非违约方才享有解除权,违约方无权解除合同。另一种观点认为,在合同陷入僵局等特定情况下,应当允许违约方通过起诉方式由人民法院决定是否解除合同,以打破合同僵局。本纪要采第二种观点。

## 【理解与适用】

### 一、规定违约方起诉解除的原因

《合同法》第8条第1款规定:"依法成立的合同,对当事人具有法律约束力。当事人应当按照约定履行自己的义务,不得擅自变更或者解除合同。"这是合同法律效力的重要内容,合同严守是审判实践中应遵循的一项重要原则。但在房屋租赁等长期性合同中,一方因为经济形势的变化、履约能力等原因,导致不可能履行长期合同,需要提前解约,而另一方拒绝解除合同。在出现合同僵局的情形下,允许违约方向法院提起诉讼,请求法院通过裁判终结合同关系,从而使当事人从难以继续履行的合同中脱身,有利于充分发挥物的价值,减少财产浪费,有效利用资源。总结司法实践经验,本条规定,同时具备以下三个条件的,违约方可以起诉请求解除合同:一是违约方不存在恶意违约的情形;二是违约方继续履行合同,对其显失公平;三是守约方拒绝解除合同,违反诚实信用原则。之所以这样规定,主要有两点考虑:

一是具有法律上的依据。《合同法》第110条规定:"当事人一方不履行非金钱债务或者履行非金钱债务不符合约定的,对方可以要求履行,但有下列情形之一的除外:(一)法律上或者事实上不能履行;(二)债务的标的不适于强制履行或者履行费用过高;(三)债权人在合理期限内未要求履行。"根据该规定,当事人一方不履行非金钱债务或者履行非金钱债务不符合约定的，没有违约行为的一方当事人要求继续履行合同，当法律上或者事实上不能履行、违约方继续履约所需费用过高的，可以不再履行合同。

二是通过明确违约方起诉请求法院解除合同的条件和法律后果，有利于破解合同僵局，实现实质正义，促进市场经济发展。对于不能履行的交易，以鼓励交易的名义强制履行，并不是鼓励交易的真义。按照诚实信用原则，交易双方都要善意行使权利，在合同履行不能时，应当允许违约方起诉请求解除合同。违约方要求解除合同往往是长期的房屋租赁合同，若不解除该房屋租赁合同，一方面将导致涉案房屋长期闲置，另一方面将使承租方在不占有使用房屋的情况下承担租金损失。还有，因为承租方不使用租赁房屋，支付租金的能力受到限制，反过来使得出租方的租金难以得到保障。

**二、违约方起诉解除的适用**

根据本条的规定，违约方起诉解除合同需要同时具备三个条件：

第一个条件是违约方起诉请求解除合同主观上必须是非恶意的。规定该条件的目的是防止违约方实施机会主义行为而侵害守约方的利益。违约方在履行困难或者履行对其经济上不合理时就选择故意违约，这将引发相关的道德风险，违反了任何人不能从其不法行为中获利的原则。例如，在房屋价格上涨的情形下，违约方可能进行一房数卖，恶意解约，此类违约行为在实践中时常发生，如果予以认可，将极大地危害交易安全和交易秩序。[1]

第二个条件是违约方继续履行合同对其显失公平。在形成合同僵局的情形下，法律上允许违约方提起诉讼解除合同，目的在于纠正利益失衡现象，从而平衡当事人之间的利益关系，最终实现实质正义。因此，在合同僵局的情形下，应当是守约方拒绝解除合同明显导致双方当事人利益关系显失公平。如果继续履行合同可以给守约方带来一定的利益，但此种利益与给违约方造成的损失相比，明显不对等，尤其是在违约方能够赔偿守约方因合同解除而遭受的损失时，当事人之间的利益失衡更加明显。实务中，在出现合同僵局时，享有解除权的一方当事人拒绝行使解除权，常常是为了向对方索要高价，这就违反了诚信和公平原则。如果任由守约方拒绝解除合同，可能造成双方利益严重失衡。因而，在法律上有必要予以纠正。

第三个条件是守约方拒绝解除合同违反诚实信用原则。根据诚实信用原则，合同交易不是零和游戏，而是互赢的关系，合同的双方当事人都要照顾

---

[1] 参见蔡睿：《吸收还是摒弃：违约方合同解除权之反思——基于相关裁判案例的实证研究》，载《现代法学》2019年第3期。

对方的合理期待，任何一方都必须尊重另一方的利益。通常在形成合同僵局的情形下，如果违约方能够找到替代的履行方式，能够保障守约方履行利益的实现，而且对守约方因合同解除而遭受的损失进行赔偿，则能够保障守约方的利益；但在此情形下，守约方坚持继续履行合同，可以认定守约方已经违反了诚信原则。如在房屋租赁合同中，违约方愿意补偿守约方较长期间比如6个月或1年的租金，而守约方仍然拒绝解除合同，通常应当认定其行为违反了诚信原则。

### 三、违约方起诉解除不影响其承担违约责任

违约方起诉解除合同需要对守约方的损失进行充分赔偿。违约方请求解除合同的，应当承担违约责任，确保守约方的利益得到保障。有些地方法院对租赁合同中提前解约制定了补偿规则。例如，依据《北京市高级人民法院关于审理房屋租赁合同纠纷案件若干疑难问题的解答》第24条的规定，承租人拒绝履行租赁合同给出租人造成损失的，应当承担赔偿损失的违约责任，出租人作为守约方也负有减少损失扩大的义务，具体损失数额由法院根据合同的剩余租期、租赁房屋是否易于再行租赁、出租人另行出租的差价、承租人的过错程度等因素予以酌定，一般以合同约定的三至六个月的租金为宜。

违约方通过起诉主张解除合同的，法院审查认为符合合同解除条件的，应当进行释明，告知守约方可以直接要求损害赔偿，也可另行起诉主张损害赔偿。关于赔偿损失的范围，应当按照《合同法》第113条的规定，支持守约方向违约方主张可得利益，但应当遵守《合同法》第113条的可预见性规则和第119条的防止损失扩大规则。

## 【实务问题】

### 当事人仅主张解除合同，法院应否一并处理合同解除的法律后果

依据《合同法》第97条规定，合同解除后，尚未履行的，终止履行；已经履行的，根据履行情况和合同性质，当事人可以要求恢复原状、采取其他补救措施，并有权要求赔偿损失。审判实践中，当事人仅主张解除合同，法院应否一并处理合同解除的法律后果，一直有不同的观点和做法。一种观点认为，根据不告不理的民事诉讼原则，法院应当围绕当事人的诉讼请求进行审理，不应判超所请。若当事人仅主张解除合同，法院不应一并处理合同解除的法律后果。我们认为，定分止争是当事人进行民事诉讼活动的重要目的，也是社会主义法治追求的重要价值目标。为了有效化解社会矛盾，减少

当事人诉累,对不告不理原则的理解不应过分机械。当事人请求解除合同的,原则上应当一并处理解除后的责任承担等相关后果。如对于房屋租赁合同而言,一旦认定合同应当解除,就应当对返还财产、腾让房屋等事宜一并作出处理。必要时,应当及时组织当事人办理房屋交接手续,这样既可以减少当事人的经济损失,也便于法院对案件的审理,同时有利于化解纠纷,减少诉累。至于合同解除后的损失赔偿、违约责任承担问题,法院应向当事人释明,如果当事人坚持不提出请求,可以在裁判文书中指出通过另行诉讼的方式予以解决,以便尊重当事人的民事诉讼权利。

## 【典型案例】

### 新宇公司诉冯某商铺买卖合同纠纷案①

1998年10月19日,新宇公司与冯某签订了一份商铺买卖合同,约定:新宇公司向冯某出售时代广场第二层编号为2B050的商铺,建筑面积22.50平方米,总价款368 184元。合同签订后,冯某按约支付了全部价款。1998年11月3日,新宇公司将2B050号商铺交付冯某使用,但一直未办理产权过户手续。时代广场两次停业。新宇公司的新股东为盘活资产、重新开业,拟对时代广场的全部经营面积进行调整,重新规划布局,为此陆续与大部分小业主解除了商铺买卖合同,并开始在时代广场内施工。2003年3月17日,新宇公司致函冯某,通知其解除双方签订的商铺买卖合同。3月27日,新宇公司拆除了冯某所购商铺的玻璃幕墙及部分管线设施。6月30日,新宇公司再次向冯某致函,冯某不同意解除合同。由于冯某坚持不退商铺,新宇公司不能继续施工,6万平方米建筑闲置,新宇公司向法院起诉解除合同。

南京市玄武区人民法院认为:新宇公司在回收了大部分业主的商铺后,拟对时代广场重新进行规划布局,争取再次开业。冯某坚持新宇公司必须按每平方米30万元的高价回收其商铺,否则就要求继续履行商铺买卖合同。虽经调解,由于双方当事人互不信任,不能达成调解协议,以至新宇公司的6万平方米建筑和冯某的22.50平方米商铺均处于闲置状态。考虑到冯某所购商铺,只是新宇公司在时代广场里分割出售的150余间商铺中的一间。在以分割商铺为标的物的买卖合同中,买方对商铺享有的权利,不能等同于独

---

① 案例来源:《最高人民法院公报案例》2006年第6期。

立商铺。为有利于物业整体功能的发挥,买方行使权利必须符合其他商铺业主的整体意志。现在时代广场的大部分业主已经退回商铺,支持新宇公司对时代广场重新规划布局的工作,今后的时代广场内不再具有商铺经营的氛围条件。冯某以其在时代广场中只占很小比例的商铺,要求新宇公司继续履行本案合同,不仅违背大多数商铺业主的意愿,影响时代广场物业整体功能的发挥,且由于时代广场内失去了精品商铺的经营条件,再难以通过经营商铺营利,继续履行实非其本意。考虑到时代广场位于闹市区,现在仅因双方当事人之间的互不信任而被闲置,这种状况不仅使双方当事人的利益受损,且造成社会财富的极大浪费,不利于社会经济发展。从衡平双方当事人目前利益受损状况和今后长远利益出发,依照公平和诚实信用原则,尽管双方当事人之间存在的商铺买卖合同关系合法有效,尽管冯某在履行合同过程中没有任何违约行为,本案的商铺买卖合同也应当解除。鉴于冯某在履行商铺买卖合同中没有任何过错,在商铺买卖合同解除后,其因商铺买卖合同而获得的利益必须得到合理充分的补偿,补偿标准是保证冯某能在与时代广场同类的地区购得面积相同的类似商铺。新宇公司同意在商铺买卖合同解除后,除返还冯某原付的购房价款、赔偿该商铺的增值款外,还给冯某补款 48 万元,这一数额足以使冯某的现实既得利益不因合同解除而减少,应予确认。据此,南京市玄武区人民法院于 2004 年 4 月 30 日判决:新宇公司与冯某签订的商铺买卖合同予以解除;新宇公司返还冯某的商铺价款 368 184 元,赔偿冯某商铺的增值额 163 516 元;新宇公司赔偿冯某逾期办理房屋权属登记过户手续的违约金及其他经济损失 48 万元。

冯某不服一审判决,向南京市中级人民法院上诉。南京市中级人民法院维持了解除合同的判项,同时将违约金及其他经济损失增加到 68 万元。

49.【合同解除的法律后果】合同解除时,一方依据合同中有关违约金、约定损害赔偿的计算方法、定金责任等违约责任条款的约定,请求另一方承担违约责任的,人民法院依法予以支持。

双务合同解除时人民法院的释明问题,参照本纪要第 36 条的相关规定处理。

## 【条文主旨】

本条是关于合同解除法律后果的规定。

## 【争议观点】

有观点认为,合同解除的,合同中的违约金、约定损害赔偿的计算方法、定金责任条款不再适用。理由是,合同解除的法律后果是使合同关系归于消灭,违约金、约定损害赔偿的计算方法、定金责任条款也应归于无效。应当由双方恢复原状,因不能恢复原状造成的损失由违约方负责赔偿。另一种观点认为,因违约解除合同的,合同中的违约金、约定损害赔偿的计算方法、定金责任条款仍继续有效。理由是,违约金、约定损害赔偿的计算方法、定金责任条款在性质上属于"合同中结算和清理条款",依据《合同法》第 98 条的规定,并不因合同的权利义务终止而影响其效力。违约金、约定损害赔偿的计算方法、定金责任是当事人通过约定而预先确定,在合同解除后独立生效。我们倾向于第二种观点。

## 【理解与适用】

**一、规定合同解除不影响合同中有关违约金、约定损害赔偿的计算方法、定金责任等违约责任条款的效力**

1. 基于法律、司法解释的规定。《合同法》第 97 条规定:"合同解除后,尚未履行的,终止履行;已经履行的,根据履行情况和合同性质,当事人可以要求恢复原状、采取其他补救措施,并有权要求赔偿损失。"该条明确规定了合同解除后可以要求赔偿损失。《最高人民法院关于当前形势下审理民商事合同纠纷案件若干问题的指导意见》第 8 条明确规定:"合同解除后,当事人主张违约金条款继续有效的,人民法院可以根据合同法第九十八条的规定进行处理。"《合同法》第 98 条规定:"合同的权利义务终止,不影响合同中结算和清理条款的效力。"当事人一方在合同履行过程中,不履行合同义务或者履行合同义务不符合约定的,应当承担违约责任,包括赔偿损失等。即使此后合同因某种原因而终止,违约方也并不因此而被免除其违约责任,另一方仍然有权依法请求赔偿损失。买卖合同司法解释第 26 条规定："买卖合同因违约而解除后，守约方主张继续适用违约金条款的，人民法院应予支持；但约定的违约金过分高于造成的损失的，人民法院可以参照合同法第一百一十四条第二款的规定处理。"根据《合同法》第174条规定，法律对其他有偿合同有规定的，依照其规定；没有规定的，参照买卖合同的有关规定。因此，关于合同解除与违约金责任能否并存的问题，司法解释和司法实践都有明确意见。同理，合同中约定的损害赔偿计算方法、定金责任条款也应独立生效。

《合同法》第97条和第98条结合能反映出我国合同法对合同解除效果的整体态度，体现出立法"惩罚违约、鼓励守约、鼓励交易、创造财富"的目的，有利于实现合同目的，有利于合同纠纷快速、便捷地解决。

2. 违约金等条款在合同解除的情形下恰有适用之必要。在合同解除情况下，适用的违约金是不履行的违约金，不履行违约金条款的效力在合同正常履行情况下无适用前提，而在一方违约导致合同解除的情况下，不履行违约金条款的效力恰恰有适用之必要。合同解除仅是消灭履行效力的行为，而并未解决当事人不履行的后果。既然合同法规定合同解除并不影响当事人要求赔偿损失的权利，即法律允许合同解除权与法定的损害赔偿请求权并存，而违约金在性质上就是当事人预定的赔偿金，赔偿性质是违约金无可争议之属性，那么允许合同解除权与具有约定损害赔偿性质的违约金条款并存即为理所当然之结论。因此，在合同解除后适用该约定条款，不仅可以体现当事人意志，而且能够减轻当事人诉累，提高司法效率，节约诉讼成本。

3. 从我国的立法实践看，合同解除更多地体现权利的性质，其本身并非违约责任形式，而是法律对守约方的一种违约救济方式和手段。合同解除是守约方的一种能及时有效保护自己利益的权利。既然是一种民事权利，如果合同中约定有违约金条款，那么守约方对违约责任的承担方式就应有选择权，既可以要求违约方承担因违约导致合同解除的违约金责任，也可以选择要求违约方承担损害赔偿责任，以最大可能地保护和实现其合法权益。

**二、合同解除后在确定赔偿损失的范围时，应当坚持充分保护守约方利益以及对违约方进行适当惩罚的原则**

合同解除后赔偿损失的范围如何界定，存在赔偿信赖利益说与赔偿可得利益说两种观点。赔偿信赖利益说主张，合同解除后合同关系溯及既往地归于消灭，当事人之间的利益状况应该恢复到合同订立之前，即合同关系本不存在时当事人所处的利益状态，对当事人因信赖合同能够正常履行而支出的费用或财产损失，也即信赖利益损失，违约方应予以赔偿，可得利益是合同履行后当事人才能获得的利益,既然当事人选择了合同解除,就说明当事人不愿意继续履行合同,因而,守约方也就不应该得到合同履行后才能获得的履行利益。我们主张赔偿可得利益说,主要理由是:合同解除场合的损失赔偿请求权,是因合同解除之前的违约行为而发生的,并非因合同解除才产生,损失赔偿的对象是因违约行为而产生的损失,合同解除与损失赔偿都是违约的救济措施。对于违约损失赔偿,我国合同法规定的是赔偿可得利益,因而在合同解除与违约损失赔偿可以并存的情况下,损失赔偿的范围应为可得利益,即合同正常履行时,当事人可以获得的利益,包括当事人的缔约费用、履约准备费用等必要交易成本(信赖利益)以及合同履行后可以获得的利益。

该司法观点,在《最高人民法院关于审理融资租赁合同纠纷案件适用法律问题的解释》第22条得到充分体现。该条规定:"出租人依照本解释第十二条的规定请求解除融资租赁合同,同时请求收回租赁物并赔偿损失的,人民法院应予支持。前款规定的损失赔偿范围为承租人全部未付租金及其他费用与收回租赁物价值的差额。合同约定租赁期间届满后租赁物归出租人所有的,损失赔偿范围还应包括融资租赁合同到期后租赁物的残值。"

**三、双务合同解除时人民法院负有一定的释明义务,具体程序和要求参照确认合同无效的相关规定处理**

本纪要第36条规定了合同无效时人民法院的释明义务。在双务合同中,原告起诉请求解除合同,被告主张继续履行,或者原告起诉请求继续履行,而被告主张解除合同,都要防止机械适用"不告不理"的原则,仅就当事人的诉讼请求进行审理,而应当适度采取职权主义,向当事人释明变更或者增加诉讼请求,尽可能一次性解决纠纷。例如,基于合同有给付行为的原告请求解除合同,但并未提出返还原物或者折价补偿、赔偿损失等请求的,人民法院应当向其释明,告知其一并提出相应诉讼请求;原告请求解除合同并要求被告返还原物或者赔偿损失,被告基于合同也有给付行为的,人民法院同样应当向被告释明,告知其提出同时履行抗辩;人民法院经审理认定合同解除的,除了要在"本院认为"部分对同时返还作出认定外,还应当在判项中作出明确表述,避免因判令单方返还而出现不公平的结果。一审人民法院未予释明,二审人民法院认为应当对合同解除的法律后果作出判决的,可以直接释明并改判。当然,如果返还财产或者赔偿损失的范围确实难以确定或者双方争议较大的,也可以告知当事人通过另行起诉等方式解决,并在裁判文书中予以明确。

## 【实务问题】

### 一、协议解除合同损害赔偿的特殊性

协议解除是双方协商一致解除合同,合同解除后有关损害赔偿问题应取决于当事人的意思自治。解除协议中如果约定了损害赔偿,自然应予支持;如果解除协议约定不予赔偿损失,也应当尊重当事人的选择。假如当事人仅就合同的解除达成协议,而未具体约定损害赔偿,当事人向法院起诉要求损害赔偿的,法院应当允许,不能以默示的方式排除当事人对损害赔偿的请求权。

### 二、合同因不可抗力不能履行而解除的损害赔偿问题

因不可抗力解除合同,当事人一般可以免责。但根据我国《合同法》第117条、第118条的规定,在下述情况下仍存在赔偿责任:第一,在当事人迟延履行期间发生不可抗力,造成合同不能履行。第二,当事人应尽量减少不可抗力造成的损失,否则责任方应对扩大的损失负责赔偿。第三,因第三人的行为造成合同不能履行导致合同解除,根据合同相对性原理,债务人应承担赔偿责任。债务人因此受到的损失应视为由第三人的过错所致,该债务人取得向第三人追偿的权利。

## 【典型案例】

### 李某某、刘某某民间借贷纠纷案 〔(2016)最高法民终435号〕

最高人民法院认为:关于违约金责任,根据《合同法》第97条的规定,在违约解除的情况下,守约方在解除合同后有权要求赔偿损失,这里的赔偿损失,在性质上系违约方应承担的违约责任。在此前提下,买卖合同司法解释第26条的规定,就应当理解为,合同因一方违约而被解除后,不仅适用赔偿损失的违约责任,在当事人约定违约金条款的情况下,违约金责任亦应适用。该规定显然不仅能够适用于买卖合同,同时亦应适用于借款合同或者其他合同。即使将上述司法解释的规定解释为仅适用于买卖合同并且按照李金喜在本案中所主张的将案涉合同认定为股权转让合同,在性质上与买卖合同相同,前述规定亦应适用。因此,一审法院以前述司法解释的规定作为裁判依据,适用法律正确,本院予以维持。

50.【违约金过高标准及举证责任】认定约定违约金是否过高，一般应当以《合同法》第113条规定的损失为基础进行判断，这里的损失包括合同履行后可以获得的利益。除借款合同外的双务合同，作为对价的价款或者报酬给付之债，并非借款合同项下的还款义务，不能以受法律保护的民间借贷利率上限作为判断违约金是否过高的标准，而应当兼顾合同履行情况、当事人过错程度以及预期利益等因素综合确定。主张违约金过高的违约方应当对违约金是否过高承担举证责任。

## 【条文主旨】

本条是关于违约金过高标准及举证责任的规定。

## 【争议观点】

实务中，针对借款合同以外的双务合同案件，有的法院简单以民间借贷利率作为确定违约金是否过高的依据，加大了违约方的违约责任，需要引起注意。对于违约金是否过高，要根据法律、司法解释的规定在个案中具体确定。

## 【理解与适用】

《合同法》第114条规定："当事人可以约定一方违约时应当根据违约情况向对方支付一定数额的违约金，也可以约定因违约产生的损失赔偿额的计算方法。约定的违约金低于造成的损失的，当事人可以请求人民法院或者仲裁机构予以增加；约定的违约金过分高于造成的损失的，当事人可以请求人民法院或者仲裁机构予以适当减少。当事人就迟延履行约定违约金的，违约方支付违约金后，还应当履行债务。"该条明确了约定的违约金过分高于造成的损失的，当事人可以请求人民法院或者仲裁机构予以适当减少。合同法司法解释（二）第29条规定："当事人主张约定的违约金过高请求予以适当减少的，人民法院应当以实际损失为基础，兼顾合同的履行情况、当事人的过错程度以及预期利益等综合因素，根据公平原则和诚实信用原则予以衡量，并作出裁决。当事人约定的违约金超过造成损失的百分之三十的，一般可以认定为合同法第一百一十四条第二款规定的'过分高于造成的损失'。"

根据合同法和合同法司法解释（二）及其他有关规定，在认定违约金是否过高的标准时，要把握以下几个规则：

**一、违约金是否过高的考量基础是违约造成的损失**

根据《合同法》第114条的规定，违约金的性质是"以补偿为主、以惩罚为辅"。当约定的违约金低于造成的损失的情况下，违约金体现赔偿性；当违约金高于造成损失的情况下，违约金兼有赔偿与惩罚的双重功能，违约金与损失相等部分，违约金体现为赔偿性，超过损失的部分，违约金体现为惩罚性。违约金制度系以赔偿非违约方的损失为主要功能，而不是旨在严厉惩罚违约方。合同自由并非绝对，需以合同正义予以规制，以防止违约金条款成为一方压榨另一方和获取暴利的工具。尽管合同法并不要求违约金数额与违约损失额完全一致，但也并非意在使两者差异悬殊而导致两者成为相互迥异的两个事物。违约金的数额与违约损失的数额应当大体一致，是商品交换等价原则的要求在法律上的反映，是合同正义的重要内容和合同法追求的理想之一。如果任由当事人约定过高的违约金且以意思自治为由予以支持，在有些情况下，无异于鼓励当事人通过不正当的方式取得暴利，也可能促使一方为取得高额违约金而故意引诱对方违约。有鉴于此，人民法院可以对不合理的违约金数额进行调整，以维护民法的公平和诚实信用原则，并使违约方从高额且不合理的违约金责任的束缚中解脱出来，防止赌博性约定隐藏的道德风险，避免出现对一方利益过度保护而对另一方惩罚过于严厉的裁判结果。因此，衡量违约金是否过高的最重要最根本的标准是违约造成的损失。

**二、认定违约金是否过高还应当结合合同的履行情况、当事人的过错程度以及预期利益等综合因素，根据公平原则和诚实信用原则予以衡量**

首先，应查明实际损失，确定基本标准。合同法司法解释（二）第29条规定："当事人主张约定的违约金过高请求予以适当减少的，人民法院应当以实际损失为基础，兼顾合同的履行情况、当事人的过错程度以及预期利益等综合因素，根据公平原则和诚实信用原则予以衡量，并作出裁决。当事人约定的违约金超过造成损失的百分之三十的，一般可以认定为合同法第一百一十四条第二款规定的'过分高于造成的损失'。"根据《最高人民法院关于审理商品房买卖合同纠纷案件适用法律若干问题的解释》第 16 条规定，当事人以约定的违约金过高为由请求减少的，应当以违约金超过造成的损失 30% 为标准适当减少。根据司法解释的规定，超过实际损失的 30% 是认定违约金过高的基本标准。

其次，应考虑合同的履行情况。毋庸置疑，几近履行完毕的合同和尚未履行的合同，违约所造成的结果存在较大区别。例如，标的额为 1 亿元的合同，约定的违约金是 5000 万元，如果违约方在履行完合同的 95% 之后出现违约，比如拖延履行剩余的 5% 的行为，结果并未造成对方的损失或者损失非常轻微，如果违约方仍然要支付 5000 万元的违约金，这明显不公平。

再次，应考虑当事人的过错程度。违约方是恶意违约还是过失违约，直接决定违约金的补偿性和惩罚性功能的此消彼长。在违约金过高之情形，由于惩罚性违约金的目的在于给债务人心理上制造压力，促使其积极履行债务；在债务不履行之场合，表现为对过错的惩罚，因此债务人的过错自应成为惩罚性违约金的要件。

最后，应考虑当事人缔约时对可得利益损失的预见、当事人之间的交涉能力是否平等、是否适用格式合同条款、是否存在过失相抵、减损规则以及损益相抵规则等因素，根据诚实信用原则和公平原则，结合案件的实际情况，综合衡量。

**三、借款合同以外的双务合同违约金是否过高也应严格按照法律和司法解释的规定来确定**

根据《合同法》第 114 条第 2 款的文义表述，"违约造成的损失"无疑是法律规定最为明确且最为重要的衡量违约金高低的标准，因此自应以此为衡量违约金过高的基础标准。根据《合同法》第 113 条第 1 款的规定，当事人一方不履行合同义务或者履行合同义务不符合约定，给对方造成损失的，损失赔偿额应当相当于因违约所造成的损失，包括合同履行后可以获得的利益，但不得超过违反合同一方订立合同时预见到或者应当预见到的因违反合同可能造成的损失。法院应该根据《合同法》第 113 条第 1 款的规定，查明因违约造成的损失。如一钢材买卖合同纠纷案件，钢材总价款 1000 万元，合同约定如卖方逾期交货，每逾期一天，承担 30 万元的违约金责任。后卖方逾期 10 天。买方起诉主张，按照约定，卖方应承担 300 万元的违约金责任。卖方请求法院减少违约金。法院按照民间借贷利率 24% 的标准判决卖方承担 240 万元的违约金责任。法院这样判决，尽管予以了调减，但还是有些简单化。事实上，应查清买方因卖方违约造成的损失，在这个基础上再结合合同的履行情况、当事人的过错程度以及预期利益等综合因素加以确定。简单地按照民间借贷利率标准确定违约造成的损失，尽管减轻了查清损失的困难，但也往往不适当地扩大了违约方的违约责任。

**四、违约金过高的举证责任分配**

在违约方请求减少过高的违约金时，应当按照"谁主张、谁举证"原则，违约方负有证明违约金过高的举证责任。但是，鉴于衡量违约金是否过高的最重要标准是违约造成的损失，守约方因更了解违约造成损失的事实和相关证据而具有较强的举证能力，因此，违约方的举证责任也不能绝对化，守约方也要提供相应的证据。根据《最高人民法院关于当前形势下审理民商事合同纠纷案件若干问题的指导意见》第8条规定，人民法院要正确确定举证责任，违约方对于违约金约定过高的主张承担举证责任，非违约方主张违约金约定合理的，亦应提供相应的证据。

# 【实务问题】

实务中，违约方往往以合同不成立、合同未生效、合同无效或者不构成违约进行免责抗辩而未提出违约金调整请求的，人民法院能否就当事人是否需要主张违约金过高问题进行释明。根据《最高人民法院关于当前形势下审理民商事合同纠纷案件若干问题的指导意见》第8条规定，为减轻当事人诉累，妥当解决违约金纠纷，违约方以合同不成立、合同未生效、合同无效或者不构成违约进行免责抗辩而未提出违约金调整请求的，人民法院可以就当事人是否需要主张违约金过高问题进行释明。审判实践表明，对于在守约方提起的违约之诉中，违约方通常以合同不成立、合同不生效、合同无效或者不构成违约进行免责抗辩而未提出违约金调整请求的情形，为了避免给违约方带来法官先入为主、判决前已经认定其构成违约的误解，以及防止将来产生不必要的调整过高的违约金之诉，人民法院可以就违约金是否过高的问题进行释明，即假设违约成立，是否认为违约金过高。对于已经向违约方进行释明但违约方坚持不提出调整违约金请求的，人民法院应当遵循合同法意思自治原则，一般不予主动调整。但是如果按照约定违约金标准判决将严重违反公序良俗原则、诚信原则和公平原则并导致利益严重失衡的，人民法院可以根据《合同法》第5条、第6条的规定进行调整。

## 第三节 关于借款合同

人民法院在审理借款合同纠纷案件过程中,要根据防范化解重大金融风险、金融服务实体经济、降低融资成本的精神,区别对待金融借贷与民间借贷,并适用不同规则与利率标准。要依法否定高利转贷行为、职业放贷行为的效力,充分发挥司法的示范、引导作用,促进金融服务实体经济。要注意到,为深化利率市场化改革,推动降低实体利率水平,自2019年8月20日起,中国人民银行已经授权全国银行间同业拆借中心于每月20日(遇节假日顺延)9时30分公布贷款市场报价利率(LPR),中国人民银行贷款基准利率这一标准已经取消。因此,自此之后人民法院裁判贷款利息的基本标准应改为全国银行间同业拆借中心公布的贷款市场报价利率。应予注意的是,贷款利率标准尽管发生了变化,但存款基准利率并未发生相应变化,相关标准仍可适用。

51.【变相利息的认定】金融借款合同纠纷中,借款人认为金融机构以服务费、咨询费、顾问费、管理费等为名变相收取利息,金融机构或者由其指定的人收取的相关费用不合理的,人民法院可以根据提供服务的实际情况确定借款人应否支付或者酌减相关费用。

【条文主旨】

本条是关于变相利息认定的规定。

【争议观点】

金融借款合同案件中,借款人经常提出金融机构以服务费、咨询费、顾问费、管理费等方式收取的费用不合理，要求法院认定无效或者酌减。有观点认为，这是双方真实意思表示，只要总费用不超过法律、司法解释规定的利率上限，法院就应支持。还有观点认为，法院应该进行审查，如果金融机构确实没有提供相应服务的，就不应予以支持，也可以根据服务提供情况予以酌减。纪要采用了后一种观点。

# 【理解与适用】

### 一、关于贷款市场报价利率问题

为深化利率市场化改革，提高利率传导效率，推动降低实体经济融资成本，中国人民银行于2019年8月16日就改革完善贷款市场报价利率（LPR）形成机制发布2019年第15号公告。公告指出："一、自2019年8月20日起，中国人民银行授权全国银行间同业拆借中心于每月20日（遇节假日顺延）9时30分公布贷款市场报价利率，公众可在全国银行间同业拆借中心和中国人民银行网站查询。二、贷款市场报价利率报价行应于每月20日（遇节假日顺延）9时前，按公开市场操作利率（主要指中期借贷便利利率）加点形成的方式，向全国银行间同业拆借中心报价。全国银行间同业拆借中心按去掉最高和最低报价后算术平均的方式计算得出贷款市场报价利率。三、为提高贷款市场报价利率的代表性，贷款市场报价利率报价行类型在原有的全国性银行基础上增加城市商业银行、农村商业银行、外资银行和民营银行，此次由10家扩大至18家，今后定期评估调整。四、将贷款市场报价利率由原有1年期一个期限品种扩大至1年期和5年期以上两个期限品种。银行的1年期和5年期以上贷款参照相应期限的贷款市场报价利率定价，1年期以内、1年至5年期贷款利率由银行自主选择参考的期限品种定价。五、自即日起，各银行应在新发放的贷款中主要参考贷款市场报价利率定价，并在浮动利率贷款合同中采用贷款市场报价利率作为定价基准。存量贷款的利率仍按原合同约定执行。各银行不得通过协同行为以任何形式设定贷款利率定价的隐性下限。六、中国人民银行将指导市场利率定价自律机制加强对贷款市场报价利率的监督管理，对报价行的报价质量进行考核，督促各银行运用贷款市场报价利率定价，严肃处理银行协同设定贷款利率隐性下限等扰乱市场秩序的违规行为。中国人民银行将银行的贷款市场报价利率应用情况及贷款利率竞争行为纳入宏观审慎评估（MPA）。"

根据公告要求，自2019年8月20日起，中国人民银行已经授权全国银行间同业拆借中心于每月20日（遇节假日顺延）9时30分公布贷款市场报价利率（LPR），中国人民银行贷款基准利率这一标准已经取消。因此，自此之后人民法院裁判贷款利息的基本标准应改为全国银行间同业拆借中心公布的贷款市场报价利率。应予注意的是，贷款利率标准尽管发生了变化，但存款基准利率并未发生相应变化，相关标准仍可适用。

**二、关于金融借款合同变相利息的规制**

为充分发挥司法的规范、引导作用，促进金融和实体经济实现良性循环，有效降低企业用资成本。对于金融机构的变相利息应予规范。

金融借款合同是指以银行等金融机构为出借人，以法人、非法人组织、自然人为借款人所订立的借款合同。对于法人、非法人组织、自然人之间或者相互之间订立的民间借贷合同，民间借贷司法解释第30条规定："出借人与借款人既约定了逾期利率，又约定了违约金或者其他费用，出借人可以选择主张逾期利息、违约金或者其他费用，也可以一并主张，但总计超过年利率24%的部分，人民法院不予支持。"一些地方法院也出台办案指南，如《河南省高级人民法院关于严格依法审理民间借贷案件的通知》（豫高法〔2019〕59号）要求，对于各种以"利息""违约金""服务费""中介费""保证金""延期费"等突破或变相突破法定利率红线的，依法不予支持。发现交易平台、交易对手、交易模式等以"创新"为名行"高利贷"之实，从事非法金融活动的，应当及时向金融监管部门发送司法建议。

实务中，一些金融机构在金融借款合同约定利息外另行收取财务顾问费，包括投资顾问费、咨询费、手续费等，该些费用大多与该笔金融借款直接相关，却不直接表现为利息等直观的融资成本。财务顾问费等费用的收取，或是为规避相关监管规定，或是为了满足金融机构内部收入分配的需求等。从实质上来看，财务顾问费等费用的收取，都是变相增加企业融资成本的行为，这与国家提出的降低实体企业融资成本的精神不相符合。因此，对于金融机构收取的包括财务顾问费在内的相关费用的合规性，一直是监管部门关注的重点之一。监管部门对财务顾问费等费用的收取有明确的监管要求：

一是不得向小微企业收取财务顾问费。依据《国务院办公厅关于印发进一步支持小型微型企业健康发展重点工作部门分工方案的通知》（国办函〔2012〕141号）及《国务院关于进一步支持小型微型企业健康发展的意见》（国发〔2012〕14号）的规定，除银团贷款外，禁止金融机构对小型微型企业贷款收取承诺费、资金管理费。严格限制金融机构向小型微型企业收取财务顾问费、咨询费等费用，清理纠正金融服务不合理收费。

二是财务顾问费等费用的收取必须质价相符。2016年6月5日，《国家发展改革委办公厅关于印发商业银行收费行为执法指南的通知》（发改办价监〔2016〕1408号）对商业银行相关收费进行了规范。财务顾问费不能为了收取而收取，而只是形式上提供服务，因此，财务顾问收费主要违规情形是质价不符。近两年，财务顾问服务领域大量银监罚单的主要处罚依据便是财务顾问服务的质价不符。质价不符，即商业银行收取的财务顾问费等费用与其为付费方提供的服务不对等，包括服务不值所收取的费用，以及只收费不服务等情形。质价不符主要包括以下情形：（1）财务顾问合同约定的服务实际未提供。（2）服务内容无针对性。如提供的服务内容多为银行业务、产品、融资方式介绍，没有结合该企业财务状况、行业特点对融资方式进行比较分析，未提出具有针对性的计划建议；服务报告提供的资讯均为公开渠道可获取的资料，无针对性。（3）财务顾问服务没有实质性内容。如财务分析报告仅是对财务指标进行了分析，未指出财务运行中的问题，未向企业提出改善财务状况的建议和方案，对企业没有实质性帮助；部分服务报告质量较差，服务报告内容多为贷前调查报告内容，且部分服务报告出现大量拼凑和逻辑错误。（4）财务顾问方案大幅雷同。如不同阶段提供的两份方案框架结构基本一致，除个别数据有所修改外，内容大幅雷同；财务分析报告对不同领域的企业所提供的服务内容几乎相同。（5）服务记录造假。如同一客户经理同一时间竟然"分身"为两家企业提供服务；部分财务顾问服务资料后补痕迹明显。

三是财务顾问费等费用不得捆绑贷款强制收取。国家价格监管部门一直反对金融机构将财务顾问费等费用与贷款业务捆绑进行强制收取。

为了积极回应监管部门的监管要求，形成司法和行政的合力，提高整个社会管理水平，在司法审判中，必须对金融机构的变相利息加以规范。也就是，借款人对金融机构的变相利息认为质价不符，要求酌减或者不予支付，法院应当根据借款人提供的证据进行审查，必要时可以依职权进行调查，查清是否存在质价不符或者不应支付的情况。对于金融机构向小微企业收取财务顾问费等费用，应不予支持。对于质价不符的，可以适当调整。

至于金融借款用资总成本（各种服务、咨询、顾问、管理费用加上利息的总和）的上限，本条没有作出规定。但因为金融借款利率比民间借贷利率低，因此，金融借款的总成本显然应该低于民间借贷利率的上限。

## 【实务问题】

### 一、关于金融借款合同的认定

金融机构一般是指在中华人民共和国境内依法设立和经营金融业务的机构，包括银行、信用合作社、财务公司、信托投资公司、金融租赁公司等。实践中，金融机构包括经"一行两会"等金融监管部门批准设立的银行、非银行金融机构及各自的分支机构，以及经有关政府部门批准设立的从事金融活动的典当行、小额贷款公司等法人及其分支机构。原则上说，凡持牌经营的金融机构签订的借款合同，都属于金融借款合同的范畴。根据金融服务实体经济、降低融资成本等原则和精神，要区别对待金融借贷和民间借贷，并适用不同规则和利率标准。一般来说，金融借贷的利率要低于民间借贷。

### 二、关于金融机构与第三人签订财务顾问费合同的审查

实务中，金融机构往往不直接与借款人签订财务顾问费合同，躲避监管部门的监管，也给法院查清案件事实带来困难。法院在审查时，一般应当通过财务顾问费等的收取节奏与利息收取节奏是否一致，财务顾问费的收取与贷款金额是否存在比例关系，签订财务顾问协议时间、收取融资顾问费时间与贷款发放时间接近等事实判断财务顾问费与贷款业务是否存在关联。经审查，确实没有证据证明案外人收取的财务顾问费与金融借款之间具有关联性，法院就难以支持借款人要求酌减或者抵扣的请求。

## 【典型案例】

### 耀华房地产公司、中信银行合肥分行金融借款合同纠纷案[（2017）最高法民终329号]

2012年12月3日，耀华房地产公司与东方资产江苏分公司签订《财务顾问协议》，约定东方资产江苏分公司为耀华房地产公司提供经营管理与融资分析咨询服务，东方资产江苏分公司向耀华房地产公司收取财务顾问费。截至2014年3月26日，耀华房地产公司支付财务顾问费共计6400余万元。2012年12月12日，盛阳投资合伙与中信银行合肥分行签订《委托贷款委托合同》，约定盛阳投资合伙委托中信银行合肥分行向耀华房地产公司发放贷款5亿元，期限2年。中信银行合肥分行于2012年12月14日向耀华房地产

发放贷款 5 亿元。中信银行合肥分行向安徽省高级人民法院起诉，请求耀华房地产公司偿还借款本金 5 亿元，并支付利息、罚息等，安徽省高级人民法院支持其诉请。耀华房地产公司向最高人民法院提起上诉，请求改判耀华房地产公司向东方资产江苏分公司支付的 6400 余万元财务顾问费用于抵扣所欠借款本息。

最高人民法院二审认为：耀华房地产公司在原审中抗辩以及上诉均主张，其向东方资产江苏分公司支付的财务顾问费 6403.15 万元应当冲抵本案 5 亿元委托贷款的本息，理由是东方资产江苏分公司、中信银行合肥支行除本案委托贷款之外并未提供其他服务，合同约定的财务顾问费实为变相收取的高额利息，应在欠付的贷款利息中予以抵扣。对此问题，最高人民法院认为，耀华房地产公司的主张理据不足，不能成立。

首先，前述合同均为各方商事主体的真实意思表示，不违反法律、行政法规的强制性规定，亦不存在《合同法》第 52 条规定的导致合同无效的其他情形，均为有效；各方当事人对于合同效力亦不持异议，因此合同应当得到遵守。其次，上述合同约定的部分义务已经得到各方当事人的主动履行，表明各方对于合同约定内容以及合同目的并无认识上的分歧，该种已然形成的交易秩序只要不存在显失公平的情形，应当予以维护。再次，虽然东方资产江苏分公司、中信银行合肥分行不能提供充分证据证明除了本案委托贷款业务之外，还向耀华房地产公司提供了其他服务，但包括耀华房地产公司在内的各方当事人均不否认本案委托贷款业务亦属于双方协议的约定内容，因此耀华房地产公司主张其已支付的财务顾问费应抵扣欠付的贷款利息，理据并不充分。最后，即便从东方资产江苏分公司、中信银行合肥分行收取财务顾问费与本案委托贷款业务相捆绑的事实认为该费用也系委托贷款的融资成本，但《财务顾问协议》约定的基本费用按年利率 5.3% 计算、特殊费用按年利率 3% 计算，合计为年利率 8.3%，《委托贷款借款合同》约定的年利率为 6.5%，《财务顾问服务协议》约定的费用折算为年利率是 0.15%，三项合计年利率为 14.95%，并不高于法律予以保护的利率水平，因此从平衡债权人利益保护和房地产企业融资成本的角度考量，耀华房地产公司主张该部分费用应当抵扣其欠付贷款利息的上诉理由，亦不能得到支持。

52.【高利转贷】民间借贷中，出借人的资金必须是自有资金。出借人套取金融机构信贷资金又高利转贷给借款人的民间借贷行为，既增加了融资成本，又扰乱了信贷秩序，根据民间借贷司法解释第14条第1项的规定，应当认定此类民间借贷行为无效。人民法院在适用该条规定时，应当注意把握以下几点：一是要审查出借人的资金来源。借款人能够举证证明在签订借款合同时出借人尚欠银行贷款未还的，一般可以推定为出借人套取信贷资金，但出借人能够举反证予以推翻的除外。二是从宽认定"高利"转贷行为的标准，只要出借人通过转贷行为牟利的，就可以认定为是"高利"转贷行为。三是对该条规定的"借款人事先知道或者应当知道的"要件，不宜把握过苛。实践中，只要出借人在签订借款合同时存在尚欠银行贷款未还事实的，一般可以认为满足了该条规定的"借款人事先知道或者应当知道"这一要件。

## 【条文主旨】

本条是关于套取信贷资金转贷行为无效要件的规定。

## 【争议观点】

对于套取信贷资金转贷牟利行为的效力，民间借贷司法解释第14条第1项作了"无效"的明确规定，但实践中，对"信贷资金""高利"以及"借款人事先知道或者应当知道"怎么把握有不同的认识，本条进一步加以明确。

## 【理解与适用】

根据民间借贷司法解释第14条第1项规定，套取金融机构信贷资金又高利转贷给借款人，且借款人事先知道或者应当知道的，人民法院应当认定民间借贷合同无效。为更好地实现金融为实体经济服务，畅通融资渠道，降低融资成本，适用该项规定，需要把握以下几点：

**一、如何理解套取信贷资金**

《中国人民银行信贷资金管理暂行办法》[①] 第3条规定："信贷资金是指金融机构人民币下列项目的全部或部分：一、资本，包括核心资本及附属资本。二、负债，包括各类存款、借入款项及其他负债。三、资产，包括贷款、投资、其他金融资产及表外资产。"《贷款通则》第二章第9条规定贷款种类包括："信用贷款、担保贷款和票据贴现：信用贷款，系指以借款人的信誉发放的贷款。担保贷款，系指保证贷款、抵押贷款、质押贷款。保证贷款，系指按《中华人民共和国担保法》规定的保证方式以第三人承诺在借款人不能偿还贷款时，按约定承担一般保证责任或者连带责任而发放的贷款。抵押贷款，系指按《中华人民共和国担保法》规定的抵押方式以借款人或第三人的财产作为抵押物发放的贷款。质押贷款，系指按《中华人民共和国担保法》规定的质押方式以借款人或第三人的动产或权利作为质物发放的贷款。票据贴现，系指贷款人以购买借款人未到期商业票据的方式发放的贷款。"可见，信用贷款与信贷资金不是一个概念，信用贷款只是贷款的一种形式，是信贷资金的子概念。

金融机构发放贷款，目的是支持生产、经营，而借款人将之转贷，首先是违背了与银行约定的贷款用途，使信用资金脱离监管或难以监管，资金安全难以保障；其次通过银行管制利率与市场利率的利差牟利，扰乱了国家对资金投向、利率宏观管控等政策导向。《银行业监督管理法》第19条规定："未经国务院银行业监督管理机构批准，任何单位或者个人不得设立银行业金融机构或者从事银行业金融机构的业务活动。"将从金融机构取得的资金全部或者部分转贷给他人，以此谋取利差，实际上属于从事银行业务活动。该行为破坏了金融秩序，扩大了金融市场的风险，司法对这种转贷行为应予以否认。《最高人民法院关于进一步加强金融审判工作的若干意见》（法发〔2017〕22号）第9条规定："依法规制国有企业的贷款通道业务，防范无金融资质的国有企业变相从事金融业务。无金融资质的国有企业变相从事金融业务，套取金融机构信贷资金又高利转贷的，应当根据《最高人民法院关于审理民间借贷案件适用法律若干问题的规定》第十四条的规定，依法否定

---

① 该暂行办法已于2008年废止，但对信贷资金的定义仍可参考。

其放贷行为的法律效力，并通过向相应的主管部门提出司法建议等方式，遏制国有企业的贷款通道业务，引导其回归实体经济。"因此，根据当事人提供的证据，经法院审查，出借人的资金确实来源于银行信贷资金，就应认定民间借贷合同无效。

实务中，借款人能够举证证明在签订借款合同时出借人尚欠银行贷款未还的，一般可以推定为出借人套取信贷资金，但出借人能够举反证予以推翻的除外。这一认定标准比较简单明了。

二、如何认定高利转贷中的"高利"

司法解释规定"高利转贷给借款人"中的"高利"可以理解为转贷利率高于银行贷款利率，至于高出多少，没有要求，只要高出所贷利率，具有牟利性质，其行为就应受到司法的否定性评价。

三、如何认定借款人对高利转贷行为事先知道或者应当知道

高利转贷行为的危害性在于该行为本身，对于借款人对高利转贷行为事先是否知道或者应当知道，一般不苛以过高要求。实践中，只要借款人举证证明出借人在签订借款合同时存在尚欠银行贷款未还事实的，一般可以认为满足了该条规定的"借款人事先知道或者应当知道"这一要件。

四、转贷合同无效的法律后果

转贷人与借款人之间签订的转贷合同无效，不导致银行与转贷人之间的金融借款合同无效，转贷人仍然要履行其与银行之间签订的金融借款合同。转贷合同无效，合同中约定的利率条款当然无效，转贷人请求借款人按照合同约定的利率支付利息的，人民法院不应予以支持，但转贷人请求借款人按照银行贷款利率支付资金占用费的，人民法院应予支持。

## 【实务问题】

需要注意的是，与职业放贷无效规则不同，套取信贷资金转贷无效，不需要转贷行为是营业性、经常性，偶发行为也应认定无效。

【典型案例】

朝阳煤炭公司与文某某、刘某某、第三人工商银行邻水县支行合同纠纷案〔（2017）川1623民初561号〕

2015年5月26日，朝阳煤炭公司与文某某、刘某某签订《合作贷款协议》，协议约定：双方进行融资合作，朝阳煤炭公司联系并提供平台向银行申请贷款，贷款过程中产生的评估费、抵押费用由文某某、刘某某承担，文某某、刘某某使用金额为1300万元，双方一致确定文某某、刘某某融资综合成本为年利率13%，贷款银行融资综合成本年利率与本条所确定的融资综合成本年利率的差额，为朝阳煤炭公司可获得的利益。

邻水县人民法院认为，根据《合作贷款协议》约定，由朝阳煤炭公司利用自己的信贷条件向作为金融机构的第三人贷款，并将所取得的贷款中的1300万元转贷给文某某、刘某某使用，同时约定由文某某、刘某某按年利率13%支付融资综合成本，高于该笔银行贷款利率，朝阳煤炭公司将从金融机构取得的资金转贷给他人，以此谋取利差，实际上属于从事银行业务活动，损害了国家对信贷资金的发放及利率管理秩序，违反了《银行业监督管理法》关于未经批准，任何单位或者个人不得从事银行业金融机构的业务活动的禁止性规定，故《合作贷款协议》应认定为无效。关于损失的赔偿，按照朝阳煤炭公司与第三人工商银行邻水县支行约定的贷款利率赔偿，计算方式为：以借款本金为基数，从贷款之日起按照中国人民银行同期贷款基准利率上浮40%计算至借款本金还清之日止。对朝阳煤炭公司主张从贷款之日起按照年利率13%支付利息的请求，法院不予支持。

53.【职业放贷人】未依法取得放贷资格的以民间借贷为业的法人，以及以民间借贷为业的非法人组织或者自然人从事的民间借贷行为，应当依法认定无效。同一出借人在一定期间内多次反复从事有偿民间借贷行为的，一般可以认定为是职业放贷人。民间借贷比较活跃的地方的高级人民法院或者经其授权的中级人民法院，可以根据本地区的实际情况制定具体的认定标准。

## 【条文主旨】

本条是关于职业放贷的民间借贷合同无效的规定。

## 【争议观点】

有观点认为,职业放贷人不仅了解正规金融市场的规则,而且也了解地下金融市场的潜规则,对中小微企业的融资提供了方便、节省了成本。从理论及规范角度看,职业放贷人从事的是商事行为,应按照商事规则和金融业的规则予以规范和引导。如我国香港特别行政区《放债人条例》规定:"任何人经注册都可以从事放债业务,放贷的利率、金额、期限和偿还方式由借放款双方自行约定,但利率不得超过规定的年息上限6厘以上。"我国尚未出台的"放贷人条例"草案亦有对自然人、法人等放贷人应持牌照分类经营,并根据利率、贷款对象、用途等的不同设置不同监管要求的规定。对职业放贷人非法集资、吸收公众存款对外放贷,严重损害社会公共利益和管理秩序的,涉嫌刑事犯罪宜由刑法予以规范;如果其民间借贷活动仅涉及行政违法,不涉及严重侵害社会公共利益和扰乱金融管理秩序的,司法上不宜作简单的无效处理。

我们认为,职业放贷行为,违反了银行业监督管理法等法律,按照合同法的有关规定,应认定无效。

## 【理解与适用】

职业放贷人是指未经批准,以经营性为目的,通过向社会不特定对象提供资金以赚取高额利息,擅自从事经常性贷款业务的法人、非法人组织和自然人。认定职业放贷行为无效,主要的依据是:

1. 根据《银行业监督管理法》第19条的规定,"未经国务院银行业监督管理机构批准,任何单位和个人不得设立银行业金融机构或者从事银行业金融机构的业务活动",该规定为效力性强制性规定。根据《合同法》第52条第5项的规定,违反法律、行政法规的强制性规定的合同无效。职业放贷人通过向社会不特定对象提供资金以赚取高额利息，出借行为具有反复性、经常性，贷款目的具有营业性，未经批准，擅自从事经常性的贷款业务，属于从事非法金融业务活动，故应认定为借款合同无效。银保监会在《关于规范民间借贷行为维护经济金融秩序有关事项的通知》（银保监发〔2018〕10号）中指出："三、明确信贷规则，严格执行《中华人民共和国银行业监督管理法》《中华人民共和国商业银行法》及《非法金融机构和非法金融业务活动取缔办法》等法律规范，未经有权机关依法批准，任何单位和个人不得设立从事或者主要从事发放贷款业务的机构或以发放贷款为日常业务活动。"

2. 合同法司法解释（一）第10条规定："当事人超出经营范围订立合同的，人民法院不因此认定合同无效，但违反国家限制经营、特许经营以及法律、行政法规禁止经营规定的除外。"职业放贷人从事的经常性放贷业务超出其经营范围，且金融业务活动系国家特许经营业务，据此应认定借款合同无效。

有些高级人民法院对职业放贷行为效力也作了指引，比如《河南省高级人民法院关于严格依法审理民间借贷案件的通知》（豫高法〔2019〕59号）指出，从严规制职业放贷行为。出借人通过向社会不特定对象提供资金以赚取高额利息，出借行为具有反复性、经常性，借款目的具有营业性，未经批准，擅自从事经常性的贷款业务，属于从事非法金融业务行为，所签的民间借贷合同因违反强制性规定，应认定无效，按照无效合同进行处理。

3. 形成依法惩治非法放贷行为的合力。为依法惩治非法放贷犯罪活动，切实维护国家金融市场秩序与社会和谐稳定，有效防范因非法放贷诱发涉黑涉恶以及其他违法犯罪活动，保护公民、法人和其他组织合法权益，最高人民法院、最高人民检察院、公安部、司法部于2019年10月联合发布了《关于办理非法放贷刑事案件若干问题的意见》，明确了对非法放贷行为定罪处罚依据、定罪量刑标准，并明确规定对黑恶势力从事非法放贷活动应当从严惩处，切实维护国家金融市场秩序与社会和谐稳定，有效防范因非法放贷诱发涉黑涉恶以及其他违法犯罪活动。根据该意见，违反国家规定，未经监管部门批准，或者超越经营范围，以营利为目的，经常性地向社会不特定对象发放贷款，扰乱金融市场秩序，情节严重的，依照《刑法》第225条第4项的规定，以非法经营罪定罪量刑。刑事上明确打击的违法犯罪行为，民事上必须予以否定性评价。

## 【实务问题】

### 一、如何认定职业放贷人

实践中，借款人主张出借人为职业放贷人，需证明其向社会不特定对象提供资金以赚取高额利息，且需证明其出借行为具有反复性、经常性，出借款项目具有营业性，完成上述举证责任存在一定困难，尤其是放贷人通常采取一定的手段掩盖其非法营利行为，使得对于职业放贷人的证明更加困难。各地法院要根据同一原告或关联原告在一段时间内所涉的民间借贷案件数量、利率、合同格式化程度、出借金额、资金来源等特征来认定民间借贷是否为职业放贷行为。在相关案件审理过程中应加强对证据和事实的审查，尽量促使双方当事人见面，查清债权债务真实情况。在郁某诉李某、侯某民间借贷纠纷案中，法院查明，郁某作为原告，2017年提起民间借贷诉讼1件，2018年提起民间借贷诉讼4件，确认人民调解协议效力2件，2019年以来提起民间借贷诉讼2件。法院据此认定郁某出借行为具有反复性、经常性，借款目的具有营业性，从而认定民间借贷合同无效。

《最高人民法院、最高人民检察院、公安部、司法部关于办理非法放贷刑事案件若干问题的意见》第1条明确规定，"经常性地向社会不特定对象发放贷款"，是指2年内向不特定多人（包括单位和个人）以借款或其他名义出借资金10次以上。贷款到期后延长还款期限的，发放贷款次数按照1次计算。根据纪要本条规定，民间借贷比较活跃的地方的高级人民法院或者经其授权的中级人民法院，可以根据本地区的实际情况制定具体的认定标准。但我们认为，如果制定有关标准，不能比刑事司法解释的标准宽。

### 二、职业放贷行为认定无效后的处理

法院认定职业放贷人签订的民间借贷合同无效后，依据《民法总则》第157条、《合同法》第58条的规定，双方对于取得的财产应予返还。借款人应当返还借款，同时应当支付资金占用期间的利息损失，法院一般应当按照贷款市场报价利率确定损失的数额，不应支持合同中约定的高额利息。人民法院在审理民事案件过程中如果发现涉嫌刑事犯罪，应按照规定将案件移送有关部门处理。

## 【典型案例】

**高金公司、工商银行大连星海支行企业借贷纠纷、金融借款合同纠纷案〔(2017) 最高法民终 647 号〕**

德享公司从高金公司处两次借款 3500 万元。大连市中级人民法院于 2013 年 11 月 26 日、2013 年 12 月 10 日、2014 年 12 月 12 日、2015 年 3 月 21 日作出多份以高金公司为原告，不同民事主体为被告的民间借贷纠纷判决。高金公司的企业法人营业执照载明的经营范围为：项目投资（不含专项审批）、财务咨询、企业管理咨询。辽宁省高级人民法院认为高金公司从事经常性放贷业务收取高额利息，未取得金融监管部门批准从事对外放贷业务，扰乱金融市场和金融秩序，违反银行业监督管理法和商业银行法等法律的有关规定，损害社会公共利益，认定两笔《借款合同》无效。高金公司向最高人民法院申请再审。

最高人民法院认为，高金公司贷款对象主体众多，除了本案债务人德享公司以外，高金公司于 2009 年至 2011 年间分别向新纪元公司、金华公司、荟铭公司、鼎锋公司和顺天海川公司等出借资金，通过向社会不特定对象提供资金以赚取高额利息，出借行为具有反复性、经常性，借款目的也具有营业性，未经批准，擅自从事经常性的贷款业务，属于从事非法金融业务活动。根据《银行业监督管理法》第 19 条、《合同法》第 52 条、合同法司法解释（一）第 10 条的规定，原审判决认定案涉《借款合同》无效，认定事实清楚，适用法律正确，应予维持。案涉《借款合同》认定无效，仍按《借款合同》约定的日千分之四计算利息过高，不符合法律关于无效合同的处理原则。鉴于高金公司与德享公司之间为民间借贷关系，有别于向金融机构借款，本院酌定将已经履行部分的利率调整为按中国人民银行同期中长期 5 年期以上贷款利率的两倍，未履行部分按中国人民银行同期同类贷款利率计算。

# 第四章 关于担保纠纷案件的审理

会议认为,要注意担保法及其司法解释与物权法对独立担保、混合担保、担保期间等有关制度的不同规定,根据新的规定优于旧的规定的法律适用规则,优先适用物权法的规定。从属性是担保的基本属性,要慎重认定独立担保行为的效力,将其严格限定在法律或者司法解释明确规定的情形。要根据区分原则,准确认定担保合同效力。要坚持物权法定、公示公信原则,区分不动产与动产担保物权在物权变动、效力规则等方面的异同,准确适用法律。要充分发挥担保对缓解融资难融资贵问题的积极作用,不轻易否定新类型担保、非典型担保的合同效力及担保功能。

## 【说明】

该部分是有关审理担保纠纷案件时所应坚持原则和应予特别注意的事项的规定。

一是要正确适用法律。要充分注意担保法及其司法解释和物权法在某些制度上存在不同规定的现实，如在独立担保问题上，《担保法》第5条允许当事人通过约定排除担保的从属性，而《物权法》第172条规定只能在法律另有规定的情况下才能排除担保的从属性。在混合担保问题上，担保法司法解释第38条的规定也与《物权法》第176条的规定不一致。再如，在担保物权的存续期间上，担保法司法解释第12条的规定也与《物权法》第202条的规定不一致。在前述法律出现不一致的情况下，总的原则是要适用物权法的相关规定。

二是要坚持担保的从属性。本纪要在多个条文中坚持了从属性，如有关严格限制独立担保适用的范围、明确担保人承担的责任不得大于主债务、抵押权随主债权当然转让等，都体现了担保的从属性。

三是要坚持区分原则。区分导致物权变动的合同等原因行为和物权变动的关系，明确未完全物权变动不影响合同效力，据此，未办理登记的不动产抵押合同、因无法定登记机构而未能进行登记的非典型担保尽管不具有物权效力，但不影响合同效力，因而具有债的效力。

四是在坚持公示公信原则基础上，兼顾各方利益平衡。在确定房地分别抵押、浮动抵押的效力，以及动产抵押权和质权竞存时的效力时，总的原则是根据公示方法及其先后顺序确定清偿顺序。但在合同约定的担保物权的担保范围与登记簿记载的范围不一致时，出于现实的考量，为充分保护无辜债权人的利益，明确以合同约定为准确定担保范围。

五是在坚持物权法定原则基础上，兼顾现实需要，承认流动质押的效力。非典型担保、新类型担保只要能够完全公示的，也可以认定其具有物权效力，体现了物权法定原则的缓和。

## 第一节 关于担保的一般规则

54.【独立担保】从属性是担保的基本属性,但由银行或者非银行金融机构开立的独立保函除外。独立保函纠纷案件依据《最高人民法院关于审理独立保函纠纷案件若干问题的规定》处理。需要进一步明确的是:凡是由银行或者非银行金融机构开立的符合该司法解释第1条、第3条规定情形的保函,无论是用于国际商事交易还是用于国内商事交易,均不影响保函的效力。银行或者非银行金融机构之外的当事人开立的独立保函,以及当事人有关排除担保从属性的约定,应当认定无效。但是,根据"无效法律行为的转换"原理,在否定其独立担保效力的同时,应当将其认定为从属性担保。此时,如果主合同有效,则担保合同有效,担保人与主债务人承担连带保证责任。主合同无效,则该所谓的独立担保也随之无效,担保人无过错的,不承担责任;担保人有过错的,其承担民事责任的部分,不应超过债务人不能清偿部分的三分之一。

【条文主旨】

本条是关于有关独立担保的规定。

【争议观点】

对当事人能否自行约定独立担保,存在不同认识。一种观点认为,根据《担保法》第5条第1款"担保合同是主合同的从合同,主合同无效,担保合同无效。担保合同另有约定的,按照约定"的规定,应当允许当事人自由约定独立担保,或者对担保合同的从属性作出例外安排。另一种观点认为,担保的从属性只有在法律有例外规定情况下才能被排除,不能通过约定被排除。故除了法定的独立担保外，所有有关排除担保从属性的约定都是无效的。本纪要采第二种观点。

## 【理解与适用】

### 一、关于独立保函的性质

所谓独立保函，是指开立人以书面形式向受益人出具的，同意在受益人请求付款并提交符合保函要求的单据时，向其支付特定款项或在保函最高金额内付款的承诺。独立保函具有如下特点：一是具有独立性。所谓独立性，指的是独立保函不依赖于基础合同等任何其他法律关系或事实。独立性主要是相对于基础合同而言的，即独立保函的效力、变动、管辖、准据法等均不受基础合同的约束。独立性还包括保函管辖独立于申请人和保证人之间的关系，以及独立于保证人与受益人之间的其他关系。独立性在效力上主要表现为抗辩权的切断，即保函当事人不能基于基础交易、保函申请关系以及其他法律关系提出拒绝付款的抗辩。当然，独立性也不是绝对的，在受益人欺诈或滥用权利时，为平衡各方当事人的利益，例外地允许保证人援引基础合同关系提出抗辩，此即独立性的例外。二是具有单据性。单据性是独立性的必然要求。既然独立保函独立于基础合同，则保证人在面对付款要求时，就无须审查基础合同，而仅须审查相关单据即可。独立保函要求提供的单据一般只是由受益人出具的关于申请人违约的声明，该文件往往是由受益人自己提供的，仅须"单证相符"即可。

鉴于独立保函的本质属性体现为独立性以及与其密切相连的单据性，因此，在识别某一保函是否为独立保函时，也要从这两个方面着眼。一是看保函是否有表征"独立性"的语句。载有"见索即付""无条件与/或不可撤销""本保函独立于基础交易"等语句的保函，大多属于独立保函。二是看是否约定了单据化的付款条件。如果保函约定只要受益人出具简单索赔请求书、违约声明，或者第三方（如鉴定人或工程师）出具的书面文件，或者仲裁庭、法院所作的裁决等单据或文件，担保人就要付款的，此种保函往往是独立保函。鉴于独立保函是相对于从属性保证来说的，在二者的关系问题上，应坚持以从属性保证为原则，独立保函为例外的适用原则。因此，如约定不明或约定有矛盾的，应认为是从属性保证。

## 二、关于独立保函的适用范围

尽管国内商事交易中广泛存在各种形式的独立保函类型，如投标保函、履约保函、预付款保函、预留金保函、质量保函、关税保函、付款保函、增信保函、再保险保函、分包合同保函等类型，但在很长的一段时期内，商事审判的主流观点是，独立保函主要适用于国际贸易领域，而不适用于国内商事交易。如在最高人民法院（1998）经终字第184号湖南机械进出口公司、海南国际租赁公司与宁波东方投资公司代理进口合同纠纷案中，最高人民法院认为，"担保合同中虽然有本担保函不因委托人的原因导致代理进口协议书无效而失去担保责任的约定，但在国内民事活动中不应采取此种独立保函方式，因此该约定无效"。在其后的"湖南洞庭水殖股份有限公司诉中国光大银行长沙华顺支行、湖南嘉瑞新材料集团股份有限公司、长沙新振升集团有限公司借款担保合同纠纷案"中，最高人民法院再次确认前述立场，指出："本院的审判实务已明确表明：考虑到独立担保责任的异常严厉性，以及使用该制度可能产生欺诈和滥用权利的弊端，尤其是为了避免严重影响或者动摇我国担保法律制度体系的基础，独立担保只能在国际商事交易中使用，不能在国内市场交易中运用。"

在独立保函司法解释制定过程中，考虑到国内商事交易中银行等金融机构大量使用独立保函的事实，如果不对其合法性进行确认，不仅使商事交易面临巨大法律风险，也不符合客观实际。为此，该司法解释采取折中做法，一方面，将独立保函的开立主体严格限定在银行和非银行金融机构，除此之外任何主体开立的独立保函都不具有合法性。另一方面，又明确规定，当事人在国内交易中适用独立保函，一方当事人以独立保函不具有涉外因素为由主张独立保函无效的，人民法院不予支持。这一规定部分改变了此前商事审判坚持的国内商事交易不适用独立保函的做法，要特别予以注意。

## 三、关于不符合法定要求的独立担保的效力

不符合法定要求的独立担保，主要是指银行和非银行金融机构之外的其他主体出具的独立保函。此种独立保函，因为不符合独立保函的法定要求，不具有独立保函的效力。但根据"无效法律行为的转换"原理，在否定其独立担保效力的同时，应当将其认定为是从属性担保，并根据主合同的效力来认定其效力。如果主合同有效的，该从属性担保也有效；主合同无效的，该所谓的独立担保也跟之无效。根据担保法司法解释第8条的规定，应视担保人有无过错来判断其应否承担责任：担保人无过错的，不承担责任；担保人有过错的，其承担民事责任的部分，不应超过债务人不能清偿部分的三分

之一。

**四、关于排除担保从属性的约定的效力**

当事人通过约定排除担保的从属性，如约定担保合同的效力不受主合同效力的影响，主合同无效担保合同仍然有效，或者即便担保合同无效，担保人仍应承担担保合同有效情况下所应承担的担保责任的，此类约定是否有效？对此存在不同认识。一种观点认为，《担保法》第5条第1款有关"担保合同另有约定的，按照约定"的规定，针对的就是此种情形，据此应当认定此类约定有效。从《担保法》第5条第1款的规定看，此种理解确有一定的道理。但从属性是担保合同的基本属性，主合同无效导致担保合同无效又是从属性的核心特征，这也是担保法仅从合同效力角度揭示担保从属性的原因。考虑到《物权法》第172条在涉及担保物权的从属性时，明确规定只有在法律对担保物权的从属性另行作出规定的情况下，才能突破担保物权的从属性。正在制定的民法典合同编草案（二审稿）第472条第1款规定："保证合同是主债权债务合同的从合同。主债权债务合同无效，保证合同无效，但是法律另有规定的除外。"该条将《担保法》第5条第1款的"担保合同另有约定的，按照约定"改成了"法律另有规定的除外"，显然不允许当事人根据约定排除担保的从属性。就此而言，此类约定是无效的。此类约定尽管无效，但当事人提供担保的意思表示是真实的，根据"无效法律行为的转换"理论，也要将其转换成一般的从属性担保。就此而言，此种情形也适用本条第2款确定的规则。

55.【担保责任的范围】担保人承担的担保责任范围不应当大于主债务，是担保从属性的必然要求。当事人约定的担保责任的范围大于主债务的，如针对担保责任约定专门的违约责任、担保责任的数额高于主债务、担保责任约定的利息高于主债务利息、担保责任的履行期先于主债务履行期届满，等等，均应当认定大于主债务部分的约定无效，从而使担保责任缩减至主债务的范围。

## 【条文主旨】

本条是关于担保人承担的责任范围不能大于主债务人所应承担的责任的规定。

## 【争议观点】

关于担保人承担的责任范围能否超过主债务人所应承担的责任，存在不同观点。一种观点认为，即便担保人承担的责任范围超过主债务人所应承担责任的范围，但只要是担保人真实意思的表示，就应予以认可。另一种观点认为，担保人承担的担保责任范围不能大于主债务，是担保从属性的必然要求，大于主债务部分的约定因违反担保的从属性而无效。本纪要采第二种观点。

## 【理解与适用】

### 一、担保责任大于主债务的具体表现

当事人约定的担保责任的范围大于主债务的情形，最为常见的是，针对担保责任约定专门的违约责任，如在主合同中约定保证人与债务人承担连带责任，同时又在保证合同中约定，如果保证人未依约履行保证责任，则还要从逾期之日起另行支付逾期付款违约金。从实践情况看，保证人不仅需要支付债务人因违约而支付的违约金，还要支付自己违约所要支付的违约金，其结果是，如果说债务人违约只需要承担日万分之五的违约金，而保证人则要承担日万分之十的违约金。还有一种情形是，抵押合同中约定，一旦债务人不履行到期债务，债权人除了有权实现抵押权外，还可以请求抵押人承担因主债务人违约而产生的一定数额的违约金。其结果是抵押人除了需要承担抵押责任外，还要承担违约责任，而抵押责任的启动，本来就是以债务人不履行债务为前提的，前述约定不适当地加重了担保人的责任。

此外，实践中担保责任的数额高于主债务、担保责任约定的利息高于主债务利息、担保责任的履行期先于主债务履行期届满，都是担保范围超过主债务范围的体现。

## 二、认定合同无效的法律及法理依据

有一种观点认为,当事人约定的担保责任大于主债务,尽管违反了担保的从属性,但认定合同无效缺乏法律依据。我们认为,《担保法》第5条有关"担保合同是主合同的从合同,主合同无效,担保合同无效"的规定,就是关于担保从属性的规定,该规定属于强制性规定。之所以认定不符合法定要求的独立保函无效,就是基于担保法有关担保从属性的规定属于强制性规定,故不能通过约定的方式予以排除。同理,当事人有关担保责任大于主债务的约定,也可以根据《民法总则》第153条第1款关于违法无效的规则,认定合同无效。即便从文义看,得不出当事人有关担保责任大于主债务的约定违反了《担保法》第5条的规定,也可以设定过度担保的行为违反公序良俗为由认定该约定无效。事实上,德国民法关于违反公序良俗的类型中,就有设定过度担保行为无效这一类型。不论是违法无效还是背俗无效,都表明当事人的意思自治已经逾越了法律或者公序良俗的界限,此时再以合同自由为名肯定其效力,就失去法理依据了。

## 【实务问题】

### 人民法院能否依职权认定担保责任大于主债务的部分无效

尽管当事人有关担保责任大于主债务的约定,属于因违反法律强制性规定或者违背公序良俗而部分无效,但合同部分无效后所产生的担保人因此减少给付的法律后果,仅涉及担保人的个人利益,法院无权也不应替担保人主张,更不能在担保人未提出主张的情况下依职权将担保人的责任降低到与主债务相同的程度。就此而言,关于担保责任超出主债务部分无效,只能在担保人提出主张的情况下法院才能进行审查。至于此种主张是以起诉还是抗辩的方式提出,则在所不问。

56.【混合担保中担保人之间的追偿问题】被担保的债权既有保证又有第三人提供的物的担保的,担保法司法解释第38条明确规定,承担了担保责任的担保人可以要求其他担保人清偿其应当分担的份额。但《物权法》第176条并未作出类似规定,根据《物权法》第178条关于"担保法与本法的规定不一致的,适用本法"的规定,承担了担保责任的担保人向其他担保人追偿的,人民法院不予支持,但担保人在担保合同中约定可以相互追偿的除外。

【条文主旨】

本条是关于混合担保中承担了担保责任的担保人能否向其他担保人追偿的规定。

【争议观点】

对承担了担保责任的担保人能否向其他担保人追偿这一问题,存在肯定说与否定说两种观点。本纪要采否定说,认为担保人之间不能相互追偿。

【理解与适用】

一、从担保法司法解释第38条到《物权法》第176条

被担保的债权既有保证又有第三人提供的物的担保,就是所谓的混合担保。在混合担保中,承担了担保责任的担保人能否向其他担保人追偿,理论争议很大,实践中裁判尺度也很不统一。之所以会出现分歧,归根结底,在于对担保法司法解释第38条和《物权法》第176条的关系理解不同。

根据担保法司法解释第38条第1款规定,同一债权既有保证又有第三人提供物的担保的,债权人可以请求保证人或者物的担保人承担担保责任。承担了担保责任的担保人,既可以向债务人追偿,也可以要求其他担保人清偿其应当分担的份额。而《物权法》第176条仅规定承担了担保责任的担保

人有权向债务人追偿，未规定能否向其他担保人追偿。由此出现了两种理解：一种理解是，《物权法》第 176 条属于法律漏洞或者说立法故意留白，该条规定并未否定担保法司法解释第 38 条的规定，故仍然可以适用司法解释的规定，以弥补法律漏洞。另一种理解则是，《物权法》第 176 条在充分关注到担保法司法解释相关规定的情况下，未采取担保法司法解释第 38 条的相关规定，因此担保法司法解释第 38 条有关担保人之间有权相互追偿的规定因与物权法的规定不符，不能再予适用。

## 二、相关理论争议

前述两种观点各有道理。其中，允许担保人之间相互追偿的主要理由是：其一，从体系解释的角度看，共同保证和共同抵押均承认担保人之间的内部求偿关系，否定保证人与物上保证人之间的求偿权正当性不足。其二，不允许担保人之间相互求偿，容易引发潜在的道德风险。如某一担保人的关系人受让主债权后，仅向其他担保人主张担保权利，在实质上免除自身担保责任的同时，加重了其他担保人的责任。又如某一担保人和债权人私下沟通仅向其他担保人主张担保权利，均会引发道德风险。

全国人大法工委主编的《物权法释义》一书认为，担保人之间不能相互追偿，主要理由有四点：一是在各担保人之间没有共同担保意思的情况下，相互求偿缺乏法理依据，也有违担保人为债务人提供担保的初衷。二是担保人相互求偿后，还可以向最终的责任人债务人求偿，程序上费时费力，不经济。三是每个担保人在设定担保时，都应该明白自己面临的风险，即在承担了担保责任后，只能向债务人追偿，如果债务人没有清偿能力，自己就会受到损失。为避免出现此种风险，担保人就应当慎重提供担保，或者对担保作出特别约定。四是如果允许担保人之间相互求偿，其份额如何确定，是一个相当复杂的计算题，可操作性不强。

## 三、本纪要观点

我们认为，从担保法及其司法解释看，不论是混合担保、共同保证还是共同物保，确实是允许担保人之间相互求偿的。根据《担保法》第 12 条规定，同一债务有两个以上保证人的，已经承担保证责任的保证人，有权向债务人追偿，或者要求承担连带责任的其他保证人清偿其应当承担的份额，这是有关共同保证人之间可以相互求偿的规定。根据担保法司法解释第 75 条规定，同一债权有两个以上抵押人的，抵押人承担担保责任后，可以向债务人追偿，也可以要求其他抵押人清偿其应当承担的份额，该条是有关共同抵押人之间相互求偿的规定。可见，担保法及其司法解释的基本精神是，不论共同担保的形态如何，均允许担保人之间相互追偿。但物权法以及正在制定中的民法典草案一、二审稿均未规定承担了担保责任的保证人可向其他保证人追偿。从物权法到民法典草案的相关规定看，不论是共同保证人之间、共同抵押人之间还是混合担保的各担保人之间，立法机关似乎都不认可担保人之间可以相互求偿。全国人大法工委主编的《物权法释义》尽管性质上属于学理解释，但反映的却是立法机关在该问题上的一贯意图，是比较权威的解释。而且担保人承担了担保责任，意味着债权人的债权已经实现，债权债务关系消灭，其上的担保也跟之消灭，承担了担保责任的担保人再向其他担保人求偿也缺乏逻辑依据。故本纪要采取了担保人之间不能相互追偿的做法。当然，如果多个担保人在缔约时就知道要为同一个债务提供担保，并明确约定担保人之间可以相互求偿，鉴于此种约定并不违反法律、行政法规的强制性规定，是合法有效的，当事人据此可以相互求偿，自无疑问，此处不赘。

## 【实务问题】

### 承担了担保责任的担保人是否享有代位权

担保人承担担保责任后，原债权债务关系消灭，其上的担保也跟之消灭，担保人不能向其他担保人追偿，只能向债务人追偿。对此，我国《担保法》第31条规定："保证人承担保证责任后，有权向债务人追偿。"该法第57条、第72条也有为债务人提供抵押或者质押担保的第三人，在抵押权实现后有权向债务人追偿的规定。但担保人对债务人的追偿是否属于代位求偿权，该法并未予以明确。学界通说认为我国担保法并未规定代位求偿权，承担了担保责任的担保人不能代替原债权人，享有原债权债务关系中原债权人的权利。因此，承担了担保责任的担保人基于原债权人与债务人之间的约定主张违约责任等相应权利的，人民法院不予支持。在原债权债务关系约定较高违约责任的情况下，明确此点，对于合理确定当事人之间的权利义务关系具有重要意义。例如借款合同约定，正常情况下年利率为12%，而债务人一旦构成违约，年利率就变为24%。在债务人违约的情况下，保证人履行了保证责任后，能否根据原借款合同的约定要求债务人承担责任？如前所述，答案是否定，因为此时原借款关系已经消灭了，承担了担保责任的担保人只能就其已经承担担保责任的部分请求向债务人追偿。

57.【借新还旧的担保物权】贷款到期后，借款人与贷款人订立新的借款合同，将新贷用于归还旧贷，旧贷因清偿而消灭，为旧贷设立的担保物权也随之消灭。贷款人以旧贷上的担保物权尚未进行涂销登记为由，主张对新贷行使担保物权的，人民法院不予支持，但当事人约定继续为新贷提供担保的除外。

## 【条文主旨】

本条是关于借新还旧情况下如何承担物的担保责任的规定。

## 【争议观点】

借新还旧情况下，旧贷上的担保物权应否继续作为新贷的担保，存在不同观点。一种观点认为，担保物权尚未进行涂销登记，应当继续有效。另一种观点认为，基于担保的从属性，旧贷消灭，其上的担保原则上跟之消灭，除非当事人愿意继续为新贷提供担保。本纪要采后一观点。

## 【理解与适用】

### 一、借新还旧的性质与效力

实践中，一些金融机构为了消灭逾期贷款，采取了各种清收活动。但是某些逾期贷款由于种种原因，不能立即偿还，如果采取展期的方式处理，因该笔款项的贷出时间较早，仍然属于陈年贷款，账面上不好看，因此许多金融机构采取借新还旧的方式来处理这类贷款。所谓借新还旧，是指债权人与债务人在旧的贷款尚未清偿的情况下，再次签订贷款合同，以新贷出的款项清偿部分或者全部旧的贷款。

担保法司法解释第39条对借新还旧情况下如何承担保证责任作出了规定，但未对担保物权如何处理作出规定。实践中，为担保旧贷而设立的担保物权是否继续为新贷提供担保，担保人能否请求涂销登记存在不同认识，为此，本条进行了专门规定。

## 二、借新还旧场合物上担保责任的承担

关于借新还旧场合担保责任的承担，既涉及为旧贷提供的担保是否消灭的问题，也涉及为新贷提供的担保是否有效的问题。关于为旧贷提供的担保，鉴于旧贷已因借新还旧合同的签订而消灭，其上的担保自然跟之消灭。在此情况下，担保人有权请求登记机关涂销登记，贷款人以旧贷上的担保物权尚未进行涂销登记为由，主张对新贷行使担保物权的，人民法院不予支持。

关于为新贷提供的担保，与一般借款合同中，借款人实际取得约定款项，担保人是否承担担保责任具有或然性不同，在借新还旧场合，借款人并没有实际收到款项，而只是通过签订新的贷款合同消灭了旧贷，并形成了新贷。而签订借新还旧合同，多数情况下是因为债务人不能按时清偿债务，就此而言，对新贷提供担保风险远比一般借款合同要大。因此，在旧贷没有物的担保而新贷设定了物的担保，或者旧贷的担保方式与新贷担保方式不一致的情况下，为保障担保人的合法权益，应当课予债务人以告知义务，即告知新的担保人借新还旧的事实。债务人怠于履行告知义务，导致担保人不知道借新还旧事实，担保人依据《担保法》第30条第1项有关恶意骗保的规定主张担保合同无效，并且不承担担保责任的，人民法院应予支持。

当然，如果为旧贷提供物的担保的担保人同意继续为新贷提供担保的，即新旧贷系同一物的担保人的，则不论担保人知道或者应当知道，均应对新贷承担担保责任。因为旧贷因借新还旧合同而消灭，为旧贷提供的担保也跟之消灭，其仅须对新贷承担担保责任，对其并无不公。因此，在新旧贷系同一担保人的情况下，不适用前述有关规则，原担保继续有效，作为对新贷的担保。

## 【实务问题】

### 一、如何区别借新还旧和贷款展期

借新还旧实际所起到的作用就是贷款展期，所不同的是，借新还旧是通过消灭旧债设立新债的方式实现贷款展期的，性质上属于债务更新，旧贷及其上的担保跟之消灭。而贷款展期性质上属于履行期限的变更，前后两债属于同一个债。但是因为履行期限的延长，可能对担保人不利，根据担保法司法解释第30条第2款有关保证期间内，债权人与债务人对主合同履行期限

作了变动，未经保证人书面同意的，保证期间为原合同约定的或者法律规定的期间的规定，未经保证人书面同意，保证人仅为原债提供担保，不对新债提供担保。这是二者的区别之所在，实践中要加以区分。

二、过桥贷是否属于借新还旧

实践中，还存在一种情形，就是借款人从他人处借来资金，用以偿还旧贷，再以新贷来偿还从他人处借来的款项。鉴于该笔款项的用途就是为了借新还旧，实践中将其称为"过桥贷"。"过桥贷"涉及以下几个法律关系：借款人与第三方间的借贷关系，借款人与银行之间还旧贷借新贷的关系，借款人以新贷来的资金还第三人的欠款。可见，借款人与银行之间就是借新还旧的关系，只是与一般借新还旧不需要实际偿还旧贷不同，在此情况下需要先用一笔资金偿还旧贷，然后再贷出新的贷款。实践中，"过桥贷"的主要问题是，借款人用高息借来相应款项并偿还旧贷后，银行事后不放贷，从而使借款人陷于困境。如果借款人有证据证明银行对"过桥贷"的相关事实是明知的，意味着银行有签订新的借款合同的义务，银行拒不发放贷款的，借款人可以违约为由请求其承担违约责任。问题是，实践中借款人与银行之间往往都是"君子协定"，很少有书面证据。人民法院在审理相关案件时，可以借助双方的陈述以及其他证据相关作出综合认定。

58.【担保债权的范围】以登记作为公示方式的不动产担保物权的担保范围，一般应当以登记的范围为准。但是，我国目前不动产担保物权登记，不同地区的系统设置及登记规则并不一致，人民法院在审理案件时应当充分注意制度设计上的差别，作出符合实际的判断：一是多数省区市的登记系统未设置"担保范围"栏目，仅有"被担保主债权数额（最高债权数额）"的表述，且只能填写固定数字。而当事人在合同中又往往约定担保物权的担保范围包括主债权及其利息、违约金等附属债权，致使合同约定的担保范围与登记不一致。显然，这种不一致是由于该地区登记系统设置及登记规则造成的该地区的普遍现象。人民法院以合同约定认定担保物权的担保范围，是符合实际的妥当选择。二是一些省区市不动产登记系统设置与登记规则比较规范，担保物权登记范围与合同约定一致在该地区是常态或者普遍现象，人民法院在审理案件时，应当以登记的担保范围为准。

## 【条文主旨】

本条是关于合同约定的担保物权的担保范围与登记簿记载不一致时，应以何者为准的规定。

## 【争议观点】

关于担保物权的担保范围，当合同约定与登记簿记载不一致时，存在以登记簿记载为准和以合同约定为准两种意见。基于现实考虑，出于利益平衡的需要，本纪要采取了以合同约定为准的做法。

## 【理解与适用】

### 一、问题的成因

之所以会出现合同约定的担保范围与登记簿记载的担保范围不一致的情形，是因为除个别省份不动产登记机构提供的不动产登记簿上设有"担保范围"栏目，使登记簿的记载与合同约定内容一致外，多数省份不动产登记机构提供的不动产登记簿上仅有"被担保主债权数额（最高债权数额）"的表述，且规定只能填写固定数字。而当事人在合同中又往往约定担保物权的担保范围包括主债权及其利息、违约金等附属债权，从而出现了合同约定与登记簿记载不一致的情形。可见，问题出在不动产登记的栏目设置上，而不在当事人本身。

### 二、理论争议及现实选择

当合同约定的担保范围与登记簿记载不一致时，应以何者作为确定担保范围的依据，存在不同观点。一种观点认为，《物权法》第16条规定："不动产登记簿是物权归属和内容的根据"，登记作为一种公示方法，不论是作为不动产担保物权变动的成立要件，还是作为浮动抵押等动产担保物权变动的对抗要件，均具有对抗当事人约定的效力。因此，在当事人的约定与登记簿记载不一致的情况下，从优先保护相对人的合理信赖出发，应当以登记簿的记载为准。担保法司法解释第61条"抵押物登记记载的内容与抵押合同约定的内容不一致的,以登记记载的内容为准"的规定体现的就是这一原理。另一种观点则认为,《物权法》第173条规定:"担保物权的担保范围包括主债权及其利息、违约金、损害赔偿金、保管担保财产和实现担保物权的费用。当事人另有约定的,按照约定。"据此,在登记簿记载与合同约定不一致的情况下,应当以合同约定为准。而且当前大多数地方的不动产登记簿只登记"被担保主债权数额(最高债权数额)",如果以登记为准,对债权人不公。

纯粹从理论上说,我们倾向于第一种观点。《物权法》第173条关于担保范围的规定,其规范意旨在于:担保范围原则上及于全部债权,但当事人可通过约定对其范围进行限缩。可见,该条仅着眼于抵押人与抵押权人的内部关系,并不包含合同约定与登记簿记载不一致时以合同约定为准的意思。登记作为公示方法具有公信效力,如果后顺位抵押权人主张其系基于登记簿记载而设定抵押权的,法律应当保护此种信赖。就此而言,当合同约定与登记簿记载不一致时,以登记簿记载作为确定前顺位抵押权人的担保范围,更符合物权的公示公信原则,也与《物权法》第16条的规定相一致。但考虑到之所以会出现合同约定与登记簿记载不一致的情况,责任不在当事人,而在于登记簿的设置没有完全与物权法的规定相一致。在此情况下,让无辜的债权人承担因此导致的损失对其不公。基于现实的考量,本纪要采取了以合同约定为准的处理办法。当然该规则一旦确立,对所有债权人都是公平的,后顺位债权人在设立抵押权时,就不能仅仅去看登记簿,可能还要看当事人的合同约定。另一方面,后顺位受益权人在登记簿上记载的尽管也是主债权,但其范围同样及于利息、违约金等附属债权。相比更后顺位的抵押权人而言,对其的保护也是周全的。

当然,该问题的最终解决,还有赖于不动产登记栏目设计的完善,如将"权利价值"改为"担保范围",或者在"附记"中将合同作为附件并允许相关当事人查阅。有条件的地方,也可以通过司法建议等形式,建议不动产登记主管部门完善登记簿设置,促使合同约定与登记簿记载相一致。如此,前述问题就可迎刃而解了。

59.【主债权诉讼时效届满的法律后果】抵押权人应当在主债权的诉讼时效期间内行使抵押权。抵押权人在主债权诉讼时效届满前未行使抵押权，抵押人在主债权诉讼时效届满后请求涂销抵押权登记的，人民法院依法予以支持。

以登记作为公示方法的权利质权，参照适用前款规定。

## 【条文主旨】

本条是关于以抵押权、权利质权等以登记作为公示方法的担保物权，主债权诉讼时效届满后担保人该如何寻求救济的规定。

## 【争议观点】

抵押权人未在主债权诉讼时效期间内行使抵押权，其后果是产生诉讼时效抗辩还是抵押权消灭，存在不同观点。本纪要实质上采取了抵押权消灭说。

## 【理解与适用】

### 一、从担保法司法解释第12条到《物权法》第202条

担保法司法解释第12条是有关担保物权存续期间的规定，包括两层含义：一是明确当事人有关担保期间的约定，如当事人在抵押合同中约定抵押期间为债权履行期限届满之日起1年；以及登记部门有关担保期间的登记，如登记簿上将抵押期限记载为6个月，都不影响担保物权的存续。也就是说，担保物权的存续期限只能是该司法解释第2款规定的法定期限。二是明确规定担保物权的存续期间是主债权诉讼时效届满后再加上2年。该司法解释有关担保物权存续期间的规定适用于抵押权、质押权以及留置权等所有的担保物权。

但物权法改变了担保法司法解释第12条的规定。关于抵押权，该法第

202条规定："抵押权人应当在主债权诉讼时效期间行使抵押权；未行使的，人民法院不予保护。"关于质权，该法第220条规定："出质人可以请求质权人在债务履行期届满后及时行使质权；质权人不行使的，出质人可以请求人民法院拍卖、变卖质押财产。"关于留置权，该法第237条规定："债务人可以请求留置权人在债务履行期届满后行使留置权；留置权人不行使的，债务人可以请求人民法院拍卖、变卖留置财产。"与担保法司法解释第12条相比，物权法的规定具有如下特点：一是与担保法司法解释对所有的担保物权都作统一规定不同，区别以登记作为公示方法的抵押权和以占有作为公示方法的质权、留置权，分别作出不同规定。对于抵押权，规定抵押权人应当在主债权诉讼时效期间行使抵押权；而对于质权、留置权，则规定出质人、债务人可以请求质权人、留置权人在债务履行期届满后及时行使权利，权利人不及时行使的，有权请求人民法院拍卖、变卖担保财产。二是取消了担保法司法解释第12条有关主债权诉讼时效届满后再加上2年规定中的2年，使担保物权的效力仅与主债权的诉讼时效挂钩。

物权法之所以改变了担保法司法解释第12条的规定，主要是因为在抵押人为第三人的情况下，抵押人在主债权诉讼时效届满后2年仍须承担担保责任，但因为主债权此时已经过了诉讼时效，抵押人在向债权人承担了担保责任后，如果允许其仍然可以向主债务人追偿，则有关主债务已届诉讼时效的规定将失去其意义；反之，如果不允许其求偿，则抵押人的权利将得不到保障，其结果是抵押人承担了超过主债务人所应承担的责任，不符合担保的从属性。有鉴于此，物权法将担保物权的存续期间与主债权的诉讼时效挂钩，以符合担保从属性的要求。

**二、对《物权法》第202条的不同理解**

遗憾的是，《物权法》第202条有关"未行使的，人民法院不予保护"的规定，采取了司法解释的表述方式，导致在实践中出现了不同理解。一种观点认为，抵押权人未在主债权诉讼时效期间内行使权利，其后果是使抵押人产生诉讼时效抗辩，抵押权本身并未消灭。按照此种理解，一是抵押权并未消灭，抵押人不能请求涂销登记。如此就会出现抵押权人不能行使抵押权，抵押人又不能请求涂销抵押登记的抵押僵局，既不能使当事人从抵押关系中摆脱出来，也不能实现抵押物的物尽其用，出现"双输"的局面。二是诉讼时效抗辩作为抗辩权，不能主动提出，抵押人并不能依据该条规定而有所作为。其结果是对抵押人的保护还不如担保法司法解释第12条规定周全，从而难以达到保护抵押人追偿权的立法目的。

有鉴于此，另有观点认为，应将《物权法》第202条理解为，主债权诉讼时效经过后，抵押权就因除斥期间的经过而消灭。此时，抵押人可以请求涂销登记。虽然该说在理论上确有不够周延之处，但能解决实践中面临的问题。从解决实际问题出发，本纪要采该种观点，认为此时抵押人可以请求涂销抵押登记。鉴于《物权法》第202条仅适用于抵押权，而实践中对于以登记作为公示方法的权利质权，也存在与抵押权类似的问题，故本纪要将《物权法》第202条有关抵押权的规定类推适用于以登记作为公示方法的权利质权。

## 第二节　关于不动产担保物权

60.【未办理登记的不动产抵押合同的效力】不动产抵押合同依法成立，但未办理抵押登记手续，债权人请求抵押人办理抵押登记手续的，人民法院依法予以支持。因抵押物灭失以及抵押物转让他人等原因不能办理抵押登记，债权人请求抵押人以抵押物的价值为限承担责任的，人民法院依法予以支持，但其范围不得超过抵押权有效设立时抵押人所应当承担的责任。

【条文主旨】

本条是关于未办理抵押登记的不动产抵押合同的效力及抵押人应承担的责任的规定。

【争议观点】

有观点认为，仅签订不动产抵押合同未办理抵押登记的，抵押权并未设立，债权人主张抵押权缺乏法律依据，但仍可依据抵押合同请求抵押人承担违约责任，包括要求抵押人继续履行办理抵押登记义务，以及在不能办理抵押登记情况下的违约损害赔偿责任。鉴于违约责任赔偿的是履行利益损失，因此，抵押人应以抵押物的价值为限向债权人承担违约责任。另有观点认为，无论抵押人是否违反办理抵押登记的义务，根据《物权法》第15条之区分原则，债权人即可依据有效之抵押合同要求抵押人承担抵押合同上的担保义务。此种担保在性质上属于债权，是介乎保证与抵押权之间的非典型担保。其与保证的相同之处在于二者均属人保范畴，不同之处在于保证系以保证人不特定财产进行担保，而此种非典型担保系以特定物进行担保。其与抵押权的相似之处在于二者均以特定物提供担保，不同之处在于前者属于债权担保，后者属于物权担保。当债权人要求抵押人承担抵押合同上的担保责任时，抵押人应以抵押物价值为限承担连带清偿责任，而非补充清偿责任。我们认为，以上观点都有一定道理。经认真研究，为了明晰裁判规则，本条规定：不动产抵押合同依法成立，但未办理抵押登记手续，债权人请求抵押人办理抵押登记手续的，人民法院依法予以支持。因抵押物灭失以及抵押物转让他人等原因不能办理抵押登记，债权人请求抵押人以抵押物的价值为限承担责任的，人民法院依法予以支持，但其范围不得超过抵押权有效设立时抵押人所应当承担的责任。

## 【理解与适用】

### 一、不动产抵押物未进行抵押登记不影响抵押合同效力，抵押合同有效

《物权法》第15条规定："当事人之间订立有关设立、变更、转让和消灭不动产物权的合同，除法律另有规定或者合同另有约定外，自合同成立时生效；未办理物权登记的，不影响合同效力。"该条确立了物权变动的原因行为与物权变动的区分原则，明确区分了合同效力（物权变动原因）与物权效力（物权变动结果）。根据该条规定，不动产抵押物未办理抵押登记，不影响抵押合同的效力。

### 二、不动产抵押物未进行抵押登记，抵押权未设立，债权人对抵押物不享有优先受偿权

抵押合同有效成立后，抵押权是否设立，需要作具体分析，不可一概而论。《物权法》第187条至第189条关于抵押权设立的基本原则是：对于不动产抵押，原则上采登记要件主义，抵押权自登记时设立；对于动产等其他财产来说，则采登记对抗主义，抵押权自抵押合同生效时设立，未经登记只是不得对抗善意第三人。具体来说，以建筑物和其他土地附着物、建设用地使用权、以招标拍卖公开协商等方式取得的荒地等土地承包经营权以及正在建造的建筑物设定抵押的，应当办理抵押登记，签订了抵押合同但未办理抵押登记的，抵押合同有效成立，但抵押权并未设立。以下财产设定抵押，抵押权自抵押合同生效时设立，但未经登记不得对抗善意第三人：（1）生产设备、原材料、半成品、产品；（2）正在建造的船舶、航空器；（3）交通运输工具；（4）企业、个体工商户、农业生产经营者以现有的以及将有的生产设备、原材料、半成品、产品设定抵押的。

根据《物权法》的规定，对于不动产抵押，采登记要件主义，抵押权自登记时设立。因此，不动产抵押物未进行抵押登记，抵押权未设立，债权人

未取得抵押权,不享有对抵押物的优先受偿权。

### 三、不动产抵押合同有效,抵押人应继续办理抵押登记以及承担不能办理抵押登记情况下的损害赔偿责任

不动产抵押权的设立以登记为必要,签订抵押合同但未办理抵押登记的,抵押权并未设立,债权人如主张享有抵押权的,不应得到支持。但是否登记并不影响抵押合同的效力,抵押合同有效成立后,就对双方具有约束力。如抵押人依约负有办理抵押登记的义务,但因抵押物灭失或转让等原因不能办理抵押登记的,抵押人应承担相应的违约责任,一般以抵押物的价值为限赔偿债权人的损失。例如,担保债权为500万元,抵押物价值为300万元,那么抵押人只在300万元内承担责任。如果抵押合同约定的担保范围少于抵押物价值的,以约定的担保范围为限,不得超过抵押权有效设立时抵押人所应当承担的责任。例如,合同约定的担保债权为500万元,抵押物价值为800万元,那么抵押人只在500万元范围内承担责任。

## 【实务问题】

### 一、抵押人承担补充责任还是连带责任

对于这个问题,实务中有不同认识。连带责任说的主要依据是,抵押人承担的是类似于保证责任的非典型担保责任,根据我国担保法以连带保证为原则的法理,抵押人应当与债务人承担连带责任,只不过其责任范围并不以主债务为限,而是以抵押物的价值为限。我们认为,《民法总则》第178条第3款明确规定,"连带责任,由法律规定或者当事人约定"。据此,未办理不动产抵押登记情形,法律对担保人之责任形态未作规定,如当事人未约定承担连带责任的,认定抵押人承担连带责任缺乏法律依据。就此而言,除非抵押合同明确约定抵押人承担连带责任,否则,其仅在债务人不能清偿时承担补充责任。此种补充责任是以抵押物价值为限,如果抵押合同约定的担保范围少于抵押物价值的,以约定的担保范围为限,不得超过抵押权有效设立时抵押人所应当承担的责任。

### 二、债权人向债务人和抵押人一并提起诉讼时如何处理

抵押人承担违约赔偿责任或者承担连带责任在法律上有一定的区别。在承担违约赔偿责任的情况下,一般是在主债务人不能清偿的范围内承担补充赔偿责任,抵押人享有先诉抗辩权。而连带责任的债权人可以要求承担连带责任的任一债务人承担全部责任,连带债务人不享有先诉抗辩权。由于我们

主张未办理登记的不动产合同的抵押人承担的是违约赔偿责任,所以,抵押人享有先诉抗辩权。但是,实务中,债权人往往同时将债务人和抵押人作为共同被告提起诉讼,为了及时高效解决纠纷,可以参照担保法司法解释第125条关于"一般保证的债权人向债务人和保证人一并提起诉讼的,人民法院可以将债务人和保证人列为共同被告参加诉讼。但是,应当在判决书中明确在对债务人财产依法强制执行后仍不能履行债务时,由保证人承担保证责任"的规定,如果债权人对债务人和抵押人一并提起诉讼的,人民法院可以将债务人和抵押人列为共同被告参加诉讼。但是,应当在判决书中明确在对债务人财产依法强制执行后仍不能履行债务时,由抵押人承担责任。人民法院可以在执行过程中一并加以处理。

## 【典型案例】

### 元亨曦地公司、青岛天一公司企业借贷纠纷案[(2017)最高法民申 2340 号]

元亨曦地公司与信恒基公司、青岛天一公司签订《借款补充协议》,约定:元亨曦地公司以其名下的三块土地使用权为信恒基公司向青岛天一公司的借款提供抵押担保。合同签订后,双方均未办理上述土地使用权的抵押登记手续。

最高人民法院认为,鉴于合同签订后,双方均未办理土地使用权抵押登记手续,故抵押权并未有效设立,在此情况下,青岛天一公司无权对上述土地使用权行使优先受偿权。虽然抵押权并未有效设立,青岛天一公司无权对抵押物行使优先受偿权,但在主合同即《借款协议》和从合同即《借款补充协议》均合法有效的情况下,元亨曦地公司对因此给青岛天一公司造成的损失,应当承担赔偿责任。原审法院根据双方的过错程度,判决元亨曦地公司在其提供的抵押物价值的 1/2 范围内对信恒基公司不能清偿的部分承担赔偿责任具有事实和法律依据,依法应予维持。

61.【房地分别抵押】根据《物权法》第182条之规定，仅以建筑物设定抵押的，抵押权的效力及于占用范围内的土地；仅以建设用地使用权抵押的，抵押权的效力亦及于其上的建筑物。在房地分别抵押，即建设用地使用权抵押给一个债权人，而其上的建筑物又抵押给另一个人的情况下，可能产生两个抵押权的冲突问题。基于"房地一体"规则，此时应当将建筑物和建设用地使用权视为同一财产，从而依照《物权法》第199条的规定确定清偿顺序：登记在先的先清偿；同时登记的，按照债权比例清偿。同一天登记的，视为同时登记。应予注意的是，根据《物权法》第200条的规定，建设用地使用权抵押后，该土地上新增的建筑物不属于抵押财产。

## 【条文主旨】

本条是关于房地分别抵押时抵押权的效力范围和实现方式的规定。

## 【争议观点】

在《物权法》颁布前，对建设用地使用权与建筑物所有权单独或分别抵押的问题，司法实践与理论中主要形成三种观点：一是认为抵押无效。二是认为抵押有效且抵押权的效力及于未登记的部分。三是认为抵押有效，但抵押权的效力不及于未登记部分，抵押权人仅就抵押合同约定并登记的部分享有抵押权。物权法颁布后，采纳了法定抵押权的观点，抵押人未将土地使用权与地上建筑物一并抵押的，未抵押的财产视为一并抵押。

## 【理解与适用】

一、建筑物或者建设用地使用权仅一项财产设定抵押时抵押财产的范围

建筑物与土地不可分离，因此将房屋等地上建筑物视为土地的组成部分，凡是取得建设用地使用权的人即取得附着于该土地上之建筑物的所有

权，凡是取得建筑物所有权必须要取得所附着的建设用地使用权，逻辑结果便是建设用地使用权与建筑物所有权不能分离而转让。反映在抵押权方面，抵押建设用地使用权必须同时抵押土地上的建筑物，反之抵押建筑物也必须同时抵押该建筑物所占用的建设用地使用权。我国立法向来采取"房地合一"的政策，担保法、城市房地产管理法均规定了建筑物与建设用地使用权一并抵押的原则，如《城市房地产管理法》第32条规定："房地产转让、抵押时，房屋的所有权和该房屋占用范围内的土地使用权同时转让、抵押。"物权法沿袭了这一规定，《物权法》第182条第1款规定："以建筑物抵押的，该建筑物占用范围内的建设用地使用权一并抵押。以建设用地使用权抵押的，该土地上的建筑物一并抵押。"鉴于实践中可能出现仅抵押建筑物或仅抵押建设用地使用权的情况，《物权法》第182条第2款进一步规定："抵押人未依照前款规定一并抵押的，未抵押的财产视为一并抵押。"也就是说，即使抵押人只办理了房屋所有权抵押登记，没有办理建设用地使用权抵押登记，实现房屋抵押权时，建设用地使用权也一并作为抵押财产。同样，只办理了建设用地使用权抵押登记，没有办理房屋所有权抵押登记，实现建设用地使用权的抵押权时，房屋所有权也一并作为抵押财产。①

### 二、房地分别抵押时抵押财产的范围

由于历史上我国有一些地方房屋和土地由不同的行政部门管理和登记，导致建筑物和建设用地使用权出现分别抵押的情形。出现房地分别抵押的情形，两个抵押权均属合法有效，其抵押范围均包括建设用地使用权和建筑物。

### 三、房地分别抵押时抵押权清偿顺序

根据《物权法》第199条第1项规定：同一财产向两个以上债权人抵押的，拍卖、变卖抵押财产所得的价款依照下列规定清偿：抵押权已登记的，按照登记的先后顺序清偿；顺序相同的，按照债权比例清偿。在房地分别抵押场合，依照《物权法》第199条之规定确定清偿顺序：登记在先的先清偿；同时登记的，按照债权比例清偿。

根据担保法司法解释第58条的规定，当事人同一天在不同的法定登记部门办理抵押物登记的，视为顺序相同。因登记部门的原因致使抵押物进行连续登记的，抵押物第一次登记的日期，视为抵押登记的日期，并依此确定抵押权的顺序。

---

① 胡康生：《中华人民共和国物权法释义》，法律出版社2007年版，第400页。

## 【实务问题】

### 一、仅约定以建设用地使用权或建筑物设定抵押的处理方式

《物权法》第 182 条允许当事人对担保财产作出特别约定，如抵押合同约定仅以建设用地使用权设定抵押，并且明确约定不包括其上建筑物的，应当认为抵押权仅及于建设用地使用权；反之，如抵押合同约定仅以建筑物设定抵押，并且明确约定不包括建设用地使用权的，应当认为抵押权仅及于建筑物。

在明确约定仅对建筑物设定抵押而不包括建设用地使用权或者仅对建设用地使用权设定抵押而不包括建筑物的，由于房地一体，实现抵押权时，应将房地产同时拍卖，分别计价，建筑物或者建设用地使用权抵押权人只能就建筑物或者建设用地使用权卖得价金优先受偿。

### 二、建设用地使用权抵押后新增建筑物抵押的特别规定

《物权法》第 200 条规定："建设用地使用权抵押后，该土地上新增的建筑物不属于抵押财产。该建设用地使用权实现抵押权时，应当将该土地上新增的建筑物与建设用地使用权一并处分，但新增建筑物所得的价款，抵押权人无权优先受偿。"建设用地使用权抵押后，抵押人仍然有权依法对该土地进行开发，建造建筑物。对于该土地上新增的建筑物，由于其不在抵押合同约定的抵押财产范围内，因此不属于抵押财产。但在实现抵押权时，仍可以将其与建设用地使用权一并处分。但处分后，由于新增的建筑物不属于抵押财产，处分新增建筑物所得的价款，抵押权人没有优先受偿的权利，只能作为普通债权人行使权利。

## 【典型案例】

**中行龙珠支行与国托公司、美源公司、粤荣公司金融借款合同纠纷案〔最高人民法院（2015）民二终字第 269 号〕**

2007 年 11 月 15 日，中行龙珠支行与国托公司签订一份《人民币借款合同（中期）》，约定国托公司向中行龙珠支行借款 2.1 亿元，以及借款期限、利率等。国托公司以其名下坐落于海口市滨海大道填海区的 36 414.02 平方米土地为借款提供抵押担保，并办理了土地他项权利证书。此后，双方又约定

将上述土地的地上建筑物也全部抵押给中行龙珠支行用于对上述借款的担保。2009年3月2日，双方到国土部门办理了土地他项权利证明书。地上建筑物为在建项目，双方未到房产管理部门办理抵押登记手续，仅在土地他项权利证明书内注明抵押物为土地及地上建筑物。中行龙珠支行依约合计发放贷款2.1亿元。国托公司分批偿还了贷款本金共计130 502 576.09元。截至2015年3月31日，国托公司尚欠中行龙珠支行借款本金79 497 423.91元，利息39 375 008.29元。

最高人民法院认为：关于抵押登记部门不明情况下的登记效力的认定问题。依据担保法司法解释第60条"以担保法第四十二条第（二）项规定的不动产抵押的，县级以上地方人民政府对登记部门未作规定，当事人在土地管理部门或者房产管理部门办理了抵押物登记手续，人民法院可以确认其登记的效力"的规定，在当地县级以上人民政府未明确在建工程抵押登记部门的情况下，海口市国土部门颁发的土地他项权利证明书对案涉土地及地上建筑物抵押登记予以了明确记载，可依据上述司法解释的规定认定相关登记部门对土地使用权及地上建筑物办理抵押登记的行为已经完成。即案涉地上建筑物上已设定了他项权利，具有公信力，并足以产生公示的法律效果。故法院依法确认其登记效力，即中行龙珠支行可对该地上建筑物享有优先受偿权。

关于中行龙珠支行能否依据《物权法》第182条之规定对案涉地上建筑物享有优先受偿权的问题。中行龙珠支行主张即使其未办理地上建筑物抵押登记，但基于其已依法办理了土地抵押登记手续，可依据《物权法》第182条的规定，将该土地的抵押效力及于地上建筑物。法院认为，在房地产抵押权设立的实践中，如何协调土地使用权抵押和地上建筑物之间的关系，我国物权法施行前的相关法律规定并不明确。为此，《物权法》第182条第1款规定："以建筑物抵押的，该建筑物占用范围内的建设用地使用权一并抵押。以建设用地使用权抵押的，该土地上的建筑物一并抵押。"该条第2款进一步明确规定："抵押人未依照前款规定一并抵押的，未抵押的财产视为一并抵押。"该规定遵循了房地产交易中"房随地走"和"地随房走"的双向统一原则，其立法旨意在于重申房地一体的原则，防止引发抵押权实现时的困境，使债权人的利益受到损害。依据该规定，当事人应对土地使用权及其地上建筑物一并抵押，如果当事人未按照该条第1款规定一并抵押时，则法律直接规定"视为一并抵押"。即只要土地使用权或地上建筑物之一项办理抵押登记，即使另外一项没有办理抵押登记，亦依法推定为两者一并抵押。另外，从市场交易的风险防范角度来看，物权法已经确立了房地应一并抵押的原则，并明确规定土地或者地上建筑物未一并抵押的也视为一并抵押，参与或从事房地产抵押实践的市场主体应当知悉该规定。其在设立土地抵押权时，对该土地上的建筑物是否已设定抵押权负有注意义务，并应积极向登记机关进行查询，以避免出现风险，反之亦然。市场主体如果因未尽到上述注意义务而遭受风险，则该损失应由其自行负担。本案中，中行龙珠支行与国托公司已就土地使用权办理了抵押登记，依法设立了抵押权，即便在土地他项权利证明书中未注明抵押物包括地上建筑物，依据《物权法》第 182 条第 2 款之规定，案涉地上建筑物也应视为一并抵押，该土地使用权之抵押权效力及于地上建筑物，中行龙珠支行亦应就本案享有的债权依法对案涉地上建筑物享有优先受偿权。且中行龙珠支行与国托公司在诉讼中均确认该地上建筑物未为其他债权设立抵押担保，案涉地上建筑物抵押权在未来实现时也不存在权利冲突。中行龙珠支行主张案涉地上建筑物随土地使用权一并抵押，其对案涉地上建筑物亦享有优先受偿权，于法有据，法院予以支持。

62.【抵押权随主债权转让】抵押权是从属于主合同的从权利，根据"从随主"规则，债权转让的，除法律另有规定或者当事人另有约定外，担保该债权的抵押权一并转让。受让人向抵押人主张行使抵押权，抵押人以受让人不是抵押合同的当事人、未办理变更登记等为由提出抗辩的，人民法院不予支持。

【条文主旨】

本条是关于抵押权随主债权转让的规定。

【争议观点】

抵押权随着主债权转让而一并转让，但转让后是否必须重新办理抵押登记手续或者抵押权人变更手续，有不同观点。一种观点认为，抵押权随主债权转移，需要办理抵押权转移登记，否则债权受让人不能取得抵押权。主要理由是，不动产抵押权的让与系以法律行为而产生的不动产物权变动，而依据《物权法》第 9 条第 1 款规定，基于法律行为而产生的不动产物权的设立、变更、转让和消灭原则上以登记为生效要件，未经登记，不发生物权变动的效力，除非法律另有规定。如果认为受让债权不需要办理抵押登记，而受让人依然取得抵押权背离了我国物权法的立法精神和物权变动公示公信的原则。另一种观点认为，抵押权随主债权一并转让，无须办理抵押权转移登记，债权受让人即取得抵押权。本纪要采用了后一种观点。

## 【理解与适用】

《物权法》第 192 条规定："抵押权不得与债权分离而单独转让或者作为其他债权的担保。债权转让的，担保该债权的抵押权一并转让，但法律另有规定或者当事人另有约定的除外。"作为担保物权的一种，抵押权以其所担保的债权存在为前提，没有债权，就不可能有抵押权，抵押权失去了债权，也就失去了存在的意义。根据这一规定，抵押权的转让或者以抵押权为其他债权设定担保，应当与抵押权所担保的债权一同进行。抵押权人转让抵押权的，抵押权应当与其所担保的债权一同转让；抵押权人以抵押权向他人提供担保的，抵押权应当与其所担保的债权一同向他人提供担保。单独转让抵押权或者单独以抵押权作为其他债权担保的行为无效。[1]

抵押权随着主债权转让而一并转让，转让后是否必须重新办理抵押登记手续或者抵押权人变更手续，我们认为，抵押权随主债权一并转让，债权受让人取得的抵押权系基于法律的明确规定，并非基于新的抵押合同重新设定抵押权，无须办理抵押权转移登记，债权受让人即取得抵押权。主要理由为：

首先，附有不动产抵押权的合同债权转让，虽然合同债权转让属于法律行为，但依据《合同法》第 81 条、《物权法》第 192 条，不动产抵押权的转让应为债权转让行为的法定效果，并非基于法律行为的不动产物权变动。物权法规定的不动产物权（含不动产抵押权）变动依登记生效，仅指设立该不动产物权，适用于不动产物权的原始取得，而随同债权取得的不动产抵押权属于继受取得，应当类推适用物权法关于继承取得不动产物权的规定，其生效不以变更登记为要件。

其次，债权转让，针对主债权设立的抵押权继续存在，无须再行登记，有利于保障主债权顺利实现。"债权让与时，其抵押权原则上伴随而往……

---

[1] 胡康生：《中华人民共和国物权法释义》，法律出版社 2007 年版，第 419 页。

不待登记即生效力。唯有如此解释，方不致发生债权让与后，抵押权未办理移转登记前，发生无担保债权存在之情形，与抵押权的从属性有违。"①

最后，担保法司法解释第72条第1款规定："主债权被分割或者部分转让的，各债权人可以就其享有的债权份额行使抵押权。"由此可见，债权受让人可以取得和行使原债权的抵押权，并没有规定债权受让人必须办理抵押变更登记后才能享有和行使抵押权。

## 【实务问题】

在法律另有规定和当事人另有约定时，抵押权并不一定随着主债权的转让而转让。

"法律另有规定"，例如《物权法》第204条规定，最高额抵押担保的债权确定前，部分债权转让的，最高额抵押权不得转让。最高额抵押权之所以不随同主债权转让而转让，并不是因为最高额抵押权不具有处分上的从属性，而是因为最高额抵押权在处分上的从属性具有特殊性：最高额抵押权并不随某一具体债权的转让而转让，只能随基础法律关系一同转让。之所以如此，是因为最高额抵押权所担保的债权是连续发生的债权，在最高额抵押权没有确定时，债权总额是不确定的，是随时发生变化的。尽管某一具体债权转让了，但将来还有发生债权的可能。基于抵押权的不可分性，最高额抵押权自不能随之转让。

"当事人另有约定"，既可以是抵押权人在转让债权时，与受让人约定，只转让债权而不转让担保该债权的抵押权，这种情形大多发生在债权的部分转让时；也可以是第三人专为特定的债权人设定抵押的，该第三人与债权人约定，被担保债权的转让未经其同意的，抵押权因债权的转让而消灭。

## 【典型案例】

**绿兴源公司、丁某某与城建投公司、庄某借款合同纠纷一案〔最高人民法院（2015）民申字第2040号〕**

2012年9月20日，农发行怀化分行与绿兴源公司签订了一份《流动

---

① 谢在全：《民法物权论》，中国政法大学出版社1999年版，第624页。

资金借款合同》，绿兴源公司向农发行怀化分行借款 2000 万元，用于大米等原材料收购，借款期限自 2012 年 9 月 21 日起至 2013 年 9 月 21 日止，年利率6%，双方还签订了《最高额抵押合同》，绿兴源公司用其名下的厂房、土地使用权和全部设备作为抵押，并办理了抵押登记。另，丁某某与农发行怀化分行签订了《自然人保证合同》，为绿兴源公司的该笔贷款提供连带责任保证。农发行怀化分行依约提供了贷款。贷款到期后，绿兴源公司仅归还贷款本金 100 万元。农发行怀化分行在告知绿兴源公司拟将所拥有的债权转让给城建投公司后，城建投公司与农发行怀化分行于 2013 年 11 月 21 日签订了《债权转让协议》，农发行怀化分行将其对绿兴源公司的前述贷款债权和抵押权转让给城建投公司，城建投公司没有重新办理抵押权登记。同日，城建投公司代为清偿了绿兴源公司所欠农发行怀化分行的贷款本金及利息19 127 616.66元。2013 年 12 月 4 日，城建投向绿兴源公司送达了《清偿到期债务通知书》，通知其于 2013 年 12 月 9 日前归还欠款19 127 616.66元，绿兴源公司并没有在限定的期限内清偿债务。城建投公司提起诉讼，请求判决：（1）绿兴源公司立即偿还城建投公司欠款19 127 616.66元及支付至还款时止的损失；（2）丁某某对绿兴源公司的债务承担连带赔偿责任；（3）城建投对绿兴源公司提供的抵押物享有优先受偿权。

最高人民法院认为：关于城建投公司对案涉抵押物是否享有抵押权，《物权法》第 192 条规定："抵押权不得与债权分离而单独转让或者作为其他债权的担保。债权转让的，担保该债权的抵押权一并转让，但法律另有规定或者当事人另有约定的除外"。本条系关于抵押权处分从属性的规定，抵押权作为从权利应随债权转让而转让。债权受让人取得的抵押权系基于法律的明确规定，并非基于新的抵押合同重新设定抵押权，故不因受让人未及时办理抵押权变更登记手续而消灭。本案中城建投公司受让农发行怀化分行对绿兴源公司享有的债权，依据法律规定有权受让与案涉债权相关的抵押权，一审、二审法院据此判定抵押权继续有效，并无不当。最高人民法院驳回绿兴源公司、丁某某的再审申请。

## 第三节　关于动产担保物权

63.【流动质押的设立与监管人的责任】在流动质押中，经常由债权人、出质人与监管人订立三方监管协议，此时应当查明监管人究竟是受债权人的委托还是受出质人的委托监管质物，确定质物是否已经交付债权人，从而判断质权是否有效设立。如果监管人系受债权人的委托监管质物，则其是债权人的直接占有人，应当认定完成了质物交付，质权有效设立。监管人违反监管协议约定，违规向出质人放货、因保管不善导致质物毁损灭失，债权人请求监管人承担违约责任的，人民法院依法予以支持。

如果监管人系受出质人委托监管质物，表明质物并未交付债权人，应当认定质权未有效设立。尽管监管协议约定监管人系受债权人的委托监管质物，但有证据证明其并未履行监管职责，质物实际上仍由出质人管领控制的，也应当认定质物并未实际交付，质权未有效设立。此时，债权人可以基于质押合同的约定请求质押人承担违约责任，但其范围不得超过质权有效设立时质押人所应当承担的责任。监管人未履行监管职责的，债权人也可以请求监管人承担违约责任。

【条文主旨】

本条是关于第三方监管情况下，流动质押是否有效设立以及监管人如何承担责任的规定。

【争议观点】

在通过监管协议委托第三方监管质物时，对质权是否有效设立的问题，存在不同观点。有观点认为，在流动质押中，质物通常由出质人与第三方直接占有控制，质权人并未实际占有质物，不满足质权的设立条件，质权并未有效设立。另一种观点认为，通过三方监管协议等方式，质权人实际已通过间接占有的方式占有质物，质物已经有效设立。本纪要认为，二者殊途同归，仅在如何判断质物是否交付上存在分歧，对此要具体问题具体分析，不可概而论之。

## 【理解与适用】

### 一、流动质押与物权法定

流动质押，又被称为动态质押、存货动态质押等，是指债务人或第三人为担保债务的履行，以其有权处分的原材料、半成品、产品等库存货物为标的向银行等债权人设定质押，双方委托第三方物流企业占有并监管质押财产，质押财产被控制在一定数量或价值范围内进行动态更换、出旧补新的一种担保方式。① 流动质押是否属于我国物权法所规定的动产质押类型，以及是否满足动产质押设立的法定要件，存在不同观点。反对流动质押属于动产质权的理由主要有两点：一是认为流动质押设立于种类物之上，不符合质权标的物特定的要求；二是在流动质押中，质物并未移转占有，往往只进行观念上的交付甚至可能还由出质人自己占有，不符合设立质权应当交付质物的要求。

对于流动质押中质物是否特定化的问题，我们认为，质物特定化的目的在于明确质押物及其担保价值，从而明确动产质权的支配范围。流动质押的质物虽大多为原材料、半成品、产品等种类物，但如出质人和质权人通过仓库的独立性、货物的区隔化以及最低价值或数量控制等兼有实体特定与价值特定的方式实现存货的明确化、可识别性，从而有效划定质押物的"客观范围"，不致与非质押物混同，就可实现质物特定化。② 同时债权人和债务人通过合意的方式约定流动质押的最低价值或数量限额，亦可实现"价值特定性"。即使质押物因为出货补货而处在不断变动的状态中，也可通过监管人及时更新并报告质物清单的方式，使质押物始终维持在一个相对清晰、确定的状态，从而满足作为质物特定化的要求。

---

① 参见最高人民法院民事审判第二庭编：《担保案件审判指导》，法律出版社2014年版，第31页。

② 陈本寒：《企业存货动态质押的裁判分歧与规范建构》，载《政治与法律》2019年第9期。

关于质物交付问题，我们认为，只有将质物交付质权人占有的情况下才能设立动产质押。至于交付的方式，根据物权法的规定，可以是现实交付，也可以简易交付、指示交付等观念交付。① 但为确保质权的留置效力，质权人不得使出质人代替自己占有质物，故不能通过占有改定方式设定质权，否则，应当不产生设立质权的效果。② 实践中，如果监管人是受债权人委托监管质物，可以认为完成了指示交付，质权有效设立。但因为在流动质押中，质物往往存放在出质人自身的仓库中，而且出质人对货物往往还有一定的处置权，因此，判断质物是否已经完成交付并非易事，需要根据具体情况作出判断，这恰是本条所要解决的问题。

## 二、关于质物是否已经交付问题

在流动质押中，质权人、出质人和监管人三方经常以签订监管协议的方式，由监管人占有并对质物进行监管，质权人通过监管协议中的占有返还请求权对质物进行间接占有。通过间接占有的方式，质物的占有由出质人转移到质权人，出质人和质权人完成了动产质权设立要求的交付要件。但是，仅有三方签订的委托监管协议，并不足以证明质物由出质人交付给质权人，实践中还应当考查委托监管协议的具体内容，判断其是否表明占有已经从出质人处转移至质权人处。一般来说，如委托监管协议明确约定，监管人受质权人的委托监管质物，质权人对质物享有占有返还请求权，则可认为监管人系为质权人实际占有质物，质权人间接占有质物，质权合法有效设立。如监管人系受出质人委托占有质物、或监管协议虽约定监管人受质权人委托占有质物，但质物仍实际处于出质人的控制状态之下，则应认为质物的占有并未移转给质权人，动产质权未设立。另外，还要考察监管人的实际履职情况。监管协议尽管约定监管人系受债权人的委托监管质物，但有证据证明其并未履行监管职责，质物实际上仍由出质人管领控制的，也应当认定质物并未实际交付，质权未有效设立。

---

① 担保法司法解释第 88 条规定："出质人以间接占有的财产出质的，质押合同自书面通知送达占有人时视为移交。占有人收到出质通知后，仍接受出质人的指示处分出质财产的，该行为无效。"

② 担保法司法解释第 87 条规定："出质人代质权人占有质物的，质押合同不生效；质权人将质物返还于出质人后，以其质权对抗第三人的，人民法院不予支持。因不可归责于质权人的事由而丧失对质物的占有，质权人可以向不当占有人请求停止侵害、恢复原状、返还质物。"

### 三、关于监管人责任问题

在流动质押的委托监管关系中，监管人受质权人的委托，实际占有质物并对质物负有妥善保管的义务。根据流动质押的实践，监管人的妥善保管义务一般包括以下内容：第一，审查核验义务。实践中，监管人根据质权人的指示，在接受出质人交付时，对其实际交付的质物品名、数量、质量等进行具体的查验，确保与质物清单以及监管协议上的质物相符。第二，保存保管义务。对于由监管人实际占有的质物，监管人应当尽到一般善良管理人的注意程度，如选择合适的保管场所，提供适当的保管条件等。第三，监管义务。监管义务是监管人最重要的义务，要求监管人在监管期间要监控质物的数量和质量，防止质物随意出库或脱离其实际占有。监管人在质物入库后，即应当严密监控，防止质物出库，并定期进行查验，当质物有毁损灭失风险时，应当及时采取必要的措施等。

当监管人未按照监管协议的约定，未能有效监控货物导致质物出库或者因保管不善导致质物毁损灭失的，则应当按照监管协议的约定承担违约责任。质权人要求监管人承担违约责任，监管协议对赔偿责任有约定的，应当依照约定处理，监管协议没有约定或约定不明的，应按照《合同法》第113条的规定进行赔偿。

## 【实务问题】

### 一、当出质人和监管人共同占有质物时，质权是否已经有效设立

在一些案件中，出于质物的特点以及进行监管方便等方面考虑，经常将质物存放在出质人仓库中，由监管人进行驻场监管或定期查验。有观点认为，此时由于质物仍处于出质人的占有之下，占有并未实际发生移转，属于试图以占有改定的方式设立动产质权，违反我国担保法司法解释第88条第1款的规定，动产质权未设立。我们认为，只要监管人系受债权人的委托监管质物，且已经进行了实质监管的，如质物出库时应征得监管人的同意，就应当认为完成了指示交付，流动质押有效设立。当然，仅是签订监管协议，监管人并未实际履行监管职责，质物仍由出质人管领控制的，则质物并未进行观念交付，此时质权未有效设立。

### 二、当出质人故意违反监管协议约定时，监管人是否应当承担责任

在许多场合，存在出质人故意违反监管协议导致质权无法实现的情况，如故意谎报质物的数量或质量、盗取质物甚至强行取走质物等。此时应当注

意的是，监管人承担责任的基础在于委托监管协议，而委托监管协议属于委托合同，根据我国《合同法》第406条的规定，只有当监管人存在过错时，才承担赔偿责任。判断监管人是否存在过错，应当判断监管人是否履行了监管义务。对监管义务的判断，应当结合监管人的监管能力、出质人与监管人过错对损失发生的原因力大小以及其他具体的交易情况予以判断，不能简单因为出质人存在过错就对监管人免责。例如，如果出质人谎报质物的质量，监管人未履行必要的核验义务，此时应当认为监管人存在过错；而在出质人强行取走质物时，如监管人已经采取必要的应急措施，如及时阻拦、报警并通知质权人时，可以认为监管人已尽到必要的监管义务，无须承担责任。

### 三、监管人违反监管协议时如何确定其责任范围

在实务中，对于因监管人没有妥善保管质物，债权人有权向监管人请求违约责任的范围存在争议，应当是与出质人承担主债务的连带赔偿责任、因质物价值减损不能清偿的部分的赔偿责任，还是在出质人无法赔偿的损失范围内承担补充赔偿责任？我们认为，当因监管人没有妥善保管质物，造成的损失应当按照《合同法》第113条的规定进行完全赔偿，既包括全部实际损失，也包括可得利益的损失。但是应当注意的是此处"全部损失"的认定：因监管人没有妥善保管质物致使质权人所遭受的损害应当为债权未获完全清偿的损失，但这部分损失并不都能归责于监管人，监管人只在因监管过失造成质物减损价值范围内，对不能受偿的债权承担赔偿责任。所以，关键还在于权衡质物减损价值与债权不能受偿数额之间的关系：前者大于后者时，监管人赔偿责任范围以后者为准；后者大于前者时，监管人赔偿责任范围以前者为准。此处的债权不能受偿数额是指质权变价处理后尚不能清偿的余额。

## 【典型案例】

### 大连俸旗投资管理有限公司与中国外运辽宁储运公司等借款合同纠纷案[①]

**裁判要旨：**

1. 在审理动产质押监管合同纠纷案件时，应当查明质物是否真实移交监管或是否足额移交监管的基本事实，据此对相应质权是否已经设立作出准确

---

① 案例来源：《最高人民法院公报》2017年第7期。

认定。

2. 在动产质押监管合同纠纷中，如果债权人、作为出质人的债务人、质物监管人三方对质物没有真实移交监管或没有足额移交监管均存在过错，则三方对相应质权没有设立给债权人造成的损失均应承担责任。由于债务人负有移交质物的法定义务，且质物是否移交直接决定质权设立，所以其对质物没有真实移交监管或没有足额移交监管而致质权没有设立给债权人造成的损失，存在的是主要过错，应当承担主要责任。监管人虽然存在误以为质物真实移交的过错行为，但因这种过错行为不是导致质权没有设立的主要原因，所以其应对债权人损失承担次要责任。监管人的这种责任因违反约定义务而产生，性质上应认定为违约责任。

3. 在动产质押监管合同纠纷中，债权人的直接义务人是债务人和担保人，监管人仅是帮助债权人实现债权的辅助人，除因自身原因造成监管质物灭失外，其责任需依附于债务人与担保人的直接责任。如果直接责任因清偿而消灭，债权人因获得清偿而不存在损失，则监管人的监管责任也相应消灭。因此，监管人只是前述直接义务人的补充义务人，其对质物没有真实移交监管或没有足额移交监管而致质权没有设立给债权人造成的损失，应承担补充赔偿责任。

64.【浮动抵押的效力】企业将其现有的以及将有的生产设备、原材料、半成品及产品等财产设定浮动抵押后，又将其中的生产设备等部分财产设定了动产抵押，并都办理了抵押登记的，根据《物权法》第199条的规定，登记在先的浮动抵押优先于登记在后的动产抵押。

【条文主旨】

本条是关于浮动抵押和一般动产抵押竞存时如何处理的规定。

【争议观点】

对于浮动抵押与一般抵押权竞存时，何者效力优先，存在以下两种

观点:

一种观点认为,浮动抵押作为一种特殊的动产抵押权,最大特点在于其抵押权设立时,抵押财产尚不确(固)定,并且在抵押财产固定(结晶)之前,于其上设立的浮动抵押毫无意义,自然也不能对抗随后设立并登记的一般动产抵押权。当发生浮动抵押权和一般动产抵押权竞存的情形时,无论何者先登记,均应当认定一般动产抵押权优先于浮动抵押权。这一浮动抵押规则源于英国法上对浮动抵押的规定,也被称为"英式浮动抵押"。

另一种观点则认为,浮动抵押的设立及其登记后的对抗效力,并不因抵押权设立及登记时抵押财产是否固定而异。对于浮动抵押登记时尚未固定的财产,如果嗣后有所增加,那么浮动抵押登记的效力也及于嗣后增加的财产之上。这一浮动抵押类型被认为与《美国统一商法典》第9-204条(a)所规定的担保制度近似,因此也被称为"美式浮动抵押"。在"美式浮动抵押"中,并不存在一般动产抵押权优先于浮动抵押权的规则,而是统一适用"登记在先效力优先规则"。在这一规则下,如果设立在先的浮动抵押完成了法定的登记或其他公示程序,那么浮动抵押权优先于设立在后并进行登记的动产抵押权。

本纪要采第二种观点。

## 【理解与适用】

### 一、浮动抵押采登记对抗主义

《物权法》第189条规定:"企业、个体工商户、农业生产经营者以本法第一百八十一条规定的动产抵押的,应当向抵押人住所地的工商行政管理部门办理登记。抵押权自抵押合同生效时设立;未经登记,不得对抗善意第三人。依照本法第一百八十一条规定抵押的,不得对抗正常经营活动中已支付合理价款并取得抵押财产的买受人。"根据该规定,对于浮动抵押权的登记,我国物权法采取的是和一般的动产抵押权相同的登记规则,即采取登记对抗主义规则。据此,浮动抵押在抵押合同生效之时就已经设立,但是未经登记的浮动抵押,不得对抗善意第三人。经过登记的浮动抵押尽管可以对抗善意第三人,但此种对抗是有限度的,根据《物权法》第189条第2款的规定,浮动抵押权不得对抗正常经营活动中已支付合理价款并取得抵押财产的买受人。

## 二、抵押权竞存的处理

关于同一动产上同时存在一般抵押权和浮动抵押权时该如何处理，我国物权法并未作出明确规定。而且因为对我国物权法有关浮动抵押的规定究竟是采"美式浮动抵押"还是"英式浮动抵押"存在不同认识，因而对该问题的处理存在不同做法，有必要予以明确。

有观点认为，基于浮动抵押的特殊性，如果将浮动抵押登记效力问题作为一般动产登记抵押处理，会造成浮动抵押确定前对抵押人财产处分权的不当限制，故应当对浮动抵押财产的登记效力作特殊处理，即使进行了登记，仍不得对抗在正常经营活动中产生的动产抵押权。我们认为，这一观点并不成立，主要理由有三：第一，浮动抵押设立在先并取得登记，若否认浮动抵押登记的效力，不符合《物权法》第189条的文义解释，亦违反物权法对"对抗效力"的体系解释。第二，采取登记优先规则，与《物权法》第199条的规定相呼应，有助于构建统一的动产抵押登记规则。第三，登记优先规则有助于债权根据登记先后顺序进行受偿，提高浮动抵押制度的应用价值，推动浮动抵押制度的发展。因此，当同一动产之上浮动抵押和动产抵押竞存时，依照其登记的先后顺序受偿。

## 三、关于抵押财产的确定问题

有观点认为，浮动抵押在抵押物结晶以前，抵押财产范围尚不确定，此时浮动抵押权没有支配具体抵押财产的权利，亦不产生禁止抵押人在正常经营范围内处分抵押财产的权利。在浮动抵押财产结晶之前，浮动抵押权处于"效力休眠期"，不能对抗后设立的动产抵押权。

我们认为，这一观点并不成立。《物权法》第196条规定虽然规定了抵押财产"确定"的情形，其立法目的是为保证"抵押权人需要行使抵押权时，抵押财产应当是确定的"。该法第196条并未确立所谓的浮动抵押结晶制度，未将抵押财产的确定与浮动抵押的效力相连结，将该规定理解为浮动抵押的执行规则更为合适。此外，从制度功能看，如浮动抵押制度对抵押财产缺少配套的登记制度提供的保护，该制度在现实中难以运用，不符合立法设定该制度的目的。因此，对于完成登记的浮动抵押与动产抵押权的优先效力，只需要考察何者登记在先，而无须考虑浮动抵押财产是否结晶的问题。

## 【实务问题】

### 如何认定正常经营的买受人

浮动抵押设立后，根据《物权法》第 189 条第 2 款的规定，抵押财产范围内的某一特定动产上设立的新的动产抵押，应当优先于浮动抵押权。我们认为，此种观点值得商榷。《物权法》第 189 条第 2 款规定的从事正常经营活动的买受人，是指抵押人"专门"或"依商业常规"从事生产经营活动，抵押人将已经设定抵押的财产再次设定抵押的行为，既非"正常经营活动"，亦非买卖行为，因此，即使动产抵押权人取得动产抵押权时付出了一定对价，也不应当依照《物权法》第 189 条第 2 款的规定，赋予其对抗登记在先的浮动抵押权人的权利。另外，抵押人正常交易中处分抵押财产所获得的价款或应收账款，应为抵押财产的当然范围；浮动抵押中的财产状况的变化亦无须时时变换登记，抵押权人实行抵押权时能证明有关情况即可。

65.【动产抵押权与质权竞存】同一动产上同时设立质权和抵押权的，应当参照适用《物权法》第 199 条的规定，根据是否完成公示以及公示先后情况来确定清偿顺序：质权有效设立、抵押权办理了抵押登记的，按照公示先后确定清偿顺序；顺序相同的，按照债权比例清偿；质权有效设立，抵押权未办理抵押登记的，质权优先于抵押权；质权未有效设立，抵押权未办理抵押登记的，因此时抵押权已经有效设立，故抵押权优先受偿。

根据《物权法》第 178 条规定的精神，担保法司法解释第 79 条第 1 款不再适用。

## 【条文主旨】

本条是关于同一动产上抵押权与质权竞存时,如何确定清偿顺序的规定。

## 【争议观点】

关于动产抵押权与动产质权竞存时如何确定清偿顺序问题,有一种观点认为,根据担保法司法解释第79条第1款的规定,不问设立先后、采何种公示方式,抵押权恒优先于质权。另一种观点认为,应当参照适用《物权法》第199条的规定,根据是否完成公示以及公示先后情况来确定清偿顺序。本纪要采第二种观点。

## 【理解与适用】

### 一、关于动产物权的变动

《物权法》第23条规定:"动产物权的设立和转让,自交付时发生效力,但法律另有规定的除外。"由此可见,动产的物权变动,原则上以交付作为生效要件,但法律另有规定的除外,此种除外情形主要包括以下两种情形:一是在动产抵押情况下,以登记而非交付作为公示方法的,如《物权法》第189条规定的动产浮动抵押,《物权法》第188条规定的交通运输工具等特定动产抵押的,就以登记作为公示方法;另外,动产抵押采登记对抗主义,而非登记生效主义。抵押权自抵押合同生效时就已经设立了,登记只不过是对抗要件。二是即便是以交付作为公示方法,也可能存在登记对抗的情形。如《物权法》第27条规定:"动产物权转让时,双方又约定由出让人继续占有该动产的,物权自该约定生效时发生效力。"该条允许当事人通过占有改定方式转移物权,只是此种约定不得对抗善意第三人而已。正是因为动产的公示方法既有交付也有登记,物权变动模式既有要件主义,也有对抗主义,从而导致同一动产上完全有可能同时存在抵押权和质权的情形,此时如何确定其清偿顺序就变得非常重要了。

担保法司法解释第79条第1款规定:"同一财产法定登记的抵押权与质

权并存时，抵押权人优先于质权人受偿。"该条确立了"抵押权恒优先于质权"的规则，但该条的适用前提是，此种抵押权须是"法定登记的抵押权"，即以登记作为生效要件的抵押权。而将登记作为动产抵押设定的生效要件，源于担保法的规定。《担保法》第 41 条规定："当事人以本法第四十二条规定的财产抵押的，应当办理抵押物登记，抵押合同自登记之日起生效。"而该法第 42 条所列的抵押财产，就包括航空器、船舶、车辆等交通运输工具，以及企业的设备和其他动产。但在动产抵押问题上，物权法改变了担保法确立的规则，统一采登记对抗主义，即动产抵押权自抵押合同生效时设立，登记只是物权变动的对抗要件。根据《物权法》第 178 条的规定，在担保法的规定与物权法不一致时，应当适用物权法的规定。在此情况下，《担保法司法解释》第 79 条第 1 款适用的前提已经不存在，故本纪要明确规定，该条不再适用。

**二、动产抵押权和质权竞存时的处理规则**

在同一动产上同时存在抵押权和动产质权，在确立清偿顺序时，既要考察是否完成了公示，也要考察公示的先后顺序。具体来说：一是质权有效设立、抵押权也办理了登记的，此时应当参照适用《物权法》第 199 条的规定，根据公示先后来确定清偿顺序：质权设立在先的，质权人先受偿；抵押权登记在先的，抵押权人先受偿；抵押权和质权同一天设立的，视为顺序相同，按照债权比例清偿。二是质权有效设立，抵押权未办理抵押登记的情况下，有效设立的质权优先于抵押权。三是质权未有效设立，抵押权未办理抵押登记的，因此时抵押权已经有效设立，故抵押权优先受偿。

有一种观点认为，在动产已经设定质权的情况下，实践中不太可能再设定抵押权。加之质权的设定时间难以认定，当事人可能在设定抵押后又与第三人恶意串通、更改质权的设定时间，以对抗抵押权人行使抵押权。因此，担保法司法解释第 79 条第 1 款适用的前提尽管已经不存在，但其确立的规则仍可继续沿用。我们认为，在流动质押情况下，质物往往仍然在质押人自己的仓库中保存，其完全可能在设定质押后再设定浮动抵押，并进行变更登记。因此，对一般动产来说，先设定质押再设定抵押的情形尽管不常见，但在存货流动质押的情况下，此种情形是完全有可能出现的。此外，质权和抵押权作为担保物权，没有任何理由恒让抵押权优先于质权，因此，根据各自完全公示的时间来确定其清偿顺序是合理的，也是可行的。正在起草中的《民法典草案物权编》第 415 条规定："同一财产既设立抵押权又设立质权的，拍卖、变卖该财产所得的价款按照登记、交付的时间先后确定清偿顺序。"

## 【实务问题】

**设立在后的质权人是否属于《物权法》第 188 条规定的"善意第三人"**

《物权法》第 188 条规定："以本法第一百八十条第一款第四项、第六项规定的财产或者第五项规定的正在建造的船舶、航空器抵押的,抵押权自抵押合同生效时设立;未经登记,不得对抗善意第三人。"此时,若质权人知道同一动产上存在已设立但未登记的抵押权,即设立质权时不是"善意"的,此时未登记的抵押权是否可依照第 188 条之反面解释,得对抗"恶意"的质权人?

对此,我们认为,即使后设立的质权人明知同一动产上已经存在未登记的抵押权而设立质权,其质权顺位仍然优先于未登记的抵押权。原因有二:第一,《物权法》第 199 条第 2 项规定,"抵押权已登记的先于未登记的受偿",此处对抵押权人并未区分善意和恶意,那么对质权人同样没有区分的理由。即,《物权法》第 199 条第 2 项的规定已经内含并确立这样的规则——在先设抵押权未经登记时,不论后设立并登记的抵押权人是否善意,均不得对抗。对于质权人不区分善意恶意,与《物权法》第 199 条的精神保持前后一致。第二,对于善意恶意的判断标准,很难有可操作性的标准,主观善意抑或恶意的判断为相对人的主观事项,难以为外人察觉或证明,因此,实践中不好操作。

## 第四节　关于非典型担保

66.【担保关系的认定】当事人订立的具有担保功能的合同，不存在法定无效情形的，应当认定有效。虽然合同约定的权利义务关系不属于物权法规定的典型担保类型，但是其担保功能应予肯定。

## 【条文主旨】

本条是关于非典型担保的合同效力及法律适用的规定。

## 【争议观点】

关于非典型担保的合同效力问题，存在不同观点。一种观点认为，非典型担保没有法律依据，违反物权法定原则，且涉嫌以合法形式掩盖非法目的，应属无效。另一种观点认为，应当区分非典型担保的合同效力及物权效力，非典型担保的合同不存在适用物权法定原则的问题，只要不存在法定无效情形，即应认可其合同效力。本纪要采第二种观点。

## 【理解与适用】

### 一、关于非典型担保的概念

非典型担保是与典型担保相对应的概念，本身并非严格意义上的法律概念。我国物权法确立了保证、抵押、质押等担保类型，并对以上类型担保的设立、标的、效力以及实现方式等作了具体规定，故保证、抵押、质押等可以称为典型担保。但随着经济社会的发展，实践中出现的不能为前述担保形态所涵盖的各种担保形态，都可以称为非典型担保。

非典型担保是指以非典型担保方式设定的担保。所谓非典型的担保方式,是指采用保证、抵押、质押等典型担保方式以外的方式设定的担保,比如,供应链金融中的差额补足责任、到期回购以及流动性支持等增信措施,以及以特定财产价值为限承担保证责任,属于非典型人保的范畴。让与担保、所有权保留、融资租赁、保理等属于非典型物保的范畴。前述担保的标的仍然是传统的不动产、动产或者权利,但因其并未采用保证或者抵押、质押等担保方式,故其属于非典型物保。

## 二、关于非典型担保的法律适用

非典型担保是指以非典型担保方式设定的担保,包括非典型人保和非典型物保。供应链金融中的差额补足责任、到期回购以及流动性支持等增信措施,就属于非典型人保。关于非典型人保,本纪要第91条规定,相关增信措施的内容符合法律关于保证的规定的,人民法院应当认定当事人之间成立保证关系。

非典型物保包括让与担保、所有权保留、融资租赁、保理等。所有权保留、融资租赁、保理等均为独立的交易模式,本身并不属于担保。但鉴于所有权保留、保理、融资租赁等均以转移所有权或金钱给付请求权等方式直接发挥担保作用,具有事实上的担保功能,因此在英美法上是将其作为担保类型来对待的。在民法典制定过程中,考虑到民法典分则草案还是采取了交易类型化方法,区分不同的交易形态分别交易规定,所有权保留、融资租赁、保理等尽管仍然置于合同编加以规定,但在相关条文中分别增加了登记对抗的规定。如在2019年11月17日的《民法典草案》(征求意见稿)第641条第2款规定了所有权保留的登记对抗:"出卖人对标的物保留的所有权,未经登记不得对抗善意第三人。"该草案第745条规定了融资租赁的登记对抗:"出租人对租赁物享有的所有权,未经登记,不得对抗善意第三人。"该草案第768条规定了保理合同的登记对抗问题:"应收账款债权人就同一应收账款订立多个保理合同,致使多个保理人主张权利的,已登记的先于未登记的受偿;均已登记的,按照登记的先后顺序受偿;均无登记的,由最先到达应收账款债务人的转让通知载明的保理人受偿;既未登记也未通知的,按照应收账款比例清偿。"据此,如果通过后的民法典仍作类似规定的话,意味着这三种合同在进行登记的情况下,具有相当于动产抵押的担保功能。当然,从民法典目前的规定看,并未规定让与担保,这也恰是本纪要将重点放在让与担保,并作出单独规定的原因。

## 三、关于非典型担保的合同效力

在认定新类型担保的合同效力时,一个基本的原则是,不轻易否定新类型担保的合同效力。因为合同自由是合同法的基本原则。实践中出现的新类型担保，无论是否涉及担保物权的设立，无论何种类型的合同，只要不存在《民法总则》第153条和《合同法》第52条规定的情形，合同效力应予认可。

至于非典型担保，有的本身就是有名合同，如所有权保留是买卖合同的一种情形，融资租赁、保理更是有名合同，此时应当适用合同法的相关规定。有的如差额补足责任、到期回购以及流动性支持等增信措施，符合保证合同特征的，适用保证合同的规定。有的如让与担保合同，性质上属于无名合同，根据《合同法》第124条关于"本法分则或者其他法律没有明文规定的合同，适用本法总则的规定，并可以参照本法分则或者其他法律最相类似的规定"之规定，适用合同法总则的规定，同时可以参照最类似有名合同的相关规定，如动产让与担保合同可以参照适用动产抵押合同、股权让与担保可参照适用股权质押合同的相关规定。

67.【约定担保物权的效力】债权人与担保人订立担保合同，约定以法律、行政法规未禁止抵押或者质押的财产设定以登记作为公示方法的担保，因无法定的登记机构而未能进行登记的，不具有物权效力。当事人请求按照担保合同的约定就该财产折价、变卖或者拍卖所得价款等方式清偿债务的，人民法院依法予以支持，但对其他权利人不具有对抗效力和优先性。

【条文主旨】

> 本条是关于新类型担保效力的规定。

【争议观点】

法定的登记机构是否限于担保法、物权法规定的登记机构，存在不同观点。一种观点认为，根据物权公示原则，登记机构只能是物权法、担保法规定的登记机构。另一种观点认为，只要是官方的登记机构，即便不是物权法、担保法规定的登记机构，也应认定其具有物权效力。

## 【理解与适用】

### 一、关于可供担保的财产

根据《物权法》第180条、第184条、第209条之规定，只要法律、行政法规未禁止抵押的其他财产均可抵押，法律、行政法规未禁止转让的动产均可质押，故所有不动产、动产设定的抵押、质押均应依据物权法关于抵押、质押的规定进行处理。与物权法对以不动产、动产为标的物的担保物权持开放态度不同，对权利质押，《物权法》第223条在明确列举了六类权利后，在其兜底条款中规定，只有"法律、行政法规规定可以出质的其他财产权利"才能设定权利质押。对于实践中出现的以商铺租赁权、出租车经营权、排污权以及信托计划份额、银行理财产品、保单等财产设定的质押，一旦不能归入该条明确列举的权利类型，而法律、行政法规对其又没有规定的，鉴于这些权利是新类型的权利，故又可将以此类权利作为担保标的的担保称为新类型担保，以此区别于非典型担保。

### 二、关于实践中新类型担保的主要形态

新类型担保主要是指以新类型的权利设定的担保。所谓的新类型权利，是指既未被《物权法》第223条明确列举的权利所涵盖，又未被法律、行政法规所规定的权利。从当前我国的担保实践看，这些新类型权利主要包括商铺租赁权、出租车经营权、排污权、信托收益权以及高速公路收费权等各种收费权。当然，这些所谓的新类型权利是否都能作为权利质押的标的，以及能否为现行的权利质押尤其是应收账款质押所涵盖，需要进行具体分析，不能一概而论。

（一）关于商铺租赁权质押

商铺租赁权，指的是承租人对其承租的商铺享有的占有、使用以及收益的权利。根据《合同法》第224条的规定，承租人只有经出租人同意后，才能将租赁物转租给第三人；未经出租人同意转租的，出租人可以解除合同。就此而言，承租人享有的商铺租赁权一般不具有独立的可转让性。但在较长期限的商铺租赁权中，在出租人事先同意转租的情况下，商铺租赁权具有一定的财产价值，从而具有作为担保财产的可能性。当其作为担保财产时，其尽管是当事人对作为不动产的商铺享有的权利，但其性质属于债权而非不动产用益物权；作为债权，其又非金钱之债，不能为应收账款所涵盖。由此可

见，以商铺租赁权设定的担保，确实不能为现行的权利类型所涵盖，在一定程度上可以认为其属于新类型担保。

实践中，商铺租赁权质押的基本交易模式是：由贷款人（银行）、借款人（商户）与商铺出租人签订三方协议，以商户的商铺租赁权作为优先清偿贷款人债务的担保，在商铺出租人处办理质押登记，并限制商铺承租人将商铺租赁权以任何形式进行转让、转租或者重复质押，商铺租赁权的价值由银行进行评估、出租人进行确认；如果商户到期不能归还贷款，由出租人处置该商铺租赁权，所得价款用于优先清偿商户的欠款。当事人关于商铺租赁权质押的约定因其并未违反法律、行政法规的强制性规定，依法应当认定有效。但此种所谓的登记能否产生对抗效力，实践中争议较大。本纪要明确，所谓的登记只能是法定的登记机构所为的登记，出租人并非法定的登记机关，故其登记不具有对世效力。

（二）关于出租车经营权质押

出租车经营权质押的一般交易模式为：出租车运营公司为向银行申请贷款，将出租车营运证交银行保管，并在车辆管理所进行质押登记。出租车运营公司到期不能还贷的，由债权人对出租车经营权进行处置，所得款项用于优先清偿债务。但出租车经营权作为特许经营权，能否作为质押的标的，向来存在争议。《行政许可法》第9条规定："依法取得的行政许可，除法律、法规规定依照法定条件和程序可以转让的外，不得转让。"《国务院办公厅关于深化改革推进出租汽车行业健康发展的指导意见》（国办发〔2016〕58号）第4条"改革经营权管理制度"部分规定："新增出租汽车经营权全部实行无偿使用，并不得变革经营主体。既有的出租车经营权，在期限内需要变更经营主体的，依照法律法规规定的条件和程序办理变更手续，不得炒卖和擅自转让。"交通运输部《巡游出租汽车经营管理服务规定》第17条规定："巡游出租汽车车辆经营权因故不能继续经营的，授予车辆经营权的出租汽车行政主管部门可优先收回。在车辆经营权有效期内，需要变更车辆经营权经营主体的，应当到原许可机关办理变更许可手续。出租汽车行政主管部门在办理车辆经营权变更许可手续时，应当按照第八条的规定，提示车辆经营权期限等相关风险，并重新签订经营协议，经营期限为该车辆经营权的剩余期限。"由此可见，出租车经营权的取得、变更均须取得行政许可，而取得行政许可需要具备一定的条件，作为质押权人的银行一般不符合取得出租车经营权的条件。此外，即便符合取得出租车经营权的条件，也是由行政主管部门与变更后的主体签订新的经营协议，而非由所谓的出租车运营公司与质押权人之间签订经营权转让协议。就此而言，出租车经营权的可流转性并不高，以其为标的设定质押确实存在一定的法律风险。但作为债权人的银行可以通过折价、拍卖等方式实现出租车经营权，在折价、拍卖前可以事先根据相关法律法规的要求设定受让人的条件，并事先征求相关主管部门的意见，如此，就可以实现出租车经营权自身的财产价值，这也是很多地方政府出台地方性法规认可出租车经营权质押的原因。

关于出租车经营权质押，存在两个层次的问题。一是合同本身是否有效的问题，二是是否具有物权效力的问题。关于合同效力问题，有一种观点认为，该合同违反了《行政许可法》第9条的强制性规定，依法应当认定无效。还有一种观点认为，此种合同属于应当办理批准手续的合同，未经批准合同未生效。我们认为，《行政许可法》第9条并未一概禁止行政许可的转让，事实上，很多基于行政许可取得的权利如探矿权、采矿权在符合一定条件和程序的情况下是允许转让的。此外，出租车经营权变更尽管需要办理变更行政许可手续，但行政机关在办理该手续时主要考察的是受让人是否具备一定的资格，而非审查合同本身，故审批不影响合同效力。就此而言，我们认为，出租车经营权质押合同本身是有效的。

关于是否具有物权效力问题，也有不同观点。有一种观点认为，在出台相关规则的地方，如果有法定的登记部门如车管所进行登记的，应当认可其具有物权效力。另一种观点则认为，出租车经营权既非《物权法》第223条明确列举的权利，又未被法律、行政法规所认定，在车管所所作的登记也不是法定登记，因而不具有物权效力。二者的分歧，本质上涉及如何认识法定的公示方法问题。对此，将在后一条详述。

（三）关于排污权质押

所谓的排污权，本质上是排污企业对排污指标所享有的法益。在保护环境的大背景下，行政主管部门确定的排污指标具有一定程度的稀缺性，从而使其具有了可被用于交易、融资的功能。最早探索将排污权作为融资工具的是浙江，浙江在2010年制定了排污权抵押的相关规定。此后，江苏、湖南、内蒙古自治区、重庆、陕西等地区都尝试以排污权作为融资工具，具体的融资方式既有排污权抵押，也有排污权质押，还有排污权租赁、排污权回购，形式不一而足。从性质上说，排污权本质上也是基于行政许可而产生的权益，只不过与一般特许经营权不同，它具有相对较强的流通性，因而能够作为权利质押的标的。在已经开展排污权质押的地方，很多是由地方性法规设立专门的登记机构的，在这些登记机构进行了排污权抵押或者质押登记的排污权是否具有物权效力，同样涉及如何认定物权法定问题。

（四）关于信托受益权质押

在信托关系中，受益人享有的各种权利的总和被称为"受益权"，包括两大类权利：一是"自益权"，即受益人从信托财产中获得利益的权利；二是"共益权"，即对受托人进行监督的权利。

关于受益权的性质，主要涉及其中的自益权性质问题，即其究竟是物权、债权还是特殊权利？对此，存在不同观点。一种观点认为，受益权属于物权。该说认为，受益权是受益人针对信托财产的权利，但根据信托法的规定，受托人对信托财产享有物权，如果认为受益人对信托财产也享有物权，则违反一物一权原则；且信托财产的客体往往不是有体物，也不符合物权的要求。另一种观点认为，受益权属于债权。该说认为，受益权是受益人对受托人享有的权利。该说无法解释受益人的撤销权、受益人能对抗除善意第三人之外的所有人、受益人作为所有人被征税等现象。还有一种观点认为，受益权属于特殊的债权。

我们认为，要区分通道类信托与真正的信托。在通道类信托中，信托的本质是委托，受益权的性质要看委托人享有何种权利，可能是债权，也可能是股权，但都不是信托法意义上的受益权。但不论其属于何种权利，均可以作为权利质押的标的，因而不属于新类型担保的范畴。但在真正的信托中，鉴于传统的物权和债权均不足以解释信托受益权，故不妨将受益权界定为一种特殊债权。但因为此种权利是信托法规定的权利，因而也符合物权法有关权利质押的规定，所以也不属于新类型担保的范畴。

（五）关于资产收益权质押

在此，应当将信托受益权区别于所谓的资产收益权。近年来，随着金融创新的日益深入，在包括资产证券化、结构性资管计划等金融交易中，都有将"资产收益权"作为交易标的进行融资的案例。但何谓资产收益权，其与基础资产之间究竟是何关系，能否作为与基础资产相对独立的财产转让或者设立担保，均存在很大争议。所谓的收益权，本质上属于股权、所有权、用益物权乃至债权等各种权利的权能，本身不能脱离原权利而独立存在。且除能源、交通运输、水利、环境保护、市政工程等基础设施和公用事业项目收益权外，很多所谓的收益权受经营因素的影响，能否获益、能获多大利益都具有很大程度的不确定性。因而原则上资产收益权不能作为独立的财产进行转让或者设定担保，而只能以基础资产（或原权利）作为财产进行转让或者设立担保。但某些基础资产，如学校、幼儿园、医院等以公益为目的的事业单位、社会团体的教育设施、医疗卫生设施和其他社会公益设施，以及前述的基础设施和公用事业，具有限制流通性的特点，而其本身又能产生稳定的收益，为实现物尽其用的目的，可以例外允许其以收益权的形式间接实现其财产价值。此时所谓的收益权，属于将来债权性质的应收账款。鉴于其基础资产具有限制流通性，一般不存在基础资产与应收账款异其主体的情形，可以例外允许其作为应收账款转让或者设立担保。至于信贷资产收益权，《信贷资产收益权转让业务规则》第2条明确规定："本规则中信贷资产收益权是指获取信贷资产对应的本金、利息和其他约定款项的权利。"可见，信贷资产收益权本身就是一项包括本金、利息和其他约定的权利，不存在本金债权之外还存在一个独立的信贷资产收益权的问题。事实上，在基础资产之外再构建一个所谓的资产收益权，实质上是"一鱼二吃"，不当地放大了金融风险，故有必要对其给予适度规制。

**三、关于新类型担保的效力**

关于新类型担保的效力，涉及两个层次的问题：一是合同是否有效，二是是否具有物权效力。关于新类型担保的合同效力问题，除非违反法律、行政法规的强制性规定或者违背善良风俗，一般不应轻易否定合同效力。在涉及新类型担保的合同效力时，需要特别注意传统民法有关通谋虚伪意思表示、违反物权法定、流质契约说等规定的适用。

关于新类型担保是否具有物权效力问题，主要是取决于是否有法定的登记机构对相关权利进行登记，而这又取决于是从宽还是从严认定登记机构的问题。公示原则是物权法的基本原则，据此，从理论上说，作为公示机关的登记机构也应该由物权法、担保法或者相关的行政法规来规定，以确保公示的普遍性、权威性。但实践中，既存在由某些部门规章规定登记机构的情形，如原中国银监会于2017年发布《信托登记管理办法》，要求中国信托登记有限责任公司对信托机构的信托产品及其受益权信息进行统一登记。也存在由地方性法规或地方性规章来规定登记机构的情形，如某些地方性法规或者规章规定，如根据《〈深圳经济特区出租小汽车管理条例〉实施细则》第25条、第26条之规定，出租车经营权转让或者质押的登记机构均为车管所；再如，根据《温州市排污权抵押贷款管理暂行办法》第26条之规定，排污权抵押在温州市排污权储备中心进行登记。对这些由地方性法规或者规章设定的公示方法，应否认可其具有法定的公示效力问题，存在不同观点。一种观点认为，根据《物权法》第6条的规定，不动产物权的设立、变更、转让和消灭，应当依照法律规定登记；动产物权的设立和转让，应当依照法律规定交付。就此而言，公示方法只能由法律来规定，不能由地方性法规或者规章来设定。

但随着经济社会的发展，实践中出现以新的财产或者财产性权利设定担保以及新的担保物权类型，如严格依据法律规定的公示方法来认定物权，很多新类型担保物权可能会因缺乏法律依据被认定无效。在此情况下，根据《民法总则》第10条有关"处理民事纠纷，应当依照法律；法律没有规定的，可以适用习惯，但是不得违背公序良俗"的规定，可以通过将"法律"扩及"习惯法"的方式，对于实践中大量存在的新类型担保物权，以习惯法的方式予以认可。当然，为避免各地擅自设立各种物权从而影响交易安全和便捷，不应允许地方各级法院擅自创设新类型物权，而由最高人民法院通过司法解释、指导性案例、会议纪要等方式将各地具有普遍性的习惯上升为习惯法，从而赋予其具有物权效力是合适的。

对于当事人自创的既缺乏地方性法规或者规章依据，又缺乏法定登记机构的权利如商铺租赁权质押，根据举重以明轻的规则，自然不应认可其具有物权效力。当然，不认可其具有物权效力，并不意味着在当事人之间不具有任何约束力。当事人请求按照担保合同的约定就该财产折价、变卖或者拍卖所得价款等方式清偿债务的，人民法院依法予以支持。

68.【保兑仓交易】保兑仓交易作为一种新类型融资担保方式，其基本交易模式是，以银行信用为载体、以银行承兑汇票为结算工具、由银行控制货权、卖方（或者仓储方）受托保管货物并以承兑汇票与保证金之间的差额作为担保。其基本的交易流程是：卖方、买方和银行订立三方合作协议，其中买方向银行缴存一定比例的承兑保证金，银行向买方签发以卖方为收款人的银行承兑汇票，买方将银行承兑汇票交付卖方作为货款，银行根据买方缴纳的保证金的一定比例向卖方签发提货单，卖方根据提货单向买方交付对应金额的货物，买方销售货物后，将货款再缴存为保证金。

在三方协议中，一般来说，银行的主要义务是及时签发承兑汇票并按约定方式将其交给卖方，卖方的主要义务是根据银行签发的提货单发货，并在买方未及时销售或者回赎货物时，就保证金与承兑汇票之间的差额部分承担责任。银行为保障自身利益，往往还会约定卖方要将货物交给由其指定的当事人监管，并设定质押，从而涉及监管协议以及流动质押等问题。实践中，当事人还可能在前述基本交易模式基础上另行作出其他约定，只要不违反法律、行政法规的效力性强制性规定，这些约定应当认定有效。

一方当事人因保兑仓交易纠纷提起诉讼的，人民法院应当以保兑仓交易合同作为审理案件的基本依据，但买卖双方没有真实买卖关系的除外。

## 【条文主旨】

本条是关于保兑仓交易的性质和效力的规定。

## 【争议观点】

对保兑仓交易是属于混合合同还是合同联立，存在不同观点，其区别在于某一合同的无效是否导致其他合同的无效。本纪要认为，保兑仓合同属于混合合同。

## 【理解与适用】

### 一、保兑仓的交易流程及涉及的法律关系

保兑仓交易的基本交易流程是：买卖双方之间存在货物买卖关系，买方为了向银行融资，与卖方、银行签订三方协议，约定买方向银行缴存一定比例的保证金后，委托银行签发以卖方为收款人的银行承兑汇票，并委托银行按照约定的方式将承兑汇票交给卖方，作为买卖合同项下的货款。银行根据买方交纳的保证金的一定比例向卖方签发提货单，卖方根据提货单向买方交付对应金额的货物。买方在银行承兑汇票到期日前未足额备付，卖方就保证金与承兑汇票之间的差额部分承担连带责任，该差额部分就是所谓的"敞口"。

保兑仓交易是一系列交易的组合，包括：（1）买方和卖方之间属于买卖合同关系。（2）买方和银行之间则同时存在以下几种法律关系：一是买卖合

同项下的委托付款关系,此时银行是买方的履行辅助人;二是买方和银行之间的票据关系,其中买方是出票人,银行是承兑人;三是买方与银行之间的资金关系,本质上属于借贷关系;四是买方通过交纳保证金为其借款债务提供担保,其性质属于保证金质押;五是在卖方根据银行的指示将货物交给由银行指定的当事人监管时,针对该货物还可能涉及留置权和质权等物上担保的问题。(3)卖方和银行之间也同时存在以下几种法律关系:一是卖方和银行之间的票据关系,卖方可请求银行付款;二是卖方和银行之间存在委托关系,即银行委托卖方将货物交付给由其指定的当事人监管,以确保其对买方资金债权的实现;三是卖方就敞口部分向银行承担差额补足责任或者货物回购责任,其性质属于保证。

## 二、银行保障自身利益的措施

在保兑仓交易中,买方在支付少量保证金的情况下开出承兑汇票,并将其作为预付款支付给卖方,其融到了相应的资金。对卖方来说,不论其是否已经交付货物,其在收到预付款的同时,仅须承担差额补足责任。而对银行来说,其在支付了承兑汇票后,将来是否能够收回货款具有一定程度的不确定性。就此而言,在保兑仓交易中,卖方风险相对较小,而银行风险相对较大。为此,银行要在审查买卖双方的支付能力的同时,尽可能地审查作为保兑仓业务基础的货物买卖关系是否真实。因为一旦双方缺乏真实的货物买卖关系,银行就不可能存在对货权的控制问题,从而失去了针对货物设定担保的可能。另一方面,还要审查是现货还是未来货物的买卖,如果是未来货物,则当事人在签订买卖合同以及保兑仓协议时,货物还没有生产出来,此时银行将面临相对较大的风险。

为确保通过银行承兑汇票提供的借款能够得到偿还,在保兑仓交易中,银行往往会采取以下担保措施:一是要求买方支付一定款项到保证金账户,该部分款项构成保证金质押。二是要求卖方在收到银行出具的提货单时才向买方发货;在将货物交付买方时,往往交由其指定的当事人监管,并设定相应的物上担保。三是在买方不能偿还银行实际承兑款项时,由卖方对该部分款项承担责任,不管将该责任表述为差额补足责任、补充赔偿责任还是保证责任等,其实质均为卖方对买方不能偿还的债务承担担保责任。

## 三、保兑仓交易的性质及其法律适用

保兑仓交易显然属于无名合同,但无名合同有纯粹的无名合同、混合合同以及合同联立之别。其中,纯粹的无名合同是有名合同之外的合同,混合合同又包括真正混合合同(有名合同与有名合同之间的混合)与准混合合同

（有名合同与无名合同的混合），合同联立则是指两个以上的独立合同紧密结合成为一个不可分割的整体。区别混合合同与合同联立的实益在于，混合合同是两个以上的合同相对松散的结合，一个合同在效力上的瑕疵一般并不影响另一个合同的效力。而合同联立则是两个以上的合同密切结合成为一个整体，一个合同在效力上的瑕疵可能影响另一个合同的效力，一个合同的变更、解除也可能影响另一个合同的变更、解除。由此可见，区别某一个无名合同究竟是混合合同还是合同联立，取决于各合同之间是否服务于共同的交易目的：各合同彼此不可分的，为合同联立；反之，可分的，为混合合同。

我们认为，保兑仓交易属于混合合同而非合同联立，因为即便买卖合同因不存在真实的贸易背景而无效，也不影响卖方与银行之间的保证关系以及买方与银行之间的承兑汇票关系，可见彼此之间并非依存关系。此外，保兑仓交易的当事人可以就保兑仓交易中的不同法律关系分别提起诉讼，表明各合同之间也是可分的。

关于混合合同应当如何适用法律，有不同观点，我们认为，应当采分别适用以及类推适用说。所谓分别适用，指的是作为混合合同构成要素的有名合同，适用合同法有关有名合同的规定，如保兑仓中买卖双方之间的买卖合同适用合同法的规定；所谓类推适用，对于作为混合合同构成要素的无名合同，类推适用最相类似的规定，如保兑仓中卖方与银行之间的差额补足责任，就类推适用有关保证合同的规定。

【实务问题】

关于保兑仓与厂商银是否为同一种交易模式，实践中存在不同观点。有观点认为，厂商银模式中，生产商往往已经将货物交付给了经销商，而保兑仓交易中生产商则往往还实际占有货物。应当说，此种区分有一定意义，但并无本质区别，因而本纪要并未将其进行区别。

69.【无真实贸易背景的保兑仓交易】保兑仓交易以买卖双方有真实买卖关系为前提。双方无真实买卖关系的，该交易属于名为保兑仓交易实为借款合同，保兑仓交易因构成虚伪意思表示而无效，被隐藏的借款合同是当事人的真实意思表示，如不存在其他合同无效情形，应当认定有效。保兑仓交易认定为借款合同关系的，不影响卖方和银行之间担保关系的效力，卖方仍应当承担担保责任。

【条文主旨】

本条是关于不存在真实贸易背景情况下如何认定保兑仓交易性质和效力的规定。

【争议观点】

在当事人之间的基础关系缺乏真实贸易背景的情况下，如何认定买方与银行之间借款合同效力，存在不同观点。一种观点认为，如果买卖双方并无真实的货物买卖关系，则该交易属于名为保兑仓交易实为借款合同的行为，要看银行是否知情来判断合同效力。如果银行对双方并无真实买卖关系知情的，表明其并未受到欺诈，此时保兑仓交易、买卖双方之间的货物买卖关系均因构成虚伪意思表示而无效，被隐藏的借款合同是当事人的真实意思表示，如不存在其他合同无效情形的，应当认定合同有效。另一种观点则认为，不问银行是否知情，都不影响其与买方、与卖方之间关系。本纪要采第二种观点。

【理解与适用】

一、无真实交易关系对当事人权利义务关系的影响

保兑仓交易以买卖双方有真实贸易背景为前提。在认定是否缺乏真实的

货物买卖交易时，要将其和尚未进行货物交割的行为区别开来。因此，不能单纯以尚未进行交货为由就认定交易关系不存在，而应结合货物是否真实存在、货物交易流程的具体进展等因素综合判断是否存在真实交易。

在买卖当事人之间无真实交易关系的情况下，买方与卖方之间签订的买卖合同属于虚伪意思表示，应当认定无效。在没有真实交易关系的情况下，买方通过银行承兑汇票的方式向卖方支付的款项，通常以融资为目的，故可认定双方存在借款法律关系。该借款法律关系如不存在违反《民法总则》第153条、《合同法》第52条以及民间借贷司法解释第14条规定的情形，则不宜否认其效力。当事人间的基础交易关系虽然被认定为借贷，但原则上不影响银行通过银行承兑汇票向买方贷款的效力，基于该借款产生的担保法律关系原则上也不应受到影响。

**二、保兑仓合同被认定为借款合同后的担保效力**

关于保兑仓合同被认定为借款合同后其上设立的担保的效力，对此存在不同观点。一种观点认为，担保针对的对象是保兑仓交易，若保兑仓交易、买卖双方之间的货物买卖关系构成虚伪意思表示而被认定无效，不存在实际的保兑仓交易关系，担保应归于无效。我们认为，保兑仓交易涉及三方当事人、多个法律关系，其中卖方担保的是买方与银行之间的借贷关系，在买卖合同无效不影响买方与银行之间借贷关系的情况下，自然不影响卖方为买方债务提供的担保。

70. **【保兑仓交易的合并审理】** 当事人就保兑仓交易中的不同法律关系的相对方分别或者同时向同一人民法院起诉的，人民法院可以根据民事诉讼法司法解释第221条的规定，合并审理。当事人未起诉某一方当事人的，人民法院可以依职权追加未参加诉讼的当事人为第三人，以便查明相关事实，正确认定责任。

## 【条文主旨】

本条是关于保兑仓交易相关案件是否可以合并审理、是否可追加第三人的规定。

## 【争议观点】

关于债权人基于不同法律关系主张权利形成的不同案件能否合并审理，肯定说认为，不同法律关系均是基于同一借款产生的，统一审理更有利于查清事实、认定权利义务，故应合并审理。否定说认为，债权人是基于不同法律关系主张权利，诉讼标的并不同一，亦不相似，不具备合并审理的要件。

关于保兑仓相关案件审理中是否可以追加未参加诉讼的当事人为第三人，肯定说认为，保兑仓交易中，各个主体之间关系紧密，不同法律关系的处理及法律责任的认定会相互影响，故如某一法律关系的审理涉及未参加诉讼的主体利益的，可依职权追加为第三人参加诉讼。否认说认为，保兑仓交易涉及的不同法律关系相互独立，无须追加未参加诉讼的当事人参加诉讼。

## 【理解与适用】

### 一、基于保兑仓交易发生的纠纷，可以合并审理

《民事诉讼法》第52条[①]规定了必要共同诉讼和普通共同诉讼两种诉的合并制度，必要共同诉讼要求不同的诉之间具有共同的诉讼标的，普通共同诉讼要求诉讼标的是同一种类，且需经当事人同意。民事诉讼法司法解释增加了新的诉的合并制度，其第221条规定："基于同一事实发生的纠纷，当事人分别向同一人民法院起诉的，人民法院可以合并审理。"根据该规定，不同诉的诉讼标的虽然并不同一，亦不属于同一种类，但是基于同一事实发生的纠纷，亦可以合并审理。保兑仓交易中，债权人基于银行承兑汇票的授

---

[①] 《民事诉讼法》第52条规定："当事人一方或者双方为二人以上，其诉讼标的是共同的，或者诉讼标的是同一种类、人民法院认为可以合并审理并经当事人同意的，为共同诉讼。共同诉讼的一方当事人对诉讼标的有共同权利义务的，其中一人的诉讼行为经其他共同诉讼人承认，对其他共同诉讼人发生效力；对诉讼标的没有共同权利义务的，其中一人的诉讼行为对其他共同诉讼人不发生效力。"

信向买方主张还款责任的同时，可能同时向以下主体主张权利：一是基于卖方的承诺，要求卖方承担担保责任；二是基于担保人的承诺，要求担保人承担担保责任；三是基于与货物保管人的约定，要求保管人承担违约责任；四是基于与监管人的约定（如有），要求监管人承担违约责任。以上不同主体承担责任的法律依据并不相同，各自属于不同的法律关系，但均是基于保兑仓交易产生的，故属于因同一事实发生的纠纷，债权人如对以上不同主体向同一法院提起诉讼，可以合并审理。当然，如债权人在不同法院分别提起诉讼，则不同法院审理不同法律关系时，应考虑不同法律关系之间是否相互影响。如某一案件的审理需要以另一案件审理结果为依据的，则应中止审理。

### 二、可以依职权追加未参加诉讼的当事人为第三人

民事诉讼法将第三人区分为有独立请求权第三人和无独立请求权第三人。有独立请求权第三人是对当事人双方的诉讼标的有独立请求权的主体。无独立请求权第三人是对当事人双方的诉讼标的，没有独立请求权，但案件处理结果同他有法律上的利害关系的主体。[①] 无独立请求权第三人可以申请参加诉讼，或者由人民法院通知他参加诉讼。保兑仓交易中的不同法律关系是基于同一事实发生的，相互之间关系密切，某一法律关系的审理可能会影响到其他主体的利益，故可以追加未参加诉讼的当事人作为无独立请求权的第三人参加诉讼。

## 71.【让与担保】债务人或者第三人与债权人订立合同，约定将财产形式上转让至债权人名下，债务人到期清偿债务，债权人将该财产返还给债务人或第三人，债务人到期没有清偿债务，债权人可以对财产拍卖、变卖、折价偿还债权的，人民法院应当认定合同

---

[①] 《民事诉讼法》第56条规定："对当事人双方的诉讼标的，第三人认为有独立请求权的，有权提起诉讼。对当事人双方的诉讼标的，第三人虽然没有独立请求权，但案件处理结果同他有法律上的利害关系的，可以申请参加诉讼，或者由人民法院通知他参加诉讼。人民法院判决承担民事责任的第三人，有当事人的诉讼权利义务。前两款规定的第三人，因不能归责于本人的事由未参加诉讼，但有证据证明发生法律效力的判决、裁定、调解书的部分或者全部内容错误，损害其民事权益的，可以自知道或者应当知道其民事权益受到损害之日起六个月内，向作出该判决、裁定、调解书的人民法院提起诉讼。人民法院经审理，诉讼请求成立的，应当改变或者撤销原判决、裁定、调解书；诉讼请求不成立的，驳回诉讼请求。"

有效。合同如果约定债务人到期没有清偿债务，财产归债权人所有的，人民法院应当认定该部分约定无效，但不影响合同其他部分的效力。

当事人根据上述合同约定，已经完成财产权利变动的公示方式转让至债权人名下，债务人到期没有清偿债务，债权人请求确认财产归其所有的，人民法院不予支持，但债权人请求参照法律关于担保物权的规定对财产拍卖、变卖、折价优先偿还其债权的，人民法院依法予以支持。债务人因到期没有清偿债务，请求对该财产拍卖、变卖、折价偿还所欠债权人合同项下债务的，人民法院亦应依法予以支持。

## 【条文主旨】

本条是有关让与担保的效力以及权利人如何实现权利的规定。

## 【争议观点】

关于让与担保，争议主要包括两个方面：

一是关于合同效力问题。债务人或者第三人与债权人订立合同，约定将财产形式上转让至债权人名下，债务人到期不能清偿债务，财产归债权人所有的，对该约定是否无效，存在不同观点。有认为该约定有效的，有认为该部分约定无效的，本纪要采部分无效观点。

二是在让与担保中，已经完成财产权利变动的债权人，其地位究竟是有担保的债权人，还是根据公示的情况认定其属于所有人或者股东。本纪要认为，其地位是债权人，而非所有人或者股东。

## 【理解与适用】

### 一、关于让与担保的概念

让与担保是指债务人或者第三人为担保债务的履行，将标的物转移给他人，于债务不履行时，该他人可就标的物受偿的一种非典型担保。将标的物转移给他人的债务人或第三人形式上是转让人，实质上是担保人；受领标的物的他人形式上是受让人，实质上是担保权人。如无特别说明，下文从形式的角度将其称为转让人和受让人。根据标的物的不同，让与担保包括动产让与担保、股权让与担保以及不动产让与担保等类型。物权法没有规定让与担保制度，但由于其具有融资灵活、交易成本较低、第三人阻碍债权实现的可能性小等优势，让与担保一直在担保实践中扮演重要角色。准确理解股权让与担保，既需要了解让与担保的一般原理，又需要关注股权作为兼具财产权和人身权属性的复合型权利的特点。

（一）准确理解让与担保，要将其与财产权转让相区别

让与担保从形式上看往往表现为财产权转让，但二者又性质有别，不可混淆。一方面，从合同目的看，财产权转让是当事人出于转让财产权目的而签订的协议，出卖人的主要义务是转让财产权，买受人的主要义务是支付转让款。而让与担保的目的在于为主债务提供担保，受让人通常无须为此支付对价，同时对于受让的财产，未届债务清偿期前"受让人"不得行使和处分。另一方面，让与担保作为一种非典型担保，属于从合同的范畴。与此相对应，往往还会存在一个主合同。而财产权转让一般不存在类似问题。因此，是否存在主合同是判断一个协议是财产转让协议还是让与担保的重要标准。

（二）准确理解让与担保，还要将其与典型的担保物权如抵押、质押相区别

抵押、质押是法定的担保物权，而让与担保则是非典型担保，是否具有物权效力尚存争议。尽管我们认为，已经完成公示的让与担保可以参照适用最相类似的动产质押、不动产抵押以及股权质押，但二者并非完全相同，主要表现在，在让与担保场合，存在着表里不一的问题：在内部关系上，根据当事人的真实意思表示，应当认定为是担保。但在外部关系上，鉴于实质上的债权人形式上却是所有人或者股东，因而往往面临着应否其承担所有人或者股东权利义务等问题，且在其财产转让给他人的，还存在根据善意取得制度取得相应财产权的问题。

二、关于让与担保的合同效力

在我国现阶段理论和实务界中，当事人、金融机构、法院以及多数学者均倾向于不否认让与担保合同的效力。之所以还有人认为让与担保合同无效，主要是受传统民法有关通谋虚伪意思表示说、违反物权法定说、流质契约说等学说的影响。针对前述学说，现逐一分析如下：

（一）关于虚伪意思表示问题

从虚伪意思表示的角度看，确实可以将股权让与担保理解为名为股权转让实为让与担保。也就是说，股权转让是假，让与担保是真。根据《民法总则》第146条第2款有关"以虚假的意思表示隐藏的民事法律行为的效力，依照有关法律规定处理"的规定，虚假的意思表示即股权转让协议因其并非当事人真实的意思表示而无效，而隐藏的行为即让与担保行为则要根据合同法的相关规定来认定其效力。让与担保本身并不存在违反法律、行政法规的强制性规定的情形，依法应当认定有效。因此，以虚伪意思表示为由认定让与担保无效缺乏法律依据。

（二）关于是否违反物权法定原则问题

物权法定原则意味着，如果认定某一种权利是物权，就必须要有法律依据。据此，如果认定已经完成了公示的股权让与担保具有物权效力，就要将其纳入现行法之中，或将其解释为是股权质押；或从物权法定缓和的角度，认为让与担保是习惯法上的物权，从而具有物权效力。但根据区分原则，物权法定原则本身并不影响合同效力。就让与担保合同而言，如果符合物权法定原则要求的，可以认定其具有物权效力。反之，不符合物权法定原则要求的，则不具有物权效力，但这并不影响合同本身的效力。以物权法定为由否定合同的效力，不符合区分原则。

（三）关于是否违反流质条款问题

我国物权法明确禁止流质（或流押），禁止抵押权人在债务履行期限届满前与抵押人约定债务人不履行债务时抵押财产归债权人享有，以避免债权人乘债务人之急迫而滥用其优势地位，通过压低担保物价值的方式获取暴利。因此，当事人在让与担保合同中，一旦债务人到期不能清偿债务，财产归债权人所有的，对该约定因违反禁止流质（或者流押）的强制性规定而部分无效。但根据无效法律行为的转化理论，因违反流质（或者流押）条款无效的部分，应当转化为清算型担保，从而不影响合同中其他条款的效力。也就是说，物权法关于禁止流质（或流押）的规定在否定事前归属型让与担保效力的同时，反而为清算型让与担保指明了方向，这也恰是实践中鲜有以违反流质（或流押）为由否定让与担保合同效力的原因：只要我们将其解释为是清算型让与担保，就不存在违反流质（或流押）的问题。更何况作为一种担保方式，让与担保合同中的受让人实质上并不享有所有权或股权，而仅居于担保权人地位，因而不存在流质（或流押）的问题。

### 三、关于让与担保的物权效力问题

关于让与担保的物权效力，要注意把握以下几点：

首先，让与担保具有物权的前提是，当事人根据合同约定已经完成财产权利变动的公示，形式上已经将财产转让至债权人名下。具体来说，动产已经交付债权人，不动产或者股权已经变更登记在债权人名下。仅签订合同，未完成财产权利变动公示的所谓的"后让与担保"，不具有物权效力。

其次，此处所谓的物权效力，指的是参照适用最相类似的担保物权，享有优先受偿的权利。其中动产、不动产以及股权让与担保分别参照适用动产质押、不动产抵押以及股权质押的规定，将财产拍卖、变卖、折价，并以所得价款优先受偿。让与担保参照适用最相类似的担保物权，面临的主要问题是，公示的是所有权或者股权变动，而实际上享有的却是担保物权，二者存在不一致的情形，而这恰是非典型担保和典型担保的区别之处。根据"举重以明轻"的解释规则，将登记的所有权或者股权解释为担保物权，并不损害相对人的利益，因此参照适用在价值上是妥当的。

最后，尽管债权人形式上享有所有权或者股权，但鉴于其实质上享有的仅是担保物权，因而其请求确认对财产享有所有权或者股权的，人民法院不予支持。实践中，鉴于财产权已经形式上转让至债权人名下，不排除个别债权人以实际权利人自居并试图行使所有权或者股权的情形，为此，债务人也可以根据民事诉讼法有关"实现担保物权案件"的相关规定，请求对该财产拍卖、变卖、折价，将所得价款用于清偿所欠债务。

### 四、股权让与担保的特殊问题

与动产、不动产的让与担保仅涉及财产权利不同，股权因为兼具财产权和成员权的双重属性，认定名义股东是债权人还是股东，对当事人影响巨大。因为如果是股东，则其既可以参与经营管理，也可以分红；但另一方面，股东也可能需要承担抽逃出资责任，在公司破产时根据"深石原则"，其权利要劣后于一般债权人。不仅如此，认定名义股东是债权人还是股东，还会影响公司以及债权人利益，因而有必要对股权让与担保进行特别分析。

（一）关于形式受让人是股东还是债权人的问题

股权让与担保办理的是过户登记，而这涉及老股东是否需要放弃优先购买权问题。如果转让人将让与担保的真实意思告诉了公司及其他股东，则即便受让人在公司的股东名册上进行了记载，也仅是名义股东，不得对抗公司及其他股东。此时，作为名义股东，其并不享有股东的权利，即既不享有股权中的财产权，也不享有股权中的成员权。反之，如果转让人并未告知公司及其他股东实情,而是告知他们是股权转让,则法律也要保护此种信赖。在此情况下,一旦受让人在公司的股东名册上进行了记载,即便真实的意思是股权让与担保,受让人仍然可以行使股东权利,包括财产权和成员权。从举证的角度看,首先要看受让人是否已在股东名册上进行了记载。如果已经作了记载的,原则上应推定受让人具有股东资格,但公司或其他股东可以举反证予以推翻,此种反证包括股东会或董事会有关让与担保的决议、转让人向其他股东发送的关于股权让与担保的通知等证据。反之,如果股东名册未作记载的,即便已经完成了工商变更,也应当推定受让人并无股东资格,除非其他股东予以认可。在其他股东认可的情况下,转让人同样可以举反证予以推翻。

(二)关于应否承担抽逃出资责任问题

公司法司法解释(三)第 13 条规定:公司债权人请求在抽逃出资本息范围内对公司债务不能清偿的部分承担补充赔偿责任、协助抽逃出资的其他股东、董事、高级管理人员或者实际控制人对此承担连带责任的,人民法院应予支持;抽逃出资的股东已经承担上述责任,其他债权人提出相同请求的,人民法院不予支持。登记为名义股东的受让人,在实现债权后不再担任名义股东,而此时公司又不能清偿债务的,债权人能否据此请求对公司债务不能清偿的部分承担补充赔偿责任?这就涉及应将受让人视为股东还是有担保的债权人的问题。鉴于登记为名义股东的受让人本质上是有担保的债权人而非股东,且其实现债权行为是合法行为,加之其取得债权往往是支付对价的,一般不存在抽逃出资问题。因此,不能根据前述规定让其承担补充赔偿责任。

还要看到,受让人作为名义股东,在其以股东身份对股权进行处分,如将股权转让或设定质押的情况下,第三人基于对登记的信赖可能基于善意取得制度取得股权或股权质押。此时,转让人无权向该善意第三人主张返还股权,只能请求受让人承担侵权责任,这也是股权让与担保这一担保模式自身蕴含的风险。

(三)关于股权让与担保权的实现问题

履行期限届满后,债务人未履行债务的,就存在股权让与担保的实现问题。在公众公司中,股权具有市场价格,在一定程度上相对容易确定,但是也面临股权价格可能在短时间内发生较大波动,股权清算时间点的确定问题。而有限责任公司的股权因其不存在市场公开价格,如果双方能就股权价格达成合意的,当然更好。此时,因为是事后达成的合议,不存在违反流质条款的问题。如果双方不能就价格达成合议的，只能通过变卖、拍卖等方式确定股权的价格，从而可能涉及老股东的优先购买权等问题，远较动产让与担保复杂。

## 【实务问题】

### 一、如何理解本条的适用范围

理论界有学者提出所谓"后让与担保"概念，将当事人关于债务人逾期不能清偿债务时将标的物转移给债权人的约定认为是一种让与担保。[①] 我们认为，"后让与担保"并非严谨的法律概念，当事人作出将标的物转移给债权人的约定时，标的物并未以交付或者登记的方式进行公示，不属于本条规定的让与担保。

### 二、人民法院如何审理案件

实践中，让与担保纠纷主要以买卖合同、股权转让等案由出现，作为债权人的原告可能首先诉请要求确认对标的物享有所有权或者转移对标的物的占有，作为债务人的被告则抗辩双方之间为让与担保法律关系，标的物虽然登记在原告名下，但原告不享有所有权。法院经审理如认为当事人之间属于让与担保法律关系，则可向原告释明变更诉讼请求，依据合同主张权利。如原告拒不变更诉讼请求，可以判决驳回诉讼请求。实践中，债务人亦可能作为原告提起诉讼，要求确认其与债权人之间属于让与担保法律关系，债权人不享有标的物所有权，并要求债权人返还标的物。法院经审理如认为当事人之间确属于让与担保法律关系，则可向被告释明是否提起反诉，依据合同主张还款责任。

## 【典型案例】

**上诉人修水县巨通投资控股有限公司与被上诉人福建省稀有稀土（集团）有限公司及原审第三人江西巨通实业有限公司合同纠纷案〔（2018）最高法民终119号〕**

最高人民法院认为：本案中，《股权转让协议》约定了转让标的、转让

---

① 杨立新：《后让与担保：一个正在形成的习惯法担保物权》，载《中国法学》2013年第3期。

价款、变更登记等事项，江西巨通、修水巨通均就股权转让事宜作出股东会决议，案涉股权亦办理了变更登记手续，具备股权转让的外在表现形式。且《股权转让协议》第3.1条约定了清算条款，不违反流质条款的禁止性规定。故，《股权转让协议》系各方当事人通过契约方式设定让与担保，形成一种受契约自由原则和担保经济目的双重规范的债权担保关系，不违反法律、行政法规的禁止性规定，应为合法有效。

# 第五章　关于金融消费者权益保护纠纷案件的审理

会议认为，在审理金融产品发行人、销售者以及金融服务提供者（以下简称卖方机构）与金融消费者之间因销售各类高风险等级金融产品和为金融消费者参与高风险等级投资活动提供服务而引发的民商事案件中，必须坚持"卖者尽责、买者自负"原则，将金融消费者是否充分了解相关金融产品、投资活动的性质及风险并在此基础上作出自主决定作为应当查明的案件基本事实，依法保护金融消费者的合法权益，规范卖方机构的经营行为，推动形成公开、公平、公正的市场环境和市场秩序。

## 【说明】

本部分是关于金融消费者权益保护纠纷案件审理的原则规定。适当性（suitability）是一个舶来语，要求金融机构将适当的产品销售给适当的客户。适当性义务发源于美国证券法领域，是平衡金融市场中买卖双方交易不平等地位、信息不对称现象的有效工具，近年来受到各国金融监管机关的高度重视。随着投资性金融产品的极大丰富，投资者以金融机构违反适当性义务为由要求赔偿投资损失的诉讼也日益多发，但我国目前针对金融机构适当性义务的要求主要散见于监管部门制定的规范性文件，人民法院在审理适当性诉讼时是否以及如何适用这类规范性文件、如何认定金融机构是否违反适当性义务，司法裁判思路有一个发展过程。

2015年12月全国法院第八次民事商事审判工作会议提出，金融市场上的信息不对称加上投资者自身的知识和能力局限，使得投资者在购买投资性金融产品或接受相关服务时往往无法真正理解其中的风险和收益，其主要依赖产品销售者和服务提供者的推介和说明。一般情况下交易双方缔约能力处于不对等地位，因此，必须依法确定卖方机构"适当性"义务，确保金融消费者在充分了解投资标的及其风险的基础上作出自主决定，实现契约正义。该规定进一步要求，法院在审理适当性诉讼案件中可以适用限制卖方机构权利或增加卖方机构义务的监管部门规范性文件，并适用举证责任倒置规则，由卖方机构承担其是否履行了"适当性"义务的举证责任。

该会议之前，多数法院坚持合同自由、买者风险自担的裁判思路，投资者在适当性诉讼中屡屡碰壁，难以得到司法救济。讲话之后，法院不再坚持"买者风险自担"原则，转而强调对投资者倾斜保护，要求金融机构承担实质性的适当性义务，确保其推荐的金融产品符合投资者的风险承受能力；金融机构仅凭完备的书面文件及投资者的签名确认，已不足以排除民事责任。

会议纪要本部分内容是对全国法院第八次民事商事审判工作会议上述会议精神的继承和发展。我们认为，审理金融消费者权益保护纠纷案件总的原则是，正确处理契约自由与契约正义的关系，以特殊市场主体优先保护维护金融消费者合法权益。

金融消费者是金融市场的主要资金供应方，金融消费者权益保护不仅关系到投资安全和投资信心，也事关国家金融安全。金融市场上的信息不对称加上投资者自身的知识和能力局限，交易双方缔约地位往往不对等。我们强调，既要坚持各类市场主体法律地位平等、权利保护平等和发展机会平等的原则，也要避免片面强调形式平等，忽略对不同社会群体权利实质平等的法律保护要求，特别是金融消费者和中小股东权利方面，要深刻认识相关法律规定的制定背景和价值导向，提高资源配置效率和公平性。在确定金融机构适当性义务、举证责任分配等方面，要对金融消费者予以优先保护。

72.【适当性义务】适当性义务是指卖方机构在向金融消费者推介、销售银行理财产品、保险投资产品、信托理财产品、券商集合理财计划、杠杆基金份额、期权及其他场外衍生品等高风险等级金融产品，以及为金融消费者参与融资融券、新三板、创业板、科创板、期货等高风险等级投资活动提供服务的过程中，必须履行的了解客户、了解产品、将适当的产品（或者服务）销售（或者提供）给适合的金融消费者等义务。卖方机构承担适当性义务的目的是为了确保金融消费者能够在充分了解相关金融产品、投资活动的性质及风险的基础上作出自主决定，并承受由此产生的收益和风险。在推介、销售高风险等级金融产品和提供高风险等级金融服务领域，适当性义务的履行是"卖者尽责"的主要内容，也是"买者自负"的前提和基础。

【条文主旨】

本条是关于金融机构违反适当性义务应当承担民事责任的规定。

【争议观点】

虽然适当性义务的理念与制度被引入我国立法和监管实践的时间并不长，但因该制度直接关乎金融产品销售中的风险与责任分配问题，在金融消费者遭受投资损失之后，往往会以卖方机构未充分履行适当性义务为由提起索赔诉讼，金融机构适当性义务由此进入了司法裁判的视野。而在法律制度层面,对于卖方机构的适当性管理制度,主要由各监管部门的部门规章和规范性文件予以规定,现有法律和行政法规中,只有证券投资基金法和证券公司监督管理条例对基金销售机构和证券公司规定了适当性管理要求,但也均未规定卖方机构违反投资者适当性管理的民事责任问题。由此,对于卖方机构适当性义务的法律定位以及违反适当性义务的民事责任性质问题,法学理论和实务界还存在不同认识。有观点认为,卖方机构的投资者适当性义务属法定义务,违反该义务的民事责任属侵权责任,重点需要明确"过错"和"因果关系"两个构成要件。另有观点认为,适当性义务属卖方机构的先合同义务,违反可引发缔约过失责任或侵权责任。另外,资产管理类合同履行阶段仍可能发生不适合客户的金融产品推荐与交易,此时适当性义务规则就应延伸适用至合同履行阶段,而对这一阶段适当性义务的违反也可引发违约责任。

## 【理解与适用】

适当性义务是针对金融产品发行人、销售者以及金融服务提供者的义务规则,要求其将适当的产品销售给适当的客户,负担起合理推荐、适当销售的义务,核心内容可概括为了解客户、了解产品和适当销售。当金融机构恰当履行适当性义务后,金融机构与金融消费者之间的风险分配就以产品销售为界,金融消费者应当承担自主决策导致的风险与损失。正确理解本条内容,需重点把握好以下几个问题:

### 一、关于适当性义务的法律性质

(一)法律、行政法规规定的适当性义务属法定义务

金融机构适当性义务原为道德义务,由美国证券业自律组织于19世纪30年代创设,但及至当代,英国、日本、澳大利亚、韩国、欧盟等国家与地区均已将适当性义务写入成文法,使之转化为法定适当性义务。在我国,适当性义务业已呈现向法定义务转化的显著趋势:2012年证券投资基金法修订时,加入了基金销售机构的适当性义务条款。根据《证券投资基金法》第98条规定,基金销售机构应当向投资人充分揭示投资风险,并根据投资人的风险承担能力销售不同风险等级的基金产品。根据《证券公司监督管理条例》第29条规定,证券公司从事证券资产管理业务、融资融券业务,销售证券类金融产品,应当按照规定程序,了解客户的身份、财产与收入状况、证券投资经验和风险偏好,并以书面和电子方式予以记载、保存。证券公司

应当根据所了解的客户情况推介适当的产品或者服务。正在修订中的证券法也拟对适当性义务明文规定。根据《证券法修订草案》（三次审议稿）第98条规定，证券公司向投资者销售证券、提供服务时，应当按照规定充分了解投资者的基本情况、财产状况、金融资产状况、投资知识和经验、专业能力等相关信息；如实说明证券、服务的重要内容，充分揭示投资风险；销售、提供与投资者上述状况相匹配的证券、服务。证券公司违反规定导致投资者损失的，应当承担相应的赔偿责任。以上法律、行政法规规定的适当性义务，无疑构成卖方机构的法定义务。

（二）法律、行政法规未规定的适当性义务属先合同义务

应当看到的是，在我国法律、行政法规之外，适当性义务只存在于监管部门规章、规范性文件，甚至自律组织规则之中。从适当性义务的内容看，卖方机构适当性义务的本质为诚信义务在金融产品销售领域的具体化，主要体现为先合同阶段的诚信义务。因此，对于尚未被法律、行政法规规定的适当性制度，卖方机构的适当性义务应当被视为一种特殊的诚信义务，即《合同法》第42条规定的先合同义务。

所谓先合同义务，是指在订立合同过程中，合同生效之前所发生的，应由合同双方当事人各自承担的法律义务。它是建立在民法诚实信用、公平原则基础上的一项法律义务，是诚实信用、公平原则的具体化。合同关系作为一种当事人之间的特殊结合关系，不是一蹴而就的。合同的订立需要有一个逐渐发展的过程：要约人发出要约，承诺人作出承诺。要约和承诺的过程中，合同当事人之间必然有一个接触磋商的过程。在这一过程中，随着当事人之间信用关系的增强，先合同义务逐渐产生。德国法学家耶林认为："法律所保护的并非仅是一个业已存在的契约，正在发生中的契约关系亦应包括在内。否则，契约交易将暴露在外，不受保护。缔约一方当事人不免成为他方疏忽或不注意的牺牲品！""当事人因自己的过失致使契约不成立者对信其契约有效成立的相对人应赔偿基于此信赖而发生的损害。"金融监管领域适当性管理制度主要规范的是金融机构在销售金融产品的缔约阶段的诚信义务，从民法视角看，卖方机构的适当性义务无疑属于《合同法》第42条规定的先合同义务范畴。

**二、关于违反适当性义务的民事责任性质**

根据民法原理，违反先合同义务的民事责任为缔约过失责任。因此，卖方机构违反适当性义务承担的民事责任为缔约过失责任。所谓缔约过失责任，是指在合同订立过程中，一方因违背其依据的诚实信用原则所产生的义

务，而致另一方的信赖利益的损失，并应承担损害赔偿责任。缔约过失责任区别于违约责任和侵权责任，具有独立性：只能产生于缔约过程之中；是对依诚实信用原则所负的先合同义务的违反；是造成他人信赖利益损失所负的损害赔偿责任；是一种弥补性的民事责任，只赔偿直接损失。

缔约过失责任不同于违约责任。缔约过失责任以先合同义务为成立前提，违约责任以合同债务为成立前提；先合同义务是法定义务，合同债务主要为约定义务，核心是给付义务；缔约过失责任以过错为要件，违约责任往往不以过错为成立的要件；缔约过失责任赔偿的范围是信赖利益的损失，违约责任赔偿的是履行利益的损失。

缔约过失责任也不同于侵权责任。侵权行为法所加于人们的义务，是不得侵害权益。只要人们未以其积极的行为去侵害他人的财产、人身，原则上就不负责任。但在缔约阶段，当事人已由原来的一般关系人进入到特殊的信赖关系。基于信赖关系，双方当事人都为成立乃至履行合同做了程度不同的准备工作。由于当事人双方的联系在信赖关系中比在普通关系中更为密切，因而任何一方的不注意都容易给对方造成损害。为了使当事人都极为审慎地缔约，法律对他们课以的注意要求应该高些，当事人仅停留于不作为的状态并不足够，只有负有作为的义务才算达到要求，即应负互相协助、互通情况、保护对方等项义务。就是说，应以有别于侵权责任的制度保护缔约阶段的信赖关系，这个制度就是缔约过失责任制度。但同时应该承认，在法国、德国等现代侵权行为法上，在特殊情况下，加重了行为人的注意义务，缔约过失场合也可以构成侵权责任。

## 【实务问题】

### 一、关于本条的适用范围

本条规定，在推介、销售高风险等级金融产品和提供高风险等级金融服务领域，适当性义务的履行是"卖者尽责"的主要内容，也是"买者自负"的前提和基础。据此，有观点认为，卖方机构履行适当性义务范围仅限于推介、销售高风险等级金融产品和提供高风险等级金融服务领域，而对低、中风险等级的金融产品和金融服务不承担不履行适当性义务的民事责任。

对此，我们并不赞同。从经济学角度，金融产品和投资交易按照投资标的可以分为权益类以及非权益类，非权益类标的还包括商品、非标、另类等。从风险维度看，则包括低风险、中风险以及高风险等多个风险等级。纪要原本的起草思路，是从权益类和非权益类的角度来区分风险程度的不同。在征求意见的过程中，有意见提出，这个表述方法不周延。经研究，该批评意见确有道理，于是我们采用了以风险等级维度作为划分标准。但需要特别说明的是，纪要所指"高风险等级金融产品和金融服务"并非金融学意义的风险等级，而是特指将来发生不利益状态之可能性，主要以本金损失为判断基准。因此，本条的适用范围实际上包括除存款外的所有具有本金损失可能性的金融产品和服务，而非以金融机构依自己内部标准对金融产品划定的风险等级来决定适用范围。

**二、关于卖方机构与金融消费者之间销售金融产品纠纷案件民事案由的确定**

司法实践中，对于卖方机构与金融消费者之间因销售金融产品而引发的民商事案件，民事判决采用的民事案由很不统一，既有使用服务合同纠纷、金融委托理财合同纠纷、居间合同纠纷等合同类纠纷案由，也有使用财产损害赔偿纠纷等侵权责任纠纷案由，还有使用证券纠纷等与公司、证券、保险、票据等有关的民事纠纷案由。

民事案件案由的选择，反映着案件所涉及的民事法律关系的性质，是对诉讼争议所包含的法律关系进行的概括，对民商事审判规范化建设具有重要作用。民事案由的确定标准应当依据当事人主张的民事法律关系性质来确定。根据前述，金融机构的适当性义务原则上属于先合同义务，因此，由此而引发的民事纠纷应当以合同纠纷案由来确定，而不宜选用侵权责任类民事案由。因合同纠纷案由中尚未专门规定有金融机构适当性纠纷案由，考虑金融消费者购买金融产品主要是基于委托金融机构理财的需要，本纪要实施后，人民法院在审理卖方机构与金融消费者之间因销售金融产品而引发的民商事案件时，可考虑使用金融委托理财合同纠纷民事案由。

**73.【法律适用规则】在确定卖方机构适当性义务的内容时，应当以合同法、证券法、证券投资基金法、信托法等法律规定的基本原则和国务院发布的规范性文件作为主要依据。相关部门在部门规章、规范性文件中对高风险等级金融产品的推介、销售，以及为金融消费者参与高风险等级投资活动提供服务作出的监管规定，与**

法律和国务院发布的规范性文件的规定不相抵触的，可以参照适用。

## 【条文主旨】

本条是关于人民法院认定卖方机构是否违反适当性义务的法律渊源的规定。

## 【争议观点】

诉讼中，金融机构是否违反适当性规则，由当事人主张，部分当事人甚至将其作为主要诉求以及理由。存在的问题是，除法律、行政法规规定外，低位阶部门规章、规范性文件中的适当性义务规则能否作为法院认定事实和适用法律的依据，而这与案件判决结果直接相关。为此，本条对此专门予以了明确。

## 【理解与适用】

目前，我国投资者适当性管理制度规则体系，主要由四个层次构成：

一是法律层面。主要是证券投资基金法，该法第98条规定："基金销售机构应当向投资人充分揭示投资风险，并根据投资人的风险承担能力销售不同风险等级的基金产品。"另外，正在提交审议的《证券法草案》第98条规定：证券公司向投资者销售证券、提供服务时，应当按照规定充分了解投资者的基本情况、财产状况、金融资产状况、投资知识和经验、专业能力等相关信息；如实说明证券、服务的重要内容，充分揭示投资风险；销售、提供与投资者上述状况相匹配的证券、服务。投资者在购买证券或者接受服务时，应当按照证券公司明示的要求提供前款所列真实信息。拒绝提供或者未按照要求提供信息的，证券公司应当告知其后果，并按照规定拒绝向其销售证券、提供服务。证券公司违反第一款规定导致投资者损失的，应当承担相应的赔偿责任。

二是行政法规。主要是证券公司监督管理条例，该条例第29条规定：证券公司从事证券资产管理业务、融资融券业务，销售证券类金融产品，应当按照规定程序，了解客户的身份、财产与收入状况、证券投资经验和风险偏好，并以书面和电子方式予以记载、保存。证券公司应当根据所了解的客户情况推介适当的产品或者服务。另外，国务院办公厅关于进一步加强资本市场中小投资者合法权益保护工作的意见（国办发〔2013〕110号）对健全投资者适当性制度也有具体要求。

三是部门规章及规范性文件。主要包括一行两会发布的若干规定，已有40余项，如证券期货投资者适当性管理办法、中国人民银行金融消费权益保护实施办法、商业银行个人理财业务管理暂行办法、中国银监会关于规范商业银行代理销售业务的通知等。

四是自律性规范。主要是各金融行业自律管理组织对本行业卖方机构制定的具体适当性管理制度，包括证券业协会发布的证券公司投资者适当性制度指引、证券公司客户资产管理业务规范，中国期货业协会发布的期货公司执行金融期货投资者适当性制度管理规则（试行）等。

从以上适当性管理规范体系可以看出，我国金融立法对卖方机构的适当性管理规定尚处于不断吸收和完善阶段，目前主要有金融监管部门的行政规章和行业自律组织的自律性规范来承载金融机构的适当性管理制度。卖方机构的适当性义务规则与各金融行业的产品类型、交易结构、风险等级等密切相关，专业性很强。因此，我国金融机构适当性管理制度体系主要由部门规章和规范性文件承载，是市场实践的必然选择。本条从正确处理民商事审判与行政监管的关系出发，明确各级法院在审理涉及金融机关适当性义务的民事案件时，可参照适用行政部门的部门规章、规范性文件，既体现了充分尊重监管规定和交易规则的精神，也是尊重民商事审判规律、稳定市场预期的必然要求。

## 【实务问题】

一、如何理解"与法律和国务院发布的规范性文件的规定不相抵触"

本条规定，部门规章、规范性文件与法律和国务院发布的规范性文件的规定不相抵触的，可以参照适用。何为不相抵触？具体可分为三种情形：

一是部门规章、规范性文件与法律、国务院发布的规范性文件的规定一致时，按照裁判应适用高位阶法律的规定。

二是部门规章、规范性文件较法律、国务院发布的规范性文件规定的适当性要求更高时，从对金融消费者倾斜保护的原则出发，采"就高不就低"

标准，应当参照适用部门规章、规范性文件的规定来认定卖方机构是否违反了适当性管理要求。

三是如部门规章、规范性文件较法律、国务院发布的规范性文件规定的适当性要求更低，则构成了本条所称的相抵触情形。根据对投资者保护"就高不就低"的标准，此时，人民法院应当根据法律、行政法规和国务院发布的规范性文件规定作出裁判。

二、关于司法裁判能否参照适用行业自律规范问题

在金融机构适当性管理制度构建方面，各金融行业自律管理组织结合行业实际和上位法，制定了大量自律管理规范，是金融机构履行适当性义务的具体指引和操作守则，对维护金融消费者合法权益发挥着第一线作用。本条规定的裁判参考适用范围虽表述为"相关部门的部门规章、规范性文件"，但并非排除适用自律管理规范。从法理上看，卖方机构的适当性义务属先合同义务，旨在保护金融消费者购买产品或者接受服务时的信赖利益。实践中，金融机构应当就是否履行了行业自律管理规范规定的适当性义务进行举证，否则应当承担不利后果。因此，只要关于适当性义务的自律管理规范不与上位法相抵触，人民法院亦可以参照适用。

74.【责任主体】金融产品发行人、销售者未尽适当性义务，导致金融消费者在购买金融产品过程中遭受损失的，金融消费者既可以请求金融产品的发行人承担赔偿责任，也可以请求金融产品的销售者承担赔偿责任，还可以根据《民法总则》第167条的规定，请求金融产品的发行人、销售者共同承担连带赔偿责任。发行人、销售者请求人民法院明确各自的责任份额的，人民法院可以在判决发行人、销售者对金融消费者承担连带赔偿责任的同时，明确发行人、销售者在实际承担了赔偿责任后，有权向责任方追偿其应当承担的赔偿份额。

金融服务提供者未尽适当性义务，导致金融消费者在接受金融服务后参与高风险等级投资活动遭受损失的，金融消费者可以请求金融服务提供者承担赔偿责任。

## 【条文主旨】

本条是关于违反适当性义务承担民事责任的责任主体的规定。

## 【争议观点】

金融产品的销售主要分为自销和委托他人销售。自销模式下金融产品发行人兼具销售机构身份；委托他人销售可分为代销和包销：代销模式下发行人与销售机构建立委托法律关系，销售机构接受发行人委托完成金融消费者适当性管理、协助金融消费者完成产品认购；包销分为余额包销和全额包销，余额包销模式下，销售期间发行人与销售机构成立委托法律关系；全额包销模式下，销售机构先行认购全部份额再转让。对于卖方机构未尽适当性义务致使金融消费者发生损失，金融消费者能否请求金融产品的发行人、销售者共同承担连带赔偿责任问题，在纪要起草和征求意见中存在较大争议。

反对观点认为：《民法总则》第178条第3款规定："连带责任，由法律规定或当事人约定"，因此，连带责任请求权源于法律规定和当事人约定。在法律规定方面，目前证券法、证券投资基金法等法律没有关于违反适当性义务情况下发行人和销售者承担连带责任的规定；在合同约定方面，在金融产品的销售协议、产品说明以及风险揭示中，基本不会主动约定发行人与销售者对外承担连带责任。金融投资与一般生活消费品性质不同，不宜简单适用因产品质量引发的生产者与销售者的连带责任，否则，容易误导金融消费者形成刚性兑付预期和非理性投资，不利于投资者教育和行业健康发展。

## 【理解与适用】

正确理解本条内容，需重点把握好以下几个问题：

**一、金融产品发行人与销售者构成委托代理法律关系**

何为金融产品的"销售"及"代理销售"，在相关金融监管部门的部门规章和规范性文件有如下定义：

《中国人民银行、中国银行保险监督管理委员会、中国证券监督管理委员会、国家外汇管理局关于规范金融机构资产管理业务的指导意见》（银发〔2018〕106号）规定：销售是指向投资者宣传推介资产管理产品，办理产品申购、赎回的活动；代理销售是指接受合作机构的委托，在本机构渠道向投资者宣传推介、销售合作机构依法发行的资产管理产品的活动。

《中国银监会关于规范商业银行代理销售业务的通知》（银监发〔2016〕24号）指出，代理销售业务是指商业银行接受由国务院银行业监督管理机构、国务院证券监督管理机构、国务院保险监督管理机构依法实施监督管理、持有金融牌照的金融机构委托，在本行渠道（含营业网点和电子渠道），向客户推介、销售由合作机构依法发行的金融产品的代理业务活动。

由此可以得出结论，在金融产品代销模式下，金融产品销售者系接受金融产品发行人的委托，向金融消费者宣传推介并销售金融产品。根据《合同法》第396条的规定，金融产品发行人与销售者之间构成委托代理合同法律关系，其中，发行人是委托人，销售者是代理人。

## 二、《民法总则》第167条关于违法代理的规定是金融产品发行人与销售者承担连带责任的法律依据

诚然，根据《民法总则》第178条规定，认定当事人之间承担连带责任，必须由法律规定或者当事人约定。会议纪要作为司法政策文件，亦无权代替法律创设连带责任的类型。为明确金融产品发行人与销售者对金融消费者承担连带责任的法律依据问题，会议纪要在征求意见稿的基础上，专门增加了"根据《民法总则》第167条的规定"内容，以厘清争议。

根据《民法总则》第167条规定，代理人知道或者应当知道代理事项违法仍然实施代理行为，或者被代理人知道或者应当知道代理人的代理行为违法未作反对表示的，被代理人和代理人应当承担连带责任。对于违法代理行为的表现形式，既包括委托事项本身违法，也包括委托事项不违法但代理行为违法两种情况。至于"违法"的内容，我们认为，本着鼓励交易与打击违法行为的平衡考虑，《民法总则》第167条所指的"违法"应当理解为违反法律、行政法规等强制性规定，包括效力性强制性规定和管理性强制性规定。对于委托人与代理人之间"应当知道"如何理解问题，我们认为，相对于"知道"须两者之间存在意思联络，"应当知道"指的是推定的知道，即两者之间虽然没有意思联络而是基于共同义务的违反，也应承担连带责任的法律后果。在这个问题上，虽然传统民法理论认为连带责任的承担要求双方有意思联络为前提，但现代侵权责任理论和实务对此已有很大突破，比如《侵权责任法》第8条的规定就已不再要求共同侵权人须有意思联络。

如前所述，金融产品发行人与销售者之间构成委托代理法律关系。根据适当性管理要求，卖方机构的适当性义务对所有金融机构一体适用。如金融

产品销售者在代理销售时未尽投资者适当性管理义务，属于代理销售行为违法；发行人作为销售行为的委托人，即使在事实层面上不实际指导该违法销售行为，因发行人同样对投资者负有适当性管理的法定义务或者先合同义务，此时根据《民法总则》第 167 条规定，发行人在法律上对销售者的违法代理行为属于"应当知道"状态，依法应当与金融产品的销售者承担连带责任。

需要说明的是，要求发行人就销售者与金融消费者之间的合同行为承担责任，突破了认为唯有以缔结合同关系为目的的双方之间方可产生缔约过失责任的传统观点，在比较法上与德国法院长期判例所形成的观点一致。要求第三方承担缔约过失责任之合理性在于：这些人虽然并非合同当事人，但其所作言论往往与合同的订立具有密切关系，身处协商中的双方往往会依赖其中立的、客观的、独立的判断，提供专业建议的专业人士尤其受到信赖。而且，《合同法》第 42 条规定承担缔约过失责任的主体为订立合同中的"当事人"，没有限于合同签署双方，亦可视为第三人承担缔约过失责任的通道。从我国目前金融行业发展态势而言，在不当销售乱象未得到抑制之前，应当放宽对信赖存在和责任主体的认定标准。

## 【实务问题】

### 一、如何理解须承担民事责任的金融服务提供者范围

本条规定，金融服务提供者未尽适当性义务，导致金融消费者在接受金融服务后参与高风险等级投资活动遭受损失的，金融消费者可以请求金融服务提供者承担赔偿责任。实践中，金融服务提供者包括为客户提供经纪公司的证券公司、期货公司等金融机构，也包括为投资者选择投资产品提供顾问服务和咨询服务的专门机构，还包括投资托管服务等金融机构。

本条所规定的须承担民事责任的金融服务提供者，实际上特指纪要第 72 条规定的为金融消费者参与融资融券、新三板、创业板、科创板、期货等投资活动提供服务的证券公司、期货公司，而不包括其他金融服务机构。依法理，提供投资咨询和顾问服务的金融服务机构，实际上对投资者不负有法律上的适当性义务，自然不构成违反适当性义务的民事责任主体。

### 二、如何确定金融产品发行人与销售者各自责任份额

本条规定从诉讼经济原则出发，在金融消费者起诉发行人与销售者承担连带赔偿责任的情况下，可依发行人或者销售者的请求，在判决中明确两者

各自的责任份额。如此规定，一是避免发行人或者销售者另诉要求确认责任份额，减少诉累；二是为了防止超级代销金融机构（如商业银行）利用优势地位，向发行人不当转移风险与责任的问题。至于如何确定两者各自责任份额问题，受诉法院可根据违反适当性义务的事实发生原因、销售者对代销协议的履行情况、发行人的金融产品募集文件是否违反投资者适当管理制度等方面，来确定发行人与销售者双方的过错程度并进而确定各自责任份额。

75.【举证责任分配】在案件审理过程中，金融消费者应当对购买产品（或者接受服务）、遭受的损失等事实承担举证责任。卖方机构对其是否履行了适当性义务承担举证责任。卖方机构不能提供其已经建立了金融产品（或者服务）的风险评估及相应管理制度、对金融消费者的风险认知、风险偏好和风险承受能力进行了测试、向金融消费者告知产品（或者服务）的收益和主要风险因素等相关证据的，应当承担举证不能的法律后果。

## 【条文主旨】

本条是关于卖方机构与金融消费者各自举证内容和举证责任的规定。

## 【争议观点】

关于卖方机构举证责任的内容，存在两种观点。一种观点认为，卖方机构应对其履行了适当性义务承担举证责任。另一种观点则认为，卖方机构不应当承担该举证责任。

## 【理解与适用】

举证责任是指当事人对自己提出的主张有收集或提供证据的义务，并有运用该证据证明主张的案件事实成立或有利于自己的主张成立的责任，否则将承担其主张不能成立的法律后果。根据民事诉讼法的规定，我国举证责任分配的基本原则是"谁主张，谁举证"，特殊情况下实行举证责任倒置。由于金融交易的复杂性和专业性，金融消费者囿于自身获取证据能力方面客观上的不足，在举证证明自己所主张的卖方机构违反投资者适当性义务的事实方面往往面临很大的困难。本条从公平原则和举证便利性角度来考虑，规定在案件审理中，金融消费者对其主张的购买产品或接受服务并遭受损失的相关事实，承担举证责任。卖方机构对其是否履行了了解客户、适合性原则、告知说明和文件交付等履行适当性义务情况，承担举证责任。

根据前述，卖方机构违反适当性义务承担的民事责任性质为缔约过失责任，而缔约过失责任的成立以过错为要件。在卖方机构的过错认定方面，金融监管部门从对投资者倾斜保护的角度出发，实际上在监管规则上对卖方机构适用的是过错推定的归责原则。《证券期货投资者适当性管理办法》第34条规定：经营机构应当妥善处理适当性相关的纠纷，与投资者协商解决争议，采取必要措施支持和配合投资者提出的调解。经营机构履行适当性义务存在过错并造成投资者损失的，应当依法承担相应法律责任；经营机构与普通投资者发生纠纷的，经营机构应当提供相关资料，证明其已向投资者履行相应义务。根据法理，在适用过错推定原则时，实行举证责任倒置，即由卖方机构承担证明其充分履行投资者适当性义务而不存在过错的举证责任。

另外，规定卖方机构承担其履行适当性义务的证明责任也具有现实的可行性。从我国目前相关投资者适当性规定来看，大多规定了证券公司应当对其投资者适当性制度实施情况和相关文件记载、留存。例如，证券公司监督管理条例规定证券公司应当对其了解的投资者信息以书面和电子方式记载、保存；关于加强证券经纪业务管理的规定要求证券公司应当根据评估结果对客户进行分类，分类结果以书面或者电子方式记载、留存；证券公司投资者适当性制度指引规定证券公司在客户要求购买或接受高于其风险承受能力的金融产品或服务时，应当进行风险提示；客户坚持购买产品或接受服务的，证券公司应当要求客户以书面方式确认，承诺对投资自行承担责任；证券公司应当保存相关提示记录和确认文件，做好留痕工作；商业银行个人理财业务监督管理暂行办法规定，商业银行应当保存有关客户评估和相关资料等证明文件，如未保存的并由此造成客户损失的，应当承担赔偿责任；等等。

综上，规定卖方机构就其遵守投资者适当性规定、适当履行投资者适当性义务承担举证责任更为便利，也不会对其施加额外的负担，并且能够促进卖方机构更加规范地履行投资者适当性义务。

## 【实务问题】

**一、关于认定卖方机构举证内容的参考依据**

投资者适当性管理的基本内容主要由金融监管部门确定。因此，受诉法院审查卖方机构用以证明其已履行适当性管理的证据时，主要应对照金融监管部门规定的适当性内容进行认定。目前，金融监管部门规定的适当性管理制度主要包括如下方面：（1）了解投资者并对其分类。内容主要包括了解投资者的身份、财产与收入状况、证券投资经验、投资需求、风险偏好等信息，并在此基础上进行适当分类。（2）了解产品或服务及其分级。内容主要包括了解产品或服务的特征和风险等因素，并在此基础上划定风险等级。（3）投资者与产品或服务的匹配。主要是将金融产品或服务的风险等级与投资者自身的风险承受能力等级按一定原则进行匹配，但也应当综合考虑投资者对流动性、投资期限等其他方面的需求。

**二、关于卖方机构对金融消费者的适格审查标准**

根据本条规定，卖方机构应当就是否建立了金融产品（或者服务）的风险评估及相应管理制度，是否对金融消费者的风险认知、风险偏好和风险承受能力进行了测试进行举证，用以证明其对金融消费者进行了适格审查。在案件事实认定方面，如卖方机构在销售商品或提供服务前，未按照监管机构的规定对金融消费者的风险偏好、风险认知和风险承受能力进行测评，或者未要求金融消费者提供必要的证明资料以及使用的测评资料未经金融消费者确认的，可以认定其未履行金融消费者适格审查义务；因金融消费者提供的相关证明材料不真实，导致其购买商品或者接受服务不适当，卖方机构请求免除相应责任的，应予支持。但卖方机构知道或者应当知道材料不真实或者诱导金融消费者提供虚假材料的除外。

76.【告知说明义务】告知说明义务的履行是金融消费者能够真正了解各类高风险等级金融产品或者高风险等级投资活动的投资风险和收益的关键，人民法院应当根据产品、投资活动的风险和金融消费者的实际情况，综合理性人能够理解的客观标准和金融消者能够理解的主观标准来确定卖方机构是否已经履行了告知说明义务。卖方机构简单地以金融消费者手写了诸如"本人明确知悉可能存在本金损失风险"等内容主张其已经履行了告知说明义务，不能提供其他相关证据的，人民法院对其抗辩理由不予支持。

## 【条文主旨】

本条是关于人民法院认定卖方机构是否履行对金融产品或者投资活动告知说明义务的特别规定。

## 【争议观点】

《商业银行个人理财业务风险管理指引》第30条规定："商业银行提供个人理财顾问服务业务时，要向客户进行风险提示。风险提示应设计客户确认栏和签字栏。客户确认栏应载明以下语句，并要求客户抄录后签名：'本人已经阅读上述风险提示，充分了解并清楚知晓本产品的风险，愿意承担相关风险'。"

据此，有观点认为，商业银行在代理理财产品时，只要银行在书面文件中进行了产品介绍与风险提示，文本表述不存歧义，即可认定银行履行了告知说明义务；金融机构负有适当性义务并不意味着投资者可以免除买者自负的风险，投资理财产品本身是盈利性的商行为，必然要承担一定的投资风险，合格投资者理应对自己的选择和行为负责，应当具备更高的审慎注意义务，充分了解金融产品的特点、风险与收益，慎重进行投资。即便银行工作人员在推销金融产品过程中作出了虚假陈述或未披露相关风险，或者银行工作人员向投资者作出了不适当的投资推荐，但只要投资者在签约时得到了全面提示风险的合同文本，投资者一旦签字，那么就推定投资者明晰金融产品的性质、收益及风险，其投资决定是基于自身独立判断，应当自行承担法律后果。此种推定与事实是否相符在所不问，因而银行不当行为与投资者购买金融产品之间的因果关系就此切断，银行无须为投资损失负责。相反的观点为纪要的观点。

## 【理解与适用】

正确理解本条内容，需重点把握好以下几个问题：

**一、关于告知说明义务在适当性义务体系中的定位**

卖方机构的适当性义务主要是要求金融机构了解客户、了解产品并负担起合理推荐、适当销售的义务。由此，适当性义务主要由三部分构成：一是金融机构对潜在的客户进行风险测评和分类，以满足了解客户要求；二是金融机构向客户告知说明金融产品具体情况，以满足了解产品的要求；三是将适当的产品销售给适当的客户，以满足合理推荐、适当销售的要求。因此，适当性义务与告知说明义务并不相同，卖方机构的告知说明义务是其适当性义务的组成部分之一，而不是全部；告知说明义务仅仅是针对卖方机构拟销售的金融产品或者提供的金融服务，而不涉及其他。告知说明义务强调的是"信息披露义务"，指金融机构在推销金融产品时，应该向金融消费者充分说明与金融产品相关的市场风险、信用风险、合同的主要内容等重要事项，使得金融消费者对所要投资的金融产品有足够的认识来做出投资决定。审判实践中，有的判决将卖方机构的适当性义务与告知说明义务混为一谈，在论证逻辑上不够周延，应予避免。

本条之所以单独对卖方机构的告知说明义务进行规定，主要是告知说明义务在适当性管理制度的特殊重要地位决定的。金融产品具有高度专业性和复杂性，投资者即便面对全部信息也往往无法真正理解，因此，投资者的投资主要依赖金融机构的推荐和说明。由此，金融机构适当性义务实质可以分为两个层次，一是告知说明义务，二是适当推荐义务。前者旨在缓解交易双方的信息不对称，从程序上保障投资者能够做出"知情的同意"；后者则是防止金融机构为追求自身利益而推荐不适合的产品，对其课以确保投资建议适当的实体性义务，而两者的目的都是为了缓解交易双方不对等的缔约地位。需要注意的是，告知说明义务是适当推荐义务履行的前提，因为金融机构对客户的适当销售义务，仍需建立在交易双方对彼此充分、有效的信息披露基础上。次贷危机后，各国普遍以适当推荐义务与告知说明义务相配套，用以克服金融合同缔结过程中失衡的信息秩序，强化对金融消费者的保护。

**二、关于告知说明义务的衡量标准问题**

本条对卖方机构履行告知说明义务从正反两个方面进行了特别规定：一是根据产品、投资活动的风险和金融消费者的实际情况，综合理性人能够理解的客观标准和金融消费者能够理解的主观标准来确定；二是规定金融消费者手写的诸如"本人明确知悉可能存在本金损失风险"等形式上知晓的内容，不能单独作为认定卖方已履行告知说明义务的依据。

对于理性人能够理解的客观标准和金融消费者能够理解的主观标准，实际上就是主客观相一致标准，即以一般人能够理解的客观标准为主，以特定金融消费者能够理解的特别标准为辅的认定路径。金融消费者对在购买金融产品时对卖方机构的信赖程度，与自身的专业能力和风险承受能成反比。专业交易者与普通客户、资深交易者与新手对金融机构的信赖程度并不相同，因此客户是否信赖金融机构不能脱离个案背景，需要结合客户的专业程度、交易历史与经验、交易产品的复杂程度等综合判断。

我们强调对卖方机构的告知说明义务予以实质审查而非形式判断，也正是卖方机构告知说明义务在防止金融投资风险不当扩大方面的特殊地位所决定的。目前，证监会制定的证券期货投资者适当性管理办法、中国基金业协会制定的私募基金募集行为办法都明确规定，卖方机构仅以投资者手写的免责承诺，不能证明其已尽到了告知说明义务。

## 【实务问题】

市场实践中，卖方机构工作人员为了自身利益，在推荐理财产品的过程中往往夸大理财产品的预期收益率，隐瞒可能遭受的风险；而在正式缔约时，又将投资可能面临的各种风险写在风险提示函中，而交易文件多为格式合同，投资者无法变更，在有限的时间内，投资者很难完全阅读和理解交易文件的全部内容，其对理财产品的判断更多的是基于金融机构工作人员的介绍。因此，在具体办案时，应当根据多份材料综合认定而不宜单凭风险揭示书作为适当性义务审查过程中的主要依据。总的标准是，卖方机构对投资风险的揭示应当是具体且实质性的，可结合以下情节予以把握：

1. 卖方机构在销售商品或提供服务时，违反诚实守信、勤勉尽责的原则，未以金融消费者能够充分了解的方式向其真实、准确、完整、及时地披露金融商品或者服务的提供者、价款、费用构成及去向、资金使用方式、履行期限、实际收益的计算方法、售后服务以及各方的权利义务与责任等影响金融消费者投资决策的信息，并就合同的主要条款作出说明的，可以认定卖方机构未履行或者未充分履行告知说明义务。

2. 卖方机构未将投资本金和收益可能发生的最大损失风险向金融消费者

作出特别说明的,可以认定卖方机构未履行告知说明义务。

77.【损失赔偿数额】卖方机构未尽适当性义务导致金融消费者损失的,应当赔偿金融消费者所受的实际损失。实际损失为损失的本金和利息,利息按照中国人民银行发布的同期同类存款基准利率计算。

金融消费者因购买高风险等级金融产品或者为参与高风险投资活动接受服务,以卖方机构存在欺诈行为为由,主张卖方机构应当根据《消费者权益保护法》第55条的规定承担惩罚性赔偿责任的,人民法院不予支持。卖方机构的行为构成欺诈的,对金融消费者提出赔偿其支付金钱总额的利息损失请求,应当注意区分不同情况进行处理:

(1)金融产品的合同文本中载明了预期收益率、业绩比较基准或者类似约定的,可以将其作为计算利息损失的标准;

(2)合同文本以浮动区间的方式对预期收益率或者业绩比较基准等进行约定,金融消费者请求按照约定的上限作为利息损失计算标准的,人民法院依法予以支持;

(3)合同文本虽然没有关于预期收益率、业绩比较基准或者类似约定,但金融消费者能够提供证据证明产品发行的广告宣传资料中载明了预期收益率、业绩比较基准或者类似表述的,应当将宣传资料作为合同文本的组成部分;

(4)合同文本及广告宣传资料中未载明预期收益率、业绩比较基准或者类似表述的,按照全国银行间同业拆借中心公布的贷款市场报价利率计算。

## 【条文主旨】

本条是关于卖方机构违反适当性义务的损失赔偿数额如何确定的规定。

## 【争议观点】

征求意见过程中，有观点认为，如按照合同文本或者广告宣传资料载明的预期收益率作为计算金融消费者投资利息损失的计算标准，使得投资者不仅能得到投资损失弥补，还能获得固定的投资收益，变相实现了"保本保收益"，在效果上违背了打破刚性兑付的改革方向；另外，证券法、证券投资基金法、关于规范金融机构资产管理业务的指导意见等均明确规定资产管理产品不得对投资业绩进行预测、不得向投资者违规承诺收益、承担损失或者宣传预期收益率，法院一方面认定其违规承诺无效，另一方面认定其因违反适当性义务按预期收益率向投资者进行赔付，亦有自相矛盾之嫌。另一种观点即纪要的观点。

## 【理解与适用】

正确理解本条内容，需重点把握好以下几个问题：

### 一、卖方机构的赔偿责任原则上以金融消费者实际损失为限

对于卖方机构违反适当性义务的民事责任性质，根据之前所述，为缔约过失责任。缔约过失责任在制度设立上最初就是为了保护缔约双方从开始接触、磋商到合同不能成立、合同无效、合同被撤销时双方之间为此而形成一种特殊的信赖关系，并基于这种特殊的信赖关系期望通过合同的订立、履行去实现合同目的过程中产生的信赖利益。对于信赖利益的损失赔偿，我们认为，应当限于直接损失。"所谓信赖利益，是指原先信赖被告的约定使自己产生的自我状态的变更；对此保护意味着将原告恢复到与承诺做出前一样的处境，即使受害人恢复到缔约前的经济状态。"如果对造成他方丧失订约机会等而受损害予以赔偿，则可能使信赖利益与履行利益或期待利益相通混淆而失去信赖利益的本色。从另一角度来看，交易必有风险，在缔约过程中，缔约双方均应树立风险意识而尽必要的注意义务。如果只要进入缔约阶段就能以相对方存在缔约过失为由获得直接损失和间接损失赔偿，无疑加大了缔

约过失方的注意义务，并进而可能纵容另一方依据缔约过失责任而得到不当利益，不利于交易秩序的正常进行。基于这样的认识，本条规定，卖方机构未尽适当性义务导致金融消费者损失的，应当赔偿金融消费者所受的实际损失。实际损失为损失的本金和利息，利息按照中国人民银行发布的同期同类存款基准利率计算。

**二、对于卖方机构的欺诈销售行为课以惩罚性赔偿责任**

《关于规范金融机构资产管理业务的指导意见》第6条规定："金融机构发行和销售资产管理产品，应当坚持'了解产品'和'了解客户'的经营理念，加强投资者适当性管理，向投资者销售与其风险识别能力和风险承担能力相适应的资产管理产品。禁止欺诈或者误导投资者购买与其风险承担能力不匹配的资产管理产品。金融机构不得通过拆分资产管理产品的方式，向风险识别能力和风险承担能力低于产品风险等级的投资者销售资产管理产品。金融机构应当加强投资者教育，不断提高投资者的金融知识水平和风险意识，向投资者传递'卖者尽责、买者自负'的理念，打破刚性兑付。"

从资管新规的上述条文表述看，卖方机构违反适当性义务销售金融产品至少存在两种情节，情节较轻的构成误导；情节较重的构成欺诈。我们知道，民事赔偿责任具有填补损失和震慑违法的双重功能，一般情况应当以填补损失为主，特殊情况下应予以惩罚性赔偿以吓阻违法。《最高人民法院关于贯彻执行〈中华人民共和国民法通则〉若干问题的意见（试行）》第68条规定，一方当事人故意告知对方虚假情况，或者故意隐瞒真实情况，诱使对方作出错误意思表示的，可以认定为欺诈行为。根据上述规定，卖方机构构成欺诈销售时，主观上处于故意而非过失的状态，其损害金融消费者的恶意相对于一般情况而言更加明显。基于此，有必要对卖方机构的欺诈销售课以更重的民事赔偿责任，以体现过错与责任相当的原则。

在金融机构惩罚性赔偿责任如何确定的问题上，虽然《消费者权益保护法》第55条规定经营者提供商品或者服务有欺诈行为的，应当按照消费者的要求增加赔偿其受到的损失，增加赔偿的金额为消费者购买商品的价款或者接受服务的费用的3倍，但根据该法第2条的规定，金融消费不属于该法调整范围，因此不宜参照上述三倍法则的规定。我们经研究认为，对卖方机构欺诈销售的惩罚性赔偿范围，可根据卖方机构向金融消费者的承诺最大利益原则加以确定，即按照合同文本或者广告宣传资料载明的预期收益率计算投资利息损失；合同文本及广告宣传资料中未载明预期收益率、业绩比较基准或者类似表述的，按照全国银行间同业拆借中心公布的贷款市场报价利率计算。

　　需要说明的是，在卖方机构违反适当性义务且构成欺诈销售的情形下，金融消费者主张赔偿投资本金及利息损失，实际上行使的是合同撤销权；根据《合同法》第56条的规定，该金融销售合同因被撤销而自始无效。因此，本条采用合同文本及广告宣传资料中载明预期收益率标准对卖方机构实施惩罚性赔偿责任，并非对违规承诺收益条款的认可，更不是承认保底条款的效力，而仅是根据该预期收益条款确定卖方机构的最大赔偿责任。

　　78.【免责事由】因金融消费者故意提供虚假信息、拒绝听取卖方机构的建议等自身原因导致其购买产品或者接受服务不适当，卖方机构请求免除相应责任的，人民法院依法予以支持，但金融消费者能够证明该虚假信息的出具系卖方机构误导的除外。卖方机构能够举证证明根据金融消费者的既往投资经验、受教育程度等事实，适当性义务的违反并未影响金融消费者作出自主决定的，对其关于应当由金融消费者自负投资风险的抗辩理由，人民法院依法予以支持。

## 【条文主旨】

本条是关于卖方机构违反适当性义务后免责事由的规定。

## 【争议观点】

　　有观点认为，对于金融消费者权益保护案件的审理，既然风险"买者自负"的前提是"卖者尽责"，那么在卖方机构未尽适当性义务时，即使金融消费者存在过错，不应适用过错相抵原则，否则卖方机构所应承担的民事责任将被减轻，进而助长卖方机构怠于履行适当性义务，不利于保护投资者的政策效果落地。也有观点认为，除在卖方机构能够证明投资者不对其产生依赖的情况下可以适用过错相抵原则外，其他情形不可适用。之所以给适用过失相抵原则留用空间，主要是一些成熟的、专业的投资者可能会利用卖方机构的适当性义务将本应属于自己的投资风险转移到金融机构身上，从而引发道德风险。

还有观点认为，适当性原则的关键在于金融机构需要掌握金融消费者的正确信息。当金融机构履行尽职调查义务时，如果投资者没有提供必要的相关信息，则应认定卖方机构没有违反适当性义务，也就不承担相应责任。当投资者提供虚假信息致使卖方机构做出错误建议时，只要金融机构能够证明自己执行职务行为履行了应参照的行为准则，就视为无过错，就应由投资者自负其责。另外，在金融机构承担尽职调查和风险披露义务的情况下，投资者明知其所购产品超出其风险承受能力而依然要求投资的，由投资者自负全责。

## 【理解与适用】

正确理解本条内容，需重点把握好以下几个问题：

### 一、关于卖方机构减轻相应赔偿责任的法理基础

法治化是金融市场健康发展的基石。在投资者适当性制度的建构中，除了应当考虑到对投资者利益的保护之外，如何平衡卖方机构与投资者之间的权利义务关系也是重要内容之一。在目前的审判实践中，在考虑卖方机构和投资者各自的责任承担时，更多地适用民法通则和侵权责任法中的过失相抵原则，即当投资者对于损失的发生或者损失结果的扩大具有过错时，依法减轻卖方机构的赔偿责任，从而公平合理地分配损失。对此，我们认为，过失相抵原则适用范围仅限于侵权责任，而卖方机构违反适当性义务的民事责任性质属缔约过失责任。虽然从最终裁判结果上看，在金融消费者具有过错的情况下，适当减轻卖方机构的赔偿责任并无不当，但从严格法律适用逻辑的角度讲，对于缔约过错责任的减免，仍不应适用过失相抵原则。

本条规定卖方机构可以适当减轻相应民事责任的法理基础在于，在金融消费者故意提供虚假信息、拒绝听取卖方机构的建议等自身原因导致其购买产品或者接受服务不适当时，金融消费者购买金融产品或者接受金融服务时对卖方机构的信赖程度明显降低。法律规定缔约过失责任的目的在于保护当事人的信赖利益，而在金融消费者故意提供虚假情况以购买金融产品时，其依法可以获得信赖利益亦应相应减少。

对金融消费者进行适格审查是适当性规则的重要内容。在投资者适当性制度中，卖方机构应当履行尽职调查义务，收集了解投资者的相关信息，包

括身份、性质、财产状况、投资经验、专业知识、投资目标、风险偏好等。如果投资者拒绝提供相关信息或者提供虚假信息，则卖方机构应当告知投资者无法确定其适当性，此时卖方机构的过错显著减轻。根据缔约过失责任的原理，卖方机构的赔偿责任也应根据过错减轻而相应减轻。证监会《关于建立股指期货投资者适当性制度的规定（试行）》第9条和《创业板市场投资者适当性管理暂行规定》第6条，都规定在该种情况下，投资者应当自己承担相应的责任。

二、关于卖方责任全部豁免的适用情形

卖方机构之所以负有适当性义务，在于金融交易的专业性和复杂性使得一般金融消费者难以作出自主决定，进而影响缔约平等。现实中，的确有一部分投资者基于既往投资经验、教育背景等因素，无须经过风险承受能力评估和风险告知，亦能对投资行为进行自主决定，比如，期货公司的交易员离职后以自己名义申请开设个人期货交易账户，即使卖方机构未履行适当性义务，也不会误导该金融消费者的投资决定。因此，在卖方机构能够举证证明根据金融消费者的既往投资经验、受教育程度等事实，适当性义务的违反并未影响金融消费者作出自主决定的，金融消费者仍应自担投资风险。司法实践中，多数法院开始参照投资者的既往投资情况判断风险承受能力评估结果是否真实可信、诉争产品是否合适；另一方面会认为具备相应投资经验的投资者理应认识到投资理财的风险，应当具备更高的谨慎注意义务，因而可以适当减轻卖方机构的风险提示和适当推荐义务，甚至认为投资者是自主购买理财产品，应当自担风险。

【实务问题】

纪要第76条对衡量卖方机构的告知说明义务确定了主客观相一致的标准，有观点认为这将大大提高了卖方机构的适当性管理义务。我们认为，告知说明义务的主观标准是指根据投资人的个人特点来确定告知说明义务的标准。但是，这并非是说司法机关适用主观标准时可以任意裁量。法院在适用主观标准时，仍需根据双方所举证事实，综合审查金融消费者是否充分了解相关金融产品、投资活动的性质及风险并在此基础上形成自主决定等案件基本事实。也正是在主客观相一致的标准下，本条关于因金融消费者故意提供虚假信息导致其购买产品或者接受服务不适当的，卖方机构请求免除相应责任的，人民法院应予支持的免责事由才有了适用的空间。

# 第六章 关于证券纠纷案件的审理

## 第一节 关于证券虚假陈述

会议认为,《最高人民法院关于审理证券市场因虚假陈述引发的民事赔偿案件的若干规定》施行以来,证券市场的发展出现了新的情况,证券虚假陈述纠纷案件的审理对司法能力提出了更高的要求。在案件审理过程中,对于需要借助其他学科领域的专业知识进行职业判断的问题,要充分发挥专家证人的作用,使得案件的事实认定符合证券市场的基本常识和普遍认知或者认可的经验法则,责任承担与侵权行为及其主观过错程度相匹配,在切实维护投资者合法权益的同时,通过民事责任追究实现震慑违法的功能,维护公开、公平、公正的资本市场秩序。

## 【说明】

证券市场虚假陈述,是指信息披露义务人违反证券法律规定,在证券发行或者交易过程中,对重大事件作出违背事实真相的虚假记载、误导性陈述,或者在披露信息时发生重大遗漏、不正当披露信息的行为。证券行政监管与证券司法审判是保障证券市场健康发展、维护投资者合法权益的两大主要力量。在我国二十多年的资本市场法治化进程中,各级法院切实履行证券商事审判工作职责,通过规则制定和个案审判,在保护投资者合法权益、防控金融风险,促进资本市场健康发展方面发挥了不可替代的重要作用。

在司法解释制定方面,最高人民法院先后制定了《关于审理证券市场因虚假陈述引发的民事赔偿案件的若干规定》《关于审理期货纠纷若干问题的规定》《关于办理内幕交易泄露内幕信息刑事案件具体应用法律若干问题的解释》等四十余部司法解释和规范性文件,在统一证券期货案件法律适用标准的同时,也有力推进了我国资本市场法治化进程;在案件审理方面,各级法院不仅依法成功化解了全国三十余家证券公司风险处置系列案、国债回购纠纷系列案等一批可能引发系统性、区域性金融风险的大要案,也依法审理了绿大地虚假陈述、光大证券"乌龙指"、徐翔操纵市场等一系列在全国具有重大影响的证券民事侵权和刑事犯罪案件。根据有关研究报告,我国投资者因证券虚假陈述的起诉获赔率达到48%，远高于美国的12.7%和我国台湾地区的39.6%。审判效率也遥遥领先。我国法院虚假陈述案件的平均审理时长是30.5个月，美国36个月，我国台湾地区则长达63个月。通过人民法院的审判活动，既依法严惩了证券违法犯罪行为，支持了投资者合法赔偿主张，也有效维护了上市公司、证券经营机构等市场主体正当经营的合法权利，为防范和化解我国资本市场金融系统风险做出了贡献。与此同时，我们也要看到，相对于当前证券市场违法违规行为的发展态势和切实保护投资者合法权益的要求，证券司法审判工作还存在较大的改革和完善空间。

与传统民商事案件相比，证券市场上的虚假陈述案件，具有当事人众多、涉案金额巨大、案件类型复杂、内容专业等典型特点，证券商事审判工作在新形势下承受着巨大压力：

一是案多人少矛盾突出。因投资者众多，证券侵权案件涉众型特征明显。一个虚假陈述证券侵权行为往往能给一个受理法院涌入数千件的民事案件，审判工作强度大。

二是对审判专业程度要求高。证券市场具有高度的专业性和创新性，证券侵权案件的事实查明和具体法律适用，往往需要综合运用会计、审计、金融、法律等多学科的知识，案件审理难度大；证券欺诈诉讼与一般损害赔偿案件的关键区别，在于不实信息对损害发生的决定性。侵权行为是否存在、侵权行为是否具有重大性、侵权行为与投资者损失之间的因果关系等，这些问题的证明需要具备专门的知识。证据种类及对证据的解读，均需要具备专门的知识。

三是案件处理的法律政策性强。在建设具有国际竞争力的与大国地位相适应的多层次资本市场过程中，如何在尊重资本市场基本规律的前提下把握司法介入的尺度，是证券法在不同个案处理时始终需要权衡的政策性问题。

另外，证券侵权民事诉讼起诉门槛的降低趋势，势必大幅增加虚假陈述案件数量。根据分别于2003年和2007年形成的司法解释和司法政策，投资人就虚假陈述、内幕交易、操纵市场等侵权行为人提起诉讼的，须以有关行政处罚决定或刑事判决书为起诉前提。随着证券市场的发展和社会主义法律体系的完善，有观点认为应当取消证券侵权民事诉讼起诉前置程序，也有法院已经开始审理未经监管部门行政处罚和人民法院生效刑事判决认定的虚假陈述行为引发的民事纠纷案件，这无疑将对审判一线的司法能力提出更高的要求。

79.【共同管辖的案件移送】原告以发行人、上市公司以外的虚假陈述行为人为被告提起诉讼,被告申请追加发行人或者上市公司为共同被告的,人民法院应予准许。人民法院在追加后发现其他有管辖权的人民法院已先行受理因同一虚假陈述引发的民事赔偿案件的,应当按照民事诉讼法司法解释第36条的规定,将案件移送给先立案的人民法院。

【条文主旨】

本条是关于共同管辖的案件移送的规定。

【理解与适用】

根据证券法和虚假陈述司法解释的有关规定,除发行人、上市公司外,上市公司负有责任的董事、监事和经理等高级管理人员、证券承销商、证券上市推荐人以及会计事务所、律师事务所等专业中介服务机构都可能成为虚假陈述民事责任主体,由此就可能出现多个法院基于投资者起诉的不同被告主体而对同一虚假陈述纠纷案件享有管辖权的问题。为此,虚假陈述司法解释对于管辖权的确定问题作出了如下安排:

对于投资人对多个被告提起证券民事赔偿诉讼的,虚假陈述司法解释第9条规定,按以下原则确定管辖:一是被告包括发行人或者上市公司的,由发行人或者上市公司所在地有管辖权的中级人民法院管辖;二是被告不包括发行人或者上市公司的,即对发行人或者上市公司以外的虚假陈述行为人或者自然人提起的诉讼,由被告所在地有管辖权的中级人民法院管辖。

对于原告以发行人、上市公司以外的虚假陈述行为人为被告提起诉讼,虚假陈述司法解释第10条规定,案件受理后,经当事人申请或者征得所有原告同意后,可以追加发行人或者上市公司为共同被告。人民法院追加后,应当将案件移送发行人或者上市公司所在地有管辖权的中级人民法院管辖。当事人不申请或者原告不同意追加,人民法院认为确有必要追加的,应当通知发行人或者上市公司作为共同被告参加诉讼，但不得移送案件。

发行人、上市公司是虚假陈述行为的实施人和第一责任人，只有发行人、上市公司参加诉讼才有利于查清案件事实，并一案解决其他责任主体是否承担责任问题。而且，发行人或者上市公司所在地有管辖权的中级人民法院审理此类案件，有利于事实查明和后续执行，所以虚假陈述司法解释将案件管辖法院，原则上确定为发行人或者上市公司所在地有管辖权的中级人民法院。根据虚假陈述司法解释第10条的上述规定，在证券公司、会计师事务所等发行人、上市公司以外的虚假陈述行为人为被告的情况下，未经原告同意追加的，法院即使依职权追加也不得移送案件。这样就可能造成案件出现多个法院同时审理的局面，不利于案件裁判统一。本条是根据民事诉讼法司法解释第36条的规定作出的专门安排，取消了原有不得移送管辖的限制。

80.【案件审理方式】案件审理方式方面，在传统的"一案一立、分别审理"的方式之外，一些人民法院已经进行了将部分案件合并审理、在示范判决基础上委托调解等改革，初步实现了案件审理的集约化和诉讼经济。在认真总结审判实践经验的基础上，有条件的地方人民法院可以选择个案以《民事诉讼法》第54条规定的代表人诉讼方式进行审理，逐步展开试点工作。就案件审理中涉及的适格原告范围认定、公告通知方式、投资者权利登记、代表人推选、执行款项的发放等具体工作，积极协调相关部门和有关方面，推动信息技术审判辅助平台和常态化、可持续的工作机制建设，保障投资者能够便捷、高效、透明和低成本地维护自身合法权益，为构建符合中国国情的证券民事诉讼制度积累审判经验，培养审判队伍。

## 【条文主旨】

本条是关于鼓励在代表人诉讼基础上探索构建符合中国国情的证券民事诉讼制度的原则性规定。

## 【理解与适用】

科学的证券民事诉讼程序是保障民事赔偿责任落地的关键环节。建立起一套能够便利投资者诉讼、有利于投资者维权的诉讼程序,是各界呼吁人民法院加强证券审判工作的主要焦点所在。随着中央关于设立科创板并试点注册制决策部署的落地和证券法修订工作的推进,构建符合中国国情的证券民事诉讼制度成为加强证券市场法治建设的重要内容。因涉及诉讼制度创设,证券集体诉讼制度根据立法法只能由法律规定。根据现有立法和司法实际,我们在完善、创新证券民事诉讼程序方面,重点从全面推进证券期货纠纷多元化解机制建设和完善证券民事诉讼配套程序两个角度加强工作。

一、关于全面推进证券期货纠纷多元化解机制建设与证券示范判决

近年来,证监会在优化投资者维权机制、畅通投资者维权渠道、支持投资者依法维护自身权益方面做了大量工作。在历经三年实践探索和充分论证基础上,2016年5月25日,最高人民法院与中国证监会联合印发了《关于在全国部分地区开展证券期货纠纷多元化解机制试点工作的通知》,标志着我国资本市场多元化纠纷解决机制的正式建立。全面推进证券期货纠纷多元化解机制建设,既是发挥证券司法资源最大效能的重要途径,也是突破证券商事审判发展瓶颈的有力抓手。人民法院积极参与证券期货纠纷多元化解机制建设,有利于进一步畅通投资者诉求表达和权利实现渠道,有序分流和快速化解大量潜在的涉诉案件;有利于在案件处理中获得更多市场专业力量的协助和支持,提升审判专业化水平;有利于加大对资本市场群体性纠纷的柔性化解力度,进一步保障案件处理取得良好效果。证券期货纠纷多元化解机制具有"四两拨千斤"的功效,必将有力促进证券商事审判工作实现新发展。截至2018年年底,证券期货试点调解组织接受法院委托调解以及自行调解的案件超过4.1万件,调解结案标的超过20亿元,调整组织建设、两家协调机制等也取得了显著的成绩。2018年11月,在全面总结两年多来试

点工作基础上，根据资本市场发展和司法审判实际，最高人民法院与证监会又联合下发的《关于全面推进证券期货纠纷多元化解机制建设的意见》，在全国范围内全面推行证券期货纠纷多元化解机制，摒弃法院在化解矛盾工作上"单打独斗"的传统思维，紧密依靠市场各方力量，充分调动市场专业资源化解证券期货纠纷的积极性。特别是在立案登记制全面施行的大背景下，各级法院更要将矛盾化解关口前移，通过采取立案前委派调解、立案后委托调解等方式，满足广大投资者多元化需求，进一步畅通投资者诉求表达和权利救济渠道。证券侵权纠纷案件，具有类型复杂、内容专业、投资者人数众多等典型特点，在纠纷调解实践中，投资者与调解机构时常在投资者的交易方向与诱多、诱空的虚假陈述是否一致、虚假陈述的实施日、揭露日或者更正日如何确定以及非虚假陈述行为导致的损失如何扣除等案件基本事实问题，难以取得共识，加之投资者的利益诉求多元，导致证券群体性纠纷不能通过调解方式得到有效化解。为此，最高人民法院在2016年发布《关于在全国部分地区开展证券期货纠纷多元化解机制试点工作的通知》就明确要建立证券示范判决机制：对虚假陈述、内幕交易、操纵市场等违法行为引发的民事赔偿群体性纠纷，需要人民法院通过司法判决宣示法律规则、统一法律适用的，受诉人民法院可选取在事实认定、法律适用上具有代表性的若干个案作为示范案件，先行审理并及时作出判决；通过示范判决所确立的事实认定和法律适用标准，引导其他当事人通过证券期货纠纷多元化解机制解决纠纷，降低投资者维权成本，提高矛盾化解效率。

证券示范判决机制的核心是利用已生效案件的既判力加大对群体性纠纷中其他类案的行业调解力度，落脚点仍是全面推进证券期货纠纷多元化解机制。司法实践中，上海金融法院于2019年出台了《关于证券纠纷示范判决机制的规定》，主要对示范案件的选定、审理、专业支持、判决效力、审判管理等作出了规定。在案件选定方面，主要选择群体性证券纠纷中在事实争点和法律争点方面具有代表性的案件；在案件审理方面，着重审查和认定群体性案件中具有共性的事实和法律适用问题，并规定示范判决在事实和法律适用的效力适用于其他未决案件。2019年5月，上海金融法院作出了全国首例证券纠纷示范判决，为建立健全证券纠纷化解机制积累了经验。

二、关于完善证券民事诉讼配套程序的考虑

我国现有民事诉讼类型主要有单独诉讼、共同诉讼、代表人诉讼和公益诉讼四种，司法解释和司法政策对证券诉讼的方式选择应当在既有的民事诉讼法规定的框架下进行。公益诉讼制度作为我国民事诉讼制度中新建立的诉讼模式，目前只适用于环境污染案件和侵害众多消费者权益等案件，无法适用于证券欺诈案件。因此，从解释论立场出发，我国民事诉讼法规定的共同诉讼和代表人诉讼，成为原告人数众多的证券侵权诉讼的当然选择。对于共同诉讼的投资者原告人数众多的，可以由当事人推选代表人，国务院证券监督管理机构设立的证券投资者保护机构以自己的名义提起诉讼，或者接受投资者的委托指派工作人员或委托诉讼代理人参与案件审理活动的，人民法院可以指定该机构或者其代理的当事人作为代表人。支持依法成立的证券投资者保护机构开展为投资者提供专门法律服务等证券支持诉讼工作。按照共同的法律问题或者共同的事实问题等标准划分适格原告群体，并在此基础上分类推进诉讼公告、权利登记和代表人推选。代表人应当经所代表原告的特别授权，具有变更或者放弃诉讼请求等诉讼权利，对代表人与被告签订的和解或者调解协议，人民法院应当依法进行审查，以保护被代表投资者的合法权益。

证券侵权案件中，投资者在取得和控制关键证据方面往往处于弱势地位。为此，要探索建立律师民事诉讼调查令制度，便于投资者代理律师行使相关调查权，提高投资者自行收集证据的能力。研究探索适当强化有关知情单位和个人对投资者获取证据的协助义务，对拒不履行协助取证义务的单位和个人要依法予以民事制裁。

在证券审判机制创新方面，还要依托信息化手段提高证券司法能力。推动建立开放、动态、透明的证券侵权案件专家陪审制度，从证券监管机构、证券市场经营主体、研究机构等单位遴选专家陪审员，参与证券侵权案件审理。要充分发挥专家证人在案件审理中的作用，探索专家证人的资格认定和管理办法。研究开发建设全国法院证券审判工作信息平台，通过信息化手段实现证券案件网上无纸化立案，实现群体性诉讼立案便利化，依托信息平台完善群体诉讼统一登记机制，解决适格原告权利登记、代表人推选等问题。着力解决案件审理与证券交易数据的对接问题，为损失赔偿数额计算提供支持，提高办案效率。

在判决执行方面，推动建立投资者保护机构辅助参与生效判决执行的机制，借鉴先行赔付的做法，法院将执行款项交由投资者保护机构提存，再由投资者保护机构通过证券交易结算系统向胜诉投资者进行二次分配。

81.【立案登记】多个投资者就同一虚假陈述向人民法院提起诉讼,可以采用代表人诉讼方式对案件进行审理的,人民法院在登记立案时可以根据原告起诉状中所描述的虚假陈述的数量、性质及其实施日、揭露日或者更正日等时间节点,将投资者作为共同原告统一立案登记。原告主张被告实施了多个虚假陈述的,可以分别立案登记。

## 【条文主旨】

本条是关于虚假陈述代表人诉讼立案登记的规定。

## 【理解与适用】

立案登记制是党的十八大以来的重大司法改革成果。党的十八届四中全会审议通过的《中共中央关于全面推进依法治国若干重大问题的决定》,就案件受理制度改革作出重大部署:"改革法院案件受理制度,变立案审查制为立案登记制,对人民法院依法应该受理的案件,做到有案必立、有诉必理,保障当事人诉权。"2015年4月,随着《最高人民法院关于人民法院登记立案若干问题的规定》的下发,立案登记制在全国法院全面实行。立案登记制实行后,法院对当事人的起诉不进行实质审查,仅仅对形式要件进行核对;除了规定不予登记立案的情形外,当事人提交的诉状一律接收,并出具书面凭证;起诉状和相关证据材料符合民事诉讼法规定条件的,当场登记立案。

《民事诉讼法》第54条规定代表人诉讼的适用条件之一是"诉讼标的是同一种类"。法院在判断诉讼事项是否符合第54条的要求,可以参考以下要素:投资者是否针对同一当事人提起诉讼,即侵权主体的同一性;相关交易时间是否在侵权行为发生和影响的区间,即侵权影响的同一性;是否提出了同一的诉由,即侵权行为的同一性。

在虚假陈述案件审理方式上推广使用代表人诉讼方式,离不开法院立案部门的支持配合，立案登记制并不意味着当事人的起诉无须经过任何审查即可立案受理。虚假陈述被告一般而言为发行人或者上市公司，而众多原告之间基于购买同一只股票受损而存在共同的法律关系。因此，为避免把多个虚假陈述案件单个立案，分别审理，法院立案部门可在审判庭的协助下，在登记立案时可以根据原告起诉状中所描述的虚假陈述的数量、性质及其实施日、揭露日或者更正日等时间节点，将投资者作为共同原告统一立案登记，而不必一案一立。当然，原告主张被告实施了多个虚假陈述的，可以分别立案登记。

82.【案件甄别及程序决定】人民法院决定采用《民事诉讼法》第54条规定的方式审理案件的，在发出公告前，应当先行就被告的行为是否构成虚假陈述，投资者的交易方向与诱多、诱空的虚假陈述是否一致，以及虚假陈述的实施日、揭露日或者更正日等案件基本事实进行审查。

## 【条文主旨】

本条是关于虚假陈述代表人诉讼基本事实审查前置的规定。

## 【理解与适用】

虚假陈述案件如采用代表人诉讼方式进行审理，因起诉的原告范围未必涵盖了所有能够获赔的投资者，根据《民事诉讼法》第54条第1款的规定，人民法院应当发出公告，说明案件情况和诉讼请求，通知权利人在一定期间内向法院登记。也就是说，人民法院在发出的公告中，需要确定可以参加诉讼的投资者范围，而这就与投资者的交易方向、虚假陈述的实施日、揭露日或者更正日等案件基本事实的认定密切相关。因此，本条规定，受诉法院在发出公告前，应当先行就被告的行为是否构成虚假陈述，投资者的交易方向与诱多、诱空的虚假陈述是否一致，以及虚假陈述的实施日、揭露日或者更正日等案件基本事实进行审查。

另外，规定对虚假陈述的基本事实进行前置审查，还对公告后的适格原告分类工作有重大影响。为使现有代表人诉讼制度更好地适应证券虚假陈述案件实际，应该考虑以共同的法律问题或者共同的事实问题为标准来划分适格原告群体，并在此基础上分类推进公告和权利登记、代表人推选等工作。因此，被告的行为是否构成虚假陈述，投资者的交易方向与诱多、诱空的虚假陈述是否一致，以及虚假陈述的实施日、揭露日或者更正日等案件基本事实，受诉法院应当通过庭前交换证据、询问等程序加以确定。这样做的主要目的是考虑案件审理的效果，特别是案件的结果，避免实质上不可能胜诉的原告通过法院告知的方式进入诉讼，从而增加当事人诉累。

83.【选定代表人】权利登记的期间届满后，人民法院应当通知当事人在指定期间内完成代表人的推选工作。推选不出代表人的，人民法院可以与当事人商定代表人。人民法院在提出人选时，应当将当事人诉讼请求的典型性和利益诉求的份额等作为考量因素，确保代表行为能够充分、公正地表达投资者的诉讼主张。国家设立的投资者保护机构以自己的名义提起诉讼，或者接受投资者的委托指派工作人员或者委托诉讼代理人参与案件审理活动的，人民法院可以商定该机构或者其代理的当事人作为代表人。

【条文主旨】

本条是关于虚假陈述案件诉讼代表人选定的规定。

【理解与适用】

诉讼代表人是指为了便于诉讼，由人数众多的一方当事人推选出来代表其利益实施诉讼行为的人。根据民事诉讼法和民事诉讼法司法解释的规定，诉讼代表人的产生方式包括当事人推选产生和法院提出人选与当事人商定产生两种。境外集团诉讼代表人的产生方式主要有法院确定产生（美国）和投资者委托产生（我国台湾地区）两种。美国代表人机制下，主要由律师发起集团诉讼，较为容易产生滥诉问题；我国台湾地区投资者委托代表人机制下，市场较为关注投资者保护组织"垄断"问题，以及投资者保护组织在具体案件中并不忠实代表受害投资者问题。

根据现有规定，诉讼代表人从当事人中产生，因而国家设立的投资者保护机构不是适格的诉讼代表人。我们了解到，在证券法修订草案中，原则规定了依法设立的投资者保护机构可以作为代表人参加诉讼，这对我们的工作无疑有巨大的促进作用。为体现适度的前瞻性，本条明确，国家设立的投资者保护机构具有诉讼代表人资格，并可通过人民法院与当事人商定的方式成为诉讼代表人；需要说明的是，投资者保护机构成为诉讼代表人后，同时也应当允许其他未被代表的投资者再自行推选代表人，形成两类代表人的相互合作和制衡，防止投资者保护机构成为"一家独大"的代理人。

84.【揭露日和更正日的认定】虚假陈述的揭露和更正，是指虚假陈述被市场所知悉、了解，其精确程度并不以"镜像规则"为必要，不要求达到全面、完整、准确的程度。原则上，只要交易市场对监管部门立案调查、权威媒体刊载的揭露文章等信息存在着明显的反应，对一方主张市场已经知悉虚假陈述的抗辩，人民法院依法予以支持。

【条文主旨】

本条是关于虚假陈述揭露日认定的规定。

【理解与适用】

虚假陈述司法解释第 20 条第 2 款规定："虚假陈述揭露日，是指虚假陈述在全国范围发行或者播放的报刊、电台、电视台等媒体上，首次被公开揭露之日。"司法实践中，对于上市公司虚假陈述揭露日的认定，实践中有几种不同的观点和做法，如立案调查通知书公告日、行政处罚事先告知书公告日、行政处罚公告日以及媒体报道日等。其中以立案调查通知书公告日还是行政处罚事先告知书公告日为揭露日争议较大。针对争议日期所涉公告内容，立案调查通知书一般为固定格式，内容限于证监会因公司信息披露涉嫌违反证券法律规定而对其立案调查，并提醒广大投资者注意投资风险；行政处罚事先告知书内容较为具体，一般与证监会最终作出的行政处罚决定书中所列举的违法事实相对应。

我们认为，根据相关行政法规规定，证券监管机构只有在掌握较为确实充分的证据的前提下，才能对涉嫌证券市场违法违规者进行立案稽查，行政监管强度已比较高。上市公司发布的证券监管机构对其涉嫌违法违规事项进行立案调查通知的公告内容，对于所有投资者都应属于具有较强警示性的投资信息，足以影响投资者的投资决策，符合有关虚假陈述"揭露"之客观要求。另外，上市公司关于收到立案调查通知书的公告内容，已明确写明"敬请投资者注意投资风险"，故其足以对理性投资者起到重新判断股票价值、注意证券市场投资风险的警示作用。因此，从理性投资的角度出发，当投资者获悉证监会等机构的决定立案调查通知书内容时，应当预料到其中所涉上市公司的行为可能被定性为虚假陈述，进而影响自身的投资决策，防范投资风险。因此，若无其他情节，原则上立案调查通知书公告日作为揭露日。另外，若以行政处罚事先告知书公告日作为揭露日，则会导致在立案调查通知书公告日之后至行政处罚事先告知书公告日期间内卖出股票的投资不能得到赔偿，而在此期间买入的投资者能够得到赔偿，其导向是鼓励投资者在上市公司被调查后买入股票，这与理性投资理念是背道而驰的。

据此，根据揭露日所承载阻却交易因果关系（即揭露日后买入的投资者因不存在交易因果关系而不予赔偿）的功能，我们认为，认定揭露日须重点把握以下三个原则：一是虚假陈述行为属首次被公开，但并不要求达到全面、完整、准确的程度。二是在全国范围发行、传播。三是揭露对证券交易产生了实质性的影响。因此，原则上，只要交易市场对监管部门立案调查、权威媒体刊载的揭露文章等信息存在着明显的反应，对一方主张市场已经知悉虚假陈述的抗辩，人民法院依法予以支持。

85. 【重大性要件的认定】审判实践中，部分人民法院对重大性要件和信赖要件存在着混淆认识，以行政处罚认定的信息披露违法行为对投资者的交易决定没有影响为由否定违法行为的重大性，应当引起注意。重大性是指可能对投资者进行投资决策具有重要影响的信息，虚假陈述已经被监管部门行政处罚的，应当认为是具有重大性的违法行为。在案件审理过程中，对于一方提出的监管部门作出处罚决定的行为不具有重大性的抗辩，人民法院不予支持，同时应当向其释明，该抗辩并非民商事案件的审理范围，应当通过行政复议、行政诉讼加以解决。

## 【条文主旨】

本条是关于虚假陈述重大性要件的规定。

## 【理解与适用】

虚假陈述的重大性要件是指可能对投资者进行投资决策具有重要影响的虚假陈述行为才具有可赔偿性。对于虚假陈述重大性的认定标准，美国法在传统上是以理性投资人为标准，但这实际上是法官的标准，可操作性不强。从趋势上看，世界各国在证券欺诈领域，对重大性等主观性较强的事项，越来越多地采用了客观化的证明方法，即以事后的、客观化的指标对虚假陈述的程度进行检验，通过观察虚假陈述行为对证券交易价格和交易量的影响来加以证明。目前，美国证监会、欧盟市场新近的实践，均采用了这一方法。

重大性标准在虚假陈述司法解释中并不是重点，但没有专门规定并不代表司法解释对此没有予以关注。实际上，虚假陈述司法解释是通过设置起诉前置程序来为虚假陈述设定了重大性标准，也就是说只要是被行政处罚或者刑事判决的虚假陈述行为，都当然构成重大证券侵权行为。因此，在虚假陈述司法解释尚未修改并依然适用的前提下，受诉法院不能将已处罚的虚假陈述行为认定为没有重大性。因此，对于一方提出的监管部门作出处罚决定的行为不具有重大性的抗辩，人民法院不予支持。同时，人民法院应当向其释明，该抗辩并非民商事案件的审理范围，应当通过其他途径如行政复议或者行政诉讼等解决。

## 第二节　关于场外配资

会议认为，将证券市场的信用交易纳入国家统一监管的范围，是维护金融市场透明度和金融稳定的重要内容。不受监管的场外配资业务，不仅盲目扩张了资本市场信用交易的规模，也容易冲击资本市场的交易秩序。融资融券作为证券市场的主要信用交易方式和证券经营机构的核心业务之一，依法属于国家特许经营的金融业务，未经依法批准，任何单位和个人不得非法从事配资业务。

## 【说明】

本部分是关于股票信用交易依法属于证券经营机构特许经营业务的规定，未经依法批准，任何单位和个人不得非法从事配资业务。

正确理解本部分内容，需重点把握以下几个问题：

### 一、关于纪要专门规定场外配资合同效力的背景介绍

2015年6月中旬开始，我国证券市场出现了异常剧烈波动行情。从2015年6月12日至7月9日，在18个交易日内，上证指数从最高5178点跌至最低3373点，最大跌幅近35%；深证指数从最高18 211.76点跌至最低10 850.38点，最大跌幅达40.4%；创业板指数从最高3919.36点跌至最低2364.05点，最大跌幅近39.7%。据统计，此次股市暴跌，A股总市值从6月12日的71.3万亿元骤减至7月8日46.8万亿元，缩水了24.5万亿元，绝大部分投资者损失惨重，如按照截至6月26日的期末持仓人数5076.6万进行计算，二周内投资者累计人均亏损额高达41.3万元。此次证券市场的单边剧烈下挫，在连续"千股跌停"的同时引发"千股停牌"，并危及其他金融市场稳定。为防范发生市场系统性风险，国家投入了上万亿救市资金并连续实施了一系列救市措施，证券市场剧烈下挫的局面才得以逐渐扭转。该事件影响恶劣，教训深刻。

事后包括证券监管层在内的各方均一致认为，本轮股市行情中的融资盘即杠杆资金是此次证券市场异常剧烈波动的核心风险因素。融资盘投资者的

收益和损失与融资杠杆率成正相关,投资风险很高。杠杆资金的巨量融入,成就了此次股市行情的暴涨与暴跌:从2014年9月起,上证指数从2235.51点,一路飙升至2015年6月12日的最高5178点,涨幅达131.6%,许多股票估值泡沫化严重,获利盘巨大,调整需求严重;证监会自2015年1月16日以来,先后七次出手查"两融"及场外配资,并于6月12日发文要求各证券公司不得通过网上证券交易接口为任何机构和个人开展场外配资活动、非法证券业务提供便利,股市于6月15日应声下跌;获利盘开始大范围出逃,大量股票跌停,引发股指大幅下挫;个股大面积跌停引发高杠杆融资盘被强行平仓;卖盘涌出,更多杠杆资金被强行平仓,更多股票跌停,市场引发资金踩踏效应;机构通过做空股指期货对冲股市下跌风险,期指成交量暴增,此后期指出现多次跌停;市场恐慌加剧,恐慌性杀跌—融资盘爆仓—强制平仓—卖盘涌出—平仓压力从高杠杆融资盘向低杠杆融资盘爆仓传导,融资盘平仓压力和股指下跌形成恶性循环。

由于股票场外配资业务游离在证券监管范围之外,对于2015年我国证券市场剧烈波动前,A股市场中到底有多少融资盘至今没有确切数据。根据统计,6月15日股市暴跌前证券公司的正规融资融券余额为2.22万亿元;而对于证券公司以外的场外融资规模,缺乏有效数据监测。虽有券商的研报对此进行了推算,但因其主要着眼于市场风险的化解,且由于各自的逻辑存在差异,测算的口径也存在着一些差别,各方观点集中在1.7万亿元至3.7万亿元之间。①

我们认为,所有金融活动的本质都具有套利属性,因此,金融创新与金融监管是资本市场发展的两大永恒主题。始于2014年下半年的股市上涨是新中国证券市场建立以来第一个杠杆资金推动的牛市行情,而2015年6月

---

① 申万宏源的调研报告指出,场外配资规模存量约1.7~2万亿元左右。目前民间配资+伞形信托这块入市的状况测算,配资公司大约有10 000家左右,平均规模约为1~1.5亿元规模,则保守估计整体的配资规模就约为1~1.5万亿元。伞形信托主要资金来源为银行理财资金,约为7000~8000亿元左右。其他方式的配资,包括互联网P2P等模式,很难统计。华泰证券的调研报告指出,场外配资的总体规模预计在3.3万亿元左右,悲观情况下可能达到3.5~3.7万亿元,其中银行理财资金1.6万亿元左右,约占股市配资的一半。在1.6万亿元银行理财融资资金中,场内融资约1万亿元,其中两融融资8000亿元,收益互换2000亿元;场外融资约6000亿元。另外,股权质押项目吸收的银行理财资金约5000亿元,不属于配资。但股价大幅下跌时期同样存在较大风险。总体来看,与股市融资相关的银行理财规模总额估计在2.1万亿元左右,相当于银行理财总规模的10%左右。光大证研报认为,当时场外融资盘大致有2万亿元,包括民间配资公司(如P2P公司、互联网金融公司等)形成的杠杆资金约3000亿元、银行、信托公司对机构(主要是私募基金)形成的杠杆资金约5000亿元以及上市企业还通过股票质押的方式从金融机构获取的融资约1万亿元,等等。

开始的证券市场剧烈波动也是我国 A 股市场经历的第一次大规模高杠杆危机，充分反映了我国证券市场风险监管能力储备与市场创新水平不完全匹配的现实。股票信用交易在我国起步较晚，对其予以监管和法律规制，既是证券行政执法上的新课题，也是商事审判中的新类型法律问题。2015 年 6 月中旬以来的证券市场剧烈波动行情，虽经国家层面全面救市举措的逐步落实而消除，但其对金融市场稳定和广大中小投资者产生的巨大影响必须正视。目前，北京、上海、广东等多地法院受理了这类案件，案件数量和诉讼标的预计还将持续增长。

## 二、关于股票信用交易、股票配资和场外配资的概念解析

股票信用交易与股票现金交易相对应，是股票交易的两种方式。股票信用交易分为融资交易和融券交易，融资交易是指投资者在看好后市而资金不足时，借入资金用来购入股票待涨卖出以获取投资收益；融券交易是指投资者在看空后市而资金不足时，以一定数额资金担保借入股票后股价待跌卖出以获取投资收益。融资交易俗称股票配资，实际上就是一种资金借贷活动，投资者可以通过股票配资以较少的自有资金进行杠杆投资。按照配资是否发生于证券交易所场内这一标准，可将股票融资分为场内配资和场外配资两大类型。

所谓场内配资，主要指的是证券公司开展的、证监会对其进行监管的配资业务，如融资融券业务、股票质押式回购业务等。证券公司融资融券业务分为融资业务和融券业务，一般称之为两融业务。融资交易就是投资者以资金或证券作为质押，向券商借入资金用于证券买卖，并在约定的期限内偿还借款本金和利息；融券交易是投资者以资金或证券作为质押，向券商借入证券卖出，在约定的期限内，买入相同数量和品种的证券归还券商并支付相应的融券费用。我国融资融券交易试点于 2010 年 3 月启动，此后市场飞速发展，融资峰值在 2015 年 6 月 28 日达到了 2.27 万亿元；而融券业务则一直处于相对萎缩的状态。在投资者适当性管理方面，证监会于 2015 年 7 月 1 日发布的《证券公司融资融券业务管理办法》第 12 条规定，融资融券的客户准入门槛为从事证券交易时间在 6 个月以上且最近 20 个交易日日均证券类资产不低于 50 万元。

所谓场外配资，是银行、信托、民间配资公司等非证券经营机构向投资者提供的股票融资行为。场外配资的类型比较复杂，既包括接受银监会监管的商业银行、信托公司开展的集合资金信托计划，也包括以金融创新为名发展出来的各种互联网金融公司的网上配资平台，还包括没有任何监管的民间

配资公司和个人之间的资金借贷等。

**三、关于场外配资入市的主要方式**

在 2015 年前后，场外配资业务主要依托的是恒生 HOMS、上海铭创、同花顺三大配资软件系统接入券商系统进行交易。上述交易软件的核心是具有分仓交易功能，资金管理人（出借人）可以在其控制的同一证券账户开立多个二级子账户，并进行交易、风控、平仓、追加保证金、清算等功能，打破了券商和证券登记结算机构对证券投资账户开户权限的垄断权，并能够实现券商系统的几乎所有功能。伴随着配资系统的成熟和 A 股市场的活跃，从 2014 年底开始，恒生 HOMS 系统、铭创软件、同花顺均成为此轮牛市的受益者。根据中国证券业协会公布的数据，HOMS 与铭创的规模分别达 4400 亿元和 360 亿元，而同花顺的规模仅为 60 亿元。

上述三大配资软件对投资者适当性的突破，是其业务几何倍增长的重要原因所在。证监会现行要求，两融业务开户门槛为个人证券资产不少于 50 万，而原银监会对集合信托认购规定的门槛是不少于 100 万元。这些要求迫使部分有杠杆交易需求的中小投资者转向民间配资公司，在恒生 HOMS 等系统供应商的配合下，配资公司通过二级分仓规避了前述两条限制。事实也证明，部分配资公司对投资者参与门槛和资金杠杆倍数毫无限制。以配资平台 PPmoney 为例，该平台配资的参与门槛最低仅为 2000 元，而其最高杠杆可达 4 倍；据其披露，截至 7 月 7 日，其配资用户已达 12 965 名。因恒生 HOMS 系统等"二级分仓"功能的存在，致使金融监管部门根据投资者风险承受能力所制定的适当性管理政策逐渐成为一纸空文。

86.【场外配资合同的效力】从审判实践看，场外配资业务主要是指一些 P2P 公司或者私募类配资公司利用互联网信息技术，搭建起游离于监管体系之外的融资业务平台，将资金融出方、资金融入方即用资人和券商营业部三方连接起来，配资公司利用计算机软件系统的二级分仓功能将其自有资金或者以较低成本融入的资金出借给用资人，赚取利息收入的行为。这些场外配资公司所开展的经营活动，本质上属于只有证券公司才能依法开展的融资活动，不仅规避了监管部门对融资融券业务中资金来源、投资标的、杠杆比例等诸多方面的限制，也加剧了市场的非理性波动。在案件审理过程中，除依法取得融资融券资格的证券公司与客户开展的融资融券业务外，对其他任何单位或者个人与用资人的场外配资合同，人民法院应当根据《证券法》第 142 条、合同法司法解释（一）第 10 条的规定，认定为无效。

## 【条文主旨】

本条是关于场外配资合同无效的规定。

## 【争议观点】

对于银行、信托公司等非证券经营金融机构开展的配资业务，一种观点认为，这也是场外配资。相反观点则认为，信托公司具有配资性质的包括伞形信托在内的结构化信托产品，都已经监管部门备案，合法合规，不能与没有资质的民间配资活动相提并论；伞形信托模式早在 19 世纪即已存在，在全球的历史悠久，伞形信托结构不只存在于证券信用交易中，也广泛应用于其他信托投资模式中，不能将之妖魔化。信托公司在结构化信托业务中将不同账户分给劣后级客户使用，是正常的金融业务，而不应将此定性为出借证券账户或违反证券账户实名制管理。

## 【理解与适用】

正确理解本条内容，需重点把握以下几个问题：

### 一、关于对股票配资合同效力的司法审查路径

股票配资合同的性质是借款合同，各方对此没有争议。那么，对股票配资合同的合同效力判断，是否也适用借款合同的一般规则呢？在 2015 年证券市场异常剧烈波动时，证券监管部门虽发布多个通知对场外配资行为严加禁止，但可能是碍于上位法的依据不足，监管部门对场外配资先后定性为：非法证券活动、从事或变相从事证券经纪业务（主要是对配资软件提供商）、违反证券账户实名制、未经许可从事证券业务等。从守住防止出现系统性金融风险的底线看，证券市场的场外配资活动必须得到有效监管和治理。问题

是，在我国现有法律背景下，从哪个路径进行规制才能真正做到依法、全面和有效呢？

在这个问题上，美国法在总结1929年股灾教训的基础上走在世界的前列。在1933年之前，美国股市中的杠杆配资不受限制，即使是小的散户也可以通过所购买股票市值的10%~20%的保证金就可以控制大量的头寸，由此引发了大规模的投机活动，轻率的信用扩张和股市过度的杠杆作用最终导致了1929年美国股市的崩盘。在1929年的美国股市大崩溃中，股市暴跌，证券价值的下降使得作为保证金贷款的附属担保物的价值也随之下降，为应对银行追加担保物的要求，经纪人被迫卖掉客户的证券，但这一出售行为使问题变得更糟：因为出售行为导致股价继续下跌，反过来又使得其他账户没有保障，从而导致更多账户的平仓卖出，这个过程就像滚雪球一样。股市崩溃使得美国进入了该国历史上时间最长、影响最坏的经济大萧条，不仅证券的投资价值消失，消费需求、工业产量都严重下降，银行业基本陷于全面瘫痪状态。道琼斯指数从386点落到41点，跌幅达89%，交易所股票市值从897亿美元跌至156亿美元。在罗斯福总统就职的那一天，美国的银行几乎都已经关门。在就职演说中，罗斯福认为：银行家的行为和整个金融界是这场大萧条的主要根源，"肆无忌惮的钱商们将站在公众舆论的法庭上接受审判，为人类的良心和感情所唾弃。"

危机催生了美国法上的两个重要贡献：一是1933年银行法的格拉斯·斯蒂格尔条款，切断了银行信贷资金流向股市的通道；二是1934年《美国证券交易法》第7条和第8条，将证券市场的信用交易列为特许经营业务。这一立法政策仍被其他国家以及我国台湾地区、香港特别行政区的证券市场所坚持。

从以上立法经验看，股票信用交易既是证券市场的主要交易方式之一，也是各国证券经营机构的核心业务。同时，在立法上规定股票配资属国家特许经营的金融业务属成熟资本市场的通例。

由此，我们认为，将股票信用交易行为纳入特许经营的法律框架内，在我国现阶段证券立法尚待完善的现实条件下，具有重要的借鉴意义。《证券法》第142条规定：证券公司为客户买卖证券提供融资融券服务，应当按照国务院的规定并经国务院证券监督管理机构批准。根据该条规定，我们认为，包括场外配资在内的股票信用交易在我国亦属国家特许经营业务；合同法司法解释（一）第10条规定：当事人超越经营范围订立合同，人民法院不因此认定合同无效。但违反国家限制经营、特许经营以及法律、行政法规禁止经营规定的除外。据此，本条规定，除依法取得融资融券资格的证券公司与客户开展的融资融券业务外，对其他任何单位或者个人与用资人的场外配资合同，人民法院应依法认定合同无效。

二、关于银行、信托公司配资合同效力问题

银行开展配资业务的主要形式是股票质押贷款和运用客户委托理财资金认购结构化信托产品优先级份额。股票质押贷款属于银行正常信贷业务，合法有效；银行运用委托理财资金投资结构化信托产品，是否违反有关法律、法规和监管要求，其与信托公司之间签订的有关合同是否有效，需要结合信托合同的类型进行具体分析。除上述两种业务方式外，也不排除有些银行的信贷资金和自营资金违规入市的情况。银行利用信贷资金和自营资金违规入市在我国被严格禁止，银行违规与投资者签订的此类配资合同，应当认定为无效。

对于信托公司开展配资业务的有关合同效力问题，相较而言情形更为复杂。依据现有信托法规，我国的信托公司实际上是一个金融平台，信托账户和信托财产的独立性法律属性赋予了信托公司独享的业务优势。单一资金信托业务属于信托公司正规的证券投资信托方式，也称阳光私募，其投资收益和风险不分层，依法成立的单一资金信托合同应属有效。对于在本轮股市剧烈波动中引发巨大争议的结构化信托和伞形信托合同效力问题，我们认为，对于具有股票配资功能的结构化信托和伞形信托合同，应当认定为场外配资合同，在信托公司未取得融资融券国家特许经营许可的情况下，应当认定合同无效。

# 【实务问题】

## 一、关于证券融资融券合同效力的司法判断问题

场内配资即证券公司的融资融券业务在我国具有明确的法律地位和较充分的监管条件。《证券法》第142条规定：证券公司经批准可以为客户买卖证券提供融资融券服务。因此，券商依法与客户签订的场内配资合同应认定为合法有效。实践中，有的券商通过互联网金融创新业务突破了证监会规定的投资者准入门槛，对客户资产低于50万的客户开展了互联网的小额质押融资。对于这一类融资融券合同，我们认为，主要应以证券监管机构的投资者适当性管理文件为依据，将部门规章和自律监管文件关于投资者适当性管理的要求导入到《合同法》第52条第4项关于损害社会公共利益的文义之

中，认定违反监管部门关于融资融券交易的投资者适当性管理制度的融资融券合同无效。

**二、关于证券公司实施的强行平仓正当性的司法审查规则**

对于投资者而言，强行平仓是其证券、期货交易亏损到一定程度后由资金或信用提供方实施的最为严厉的风险控制措施，一旦被强行平仓，投资者再无交易机会，损失惨重。对于无效的配资合同，配资方的强行平仓行为当属无效，不存在其强行平仓行为是否恰当的问题。因此，主要需要解决的是如何判断证券公司在合法的融资融券业务中的强行平仓行为是否恰当问题。

融资融券业务是股票信用交易的一种形式，虽该业务模式中包含强行平仓的风险控制措施，但现有证券法律、法规都没有对证券公司强行平仓措施的行使方式予以规定。证监会发布的《证券公司融资融券业务管理办法》第26条对此也仅作了原则性的规定[1]，其法律层级较低。强行平仓概念来源于期货交易领域，《期货交易管理条例》第34条第2款[2]、《最高人民法院关于审理期货纠纷案件若干问题的规定》第36~41条还专章规定了强行平仓责任[3]。我们认为，融资融券交易在性质上与期货交易同属证券信用交易的方式，其强行平仓规则具有高度的相似性。参照上述期货行政法规和司法解释的规定，结合最高人民法院民二庭在审理有关期货经纪公司不当强行平仓责任纠纷案件[4]中所确定的规则，我们认为，可以从以下几个方面判断证券公司强行平仓行为是否具有正当性：

1. 证券公司实施强行平仓的法定条件：（1）客户保证金亏损到约定程度；（2）证券公司应以适当方式通知客户追加担保物，并留有一定期限；（3）客户没有按照要求及时补交担保物；（4）客户没有及时自行平仓。只有在上述四个法定条件全部成就的情形下，证券公司才有权强行平仓。证券

---

[1] 该条第2款、第3款规定："证券公司应当逐日计算客户交存的担保物价值与其所欠债务的比例。当该比例低于约定的维持担保比例时，应当通知客户在约定的期限内补交担保物，客户经证券公司认可后，可以提交除可充抵保证金证券以外的其他证券、不动产、股权等资产。客户未能按期交足担保物或者到期未偿还债务的，证券公司可以按照约定处分其担保物。"

[2] 该款规定："客户保证金不足时，应当及时追加保证金或者自行平仓。客户未在期货公司规定的时间内及时追加保证金或者自行平仓的，期货公司应当将该客户的合约强行平仓，强行平仓的有关费用和发生的损失由该客户承担。"

[3] 该司法解释第40条规定："期货交易所对期货公司、期货公司对客户未按期货交易所交易规则规定或者期货经纪合同约定的强行平仓条件、时间、方式进行强行平仓，造成期货公司或者客户损失的，期货交易所或者期货公司应当承担赔偿责任。"

[4] 银建期货经纪有限责任公司天津营业部与范有孚期货交易合同纠纷再审案，[（2010）民提字第111号］。

公司违反上述条件强行平仓的，应当承担过错强行平仓责任。证券公司与客户的合同约定突破上述条件的，应认定有关条款无效。

2. 证券公司的强行平仓方式须严格依照合同约定。人民法院在审理有关强行平仓案件时，应当严格按照当事人在合同中的约定确定强行平仓责任。即使在极端单边下跌行情下，证券公司也应严格按照约定的强行平仓条件、时间、方式进行强行平仓。否则，造成客户损失的，证券公司应当承担赔偿责任。

87.【合同无效的责任承担】场外配资合同被确认无效后，配资方依场外配资合同的约定，请求用资人向其支付约定的利息和费用的，人民法院不予支持。

配资方依场外配资合同的约定，请求分享用资人因使用配资所产生的收益的，人民法院不予支持。

用资人以其因使用配资导致投资损失为由请求配资方予以赔偿的，人民法院不予支持。用资人能够证明因配资方采取更改密码等方式控制账户使得用资人无法及时平仓止损，并据此请求配资方赔偿其因此遭受的损失的，人民法院依法予以支持。

用资人能够证明配资合同是因配资方招揽、劝诱而订立，请求配资方赔偿其全部或者部分损失的，人民法院应当综合考虑配资方招揽、劝诱行为的方式、对用资人的实际影响、用资人自身的投资经历、风险判断和承受能力等因素，判决配资方承担与其过错相适应的赔偿责任。

【条文主旨】

本条是关于场外配资合同无效后的责任承担的规定。

【争议观点】

对于场外配资合同无效后的责任承担，在纪要征求意见过程中，有观点认为，合同无效后，用资人在资金占用期间无偿占有和使用资金构成不当得利。因此，配资方可以要求用资人按照全国银行间同业拆借中心公布的贷款市场报价利率赔偿利息损失。另外一种观点则认为，配资方无权请求用资人支付利息。

## 【理解与适用】

对于合同无效的民事责任承担问题，《合同法》第58条规定，合同无效后，因该合同取得的财产，应当予以返还；有过错的一方应当赔偿对方因此所受到的损失，双方都有过错的，应当各自承担相应的责任。据此，场外合同无效后，对于当事人的损失，人民法院应当区分情形，按照当事人的过错程度进行分担。正确理解本条内容，需重点把握以下几个问题：

一、关于配资方的过错与责任承担问题

对于场外配资的危害和配资方的过错，纪要第86条指出，场外配资业务主要是指一些P2P公司或者私募类配资公司利用互联网信息技术，搭建起游离于监管体系之外的融资业务平台，将资金融出方、资金融入方即用资人和券商营业部三方连接起来，配资公司利用计算机软件系统的二级分仓功能将其自有资金或者以较低成本融入的资金出借给用资人，赚取利息收入的行为。这些场外配资公司所开展的经营活动，本质上属于只有证券公司才能依法开展的融资活动，不仅规避了监管部门对融资融券业务中资金来源、投资标的、杠杆比例等诸多方面的限制，也加剧了市场的非理性波动。为此，纪要明确，融资融券作为证券市场的主要信用交易方式和证券经营机构的核心业务之一，依法属于国家特许经营的金融业务，未经依法批准，任何单位和个人不得非法从事配资业务。根据证券法的规定，融资融券业务是证券公司的专属业务，也就是说，除证券公司外，其他单位和个人都不可能获得从事股票配资的国家特许经营许可。因此，场外配资的配资方在没有股票配资资质且不可能获得资质的情况下，从事配资业务，与用资人签订配资合同，实际上从事的是非法活动，是合同无效的主要过错方。

基于配资方是主要过错方的判断，本条规定，场外配资合同被确认无效后，配资方依场外配资合同的约定，请求用资人向其支付约定的利息和费用的，人民法院不予支持。除此之外，因未经许可从事场外配资业务属非法行为，对于配资方要求用资人支付资金占用期间法定利息的请求，是否支持，有两种观点。一种观点认为，不能支持，以体现对非法行为的惩罚性。还有一个考虑是，该种行为危害到证券市场的健康发展，应予否定。另一种观点则认为，这类案件无论如何特殊，但本质上仍然是民事案件。既然如此，就应当按照无效合同处理的一般规则处理，应当支付配资方孳息。至于孳息的标准，可以根据案件的具体情况确定。最高人民法院民二庭的倾向性意见是后一种观点。另外，配资民事案件审结后，我们倾向于向监管部门发出司法建议，对非法配资活动的配资方进行行政处罚。

配资合同的履行，分用资人盈利和亏损两种情况。一般情况下，无论用资人是亏损还是盈利，因配资方拥有强行平仓的权利，配资方出借的本金及利息都能得到保障。在此基础上，有的配资合同还约定有在用资人盈利时配资方对盈利分成的条款。基于任何人不得因非法行为获利的法理，本条规定，配资方依场外配资合同的约定，请求分享用资人因使用配资所产生的收益的，人民法院不予支持。

## 二、关于用资人的过错与投资损失承担问题

场外配资合同纠纷诉至法院，一般以用资人出现严重亏损的情形居多。因此，在司法实践中，在场外配资合同被确认无效后，法院需要确定分担的损失主要是用资人的投资损失。根据《合同法》第58条的规定，对于用资人的投资损失，仍应依配资方和用资人各自过错程度来确定。

根据前述，配资方是场外配资合同无效的主要过错方，但这并不意味着用资人没有过错。用资人的过错在于追求高额收益，在不符合在证券公司正规融资融券要求或者不满足于正规融资融券的配资比而要求更高杠杆的配资比例，其与场外配资方签订合同，也就表明愿意承担更高的本金亏损风险。基于以上考虑，本条规定，用资人以其因使用配资导致投资损失为由请求配资方予以赔偿的，人民法院不予支持。当然，这仅适用于配资方不存在其他过错加重的一般情况。为体现损失承担与过错承担相适应的情形，对于投资损失的承担，本条还专门规定了两种例外情形：

一是用资人能够证明因配资方采取更改密码等方式控制账户使得用资人无法及时平仓止损，并据此请求配资方赔偿其因此遭受的损失的，人民法院依法予以支持。

二是用资人能够证明配资合同是因配资方招揽、劝诱而订立，请求配资方赔偿其全部或者部分损失的，人民法院应当综合考虑配资方招揽、劝诱行为的方式、对用资人的实际影响、用资人自身的投资经历、风险判断和承受能力等因素，判决配资方承担与其过错相适应的赔偿责任。

# 第七章　关于营业信托纠纷案件的审理

会议认为，从审判实践看，营业信托纠纷主要表现为事务管理信托纠纷和主动管理信托纠纷两种类型。在事务管理信托纠纷案件中，对信托公司开展和参与的多层嵌套、通道业务、回购承诺等融资活动，要以其实际构成的法律关系确定其效力，并在此基础上依法确定各方的权利义务。在主动管理信托纠纷案件中，应当重点审查受托人在"受人之托，忠人之事"的财产管理过程中，是否恪尽职守，履行了谨慎、有效管理等法定或者约定义务。

## 【说明】

《信托法》第 2 条规定："本法所称信托,是指委托人基于对受托人的信任,将其财产权委托给受托人,由受托人按委托人的意愿以自己的名义,为受益人的利益或者特定目的,进行管理或者处分的行为。"第 30 条规定:"受托人应当自己处理信托事务,但信托文件另有规定或者有不得已事由的,可以委托他人代为处理。受托人依法将信托事务委托他人代理的,应当对他人处理信托事务的行为承担责任。"根据前述规定,在信托关系中,原则上应当由受托人按照信托合同的约定自己亲自或者委托他人对信托财产进行管理或者处分。但在实践中,信托业务的发展却呈现出与此不尽相同的特点。传统上,监管部门从业务功能的角度,将信托业务划为融资类、投资类、事务管理类三种类别,其中事务管理类为被动型、承担事务管理责任的通道型业务。2017 年 4 月中旬,原中国银监会下发了信托业务监管分类试点工作实施方案以及信托业务监管分类说明(试行),明确了信托公司主动、被动管理型信托业务的划分标准。

主动管理型信托,是指信托公司具有全部或部分的信托财产运用裁量权,对信托财产进行管理和处分的信托。被动管理型信托,是指信托公司不具有信托财产的运用裁量权,而是根据委托人或是由委托人委托的具有指令权限的人的指令,对信托财产进行管理和处分的信托。被动管理型信托的主要特征包括:(1) 信托设立之前的尽职调查由委托人或其指定的第三方自行负责。信托公司有权利对信托项目的合法、合规性进行独立的尽职调查。(2) 信托的设立、信托财产的运用和处分等事项,均由委托人自主决定或信托文件事先明确约定。(3) 信托公司仅依法履行必须由信托公司或必须以信托公司名义履行的管理职责,包括账户管理、清算分配及提供或出具必要文件以配合委托人管理信托财产等事务。(4) 信托终止时,以信托财产实际存续状态转移给信托财产权利归属人,或信托公司根据委托人的指令对信托财产进行处置。被动管理型信托就是通常所说的事务信托或者事务管理类信托,按照信托行业通常的理解,"事务信托就是代人办事,指信托公司不具有信托财产的运用裁量权,而是根据委托人的指令,对信托财产进行管理和处分,也就是常说的被动管理"。虽然从行业监管的改革发展方向来看,信托公司的业务分类还处于不断的探索之中,事务信托可能在将来的监管口径中被归入同业信托业务等其他业务范畴。在纪要的起草过程中,立足于审判实践中所反映出的实际情况，经研究主要还是从信托公司所承担的约定义务的角度，将营业信托纠纷分为事务管理类信托和主动管理型信托两种类型，对二者之间的法律适用问题进行了分别规定。

从规范的角度，事务管理类信托一般具有三个特征：一是事务管理类信托属于资金信托；二是委托资金来自非金融机构；三是属于被动管理信托。从目前信托业务实践来看，家族信托业务、消费信托业务、企业年金等业务，大体上可以归入事务信托中。从审判实践来看，此前信托公司开展的事务管理型信托业务的情况比较混乱。有的单纯是为了规避金融监管政策所为的通道设计，有的名义是通道，但实际还在承担一定管理责任。此外，为实现杠杆融资、突破监管政策进行监管套利等目的，一些信托计划又投资其他的资管产品，在投资者和底层资产之间可能隔着多层信托架构，出现了"杠杆不清、套利严重、投机频繁"等问题。这种交易结构的设计，不仅为人民法院识别当事人之间的法律关系增加了困难，也使得监管机构在风险承受主体的判断方面存在困难。《中国人民银行、中国银行保险监督管理委员会、中国证券监督管理委员会、国家外汇管理局关于规范金融机构资产管理业务的指导意见》（以下简称指导意见）第 22 条规定："金融机构不得为其他金融机构的资产管理产品提供规避投资范围、杠杆约束等监管要求的通道服务。资产管理产品可以再投资一层资产管理产品，但所投资的资产管理产品不得再投资公募证券投资基金以外的资产管理产品。"从监管政策的角度提出了消除多层嵌套和通道的要求，并明确了时限。在审判工作中，人民法院在审理事务管理信托纠纷案件中，对信托公司开展和参与的多层嵌套、通道业务、回购承诺等融资活动，要以其实际构成的法律关系确定其效力，并在此基础上依法确定各方的权利义务。为指导审判实践，纪要第 89 条和第 90 条针对资产或者资产收益权转让及回购业务、优先级与劣后级受益人的不同类别安排这两种较为典型业务的法律关系进行了明确。

对于主动管理型信托业务，因属于传统的信托法上规定的业务，当事人之间的纠纷主要是受托人是否尽了勤勉和忠实义务。因此，在案件审理中，应当重点审查受托人在"受人之托，代人理财"的财产管理过程中，是否恪尽职守，履行了谨慎、有效管理等法定或者约定义务，在此基础上确定当事人的义务和责任。

88.【营业信托纠纷的认定】信托公司根据法律法规以及金融监督管理部门的监管规定，以取得信托报酬为目的接受委托人的委托，以受托人身份处理信托事务的经营行为，属于营业信托。由此产生的信托当事人之间的纠纷，为营业信托纠纷。

根据《关于规范金融机构资产管理业务的指导意见》的规定，其他金融机构开展的资产管理业务构成信托关系的，当事人之间的纠纷适用信托法及其他有关规定处理。

【条文主旨】

本条是关于营业信托的认定标准和适用范围的规定。

【争议观点】

审判实践中，对于营业信托纠纷的认定存在着模糊认识，有观点认为只要信托公司作为民商事纠纷案件的一方当事人，就应该认定为营业信托纠纷，也有观点认为只有在信托公司是民商事纠纷案件的一方当事人时，才能够认定为营业信托纠纷，本条规定按照法律关系主体的区分标准，将营业信托纠纷界定为委托人、受托人和受益人之间的纠纷。同时，根据功能监管的要求，将其他金融机构开展的构成信托关系的资产管理活动引发的纠纷，也认定为营业信托纠纷。

【理解与适用】

《信托法》第3条规定："委托人、受托人、受益人（以下统称信托当事人）在中华人民共和国境内进行民事、营业、公益信托活动，适用本法。"本条规定将信托划分为民事信托、营业信托、公益信托三种法定分类。相应地，《民事案由规定》亦将信托纠纷分为民事信托纠纷、营业信托纠纷、公益信托纠纷三种类型。

在立法层面，信托法并未明确规定营业信托的定义和范围。《信托法》第4条规定："受托人采取信托机构形式从事信托活动，其组织和管理由国务院制定具体办法。"具体何为信托机构，信托法施行之后国务院办公厅曾发文表示，国务院法制办将组织有关部门拟定相关信托机构管理条例，具体指导信托机构从事信托活动；在国务院制定信托机构管理条例之前，按人民银行、证监会依据信托法制定的有关管理办法执行；人民银行、证监会分别负责对信托投资公司、证券投资基金管理公司等机构从事营业性信托活动的监督管理；未经人民银行、证监会批准，任何法人机构和任何自然人均不得作为受托人从事营业性信托活动。[1] 据此似乎可以得出结论，信托机构主要是指信托投资公司和证券投资基金管理公司等从事营业性信托活动的机构。或者换句话说，营业信托就是指上述信托机构从事的营利性信托活动。但这种解释路径并不能将经济生活中从事相同业务的机构一并纳入信托法的调整范围，由此引发了学界的讨论。

对于如何区分民事信托与营业信托，学说上有不同认识，目前主要有目的说、行为说和受托人身份说三种学说。目的说认为，如果为了个人或家人的目的，而不是为了企业经营或公益目的，则为民事信托；以从事商行为为目的的信托是商事信托。行为说认为，民事信托和商事信托的区别在于受托人接受信托之行为是否具有营业性或者说是否以营业为目的。依此学说，商事信托是受托人以营业为目的而接受的信托，相反，民事信托的受托人接受信托并非以营业为目的。受托人身份说认为，民事信托和商事信托的区别在于受托人是否专门经营信托业务，与委托人、信托目的等因素均无直接关系。委托人为自己和他人的利益，委托普通的自然人（如自己的亲朋好友）为受托人从事一般民事活动而设立的信托，是民事信托，也可以称为非营业信托。委托人为了自己和他人的利益，委托专门经营信托业务的商业机构（包括银行和证券公司等从事信托业务的金融机构）担任受托人从事商业活动而设立的信托，即属商事信托。因目的说未能妥当区分委托人目的和信托目的，受托人身份说难以将现实生活中商业银行、保险公司等金融机构实际发行的产品中间的法律关系一并纳入信托法的调整范围，以行为说即信托系营业性商行为的本质来界定营业信托已经成为主流学说，[2] 且这一学术主张

---

[1] 参见《国务院办公厅〈中华人民共和国信托法〉公布执行后有关问题的通知》（国办发〔2001〕101号）。

[2] 参见施天涛、周勤：《商事信托：制度特性、功能实现与立法调整》，载《清华法学》2008年第2期。

也得到了政策层面的认可。

2017年7月14日至15日召开的第五次全国金融工作会议，着重强调了以强化金融监管为重点，以防范系统性金融风险为底线，加快相关法律法规建设，完善金融机构法人治理结构，加强宏观审慎管理制度建设，加强功能监管，更加重视行为监管。这是针对过去的机构监管不能很好地调整金融机构混业经营的实际情况而做出的政策调整和部署。为此，有必要对机构监管、功能监管、行为监管之间的主要区别有一个了解。

机构监管，在我国传统的分业监管框架下，一直以来是主要的监管模式。机构监管是金融监管部门对金融机构的市场准入、持续的稳健经营、风险管控和风险处置、市场退出进行监管。简言之，即对一家金融机构从生到死的全程监管。之所以要对一家金融机构实施全程的审慎监管，就是因为其倒闭破产会冲击整个金融体系，所以要全程关注其风险状况、损失吸收能力以及必要的风险处置预案。这一监管模式以金融机构为监管重点，在分业经营模式下起到了较好的监管效果。但随着混业经营的不断发展，金融业务出现跨业、跨市场的交叉，原有的机构监管模式逐渐不能防控金融风险的交叉传染，因此倒逼监管部门调整监管方式，向机构审批、功能监管的方式过渡。

功能监管，可理解为在混业经营环境中，对不同类型金融机构开展的相同或类似业务进行的标准统一或相对统一的监管。可见，这一监管模式关注的是金融机构所从事的业务活动，而不是金融机构本身。比如，就信贷类业务来讲，无论这些业务是由商业银行、投资银行还是保险公司提供的，银行业监管部门都对所有的这类业务实施统一监管。再比如，银行销售基金产品要到证监会获得基金销售牌照，接受相应的监督管理。功能监管强调跨机构、跨市场的监管，这有利于缓和监管职能冲突，减少监管真空及监管重叠，消除监管套利，适应了混业经营趋势下防控交叉金融风险的需要，能够实现对金融体系的全面监管。

行为监管，其对象是从事金融活动的机构和人。行为监管主要是从监管目标的角度对监管部门提出的要求，侧重于对消费者的保护。监管部门对金融机构经营行为实施的监督管理，包括禁止误导销售及欺诈行为、充分信息披露、个人金融信息保护等。从事金融业务就必须要有金融牌照，从事哪项业务就要领取哪种牌照。对有牌照的机构要监管，对没有牌照从事金融业务的更要监管，无照经营就要严厉打击。

按照业界通常的理解，功能监管与行为监管是金融稳定的重要基石，相同金融产品不按照同一原则统一监管是造成监管空白、监管套利的重要原因，也是金融秩序一度比较混乱的重要原因，这也是中央要求将功能监管和行为监管作为监管强化和补齐短板的重点工作的政策依据所在。在贯彻和落实中央关于机构监管与功能监管相结合的监管政策方面，指导意见已经迈出了第一步。指导意见第 2 条规定："资产管理业务是指银行、信托、证券、基金、期货、保险资产管理机构、金融资产投资公司等金融机构接受投资者委托，对受托的投资者财产进行投资和管理的金融服务。金融机构为委托人利益履行诚实信用、勤勉尽责义务并收取相应的管理费用，委托人自担投资风险并获得收益……"第 3 条规定："资产管理产品包括但不限于人民币或外币形式的银行非保本理财产品，资金信托，证券公司、证券公司子公司、基金管理公司、基金管理子公司、期货公司、期货公司子公司、保险资产管理机构、金融资产投资公司发行的资产管理产品等。依据金融管理部门颁布规则开展的资产证券化业务，依据人力资源社会保障部门颁布规则发行的养老金产品，不适用本意见。"第 13 条第 3 款规定："金融机构开展资产管理业务，应当确保资产管理业务与其他业务相分离，资产管理产品与其代销的金融产品相分离，资产管理产品之间相分离，资产管理业务操作与其他业务操作相分离。"第 27 条规定："对资产管理业务实施监管遵循以下原则：（一）机构监管与功能监管相结合，按照产品类型而不是机构类型实施功能监管，同一类型的资产管理产品适用同一监管标准，减少监管真空和套利；（二）实行穿透式监管，对于多层嵌套资产管理产品，向上识别产品的最终投资者，向下识别产品的底层资产（公募证券投资基金除外）；（三）强化宏观审慎管理，建立资产管理业务的宏观审慎政策框架，完善政策工具，从宏观、逆周期、跨市场的角度加强监测、评估和调节；（四）实现实时监管，对资产管理产品的发行销售、投资、兑付等各环节进行全面动态监管，建立综合统计制度。"

将中央的监管政策落实到具体审判工作中去，是人民法院发挥自身审判职能、参与社会治理的当然使命。我们理解，将功能监管和行为监管的经济学语言转化为法律人的语言，就是要求"相同之事理，为相同之处理"，统一适用法律，切实改变对各类金融活动不能确切适用上位法依据的现实状况，实现纠纷的依法、公正处理。因此，在营业信托纠纷的界定方面，除了传统的信托公司、基金管理公司等实际经营信托业务的机构开展的营业信托之外，对于其他金融机构开展的资产管理业务，构成信托关系的，也应按照信托法的原则和具体规定，确定当事人之间的权利义务关系。基于这一理解，纪要作出了相应的规定。

## 【实务问题】

　　审判工作中需要注意的是，并非所有的资产管理产品都构成信托关系。实践中，出于机构监管的事实状况，有部分机构如证券公司、证券投资基金管理公司、基金子公司在实际开展资产管理业务的过程中，将一部分产品如"专户"产品的合同文本按照合同法所规定的委托代理关系来约定当事人之间的权利义务关系，应当注意区分。

　　此外，还应当注意区分所谓主动管理信托与通道业务。在本来意义上，"信托"一词依其本意即含有"相信委托"之意，又有"受人之托，忠人之事"之意。从这个意义上说，资产管理服务才是信托业务的本业和本源。但由于我国规范意义上的信托业起步较晚，实践中信托公司从事的业务大多是融资类、通道类的业务，融资类的业务活动以信贷为主，通道类的业务以出借资质、调节监管指标为主的银信合作、信证合作、信保合作等业务，真正代表信托公司本业的资产管理业务规模较小。在回归本源、聚焦主业的监管趋势之下，监管部门开始强调信托公司不仅仅是一个融资的通道，要求向主动管理型信托业务转型。2010年银监会向所辖信托公司下发关于加强信托公司主动管理能力有关事项的通知（讨论稿），其中明确提出，"鼓励信托公司开展主动管理类信托业务，培养核心资产管理能力，打造专属产品品牌，所以信托公司将业务重点都转向主动管理型业务。""主动管理类信托，是指信托公司作为受托人，在信托管理过程中发挥主导性作用，在尽职调查、产品设计、项目决策和后期管理等方面发挥决定性作用并承担主要管理责任的营业性信托业务。信托公司将上述管理工作中的一部分外包给其他机构，但不致影响受托人主导地位的信托项目也可视为主动管理类信托。"此后，国内信托公司开始陆续发行主动管理型信托计划。至2017年4月中旬，原中国银监会在《信托业务监管分类试点工作实施方案》《信托业务监管分类说明（试行）》文件中，将主动管理型信托进一步明确为信托公司具有全部或部分的信托财产运用裁量权，对信托财产进行管理和处分的信托。在其他金融机构开展的主动管理型信托业务中，监管部门也制定了一些监管文件加以规范。如中国证监会于2012年10月18日正式下发的《证券公司客户资产管理业务管理办法》《证券公司集合资产管理业务实施细则》以及《证券公司定向资产管理业务实施细则》，原中国保监会下发的《保险资金委托管暂行办法》（保监发〔2012〕60号）、《关于保险资产管理公司有关事项的通知》（保监发〔2012〕90号）、《关于保险资金投资有关金融产品的通知》（保监发〔2012〕91号）、《保险资金参与金融衍生品交易暂行办法》（保监发〔2012〕94号）等规范性文件都对相关金融机构参与或开展主动管理型信托业务作出了细化的规定。特别是在指导意见发布后，相关部门按照监管分工，分别又制定了一些实施细则。这些部门规章和规范性文件，很大程度上充实和补充了信托法关于信托财产管理、受托人义务等方面的原则规定，人民法院在审理营业信托纠纷案件时，特别是在衡量受托人是否尽到了勤勉尽责、公平对待客户等受托人义务时，应当作为参照。

89.【资产或者资产收益权转让及回购】信托公司在资金信托成立后，以募集的信托资金受让特定资产或者特定资产收益权，属于信托公司在资金依法募集后的资金运用行为，由此引发的纠纷不应当认定为营业信托纠纷。如果合同中约定由转让方或者其指定的第三方在一定期间后以交易本金加上溢价款等固定价款无条件回购的，无论转让方所转让的标的物是否真实存在、是否实际交付或者过户，只要合同不存在法定无效事由，对信托公司提出的由转让方或者其指定的第三方按约定承担责任的诉讼请求，人民法院依法予以支持。

当事人在相关合同中同时约定采用信托公司受让目标公司股权、向目标公司增资方式并以相应股权担保债权实现的，应当认定在当事人之间成立让与担保法律关系。当事人之间的具体权利义务，根据本纪要第71条的规定加以确定。

【条文主旨】

本条是关于信托公司所开展的特定资产/资产收益权收购和回购业务中相关法律关系认定的规定。

## 【争议观点】

审判实践中，对于信托公司所开展的特定资产/资产收益权收购和回购业务所包含的法律关系的性质认定和合同效力存在不同看法。在案由方面，有的将其认定为营业信托纠纷，有的将其认定为借款合同纠纷；在效力认定方面，有观点认为诸如股票收益权、债券收益权、在建工程收益权等特定资产收益权均系双方当事人虚拟的不存在的标的物，应认定为无效合同，有观点认为应当根据当事人约定的内容将其区分为债权债务关系以及为此所设定的担保。为解决分歧认识，纪要就此作了明确规定。

## 【理解与适用】

从案件审理的情况来看，审判实践中对于信托依法成立后的资金运用行为产生的纠纷与营业信托纠纷之间区别的认识还不够准确，有必要加以明确。按照《信托法》第2条、第7条、第11条、第34条、第58条等相关规定，营业信托纠纷案件的法律事实应当围绕营业信托的成立、备案登记、信托财产的转移和管理、信托合同中三方当事人权利义务约定及其履行情况、信托终止的清算、受益人权益的分派等要件事实展开，并在此基础上分析当事人请求权的基础及其能否成立。而信托财产运用所引发的纠纷虽然通常表现为以信托公司为一方当事人的案件，但当事人之间的法律关系性质由信托公司与交易相对人因信托财产运用所形成的借贷、投资等法律关系性质所决定。实践中部分案例虽然以"营业信托纠纷"作为案由进行审理，但整体审理思路实际上仍然是信托公司与交易相对人之间的借贷合同的履行情况为基本线索，判决书的重点放在资金的依约发放、债务人归还方面的违约行为、尚欠资金余额、抵押权和保证的效力等要件事实，混淆了信贷产品与信托产品中当事人的权利义务。针对这种情况，纪要专门于本条进行明确，信托公司在资金信托成立后，以募集的信托资金受让特定资产或者特定资产收益权，属于信托公司在资金依法募集后的资金运用行为，由此引发的纠纷不应当认定为营业信托纠纷。具体应当如何确定案由，应当以信托公司与交易相对人之间实际构成的法律关系为准。

由于当前信托业务主要是融资类的信贷业务这一经济生活的实际情况所决定，在信托公司开展的资金运用活动中，以类信贷的融资活动为主要类型。从合同约定的转让标的来看，有的是约定了以信托资金受让不动产、在建工程、生产线、股权、债券、林权等真实的特定资产，有的是约定受让前述特定资产的资产收益权，还有的是约定以信托资金受让限制流通的财产如限售股份的股权受益权。从转让合同的履行情况来看，有的办理了特定资产的交付或过户登记手续，有的则没有办理。审判实践中对此类纠纷案件，除少部分案件是按照营业信托纠纷确定案由的外，大部分案件是按照借款合同纠纷确定案由。

在本纪要征求意见的过程中，有观点认为回购交易的本质是两个相互联系、相对独立、方向相反的买卖法律关系，不宜简单地按照借款合同关系加以处理。经研究我们认为，当事人所追求的效果意思，是判断法律关系的性质决定性因素。现实生活中的回购交易与其他大陆法系国家和地区所规范的买回交易不同，买回交易是出卖人以将来买回其出卖标的物为目的，于买卖契约中保留买回权利之再买卖契约。① 买回交易之所以能够成为独立的合同，是因为买回人在出卖了标的物以获取融通资金的同时，保留了他日另行赎回的可能，这种买回的权利，性质上一般认定为形成权。特定资产或特定资产收益权转让及回购交易中出让方的权利义务与买回交易中存在明显差别，回购交易中的出让方负有在一定期间经过之后以固定价格买回协议标的物的义务，回购方对于是否买回并无选择的权利。因此，从合同双方当事人所追求的效果意思来看，卖出回购一方所追求的是获得融通资金，买入返售一方所追求的效果意思是获得固定的本息回报。当事人之间的基本法律关系符合《合同法》第 196 条关于"借款合同是借款人向贷款人借款，到期返还借款并支付利息的合同"的规定，依法应当认定为借款合同。申言之，按效果意思的标准衡量，双方当事人之间的借款合同关系构成《民法总则》第 146 条所规定的隐藏行为，如无法定无效事由，应当认定为合法有效。基于上述认识，纪要于本条明确，无论受让标的是否真实存在、是否实际交付或者过户转让，只要当事人在合同中约定由转让方或者其指定的第三方在一定期间后以交易本金加上溢价款等固定价款无条件回购且无法定无效事由，对信托公司提出的应当由转让方或者其指定的第三方按约定承担责任的诉讼请求，人民法院应予支持。

从信托文件和相关合同的约定来看，当事人在进行约定购回的交易安排的同时，还往往约定第三方保证、抵押担保、让与担保等担保方式以保障债

---

① 参见邱聪智：《新订债法各论》，中国人民大学出版社 2002 年版，第 129 页。

权的实现。为了更好地为审判工作提供指引，本条专门明确，当事人在相关合同中同时约定采用受让目标公司股权、向目标公司增资方式并以相应股权担保债权实现的，应当认定在当事人之间成立让与担保法律关系。当事人之间的具体权利义务，根据本纪要第71条的规定加以确定。

## 【实务问题】

实践中，信托公司开展的特定资产或特定资产收益权收购及回购业务，往往同时包含多种法律关系，应当注意加以区分，并在此基础上确定当事人的权利和义务内容。

90.【劣后级受益人的责任承担】信托文件及相关合同将受益人区分为优先级受益人和劣后级受益人等不同类别，约定优先级受益人以其财产认购信托计划份额，在信托到期后，劣后级受益人负有对优先级受益人从信托财产获得利益与其投资本金及约定收益之间的差额承担补足义务，优先级受益人请求劣后级受益人按照约定承担责任的，人民法院依法予以支持。

信托文件中关于不同类型受益人权利义务关系的约定，不影响受益人与受托人之间信托法律关系的认定。

## 【条文主旨】

本条是关于分级信托计划中优先级受益人和劣后级受益人之间权利义务关系认定的规定。

## 【争议观点】

审判实践中，对于优先级受益人和劣后级受益人之间的关系存在着不同认识，有观点认为信托文件关于劣后级受益人应当保证优先级受益人的本金和收益违背了信托的原理，构成劣后对优先的刚兑。也有观点认为优先和劣后的合同安排实际上构成了类似于借贷的关系，劣后级受益人作为债务人对作为债权人的优先级受益人负有保本保收益的合同义务，并不违反信托的原理，也不影响信托关系的认定。

## 【理解与适用】

在利用信托获得融资方面，除了纪要第 89 条所描述的方式之外，实践中大量使用结构化信托的设计，以优先级和劣后级受益人的不同安排，获取资金以用于特定的投资目的。结构化信托产品与一般信托产品的不同，主要就在于"结构"上。一般来说，国内信托公司设计的结构化产品的主要特点可以归纳为：（1）在信托计划的委托人上采用"优先/劣后"模式。社会投资者是优先级受益权委托人，劣后级受益权委托人则为专业投资者，或者是项目的发起人。"优先/劣后"模式使委托人的收益与风险成正比。通常情况下，初始信托资金由优先级受益权资金和劣后级受益权资金按一定比例配比。（2）在风险承担和利益分配方面，劣后级受益人以其初始信托资金承担风险在先，而优先级受益人承担相对较低的风险在后；在收益分配上，优先级受益人则优先于一般受益人，当投资获得丰厚回报时，劣后级受益人的收益也要比优先级受益人多得多。（3）在投资方向方面，结构化信托产品主要投资于股票、基金、债券、货币市场工具等多种有价证券，具体的投资比例由该信托的投资团队掌握。随着近年来金融调控的趋严，一些通过商业银行等正常渠道融资受限的实体企业也开始采用结构化信托的方式获得融资。

较为典型的采用优先／劣后的风险收益安排的信托融资产品，主要是分级基金和结构化信托产品。分级基金的全部资产被分为风险与收益截然不同的两种份额：一种是 A 份额，获取固定收益，收益来源于基金的盈利；另一种是 B 份额，在支付 A 份额的固定收益后，享有基金的全部剩余盈利，并承担基金亏损时的全部损失。两种份额的关系实质是 B 份额向 A 份额融资，通过向 A 份额支付固定收益而获取资金杠杆。结构化信托产品与分级基金有一个共同之处，即利用权益分级或结构化技术实现投资风险与收益的不均衡配置，但内部法律关系更为复杂，委托代理关系、保证金质押关系、融资借贷关系、让与担保关系等合同安排往往同时存在。审判实践中面临的主要问题是，当信托产品对外投资失败时，优先级受益人和劣后级受益人之间应当按照何种法律关系确定损失分担，是按照信托损益归于委托人的一般法律原则由双方按比例分担损失，还是按照当事人的合同约定由劣后级受益人独自承担损失？这取决于如何认识这种不同类别的权益安排的法律性质。

在监管部门的规范性文件层面，中国银保监会一直是将分级资产管理产品作为信贷类资金信托业务加以规范。在原中国银监会的规范性文件中，《关于加强信托公司结构化信托业务监管有关问题的通知》（银监通〔2010〕2号）和《关于信托公司风险监管的指导意见》（银监办发〔2014〕99号）是两个比较重要的文件，前者就结构化信托业务的定义及业务合规要求进行了明确。结构化信托业务是指信托公司根据投资者不同的风险偏好对信托受益权进行分层配置，按照分层配置中的优先与劣后安排进行收益分配，使具有不同风险承担能力和意愿的投资者通过投资不同层级的受益权来获取不同的收益并承担相应风险的集合资金信托业务。由这一定义出发，劣后级受益人在发生信托文件约定的情形时追加资金、止损线、强制平仓等协议安排都是为了防止优先级受益权受到损失。后一份文件主要是谋划信托公司业务的转型方向，提出要改造信贷类集合资金信托业务模式，研究推出债券型信托直接融资工具。由此可见，在中国银保监会看来，分级资管产品的本质是劣后级受益人与优先级受益人之间的借贷关系。

在指导意见发布之前，中国证监会除了批准发行分级基金之外，并没有专门针对结构化资管计划的规范性文件，但在行政执法领域，针对结构化资管计划的执法实践能够体现其一贯的基本规范思路。我们选取了2016年之后中国证监会作出的三个处罚决定：（1）中国证监会对湖北洋丰股份有限公司及其实际控制人杨某某、东北证券北京分公司副总经理柴某某、钟某某比例未公告、短线交易、操纵市场一案作出的《行政处罚决定书》（〔2016〕100号）；（2）中国证监会对广州穗富投资管理有限公司、易某某、周某某作出的《行政处罚决定书》（〔2017〕27号）；（3）中国证监会江苏局对天奇自动化工程股份有限公司及其实际控制人黄某某、董事黄某、董秘费某某信息披露违法一案作出的《行政处罚决定书》（苏证监罚〔2018〕7号）。上述三个案件的违法事实均包含资管计划超比例持股未申报的违法行为，处罚的相对人均为分级资管计划中的劣后级受益人，对优先级受益人不予处罚。由此可见，中国证监会的执法实践坚持了"利之所在，责之所生"的基本法律原则，优先级受益人对资管计划持有的该股票不享有实质性的权利，即不享有受益所有权及由此衍生的表决权，所以不予处罚。

在人民法院的司法实践中，较为主流的认识是将优先级与劣后级受益人之间的关系界定为借贷关系。这种法律关系的认定方法，是以当事人在协议文本中存在关于获取本息固定回报的约定这一基本事实为基础，以《合同法》第 196 条关于"借款合同是借款人向贷款人借款，到期返还借款并支付利息的合同"的规定为主要规范依据，也符合结构化融资信托关系中优先级受益人和劣后级受益人的真实意思。

我们注意到，在《中国人民银行、中国银行保险监督管理委员会、中国证券监督管理委员会、国家外汇管理局关于规范金融机构资产管理业务的指导意见》颁布后，业界对结构化信托的性质是属于融资性的产品还是投资性的产品产生了不同的认识。该指导意见第 21 条第 3 款规定："本条所称分级资产管理产品是指存在一级份额以上的份额为其他级份额提供一定的风险补偿，收益分配不按份额比例计算，由资产管理合同另行约定的产品。"除了规定内外部杠杆比例之外，该条还进一步明确：（1）公募产品和开放式私募产品不得进行份额分级。（2）发行分级资产管理产品的金融机构应当对该资产管理产品进行自主管理，不得转委托给劣后级投资者。（3）分级资产管理产品不得直接或者间接对优先级份额认购者提供保本保收益安排。从前述规定的文义来看，指导意见是以商事自益信托的制度架构来规范分级资产管理产品中的权利义务关系，但指导意见所使用的"一定的风险补偿""不得直接或间接对优先级份额认购者提供保本保收益安排"等语义应当如何把握，实践中尚未形成统一的看法。而且，分级资产管理产品设立后，由谁作为委托人委托金融机构进行主动管理，也缺乏明确的操作指引。

从文本渊源的角度，指导意见的规范思路更多地是采纳了中国证监会将分级资产管理产品改造为"利益共享、风险共担、风险与收益相匹配"的投资性金融产品这一监管思路。2016 年 7 月 18 日，中国证监会发布《证券期货经营机构私募资产管理业务运作管理暂行规定》。根据该暂行规定第 14 条第 1 款规定，结构化资产管理计划，是指存在一级份额以上的份额为其他级份额提供一定的风险补偿，收益分配不按份额比例计算，由资产管理合同另行约定的资产管理计划。同时，该暂行规定第 4 条第 1 项规定，证券期货经营机构设立结构化资产管理计划，不得通过在合同中约定计提优先级份额收益、提前终止罚息、劣后级或第三方机构差额补足优先级收益、计提风险保证金补足优先级收益等方式直接或者间接对优先级份额认购者提供保本保收益安排。就如何理解该暂行规定第 4 条所规定的"利益共享，风险共担"原则这一问题，中国证监会有两个重要的指导性文件。一是 2016 年 7 月 14 日证监会机构部发布的监管问答。在机构部看来，"利益共享，风险共担"原则是指结构化资产管理计划整体产生收益或出现投资亏损时，所有投资者均应当享受收益或承担亏损，不能够出现某一级份额投资者仅享受收益不承担风险的情况。换言之，产品整体净值≥1，劣后级投资者不得亏损；产品整体净值<1时，优先级投资者不得盈利或保本。在上述底线要求上，结构化资产管理计划可对各类份额的风险与收益分配进行约定，但应当公平恰当，不得存在利益输送。二是2016年10月21日中国证券投资基金业协会发布的《证券期货经营机构私募资产管理计划备案管理规范第3号》。该协会认为，所谓"利益共享、风险共担、风险与收益相匹配"，是指在结构化资产管理计划产生投资收益或出现投资亏损时，所有投资者均应当享受收益或承担亏损，但优先级投资者与劣后级投资者可以在合同中合理约定享受收益和承担亏损的比例，且该比例应当平等适用于享受收益和承担亏损两种情况。合同中不得约定劣后级投资者本金先行承担亏损、单方面提供增强资金等保障优先级投资者利益的内容，出现亏损或未实际实现投资收益的，不得计提或分配收益，不得通过合同约定将结构化资产管理计划异化为优先级投资者为劣后级投资者变相提供融资的产品。但是，这一规范思路的不足之处是非常明显的。

首先，从法律逻辑的角度来看，证券期货监管机构及指导意见关于"投资性"属性的解读存在着误区。证券法上所称的投资性，其本质是存在着"付出大于回报且无人负责"的风险，这种投资性存在于多种基础法律关系之中，这也是为什么纳入证券法调整的证券的种类日益多元化的原因。指导意见以"利益共享、风险共担，风险与收益相匹配"这种基于合伙关系而带来的投资性来规范优先级受益人与劣后级受益人之间的关系，在适用法律方面存在着错位的可能。按照合伙法律的规范思路，如果要求不同类别份额持有人的损益负担适用同一个比例分配，客观上将形成一个悖论：要么分级不复存在，双方按照出资比例约定亏损和收益比例；要么违反公平原则，导致损益分担与出资比例不对称，构成优先级受益人对劣后级受益人的利益输送。因此，以合伙关系来规范不同类别的受益人之间的关系，将优先级份额持有人的合法民事权利作为监管矫正的对象，不仅没有体现该项业务的基本属性，反而是从去除"刚兑"的思维定式出发，误以为优先级受益人获得约定本息回报也是"刚兑"的一种，人为扭曲了优先级和劣后级客户之间的基本民事法律关系。

其次，从预期效果来看，指导意见的规范思路能否实现"破除刚兑"的效果，是足以令人产生怀疑的。我们注意到，中国证监会在强调劣后级受益人不得为优先级受益人提供保底保收益安排的同时，刻意留下了一个制度缺口：资产管理人可以按照暂行规定要求，通过以自有资金认购的份额先行承担亏损的形式为优先级受益人提供有限风险补偿。那么，在"打破刚兑"的政策背景下，既然禁止劣后级受益人为优先级兜底，允许管理人自掏腰包为优先级提供有限风险补偿的政策逻辑是什么？

## 【实务问题】

审判工作中应当注意，指导意见中关于分级资产管理产品中不同类别份额持有人之间关系的监管要求，是为了将信用风险、流动性风险和市场风险在不同的市场主体之间合理分配。在优先级受益人和劣后级受益人之间的关系方面，人民法院应当立足于信托合同和相关文件约定的内容，正确认定双方之间的基本民事法律关系。与此同时，优先级受益人和劣后级受益人之间的借贷关系的认定，并不影响信托产品作为自益信托的性质认定。对信托资金运用后形成的损益，由不同类别的受益人按照信托合同和相关文件的约定进行分配。在信托到期后如果产生损失，劣后级受益人负有对优先级受益人从信托财产获得利益与其投资本金及约定收益之间的差额承担补足义务，优先级受益人请求劣后级受益人按照约定承担责任的，人民法院应予支持。

91.【增信文件的性质】信托合同之外的当事人提供第三方差额补足、代为履行到期回购义务、流动性支持等类似承诺文件作为增信措施，其内容符合法律关于保证的规定的，人民法院应当认定当事人之间成立保证合同关系。其内容不符合法律关于保证的规定的，依据承诺文件的具体内容确定相应的权利义务关系，并根据案件事实情况确定相应的民事责任。

## 【条文主旨】

本条是关于信托关系之外的当事人提供的第三方差额补足、代为履行到期回购义务、流动性支持等类似承诺文件性质认定的规定。

## 【争议观点】

对信托关系之外的当事人提供的第三方差额补足、代为履行到期回购义务、流动性支持等类似承诺文件的性质认定，实践中存在分歧，归纳起来，大致可以分为保证、债务加入和独立合同关系三种观点，纪要从探究当事人真实意思表示的角度，对此作出了规定。

## 【理解与适用】

在信托业务中，很多金融机构在投资各类资产管理产品时，往往要求产品发行人或者实际用资人在出现约定的条件时，能够提供资信等级较高的第三方承诺代为履行金融产品的回购义务、补足差额或提供流动性支持，以提高其信用等级，减轻金融机构作为投资人的交易风险，这些商业安排在本质上属于一种增信措施。较为典型的第三方到期回购的安排往往是由第三方向信托公司作出承诺："若融资方不依约回购信托公司持有的特定资产收益权，则由其承担按约定价格回购的义务。"与代为履行回购义务的承诺相比，差额补足义务的约定则显得更为多元化，其约定一般分为两个层次：一是融资双方之间成立的差额补足协议，主要见于各类结构化分层设计的资管产品，双方约定由劣后级受益人对优先级受益人的本金及收益提供差额补足。二是由第三方为融资方提供的差额补足承诺，主要表现为以资管产品募集的资金进行特定资产收益权转让及回购交易，或者是以优先和劣后的受益权分层安排的情况下，由第三人为债务人的还本付息义务或者为债务人履行回购各类特定资产或其收益权而形成的债务提供差额补足。从其文本约定的文字表述来看，则呈现出多样化的特点。实践中还存在由第三方如融资人的大股东或控制人为其出具"愿意为融资人履行合同提供流动性支持"等义务内容不甚明确的增信文件的做法。对于此类承诺文件的性质认定，实践中存在分歧，归纳起来，大致可以分为保证、债务加入和独立合同关系三种观点。

关于保证的法律构成，担保法和担保法司法解释的规定已经较为明确。《担保法》第6条规定："本法所称保证，是指保证人和债权人约定，当债务人不履行债务时，保证人按照约定履行债务或者承担责任的行为。"第17条第1项规定："当事人在保证合同中约定，债务人不能履行债务时，由保证人承担保证责任的，为一般保证。"第18条第1款规定："当事人在保证合同中约定保证人与债务人对债务承担连带责任的，为连带责任保证。"债务加入，学说亦称并存的债务承担，系指第三人加入到既存的债务关系中，与债务人就其债务对债权人负连带之责。因相当于在债务人之外为债权人增加了一个新债务人，债务加入和保证一样具有担保债权实现的功能。[①] 虽然我国现行立法并未就债务加入作出规定，但从司法实践中的情况来看，这一学理上的制度已经更多地为法院判决论理所采纳。对于保证与债务加入的区别，司法实践中一般认为，"二者在案件的实质处理上并无不同，只是在性质上有所不同。保证系从合同，保证人是从债务人，是为他人债务负责；并存的债务承担系独立的合同，承担人是主债务人之一，是为自己的债务负责，也是单一债务人增加为二人以上的共同债务人。判断一个行为实质是保证、还是并存的债务承担，应根据具体情况确定。如承担人承担债务的意思表示中有较为明显的保证含义，可以认定为保证；如果没有，则应当从保护债权人利益的立法目的出发，认定为并存的债务承担"[②]。为回应和支持审判工作中对债务加入制度的实践需求，民法典合同编草案（二审稿）第344条规定："第三人与债务人约定加入债务并通知债权人，或者向债权人表示愿意加入债务，债权人在合理期限内未明确表示拒绝的，债权人可以请求第三人在其愿意承担的债务范围内和债务人承担连带责任。"如果二审稿的内容得以顺利通过，我国现行法律中将面临保证制度和债务加入制度并存的局面，在二审稿中并未就债务加入的认定提供更多指引的情况下，如何正确地对二者进行区分，是审判工作中面临的一个不容回避的困难问题。为了给审判实践提供较为明确的指引，纪要从尊重当事人约定即意思表示的内容出发，区分了两种情况：如果当事人的意思表示内容符合法律关于保证的特征的，人民法院应当认定当事人之间成立保证合同关系；其内容不符合法律关于保证的特征的，依据承诺文件的具体内容确定相应的权利义务关系，即债务加入。在认定当事人的意思表示是否构成保证或债务加入时，应当注意以下几个方面的问题：

首先，必须坚持文义优先原则。"意思表示必借助语言表述，文义往往成为进入意思表示意义世界的第一道关口。"[③] 通常情况下，明确的措辞足以反映表意人的内心真意。特别是在相关协议、承诺函系法律专业人士协助起

---

① 参见史尚宽：《债法总论》，中国政法大学出版社2000年版，第751页。
② 参见最高人民法院（2005）民二终字第200号民事判决书。
③ 朱庆育：《民法总论》（第二版），北京大学出版社2016年版，第227页。

草的场合，尤其应坚持文义优先。在个案中，判断第三人承诺履行债务之意思表示究系保证抑或债务加入，首先应从第三人出具的承诺函或当事人签订的协议所使用的文字词句出发。如果承诺函或协议明确使用"保证"或"债务加入"的措辞，原则上应依其表述进行相应的定性，除非存在足以支持偏离文义进行解释的特别情事，即词句文义优先。

其次，判断第三人愿意承担的债务内容与原债务是否具有同一性。学说上一般认为，保证具有从属性，保证债务相对于主债务的这种从属性体现于成立、移转、内容、消灭等各个方面。① 而债务加入仅于产生上具有从属性，自加入债务之时起，债务加入人负担的债务即与原债务各自独立发展，因而债务加入具有相当程度的独立性。② 因此，第三人愿意承担的债务内容是具有从属性的债务还是与原债务具有同一性的债务，就成为区分保证和债务加入的重要标准。这种区分可以从两个方面加以把握：一方面，从债务数额来说，保证人往往约定的是承担主债务人不能履行的差额部分，而债务加入的约定数额往往是加入债务时的既有债务，与主债务人嗣后的履行情况没有关系。另一方面，保证范围的约定往往包括了违约金、损害赔偿金和实现债权的费用，而在债务加入中，债务加入人负担债务之范围以加入之时原债务的内容为限，对原债务人的违约责任不予负责。因此，在个案中判断第三人的行为究系债务加入抑或保证，最重要的是探究第三人的真实意思，以确定其意欲承担的是独立的还是从属的债务。

最后，判断当事人关于义务履行顺位的真实意思。在个案中，如果通过文义解释无法识别债务加入与保证，则应根据二者的本质区别，综合个案全部情事探求当事人之真意。通常认为，保证具有从属性，保证债务相对于主债务的这种从属性体现于成立、移转、内容、消灭等各个方面。③ 而债务加入仅于产生上具有从属性，自加入债务之时起，债务加入人负担的债务即与原债务各自独立发展，因而债务加入具有相当程度的独立性。④ 是否具有从属性因而构成债务加入和保证的本质区别，二者在法律效果上的重大差异亦多源于此。在义务履行的顺位方面，一般保证具有补充性，即只有在主债务人不能履行债务之时，保证人方需履行债务或者承担责任，而债务加入并不具有补充性，债权人可以直接要求原债务人或债务加入人履行债务。因此，

---

① 参见高圣平：《担保法论》，法律出版社2009年版，第86页。
② 参见黄立主编：《民法债编总论》，中国政法大学出版社2002年版，第626页。
③ 参见高圣平：《担保法论》，法律出版社2009年版，第86页。
④ 参见黄立主编：《民法债编总论》，中国政法大学出版社2002年版，第626页。

履行顺位之约定可以将一般保证与债务加入区分开来。在实践中，如果相关增信文件将第三人履行债务的前提界定为债务人届期"不能""无法""无财产"履行债务，此时存在明显的履行顺位，符合《担保法》第17条关于一般保证的定义，应当认定为一般保证，而不得认定为债务加入。应予注意的是，《担保法》第17条规定的"债务人不能履行债务"与该法第6条规定的"债务人不履行债务"之间存在着差别，由保证的补充性所决定，即便是连带责任保证的约定，也有以债务人不履行债务作为承担责任前提条件的空间。因此，当增信文件中出现以债务人到期不履行义务作为增信机构履行义务的前提条件约定时，尚不能单独以此约定认定是否构成保证。当然，如果第三人履行债务并不以债务人届期未履行为前提，而是直接表明第三人代替债务人履行，则可以直接认定为债务加入。

## 【实务问题】

对于第三方增信文件的性质认定，除了保证和债务加入两种类型之外，能否认定为在第三方与债权人之间成立独立的合同关系，还存在讨论的空间。通过梳理目前案件审理中的合同文本约定的具体情形，总体上看第三方增信文件均可以归入保证或债务加入两种类型，但由于实践中的情况较为复杂，现有案件审理的情况未必能够反映出交易实践中的全部，本条规定使用了"依据承诺文件的具体内容确定相应的权利义务关系"的表述，并未断言不构成保证即构成债务加入，其目的是为保持本条规范内容的开放性，对此审判工作中应当加以注意。

92. 【保底或者刚兑条款无效】信托公司、商业银行等金融机构作为资产管理产品的受托人与受益人订立的含有保证本息固定回报、保证本金不受损失等保底或者刚兑条款的合同，人民法院应当认定该条款无效。受益人请求受托人对其损失承担与其过错相适应的赔偿责任的，人民法院依法予以支持。

实践中，保底或者刚兑条款通常不在资产管理产品合同中明确约定，而是以"抽屉协议"或者其他方式约定，不管形式如何，均应认定无效。

## 【条文主旨】

本条是关于保底或刚兑承诺被认定无效后如何确定民事责任的规定。

## 【争议观点】

关于信托公司、商业银行等金融机构作为资产管理产品的受托人向受益人作出的含有保证本息固定回报、保证本金不受损失等保底或者刚兑承诺的效力如何认定,实践中看法不一。有观点认为《信托法》第34条关于"受托人以信托财产为限向受益人承担支付信托利益的义务"的规定并非效力性强制性规定,明确禁止保底或者刚兑承诺的规定属于行政规章,依法不能作为认定合同效力的依据。相反的观点认为,《信托法》第34条关于"受托人以信托财产为限向受益人承担支付信托利益的义务"的规定是强制规定,且事关信托财产独立等信托法基本原则的贯彻,保底和刚兑承诺直接违反了该条规定,应当认定为无效。

## 【理解与适用】

从性质上看,信托关系作为当事人之间的财产受托管理关系,是和传统的债权关系、股权关系并列的法律关系。信托法律关系强调委托人对受托人的信任以及受托人受托责任的履行,在受托人尽责管理情形下,受托人在法律上既没有按照传统债权债务关系向委托人还本付息的义务,也没有按照传统股权关系向委托人支付股息的义务。根据《信托法》第2条的规定,信托是委托人基于对受托人的信任,将其财产权委托给受托人,由受托人按委托人的意愿以自己的名义,为受益人的利益或者特定目的,进行管理或者处分的行为。这一定义表明,在信托法律关系之中,委托人将信托财产委托给受托人,受托人以自己名义进行信托财产管理,但受托人管理信托财产的所有行为都是围绕受益人的利益,而不是为了自己的利益,受益人的信托利益是信托行为的起点和终点。信托财产不归入受托人的固有财产范畴,即信托财产价值金额不体现在受托人的资产负债表中,委托人与受托人既不构成债权债务关系，也不构成股权投资关系。因此，按照权利义务相一致的原则，受托人管理和运用受托财产所获得的利益归于受益人，则由此产生的损失后果亦应当由受益人承受。从这个角度来说，由受托人为受益人提供含有保证本息固定回报、保证本金不受损失等保底承诺，或者在信托合同和相关文件中约定刚兑条款的，均背离了信托法律关系的基本特点。

但在实践中，由于信托法赋予了受托人以较大的自由裁量权，委托人出于保护自身利益考虑，往往会要求受托人能够向其作出保本保收益或者是在信托财产发生损失时能够由信托公司以固有财产承担等承诺，而信托公司等资产管理产品的受托人为了提高信托产品的吸引力，追求信托产品管理运用所获得的商业利益，往往会迎合委托人的上述要求。这种商业安排，从个体理性的角度，无疑具有一定的商业合理性。但是，当事人之间的这种保底或者刚兑的商业安排，直接违反了《信托法》第34条之规定，依法应当认定为无效。

《信托法》第34条规定："受托人以信托财产为限向受益人承担支付信托利益的义务。"本条规定的法理基础，是以财产独立这一信托法基本原则为基础。信托财产具有独立性是信托制度的核心内容，很大程度上决定了信托制度的架构。《信托法》第14条规定："受托人因承诺信托而取得的财产是信托财产。受托人因信托财产的管理、运用、处分或者其他情形而取得的财产，也归入信托财产。"据此，信托财产包括两个部分的内容：一是受托人因承诺信托而取得的财产，二是因信托财产运用而取得的损益。在信托关系中，就受托人因承诺信托所取得的信托财产而言，委托人把信托财产从自有财产中隔离，交付给受托人，使其成为独立状态的财产。普通法系中，委托人、受益人不拥有信托财产的所有权，信托财产权因财产管理的需要而在受托人名下。为了区分信托财产与受托人的固有财产，受托人不能因自己的固有利益而使用信托财产。委托人、受益人不因信托财产的债务而承担个人责任。根据财产独立原则，信托财产区别于委托人、受益人、受托人而成为独立存在的目的财产，该财产与受托人（形式上的所有人）可能承担的风险之间是被隔离的。就受托人运用信托财产所生的损益这一部分信托财产而言，受托人在处理信托事务过程中所生的损失或者收益皆归属于信托财产，成为信托损失或收益的一部分。在此基础上，《信托法》第34条进一步规定，受托人以信托财产为限向受益人承担支付信托利益的义务。该条的规定可以说是财产独立原则的一种延伸。当信托合同中约定了刚性兑付，信托公司对投资人做出的本金及收益的承诺，如果是以其固有财产对产品可能的风险进行兜底，这种做法便违反了信托财产独立原则，不符合受托人应隔离自身固有财产与信托财产的要求。

根据上述法律规定，金融机构作为资产管理产品的受托人不得承诺保底或刚兑成为监管部门一贯的监管政策。《信托公司管理办法》第 34 条规定：信托公司开展信托业务，不得承诺信托财产不受损失或者保证最低收益。《信托公司集合资金信托计划管理办法》第 8 条规定：信托公司推介信托计划时，不得以任何方式承诺信托资金不受损失，或者以任何方式承诺信托资金的最低收益。《证券期货经营机构私募资产管理业务管理办法》第 4 条规定：“证券期货经营机构不得在表内从事私募资产管理业务，不得以任何方式向投资者承诺本金不受损失或者承诺最低收益。投资者参与资产管理计划，应当根据自身能力审慎决策，独立承担投资风险。”第 51 条规定：“披露资产管理计划信息，不得有下列行为：……（三）承诺收益，承诺本金不受损失或者限定损失金额或比例；……"尽管如此，实践中仍然未能彻底禁绝保底和刚兑承诺的现象。在本轮金融治理的过程中，打破刚兑已经成为一种重要的监管议题。《关于规范金融机构资产管理业务的指导意见》在强调"卖者尽责、买者自负""打破刚性兑付"的同时，在第 19 条明确规定了刚性兑付的认定标准和相应的行为后果：经金融管理部门认定，存在以下行为的视为刚性兑付：（1）资产管理产品的发行人或者管理人违反真实公允确定净值原则，对产品进行保本保收益。（2）采取滚动发行等方式，使得资产管理产品的本金、收益、风险在不同投资者之间发生转移，实现产品保本保收益。（3）资产管理产品不能如期兑付或者兑付困难时，发行或者管理该产品的金融机构自行筹集资金偿付或者委托其他机构代为偿付。（4）金融管理部门认定的其他情形。经认定存在刚性兑付行为的，区分以下两类机构进行惩处：（1）存款类金融机构发生刚性兑付的，认定为利用具有存款本质特征的资产管理产品进行监管套利，由国务院银行保险监督管理机构和中国人民银行按照存款业务予以规范，足额补缴存款准备金和存款保险保费，并予以行政处罚。（2）非存款类持牌金融机构发生刚性兑付的，认定为违规经营，由金融监督管理部门和中国人民银行依法纠正并予以处罚。任何单位和个人发现金融机构存在刚性兑付行为的，可以向金融管理部门举报，查证属实且举报内容未被相关部门掌握的，给予适当奖励。外部审计机构在对金融机构进行审计时，如果发现金融机构存在刚性兑付行为的，应当及时报告金融管理部门。外部审计机构在审计过程中未能勤勉尽责，依法追究相应责任或依法依规给予行政处罚，并将相关信息纳入全国信用信息共享平台，建立联合惩戒机制。

《民法总则》第 153 条第 1 款规定："违反法律、行政法规的强制性规定的民事法律行为无效，但是该强制性规定不导致该民事法律行为无效的除外。"据此，虽然保底和刚兑承诺违反了《信托法》的强制规定，但该强制规定是否应当导致保底和刚兑承诺无效的后果，还应该进行法益衡量的研究。首先，刚性兑付使得风险仍停留在金融体系内部，将本应由投资者自行承担的资产损失风险转嫁至作为受托人的金融机构承担，如果此种风险累积，在各类风险尤其是信用风险集中爆发后，个别金融机构可能因不能刚性兑付而引发系统性风险。当刚性兑付无法维持时，投资者会很快转变为对风险过度敏感，争相赎回其投资，引起市场恐慌。特别是当金融机构本身是具有系统重要性的金融机构时，个别崩溃更容易引起物理性和心理性的连锁反应。其次，刚性兑付不利于资源配置和直接融资服务实体经济。刚性兑付偏离了资管产品"受人之托，代人理财"的本质，抬高无风险收益率水平，干扰资金价格，不仅影响发挥市场在资源配置中的决定性作用，还弱化了市场纪律。① 基于上述理由，本条规定，信托公司、商业银行等金融机构作为资产管理产品的受托人为受益人提供含有保证本息固定回报、保证本金不受损失等保底或者刚兑条款的，人民法院应当认定该条款无效。

## 【实务问题】

应予强调的是，认定保底承诺或者刚兑无效后，并不意味着受托人无需承担责任。《民法总则》第 157 条规定："民事法律行为无效、被撤销或者确定不发生效力后，行为人因该行为取得的财产，应当予以返还；不能返还或者没有必要返还的，应当折价补偿。有过错的一方应当赔偿对方由此所受到的损失；各方都有过错的，应当各自承担相应的责任。法律另有规定的，依照其规定。"据此，在认定保底和刚兑承诺无效后，受益人请求受托人对其损失承担与其过错相适应的赔偿责任的，人民法院应予支持。

---

① 参见《中国人民银行有关负责人就〈关于规范金融机构资产管理业务的指导意见〉答记者问》，载中国人民银行网站：http://www.pbc.gov.cn/goutongjiaoliu/113456/113469/3529603/index.html，最后访问日期：2019 年 11 月 20 日。

93.【通道业务的效力】当事人在信托文件中约定,委托人自主决定信托设立、信托财产运用对象、信托财产管理运用处分方式等事宜,自行承担信托资产的风险管理责任和相应风险损失,受托人仅提供必要的事务协助或者服务,不承担主动管理职责的,应当认定为通道业务。《中国人民银行、中国银行保险监督管理委员会、中国证券监督管理委员会、国家外汇管理局关于规范金融机构资产管理业务的指导意见》第 22 条在规定"金融机构不得为其他金融机构的资产管理产品提供规避投资范围、杠杆约束等监管要求的通道服务"的同时,也在第 29 条明确按照"新老划断"原则,将过渡期设置为截止 2020 年底,确保平稳过渡。在过渡期内,对通道业务中存在的利用信托通道掩盖风险,规避资金投向、资产分类、拨备计提和资本占用等监管规定,或者通过信托通道将表内资产虚假出表等信托业务,如果不存在其他无效事由,一方以信托目的违法违规为由请求确认无效的,人民法院不予支持。至于委托人和受托人之间的权利义务关系,应当依据信托文件的约定加以确定。

## 【条文主旨】

本条是关于通道业务的含义及其效力的规定。

## 【争议问题】

对于通道业务能否认定为信托法意义上的信托种类,审判实践中存在争议。一种观点认为,信托法所规定的信托均为主动管理信托,通道业务的受托人不承担信托财产的管理运用职责,并非信托法意义上的信托形式,且通道业务的开展,绝大多数是为了规避监管政策的规定,应当以目的违法为由认定信托合同无效。相反的观点则主张,立足于现实经济生活的发展,通道业务作为事务管理信托有其存在的空间,对其效力不能一概予以否定,而应配合监管政策的开展，逐步加以规范。

## 【理解与适用】

"通道业务"的产生最早于 2008 年前后以"银信合作"的形式出现，即信托公司设立信托计划作为通道，银行负责资金端的募集和资产端的投资指定，借助信托计划实现银行资金出表、规避监管指标约束等目的。随着业务规模的爆发性增长，"银证合作""银基合作""银证信合作""银信基合作"等新型通道业务迅速崛起，其总规模已赶超"银信合作"，甚至出现一个投融资项目中同时存在两个或两个以上通道的现象。如商业银行发行理财产品，并以理财产品资金购买证券公司设立的资产管理计划。证券公司以该资产管理计划资金认购信托计划的份额，与信托公司设立单一资金信托，并按照商业银行的要求指定信托资金的运用方式和运用项目。这种交易结构安排中就存在证券公司和信托公司两个通道。

虽然通道业务是一个耳熟能详的提法，但目前尚没有权威定义。不同的监管部门从各自角度进行的描述，可能有助于我们从总体上把握这一业务的本质特征。原中国银监会在《商业银行并表管理与监管指引》（银监发〔2014〕54 号文）中指出，跨业通道业务是指商业银行或银行集团内各附属机构作为委托人，以理财、委托贷款等代理资金或者利用自有资金，借助证券公司、信托公司、保险公司等银行集团内部或者外部第三方受托人作为通道，设立一层或多层资产管理计划、信托产品等投资产品，从而为委托人的目标客户进行融资或对其他资产进行投资的交易安排。在上述交易中，委托人实质性承担上述活动中所产生的信用风险、流动性风险和市场风险等。原中国保监会在《中国保监会关于清理规范保险资产管理公司通道类业务有关事项的通知》（保监资金〔2016〕98 号文）中规定银行存款通道等业务（简称通道类业务），是指在本通知发布之日前开展的资金来源与投资标的均由商业银行等机构确定，保险资产管理公司通过设立资产管理计划等形式接受商业银行等机构的委托，按照其意愿开展银行协议存款等投资，且在其委托合同中明确保险资产管理公司不承担主动管理职责，投资风险由委托人承担的各类业务。中国证券业协会在《关于规范证券公司与银行合作开展定向资产管理业务有关事项的通知》（中证协发〔2013〕124 号）中第一次对通道业务作了具体规定。它将通道业务称之为"银证合作定向业务"，具体指合作银行作为委托人，将委托资产委托证券公司进行定向资产管理，向证券公司发出明确交易指令,由证券公司执行,并将受托资产投资于合作银行指定标的资产的业务。2017年,中国证监会在机构监管情况通报中将通道业务归纳为四个方面的特征:一是资金和资产"两头在外",通道方(或称为受托方)的资产管理业务仅作为委托资金流向委托方指定资产的"管道";二是通道方(受托方)按照委托方的投资指令开展业务,通常不承担主动管理责任;三是投资风险通常由委托方承担;四是管理费相对较低。通过归纳上述监管部门的不同表述,我们认为,通道业务的核心特征可以概括为三个方面:一是委托人自主决定信托设立、信托财产运用对象、信托财产管理运用处分方式等事宜;二是委托人自行承担信托风险;三是受托人仅提供必要的事务协助或者服务,不承担信托财产管理职责。据此本条从上述三方面对事务类信托或者通道业务的定义进行了描述。

在规范意义上,本不存在事务管理类信托或者将通道业务认定为信托业务的问题。《信托法》第30条规定:"受托人应当自己处理信托事务,但信托文件另有规定或者有不得已事由的,可以委托他人代为处理。受托人依法将信托事务委托他人代理的,应当对他人处理信托事务的行为承担责任。"根据这一规定,在信托设立后,受托人对于信托财产所投项目的尽职调查、信托产品的推广和销售、信托存续期间的事务管理、信托到期后的清算和收益分配等负有全面管理的责任。但从实践中的情况来看,以商业银行为代表的金融机构为了追逐利润更高的投资项目的同时能够规避监管政策,调节监管指标,达到表面合规的目的,发明出了通道业务。业内有一个比较形象的说法,可以帮助我们理解通道业务的起因:一个有资金,一个有项目,但由于监管政策不允许二人直接发生关系,资金只好绕道而行,资金所绕的道就是通道,而提供这条道的人就是通道方,所有非银行金融机构如信托、券商、保险等,都可以成为潜在的通道。

从实践中的情况来看,通道业务中大量存在利用信托通道掩盖风险,规避资金投向、资产分类、拨备计提和资本占用等监管规定,或者通过信托通道将表内资产虚假出表等规避监管政策的现象。以至于行业内戏称:"通道的存在,就是将不合规的东西变成合规的东西"。由此产生了对通道业务合法性的争议。

在规范通道业务方面,比较重要的规范性文件有两个:一是《国务院办公厅关于加强影子银行监管有关问题的通知》(国办发〔2013〕107号),提出要着力完善监管制度和办法,规范金融交叉产品和业务合作行为:"金融机构之间的交叉产品和合作业务,都必须以合同形式明确风险承担主体和通道功能主体,并由风险承担主体的行业归口部门负责监督管理,切实落实风险防控责任。"二是《指导意见》,该意见第 22 条规定:"金融机构不得为其他金融机构的资产管理产品提供规避投资范围、杠杆约束等监管要求的通道服务。"由此可见,在统一监管的政策层面,对通道业务的监管已经从明确风险承担主体到全面禁绝。相应地,对与通道业务相关的民事法律行为效力判断,就必须聚焦到对投资范围、杠杆约束等进行限制的监管政策是否构成《民法总则》第 153 条第 2 款所规定的公共秩序的认识问题。

在金融监管领域,宏观审慎监管是为了维护金融体系的稳定,防止金融系统对经济体系的负外部效应溢出而采取的一种自上而下的监管模式,包括三个方面的内容:一是识别系统风险,即发现、监测和计量系统风险及其潜在影响;二是降低系统风险的发生概率,即通过提高监管标准和采取针对性监管措施等,预防系统风险爆发;三是缓解对金融体系和实体经济的溢出效应,即在系统风险爆发后,限制破坏的程度和范围,尽可能降低经济损失。从职能定位的角度,宏观审慎监管是对微观审慎监管的补充,在审慎监管的框架内仍然以微观审慎监管为主,宏观审慎监管处于协助性地位,二者各有侧重,但均以维护金融体系的稳定性、流动性和透明度为目标。在监管目标上,宏观审慎监管的目标是防范系统性风险,维护金融体系的整体稳定,防止经济增长(如 GDP)受影响;而微观审慎监管的目的在于控制个体金融机构或行业的风险,保护投资者利益。在监管内容上,宏观审慎监管侧重在对金融机构的整体行为以及金融机构之间相互影响力的监管上,同时关注宏观经济的不稳定因素;而微观审慎监管侧重于对金融机构的个体行为和风险偏好的监管。从具体监管对象上看,宏观审慎监管更关注具有系统重要性金融机构(如银行和金融集团)的行为,金融市场整体趋势及其与宏观经济的相互影响;而微观审慎监管则更关注于具体金融机构的合规与风险暴露情况,避免投资者和储户等个体遭受不应有的损失等事件发生。学者认为,金融市场系统性风险的事前防范措施需要提高市场透明度,要求金融市场参与者对自己的风险状况进行披露,对所使用的金融市场工具的风险进行详细说明。[①]而通道业务的主要目的,恰恰就是掩盖风险承担主体,如果任由风险底数不清的现象存续,金融监管的透明度将无从谈起。而底数不清的决策风险,无论是 2015 年中的股市异常波动,还是 2017 年资管业务的急刹车效应,在给

---

① 参见赖娟:《潜在的危机——中国金融系统性风险研究》,中国财政经济出版社 2011 年版,第 44~45 页。

国民经济带来巨大伤害的同时，也给全民上了一堂生动的风险教育课。可谓是"殷鉴不远，历历在目"。从这个角度来说，违反监管政策所开展的通道业务，依法应当以违反公共秩序为由认定无效。

从国家监管政策的内容来看，《指导意见》在禁止开展通道业务的同时，为了防范处置风险的过程中发生进一步的操作风险，保持金融体系的稳定，规定了期限截至2020年的过渡期。对此，人民法院的审判工作也应当与之相向而行，形成合力，因此，纪要在本条明确，按照"新老划断"原则，在过渡期内，对通道业务中存在的利用信托通道掩盖风险，规避资金投向、资产分类、拨备计提和资本占用等监管规定，或者通过信托通道将表内资产虚假出表等信托业务，如果不存在其他无效事由，一方当事人以信托目的违法违规为由请求确认无效的，人民法院不予支持。对委托人和受托人之间的权利义务关系，应当依据信托文件的约定加以确定。

## 【实务问题】

在金融监管层面，金融机构不得为其他金融机构的资产管理产品提供规避投资范围、杠杆约束等监管要求的通道服务已经成为一项明确的政策要求。从应然的角度，对违反监管政策所开展的通道业务，依法应当以违反公共秩序为由认定无效。但从有序化解金融风险、防止在处置风险的过程中引发操作风险的角度考虑，应当根据监管部门工作的节奏和进度安排，对其效力作出实事求是的认定。

94.【受托人的举证责任】资产管理产品的委托人以受托人未履行勤勉尽责、公平对待客户等义务损害其合法权益为由，请求受托人承担损害赔偿责任的，应当由受托人举证证明其已经履行了义务。受托人不能举证证明，委托人请求其承担相应赔偿责任的，人民法院依法予以支持。

## 【条文主旨】

本条是关于受托人举证责任分配的规定。

## 【争议观点】

在营业信托纠纷案件中，关于举证责任的分配存在着不同的看法，有观点主张按照"谁主张、谁举证"的举证责任分配的一般规则来分配当事人的举证责任，亦有观点认为应当实行举证责任倒置规则，由受托人承担证明其已经履行了忠实、勤勉等义务的举证责任，针对这一分歧，纪要就此进行了明确。

## 【理解与适用】

在信托关系中，委托人将自己的重要资源交由受托人自由裁量，作为一种交换，受托人对委托人承担信义义务，以此来保证行为的谨慎，避免过失和损害委托人利益的行为。《信托法》第 25 条规定："受托人应当遵守信托文件的规定，为受益人的最大利益处理信托事务。受托人管理信托财产，必须恪尽职守，履行诚实、信用、谨慎、有效管理的义务。"并在此后作了一系列的规定，学说上一般将受托人的义务统称为信义义务，其内容主要包括信托公司对委托人的忠实义务和勤勉义务。

忠实义务的规范主要是禁止规范，即禁止受托人为了受益人以外的人的利益行事。信托公司不能违背受托人的利益而为自己或者他人牟取利益。英美信托法不仅规定了行为不当的受托人应当如何承担责任，而且针对受托人提出一项原则要求，即受托人不得使自己处于受托人职责与利益相冲突的地位，也就是说，受托人只能忠实于受益人利益。我国信托法对受托人的忠实义务以列举的方式作出了明文规定，主要体现在避免关联交易、不得以固有财产与信托财产进行交易、受托人不得享有受托利益等相关违反忠实义务的具体表现形式。忠实义务作为信义义务的核心，目的在于防止受托人将自己的利益凌驾于投资者的利益之上，有效地防范了受托人的机会主义。受托人对委托人的财产具有的自由裁量权，确保受托人行使这一自由裁量权以促进投资者的最佳利益，而不是出于不正当的目的，是至关重要的。

勤勉义务主要是要求受托人积极作为。无论是英美法系中《受信人法》的要求，还是大陆法系勤勉义务中善良管理人的内容，商事信托的勤勉义务都要明显高于民事信托。《美国统一谨慎投资人法》突破了传统谨慎人规则的局限，如每项投资单独判断、忽略通货膨胀风险等，共包含16个条文。其中，第2条规定了勤勉标准、投资组合策略及风险收益目标；第3条规定了分散投资义务，谨慎投资人的勤勉要求；第4条规定了受托人于接受受托人职位或信托财产后的合理期间审查信托财产的义务；第8条规定了判断受托人行为是否勤勉的时点问题，同时还要求受托人要尽到"谨慎投资人"的注意、技能和勤勉以及考虑信托的目的、条款、分配要求以及其他情形。勤勉义务具有警示作用，作为对受托人不当行为的威慑，只要该投资是合理的、符合信托目的的，就不构成勤勉义务的违反。判断受托人是否履行勤勉义务可能会因为信托公司具体的业务和工作性质的不同而不同，因此，勤勉义务很难有一个统一的标准去衡量。

虽然法律规定较为原则，但从商业实践来看，各类资产管理产品的合同文本对于受托人义务的约定显得细化了很多，尽管其中仍然充斥着大量较为模糊的概念。在委托人与受托人之间因受托人是否勤勉尽责发生争议时，举证责任分配问题仍然应当遵循"谁主张、谁举证"的基本原则。无论是受托人还是委托人，如果提出主张，均应当承担举证责任，提交相关证明材料，否则将承担证明不能的不利后果。

值得注意的是，与委托人相比，信托公司、商业银行、证券公司等受托人作为专业机构，在行为主体、决策过程、客观效果、同行业绩等方面提供证据证明其尽到了勤勉谨慎职责更为容易。并且信托合同通常是信托公司的格式文本，随着信托产品的产品结构设计日趋复杂、投资运作专业化程度不断提高，作为金融产品的信托产品与其发行方的关系更加紧密。在信托产品的结构设计和投资运作是否尽责问题上，需要受托人就已经尽责承担举证责任。这种举证责任分配方式，在证据法学理论上称为举证责任的转移，不能等同于完全的举证责任倒置。

# 【实务问题】

审判实践中，无论是主动管理信托，还是事务管理类信托，在审查作为专业金融机构的受托人是否履行了勤勉尽责的义务时，可以从受托人在资产管理产品设立后，进行投资项目立项前的尽职调查材料，投资管理过程中的内部决策流程等审批材料，项目存续过程中的日常管理材料（包括各类凭证、单据、通知和指令），项目清算和风险处置过程中的相关材料等证据着手，审查受托人是否尽了法定的和约定的勤勉尽责义务，并在此基础上确定责任承担。

95.【信托财产的诉讼保全】信托财产在信托存续期间独立于委托人、受托人、受益人各自的固有财产。委托人将其财产委托给受托人进行管理，在信托依法设立后，该信托财产即独立于委托人未设立信托的其他固有财产。受托人因承诺信托而取得的信托财产，以及通过对信托财产的管理、运用、处分等方式取得的财产，均独立于受托人的固有财产。受益人对信托财产享有的权利表现为信托受益权，信托财产并非受益人的责任财产。因此，当事人因其与委托人、受托人或者受益人之间的纠纷申请对存管银行或者信托公司专门账户中的信托资金采取保全措施的，除符合《信托法》第17条规定的情形外，人民法院不应当准许。已经采取保全措施的，存管银行或者信托公司能够提供证据证明该账户为信托账户的，应当立即解除保全措施。对信托公司管理的其他信托财产的保全，也应当根据前述规则办理。

当事人申请对受益人的受益权采取保全措施的，人民法院应当根据《信托法》第47条的规定进行审查，决定是否采取保全措施。决定采取保全措施的，应当将保全裁定送达受托人和受益人。

## 【条文主旨】

本条是关于对信托账户等信托财产以及信托受益权进行诉讼保全的规定。

## 【争议观点】

审判实践中，对于信托财产独立性基本不存在分歧。但在自益信托情形下，由于委托人同时为受益人，受益人与信托财产之间的关系如何在观念上加以区分，时常令人困惑，本条就此进行了明确。

## 【理解与适用】

  在英美信托法中，对信托财产存在着法律上的所有权和衡平法上的所有权这种观念上的区分，法律上的所有权属于受托人，受托人对信托财产享有管理权和处分权，是名义上的所有权人；衡平法上的所有权属于受益人，受益人对信托财产享有信托受益权，是实质上的所有权人，受托人和受益人以不同的方式对该项财产拥有所有权。此外，在英美法系中，不存在绝对的、单一的财产所有权概念，财产所有权是一系列根据社会和经济的需要可以灵活组合和分解的权益。其中，有的财产权纯粹是收益性的，与财产的占有和管理几乎可以毫无关系，比如信托受益人之权利；有的财产权则是纯粹管理性的，与财产的收益可以没有联系，如信托受托人的权利。因委托人与受托人分别享有所有权，并基于其所有权享有不同的权利，为避免诱发道德风险，确保受益人受益权的实现，信托法赋予信托财产以独立性，以平衡各方当事人之间的利益冲突。因我国从整体上可归为大陆法系，大陆法系的所有权遵循一物一权的基本原则，在一个独立特定的物之上，只能存在一个所有权，从根本上否定了信托财产所有权的二元结构。我国《信托法》第2条所定义的信托，是指委托人基于对受托人的信任，将其财产权委托给受托人，由受托人按委托人的意愿，以自己的名义，为受益人的利益或者特定目的，进行管理或者处分的行为。这种定义方式，刻意回避了信托财产所有权的归属，对信托财产所有权是否转移给受托人这一问题进行模糊处理，使用了含义不清的"将其财产权委托给受托人"的表达，从而使信托财产的所有权归属处于悬而未决状态。

  但是对于信托财产的独立性，《信托法》第三章予以全面确认。具体表现在：受托人因信托财产的管理、运用、处分或者其他情形而取得的财产，归入信托财产；信托财产与受托人固有财产相区别；受托人死亡或者依法解散、被依法撤销、被宣告破产而终止，信托财产不属于其遗产或者清算财产；信托财产与委托人未设立信托的其他财产相区别；受托人管理、运用、处分信托财产所产生的债权，不得与其固有财产产生的债务相抵销，受托人管理、运用、处分不同委托人的信托财产所产生的债权债务不得相互抵销。从立法时的角度考察，上述制度安排是建立在总结二十世纪九十年代末期我国信托行业治理经验教训的基础之上。在信托法颁布之前，信托投资公司的自营资金、信托存款、客户委托资金这三部分性质不同的资金共同存放于信托公司开立的一个银行账户里，既没有实现信托财产和固有财产互相独立，也没有实现信托财产之间互相独立，使得信托公司固有风险与客户投资风险难以区分，拖垮了一批信托公司，使得国家下决心对信托行业进行整顿，重塑行业经营模式。由于信托财产独立性对信托公司自身的稳健经营和客户利益维护，以及交易安全等方面的影响甚巨，《信托法》第10条规定，"设立信托，对于信托财产，有关法律、行政法规规定应当办理登记手续的，应当依法办理信托登记。未依照前款规定办理信托登记的，应当补办登记手续；不补办的，该信托不产生效力"。虽然统一的信托登记立法和实践工作的进展不大，但在资金信托产品方面，相关监管部门很早就作出了相应的规范。2002年6月13日，中国人民银行公布的《信托投资公司资金信托管理暂行办法》（中国人民银行令〔2002〕第7号，现已废止）第14条规定："信托投资公司对不同的资金信托，应建立单独的会计账户分别核算；对不同的信托，应在银行分别开设单独的银行账户，在证券交易机构分别开设独立的证券账户与资金账户。"此后，中国人民银行又于2003年11月14日下发《关于信托投资公司人民币银行结算账户开立和使用有关事项的通知》，就规范信托投资公司人民币银行结算账户的开立和使用等事项进一步明确规定："一、关于账户的设置。信托投资公司的固有财产应与信托财产分别管理，其业务人员、资金账户均应分开，不得混合操作。信托投资公司办理固有财产业务，按照《人民币银行结算账户管理办法》的有关规定设置银行结算账户。信托投资公司对受托的信托财产，应在商业银行设置专用存款账户（以下简称信托财产专户）。委托人约定信托投资公司单独管理、运用和处分信托财产时，信托投资公司应在商业银行按一个信托文件设置一个账户的原则为该项信托财产开立信托财产专户；委托人约定信托投资公司可以按某一特定计划管理、运用和处分信托财产时，信托投资公司应在商业银行按一个计划设置一个账户的原则为该项计划开立信托财产专户。二、信托财产专户的开立。信托财产专户的存款人名称应为受托人（即信托投资公司）全称。不同的信托财产应开立不同的专户，并对应于不同的账号。受托人（即信托投资公司）在内部管理上须对不同的账户和账号分别管理。（一）信托投资公司申请开立信托财产专户，应向银行出具其开立基本存款账户规定的证明文件、基本存款账户开户登记证和下列证明文件：1. 单个信托或信托计划受托人开立信托财产专户申请书；2. 单个信托或信托计划简介；3. 根据单个信托或信托计划的具体内容，应出具有关法规、规章或政府部门的有关文件。（二）信托财产专户申请书应当载明以下事项：1.拟开立信托财产专户的全称；2.信托目的；3.受托人的姓名（或者名称）、住所。除前款所列事项外，经与委托人协商同意后，可以载明信托期限、委托人的姓名（或者名称）和住所、信托利益的支付形式、信托终止事由等事项。三、关于信托财产专户的使用。信托财产专户可接受现金缴存或款项划入，但不得办理现金支取业务。信托财产专户与信托投资公司固有财产账户之间，不得办理款项划转，但信托投资公司因管理信托财产所垫付的费用、应收取的手续费或佣金的支付除外。不同信托财产专户之间不得办理款项划转，但依据信托文件约定不同信托项下的财产可进行交易时除外。信托投资公司需要从信托财产专户向受益人个人的人民币银行结算账户支付的款项，每笔超过5万元的，应向开户银行提供有关信托财产的支付报告，该报告应和信托文件内容一致。信托投资公司应于每月10日前向人民银行、银监会书面报告信托财产专户的开设情况。四、关于信托财产专户的变更和撤销。（一）单个信托或信托计划受托人发生变更的，应及时办理信托财产专户信息变更，除《人民币银行结算账户管理办法》中要求提供的证明文件外，还应提供信托关系变更文件。（二）单个信托或信托计划届满后，受托人应及时清理信托财产专户。账户仍有余额的，受托人应按信托合同的约定处理，并及时撤销账户。（三）单个信托或信托计划因故未设立的，信托投资公司应及时清理该信托财产专户，并将信托财产专户中的资金余额返回原委托人。五、关于信托财产专户的资金性质。信托财产不属于信托投资公司的固有财产，也不属于信托投资公司的负债。若执法部门对信托财产人民币专用存款账户进行冻结或扣划，银行有义务出示证据以证明信托财产专用存款账户的性质。"此后，原中国银监会在2007年制定的《信托公司集合资金信托计划管理办法》中对信托资金的专户存管和其他信托财产的保管问题又作出了进一步的规定。该办法第18条规定："信托计划成立后，信托公司应当将信托计划财产存入信托财产专户，并在五个工作日内向委托人披露信托计划的推介、设立情况。"第19条规定："信托计划的资金实行保管制。对非现金类的信托财产，信托当事人可约定实行第三方保管，但中国银行业监督管理委员会另有规定的，从其规定。信托计划存续期间，信托公司应当选择经营稳健的商业银行担任保管人。信托财产的保管账户和信托财产专户应当为同一账户。信托公司依信托计划文件约定需要运用信托资金时，应当向保管人书面提供信托合同复印件及资金用途说明。"第26条规定："信托公司可以运用债权、股权、物权及其他可行方式运用信托资金。信托公司运用信托资金，应当与信托计划文件约定的投资方向和投资策略相一致。"由上述规定可以看出，对于信托公司开展的资金信托业务，专户报备存放已经形成了较为规范的做法。但对于其他信托财产特别是不动产信托、股权信托的登记，由于涉及国务院所属不同部门的事权分工，实践中并没有形成较为固定的做法。

至2016年1月，银行业理财登记托管中心有限公司正式成立，专门从事理财登记托管结算业务。2017年8月25日，中国银监会制定了《信托登记管理办法》，明确由中国信托登记有限责任公司对信托机构的信托产品及其受益权信息、国务院银行业监督管理机构规定的其他信息及其变动情况予以记录。信托登记信息包括信托产品名称、信托类别、信托目的、信托期限、信托当事人、信托财产、信托利益分配等信托产品及其受益权信息和变动情况。这种信托财产的登记方法，是否包括不动产、股权等原属于其他部门登记权限的信托财产，并不明确，给人民法院审理案件中的诉讼保全工作带来了一定的困难。

为正确指导人民法院的诉讼保全工作，防止不当保全给信托公司带来不必要的流动性风险和经营困难，本条规定从信托财产独立性的基本法理出发，对诉讼保全的相关问题作出了明确。信托财产独立性，是指信托一旦有效设立，信托财产就从委托人、受托人和受益人的固有财产中分离出来，成为一种独立的财产整体，委托人、受托人和受益人的债权人行使债权均不得及于信托财产。信托财产基于其独立性，必须区别于委托人、受托人的固有财产，同一受托人管理的来源于不同委托人的信托财产也必须有严格区别。关于信托财产的强制执行问题，《信托法》第17条规定："除因下列情形之一外，对信托财产不得强制执行：（一）设立信托前债权人已对该信托财产享有优先受偿的权利，并依法行使该权利的；（二）受托人处理信托事务所产生债务，债权人要求清偿该债务的；（三）信托财产本身应担负的税款；（四）法律规定的其他情形。对于违反前款规定而强制执行信托财产，委托人、受托人或者受益人有权向人民法院提出异议。"根据这一规定，结合监管部门已经出台的各项具体规定，纪要明确，当事人因其与委托人、受托人或者受益人之间的纠纷申请对存管银行或者信托公司专门账户中的信托资金采取保全措施，除符合《信托法》第17条规定的情形外，人民法院不应当准许。已经采取保全措施的，存管银行或者信托公司能够提供证据证明该账户为信托账户的，应当立即解除保全措施。对信托公司管理的不动产、股权等其他信托财产的保全，也应当根据前述规则办理。

在信托关系中，委托人设立信托转移财产权的目的是让受托人依照一定目的从事财产管理、处分，从而使受益人获得利益；受托人根据信托文件管理、处分信托财产，负有向受益人交付相关利益的义务。信托法是以受益人为本位的法，信托制度设计的目的在于保障受益人信托收益权的实现。根据信托法的相关规定，信托受益权主要包括信托利益的享有权、信托事务监督权和救济权等内容。信托利益的享有权，指的是受益人享有请求受托人交付基于信托财产的管理和处分而产生的利益，受托人负有将其管理和处分信托财产而产生的收益交给受益人的义务。信托事务监督权是指确保受托人适当管理信托财产，正当履行其职责而享有的权利，具体又包括知情权、对受托人自我交易的同意权、对受托人的辞任享有同意权、信托终止时对受托人的清算报告享有异议权。受益人的救济权主要指在受托人或其他主体违反信托本旨处分信托财产时受益人享有的权利，包括受益人撤销权以及强制执行异议权。从上述权利内容的关系来看，后两项权利内容的目的也是确保信托正常运行，以实现收益人的受益权，一旦出现违反信托本旨或者损害信托财产及信托利益的情形，受益人可行使相应的权利或寻求相应的救济渠道。

信托受益权是财产权。《信托法》第47条规定："受益人不能清偿到期债务的，其信托受益权可以用于清偿债务，但法律、行政法规以及信托文件有限制性规定的除外。"第48条规定："受益人的信托受益权可以依法转让和继承，但信托文件有限制性规定的除外。"根据以上规定，人民法院当然可以将受益人享有的信托受益权作为其责任财产加以查封、冻结，以保证法律文书的顺利执行。决定采取保全措施的，除了应当要求登记机关协助执行外，还应当将保全裁定送达受托人和受益人。对于还没有建立起相应登记机构的资产管理产品，人民法院直接将诉讼保全的裁定送达受托人和受益人，即可发生查封、冻结的效果。

## 【实务问题】

审判工作中，在审查异议人对信托财产诉讼保全的异议理由能否成立时，在审查信托文件和其他相关文件中指向的资金账户名称和编码是否一致等书面文件还不能形成确信时，可以征求监管部门的意见，听取其建议。特别是对其他信托财产的保全问题，一定要兼顾我国信托财产登记制度并不完备的历史和现实情况，只要当事人提供的相关证据能够证明该财产确属信托财产，不属于本案被告的责任财产，人民法院即不得以登记不完善等为由不予解除查封、保全。

96.【信托公司固有财产的诉讼保全】除信托公司作为被告外,原告申请对信托公司固有资金账户的资金采取保全措施的,人民法院不应准许。信托公司作为被告,确有必要对其固有财产采取诉讼保全措施的,必须强化善意执行理念,防范发生金融风险。要严格遵守相应的适用条件与法定程序,坚决杜绝超标的执行。在采取具体保全措施时,要尽量寻求依法平等保护各方利益的平衡点,优先采取方便执行且对信托公司正常经营影响最小的执行措施,能采取"活封""活扣"措施的,尽量不进行"死封""死扣"。在条件允许的情况下,可以为信托公司预留必要的流动资金和往来账户,最大限度降低对信托公司正常经营活动的不利影响。信托公司申请解除财产保全符合法律、司法解释规定情形的,应当在法定期限内及时解除保全措施。

## 【条文主旨】

本条是关于对信托公司固有财产进行保全的规定。

## 【争议观点】

当信托公司作为案件被告时,原告申请对信托公司固有财产进行诉讼保全应当如何办理,存在不同的做法。一种观点认为,只要原告提供了诉讼保全担保,即应当依法对信托公司固有财产进行保全。另一种观点认为,为防止诉讼保全给信托公司的正常经营带来不必要的负面影响,应当秉持善意保全的理念,最大限度降低对信托公司正常经营活动的不利影响。

## 【理解与适用】

随着本轮金融乱象治理工作的开展,信托通道业务大幅萎缩,信托行业长期积累的风险隐患开始暴露，信托产品所投向的目标企业信用违约风险上升，"踩雷"事件的不断发生也给部分信托公司的经营活动带来了流动性困难。为了防止因诉讼保全工作给信托公司的正常经营活动带来不必要的负面影响，切实防止因诉讼保全工作给个体信托公司带来危机而影响市场整体信心，本条对针对信托公司的诉讼保全提出了两条纪律性的要求：一是信托公司不是被告的，不得对信托公司固有资金账户的资金采取保全措施。二是必须强化善意执行理念，对以信托公司为被告的案件，确实需要对其固有财产采取诉讼保全措施的，必须采取灵活的执行措施，妥善平衡好各方利益，防范金融风险发生。这是针对当前经济生活中的实际情况所作出的安排，人民法院在审判工作中必须给予足够的重视。

## 【实务问题】

案件审理中，对信托公司固有财产的诉讼保全一定要采取谨慎的做法，妥善平衡好各方利益，切忌"一哄而起"，甚至是"超标的查封"，影响信托公司的正常经营活动。

# 第八章 关于财产保险合同纠纷案件的审理

会议认为,妥善审理财产保险合同纠纷案件,对于充分发挥保险的风险管理和保障功能,依法保护各方当事人合法权益,实现保险业持续健康发展和服务实体经济,具有重大意义。

97.【未依约支付保险费的合同效力】当事人在财产保险合同中约定以投保人支付保险费作为合同生效条件,但对该生效条件是否为全额支付保险费约定不明,已经支付了部分保险费的投保人主张保险合同已经生效的,人民法院依法予以支持。

## 【条文主旨】

本条是关于未依约支付保险费的合同效力的规定。

## 【争议观点】

当事人在财产保险合同中约定以投保人支付保险费作为合同生效条件,但对该生效条件是否为全额支付保险费约定不明的情况下,合同效力是否生效的问题,实践中存在不同观点。一种观点认为,保险合同中约定以投保人支付保险费作为合同生效条件,只要支付了部分保险费,就应当认定合同已生效。理由是在合同约定不明确的情况下,应当作出对投保人、被保险人有利的解释。另一种观点则认为,合同约定支付保险费作为合同生效要件,应当理解为支付全部保险费,否则会造成投保人只支付极少的保险费,故意拖延交费的情况,导致客户故意不交保费的风险增加。

## 【理解与适用】

准确理解本条,要注意把握以下几点:

### 一、保险费支付与保险合同的成立生效

2009年保险法修订前,由于并未严格区分合同的成立与生效,实务中因保费交付与保险合同生效、保险责任承担的关系问题引发的纠纷时有发生。2009年保险法进行了修订,其中第13条规定,投保人提出保险要求,经保险人同意承保,保险合同成立。依法成立的保险合同,自成立时生效。投保人和保险人可以对合同的效力约定附条件或者附期限。第14条规定,保险

合同成立后，投保人按照约定交付保险费，保险人按照约定的时间开始承担保险责任。上述两条明确将投保人交付保险费作为投保人合同义务规定下来，并赋予当事人可以对合同生效附条件或附期限的权利，应该说对减少这方面的纠纷发挥了积极的作用。

保险合同为诺成性合同，投保人与保险人经过要约承诺，意思表示达成一致，保险合同即告成立。保险合同生效是指保险合同对当事人双方发生约束力，即合同条款产生法律效力。一般而言，合同一经依法成立，即发生法律效力。但依照《保险法》第13条的规定，投保人和保险人可以对合同的效力约定附条件或者附期限。如果双方约定了一定的生效条件，则在该条件成就时生效。

一般情况下，保险费的交付不对保险合同的效力产生影响，交纳保险费只是合同成立生效后投保人应当履行的合同义务。但实践中，有些保险合同双方进行了明确约定，将投保人交纳保险费作为保险合同的生效条件。比如约定只有在保险公司收到投保人交纳的首期保险费之后，保险合同才生效。如此作为，是保险公司为了控制收不到保险费的风险，防止某些投保人在保险凭证签发之后，并不按照合同约定交纳保险费，待保险事故发生后方才交纳保险费。① 应当说，投保人这种逆选择的风险的确现实存在。

在理论和实务界，对保险费交纳能否作为合同生效条件存在一些争议。附生效条件合同中的条件指当事人约定的条件，这些条件应当符合哪些要求？在英美法上"条件"概念相当宽泛，只要条件本身是合法的、可能的，它可以是一方可控制的事实并成为该方的义务，也可以是双方都不可控制的事实。在大陆法语境下，条件应当符合合法、未来发生、不确定、意定的特征。我国民法关于条件的要求与大陆法中的条件差别不大。② 通说认为，所附条件应当具有以下特点：一是所附条件是由当事人双方约定的，并且作为合同条款列入合同中。二是条件是将来可能发生的事实。过去的、现存的事实或者将来必定发生的事实或者必定不能发生的事实不能作为所附条件。三是所附条件是当事人用来限制合同法律效力的附属意思表示。四是所附条件必须是合法的事实。③ 由于条件的不确定和意定的特征，影响条件成就的原因就比较复杂，可能是纯粹偶然性客观事实决定的偶成条件，也可能是当事

---

① 詹昊编著：《新保险法实务热点详释与案例精解》，法律出版社2010年版，第37页。
② 王楠：《论合同生效前违约人的法律责任性质——以附生效条件合同为例》，载《法制与经济》2017年第4期。
③ 安建主编：《中华人民共和国保险法（修订）释义》，法律出版社2009年版，第39页。

人与第三人共同意思决定的混合条件，甚至是一方当事人意思决定的随意条件。① 现行法律并未禁止保险合同将保险费支付作为合同生效条件，在其他类型的合同中，也存在将对价支付义务作为合同生效条件的做法。

保险费交纳作为保险合同生效要件与作为合同义务，在法律效果上有本质不同。如果是作为保险合同生效条件，因投保人未交纳保险费导致合同未生效，则保险人不需要就已发生的保险事故承担保险责任，保险人也无权通过诉讼等方式追缴保险费。从理论上讲，当事人仍可以主张缔约过失责任。如果是作为保险合同生效后投保人应当履行的合同义务，即使投保人未交纳保险费，发生保险事故后，保险人仍应当按照保险合同约定承担保险责任，但可以通过诉讼等手段追缴保险费，或者在保险赔偿金中予以扣除。对于将保险费交纳作为生效条件的保险合同来说，如果交纳部分保险费后合同生效，仍有部分未交纳，则剩余部分保险费交纳仍为投保人应当履行的主要合同义务。

由于保险合同为格式合同，保险人在制定保险条款时具有优势地位，允许保险合同将保险费支付作为合同生效条件，会否导致保险人动辄以此为由拒绝赔偿保险金？由于生效条件需要事先订立保险合同，并非在保险事故发生后才订立，因此，将保险费交纳作为合同生效条件，在某种程度上来说，对于双方都会产生一定的限制。由于财产保险的保险费可以通过诉讼方式追缴，如果保险合同未生效，则投保人不存在履行合同义务的问题，保险人也无权通过诉讼方式追交保险费。如果合同已生效，虽然保险人要根据保险合同约定承担保险责任，但有权对未交纳的保险费进行追讨，而保险事故的发生属于概率事件。保险公司在拟定合同格式条款时，必会对其经营利益进行充分考量。

二、保险合同约定不明，已经支付部分保险费的应当认定合同已生效

当事人在财产保险合同中约定以投保人支付保险费作为合同生效条件，但对该生效条件是否为全额支付保险费约定不明，投保人已经支付了部分保险费，我们认为，此种情况下应当认定保险合同已生效。理由如下：一是疑义利益解释原则的适用。就保险合同条款的解释问题，世界各个国家或地区的保险立法几乎都确认了"疑义利益解释"这一基本原则。该原则又被称为"有利解释原则"或者"不利解释原则"，体现了对保险交易中弱势群体的

---

① 王楠：《论合同生效前违约人的法律责任性质——以附生效条件合同为例》，载《法制与经济》2017年第4期。

倾斜性保护。我国《保险法》第 30 条规定：采用保险人提供的格式条款订立的保险合同，保险人与投保人、被保险人或者受益人对合同条款有争议的，应当按照通常理解予以解释。对合同条款有两种以上解释的，人民法院或者仲裁机构应当作出有利于被保险人和受益人的解释。当事人在保险合同中约定以投保人支付保险费作为合同生效条件，但对该生效条件是否为全额支付保险费约定不明，应当适用疑义利益解释原则，作出对投保人、被保险人有利的解释。二是符合投保人合理期待。从投保人的角度来看，作为普通的保险消费者，往往认为自己交纳了保险费就应该享受到相应的保险服务，保险人应该为他们提供保险保障，即使其仅仅交纳了一部分而非全部保险费。本条采纳的立场符合投保人合理期待，也有利于保护投保人、被保险人的利益。三是目前方案不会造成利益失衡。保险人因保险事故的发生而承担保险责任后，可以就投保人尚未支付的保险费从保险赔偿金中进行扣减或者通过诉讼方式进行追交，因此并不会造成双方当事人利益的失衡。

**三、本条适用范围为财产保险合同**

关于支付保险费的问题，保险法对人身保险和财产保险作出了不同的规定。对于人身保险合同保险费的支付，《保险法》第 31 条至第 38 条作出了规定，投保人可以按照合同约定向保险人一次支付全部保险费或者分期支付保险费。合同约定分期支付保险费，投保人支付首期保险费后，投保人自保险人催告之日起超过 30 日未支付当期保险费，或者超过约定的期限 60 日未支付当期保险费的，合同效力中止，或者由保险人按照合同约定的条件减少保险金额。被保险人在规定期限内发生保险事故的，保险人应当按照合同约定给付保险金，但可以扣减欠交的保险费。保险合同效力依法中止的，经协商并在投保人补交保险费后，合同效力恢复。但是，自合同效力中止之日起满 2 年双方未达成协议的，保险人有权解除合同。同时，基于"情势变更"及"禁止强迫储蓄"的考虑，①《保险法》明确规定，保险人对人寿保险的保险费，不得用诉讼方式要求投保人支付。

对于财产保险合同，保险法并未直接规定不交纳保险费的后果，也未禁止保险人以诉讼方式要求投保人支付保险费。因此，如果投保人在财产保险合同生效后拒不交纳保险费，保险人可以通过诉讼手段追偿。可见，保险法对于人身保险的保险费支付问题，通过设置合同中止、复效等制度的方式作出了安排，与财产保险存在诸多不同。本条是对财产保险合同的规定，规范

---

① 吴定富：《中华人民共和国保险法释义》，中国财政经济出版社 2009 年版，第 103 页。

范围并不包括人身保险。

## 【实务问题】

### 一、关于合同未约定生效条件的情况

保险合同没有关于保险合同效力的生效条件或者期限，则应当认为保险合同自成立时即已生效。即使投保人未支付保险费，发生保险事故后，保险公司仍应当依照保险合同约定承担保险责任。对于违约延迟交纳保险费的投保人而言，保险人有权主张其补交保险费。

### 二、合同生效后保险责任的承担问题

本条规定的情况下，发生保险事故后，保险人应当如何承担保险责任的问题，实践中存在不同的观点和做法。一种观点认为，应当采用比例责任的方式对部分交费加以解决，即保险人按照投保人所交付保险费占应交保险费的比例来承担保险责任。理由是从平衡当事人双方利益考虑，认定合同部分生效较为合理，保险人应按已交保险费与应交保险费的比例承担保险责任，否则会造成投保人交极少的保险费，保险人要承担全部保险责任的情况。另一种观点则认为，既然认定合同已经生效，则为合同全部生效，保险人应当提供保险保障，保险事故发生后，保险人应当按照合同承担全部保险赔偿责任，未交纳的保险费可以在保险金中扣除。对于该问题如何解决，由于实践中保险合同约定情形较为复杂，纪要未作统一规定，仍需进一步调研后再予明确。

98.【仲裁协议对保险人的效力】被保险人和第三者在保险事故发生前达成的仲裁协议，对行使保险代位求偿权的保险人是否具有约束力，实务中存在争议。保险代位求偿权是一种法定债权转让，保险人在向被保险人赔偿保险金后，有权行使被保险人对第三者请求赔偿的权利。被保险人和第三者在保险事故发生前达成的仲裁协议，对保险人具有约束力。考虑到涉外民商事案件的处理常常涉及国际条约、国际惯例的适用，相关问题具有特殊性，故具有涉外因素的民商事纠纷案件中该问题的处理，不纳入本条规范的范围。

## 【条文主旨】

本条是关于被保险人和第三者在保险事故发生前达成的仲裁协议,对行使保险代位求偿权的保险人是否具有约束力的规定。

## 【争议观点】

关于仲裁协议对行使代位求偿权的保险人的约束力问题,存在不同观点。一种观点认为,保险代位求偿权属于法定债权转让,被保险人和第三者在保险事故发生前达成的仲裁协议应当随着债权一并让与保险人,故仲裁协议对保险人具有拘束力。另一种观点则认为,保险人并非仲裁协议签订主体,仲裁协议主要涉及程序性权利,具有独立性,不随债权转让,对保险人没有拘束力。

## 【理解与适用】

保险代位求偿权制度是财产保险的一项重要制度,在各国保险法中均占有重要地位。所谓保险代位求偿权,是指财产保险的保险人在赔偿被保险人损失后,所取得的向负有责任的第三方请求赔偿的权利。[①] 关于保险代位求偿权的本质,在学理上,主要有程序代位理论和法定债权转移理论两种学说。程序代位理论是英美法系保险法的通说。法定债权转移理论是大陆法系保险法的通说。法定债权转移理论与我国现有民法体系更具有相融性,我国历次保险法司法解释均采纳了法定债权转移理论。

保险代位求偿权在性质上属于法定债权转移,被保险人与第三人之间的仲裁协议对保险人的约束力问题,首先应当从债权转让制度的视角进行分析。不同国家的法律对于合同权利义务转让时,仲裁协议对受让人是否有效采取了不同的态度。比如德国法对此是予以肯定的;而法国以及美国纽约州法则认为仲裁协议主要是创设了义务而非权利,因而要求受让方明确的同意,才能对该方当事人产生效力。瑞典最高法院则采取了中间立场,即如果

---

① 安建主编:《中华人民共和国保险法(修订)释义》,法律出版社2009年版,第100页。

当事人未明确作出其他约定，则仲裁条款被推定是可以转让的，但是，一旦转让，其仅在受让人实际或者推定知悉仲裁条款的情况下，才对受让人发生作用。① 2006年9月8日施行的仲裁法司法解释第9条规定："债权债务全部或者部分转让的，仲裁协议对受让人有效。但当事人另有约定、在受让债权债务时受让人明确反对或者不知有单独仲裁协议的除外。"

我们认为，根据法定债权转移理论，保险人系"穿进被保险人的鞋子"进行诉讼，债权转移时，债权上附属的权利和义务应当一并转让。如原合同对仲裁有特别约定的，债务人基于仲裁协议的程序利益，不因债权转让而被剥夺。《最高人民法院关于适用〈中华人民共和国保险法〉若干问题的解释（四）》第12条规定，保险人以造成保险事故的第三者为被告提起代位求偿权之诉的，以被保险人与第三者之间的法律关系确定管辖法院，即是基于这一理论。仲裁条款与管辖协议在性质上具有相似性，应当采用相同的理论解决。本条关于仲裁协议对行使代位求偿权的保险人的约束力问题，也是与上述保险法司法解释关于管辖的规定采一脉相承的理论。

需要注意的是，仲裁法司法解释第9条规定中的但书条款，即"但当事人另有约定、在受让债权债务时受让人明确反对或者不知有单独仲裁协议的除外"，但我们认为，因保险代位求偿权是法定债权转移，与意定债权转让有所不同。仲裁法司法解释第9条之所以规定但书条款，是基于债权债务受让人并非仲裁协议的签订主体，如果其明确表示反对或者不知道有仲裁协议的情况下，其不应受仲裁协议或者仲裁条款的约束。如果其在知道有仲裁协议的情况下，并未表示反对，那么意味着其接受仲裁协议的约束。如果其不愿意接受，而各方无法协商的情况下，可能会导致交易失败，即受让人放弃受让债权，属于当事人意思自治的范畴。

而就保险代位求偿权而言，法定债权转移理论认为，保险人的代位权因法律特别规定而产生，当保险人作出保险理赔后，被保险人对第三者的权利即转移给了保险人。保险人成为损失赔偿请求权的权利人。上述损害赔偿请求权之转移，属于法定、当然之移转，无须请求权的转移行为，当事人有无移转的意思，也在所不问，即可以成立代位权的行使，所以也可称保险人代位权为"当然代位"。② 因第三者对保险标的的损害而造成保险事故的，保

---

① 马占军：《我国仲裁协议效力认定研究》，载《环球法律评论》2008年第5期。
② 参见最高人民法院民事审判第二庭编著：《最高人民法院关于保险法司法解释（二）理解与适用》，人民法院出版社2015年版，第360页。

险人自向被保险人赔偿保险金之日起,在赔偿金额范围内代位行使被保险人对第三者请求赔偿的权利,属于当然的法定债权转让。因此实际上,保险人并没有因不愿接受仲裁条款而拒绝受让被保险人的损害赔偿请求权的空间和余地。保险事故发生后,保险人赔偿被保险人之后,其基本不可能因为被保险人和第三者在保险事故发生前存在仲裁协议而放弃保险代位求偿权,否则,保险人将承受更大的不利益。事实上,无论此前是否有仲裁协议,保险人行使代位求偿权本身即表明其并未放弃受让该请求权。因此,保险代位求偿权与意定的债权债务转让并不相同,其适用的规则也有所不同,并不会构成仲裁法司法解释第9条但书条款规定的情形。

值得注意的是,由于涉外民商事纠纷案件的管辖确定,常常与国家主权、司法合作、国际条约和国际惯例等密切相关,相关问题具有特殊性,需要考虑的因素也比较复杂。因此,在具有涉外因素的民商事纠纷案件中,被保险人和第三者在保险事故发生前达成的仲裁协议,对行使保险代位求偿权的保险人是否具有约束力的问题,没有纳入本条规范的范围。

【实务问题】

本条规定的是一般情形。实践中,不能排除一些例外的情况的发生,比如被保险人与第三者之间的仲裁协议或者合同条款明确约定仲裁协议仅约束特定主体,对其他主体包括将来可能的债权受让人不产生约束力,则保险人可以此主张不受仲裁协议约束,以尊重合同主体意思自治。

【典型案例】

**上海西门子高压开关有限公司与中国太平洋财产保险股份有限公司无锡分公司申请确认仲裁协议效力特别程序民事裁定**〔(2019)沪74民特10号〕

2015年12月28日,海太半导体(无锡)有限公司(以下简称海太公司)、上海西门子高压开关有限公司(以下简称西门子公司)以及中设无锡机械设备工程有限公司共同签订《订货合同》,约定海太公司向西门子公司订购GIS组合电器及在线监测系统。该合同第13.2条约定:"因本合同引起的或与本合同有关的任何争议,均提请无锡仲裁委员会按照该会仲裁规则进行仲裁。"

2018年8月24日，上海市第一中级人民法院作出民事裁定书，以法院对中国太平洋财产保险股份有限公司无锡分公司（以下简称太平洋公司无锡分公司）与西门子公司保险代位求偿权一案没有管辖权为由，维持上海市闵行区人民法院作出的驳回太平洋公司无锡分公司对于西门子公司起诉之裁定。

审理法院认为，本案系申请确认仲裁协议效力的案件，双方当事人的争议实为《订货合同》中约定的仲裁条款对于太平洋公司无锡分公司是否具有约束力。仲裁法司法解释第9条规定：债权债务全部或者部分转让的，仲裁协议对受让人有效，但当事人另有约定、在受让债权债务时受让人明确反对或者不知有单独仲裁协议的除外。现西门子公司对于太平洋公司无锡分公司享有保险代位求偿权并无异议，而保险代位求偿权作为一种法定的债权转让，亦应适用仲裁法司法解释第9条之规定，故《订货合同》对于太平洋公司无锡分公司具有约束力。虽然太平洋保险无锡分公司曾起诉西门子公司，并在诉讼中表示不受系争仲裁条款约束，但该意思表示并非在其受让债权时作出，故不符合仲裁法司法解释第9条所规定的除外情形，西门子公司认为因太平洋公司无锡分公司之前的行为或表述已排除系争仲裁条款对其约束力，缺乏法律依据。此外，本案审理中，太平洋公司无锡分公司亦明确表示系根据合同法律关系向西门子公司追偿，故西门子公司以太平洋公司无锡分公司请求权基础为侵权为由，认为双方之间无仲裁协议之意见亦难以成立，不予支持。综上，裁定驳回申请人西门子公司的申请。

99.【直接索赔的诉讼时效】商业责任保险的被保险人给第三者造成损害，被保险人对第三者应当承担的赔偿责任确定后，保险人应当根据被保险人的请求，直接向第三者赔偿保险金。被保险人怠于提出请求的，第三者有权依据《保险法》第65条第2款的规定，就其应获赔偿部分直接向保险人请求赔偿保险金。保险人拒绝赔偿的，第三者请求保险人直接赔偿保险金的诉讼时效期间的起算时间如何认定，实务中存在争议。根据诉讼时效制度的基本原理，第三者请求保险人直接赔偿保险金的诉讼时效期间，自其知道或者应当知道向保险人的保险金赔偿请求权行使条件成就之日起计算。

## 【条文主旨】

本条是关于商业责任保险的被保险人给第三者造成损害，第三者请求保险人直接赔偿保险金的诉讼时效期间的起算点的规定。

## 【争议观点】

关于第三者请求保险人直接赔偿保险金的诉讼时效期间的起算点问题，实践中存在不同观点。一种观点认为，应当从第三者知道或者应当知道责任事故发生之日起算。理由是根据《保险法》第 26 条的规定，人寿保险以外的其他保险的被保险人或者受益人，向保险人请求赔偿或者给付保险金的诉讼时效期间自其知道或者应当知道保险事故发生之日起计算。另一种观点认为，《保险法》第 26 条规定的是被保险人或者受益人保险金请求权诉讼时效起算点，并未对第三者直接赔偿请求权诉讼时效问题作出规定，因此，第三者保险金赔偿请求权应当适用民法总则关于诉讼时效的规定。

## 【理解与适用】

《保险法》第 26 条规定：人寿保险以外的其他保险的被保险人或者受益人，向保险人请求赔偿或者给付保险金的诉讼时效期间为二年，自其知道或者应当知道保险事故发生之日起计算。人寿保险的被保险人或者受益人向保险人请求给付保险金的诉讼时效期间为五年，自其知道或者应当知道保险事故发生之日起计算。《保险法》第 26 条规定的是被保险人或者受益人保险金赔偿请求权的诉讼时效问题，对于责任保险的被保险人给第三者造成损害时第三者的诉讼时效期间的起算问题，并未作出规定。本条规定第三者请求保险人直接赔偿保险金的诉讼时效期间，自其知道或者应当知道向保险人的保险金赔偿请求权行使条件成就之日起计算，主要基于以下方面考虑：

一方面，该立场符合诉讼时效制度基本原理。普通诉讼时效期间的起算规则，主要有两种制度设计方式。一种是客观主义起算规则，即从请求权可以行使时，诉讼时效期间开始起算。例如，《意大利民法典》第 2935 条规定，消灭时效自权利得主张时起算。我国台湾地区"民法"第 128 条规定，消灭时效，自请求权可行使时起算。以不行为为目的之请求权，自行为时起算。另一种是主观主义起算规则，即从权利人知道或者应当知道权利受侵害时，诉讼时效期间开始起算。例如，《德国民法典》第 199 条规定，普通消灭时效自满足下列两种情形时起算：（1）请求权产生的当年结束之时起；（2）债权人知道或在不具有重大过失的情形下应当知道产生请求权的事由及债务人时起。客观主义起算点可以实现诉讼时效制度追求经济效益和社会安定性的价值目标，但在权利人不知道其权利受到损害、不知道向谁主张权利时，即开始时效的进行，不能为社会公众所接受，也有悖于诉讼时效制度督促权利人及时行使权利的目的。主观主义起算点考虑权利人行使权利的可能性，能更好地保护权利人，但也存在权利义务双方的关系与法律地位过多依赖权利人的担忧，可能会削弱诉讼时效制度的可预期性与安定性。因此，各国在立法上往往采取两种组合，即采用较长普通诉讼时效期间的，配合以客观主义起算点；采用较短普通诉讼时效期间的，配合以主观主义起算点。①我国民法总则采取普通诉讼时效期间的主观主义起算模式。

从学理上讲，关于诉讼时效期间何时起算的问题，主要有四种观点。第一种观点为债权成立说。该学说认为，债权人请求债务人清偿的权利，自债权成立时即可行使，消灭时效应自债权成立时起算。第二种观点为请求权得行使说。该学说认为，请求权得行使，是指"权利人有得行使其权利之状态而言，至于义务人实际能否为给付，则非所问"。采用此种立法例的有日本、瑞士等国家。《日本民法典》第 166 条规定："消灭时效自权利得以行使起计算。"《瑞士债法典》第 130 条规定："时效自债权期限之届至，开始进行。""问题的关键不是请求权的产生，而是请求权的已届清偿期。""权利能够行使之时"依请求权的形成情形不同而不同。第三种观点为诉因产生说。诉因说强调客观行为的发生，而未考虑权利是否知道的事实，对权利人同样保护不利。第四种观点为知道或者应当知道权利被侵害说。②

根据请求权得行使说，既然诉讼时效期间是权利人请求法院保护其民事权利的法定期间，那么它就应从权利人能够行使请求权之时起算。只有当权利人可以行使而怠于行使请求权以致逾越时效期间的，权利人才承担不利的

---

① 李适时主编：《中华人民共和国民法总则释义》，法律出版社 2017 年版，第 593 页。
② 最高人民法院民事审判第二庭编著：《最高人民法院关于民事案件诉讼时效司法解释理解与适用》，人民法院出版社 2008 年版，第 26~28 页。

法律后果。① 我国《民法总则》第 188 条规定：向人民法院请求保护民事权利的诉讼时效期间为 3 年。诉讼时效期间自权利人知道或者应当知道权利受到损害以及义务人之日起计算。我国民法总则采纳知道或者应当知道权利被侵害说，但在合同之债和侵权之债中，如何认定"权利被侵害"则有所不同。在合同之债中，诉讼时效通常从履行期限届满之日起算，是将义务人应付而未付认定为"权利人权利被侵害"，债权人能够行使请求权的前提是债务人应当履行债务而未履行，因此，合同之债诉讼时效期间实际上也是从权利人能够行使请求权之时起算。

考虑到第三者作为保险合同主体以外的人，对保险合同的情况并不一定了解，本条遵循民法总则的主观主义起算模式，同时兼采主客观相结合的标准，规定受害第三者向保险人的请求权诉讼时效期间自请求权行使条件成就且第三者知道或者应当知道权利得行使之日起算。至于第三者知道义务人即承保的保险人为谁，则是知道或者应当知道向保险人的保险金赔偿请求权行使条件成就的应有之义。

另一方面，该立场符合第三者直接给付请求权的特点。《保险法》第 65 条规定：保险人对责任保险的被保险人给第三者造成的损害，可以依照法律的规定或者合同的约定，直接向该第三者赔偿保险金。责任保险的被保险人给第三者造成损害，被保险人对第三者应负的赔偿责任确定的，根据被保险人的请求，保险人应当直接向该第三者赔偿保险金。被保险人怠于请求的，第三者有权就其应获赔偿部分直接向保险人请求赔偿保险金。该条规定了第三者向保险人请求保险金的不同情形。根据该条规定，保险人直接向第三者赔偿保险金主要有以下几种情形：（1）保险人依照法律的规定直接向第三者赔偿保险金；（2）保险人依照合同的约定直接向第三者赔偿保险金；（3）被保险人对第三者应负的赔偿责任确定的，根据被保险人的请求，保险人应当直接向该第三者赔偿保险金；（4）被保险人怠于请求的，第三者有权就其应获赔偿部分直接向保险人请求赔偿保险金。对于保险人依照合同约定向第三者赔偿保险金以及根据被保险人请求向第三者赔偿两种情形下，第三者是否享有直接赔付请求权的问题，在理论界和实务界存在争议。② 无论如何，不同情形下的第三者保险金给付请求权行使条件均不同，无法通过一个时间

---

① 最高人民法院民事审判第二庭编著：《最高人民法院关于民事案件诉讼时效司法解释理解与适用》，人民法院出版社 2008 年版，第 27 页。

② 参见王静：《保险类案裁判规则与法律适用》，人民法院出版社 2013 年版，第 317~319 页。

点来判断不同情形的请求权行使时效期间。保险法对第三者向保险人的保险金请求权的诉讼时效未作规定，目前方案具有一定的弹性，具体案件中，可以根据不同情形作出判断。

有观点认为，责任保险第三者保险金请求权诉讼时效应当适用代位权相关理论。在代位权诉讼中，次债务人对债务人的抗辩，可以向债权人主张。如果被保险人对保险人的保险金请求权已过诉讼时效，那么，保险人是否可以此对抗第三者？显然，在责任保险中，不能完全照此操作。根据《保险法》第65条的规定，被保险人对第三者应负的赔偿责任确定的，根据被保险人的请求，保险人应当直接向该第三者赔偿保险金。被保险人怠于请求的，第三者有权就其应获赔偿部分直接向保险人请求赔偿保险金。在被保险人怠于请求的情况下，通常来说，第三者请求权的诉讼时效期间起算要晚于被保险人请求权的诉讼时效期间起算的时间。其原因在于，责任保险中，第三者的保险金请求权与合同法上的代位权属于不同的制度。合同法上的代位权中，存在两个不同的到期债权，其发生原因不同。而在责任保险中，虽然存在被保险人保险金请求权和第三者保险金请求权，但两个请求权之间具有牵连性，本质上均是由同一客观事实即保险事故的发生而引起，基于法律的规定产生了第三者直接赔偿请求权。如果完全采用代位权的理论来解释不同情形下的第三者请求权诉讼时效期间起算问题，则对保护第三者不利。

还有观点主张，第三者保险金赔偿请求权诉讼时效应当自保险人拒绝第三者赔偿请求权之日起算。但应当认识到，保险金请求权在本质上属于债权请求权，债权请求权以财产利益为内容，不具有支配性，除法律另有规定以外，债权请求权适用诉讼时效制度。而督促权利人在合理期间内行使权利，公平分配权利义务关系等都是诉讼时效制度的重要功能。诉讼时效期间过长，可能使权利人主观上产生错误认识，出现"躺在权利上睡大觉"的情况。在整个社会的宏观层面上降低解决纠纷的效率，使得权利义务关系较长时间地处于不稳定状态，对社会经济的健康发展是不利的。① 如果第三者保险金赔偿请求权诉讼时效自保险人拒绝第三者赔偿请求权之日起算，则无疑是将诉讼时效的起算完全交由第三者掌握，保险人的给付义务完全处于不确定状态，第三者十几年之后起诉，也不会超过诉讼时效，显然不能实现诉讼时效制度的功能和目的。

---

① 李适时主编：《中华人民共和国民法总则释义》，法律出版社2017年版，第591页。

## 【实务问题】

1. 如前述,《保险法》第 65 条规定了不同情形的第三者保险金给付请求权,而本条规定第三者请求保险人直接赔偿保险金的诉讼时效期间,自其知道或者应当知道向保险人的保险金赔偿请求权行使条件成就之日起计算。在具体案件中,仍需要结合不同情形加以判断。司法实践中,在适用诉讼时效制度时,如果存在既可以作有利于权利人的理解也可以作有利于义务人的理解的情形,在不违背法律规定和基本法理的基础上,应当从宽掌握,作出有利于权利人即受害第三者的理解。

2.《民法总则》第 188 条第 1 款规定:向人民法院请求保护民事权利的诉讼时效期间为 3 年。法律另有规定的,依照其规定。这一规定改变了民法通则关于普通诉讼时效期间为 2 年的规定。《保险法》第 26 条规定:人寿保险以外的其他保险的被保险人或者受益人,向保险人请求赔偿或者给付保险金的诉讼时效期间为 2 年,自其知道或者应当知道保险事故发生之日起计算。由于保险法对责任保险中第三者的诉讼时效问题未作规定,因此,应当直接适用民法总则关于诉讼时效期间为 3 年的规定。

# 第九章　关于票据纠纷案件的审理

会议认为，人民法院在审理票据纠纷案件时，应当注意区分票据的种类和功能，正确理解票据行为无因性的立法目的，在维护票据流通性功能的同时，依法认定票据行为的效力，依法确认当事人之间的权利义务关系以及保护合法持票人的权益，防范和化解票据融资市场风险，维护票据市场的交易安全。

## 【说明】

本部分是对票据纠纷案件审理原则的规定。

近年来，随着票据的广泛使用，票据纠纷案件呈现出以下特点：一是案件数量持续增长；二是大要案增多；三是多种法律关系嵌套、具有疑难复杂性；四是电子票据等票据实务新发展与滞后的法律之间的矛盾使司法裁判标准不统一问题突出。为解决上述问题，纪要对司法实务中亟须解决的问题进行了规定。纪要指出，在审理票据纠纷案件时，应注意把握以下原则：

一是在正确分析票据种类和功能的基础上，准确认定案涉当事人之间法律关系性质、当事人法律责任。根据我国票据法的规定，票据分为汇票、本票、支票三种。以持票人是否基于交易关系取得票据为划分标准，票据又分为有贸易背景的票据和无贸易背景的票据，后者又被称为融资性票据。票据的功能主要包括支付、汇兑、结算、融资、信用等。近年来，票据的融资功能被越来越多地运用，在审理票据纠纷案件时，应注意区别票据的种类和功能，注意正确理解票据融资功能和融资性票据的关系，明确开具和使用融资性票据仅为票据融资功能的一个体现，其他种类的票据也具有融资功能，准确认定案涉当事人之间的法律关系和法律责任。

二是正确理解票据行为无因性原则，依法认定票据权利人。票据行为具有无因性是一项基本原则，但应予明确的是，对无因性的强调旨在保护善意持票人，而非保护非法取得票据者。因此，坚持票据行为无因性原则，并不意味着不需审理持票人取得票据手段是否合法的问题。

三是在维护票据流通性功能的同时，注重防范和化解票据市场风险，维护票据市场的交易安全。票据的生命力在于流通，但在维护票据流通性功能的同时，要注意对非法转让票据行为的效力予以否定，对利用票据融资功能进行的违法交易行为进行规制，以维护票据市场的交易安全。

100.【合谋伪造贴现申请材料的后果】贴现行的负责人或者有权从事该业务的工作人员与贴现申请人合谋，伪造贴现申请人与其前手之间具有真实的商品交易关系的合同、增值税专用发票等材料申请贴现，贴现行主张其享有票据权利的，人民法院不予支持。对贴现行因支付资金而产生的损失，按照基础关系处理。

【条文主旨】

本条是关于贴现行和贴现申请人"合谋伪造贴现申请材料"法律后果的规定。

【争议观点】

一、关于贴现行的负责人或者有权从事该业务的工作人员与贴现申请人进行条文所涉合谋行为能否认定为贴现行的行为问题

第一种观点认为，贴现行上述人员在其职权范围内从事的上述行为，代表或者代理贴现行，行为后果应归属贴现行。

第二种观点认为，贴现行上述人员从事的上述行为系贴现行工作人员的个人行为，不能认定为贴现行的行为。

二、关于贴现行以条文所涉合谋行为取得票据，能否享有票据权利问题

第一种观点认为，贴现行享有票据权利。理由：票据具有无因性，在票据真实有效且贴现行已经支付了贴现款的情形下，贴现行应享有票据权利。

第二种观点认为，条文所述情形，贴现行不属于合法取得票据，故不得享有票据权利。

【理解与适用】

在司法实践中，目前争议较多的问题是，贴现行明知贴现申请人与其直接前手之间不具有真实交易关系和债权债务关系，但为使贴现申请人的申请

合规,而与贴现申请人合谋伪造证明贴现申请人与其直接前手之间具有真实交易关系和债权债务关系的合同和增值税发票等申请材料进行贴现,贴现行能否享有票据权利?

在以贴现的方式取得票据的情形下,贴现行(持票人)能否享有票据权利,应根据票据法法理和票据法的相关规定进行认定。

从票据法法理进行分析,"合法取得票据即取得票据权利"。综观世界各国票据法及世界票据公约,其均遵循该法理规定合法取得票据才享有票据权利,违法取得票据,不得享有票据权利。如《统一汇票本票法公约》第16条第2款规定:"不问汇票以何种方式脱离原持票人的占有,持票人只要能依前款的方法①主张其权利,就合法占有汇票,但持票人恶意取得票据或在取得票据时有重大过失的除外。"《日本票据法》第16条第2款规定:"无论其事由如何,有人丧失汇票之占有时,持票人如依前项规定②证明其权利,即不负返还义务。但持票人因恶意或重大过失取得票据时除外。"我国《票据法》第12条也对持票人不享有票据权利的情形进行了规定,即:"以欺诈、偷盗或者胁迫等手段取得票据的,或者明知有前列情形,出于恶意取得票据的,不得享有票据权利。持票人因重大过失取得不符合本法规定的票据的,也不得享有票据权利。"但我国票据法并没有对会议纪要本条规范的情形作出明确规定。

我国票据法并未对贴现问题进行规定。关于贴现的相关规定,主要体现在中国人民银行颁布的相关部门规章规定中。中国人民银行颁布的《商业汇票承兑、贴现与再贴现管理暂行办法》(银发〔1997〕216号)第19条规定:"持票人申请贴现时,须提交贴现申请书,经其背书转让的未到期商业汇票,持票人与出票人或其前手之间的增值税发票和商品交易合同复印件。"中国人民银行颁布的《支付结算办法》(银发〔1997〕393号)第92条规定:"商业汇票的持票人向银行办理贴现必须具备下列条件:(一)在银行开立存款账户的企业法人以及其他组织;(二)与出票人或者直接前手之间具有真实的商品交易关系;(三)提供与其直接前手之间的增值税发票和商品发运单据复印件。"中国人民银行颁布的《关于切实加强商业汇票承兑贴现和再贴现业务管理的通知》(银发〔2001〕236号)第1条规定:"所办理的每笔票据贴现,必须要求贴现申请人提交增值税发票、贸易合同复印件等

---

① 指以背书的连续证明的方式证明其权利。
② 指背书连续的规定。

足以证明该票据具有真实贸易背景的书面材料，必要时，贴现银行要查验贴现申请人的增值税发票原件。对不具有贸易背景的商业汇票，不得办理贴现。"中国人民银行颁布的《关于完善票据业务制度有关问题的通知》银发〔2005〕235号第1条规定，商业汇票的持票人向银行申请贴现时，贴现申请人应向银行提供交易合同原件、贴现申请人与其直接前手之间根据税收制度有关规定开具的增值税发票或普通发票。贴现行应按照支付结算制度的相关规定，对商业汇票的真实交易关系和债权债务关系进行审核。根据上述规定，在票据实务中，在贴现申请人与贴现行签订的贴现协议中一般均约定，贴现申请人申请贴现时，应提供交易合同、增值税发票或普通发票原件并保证真实、合法、有效。上述规定可以有效防止不法分子通过虚构真实交易关系和债权债务关系骗取贴现行贴现款，造成贴现行资金损失以及放大货币乘数，引发票据风险、影响金融安全问题。

《最高人民法院关于审理票据纠纷案件若干问题的规定》第63条规定："人民法院审理票据纠纷案件，适用票据法的规定；票据法没有规定的，适用《中华人民共和国民法通则》《中华人民共和国合同法》《中华人民共和国担保法》等民商事法律以及国务院制定的行政法规。中国人民银行制定并公布施行的有关行政规章与法律、行政法规不抵触的，可以参照适用。"根据上述规定，在票据法未对贴现行为以及贴现行的审查义务进行规定的情形下，应参照中国人民银行的上述行政规章对贴现行是否尽到审查义务、是否合法进行判定。贴现行在审查贴现申请人的申请贴现时，应审查贴现申请人是否有用以证明其与出票人或其直接前手之间具有真实交易关系和债权债务关系的交易合同以及增值税发票或普通发票等申请材料。如果贴现行与贴现申请人合谋伪造贴现申请人与出票人或者其前手之间具有真实的交易关系和债权债务关系的合同、增值税专用发票等材料申请贴现，很难认定其合法取得票据，故其不应享有票据权利。

关于该条规定的理解，应注意以下两个方面：

一是就行为主体而言，本条强调的是贴现行负责人或者有权从事该业务的工作人员以贴现行名义从事了本条规定的合谋行为。《民法总则》第61条规定："依照法律或者法人章程的规定，代表法人从事民事活动的负责人，为法人的法定代表人。法定代表人以法人名义从事的民事活动，其法律后果由法人承受。法人章程或者法人权力机构对法定代表人代表权的限制，不得对抗善意相对人。"第170条规定："执行法人或者非法人组织工作任务的人员，就其职权范围内的事项，以法人或者非法人组织的名义实施民事法律行为，对法人或者非法人组织发生效力。法人或者非法人组织对执行其工作任务的人员职权范围的限制，不得对抗善意相对人。"据此，本条规定，贴现行的上述人员以贴现行名义从事了本条规定的合谋行为，其法律后果由贴现行承受。

二是就从事的行为而言，本条规定的是贴现行的负责人或者有权从事该业务的工作人员与贴现申请人合谋伪造贴现申请人与其前手之间具有真实的交易关系和债权债务关系的合同、增值税发票等申请材料进行贴现的行为。

此外，本条还规定，在认定贴现行不享有票据权利的情形下，对贴现行因支付资金而产生的损失，按照基础关系处理。

## 【实务问题】

一是审查是否合谋。所谓合谋，就是贴现行的负责人或者有权从事该业务的工作人员明知贴现申请人的贴现申请不符合贴现的要求，没有贴现申请人与其前手之间具有真实的商品交易关系的合同、增值税专用发票等材料，与贴现申请人共同商量，伪造前述材料，目的是符合监管要求，保证贴现。一旦查明该事实，贴现行主张其享有票据权利的，人民法院不予支持。

二是对贴现行因支付资金而产生的损失，按照基础关系处理。

101.【民间贴现行为的效力】票据贴现属于国家特许经营业务，合法持票人向不具有法定贴现资质的当事人进行"贴现"的，该行为应当认定无效，贴现款和票据应当相互返还。当事人不能返还票据的，原合法持票人可以拒绝返还贴现款。人民法院在民商事案件审理过程中，发现不具有法定资质的当事人以"贴现"为业的，因该行为涉嫌犯罪，应当将有关材料移送公安机关。民商事案件的审理必须以相关刑事案件的审理结果为依据的，应当中止诉讼，待刑事案件审结后，再恢复案件的审理。案件的基本事实无须以相关刑事案件的审理结果为依据的，人民法院应当继续审理。

根据票据行为无因性原理，在合法持票人向不具有贴现资质的主体进行"贴现"，该"贴现"人给付贴现款后直接将票据交付其后手，其后手支付对价并记载自己为被背书人后，又基于真实的交易关系和债权债务关系将票据进行背书转让的情形下，应当认定最后持票人为合法持票人。

## 【条文主旨】

本条是关于民间贴现行为效力的规定。

## 【争议观点】

### 一、关于民间贴现行为的效力

第一种观点认为，应认定该行为无效。理由：票据贴现属于国家特许经营业务，不具有特许经营资质的主体从事的民间贴现行为，因其违反相关部门规章的强制性规定、损害金融秩序这一社会公共利益，故应认定无效。

第二种观点认为，应认定该行为有效。理由：尽管票据贴现属于国家特许经营业务，相关部门规章对经营票据贴现业务有特殊的资质要求，该规定具有强制性，但该规定的主要目的在于进行金融管理，防范金融风险，为管理性强制性规定，且作出该规定的法律规范的效力层级只是部门规章而非法律和行政法规，故不应适用《民法总则》第143条或者《合同法》第52条第5项的规定认定该行为无效。

### 二、关于民间贴现案件涉嫌犯罪的，当事人提起的民事诉讼应否受理以及受理后应否中止审理问题

第一种观点认为，应受理。理由：该类案件当事人之间存在民商事法律关系，故应该作为民商事案件受理和审理，不应一概驳回起诉。这符合民事诉讼诉的法理，也符合《民事诉讼法》第119条规定的诉的受理条件。是否采用刑事附带民事诉讼程序解决民事争议本是当事人自主选择的救济途径，如果将其作为强制性规定，恐剥夺了当事人的民事诉权。受理后应否中止审理，应视其是否属于《民事诉讼法》第150条规定的中止诉讼情形而定。

第二种观点认为，不应受理，受理后应裁定驳回起诉。理由：以民间贴现为业构成犯罪的，属于刑事案件，应以刑事附带民事诉讼程序解决存在的民事纠纷或者票据纠纷，不应单独作为民商事案件受理和审理。

## 【理解与适用】

近年来，由于民间资金需求旺盛，故以票据作为融资手段的民间贴现行为大量出现，由此引发的纠纷也不断增多。其中，关于民间贴现的效力认定为主要的争议问题。

### 一、关于第 1 款规定的理解

中国人民银行颁布的《贷款通则》第 9 条规定："票据贴现，系指贷款人以购买借款人未到期商业票据的方式发放的贷款。"《商业汇票承兑、贴现与再贴现管理暂行办法》第 2 条规定："本办法所称贴现系指商业汇票的持票人在汇票到期日前，为了取得资金贴付一定利息将票据权利转让给金融机构的票据行为，是金融机构向持票人融通资金的一种方式。"2009 年 10 月 16 日施行的《电子商业汇票业务管理办法》第 42 条规定："贴现是指持票人在票据到期日前，将票据权利背书转让给金融机构，由其扣除一定利息后，将约定金额支付给持票人的票据行为。"由上述规定可见，可以进行票据贴现的主体为金融机构。票据贴现业务为特许经营业务，未经许可，其他主体不能经营票据贴现业务。

所谓民间贴现，实质是指不具有法定贴现资质的主体进行的票据"贴现"，该非法"贴现"行为违反了国家关于金融业务特许经营的强制性规定，危害了国家的金融管理秩序。《民法总则》第 143 条规定："具备下列条件的民事法律行为有效：……（三）不违反法律、行政法规的强制性规定，不违背公序良俗。"《合同法》第 52 条规定："有下列情形之一的，合同无效：……（四）损害社会公共利益。"由于规定贴现业务为特许经营业务的规范性文件为部门规章，而非法律和行政法规，故不应认定民间贴现行为违反了法律和行政法规的强制性规定。但由于违反上述部门规章的强制性规定危害了国家的金融管理秩序，损害了社会公共利益，故其属于《民法总则》第 143 条规定的"违背公序良俗"或者《合同法》第 52 条第 4 项规定的"损害社会公共利益"行为，应认定无效。因此，本条第一款规定民间贴现行为无效。

除行为效力外，本条第 1 款对认定"民间贴现"行为无效后的法律后果也进行了规定，即当事人应互返因该无效行为而交付给对方当事人的财产。

本条第 1 款还对民间贴现涉嫌犯罪嫌疑情形，如何处理民刑交叉的程序问题进行了规定。一般认为，在处理涉民刑交叉的民商事案件受理问题时，如果在当事人之间存在民商事法律关系、民商事案件原告方提起的诉讼符合《民事诉讼法》第 119 条规定的诉的要件、不属于该法第 124 条规定的不予受理的情形，人民法院就应受理该民商事案件，在受理的同时，应将不具有法定资质的当事人以"贴现"为业涉嫌犯罪的有关材料移送公安机关。关于受理后，民商事案件应否因涉嫌刑事犯罪而中止审理问题，纪要也在民刑交叉部分进行了规定，本条也根据相关法理和《民事诉讼法》第 150 条第 1 款第 5 项，明确规定，在受理后，如果民商事案件的审理必须以相关刑事案件的审理结果为依据的，应当中止诉讼。如果民商事案件的审理无须以相关刑事案件的审理结果为依据的，人民法院应当继续民商事案案件的审理。

二、关于第 2 款规定的理解

尽管民间贴现行为在进行贴现的直接当事人之间无效，但根据票据行为无因性、独立性原则，在后票据转让行为的效力独立于在先转让票据行为的效力。如果最后持票人系基于合法手段或者善意且支付了合理对价取得票据的，则应认定其是合法持票人。本条第 2 款对该问题进行了规定。对该款规定的正确理解，有两个核心点：第一，民间贴现人的后手将自己补记为被背书人，使票据背书连续；第二，民间贴现人的直接后手基于真实的交易关系和债权债务关系再行转让票据。

# 【实务问题】

在司法实务中，应注意正确理解本条第 1 款规定的民间贴现行为在民间贴现直接当事人之间无效，同时注意本条第 2 款规定的在后票据转让行为有效。

102.【转贴现协议】转贴现是通过票据贴现持有票据的商业银行为了融通资金，在票据到期日之前将票据权利转让给其他商业银行，由转贴现行在收取一定的利息后，将转贴现款支付给持票人的票据转让行为。转贴现行提示付款被拒付后，依据转贴现协议的约定，请求未在票据上背书的转贴现申请人按照合同法律关系返还转贴现款并赔偿损失的，案由应当确定为合同纠纷。转贴现合同法律关系有效成立的，对于原告的诉讼请求，人民法院依法予以支持。当事人虚构转贴现事实，或者当事人之间不存在真实的转贴现合同法律关系的，人民法院应当向当事人释明按照真实交易关系提出诉讼请求，并按照真实交易关系和当事人约定本意依法确定当事人的责任。

## 【条文主旨】

本条是关于最后持票人基于转贴现协议的约定诉求未在票据上背书的合同相对方承担约定责任，如何确定案由及明确责任的规定。

## 【争议观点】

**一、关于案由确定**

第一种观点认为，案由应确定为合同纠纷。理由：人民法院应根据原告方提起诉讼基于的法律关系和诉求确定案由，由于原告方系基于转贴现协议诉求未在票据上背书的合同相对方承担约定的合同责任，故案由应界定为合同纠纷。

第二种观点认为，案由应确定为票据追索权纠纷。理由：转贴现合同约定的是原告方不获票款，可以向合同相对方追索票款，并请求向对方支付违约金或者赔偿损失，这里的追索，应指票据追索权，故应界定为票据追索权纠纷。

**二、关于法律关系和责任认定**

第一种观点认为，当事人之间的本意是做形式上的转贴现，只不过因为没有进行背书而在当事人之间没有产生票据法律关系。当事人之间成立转贴现合同法律关系的意思表示真实，因此约定的责任也应认定为当事人真实意思表示。转贴现业务的本质就是银行之间的资金融通行为，只不过该资金融通采用了转贴现的方式。资金融通的方式有多种形式和交易模式，在当事人之间采用转贴现的方式和模式的情形下，就应尊重转贴现的业务规则和法律规则，不能因其本质上为融资行为，就一概以其属于同业间的借款法律关系去界定当事人之间的法律关系和认定法律责任。否则，任何一种基于融资目的而创设的交易行为和模式如出借款项、发行证券、发行债券、出具票据、设立信托等本质上就没有区别,均可以以其本质上为融资行为、为借款法律关系进行认定,这有违法理。认定为当事人之间成立的是转贴现合同法律关系,合同相对方并不存在责任与收益不对等问题。因为,即使其进行转贴现背书行为,其取得的收益也仅为转贴现利息,其仍然需要依据票据法的规定承担被全额追索票款及相应息费的责任。而在其没有进行转贴现背书,不成为票据债务人的情形,其在很短的时间内无须自己出资就取得了较高的转贴现利息收益,让其承担被追索全部票据及相应息费的责任并没有加重其责任。而且,其在参与该转贴现链条、做资信通道和资金通道时,明知其收益和法律后果而自愿接受,该约定是其真实意思表示,也不损害社会公共利益和国家利益,也给后手转贴现人以合理信赖。其在出现纠纷后,以其仅为通道行而抗辩不承担转贴现合同约定的责任,有违诚信。按照当事人约定确定责任,可以从根本上惩戒为转贴现做通道的违法违规行为,维护转贴现市场的秩序和票据市场安全。

第二种观点认为,根据《票据法》第 4 条以及《支付结算办法》第 93 条的规定,承兑汇票的转贴现应作转让背书,并由卖出方将票据实际交付给买入方。如果双方仅签订了票据转贴现合同,支付票款,但未进行背书,则双方的实际履行行为不符合票据转让的实质要件,不符合该合同约定的权利义务内容。双方签订《承兑汇票转贴现合同》系外在的表面行为,其内部的隐藏行为是银行间资金融通行为,即为借款合同法律关系,应按照当事人约定的转贴现利率确定借款利率,"转贴现申请人"应依法向"转贴现人"返还本金和依据转贴现利率计算的利息。

第三种观点认为,当事人之间的本意是为转贴现行为提供资信通道和资金通道,并不是进行转贴现票据行为,因此,当事人之间最终形成的不是转贴现合同法律关系,而是资金通道法律关系。"转贴现"申请人仅在其收益范围内或者依照其过错承担责任。

## 【理解与适用】

票据的融资功能主要通过票据贴现来实现。银行经营贴现业务的目的就是向企业提供资金以发挥票据的融资功能。持票人可以在票据到期日前通过向贴现行申请贴现的方式从金融机构融通资金。贴现行也可以通过向另一金融机构进行转贴现方式在金融机构间融通资金。中国人民银行颁布的《商业汇票承兑贴现与再贴现管理暂行办法》第 2 条规定:"本办法所称转贴现系指金融机构为了取得资金,将未到期的已贴现商业汇票再以贴现方式向另一金融机构转让的票据行为,是金融机构间融通资金的一种方式。"

当事人双方签订转贴现协议后,如进行的是转贴现票据行为,则应根据相关规定由转贴现申请人将票据背书转让给转贴现行。近年来,在司法实务中,出现了由于做通道业务或者不愿承担票据责任等原因,部分当事人之间只签订转贴现协议,并不在票据上背书的情形。转贴现协议约定,受让票据方不获付款的,可以向转让方请求给付贴现款以及约定的违约金。作为最后持票人的转贴现行不获付款后,依据转贴现协议的约定向合同相对方主张权利的,如何确定案由和认定责任就成为争议的问题。

本条规定,在该情形下,案由应界定为合同纠纷。理由:《最高人民法院关于印发〈民事案件案由规定〉的通知》(法发〔2008〕11号)规定,第一审人民法院立案时应当根据当事人诉争的法律关系性质确定案由。因此,关于案由的确定,应根据当事人诉争法律关系的性质进行认定。在司法实务中,与票据有关的法律纠纷主要有三种,即权利人基于票据关系(亦称票据法律关系)行使票据权利引发的纠纷、权利人基于票据法上的非票据关系行使票据法上的非票据权利引发的纠纷和权利人基于民法上的非票据关系(亦称票据基础关系)行使民法上的非票据权利引发的纠纷。票据法并未对转贴现行为进行规定,但如前所述,中国人民银行的部门规章对该行为进行了规定,并将其界定为票据行为。我国《票据法》第4条规定:"票据出票人制作票据,应当按照法定条件在票据上签章,并按照所记载的事项承担票据责任。持票人行使票据权利,应当按照法定程序在票据上签章,并出示票据。其他票据债务人在票据上签章的,按照票据所记载的事项承担票据责任。"《支付结算办法》第93条规定:"贴现银行可持未到期的商业汇票向其他银行转贴现,……贴现、转贴现、再贴现时,应作成转让背书。"根据上述规定,行为人为票据行为,应在票据上签章,进行转贴现这一票据行为的,应背书转让票据。未进行背书,转贴现合同当事人之间未有效成立票据法律关系。因原告并非基于票据法律关系向被告提起诉讼,而是基于转贴现合同提起诉讼,故双方之间成立的是合同关系。尽管《商业承兑汇票转贴现合同》中有追索字样,但该"追索"并非票据法意义上的票据追索权,而系泛指权利人向责任人主张权利的行为。因此,该类纠纷不能认定为票据追索权纠纷。

该合同法律关系究竟是转贴现合同法律关系还是其他合同法律关系,应视当事人本意和当事人之间实质形成的权利义务关系而定。如果当事人的本意是成立转贴现合同法律关系，只是没有按照合同约定在票据上背书而在当事人之间成立票据法律关系的，则应认定双方之间成立的是转贴现合同法律关系。如果双方约定的本意不是成立转贴现合同法律关系，而是成立其他合同法律关系，则应根据当事人的本意和实质权利义务关系认定双方之间成立的法律关系。

关于法律责任。应在明确当事人之间成立的是何种法律关系的基础上进行责任认定。如果当事人之间本意是成立转贴现合同法律关系的，则应按照该协议的约定承担相应的法律责任。如果当事人之间的本意不是成立转贴现合同法律关系的，则人民法院应向当事人释明按照真实法律关系提出诉讼请求，并按照真实法律关系和当事人约定本意依法确定当事人的责任。《民法总则》第146条对虚假表示与隐藏行为的效力进行了规定，即："行为人与相对人以虚假的意思表示实施的民事法律行为无效。以虚假的意思表示隐藏的民事法律行为的效力，依照有关法律规定处理。"本条除根据该条规定明确应按照真实法律关系确定责任外，还规定，要依据"当事人约定本意依法确定当事人的责任"，该规定的本意是指尽管当事人之间不成立转贴现合同法律关系，但如果当事人在合同中约定发生违约事由后，"转贴现"申请人承担返还"贴现款"以及相应违约金责任的，如果该约定不违反法律、行政法规的强制性规定，不损害社会公益、国家利益的，应认定有效，应按照当事人的约定确定被告方承担的责任范围。这样规定，既不违反当事人本意、符合公平原则，也有助于惩罚违法违规行为，防范违法违规行为带来的票据风险。

## 【实务问题】

**一、关于根据个案情形区别认定当事人之间的法律关系和法律责任问题**

在司法实践中，当事人以贴现、转贴现等行为进行融资，可能涉及主体较多、交易链条较长，在该情形下，关于当事人之间的法律关系的认定，应当注意根据票据法和民法总则等相关法律规定进行区分认定。

**二、关于直贴行加盖伪造公章是否影响在后转贴现合同或者转贴现行为效力问题**

在司法实践中，存在直贴行加盖伪造的公章申请转贴现的情形。在该情形下，如果转贴现行再行转贴现，并与其后手签订转贴现合同，则该合同是否因加盖假章并非直贴行的真实意思表示而应认定转贴现合同或者转贴现行为无效问题，是司法实践中应明确的问题。我们认为，该情形下，案涉汇票是出票人签发的印章真实、绝对记载事项齐备的真实有效的票据，转贴现合同的标的物合法，故不应因此认定转贴现合同无效。此外，直贴行并非转贴现合同的当事人，直贴行印章虚假、在先签订转贴现协议的效力瑕疵并不影响在后转贴现合同的效力。如果转贴现行进行了背书，则根据《票据法》第14条关于"票据上有伪造、变造的签章的，不影响票据上其他真实签章的效力"的规定，在转贴现行不知道或者不应当知道直贴行印章为假的情形下，应认定其善意取得票据，是合法持票人，应享有票据权利。

【典型案例】

**鄂尔多斯农商行、苏州银行合同纠纷再审审查纠纷案**［（2018）最高法民申189号］

裁判要旨：苏州银行和鄂尔多斯农商行均未在案涉商业承兑汇票上签章，无票据行为则不产生票据法律关系，故苏州银行和鄂尔多斯农商行之间并不存在票据法律关系。苏州银行与鄂尔多斯农商行签订了《商业承兑汇票转贴现合同》，双方系依据该转贴现合同确定各自的权利义务，故二审判决认定本案系合同纠纷并无不当。即使鄂尔多斯农商行关于签订《商业承兑汇票转贴现合同》的目的是赚取通道费用的主张成立，也不影响《商业承兑汇票转贴现合同》效力的认定。该合同系双方当事人的真实意思表示，内容不违反法律、行政法规的强制性规定，应认定有效。

103.【票据清单交易、封包交易案件中的票据权利】审判实践中，以票据贴现为手段的多链条融资模式引发的案件应当引起重视。这种交易俗称票据清单交易、封包交易，是指商业银行之间就案涉票据订立转贴现或者回购协议，附以票据清单，或者将票据封包作为质押，双方约定按照票据清单中列明的基本信息进行票据转贴现或者回购，但往往并不进行票据交付和背书。实务中，双方还往往再订立一份代保管协议，约定由原票据持有人代对方继续持有票据，从而实现合法、合规的形式要求。

出资银行仅以参与交易的单个或者部分银行为被告提起诉讼行使票据追索权，被告能够举证证明票据交易存在诸如不符合正常转贴现交易顺序的倒打款、未进行背书转让、票据未实际交付等相关证据，并据此主张相关金融机构之间并无转贴现的真实意思表示，抗辩出资银行不享有票据权利的，人民法院依法予以支持。

出资银行在取得商业承兑汇票后又将票据转贴现给其他商业银行，持票人向其前手主张票据权利的，人民法院依法予以支持。

【条文主旨】

本条是关于票据清单交易、封包交易案件中的持票人票据权利的规定。

【争议观点】

封包交易和清单交易作为实践中发展起来的融资业务，在参与交易的商业银行之间不进行连续的背书、不真实交付票据、逆交易顺序倒打款等情形下，对持有票据的出资银行是否享有票据权利，审判实践中存在不同的认识和做法。本条对此进行了明确。

【理解与适用】

随着货币市场的发展，商业承兑票据已经从最初的支付工具逐渐演变为融通资金的工具，这一资金融通的功能主要是通过票据贴现来实现的。作为支付结算工具，票据持有人只有在票据到期后才能请求付款人支付款项，在票据到期之前，持票人只能通过向商业银行申请贴现的方法将未到期的票据换成现金存款。商业汇票的贴现，业内俗称"直贴"，相应地，办理贴现的商业银行被称之为直贴行。在申请贴现的过程中，直贴行不仅要审查贴现申请人的信用资质，还要审查贴现申请人和其前手的交易背景，而且由于贴现业务计入贷款规模，使得商业承兑汇票的贴现业务的开展难以满足企业的融资需求。在这种情况下，由一些票据中介主导的以商业汇票为媒介，联通票据直贴和银行业金融机构的转贴现、票据买入返售等业务领域的票据融资活动开始野蛮生长。从案件审理的情况来看，通过"清单交易"和"封包交易"开展票据融资活动，已经成为审判实践中面临的一个比较复杂的问题。

封包交易和清单交易是在商业银行办理转贴现、买入返售等资金拆借业务的过程中发展起来的。在正常的票据转贴现业务中，票据交易是实物交易，必须交付票据，验票等程序本来就很烦琐，加之票据交易又是一次性大量交易，工作量很大，各方主体都对实物交易很抵触。为节约成本，实践中发明了票据封包的做法。票据封包是为了节省票据真伪审验环节，提高处理效率，经双方协商对经审验合格的票据所采取的一种票据保管方式。封包是指双方将所交易的票据装入代保管品专用包装袋中进行封包、粘贴的行为，封包后，双方经办上门取送票、上门验票、买入返售等业务的经办人员（至少两人以上）在包装袋接缝的骑缝处签章，将票据清单粘贴于封包背面，标明袋内物品明细。这样的交易安排，使得票据买方的会计可以直接携带封包入库，无须拆包验票，票据卖方到期领回票据时只要封包仍然原封不动，也无须拆包验票。在封包交易的过程中，一笔买入返售业务要上门取送票和验票，商业银行还是觉得很麻烦，尤其是在异地业务时显著增加了交易成本，而且票据在整个交易中只不过是担保品而已，当事人觉得还不如自始不交付票据，连封包都不用给了，这样就连交通运输费都省了。所以，清单交易应运而生，卖出银行只需要告知买入银行自己手头有清单上列出的票据，以此来进行融资，双方约定票还在卖出银行手里或者找个第三方代为保管，这样票据就不必来回交付和验票了。从监管治理的角度来观察，最迟从2014年起，监管部门将封包交易和清单交易纳入监管重点，先后下发了《中国人民银行、中国银行业监督管理委员会、中国证券监督管理委员会、中国保险监督管理委员会、国家外汇局关于规范金融机构同业业务的通知》（银发〔2014〕127号）、《中国银行业监督管理委员会办公厅关于票据业务风险提示的通知》（银监办发〔2015〕203号）、《中国人民银行、中国银行业监督管理委员会关于加强票据业务监管促进票据市场健康发展的通知》（银发〔2016〕126号）、《中国银行保险监督管理委员会办公厅关于规范银行业金融机构跨省票据业务的通知》（银保监办发〔2018〕21号）等监管文件，要求各商业银行加强对票据承兑、贴现的授信管理，票据转贴现和买入返售（卖出回购）业务交易对手管理、同业结算账户管理等重要环节的风险控制，并要求各银行业金融机构将商业汇票业务尽快接入人民银行电子商业汇票系统和上海票据交易所中国票据交易系统，通过逐步消除纸质票据转贴现、买入返售（卖出回购）业务和提高电子票据在转贴现、买入返售（卖出回购）

等票据交易业务中的占比这种双管齐下的办法，对清单交易和封包交易进行专门的治理。

在封包交易和清单交易中，票据已经成为纯粹的"融资性票据"，交易各方对于票据缺乏真实的基础法律关系或者贸易背景的情况均属于心知肚明，但出于赚取利息收入或者手续费收入的考虑，参与银行对此不做审查，而是把这项业务看作是银行之间信用拆借，以票据的名义包装，变相经营同业拆借业务。封包交易和清单交易的交易时间大多很短，甚至是同一天内就能够完成在村镇银行、农信社、城商行、农商行、股份制银行、国有大行等多家银行之间的转贴现，各个环节的银行收取相应的"通道费"或"过桥费"。在整个交易链条中，村镇银行和农信社往往是直贴行，是票据流入金融机构的入口。城商行和农商行往往是过桥行，它比村镇银行和农信社的信用要高一些，充当小银行和大银行之间的衔接通道。股份制银行或者国有大行虽然未必是整个交易的主导者，但往往是票据融资的真正出资方，一旦资金实际使用人出现违约或无力还款，实际出资的商业银行往往成为诉讼的发起者。

根据上述交易实践，纪要于本条对清单交易、封包交易的特征进行了描述性的界定，认为这种业务是商业银行之间就案涉票据订立转贴现或者回购协议，附以票据清单或者将票据封包作为质押，约定按照票据清单中列明的基本信息进行票据转贴现或者回购，当事人之间往往采取代保管协议的方式作为票据交付的替代，约定由原票据持有人代对方继续持有票据。在因票据"清单交易""封包交易"引发的纠纷案件中，无论原告一方当事人以何种理由向那些参与交易的当事人提出诉讼请求，持票人是否享有票据权利都是人民法院需要先行作出判断的一个法律问题。虽然在大多数情况下，当事银行之间并不对票据进行背书和交付，但在部分银行的风险事件爆发后，个别地方的监管部门为了防范风险，对属地监管对象提出了拆包验票，补办背书、签章等监管要求，所以在案件审理中也存在补办了背书签章的情况。

票据法理论认为，票据行为作为法律行为，除必须具备一般法律行为应当具备的要件即票据行为的实质要件外，还必须具备票据法所规定的特别要件即票据行为的形式要件。[①] 具体而言，票据行为有效的实质要件应当符合《民法总则》第 143 条规定的有效民事法律行为的三个要件，即行为人具有相应的民事行为能力，意思表示真实，不违反法律、行政法规的强制性规定

---

① 王小能编著：《票据法教程》（第二版），北京大学出版社 2001 年版，第 39 页。

和公序良俗；其形式要件包括应当根据票据法的规定进行签章和交付。据此，纪要于本条第二款明确当事人能够举证证明票据交易存在诸如不符合正常转贴现交易顺序的倒打款、未进行背书转让、票据未实际交付等相关证据，并据此主张相关金融机构之间并无转贴现的真实意思表示，抗辩出资银行不享有票据权利的，人民法院依法予以支持。其中，值得特别进行说明的是倒打款对票据权利取得的影响问题，既往的审判实践对此的认识并不一致。所谓倒打款，指的是票据的交易顺序或者票据上的背书链条为A→B→C→D，反映的交易顺序是A将票据转贴给B、B转贴给C、再由C转贴给D，资金的流向应当与票据流转保持一致。但在倒打款的交易中，资金实际上呈现出与交易顺序正好相反的特点，是由D→C→B→A。之所以如此，是因为实际业务是可能是由D发起，即D先找到了A，然后找到中间的B和C，然后D支付转贴现款到C再到B最后到A，D主导整个商业运作并分享大部分收益，B和C配合可能仅作为一个过桥方赚取过桥收益。即便交易不是D银行发起，但由于其是实际出资银行，也能够分享大部分收益。由此可见，尽管A、B、C、D之间分别签署了相应的转贴现协议，但由于其资金流向正好与转贴现交易的顺序相反，可以证明转贴现协议是当事人之间通谋实施的虚伪意思表示，依法应当认定为无效行为，D银行即便持有票据，也不能据此主张其享有票据权利。

尽管基于虚伪意思表示不能取得票据权利，但由于票据是无因证券，为保护善意第三人的权利，促进票据的流转，票据法采用了以表示外观来确定行为效力的表示主义立法原则，将虚伪表示的效力局限在当事人之间。也就是说，只有在票据交易的直接当事人之间或者非善意持票人主张权利的情况下，票据行为人可以意思表示不真实为由进行抗辩，一旦票据背书转让，对于不知也不应当知道有前述瑕疵的善意持票人，当事人不得进行抗辩。根据这一票据行为无因性的基本原理，纪要于本条第三款明确，出资银行在取得商业承兑汇票后又将票据转贴现给其他商业银行，持票人向其前手主张票据权利的，人民法院依法予以支持。

# 【实务问题】

票据行为作为法律行为，除必须具备一般法律行为应当具备的要件即票据行为的实质要件外，还必须具备票据法所规定的特别要件即票据行为的形式要件，才能认定为有效票据行为。持票人必须依据有效票据行为获得票据，才能享有票据权利。据此，当事人之间基于通谋的虚伪意思表示而取得票据的，不享有票据权利，但根据票据行为无因性原则，一旦票据背书转让，即产生了遮蔽或者切断效果，即对于不知也不应当知道有前述瑕疵的善意持票人，当事人不得进行抗辩。

104.【票据清单交易、封包交易案件的处理原则】在村镇银行、农信社等作为直贴行，农信社、农商行、城商行、股份制银行等多家金融机构共同开展以商业承兑汇票为基础的票据清单交易、封包交易引发的纠纷案件中，在商业承兑汇票的出票人等实际用资人不能归还票款的情况下，为实现纠纷的一次性解决，出资银行以实际用资人和参与交易的其他金融机构为共同被告，请求实际用资人归还本息、参与交易的其他金融机构承担与其过错相适应的赔偿责任的，人民法院依法予以支持。

出资银行仅以整个交易链条的部分当事人为被告提起诉讼的，人民法院应当向其释明，其应当申请追加参与交易的其他当事人作为共同被告。出资银行拒绝追加实际用资人为被告的，人民法院应当驳回其诉讼请求；出资银行拒绝追加参与交易的其他金融机构为被告的，人民法院在确定其他金融机构的过错责任范围时，应当将未参加诉讼的当事人应当承担的相应份额作为考量因素，相应减轻本案当事人的责任。在确定参与交易的其他金融机构的过错责任范围时，可以参照其收取的"通道费""过桥费"等费用的比例以及案件的其他情况综合加以确定。

【条文主旨】

本条是关于票据清单交易、封包交易案件的审理应当遵守诉讼经济原则，实现纠纷的一次性处理所作的规定。

## 【争议观点】

审判实践中，对于封包交易和清单交易所引发的纠纷案件，往往是根据原告所列置的当事人进行立案和审理，众多当事人之间因一笔封包交易、清单交易能够拆分出多起案件，不仅浪费了司法资源，也加重了当事人的诉讼成本。本条根据不真正连带责任的基本法理，对当事人的列置和责任承担作出了规定。

## 【理解与适用】

《民法总则》第146条规定："行为人与相对人以虚假的意思表示实施的民事法律行为无效。以虚假的意思表示隐藏的民事法律行为的效力，依照有关法律规定处理。"据此，封包交易和清单交易的当事人之间，因欠缺票据行为有效要件而取得票据的，不享有票据权利，这一点从讨论的情况来看，很容易达成共识。但对于清单交易、封包交易所隐藏的行为应当如何认定，看法并不一致。有观点认为，以清单交易和封包交易方式开展的票据转贴现业务，虽然在当事人之间也签订了转贴现协议，但其真实目的是以票据的名义包装，变相经营同业拆借业务，这里的隐藏行为应当认定为金融机构之间的信用拆借。也就是说，在A→B→C→D之间开展的封包交易或清单交易中，尽管当事人之间的转贴现协议应当认定为虚伪意思表示，但隐藏行为可以根据资金由D→C→B→A的流向分别界定为DC、CB、BA之间的同业拆借关系。我们认为对隐藏行为的判断，离不开对当事人真实意思特别是效果意思的探究。根据民法原理，效果意思是法律行为区别于其他表示行为、事实行为或民事约定的本质所在，是指表意人欲依其表示内容发生特定法律上效果的意思。效果意思分为内心上的效果意思和表示上的效果意思：内心上的效果意思，是指表意人内心意欲发生法律上效果的意思，即所谓真意；而表示上的效果意思，是指从表意人的表示行为所得推断的效果意思。具体到封包交易和清单交易的实践中，虽然各参与银行之间在形式上存在资金的融通行为，但无论交易是由票据中介、直贴行还是由出资行发起，各参与银行收取的利息费用或者通道费用均是由实际用资人负担，这一事实足以认定，各参与银行对于将资金提供给实际用资人使用的事实存在着较为一致的认知。因此，将隐藏行为界定为出资银行和实际用资人之间的借款合同，更符合交易实践。而且，在一些案件中，在实际用资人无力归还款项的情况下，存在着出资银行与实际用资人之间签订还款协议的情况。其他银行之所以参与交易，一方面是为了使得交易符合监管要求的需要，另一方面也是出资银行基于票据追索权或者转贴现协议效力的错误认识而作出的分担风险的交易安排。基于上述考虑，纪要第一款明确，在商业承兑汇票的出票人等实际用资人不能归还票款的情况下，为实现纠纷的一次性解决，出资银行以实际用资人和参与交易的其他金融机构为共同被告，请求实际用资人归还本息、参与交易的其他金融机构承担与其过错相适应的赔偿责任的，人民法院依法予以支持。

按照纪要的规定，在村镇银行、农信社等作为直贴行，农信社、农商行、城商行、股份制银行等多家金融机构共同开展以商业承兑汇票为基础的票据清单交易、封包交易引发的纠纷案件中，转贴现协议等虚伪表示所掩盖的，是出资银行和实际用资人之间的借款关系。具体实际用资人是否就能够认定为票据出票人，还需要结合案件具体事实加以认定，也有可能是票据的收款人，或者是票据上的其他被背书人，还有可能是未在票据上签章但实际控制票据的票据中介。实际用资人依法对出资银行负有还本付息的义务，这一点毋庸多言，但参与交易的其他金融机构等相关当事人应当承担何种责任，还需要进一步的分析研究。我们认为，将虚伪表示行为人的缔约上过失责任与隐藏行为中借款人的违约责任解释为不真正连带关系，能够合理确定相关当事人的法律责任。因虚伪表示行为并非当事人的真实意思表示，是无效民事法律行为，当事人之间负有返还财产、赔偿损失等缔约上过失责任。隐匿行为系借款合同，借款人负有合同义务的履行问题。在两种责任的关系方面，应当将相关当事人的责任区分为直接责任和补充责任两种类型，由实际用资人即隐匿行为的债务人承担直接的、第一顺位的责任，各参与银行即虚伪表示的债务人承担间接的、补充顺位的责任。在案件审理中，应当注意的是：（1）责任顺位的法理基础是建立在隐匿行为的义务人是终局责任人的基础上，债权人应当首先向隐匿行为的义务人即直接责任人请求赔偿，直接责任人承担了全部赔偿责任后，补充赔偿责任人的责任消灭。直接责任人承担责任后，不得向补充责任人追偿。（2）补充责任人的责任顺位，是一种类似于先诉抗辩权的制度安排，其赔偿范围仅限于直接责任人不能赔偿的部分。因此，补充责任人和直接责任人是必要的共同被告。（3）补充责任的范围存在限定。相对于债权人遭受的损害结果，补充责任人的责任并非全部，而是受到一定的限制，补充责任人对该损害结果仅承担与其过失相适应的责任，其责任范围区别于隐匿行为的直接责任人。由于过错大小的界定是一个较为主观的问题，为便于人民法院在案件审理中判断，根据封包交易和清单交易的实际情况，纪要规定，可以参照其收取的"通道费""过桥费"等费用的比例以及案件的其他情况综合加以确定。也就是说，可以根据参与交易的各金融机构分别收取的费用在全部费用中的比例，确定补充责任的范围。

此外，针对实践中出资银行仅选择起诉部分参与交易的金融机构、不愿意起诉实际用资人等实际情况，纪要明确，出资银行仅以整个交易链条的部分当事人为被告提起诉讼的，人民法院应当向其释明，其应当申请追加参与交易的其他当事人作为共同被告。出资银行拒绝追加实际用资人为被告的，人民法院应当驳回其诉讼请求；出资银行拒绝追加参与交易的其他金融机构为被告的，人民法院在确定其他金融机构的过错责任范围时，应当将未参加诉讼的当事人应当承担的相应份额作为考量因素，相应减轻本案当事人的责任。

【实务问题】

审判工作中，对封包交易、清单交易所引发的纠纷案件，要注意切实改变此前司法实践中片面迁就当事人的不当诉讼，任由当事人分别起诉、多头起诉的不当做法，以节约司法资源和当事人的诉讼成本。审查原告的诉讼请求能否得到支持，最重要的是要看其在整个交易链条上所处的地位，是否为实际出资银行。如果原告只是过桥银行，因其在整个交易中只是处于承担与其过错相适应的民事责任的被告地位，对其发起的诉讼，不应予以支持。此外，还要防止因当事人的不当诉讼活动导致个别金融机构出现流动性风险。

105.【票据清单交易、封包交易案件中的民刑交叉问题】人民法院在案件审理过程中，如果发现公安机关已经就实际用资人、直贴行、出资银行的工作人员涉嫌骗取票据承兑罪、伪造印章罪等立案侦查，一方当事人根据《最高人民法院关于在审理经济纠纷案件中涉及经济犯罪嫌疑若干问题的规定》第11条的规定申请将案件移送公安机关的，因该节事实对于查明出资银行是否为正当持票人,以及参与交易的其他金融机构的抗辩理由能否成立存在重要关联,人民法院应当将有关材料移送公安机关。民商事案件的审理必须以相关刑事案件的审理结果为依据的,应当中止诉讼,待刑事案件审结后,再恢复案件的审理。案件的基本事实无须以相关刑事案件的审理结果为依据的,人民法院应当继续案件的审理。

参与交易的其他商业银行以公安机关已经对其工作人员涉嫌受贿、伪造印章等犯罪立案侦查为由请求将案件移送公安机关的,因该节事实并不影响相关当事人民事责任的承担,人民法院应当根据《最高人民法院关于在审理经济纠纷案件中涉及经济犯罪嫌疑若干问题的规定》第10条的规定继续审理。

## 【条文主旨】

本条是关于票据清单交易、封包交易案件中的民刑交叉问题的程序处理的规定。

## 【争议观点】

在票据清单交易、封包交易民商事案件审理中民刑交叉的程序处理,审判实践中存在全案移送公安机关、继续审理民商事案件和分别情况加以处理三种做法。本条规定从民商事案件和刑事案件相互关系的角度,就此进行了明确。

## 【理解与适用】

由于封包交易和清单交易的交易金额巨大,一旦出现兑付危机和发生民事诉讼,向公安机关报案并以涉及经济犯罪为由申请人民法院中止审理相关民事案件,成为审判工作中的常见现象。案件审理中,《最高人民法院关于在审理经济纠纷案件中涉及经济犯罪嫌疑若干问题的规定》第10条关于"人民法院在审理经济纠纷案件中,发现与本案有牵连,但与本案不是同一法律关系的经济犯罪嫌疑线索、材料,应将犯罪嫌疑线索、材料移送有关公安机关或检察机关查处,经济纠纷案件继续审理"和第11条关于"人民法院作为经济纠纷受理的案件，经审理认为不属经济纠纷案件而有经济犯罪嫌疑的，应当裁定驳回起诉，将有关材料移送公安机关或检察机关"的规定应当如何理解，往往是当事人争议的焦点问题。

从案件审理中的情况来看，封包交易和清单交易之所以能够完成，实际用资人、直贴行和出资行的角色至关重要。从直贴行的角度来看，其往往与票据中介存在着密切的关联，甚至有些村镇银行、农信社还将其同业业务交由票据中介承包。这样，票据中介实际上起到了联系实际用资人和直贴行的作用，其能够将票据在直贴行贴现。与此同时，因直贴行的资金或信贷规模不足，票据中介还有可能联系所有的参与银行和出资银行，完成交易链条的整合。从出资行的角度来看，有时候融资业务是出资银行发起的，但由其向实际用资人提供信贷资金，碍于信贷规模、客户资质等原因无法直接进行，于是联系其他金融机构采用贴现和转贴现方式实现对实际用资人提供融资。因为封包交易、清单交易涉及的当事人人数众多、交易结构复杂，单靠诉讼中当事人的举证，往往难以全面查清案件事实。就这一问题，为便于案件的审理，纪要从两个方面作出了规定：一方面，如果公安机关已经就实际用资人、直贴行、出资银行的工作人员涉嫌骗取票据承兑罪、伪造印章罪等进行立案侦查，因该节事实对于查明出资银行是否为正当持票人，以及参与交易的其他金融机构的抗辩理由能否成立存在重要关联，对于民事案件中案件基本事实的查明有重要意义，人民法院应当将有关材料移送公安机关。另一方面，如果无须移送公安机关就能够查明案件事实的，在民事案件与刑事案件的相互关系上，民商事案件的审理必须以相关刑事案件的审理结果为依据的，应当中止诉讼，待刑事案件审结后，再恢复案件的审理。案件的基本事实无须以相关刑事案件的审理结果为依据的，人民法院应当继续案件的审理。

此外，针对实践中参与交易的过桥金融机构在成为被告后往往采取举报其工作人员涉嫌受贿、伪造印章等犯罪行为并以此为由申请将案件移送的现象，由于过桥行、通道行的协议签订、资金流转、费用收取等相关案件事实的查明，通常无须借助于公安机关即可完成。所以，纪要于本条第二款明确，此种情况不影响民事案件的继续审理。

## 【实务问题】

在民刑交叉的程序处理方面，原则上只有实际用资人、直贴行、出资银行这三方当事人的工作人员涉嫌犯罪的刑事案件对于民商事案件基本事实的查清是有意义的，除此之外的其他当事人的工作人员涉嫌犯罪，原则上不影响民商事案件的审理。

106.【恶意申请公示催告的救济】公示催告程序本为对合法持票人进行失票救济所设，但实践中却沦为部分票据出卖方在未获得票款情形下，通过伪报票据丧失事实申请公示催告、阻止合法持票人行使票据权利的工具。对此，民事诉讼法司法解释已经作出了相应规定。适用时，应当区别付款人是否已经付款等情形，作出不同认定：

（1）在除权判决作出后，付款人尚未付款的情况下，最后合法持票人可以根据《民事诉讼法》第223条的规定，在法定期限内请求撤销除权判决，待票据恢复效力后再依法行使票据权利。最后合法持票人也可以基于基础法律关系向其直接前手退票并请求其直接前手另行给付基础法律关系项下的对价。

（2）除权判决作出后，付款人已经付款的，因恶意申请公示催告并持除权判决获得票款的行为损害了最后合法持票人的权利，最后合法持票人请求申请人承担侵权损害赔偿责任的，人民法院依法予以支持。

【条文主旨】

本条是关于恶意申请公示催告、除权判决已作出情形下，合法持票人的权利如何救济的规定。

【争议观点】

关于在除权判决已作出、付款人尚未付款情形下，最后合法持票人是只能采取票据权利的救济方式救济权利，还是也可以基于基础法律关系救济权利，存在两种观点：

第一种观点认为，一般情形下，最后合法持票人应当先行使票据债权。若行使未果，再行使原因债权。如果票据当事人明确约定票据交付是代物清偿，原因债权随票据的交付而消灭，债权人只能行使票据债权，不能行使原因债权。

第二种观点认为，只要持票人因票据被除权而被拒付，就应当认定其行使票据权利受到障碍，其就可以行使原因债权。而且，在票据被除权的情形下，票据已非有效票据，持票人无法持有无效票据行使票据权利，故其可以基于基础法律关系主张权利。

## 【理解与适用】

**一、除权判决作出后，付款人尚未付款、持票人被拒付情形下的权利救济**

本条采用了票据权利救济程序和原因债权救济程序并行的方式。理由为：在除权判决作出并公告的情形下，票据被除权，并非有效票据，故合法持票人无法持有无效票据行使票据权利。对于合法持票人而言，其已经行使了票据付款请求权，但未获付款，故其行使票据权利受到阻碍。在票据被除权的情形下，虽然我国民事诉讼法规定了撤销除权判决之诉这一救济途径，但最后持票人能否在这一诉讼中胜诉，实质处于不定状态。而且，诉讼耗时较长，即使其胜诉，其利益的实现也具有滞后性。此外，在司法实践中，由于票据具有专业性，为数不少的最后合法持票人可能并不了解法律规定了撤销除权判决之诉这一票据权利救济方式，而未能及时通过提起诉讼的方式救济其权利，如果苛求其必须承担接受票据、必须先行使完所有的票据权利的救济途径才能以原因法律关系主张自己的原因债权，则不符合目前我国民众法律素质不高的现实。当然，应该说，从票据法法理角度分析，既然持票人选择了接受票据这一支付方式，就应当承担行使票据权利的相应风险，包括程序复杂的风险。但如果该风险过大，也会产生不良的作用，即交易主体不愿接受票据作为支付结算工具，这不利于票据功能的发挥。由于持票人在行使第一位票据权利时已经被拒付，且票据被除权，从表面形式上分析，持票人不可能基于无效票据行使票据权利，故赋予其直接基于基础法律关系项下的原因债权向其直接交易相对方主张另行给付对价并退票，可以及时全面救济持票人的权利。综上，基于全面及时救济持票人权利的考虑，纪要规定了两种权利救济途径。当然，如果当事人有明确的意思表示，约定交付票据后原因债权消灭的，则持票人只能采取票据权利救济途径救济权利，而不能行使原因债权的救济途径救济权利。我国票据法专家谢怀栻先生在论述票据债权与原因债权的行使顺序时认为，如果当事人之间对代物清偿没有明确约定时，两种债权并存，债权人应先行使票据债权，如行使票据债权而无效果，则可以行使原因债权。① 其同时认为，"至于行使票据债权要到何种程度方能行使原因债权，一般认为只要行使票据上的付款请求权而遭到拒绝，债权人（持票人）作出拒绝证书后，即可行使原因债权。实际上，此时持票人对债务人行使的，既可以说是票据关系里的追索权，也是原因债权，可以说是两种权利的合并行使（当然两种权利的行使方法是不同的，行使追索权以持有票据为必要，而且时效期较短，行使原因债权不以持有证券为必要，而且时效期较长）。如果因为票据经过转让，当事人又变更，持票人不行使票据上的追索权而直接行使原因债权为有利时，即可直接行使原因债权（此时可一并请求损害赔偿，所以可能比行使票据债权为有利）"。②

关于基于票据权利救济途径进行救济。《民事诉讼法》第 223 条规定："利害关系人因正当理由不能在判决前向人民法院申报的，自知道或者应当知道判决公告之日起一年内，可以向作出判决的人民法院起诉。"此为撤销除权判决之诉。根据该条规定，利害关系人提起撤销除权判决之诉，应具备以下两个条件：一是因正当理由不能在判决前向人民法院申报权利；二是自知道或者应当知道判决公告之日起一年内提起诉讼。民事诉讼法司法解释第460 条规定："民事诉讼法第二百二十三条规定的正当理由，包括：……（三）不属于法定申请公示催告情形的；……"因申请人伪报票据丧失事实属于《民事诉讼法》第 223 条规定的正当理由，故最后合法持票人可以根据该条规定，在法定期限内请求撤销除权判决，在票据恢复效力后依法行使票据权利。当然，在采取票据权利救济途径时，应注意遵守票据法关于行使票据追索权的相关规定。

关于基于基础法律关系救济途径进行权利救济。由于持票人不能行使票据权利，故应认定基础法律关系的债务人没有清偿债务，持票人可以向其退回票据，并要求另行给付对价。

**二、除权判决作出后，付款人已付款情形下的权利救济**

该情形下，因付款人已付款，申请人恶意申请公示催告并持除权判决获

---

① 谢怀栻：《票据法概论》，法律出版社 1990 年版，第 41 页。
② 谢怀栻：《票据法概论》，法律出版社 1990 年版，第 42 页。

得票款行为损害了最后合法持票人的权利，构成侵权，故最后合法持票人据此请求申请人承担赔偿责任的，人民法院应予支持。

## 【实务问题】

在第1款规定情形下，应注意避免权利人同时选用两种程序重复受偿问题。该款规定持票人可以选用两种途径进行权利救济，并不意味着两种程序可以并用，其在通过一种程序救济权利后，就不能采取另一种方式进行权利救济，以避免重复受偿。在持票人基于基础法律关系主张权利的情形下，相对人另行给付基础法律关系项下对价的，持票人应将票据退还给基础法律关系相对方。

# 第十章　关于破产纠纷案件的审理

会议认为，审理好破产案件对于推动高质量发展、深化供给侧结构性改革、营造稳定公平透明可预期的营商环境，具有十分重要的意义。要继续深入推进破产审判工作的市场化、法治化、专业化、信息化，充分发挥破产审判公平清理债权债务、促进优胜劣汰、优化资源配置、维护市场经济秩序等重要功能。一是要继续加大对破产保护理念的宣传和落实，及时发挥破产重整制度的积极拯救功能，通过平衡债权人、债务人、出资人、员工等利害关系人的利益，实现社会整体价值最大化；注重发挥和解程序简便快速清理债权债务关系的功能，鼓励当事人通过和解程序或者达成自行和解的方式实现各方利益共赢；积极推进清算程序中的企业整体处置方式，有效维护企业营运价值和职工就业。二是要推进不符合国家产业政策、丧失经营价值的企业主体尽快从市场退出，通过依法简化破产清算程序流程加快对"僵尸企业"的清理。三是要注重提升破产制度实施的经济效益，降低破产程序运行的时间和成本，有效维护企业营运价值，最大程度发挥各类要素和资源潜力，减少企业破产给社会经济造成的损害。四是要积极稳妥进行实践探索，加强理论研究，分步骤、有重点地推进建立自然人破产制度，进一步推动健全市场主体退出制度。

107.【继续推动破产案件的及时受理】充分发挥破产重整案件信息网的线上预约登记功能,提高破产案件的受理效率。当事人提出破产申请的,人民法院不得以非法定理由拒绝接收破产申请材料。如果可能影响社会稳定的,要加强府院协调,制定相应预案,但不应当以"影响社会稳定"之名,行消极不作为之实。破产申请材料不完备的,立案部门应当告知当事人在指定期限内补充材料,待材料齐备后以"破申"作为案件类型代字编制案号登记立案,并及时将案件移送破产审判部门进行破产审查。

注重发挥破产和解制度简便快速清理债权债务关系的功能,债务人根据《企业破产法》第95条的规定,直接提出和解申请,或者在破产申请受理后宣告破产前申请和解的,人民法院应当依法受理并及时作出是否批准的裁定。

## 【条文主旨】

本条是关于破产案件及时受理的规定。

## 【争议观点】

根据企业破产法及破产法司法解释(一)的规定,当事人提出破产申请后,人民法院应当及时立案进行审查并依法作出裁定。对此各界基本形成共识。分歧的观点主要是接受破产申请的法院对案件不具有管辖权时如何处理的问题。一种观点认为,鉴于实践中长期存在的少数人民法院以各种非法定理由拒绝接收当事人提交的破产申请材料的实际情况,应参照《最高人民法院关于执行案件移送破产审查若干问题的指导意见》第12条中"破产审判部门在审查过程中发现本院对案件不具有管辖权的,应当按照《中华人民共和国民事诉讼法》第三十六条的规定处理"的规定,在纪要中明确:已经立案受理当事人破产申请审查的法院,发现自己不具有管辖权的,应当依照

《民事诉讼法》第 36 条规定，将案件移送有管辖权的法院进行审查。另一种观点认为，参照《民事诉讼法》第 36 条的规定处理，与该条规定的适用条件不符，且难以达到设想效果。一是《民事诉讼法》第 36 条系规范案件受理后法院发现无管辖权时的处理方式，破产案件立"破申"案号后案件尚未受理，不符合适用《民事诉讼法》第 36 条规定移送管辖的条件。二是移送管辖涉及破产审查法院审查部门与移送部门之间的协调、审查法院与受移送法院之间的协调等，移送过程较长，影响破产审查程序效率。同时也需要考虑因移送时间较长，可能会发生申请人滥用破产申请程序，故意向无管辖权的法院提起申请，以此对被申请破产的企业施加压力，达成迫使债务人还债或恶意中伤竞争对手等目的。我们经研究采纳了第二种意见，并对此作出规定。

## 【理解与适用】

准确理解本条规定，需要把握以下几点：

### 一、要充分发挥破产重整案件信息网的线上预约登记功能

《最高人民法院关于企业破产案件信息公开的规定（试行）》第 9 条规定："申请人可以在破产重整案件信息网实名注册后申请预约立案并提交有关材料的电子文档。人民法院审查通过后，应当通知申请人到人民法院立案窗口办理立案登记。"《最高人民法院企业破产案件法官工作平台使用办法（试行）》进一步对网上预约立案如何处理进行了规范，该办法第 7 条规定："立案部门收到网上预约立案申请后，应当对申请人上传的材料是否符合法律规定进行形式审查，并在收到网上预约立案申请之日起七个工作日内将审查结论以电子邮件、移动通信等申请人预留的联系方式通知申请人。"第 8 条第 1 款规定："立案部门认为申请人的网上预约立案申请符合法律规定的形式要件的，应当通知申请人在指定期限内向人民法院立案窗口提交破产申请书及其他上传的材料。"为解决对立案部门立案程序的监督问题，该办法第 9 条规定："上级人民法院负责对网上预约立案情况进行监督。立案部门逾期不通知申请人的，上级人民法院应当定期予以通报。"全国企业破产重整案件信息网反馈数据显示，2017 年度网上预约立案申请 46 件，其中待审核 36 件、审核通过 6 件、审核驳回 4 件；2018 年度预约立案申请 54 件，其中待审核 34 件、审核通过 8 件、审核驳回 21 件；2019 年截至 9 月底预约立

案申请 70 件，其中待审核 42 件、审核通过 17 件、审核驳回 11 件。① 上述数据表明，当事人对网上预约立案方式不了解，人民法院对预约立案审核重视程度不足，上级法院对预约案件的办理情况缺乏常态监督，导致网上预约立案功能未能真正应用推广。人民法院需要加强破产信息网功能宣传，同时注重对网上预约立案申请及时审查、监督，最高人民法院也会将网上预约立案办理情况纳入各法院破产审判工作绩效予以评价，以推动网上预约立案功能的发挥，解决人民法院受理破产案件动力不足的问题。

**二、人民法院应当依法接收当事人提交的破产申请材料并依法立案，及时作出是否受理的裁定**

《企业破产法》第 8 条对当事人提出破产申请时，需要提交的材料及破产申请书的内容作出规定，第 10 条对人民法院破产申请的受理程序作出规定，破产法司法解释（一）第 7 条对人民法院接到当事人破产申请后的收案手续、审查期间、审查内容作出规定，第 9 条对人民法院未依法裁定是否受理破产案件的审判监督作出规定。人民法院应当严格按照上述法律及司法解释规定，接收当事人提交的破产申请材料，破产材料不完备的，要在法定时间内告知当事人补充、补正相关材料，待材料齐备后在法定期限内进行实体及程序审查，作出是否受理的裁定，以保护当事人破产申请权的行使。

须注意的是，某些重大破产案件涉及多方面的利益冲突，许多问题仅凭法院一己之力难以解决。对于有可能影响社会稳定的破产案件，在受理之前应当先行与政府部门进行沟通，建立府院信息相互通报制度、破产案件受理预警机制、破产企业职工权益保障机制、统一的破产财产处置平台等，通过联席会议制度解决政策处理、涉税财务处理、涉罪当事人处理、保全解除、执行中止和股权变更等众多问题。人民法院应当通过加强府院协调切实提高破产案件受理和处理的质效，不应当以"影响社会稳定"之名，行消极不作为之实。

**三、注重发挥破产和解制度简便快速清理债权债务关系的功能**

《企业破产法》第 95 条第 1 款规定："债务人可以依照本法规定，直接向人民法院申请和解；也可以在人民法院受理破产申请后、宣告债务人破产前，向人民法院申请和解。"无论是未经破产启动程序而直接根据当事人申请的和解，还是由破产程序转换而来的和解，申请主体只能是债务人，其他任何利害关系人均不得提出和解申请，法院也不得依职权启动和解程序。原

---

① 上述数据来源于全国企业破产重整案件信息网。

因在于，债务人对自身资产负债情况及偿还能力、有无营运价值等最清楚，债务人诚恳请求债权人做出让步减免、缓解债务以维持债务人继续经营，债权人才有可能同意和解，展开的谈判才有成功的可能，这是由破产和解的程序性质所决定的。法院应注重发挥破产和解制度简便快速清理债权债务关系的功能，债务人根据《企业破产法》第95条的规定提出和解申请的，人民法院应当依法受理并及时作出是否批准的裁定。

## 【实务问题】

### 一、准确把握当事人申请提交的材料种类范围

当事人提交破产申请后，立案部门在当事人提交的申请书及材料符合《企业破产法》第8条规定的种类及内容，即应予以立案审查。破产申请材料不完备的，应依法告知当事人补充、补正申请材料，待材料齐备后以"破申"作为案件类型代字编制案号登记立案。破产申请立案后对当事人的破产申请是否受理的审查，则需要进行实质审查，破产法司法解释（一）第7条第2款规定："人民法院收到破产申请后应当及时对申请人的主体资格、债务人的主体资格和破产原因，以及有关材料和证据等进行审查，并依据企业破产法第十条的规定作出是否受理的裁定。"上述司法解释规定对如何进行实质审查，审查内容进行了规定。这里需要注意的是，审查债务人是否具备破产原因时，要根据当事人的身份，依照举证责任分配规则，确定其应当提交的证据材料种类。当申请人为债务人时，其需要提交有关债务人是否存在资产不足以清偿债务或者丧失清偿能力的证据材料；当申请人为债权人时，则不需要提交上述证据材料。

### 二、统筹协调当事人线上预约申请审查与线下立案审查时间，压缩对申请立案及对申请作出裁决的审查时间

根据《企业破产法》第2条、第7条和第8条的规定，一般认为，对破产申请的审查包括形式审查和实质审查两方面。形式审查旨在判定破产申请是否符合法律规定的申请形式，对法院管辖、申请依法所应提交的书面材料是否完备等进行审查。实质要件的审查是对申请是否符合破产程序开始条件的判断，主要包括申请人主体资格、债务人主体资质以及债务人是否具有破产原因等内容。根据《最高人民法院关于企业破产案件信息公开的规定（试行）》《最高人民法院企业破产案件法官工作平台使用办法（试行)》的相关规定，立案部门收到网上预约立案申请后，应当对申请人上传的材料是否符

合法律规定进行形式审查，申请人的网上预约立案申请符合法律规定的形式要件的，通知申请人在指定期限内向人民法院立案窗口提交破产申请书及其他上传的材料。上述规定表明，立案部门对当事人网上预约立案提交的材料先进行形式审查，当事人按照立案部门要求向立案窗口提交破产申请书及其他相关材料后，立案部门可以不再对当事人提交的材料进行形式审查。这样，线上预约立案与线下审查有效衔接，可以压缩人民法院立案后的审查时间，及时对当事人的申请作出是否受理的裁定，提高破产案件审理效率。

108.【破产申请的不予受理和撤回】人民法院裁定受理破产申请前，提出破产申请的债权人的债权因清偿或者其他原因消灭的，因申请人不再具备申请资格，人民法院应当裁定不予受理。但该裁定不影响其他符合条件的主体再次提出破产申请。破产申请受理后，管理人以上述清偿符合《企业破产法》第31条、第32条为由请求撤销的，人民法院查实后应当予以支持。

人民法院裁定受理破产申请系对债务人具有破产原因的初步认可，破产申请受理后，申请人请求撤回破产申请的，人民法院不予准许。除非存在《企业破产法》第12条第2款规定的情形，人民法院不得裁定驳回破产申请。

【条文主旨】

本条是关于破产申请的不予受理和撤回的规定。

【争议观点】

根据《企业破产法》第7条规定，债权人是债务企业破产申请的适格主体，但在人民法院审查债权人提交的破产申请期间，债权人的债权因清偿或者其他原因消灭，债权人资格丧失的情况下，人民法院应如何处理债权人的申请，实践中存在不同观点。一种观点认为，依照《企业破产法》第7条规定，破产申请主体具有法定性，即只有债务人、债权人以及负有清算义务的人可以提出破产申请。人民法院立案审查债权人提出的破产申请，发生的法律效果并非破产立案的法律效果，此期间如果债权人的债权因清偿等原因消灭的，其因丧失债权人地位，不具有《企业破产法》规定的破产申请主体资格，其可以撤回破产申请，不撤回的，人民法院应对其破产申请不予受理。另一种观点认为，如人民法院因此对债权人提出的破产申请不予受理，则可能在实践中鼓励债务人通过对提出破产申请的债权人进行个别清偿，或者通过其他方式消灭债权人的债权，以摆脱债务人可能面临的破产。此时，如果债务人已经具备破产原因，则债务人的个别清偿行为会损害全体债权人的利益，且妨碍具备破产原因的企业尽快通过破产程序退出市场。此时人民法院应对债权人提出的破产申请继续审查，债务人具备破产原因的，应及时受理破产申请。经过研究，我们采纳了第一种观点。债权人申请破产的条件是债务人不能清偿债权人到期债务，人民法院裁定受理破产申请前，若申请人不再具备申请资格，人民法院应当裁定不予受理，但该裁定不影响其他符合条件的主体再次提出破产申请。

【理解与适用】

正确理解本条规定，需要把握以下问题：

**一、准确把握破产申请主体及破产申请权行使条件的相关法律规定**

破产申请的主体具有法定性，即《企业破产法》规定的债务人、债权人及负有清算义务的人。法律赋予债权人破产申请权，是由于债权人是按照合同约定或者依照法律的规定有权要求债务人履行义务的人，当债务人不履行义务时，债权人可以请求法院强制债务人履行义务。债权人向法院申请债务人破产，是债权人请求人民法院保护其实体权利的一种途径。因此，企业破产法及破产法司法解释（一）对债权人提出对债务人进行重整或者破产清算的条件规定为：债务人不能清偿到期债务。

法院对破产申请立案审查，首先就需要依照企业破产法的规定，审查申请人的主体资格及其申请破产的条件是否具备。当债权人的债权消灭时，不存在其通过破产申请实现其实体权利保护的问题，皮之不存毛将焉附，对其破产申请继续审查丧失法律依据。此时，立案受理破产申请的人民法院应对债权人提出的破产申请不予受理。该处理方法亦有法律依据。《企业破产法》第9条规定："人民法院受理破产申请前，申请人可以请求撤回申请。"这一规定的法理依据在于，破产申请审查期间，破产程序尚未开始，当事人可以对自己的申请权进行处分。依照举重明轻的法律解释原则，债权人在破产申请审查期间丧失申请资格的，其可以自行撤回申请，如其不撤回申请，人民法院应裁定不予受理其申请。为避免债务人利用该规定通过个别清偿回避破产，损害其他债权人利益，人民法院不受理原债权人的破产申请，不影响其他符合条件的主体可以再次提出破产申请。

**二、正确理解破产申请受理后申请不能撤回的一般原则**

《企业破产法》第9条规定：人民法院受理破产申请前，申请人可以请求撤回申请。对于人民法院受理破产案件后，人民法院是否准许申请人撤回破产申请，企业破产法未明确作出规定。依照民事诉讼法的规定，人民法院立案后作出判决前，当事人可以撤诉。但破产案件与一般的民事诉讼不同。法院一旦受理了破产申请，即是初步认定债务人已经具备了破产原因，无论是债务人提出破产申请，还是债权人提出破产申请，所涉及的利益关系便不再限于申请人。在债务人具备破产原因时，其他债权人的利益也依赖破产程序的保障，如果允许申请人在破产申请后撤回申请，一是会损害债权人整体的利益；二是在法院受理破产申请的裁定作出后，一系列的法定程序已经开始进行，如果此时允许申请人撤回申请会造成相当的损失。收到破产申请后，破产程序尚未开始时，申请人可以撤回申请；但在法院受理破产申请后，破产程序已经开始，申请人请求撤回申请的人民法院应不予准许。

**三、准确把握本条规定与破产撤销权的关系**

破产撤销权是企业破产法为防止债务人在丧失清偿能力的情况下，通过无偿转让、非正常交易或者偏袒性清偿债务等方法损害全体或者多数债权人利益，破坏公平清偿原则而设立的特殊制度。《企业破产法》第31条和第32条列举了破产程序中的可撤销情形，其中第32条对所谓"偏颇清偿"进行了规定，为避免债务人在破产开始前突击清偿个别债权而损害其他债权人平等受偿的权利，法院将平等受偿原则的适用时点前置到法院受理破产申请前六个月内，以更好地贯彻债权平等保护的原则。本条规定的"人民法院裁定受理破产申请前，提出破产申请的债权人的债权因清偿或者其他原因消灭的"情形有可能同时符合《企业破产法》第31条和第32条的规定，破产申请受理后，管理人以上述清偿符合《企业破产法》第31条、第32条为由请求撤销的，人民法院查实后应当予以支持。

【实务问题】

实务中有观点担心申请人对申请的撤回，担心该条规定被滥用，损害债务人企业其他债权人的利益，影响破产法市场出清功能的发挥。该观点认为，从破产法实施评估效果看，由于我国缺少破产文化传统及理念，社会对破产法接受程度不高，债务人对破产保护的功能认识不足，还不能打破传统文化中对破产否定性负面评价的认识，公众对破产普遍具有排斥心理。此种情况下，尤其要注意防范以下问题：一是已具备破产原因的债务人通过对债权人进行个别清偿以避免进入破产程序，损害债务人全体债权人的利益；二是由于破产案件的受理对债务人的民事权利义务、经营活动和商业声誉等将产生严重的影响，个别债权人利用债务人畏惧破产的心理，滥用破产申请权以达到实现其债权，甚至溢价实现其债权的目的。所以，人民法院在审查破产申请时应充分保障当事人的权利，给债务人充分表达意见的机会，并通过具体案例宣传、向当事人释明等方式，让当事人了解人民法院受理破产案件的审查范围及标准、债务人抗辩权的行使等权利保护手段，并依照法律规定期限尽快作出是否受理的裁判，以充分保护当事人利益。

上述观点从某一角度看虽不无道理，特别是法治宣传，但我们认为，对债权人提出破产申请的权利依法应予充分保护，不得以任何形式对其基本财产权予以限制。债务人对债权人清偿债务也是履行合同行为，更何况依据本条第1款后两句规定，该不予受理裁定不影响其他主体再次提出破产申请。破产申请受理后，管理人以上述清偿符合《企业破产法》第31条、第32条为由请求撤销的，人民法院查实后应当予以支持。因此，依据这一基本法理，本条第1款作了如上规定，审判实践中必须严格执行。

109.【受理后债务人财产保全措施的处理】要切实落实破产案件受理后相关保全措施应予解除、相关执行措施应当中止、债务人财产应当及时交付管理人等规定，充分运用信息化技术手段，通过信息共享与整合，维护债务人财产的完整性。相关人民法院拒不解除保全措施或者拒不中止执行的，破产受理人民法院可以请求该法院的上级人民法院依法予以纠正。对债务人财产采取保全措施或者执行措施的人民法院未依法及时解除保全措施、移交处置权，或者中止执行程序并移交有关财产的，上级人民法院应当依法予以纠正。相关人员违反上述规定造成严重后果的，破产受理人民法院可以向人民法院纪检监察部门移送其违法审判责任线索。

人民法院审理企业破产案件时，有关债务人财产被其他具有强制执行权力的国家行政机关，包括税务机关、公安机关、海关等采取保全措施或者执行程序的，人民法院应当积极与上述机关进行协调和沟通，取得有关机关的配合，参照上述具体操作规程，解除有关保全措施，中止有关执行程序，以便保障破产程序顺利进行。

## 【条文主旨】

本条是关于破产案件受理后有关债务人的保全措施应当解除、执行程序应当中止的实践操作及维护债务人财产完整性的要求的规定。

## 【争议观点】

《企业破产法》第19条规定：人民法院受理破产申请后，有关债务人财产的保全措施应当解除，执行程序应当中止。上述规定在适用中出现以下争议问题：其一，有关债务人财产的保全措施是仅指民事诉讼法规定范围内的保全措施，还是也包括行政处罚程序中的保全措施，如海关、市场监管部门等采取的财产扣押、查封等措施，刑事诉讼中公安部门、司法部门采取的相关措施。对此问题，上述各部门未形成一致意见。人民法院认为上述法律规定的有关债务人财产的保全措施，包括民事诉讼程序、刑事诉讼程序，行政处罚程序等各部门就债务人财产采取的全部保全措施。法院系统外其他单位则认为，上述法律规定的保全措施仅指民事诉讼程序中人民法院采取的保全措施。其二，对上述法律规定的有关"债务人的财产保全措施应当解除"的法律效果及适用程序存在不同理解，上述规定产生的法律效果是破产案件受理后有关债务人的财产保全措施自然失效，还是仍具效力需要采取保全措施的单位另行解除？如采取保全措施的人民法院或者有关单位不解除保全措施，受理破产案件的法院是否可以直接裁定解除其他人民法院或者有关单位的保全措施。最高人民法院在起草破产法司法解释（二）过程中，曾就上述条款的含义及在实践中如何适用请示全国人大法工委。该委复函指出，对《企业破产法》第 19 条的规定，应理解为法院受理破产申请后，有关债务人财产的保全措施就当然解除，由管理人接管债务人的所有财产；在相关法院或者行政机关未依照上述规定解除保全的，受理破产案件的法院可以径行作出解除对债务人财产的所有保全措施的裁定。[①] 但全国人大法工委未就此作出明确的法律规定或者立法解释，在缺乏明确法律依据的情况下，实践中对如何实施《企业破产法》第 19 条的规定仍未形成共识。因上述对法律规定含义及适用程序理解上的分歧，导致《企业破产法》第 19 条在实践中的实施效果不好，常引发争议，影响破产程序的顺利推进。

## 【理解与适用】

正确理解本条规定，要把握以下几点：

**一、准确把握《企业破产法》第 19 条规定的有关债务人财产的保全措施范围**

从破产法价值功能的角度分析，人民法院受理破产申请后，债务人财产自动受到破产程序禁止个别清偿保全效力的保护，所以，有关债务人财产的其他保全措施应当解除。所谓保全措施，既包括民事诉讼保全措施，也包括在行政处罚程序中的保全措施，如海关、市场监管部门等采取的财产扣押、查封等措施，还应包括刑事诉讼中公安部门、司法部门采取的相关措施。[②] 上述理解与人大法工委的回复意见是一致的，应依照上述意见理解保全措施的范围。

**二、准确把握保全措施解除，执行程序中止的操作程序**

为解决《企业破产法》第 19 条规定在审判实践中的适用问题，最高人民法院先后在破产法司法解释（二）、《关于执行案件移送破产审查若干问题的指导意见》《全国法院破产审判工作会议纪要》及本纪要等司法解释和司法文件中予以规定，明确适用程序及操作方式为：（1）采取保全措施的单位或者执行法院知悉人民法院裁定受理债务人破产申请后，应当解除保全措

---

[①] 最高人民法院民事审判第二庭编著：《最高人民法院关于企业破产法司法解释理解与适用——破产法解释（一）、破产法解释（二）》，人民法院出版社 2017 年版，第 173 页。

[②] 王欣新：《破产案件受理裁定的法律效力》，载微信公众号"中国破产法论坛"，2017 年 4 月 4 日。

施或者中止执行。实践中，上述单位或执行法院知悉的方式，一是债务人或者管理人的告知。有些法院通过规定，要求管理人在人民法院裁定受理有关债务人的破产申请后，要及时告知采取保全措施或者执行措施的单位或者法院，并接收债务人财产。二是受理破产案件的法院通知采取保全措施或者执行措施的单位或者法院。这两种方式的采用，应当从更具效率更为便捷的角度予以确定。（2）采取保全措施的单位不解除保全时，如果保全单位是人民法院，则破产案件受理法院可以请求执行法院的上级法院依法予以纠正。执行案件转破产的，执行法院作出移送决定后，应当书面通知所有已知执行法院，执行法院均应中止对被执行人的执行程序。执行法院收到受移送法院受理裁定后，应当于7日内将已经扣划到账的银行存款、实际扣押的动产、有价证券等被执行人财产移交给受理破产案件的法院或管理人。

### 三、树立维护债务人财产完整性理念

破产程序作为概括的执行程序，保护全体债权人利益是其立法价值之一，而保护全体债权人的受偿利益，必然要求维护债务人财产的完整性。这包括以下方面：（1）破产案件指定管理人后，管理人应依法履行接收债务人财产的义务，并在管理和处分债务人财产、决定继续或者停止债务人的营业等义务履行中，遵照市场化思维维护债务人财产的完整性。如对于经营中的债务人应尽可能维持其持续经营，以最大化程度保护债务人财产的交易价值；尽可能整体处分债务人财产，实现债务人财产的最大市场交易价值等。（2）债务人的债务人或者财产持有人应当在人民法院受理破产案件后依法向管理人清偿债务或者交付债务人财产，包括对债务人财产采取查封措施的单位及执行法院通过执行手段控制的尚未交付破产企业债权人的债务人财产。（3）管理人及人民法院应采取适当措施，丰富查控债务人财产的手段，尽可能查明债务人的全部财产并纳入破产财产。2019年上半年，最高人民法院通过运用信息化手段，实现了破产案件受理法院可以共享全国法院执行系统的查控体系，以用于查找破产企业财产。有些高级人民法院及中级人民法院也通过地方各信息平台实现资源共享，对查明债务人财产、维护债务人财产的完整性、推动破产程序的顺利进行起到了较好的效果。这是落实本条规定的"充分运用信息化技术手段，通过信息共享与整合，维护债务人财产完整性"的重要方式。各级人民法院要积极探索运用信息化技术手段，通过信息共享与整合，查明债务人财产。

### 四、积极建立司法与行政协调机制

人民法院应当积极通过司法与行政协调机制，解决有关债务人财产被其

他具有强制执行权力的国家行政机关，包括税务机关、公安机关、海关等采取保全措施后的解除保全问题，以保障破产程序顺利进行。如在浙江省高级人民法院的积极推动下，浙江省委全面深化改革委员会办公室等 15 个部门联合发布了《浙江省优化营商环境办理破产便利化行动方案》，该方案第 6 条规定：法院受理破产案件后，相关单位应当严格按照《企业破产法》《刑事诉讼法》等法律规定，依法解除有关债务人企业的保全措施以及刑事查封、扣押、冻结等强制措施。上述规定解决了浙江省内的破产案件受理后对债务人财产的查封措施解除问题，值得借鉴推广。

## 【实务问题】

为避免债务人财产在解除查封移交管理人或破产案件受理法院期间被不当处分，损害债权人利益，实践中需要做好以下两方面的协调工作：第一，管理人与采取查封措施的单位做好协调，在解除查封措施的同时，管理人接收债务人被查封的财产，或者管理人依法申请受理破产的法院对债务人的财产采取保全措施，以防范债务人财产脱保后流失的问题。第二，对于执行案件移送破产审查的，依照《关于执行案件移送破产审查若干问题的指导意见》及《全国法院破产审判工作会议纪要》有关查封措施解除或者查封财产移送的规定，执行法院收到破产受理裁定后，应当解除对债务人财产的查封、扣押、冻结措施；或者根据破产受理法院的要求，出具函件将查封、扣押、冻结财产的处置权交破产受理法院。破产受理法院可以持执行法院的移送处置函件进行续行查封、扣押、冻结，解除查封、扣押、冻结，或者予以处置。

同时，对于人民法院受理破产案件后又裁定驳回申请人破产申请的案件，涉及债务人财产恢复查封措施的，应当严格依照破产法司法解释（二）的规定，避免债务人财产在尚未恢复查封期间流失，侵害债权人利益。破产法司法解释（二）第 8 条规定：如果人民法院在受理案件后又裁定驳回破产申请，该法院在作出驳回破产申请裁定的同时，应当通知对债务人财产已解除保全措施的各人民法院恢复保全措施。在已依法解除保全的单位恢复保全措施或者表示不再恢复之前，受理破产申请的人民法院不得解除对债务人财产的保全措施。通过以上方式，维护原采取财产保全措施者的权益，并避免恶意利用破产申请达到解除他人财产保全措施，在驳回破产申请后自己再抢先进行财产保全的欺诈行为。对于执行案件移送破产审查的债务人财产恢复查封问题,《执行案件移送破产审查若干问题的指导意见》第 18 条规定:"受移送法院做出不予受理或驳回申请裁定的,应当在裁定生效后七日内将接收的材料、被执行人的财产退回执行法院,执行法院应当恢复对被执行人的执行。"实践中应严格适用上述规定,保护债权人、债务人各方的合法权益。

110.【受理后有关债务人诉讼的处理】人民法院受理破产申请后,已经开始而尚未终结的有关债务人的民事诉讼,在管理人接管债务人财产和诉讼事务后继续进行。债权人已经对债务人提起的给付之诉,破产申请受理后,人民法院应当继续审理,但是在判定相关当事人实体权利义务时,应当注意与企业破产法及其司法解释的规定相协调。

上述裁判作出并生效前,债权人可以同时向管理人申报债权,但其作为债权尚未确定的债权人,原则上不得行使表决权,除非人民法院临时确定其债权额。上述裁判生效后,债权人应当根据裁判认定的债权数额在破产程序中依法统一受偿,其对债务人享有的债权利息应当按照《企业破产法》第 46 条第 2 款的规定停止计算。

人民法院受理破产申请后,债权人新提起的要求债务人清偿的民事诉讼,人民法院不予受理,同时告知债权人应当向管理人申报债权。债权人申报债权后,对管理人编制的债权表记载有异议的,可以根据《企业破产法》第 58 条的规定提起债权确认之诉。

【条文主旨】

本条是关于破产受理后有关债务人诉讼的处理的规定。

【争议观点】

与该条相关的争议问题主要是对于请求给付之诉是否可以继续审理并作

出裁决的问题。第一种观点是，法院受理破产申请之后就不应再审理给付之诉，除非改为确认之诉或者为债务人利益追收财产，否则应当判决驳回债权人的诉讼请求。第二种观点是，法院可以继续审理并作出支持给付请求的裁决，但权利人只能在破产程序中申报债权，除非法院裁定驳回破产申请或者终结破产程序。第三种观点是，人民法院应当向原告释明，告知债权人可以撤回诉请并通过申报债权主张权利，若债权人坚持诉讼则人民法院应当继续审理并径行作出裁决，但应注意判项与企业破产法及其司法解释的规定相协调。

## 【理解与适用】

准确理解该条，需要把握以下几点：

### 一、该条规定与企业破产法及其司法解释的衔接问题

《企业破产法》第20条规定：人民法院受理破产申请后，已经开始而尚未终结的有关债务人的民事诉讼或者仲裁应当中止；在管理人接管债务人的财产后，该诉讼或者仲裁继续进行。据此，人民法院受理破产申请后，已经开始而尚未终结的有关债务人的民事诉讼，在管理人接管债务人财产后继续进行。对原告的给付之诉，人民法院没有必要向当事人释明让其改为确认之诉，一是因为根据给付之诉判决，管理人也能够确认债权数额，不是非得根据确认之诉判决管理人才能确认。二是因为如果必须改为确认之诉，那么之前已经生效的给付之诉判决，管理人怎么能够据此确认债权数额？人民法院根据当事人提出的诉讼请求进行裁判，但须在判项中说明，权利人只能在破产程序中依法申报债权，不得据此获得个别清偿。

### 二、如何理解新提起的清偿诉讼不予受理

《企业破产法》第16条规定，人民法院受理破产申请后，债务人对个别债权人的债务清偿无效。破产法司法解释（二）第22条规定，破产申请受理前，债权人就债务人财产向人民法院提起本规定第21条第1款所列诉讼，人民法院已经作出生效民事判决书或者调解书但尚未执行完毕的，破产申请受理后，相关执行行为应当依据《企业破产法》第19条的规定中止，债权人应当依法向管理人申报相关债权。破产程序本身就是债权实现程序即给付程序，所以在破产这个集体的给付程序启动后，债权的个别清偿给付程序就必须中止，否则必然会出现两个法律程序的冲突。在破产程序中，债权人要实现债权的给付，只需申报债权并使债权得到确认，无须也不允许再提出单

独的给付请求就可以通过破产分配实现。换言之，所有债权人的个别给付诉讼请求，依法被破产集体清偿给付程序所吸收合并。在这种情况下，债权的争议就只涉及确认问题，不再涉及给付问题，给付问题统一由破产程序解决。

### 三、如何处理破产申请受理后提起的债权确认之诉

破产程序启动后，债权人未经债权确认程序不得提起对破产债权的确认诉讼。对于破产申请受理后提起的债权确认之诉，如果其债权尚未申报，或者已申报尚未审查确认的，则应当不予受理。对于破产申请受理后新提起的给付之诉，如果法院已受理且债权人变更诉请为债权确认之诉的，亦应当参照上述处理方式，裁定驳回起诉。对破产程序启动前已提起诉讼或仲裁的债权争议，破产程序启动后，管理人在审查债权时确认其债权的，应告知债权人确认结果并要求其撤诉，以降低诉讼费用的承担。如债权人拒不撤诉，由此产生的超过撤诉结案的诉讼费用，由债权人自行承担。

## 【实务问题】

关于破产受理后有关债务人诉讼的处理问题，实务中还需要解决以下问题：

### 一、已进入诉讼阶段的债权是否均属于尚未确定的债权

有观点认为已进入诉讼阶段的债权均属于尚未确定的债权，并根据《企业破产法》第59条第2款认为除人民法院能够为债权人行使表决权而临时确定债权额的外，债权人不得行使表决权。这与司法实践不符。实践中，并非所有进入诉讼程序的债权均属于"尚未确定的债权"。在债权人债务人之间存在多个债权的情况下，存在双方针对某些债权没有异议，但因针对其他债权有异议，导致没有异议的债权亦未清偿，且与其他有异议的债权一并进入诉讼阶段的情形。例如，建设工程纠纷案件中，承包人与发包人针对部分结算款没有异议且已签订结算协议，但针对停工损失、变更价款、违约金等其他款项存在异议，且发包人本着"一揽子完成全部结算再付款"的原则拒绝清偿包括无争议结算款在内的全部债务，导致承包人起诉要求发包人支付全部款项。此时，如果发包人在诉讼阶段被裁定受理破产申请，对于承发包双方没有争议且已经签订结算协议的债权，认定为承包人无法享有相应的表决权，这显然是不合理、不公平的。因此，应当按照《企业破产法》第57条、第58条规定的程序，先由管理人对申报的债权进行审查、编制债权表

并提交第一次债权人会议核查。对于其他债权人、债务人没有异议的债权，应当允许债权人享有表决权并可根据无异议债权的数额享有、行使债权人会议中的相关权利；对于其他债权人、债务人存在异议的债权，则确实构成"尚未确定的债权"，应当按照《企业破产法》第59条，除法院能够为债权人行使表决权而临时确定债权额的外，债权人不得行使表决权。

**二、进入破产程序之后破产债权争议诉讼是否按件收费**

在目前的审判实务中，法院对此类诉讼的收费标准并不统一，有的按照确认之诉收费，有的按照给付之诉收费，有的按照给付之诉减半收费，也有的以该项破产债权在破产程序中预计可能得到的分配数额为标的按照给付之诉收费，具体做法不一。在破产程序中，破产债权通常是得不到足额清偿的，甚至可能得不到清偿。对进入破产程序之后的破产债权争议诉讼以债权的名义数额为标准按照给付之诉收费，会造成诉讼当事人负担过重，甚至可能出现诉讼收费数额超过债权人得到的破产分配额的不公平的结果。因此，对于进入破产程序之后的破产债权争议诉讼原则上以实行按件收费为宜。

**三、既有民事诉讼恢复审理的时间如何把握**

根据《企业破产法》第20条，恢复审理的前提条件是"管理人接管债务人的财产"。但实践中对"接管债务人财产"有不同的理解，既可以理解为开始接管财产，又可以理解为接管财产完毕。对接管时点的把握不同会影响到既有民事诉讼案件恢复审理的时间。企业破产法关于法院受理破产申请后应及时指定管理人的规定，意在督促管理人尽快接管债务人财产以防止债务人财产流失。故被指定的管理人应当在最短时间内实施接管工作。接管财产所需时间的长短因案而异，简单案件的管理人可以迅速接管财产，复杂案件的财产接管工作则会耗时较长。但不论时间长短，对恢复既有民事诉讼时间的把握还应以不影响管理人参加诉讼并能够行使诉讼权利为原则。具体标准可以是管理人已经掌握了诉讼材料。若管理人已经掌握了诉讼材料，应可推断其已接管财产，至于接管财产的工作进行了多少，在所不问。

**四、关于新提起的给付之诉法院不予受理的规定是否适用于仲裁**

破产法司法解释（三）第8条规定，当事人之间在破产申请受理前订立有仲裁条款或仲裁协议的，应当向选定的仲裁机构申请确认债权债务关系。该条确立了仲裁条款或仲裁协议在破产程序中继续有效的原则。破产程序作为统一清偿的集体程序，排除了具有个别给付内容的裁判或裁决。因此，进入破产程序之后不再受理个别清偿的诉求，不仅适用于诉讼程序，而且适用于仲裁程序。

111.【债务人自行管理的条件】重整期间，债务人同时符合下列条件的，经申请，人民法院可以批准债务人在管理人的监督下自行管理财产和营业事务：

（1）债务人的内部治理机制仍正常运转；

（2）债务人自行管理有利于债务人继续经营；

（3）债务人不存在隐匿、转移财产的行为；

（4）债务人不存在其他严重损害债权人利益的行为。

债务人提出重整申请时可以一并提出自行管理的申请。经人民法院批准由债务人自行管理财产和营业事务的，企业破产法规定的管理人职权中有关财产管理和营业经营的职权应当由债务人行使。

管理人应当对债务人的自行管理行为进行监督。管理人发现债务人存在严重损害债权人利益的行为或者有其他不适宜自行管理情形的，可以申请人民法院作出终止债务人自行管理的决定。人民法院决定终止的，应当通知管理人接管债务人财产和营业事务。债务人有上述行为而管理人未申请人民法院作出终止决定的，债权人等利害关系人可以向人民法院提出申请。

【条文主旨】

本条是关于重整程序中债务人自行管理条件的规定。

【争议观点】

根据《企业破产法》第73条规定，在重整期间，经债务人申请，人民法院批准，债务人可以在管理人的监督下自行管理财产和营业事务。有前款规定情形的，依照本法规定已接管债务人财产和营业事务的管理人应当向债务人移交财产和营业事务，本法规定的管理人的职权由债务人行使。据此，我国企业破产法关于重整程序中的经营模式采用管理人管理为原则，债务人自行管理为例外的模式。在此原则之下，就如何把握批准债务人自行管理的具体条件存在不同的观点，大致分为三种：第一种观点认为，法院原则上应当批准债务人自行管理申请，除非有证据证明债务人自行管理可能损害债权人利益或者延迟重整程序。理由是重整程序中债务人自行管理有利于保持债务人营业价值而间接让债权人受益，管理人通常没有能力也不可能在短时间内熟悉债务人的经营状况并维持债务人的营业价值，因此债务人提出自行管理申请原则上应当获得批准，有相反证据证明债务人不适合自行管理的除外，该举证责任应当由异议人承担。第二种观点认为，法院批准债务人自行管理财产和营业事务应当征得债权人会议或者主要债权人同意。理由是债务人自行管理属于影响债务人财产价值和债权人清偿利益的重大事项，应当征得债权人会议的同意。第三种观点认为，应当明确债务人自行管理的条件或者标准，规范法官的自由裁量权，法院根据预先设定的条件或者标准对债务人自行管理的申请进行审查并批准。

## 【理解与适用】

我国《企业破产法》第 73 条规定的债务人自行管理制度借鉴了《美国破产法典》第 11 章规定的 DIP 制度（debtor in possession），但和美国破产法的 DIP 制度不同的是，我国的债务人自行管理是在管理人监督下的自行管理。《美国破产法典》第 11 章的基本特色之一就是"经管债务人"（笔者注：即本文中的"自行管理债务人"）理念。这一特色使得财务困境公司可在第 11 章案件启动之后，维持对其财产的控制，并继续其业务的运营。[①] 美国在 1978 年破产法改革之前，也曾采用过以管理人接管为原则的做法。在 1978 年破产法改革中改变了过去的态度，认为强制指定管理人的安排所产生的成本可能超过其带来的收益。[②] 美国破产法历史上这种区分大型企业和小

---

[①] 何欢、韩长印译：《美国破产法协会美国破产重整制度改革调研报告》，中国政法大学出版社 2016 年版，第 23 页。

[②] ［美］查尔斯·J. 泰步：《美国破产法新论（上册）》（第三版），韩长印、何欢、王之洲译，中国政法大学出版社 2017 年版，第 11~12 页。

型企业适用不同 DIP 模式的立法历程值得我们思考和借鉴。① 大陆法系中日本破产法在运用 DIP 制度方面则比较灵活，民事再生程序最大的特征是原则上采用 DIP 模式（《日本民事再生法》第 38 条 1 款）。② 但公司更生法将更生管理人规定为公司更生程序的常设机构（《日本公司更生法》第 42 条 1 款）。同时还规定，允许从更生公司的经营团队里选任更生管理人，法院作出程序开始裁定时新的战略投资人已经明晰的，战略投资人也会将高级管理人员或者其他雇员派驻更生公司担任更生管理人。③ 从这个角度看，日本公司更生法和我国规定比较一致，但日本公司更生法将董事、执行董事甚至投资人都纳入管理人的范围，对我国而言是一个大胆的做法。从立法目的解释，实行债务人自行管理制度既要激励债务人自愿启动重整程序化解财务危机并重新开始，同时还要兼顾债权人以及社会公共利益，这是重整制度本身应有的价值取向。债务人自行管理制度总体上反映着以市场机制解决债权债务关系的一种私权诉求。④ 而法官对债务人是否适合自行管理的判断取决于根据证据所作出的事实和行为认定。因此，从解释论角度出发，在管理人管理为原则，债务人自行管理为例外的模式之下，纪要采纳了第三种观点，即以规范法官自由裁量权和管理人监督权为出发点，界定法官、管理人和债务人各自在重整程序中对于经营管理权的权利边界。纪要包括四部分内容：

一是债务人自行管理的条件，包括两个积极条件和两个消极条件。积极条件是第 1 项"债务人的内部治理机制仍正常运转"和第 2 项"债务人自行管理有利于债务人继续经营"；消极条件是第 3 项"债务人不存在隐匿、转移财产的行为"和第 4 项"债务人不存在其他严重损害债权人利益的行为"。

---

① 美国 1898 年破产条例中有三章关于重整的规定，即第 10 章、第 11 章和第 12 章，第 10 章主要适用于股票上市公司（company with publicly held shares），第 10 章重整中要任命托管人来取代债务人当前的管理层来经营企业；第 11 章则主要适用于规模比较小的企业重整，这些企业没有公开发行可以交易的有价证券，债务人现有的管理层可以依据第 11 章的规定继续经营企业、雇佣律师等，从而控制重整的进程。正因为适用第 11 章债务人可以继续控制企业，许多案件按立法者的意图应当适用第 10 章的，债务人却转而适用第 11 章。为了避免适用法律的争议并且基于决定一个重整案件究竟应该适用哪一章耗费大量财力和精力，立法者在 1978 年破产法改革条例中仅仅设置了一章专门用于商事重整，即第 11 章。参见［美］大卫·G·爱泼斯坦等：《美国破产法》，韩长印译，中国政法大学出版社 2003 年版，第 729～731 页。

② ［日］山本和彦：《日本倒产处理法入门》（第四版），金春等译，法律出版社 2016 年版，第 127 页。

③ ［日］山本和彦：《日本倒产处理法入门》（第四版），金春等译，法律出版社 2016 年版，第 191~192 页。

④ 张思明：《破产重整债务人自行管理模式的适用性分析》，载《商业研究》2019 年第 1 期。

上述四个条件可以分别概括为具备自行管理能力、有利于重整、不存在恶意行为以及不损害债权人利益的兜底性条件。债务人提出的自行管理申请应当同时具备上述四个条件，法院应当从上述四个方面审查债务人自行管理申请。

二是债务人的自行管理申请可以和重整申请同时提出。为了提高重整效率、维护重整企业的营业价值，防止管理人接管后批准自行管理又再移交财产营业事务而造成经营管理权的反复变动，该条赋予债务人提出重整申请时一并提出自行管理的申请的权利，无须通过债权人会议对自行管理申请进行表决，也不以征求债权人意见为必要条件。一方面通过保护诚信债务人的经营管理权来激励债务人尽快启动重整程序，另一方面避免法院批准债务人自行管理申请过多征求债权人意见导致经营管理权出现真空和管理人接管进退两难的局面。

三是债务人自行管理的职权限于管理财产和营业事务。《企业破产法》第 73 条第 2 款规定，"有前款规定情形的，依照本法规定已接管债务人财产和营业事务的管理人应当向债务人移交财产和营业事务，本法规定的管理人的职权由债务人行使。"因此，与美国 DIP 制度不同的是，企业破产法上述规定自行管理债务人并不能完全替代管理人行使职权，从现有实践经验的反映来看，如果管理人的职权全部由自行管理债务人行使，存在可能导致自行管理债务人道德风险和权力滥用的忧虑。因此，"本法规定的管理人的职权由债务人行使"应当结合上文"管理人应当向债务人移交财产和营业事务"，限缩解释为"管理人职权中有关财产管理和营业经营的职权应当由债务人行使"。《企业破产法》第 25 条规定的调查财产权、债权审查权、破产撤销权、诉讼代表权、提议召开债权人会议等其他职责原则上仍由管理人行使为宜，但管理人行使上述职责是否以债务人自行管理存在相关权利滥用，进而从管理人监督的角度启动上述职责，值得进一步研究。

四是管理人的监督职责和债权人的救济途径。根据《企业破产法》第 73 条的规定，经法院批准，债务人可以在管理人监督下自行管理财产和营业事务，对此，需要明确管理人如何履行监督职责。首先，管理人的监督对象是债务人的自行管理行为；其次，管理人发现债务人存在严重损害债权人利益的行为或者有其他不适宜自行管理情形的，应当申请人民法院作出终止债务人自行管理的决定；最后，如果管理人怠于履行监督职责，债权人等利害关系人有权直接向人民法院申请作出终止债务人自行管理的决定。

## 【实务问题】

债务人自行管理制度涉及下列实务问题仍需要进一步探讨：

**一、法院对债务人自行管理申请的审查是形式审查还是实质审查**

由于法院对债务人的经营状况在受理重整申请之初不可能获得完整的企业经营信息，需要管理人接管之后才能提供比较可信的证据和调查结论，因此法院可以根据债务人提出自行管理申请时的有关材料，酌情认定自行管理的条件是否具备。

**二、是否应当规定法院在合理期限内作出批准或者不批准债务人自行管理的决定，是否应当赋予债务人不服不批准自行管理决定的救济权利**

企业破产法没有规定重整程序中债务人对人民法院作出的不批准自行管理决定提出上诉、申诉或者复议的权利。从防止自由裁量权滥用的角度考量，应当设定合理期限要求法院作出是否批准自行管理的决定，同时明确是否赋予债务人享有救济权。

**三、债务人自行管理时对哪些事项具有决定权，哪些事项需要报告法院、管理人或者债权人委员会**

由于债务人自行管理期间涉及财产和营业事务的重大决策必然影响债权人利益，故可以参照管理人行使相关职责时的程序要求，对上述事项的决定程序进一步明确规则。

112. 【重整中担保物权的恢复行使】重整程序中，要依法平衡保护担保物权人的合法权益和企业重整价值。重整申请受理后，管理人或者自行管理的债务人应当及时确定设定有担保物权的债务人财产是否为重整所必需。如果认为担保物不是重整所必需，管理人或者自行管理的债务人应当及时对担保物进行拍卖或者变卖，拍卖或者变卖担保物所得价款在支付拍卖、变卖费用后优先清偿担保物权人的债权。

在担保物权暂停行使期间，担保物权人根据《企业破产法》第75条的规定向人民法院请求恢复行使担保物权的，人民法院应当自收到恢复行使担保物权申请之日起三十日内作出裁定。经审查，担保物权人的申请不符合第 75 条的规定，或者虽然符合该条规定但管理人或者自行管理的债务人有证据证明担保物是重整所必需，并且提供与减少价值相应担保或者补偿的，人民法院应当裁定不予批准恢复行使担保物权。担保物权人不服该裁定的，可以自收到裁定书之日起十日内，向作出裁定的人民法院申请复议。人民法院裁定批准行使担保物权的，管理人或者自行管理的债务人应当自收到裁定书之日起十五日内启动对担保物的拍卖或者变卖，拍卖或者变卖担保物所得价款在支付拍卖、变卖费用后优先清偿担保物权人的债权。

## 【条文主旨】

本条是关于重整中担保物权的恢复行使的规定。

## 【争议观点】

《企业破产法》第 75 条规定："在重整期间，对债务人的特定财产享有的担保权暂停行使。但是，担保物有损坏或者价值明显减少的可能，足以危害担保权人权利的，担保权人可以向人民法院请求恢复行使担保权。"在破产程序中，无担保债权适用中止规则是没有异议的，但中止规则是否适用于担保债权，担保债权人能否对担保物行使担保权，或在何种情况下可以行使、何种情况下应当中止行使担保权，在理论上和实践中是存在不同观点的重大争议问题。[①] 首先，在重整程序中担保权暂停行使的范围上存在争议。一种观点认为，担保物权暂停行使的范围必须根据企业重整是否需要使用该项担保财产来确定，对非重整所必需的财产就不必暂停担保物权的行使，而应当及时清偿担保物权人。[②] 另一种观点认为，全体担保权人应当按照《企业破产法》第 75 条规定暂停行使权利，因为区分不同性质或者范围将导致担保债权人之间的不公平。其次，是否赋予担保权人救济权问题。一种观点认为，应当保障担保权人的期限利益，如果不能明确法院是否批准担保权人

---

[①] 王欣新：《破产法前沿问题思辨（下册）》，法律出版社 2017 年版，第 420 页。
[②] 徐阳光：《破产法视野中的担保物权问题》，载《中国人民大学学报》2017 年第 2 期。

恢复行使担保权的申请，将导致担保权人的申请不能获得及时保护。另一种观点认为，现有法律规定下，基于重整程序的复杂性，不宜限制法院的审查期限，应当给予破产受理法院更大的自由裁量权。

## 【理解与适用】

《企业破产法》第 19 条规定："人民法院受理破产申请后，有关债务人财产的保全措施应当解除，执行程序应当中止。"结合《企业破产法》第 75 条的规定，重整程序中担保物权的行使同样受"自动冻结"而不能行使别除权。如何理解和适用《企业破产法》第 75 条规定，纪要该条规定从担保权人暂停行使担保权的例外情形及救济途径两个方面进行了解释和规范，可以从如下四个方面把握：

一是坚持重整期间担保权暂停行使为原则，恢复行使为例外。破产程序启动后，担保债权人往往希望立即实现债权，无担保债权人则更希望债务人能继续经营以实现更高清偿率。在以上两者诉求之间找到一个恰当的平衡点，是企业重整制度设计的关键。而法院的关键任务，则是裁决担保债权人是否可以突破冻结继续行权。[1] 债务人进入重整程序之前，为了增加融资维持营业价值，通常会应债权人要求设置担保权来获得融资，其主要财产均已设置担保权的情况下，用于抵押或者质押的债务人财产一般是债务人的核心资产，也是重整价值的重要因素之一，重整程序中担保权的暂停行使对债务人能否重整成功至关重要。因此，人民法院应当坚持《企业破产法》第 75 条规定的担保权暂停行使原则，正确适用该条纪要对例外情形的规定。虽然在实践中存在恶意侵害担保权的现象，但不宜矫枉过正，过度保护担保权人利益和恶意侵害担保权人利益均不可取。重整程序中，要依法平衡保护担保权人的合法权益和企业重整价值，否则将破坏重整程序的功能设计。

二是合理判断有担保权的债务人财产是否为重整所必需。联合国贸易促进委员会《破产法立法指南》立法建议第 51 条指出："破产法应规定，担保债权人可请求准许救济而免于破产程序启动时所用的那些措施（指暂停担保权行使等措施——笔者注），其理由可包括：1. 抵押资产并不为将来可能进

---

[1] ［美］杰伊·劳伦斯．韦斯特布鲁克、［美］查尔斯·布斯、［德］克里斯托弗·保勒斯、［英］哈里·拉贾克：《商事破产全球视野下的比较分析》，王之洲译，中国政法大学出版社 2018 年版，第 113 页。

行的债务人企业的重整或变卖所需要；2. 抵押资产的价值因破产程序的启动而正在缩减，并且未对担保债权人提供保护以防范该价值的缩减；3. 在重整中，计划未在任何可适用的时限内获得批准。"[1]《德国强制拍卖与强制管理法》第 30d 条第 1 款第 1 句第 3 项规定，如果抵押物对于执行破产计划至关重要，破产管理人即可提出暂时中止抵押物变现的要求。[2] 上述立法例值得我国借鉴的是，重整程序中设定担保的债务人财产是否属于重整必需的财产，是重整程序中法院决定批准担保权人行使权利的重要考量因素之一。因此，重整申请受理后，管理人或者自行管理的债务人应当及时确定设定有担保权的债务人财产是否为重整所必需，从而充分保护不影响重整程序的担保权人及时实现债权的利益。

三是法院应当不批准担保权人恢复行使权利申请的情形。根据《企业破产法》第 75 条的规定，原则上担保权在重整期间应当暂停行使，例外情形是"担保物有损坏或者价值明显减少的可能，足以危害担保权人权利的"。反向解释的结论应当是，担保权人申请恢复行使担保权应当满足的条件是"担保物有损坏或者价值明显减少的可能，足以危害担保权人权利的"。因此，纪要规定了下列两种情形属于人民法院应当裁定不批准担保权人恢复行使权利的情形：第一，担保权人应当对"担保物有损坏或者价值明显减少的可能，足以危害担保权人权利的"这一事实承担举证责任，担保权人不能证明这一条件成就的，人民法院应当裁定不批准担保权人的恢复行使权利申请；第二，虽然担保权人完成了对"担保物有损坏或者价值明显减少的可能，足以危害担保权人权利的"的举证责任，但管理人或者自行管理的债务人有证据证明担保物是重整所必需，并且提供与减少价值相应担保或补偿的，在充分保护担保权人利益的前提下，为了保障重整程序的制度目标，人民法院亦应当裁定不批准担保权人的恢复行使权利申请。

四是担保权人申请恢复行使权利的程序和救济途径。《企业破产法》第 75 条未明确规定担保权人申请恢复行使权利的程序和救济途径。为了完善重整期间冻结担保权的特殊制度安排，充分保护担保权人的合法权益，纪要规定了人民法院对担保权人申请的审查期限以及担保权人不服人民法院相关裁定的复议权。同时，基于担保物的处置权归管理人或者自行管理的债务人，

---

[1] 《联合国贸易促进法委员会破产法立法指南》，联合国贸易法委员会纽约办事处 2006 年版，第 94 页。转引自王欣新：《破产法前沿问题思辨（下册）》，法律出版社 2017 年版，第 424 页。

[2] 许德风：《论担保物权在破产程序中的实现》，载《环球法律评论》2011 年第 3 期。

纪要规定人民法院批准担保权人恢复行使权利的，管理人或者自行管理的债务人应当在规定期限内启动担保物的处置程序，保障担保权人及时行使变现权。

## 【实务问题】

破产程序中担保权何种情形下应当解除"自动冻结"属破产程序中争议最大的问题之一，实务中仍有一些相关问题需要进一步探讨：

### 一、担保权人的行权时间

《全国法院破产审判工作会议纪要》（法〔2018〕53号）第25条规定："担保权人权利的行使与限制。在破产清算和破产和解程序中，对债务人特定财产享有担保权的债权人可以随时向管理人主张就该特定财产变价处置行使优先受偿权，管理人应及时变价处置，不得以须经债权人会议决议等为由拒绝。但因单独处置担保财产会降低其他破产财产的价值而应整体处置的除外。"但是，在人民法院宣告债务人破产之前，人民法院是否受理重整申请或者和解申请尚不确定。由于管理人有"管理和处分债务人财产"的职权（《企业破产法》第25条），不乏管理人在第一次债权人大会召开前就允许担保物的变现，从而可能导致债务人丧失营业价值，债权人会议"决定继续或者停止债务人的营业"的制度设计也将落空。对此，可考虑借鉴德国法的规定，在第一次债权人大会召开前，原则上不允许解除担保权的"自动冻结"。

### 二、担保物是否重整必需的认定标准

担保物是否属于重整必需的债务人财产的认定，事关债务人重整价值的认定，从担保权人和普通债权人、股东等不同利害关系人的不同立场出发可能得出不同的结论。因此，诸如重整价值、重整必需的债务人财产此类事实的认定需要立法者提供公允的标准以平衡各方利益，而在制度上缺失认定标准的情况下，人民法院基于中立立场不得不面对此富有挑战性的商业判断，应当充分听取各方意见之后作出公正裁决。

### 三、担保物的变现权和担保债权受偿权是否分离问题

担保权在重整期间获得解除冻结之后，如何行使权利在立法技术上仍有探讨之价值。可供借鉴的国际立法例亦存在变现权和受偿权分别处理的情形，值得我们进一步研究。

113.【重整计划监督期间的管理人报酬及诉讼管辖】要依法确保重整计划的执行和有效监督。重整计划的执行期间和监督期间原则上应当一致。二者不一致的,人民法院在确定和调整重整程序中的管理人报酬方案时,应当根据重整期间和重整计划监督期间管理人工作量的不同予以区别对待。其中,重整期间的管理人报酬应当根据管理人对重整发挥的实际作用等因素予以确定和支付;重整计划监督期间管理人报酬的支付比例和支付时间,应当根据管理人监督职责的履行情况,与债权人按照重整计划实际受偿比例和受偿时间相匹配。

重整计划执行期间,因重整程序终止后新发生的事实或者事件引发的有关债务人的民事诉讼,不适用《企业破产法》第21条有关集中管辖的规定。除重整计划有明确约定外,上述纠纷引发的诉讼,不再由管理人代表债务人进行。

## 【条文主旨】

本条是关于重整计划执行期间管理人报酬的确定、支付以及重整计划执行期间有关债务人的民事诉讼管辖的规定。

## 【争议观点】

《企业破产法》第八章第二节对重整计划的执行专门进行了规定。根据其中第90条、第91条的规定,在重整计划规定的监督期内,由管理人负责监督重整计划的执行。监督期届满时,管理人应当向人民法院提交监督报告。自监督报告提交之日起,管理人的监督职责终止。据此,重整计划执行阶段存在重整计划执行期和监督期两个期间。对于二者是否应当一致的问题,企业破产法没有明确规定,纪要起草过程中存在两种观点。一种观点认为二者应当一致,理由是:管理人对重整计划的执行监督是法定义务,该义务的履行期限（监督期）应当与重整计划执行期限一致。另一种观点认为不宜强制要求二者必须一致，理由是：企业破产法对此并无强制要求，相反从《企业破产法》第91条第3款关于"经管理人申请，人民法院可以裁定延长重整计划执行的监督期限"的规定来看，立法本身已经蕴含了二者实际上可以不一致的含义，否则没有必要作出上述可以延长的规定，而且从实践来看，重整计划执行期间往往较长，强制要求管理人的监督期必须与其保持一致，在目前我国管理人有限且有的地方对管理人同时处理的破产案件设定限制的情况下，不利于破产案件的处理。

与上述问题相关的是管理人在重整计划执行期间的报酬收取问题。在重整计划执行期间与监督期间一致的情况下，管理人报酬通常将在重整计划执行期间分阶段收取，重整计划执行完毕后，管理人报酬也相应支付完毕。但在二者不一致的情况下，尤其是监督期届满时重整计划尚未执行完毕的，管理人报酬是否也应当在其监督职责终止时按照债务人最终清偿的财产价值总额的相应比例收取，并对重整期间与重整计划执行过程中管理人的工作量进行区分，存在不同观点。一种观点认为，在实践中，对于重整案件管理人报酬的确定，一般不会按照重整期间报酬、重整计划执行期间报酬等作出区分，很多情形下，在重整程序因法院裁定批准重整计划终止时，管理人尚未收取报酬或者仅收取了很少的报酬，在重整计划执行完毕后大部分报酬才会支付，故不宜就重整期间和重整计划执行期间的管理人报酬分别作出规定。另一种观点认为，应当区别管理人在重整期间和重整计划执行期间不同工作量，确定和支付其报酬，尤其是在管理人监督期间短于重整计划执行期间的情况下，还应结合债权人实际受偿数额确定管理人报酬。

关于重整计划执行期间有关债务人诉讼的管辖问题。一种观点认为，根据《企业破产法》第93条第1款规定，债务人不能执行或者不执行重整计划的，人民法院经管理人或者利害关系人请求，应当裁定终止重整计划的执行，并宣告债务人破产。第91条规定，监督期届满时，管理人应当向人民法院提交监督报告。自监督报告提交之日起，管理人的监督职责终止。管理人向人民法院提交的监督报告，重整计划的利害关系人有权查阅。经管理人申请，人民法院可以裁定延长重整计划执行的监督期限。由此可见，重整期间只是破产案件整个审理期间的一部分，重整计划执行阶段仍属于破产案件审理期间。因此，重整计划执行期间有关债务人的民事诉讼，仍应适用集中管辖的规定。另一种观点认为，在重整计划执行期间，虽然法律没有明确破产程序终结，甚至还存在向清算程序转化的可能，但该期间的主要内容是债务人实施重整计划，确保重整目的的实现，法院除听取管理人的监督履职报告之外，基本无其他破产程序事项需要处理，在此意义上，继续由破产受理法院集中审理有关债务人的民事诉讼案件，尤其是新事实或者事件引发的诉讼已无太多必要。

## 【理解与适用】

对于该条的理解和适用，需要着重把握以下几点：

### 一、要准确把握和认识重整计划执行在重整程序中的地位和作用

按照企业破产法的规定，"重整期间"和"重整计划执行期间"是两个不同的法律概念和期间，但两者也存在紧密的联系。自人民法院裁定债务人重整之日起至重整程序终止，为重整期间。重整期间在一些国家称为重整保护期，其目的主要在于防止债权人在重整期间对债务人及其财产采取诉讼或者其他措施，保护债务人财产不受个别清偿；同时也对债务人的股东、董事和高级管理人员的行为加以限制，以增加重整成功的可能性。[①] 转而进入重整计划执行阶段后，经人民法院裁定批准的重整计划，对债务人和全体债权人均有约束力。企业破产法对重整计划执行赋予了非常重要的法律效力，即"按照重整计划减免的债务，自重整计划执行完毕时起，债务人不再承担清偿责任"。重整计划执行期间是重整企业从重整期间转向完全正常经营的过渡期，也是重整计划可行性的考验期和实践期。

### 二、监督重整计划执行系管理人的法定职责

重整计划的执行是一项复杂工程，涉及债权人、股东、职工等各方面的关系，因而其程序的设置必须科学、合理，运作有效，防止成为债务人借此谋取不法利益，拖延、逃避债务的工具。因此，设置重整计划执行监督人制度，对重整计划的执行实施必要的监督，是保护债权人利益、实现重整目的的需要。虽然企业破产法没有明确要求重整计划执行期与管理人的监督期必须一致，但为了更好地保障重整计划的执行和有效监督，使得重整计划的内容得到不折不扣的执行，本条兼顾实践需要规定，重整计划的执行期间和监督期间原则上应当一致，从而对重整计划中有关监督期的设定进行引导。即便二者不一致的，如果在监督期内重整计划未执行完毕，仍有重大重整措施在实施中，或者债务人的行为可能会对重整计划的执行产生不利影响，或者

---

[①] 安建主编：《中华人民共和国企业破产法释义》，法律出版社2006年版，第107页。

有其他延长监督期限必要的，管理人可以申请人民法院裁定延长重整计划的监督期限，以继续监督债务人执行重整计划。

### 三、重整计划执行期间管理人报酬的确定和支付

企业破产法与《最高人民法院关于审理企业破产案件确定管理人报酬的规定》对破产案件中管理人报酬方案的初步确定、异议、协商、调整等作出了框架性的规定。但是，在具体重整案件中，应当结合债务人财产状况、债务清偿计划等因素，在重整计划草案中就报酬金额、收取时间等制定明确具体的管理人报酬方案。这既是债权人会议履行"审查管理人的费用和报酬"职权以及债权人对于管理人报酬行使知情权和监督权的重要保障，也构成管理人维护自身合法权益的基本依据。具体到重整计划执行期间的管理人报酬问题，原则上也应当根据管理人对重整计划执行进行监督的具体工作量、成效等进行测算并纳入报酬方案作出具体安排。在报酬方案没有进行具体明确的情况下，本条作出引导性的规定，即重整期间的管理人报酬应当根据管理人对重整发挥的实际作用等予以确定和支付；重整计划执行期间管理人报酬的支付比例和支付时间，应当根据管理人监督职责的履行情况，与债权人按照重整计划实际受偿比例和受偿时间相匹配。

### 四、重整计划执行期间的诉讼管辖

破产程序是一种概括式的债权债务处理方式，在破产程序进行中有关债务人的民事诉讼，如果由不同的法院来审理，难以协调其与破产案件的审理进度，影响破产程序的顺利进行，故有必要将这些诉讼集中于审理破产案件的人民法院一并审理。① 这是《企业破产法》第21条规定破产案件集中管辖的法理依据。人民法院裁定批准重整计划、终止重整程序以后，进入重整计划执行阶段，经人民法院裁定批准的重整计划，对债务人和全体债权人均有约束力，债务人企业的债权债务关系清理告一段落。债务人企业可以逐步过渡到正常经营状态，有关债务人的民事诉讼也可以按照普通民事诉讼的规则确定管辖。即便存在破产重整计划不能执行而向清算程序转化，也仅仅是一种可能性，并不意味着必然转化，亦不会因重整计划执行阶段的民事诉讼未集中管辖而受到影响。故本条规定，重整计划执行期间，因重整程序终止后新发生的事实或者事件引发的有关债务人的民事诉讼不适用《企业破产法》第21条有关集中管辖的规定。另外，除重整计划有明确约定外，上述纠纷引发的诉讼，也不再由管理人代表债务人进行。这也符合人民法院裁定

---

① 安建主编：《中华人民共和国企业破产法释义》，法律出版社2006年版，第37页。

批准重整计划后，已接管财产和营业事务的管理人应当向债务人移交财产和营业事务的实际。

## 【实务问题】

### 一、关于重整计划执行期间的诉讼管辖

本条虽然明确，重整计划执行期间，因重整程序终止后新发生的事实或者事件引发的有关债务人的民事诉讼，不适用《企业破产法》第21条有关集中管辖的规定。但实务当中应当注意的是，本条规定明确了重整计划执行期间有关债务人企业的民事诉讼原则上不再适用破产集中管辖。如果引发诉讼的事实发生于重整程序终止之前，与债务人企业的重整程序密切相关，如债权人提起的债权确认之诉等，则重整案件受理法院对于重整案件的整体情况更为了解，也从有利于个案审理与重整程序的协调角度考虑，仍由重整案件受理法院集中管辖，能够更好统筹协调处理有关重整案件的实体争议，顺利推进重整程序。实务当中，重整计划执行期间，按照民事诉讼法规定确定的管辖法院发现受理的案件应当由重整案件受理法院集中管辖的，亦可依《民事诉讼法》第36条规定，将案件移送重整案件受理法院。

### 二、关于重整计划执行期间的管理人报酬

虽然本条规定对于管理人报酬区分重整期间和重整计划执行期间进行了细化，但需要注意的是，实践中，如前所述，重整案件的管理人报酬一般也不会对重整期间、重整计划执行期间作出区分，一些情形下，重整终止时管理人尚未收取或仅收取少部分报酬，重整计划执行完毕后才收取大部分或全部报酬。在列入重整计划的最终确定的管理人报酬方案对于重整期间、重整计划执行期间的管理人报酬都已经予以明确的情况下，应当按照管理人报酬方案进行确定、支付。

此外，对于重整计划执行期间的相关法律规则，比如破产费用和共益债务的规则是否仍得以适用等，仍需要进一步研究细化。

114.【重整程序与破产清算程序的衔接】重整期间或者重整计划执行期间,债务人因法定事由被宣告破产的,人民法院不再另立新的案号,原重整程序的管理人原则上应当继续履行破产清算程序中的职责。原重整程序的管理人不能继续履行职责或者不适宜继续担任管理人的,人民法院应当依法重新指定管理人。

重整程序转破产清算案件中的管理人报酬,应当综合管理人为重整工作和清算工作分别发挥的实际作用等因素合理确定。重整期间因法定事由转入破产清算程序的,应当按照破产清算案件确定管理人报酬。重整计划执行期间因法定事由转入破产清算程序的,后续破产清算阶段的管理人报酬应当根据管理人实际工作量予以确定,不能简单根据债务人最终清偿的财产价值总额计算。

重整程序因人民法院裁定批准重整计划草案而终止的,重整案件可作结案处理。重整计划执行完毕后,人民法院可以根据管理人等利害关系人申请,作出重整程序终结的裁定。

【条文主旨】

本条是关于重整程序转入清算程序时管理人等问题的规定。

【争议观点】

根据《企业破产法》第93条第1款的规定,债务人不能执行或者不执行重整计划的,人民法院经管理人或者利害关系人请求,应当裁定终止重整计划的执行,并宣告债务人破产。据此,因重整计划不能执行而转入破产清算的,后续破产清算程序在性质上应当如何看待,是作为原来重整程序的一部分,还是被视为一个独立开始的破产清算程序,不仅影响到原重整程序相关行为在后续破产清算程序中的效力和性质,也影响到法院破产案件管理等问题。对此,纪要起草过程中,一种观点认为,破产重整与破产清算为不同程序类型，根据《企业破产法》第 93 条的规定，人民法院裁定终止重整计划执行并宣告债务人破产的，重整计划即失去效力。债权人依重整计划向债务人所作的各种债权调整的承诺，如免除部分债务、延期偿还等，当然失去效力。故由此开始的破产清算程序应当作为一个独立的程序予以对待，人民法院应当另立"破"字号案件，可以重新依法指定管理人。另一种观点认为，债务人因不能执行或不执行重整计划草案转入清算程序的，破产程序中主要的债权审查、认定，债务人财产状况调查等工作已经完成，只不过由执行重整计划转为财产变价与分配工作。人民法院另立案号或重新指定管理人，会造成司法资源的浪费，增加破产费用的支出，且容易因前后管理人的不同，对债权的认定及管理人报酬等产生争议。

关于重整程序转入清算程序情形下管理人报酬确定的问题，一种观点认为，重整期间或者重整计划执行期间因法定事由转入清算程序的，均属于重整无法继续进行而转入破产清算的情形，建议两种情形下管理人报酬采取一致规定。为方便操作及计算，应规定在转入清算程序后，再一并依据管理人为重整工作作出的实际贡献，结合债务人最终清偿的财产价值总额按比例确定管理人报酬。另一种观点认为，应当区分转入破产清算程序的不同阶段，根据管理人工作量分别确定管理人报酬。

对于重整计划执行完毕后，人民法院是否可以依申请作出重整程序终结裁定的规定，纪要起草过程中也存有一定争议。反对观点认为不宜如此规定，理由在于：其一，对于重整程序，企业破产法仅规定程序终止的情形，未规定重整程序的终结，如法院出具终结裁定缺乏相应的法律依据。其二，如果法院在重整计划执行完毕后再行出具终结裁定，容易引致歧义的理解，即误认为在此之前均属于重整程序，均应适用企业破产法关于集中管辖、管理人代表诉讼等规定，这与纪要中明确的重整计划执行期间原则上不适用集中管辖的规定相左。

## 【理解与适用】

对于本条的适用，需要注意以下几个方面：

### 一、重整程序转入清算程序的法定事由

应当明确的是，本条规定的重整程序与清算程序的衔接，专门指"重整期间或者重整计划执行期间"债务人被宣告破产的情形。根据《企业破产法》第 78 条、第 79 条、第 88 条的规定，重整期间人民法院裁定终止重整

程序,并宣告债务人破产的法定事由包括:(1)债务人的经营状况和财产状况继续恶化,缺乏挽救的可能性;(2)债务人有欺诈、恶意减少债务人财产或者其他显著不利于债权人的行为;(3)由于债务人的行为致使管理人无法执行职务;(4)债务人或者管理人未按期提出重整计划草案的;(5)重整计划草案未获得通过且未依照《企业破产法》第87条的规定获得批准,或者已通过的重整计划未获得批准的。根据《企业破产法》第93条第1款的规定,重整计划执行期间,人民法院裁定终止重整计划的执行,并宣告债务人破产的法定事由为债务人不能执行或者不执行重整计划。

**二、重整程序转入清算程序情形下的管理人指定**

关于重整期间或者重整计划执行期间,债务人因法定事由被宣告破产后的清算程序与之前重整程序的关系问题,虽然二者在程序功能和性质上有所不同,破产法上亦为不同的两个程序,但二者前后相继存在关联,故在理解上应当视为同一个破产案件的不同阶段。故从法院内部案件管理的角度看,本条规定此种情况下人民法院不再另立新的案号,在此基础上,本条亦规定此时原重整程序的管理人原则上应当继续履行破产清算程序中的管理人职责。主要考虑是,在重整程序依法转入清算程序的法定情形中,有一部分或者说主要的管理人工作内容、职责会发生重合,比如债务人企业债权债务关系的清理、债务人财产状况的调查。尤其是在重整计划执行期间转入清算程序的情况下,管理人已经开展了大量的工作,原则上指定同一管理人有利于程序的衔接和工作的开展,降低破产程序的司法成本。当然,如果发生原重整程序的管理人不能继续履行职责或者不适宜继续担任管理人的情形,人民法院应当依法重新指定管理人。

**三、重整程序转入清算程序情形下的管理人报酬**

《最高人民法院关于审理企业破产案件确定管理人报酬的规定》第2条总体规定了破产案件中,管理人报酬应当根据债务人最终清偿的财产价值总额按比例确定。第9条规定了人民法院确定和调整管理人报酬方案时应当考虑的因素。虽然基于前文所述,重整程序转入清算程序的情形下,二者总体应视为同一案件前后相继的两个阶段,但在确定管理人报酬时,人民法院应当结合管理人为重整工作和清算工作分别作出的实际贡献等因素合理确定。对此,本条区分两种具体情况作出了引导性的规定:(1)重整期间因法定事由转入清算程序的,应当按照破产清算案件确定管理人报酬。这一规定有利于反向激励管理人尽量推动债务人企业的成功重整。应当注意的是,在具体案件中,即使是按照清算案件的标准确定管理人报酬,人民法院也可以根据破产案件的具体情况和管理人履行职责的实际情况进行调整。（2）重整计划执行期间因法定事由转入清算程序的，由于后续破产清算阶段中有关债务人企业债权债务关系的清理、债务人财产状况的调查等工作已在前一阶段完成，故后续破产清算阶段管理人报酬应当根据管理人实际工作量予以确定，不能简单地根据债务人最终清偿的财产价值总额计算。

**四、重整计划执行完毕与作出重整程序终结的裁定**

虽然对此问题在本条起草过程中存有一定争议，但最终本条明确规定：重整程序因法院裁定批准重整计划而终止的，重整案件可作结案处理。但该规定只是关于法院内部有关案件管理的引导性的规定，并非强制要求，人民法院可以结合个案情况和案件管理需求决定。本条还规定：重整计划执行完毕后，人民法院可以根据管理人等利害关系人申请，作出重整程序终结的裁定。这样规定的主要理由是：其一，根据《企业破产法》第4条规定，破产案件审理程序，企业破产法没有规定的，适用民事诉讼法的有关规定。《民事诉讼法》第154条规定了裁定可以适用的范围。重整程序中，"重整计划执行完毕"是一个重要的法律时点，具有重要的法律效果，可以被认定为系"需要裁定解决的事项"。其二，"重整计划执行完毕"的核心法律效果之一系"按照重整计划减免的债务，自重整计划执行完毕时起，债务人不再承担清偿责任"。人民法院依法作出重整程序终结的裁定可以与此规定相衔接。其三，实践当中，税收、银行等对重整企业的信用修复等项工作需要人民法院出具相应的法律文书，本规定也是为了有效解决实践中的问题。其四，按照本条规定，人民法院并非系职权必须作出终结重整程序的裁定，而是根据需要，即依管理人、重整企业等利害关系人的申请，作出重整程序终结的裁定。

## 【实务问题】

从审判实务的角度，还需要强调：

其一，虽然本条对于重整程序转清算程序的相关问题进行了规定，但需要注意，重整程序转入清算程序并非重整案件审理的常态，人民法院应当适当强化重整可能性、重整计划可行性的审查。总体来看，重整程序尤其是大型企业的重整程序耗时较长、成本较高，因此，人民法院应当注意对重整可能性、重整计划可行性的审查，以降低重整期间转入清算程序或者因重整计划执行不能而转入清算程序的风险，推动债务人企业成功重整。这里包含两层意思：第一，在重整案件受理阶段，人民法院对重整可能性的审查。人民法院在审查重整申请时，根据债务人的资产状况、技术工艺、生产销售、行业前景等因素，对债务人是否具备重整价值及拯救可能性作出初步判断，对于明显不具备重整价值及拯救可能性的，应裁定不予受理。第二，在重整计划批准阶段，人民法院对重整计划可行性的审查。对此，《企业破产法》第87条将"债务人的经营方案具有可行性"作为人民法院强制批准重整计划草案的法定条件之一。在正常批准重整计划的情形下，虽然企业破产法没有明确规定，但从指导审判实践的角度，《全国法院破产审判工作会议纪要》第17条规定，重整不限于债务减免和财务调整，重整的重点是维持企业的营运价值。人民法院在审查重整计划时，除合法性审查外，还应审查其中的经营方案是否具有可行性。人民法院在批准时应当对此予以特别关注，并应当以此为据，提前引导管理人或者自行管理的债务人在制定重整计划草案时，对债务人的经营方案重点予以明确。

其二，关于管理人报酬。重整程序转入破产清算程序情形下的管理人报酬确定、调整和支付确实有其特殊性，但总的原则是一致的，即管理人报酬系其所付出劳动的市场对价，这里的管理人工作既包括管理人工作的过程，也包括管理人工作的成果。另外，在重整程序依法转入清算程序这种特殊情形下，实务当中人民法院在确定或者调整管理人报酬方案时，应当考虑的因素包括：（1）破产案件的复杂性，包括重整程序转入清算程序这种特殊情形的考量；（2）管理人的勤勉程度；（3）管理人为重整工作发挥的实际作用；（4）重整转入清算的具体原因的分析，系管理人工作不到位还是因为其他客观原因；（5）管理人承担的风险和责任等。

**115.【庭外重组协议效力在重整程序中的延伸】** 继续完善庭外重组与庭内重整的衔接机制，降低制度性成本，提高破产制度效率。人民法院受理重整申请前，债务人和部分债权人已经达成的有关协议与重整程序中制作的重整计划草案内容一致的，有关债权人对该协议的同意视为对该重整计划草案表决的同意。但重整计划草案对协议内容进行了修改并对有关债权人有不利影响，或者与有关债权人重大利益相关的，受到影响的债权人有权按照企业破产法的规定对重整计划草案重新进行表决。

## 【条文主旨】

本条是关于庭外债务重组协议效力在重整程序中的延伸的规定。

## 【争议观点】

庭外债务重组在我国立法层面尚属空白，为了降低制度性成本，提高破产制度效率，各级法院开始探索推行庭外重组与庭内重整制度的衔接。在讨论中对庭外重组协议效力是否应当获得庭内认可和延续存在不同的观点。一种观点认为，庭外重组形成的协议属于当事人之间的合意，对签约各方当事人具有约束力，但赋予其在破产重整程序中的效力没有法律依据；另一观点认为，庭外重组形成的协议既然对相关当事人具有约束力，在重整程序中相关当事人对同一事项则的表决中应当禁止反悔，否则有违诚信原则。

## 【理解与适用】

2018年3月4日《全国法院破产审判工作会议纪要》（法〔2018〕53号）第22条规定："探索推行庭外重组与庭内重整制度的衔接。在企业进入重整程序之前，可以先由债权人与债务人、出资人等利害关系人通过庭外商业谈判，拟定重组方案。重整程序启动后，可以重组方案为依据拟定重整计划草案提交人民法院依法审查批准。"国家发展改革委、最高人民法院等十三部委于2019年6月22日印发的《加快完善市场主体退出制度改革方案》中提出"研究建立预重整和庭外重组制度"，"研究建立预重整制度，实现庭外重组制度、预重整制度与破产重整制度的有效衔接，强化庭外重组的公信力和约束力，明确预重整制度的法律地位和制度内容"。上述规定指明了改革方向，本纪要进一步明确了庭外重组协议效力在重整程序中的延伸，并采纳了第二种观点，理解该条需要把握如下三点：

一是要理解庭外重组的概念和衔接意义。庭外债务重组发源于企业司法重整的概念，其运用前提也是债务人即将或已经出现重大违约。作为一种解决债务危机的非正式机制，庭外债务重组运作于正式破产制度，尤其是企业重整制度（今日企业重整制度几乎都是以成文法形式确立）之外。① 需要强调的是，通过庭外债务重组拯救困境企业的努力如果要取得成功，就离不开一个明确而全面的法律体系。申言之，重组各方必须都能期待：其以自愿、恰当之方式达成的重组协议均可获得法院执行。② 因此，庭外重组协议能否获得庭内重整程序的认可，是庭外重组能否成功的关键因素之一，理应从制度设计上予以确立。只有庭内重整程序对庭外重组协议效力提供确认的标准，才能给予庭外重组各方当事人合理预期，发挥庭外重组的低成本和高效性优势。

二是要注意推定债权人表决同意重整计划草案的前提条件。该条规定在债务人与部分债权人已经达成的有关协议与重整程序中制作的重整计划草案内容一致的前提下，有关债权人对该协议的同意视为对该重整计划草案表决同意。即在此情况下法院可以推定有关债权人在重整计划草案的表决中已经投同意票，无须再次投票表决。需要强调的是，认定庭外债务重组达成的有关协议与重整程序中的重整计划草案内容一致应当坚持实质审查标准，确保有关债权人的表决权不因此受到损害。

三是要给予有关债权人充分的异议权。如果重整计划草案对协议内容进行了修改并对有关债权人有不利影响，或者与有关债权人重大利益相关的，受到影响的债权人有权要求依法重新表决重整计划草案。人民法院审查重整计划草案是否构成对协议内容的修改以及是否对有关债权人构成不利影响时，应当坚持实质性影响标准，充分保护有关债权人的异议权。有关债权人提出异议的，自行管理债务人或者管理人应当充分说明重整计划草案与有关协议的差异性是否构成对有关债权人利益的不利影响。

## 【实务问题】

关于庭外重组的问题，实务中还需要解决以下问题：

---

① ［美］杰伊·劳伦斯·韦斯特布鲁克、［美］查尔斯·布斯、［德］克里斯托弗·保勒斯、［英］哈里·拉贾克：《商事破产全球视野下的比较分析》，王之洲译，中国政法大学出版社2018年版，第137页。

② ［美］杰伊·劳伦斯·韦斯特布鲁克、［美］查尔斯·布斯、［德］克里斯托弗·保勒斯、［英］哈里·拉贾克：《商事破产全球视野下的比较分析》，王之洲译，中国政法大学出版社2018年版，第138页。

## 一、如何完善预重整制度在实践中的发展问题

作为庭外债务重组的另一种形式,预重整机制最早出现在20世纪90年代初期的美国。从美国发展出来的预重整,则是以正式破产重整程序为核心来建构庭外重组机制。其核心思路是:在债务人启动任何正式破产程序之前,预先征集债权人对重整计划的支持;一旦实现这一目标,就立即启动破产重整程序并同时提交获得债权人支持的重整计划。庭外债务重组成功取决于其背后的强大支撑——要么是某一权威的政府机构,要么是高效的正式破产制度。① 实践中,部分法院尝试进行庭外重组、预重整的实践探索,② 试图加强庭外重组和庭内重整程序的衔接。但实践中需要进一步探索和讨论临时管理人在预重整中的职责和权利边界问题,临时管理人、债务人和债权人在预重整中的行为如何在重整程序中延伸的问题等,同时还应当注意实践探索不应因为进行预重整反而降低重整程序的效率,人为抬高重整申请门槛。

## 二、如何保证债务人信息披露的充分性问题

承认庭外重组协议的效力与重整计划草案的表决两者存在关联性但也有不同的法律效果。推定有关债权人表决同意重整计划草案的前提条件是债务人向有关债权人充分披露信息的情况下达成了有效的庭外重组协议,否则庭外重组协议可能构成欺诈或者显失公平而属于可撤销协议。美国的预重整模式(pre-packaged Chapter 11)也非常强调债务人充分披露信息的要求,破产法院将对债务人信息披露的充分性进行审查。③ 因此,实践中法院除了应当审查庭外重组协议内容与重整计划草案内容的一致性之外,债务人是否履行充分信息披露义务也是值得探讨的问题,如果有关债权人提出异议并提供证据证明债务人信息披露有误或者故意隐瞒重大信息导致庭外重组协议内容与重整计划草案产生实质性影响的,人民法院应当允许有关债权人重新表决。

## 三、如何解决庭外重组中的财产冻结问题

由于重组协议只对同意的债权人产生效力,而不能约束不同意的债权

---

① [美]杰伊·劳伦斯·韦斯特布鲁克、[美]查尔斯·布斯、[德]克里斯托弗·保勒斯、[英]哈里·拉贾克:《商事破产全球视野下的比较分析》,王之洲译,中国政法大学出版社2018年版,第147页。
② 参见金春、任一民、池伟宏:《预重整制度框架分析和实践模式探索》,载《法庭外债务重组》(第1辑),第110~115页。
③ 参见[美]大卫·G·爱泼斯坦等:《美国破产法》,韩长印译,中国政法大学出版社2003年版,第833~834页。

人,也无法阻止其他不参加协商谈判债权人的追债行为,因此,在重组协议交易谈判中和重组交易完成前,不同意或不参加重组协议谈判的个别债权人随时都有可能针对债务人的财产进行诉讼或强制执行以偿债。[①] 庭外债务重组不适用多数决表决机制,债务重组能否成功取决于是否可以征得参与重组的全体债权人一致同意,因此取得债权人的广泛参与并保持在庭外重组协商过程中中止执行和保全措施,是庭外债务重组成功的必要条件之一。反之,则不能保证庭外债务重组的高效性和可信度,甚至违反债权清偿的公平性。因此需要进一步研究如何解决庭外重组中的财产保全问题以及债权人一致行动问题。

116.【审计、评估等中介机构的确定及责任】要合理区分人民法院和管理人在委托审计、评估等财产管理工作中的职责。破产程序中确实需要聘请中介机构对债务人财产进行审计、评估的,根据《企业破产法》第28条的规定,经人民法院许可后,管理人可以自行公开聘请,但是应当对其聘请的中介机构的相关行为进行监督。上述中介机构因不当履行职责给债务人、债权人或者第三人造成损害的,应当承担赔偿责任。管理人在聘用过程中存在过错的,应当在其过错范围内承担相应的补充赔偿责任。

【条文主旨】

本条是关于破产程序中审计、评估等中介机构如何确定的规定。

【争议观点】

对债务人财产进行审计、评估,是破产程序中的重要管理事务和环节,其能否顺利进行直接影响到债权人的清偿利益和破产程序的推进效率。虽然企业破产法规定了管理人制度及其组成形式,但基于审计、评估等工作的专

---

① 胡利玲:《法庭外债务重组的优势与困境》,载《学术论坛》2016年第14期。

业性，管理人可能并不擅长，因此可能需要通过聘请具备资质的专业机构进行。企业破产法虽然没有明确规定此类中介机构的选聘主体和选聘程序，但基于此类事务性工作属于债务人财产管理的范畴，故实践中，通常依据《企业破产法》第 28 条的规定，管理人经法院许可后进行选聘。但是，对于管理人如何选聘的程序，在企业破产法没有进一步明确规定的情况下，实践中存在两种做法：一种做法是为了防止管理人可能发生的道德风险，管理人聘用工作人员或中介机构时，仍然要求按照人民法院目前聘用评估、拍卖机构的方式和范围随机选择有关机构。另一种做法是未明确要求管理人聘用中介机构的范围或者方式，允许由管理人自行选聘，如《北京市高级人民法院企业破产案件审理规程》第 256 条第 1 款规定，处理破产财产前，管理人可以确定有相应评估资质的评估机构对破产财产进行评估。

从实践反映的情况看，随机产生审计、评估机构虽然有助于防止道德风险，但通常引发以下问题：（1）随机产生中介机构，导致管理人及法院审理破产案件的合议庭均无法对中介机构的选任施加影响，导致后续工作中诸多事项难以沟通协调，严重影响破产程序正常进程；（2）由于随机摇号缺乏竞争机制，导致许多审计、评估机构无论案件难易、不分案件实际情况，均要求预先付款，无协调余地，导致审计、评估程序搁置，案件无法正常推进。此外，允许管理人自行选聘虽然可以带来管理效率和质量上的提升，但若不加监督或限制，也容易引发担忧。

对此，经过综合考量，基于法院和管理人在委托审计、评估等财产管理工作中的职责区分，本条规定管理人可在经法院许可后，自行公开聘请中介机构对债务人财产进行审计、评估，但管理人应当对其聘请的中介机构的相关行为进行监督，并在上述中介机构不当履行职责给债务人、债权人或者第三人造成损害，应承担赔偿责任的情形下，管理人应在其聘用过错范围内承担相应的补充赔偿责任，从而强化和完善管理人的权利义务和责任体系。

## 【理解与适用】

管理人是破产程序中负责接管债务人企业并对债务人财产进行调查、管理、处分等事务的法定机构，其职责履行直接影响到破产程序能否公正、公平和高效运行。企业破产法和相关司法解释虽然对管理人职责履行作出了规定，但实践中仍然存在不少问题，其中管理人和法院在破产事务管理中的职责分工不清，已成为阻碍破产程序高效运行的重要原因之一。对此，2018 年出台的《全国法院破产审判工作会议纪要》明确要求,要合理划分法院和管理人的职能范围。人民法院应当支持和保障管理人依法履行职责,不得代替管理人作出本应由管理人自己作出的决定。管理人应当依法管理和处分债务人财产,审慎决定债务人内部管理事务,不得将自己的职责全部或者部分转让给他人。本条延续了上述规定的精神,专门针对委托审计、评估财产管理工作中管理人和法院的职责进行了明确。对于该条的理解和适用,需要着重把握以下几点:

一是管理人聘用审计、评估等中介机构前应当事先获得法院许可,并以工作必要为前提。根据《企业破产法》第 28 条的规定,管理人决定聘用工作人员的,应当事先经过法院许可,这一方面是表明法律赋予了管理人聘用必要的工作人员的权利,另一方面由于管理人聘用的工作人员的费用是作为破产费用,将从债务人财产随时支付,因此,法律要求管理人是否可以聘用工作人员,所聘用的工作人员的人数、范围应当经人民法院许可,这也是为了保护债权人的利益,防止管理人随意聘用工作人员,加大破产费用的数额。此外,从控制破产费用,减少债务人财产负担,增加债权人清偿的角度出发,管理人聘用审计、评估机构以具体案件中是否有必要进行审计、评估为前提,如前述《北京市高级人民法院企业破产案件审理规程》第 256 条第 1 款亦规定,债权人会议对破产财产的变现底价无异议的,可以不进行评估。这既是《企业破产法》第 28 条规定管理人可以聘请必要的工作人员的应有之义,也是法院在决定是否允许管理人聘用相关人员时应当着重考虑的因素。

二是经法院许可后,具体的聘用工作应由管理人自行完成。虽然是否聘用相关工作人员需事先经法院许可,但是委托聘用审计、评估机构对债务人财产进行审计、评估工作属于债务人财产管理的范畴,故具体聘用工作应当由管理人自行完成,无须通过法院的相关辅助部门代为完成。在具体聘用方式上,本条没有作出限制要求,在理解上应当不限于必须通过摇号方式随机产生,而是可以结合各地具体情况,在一定范围内允许管理人自行公开选聘,① 或者完全交由管理人自行选聘,以避免随机选聘带来配合度、响应度低的问题,从而影响了审计、评估等工作的开展,但应当明确管理人聘用的

---

① 如《江苏省高级人民法院破产案件审判指南(修订版)》规定:"审计、评估等中介机构的确定。经人民法院许可,管理人聘请审计、评估、造价等中介机构或人员,由管理人在纳入全省法院委托鉴定机构电子信息平台的相应鉴定机构或人员中依法公开选聘,但不得与案件有利害关系。管理人对其聘请机构或人员的履职行为负责。"

中介机构不得与案件有利害关系。

三是相关责任的承担。由于聘用审计、评估中介机构的行为系由管理人自行作出，上述中介机构作为管理人聘用的工作人员辅助管理人从事破产程序中的相关事务，管理人作为聘用主体应当对其所聘用的中介机构行为进行监督，以确保上述中介机构的工作符合委托聘用的合同要求。但是基于审计、评估工作的专业性，受聘用的中介机构同样应当勤勉尽责、忠实履行职责，以专业人员的注意义务为标准开展工作，如果其不当履行职责给债务人、债权人或者第三人造成损害的，相关主体有权要求其应当承担赔偿责任。上述情况下，如果管理人在聘任中存在过错的，其应当根据其过错程度承担相应的补充赔偿责任，从而强化管理人聘任时的注意义务。

## 【实务问题】

关于管理人聘请中介机构对债务人财产进行审计、评估的问题，除本条规定外，在实务中还应当注意加强债权人会议或者债权人委员会对管理人聘用行为的监督。

管理人聘用必要的工作人员辅助其履行职责，虽为管理人执行职务的范畴，且企业破产法并未明确规定需要征得债权人的同意，但管理人执行职务的行为对债权人利益影响重大，根据《企业破产法》第23条的规定，应当接受债权人会议和债权人委员会的监督。债权人会议或者债权人委员会对于本条规定的管理人聘用审计、评估机构的监督主要体现在两个方面：

一是在管理人的聘用过程中加强监督。从实践做法来看，有的法院允许债务人、若干债权人等组成评审委员会，在法院技术室、监察室、民二庭派员监督下，通过规范的招投标程序，由管理人在法院的入册机构中竞争选聘相关中介机构，有的地方则是允许债权人派代表监督管理人聘用的过程，都在一定程度上通过提高债权人的参与，强化了债权人对管理人履职行为的监督。但与此同时，也要注意债权人权利保护与破产程序效率的相协调问题，避免因过于注重债权人会议或者债权人委员会监督的程序要求，降低了破产程序财产管理事务的效率性。

二是对管理人聘用审计、评估中介机构的费用进行监督。根据《全国法院破产审判工作会议纪要》关于管理人聘用其他人员费用负担的规制的相关规定，管理人经人民法院许可聘用企业经营管理人员，或者管理人确有必要聘请其他社会中介机构或人员处理重大诉讼、仲裁、执行或审计等专业性较强工作，如所需费用需要列入破产费用的，应当经债权人会议同意。主要是因为管理人聘用非本专业人员产生的费用作为破产费用，由债务人财产随时支付，这实质上是以债权人清偿收入的减少为代价的，故债权人有权监督破产费用的种类、内容、数额及其支付，以防止因不合理增加开支而损害债权人的清偿利益。债权人认为某项破产费用支出不真实或者不合理的，可以提出异议；必要时，可诉请人民法院裁决。①

117.【公司解散清算与破产清算的衔接】要依法区分公司解散清算与破产清算的不同功能和不同适用条件。债务人同时符合破产清算条件和强制清算条件的，应当及时适用破产清算程序实现对债权人利益的公平保护。债权人对符合破产清算条件的债务人提起公司强制清算申请，经人民法院释明，债权人仍然坚持申请对债务人强制清算的，人民法院应当裁定不予受理。

## 【条文主旨】

本条是关于公司解散清算与破产清算衔接的规定。

## 【争议观点】

关于公司解散清算程序与破产清算程序的衔接问题，《公司法》第187条、《企业破产法》第7条、公司法司法解释（二）第17条、《最高人民法院关于审理公司强制清算案件工作座谈会纪要》第32条、第33条均作出了规定，即在公司解散后或者解散清算过程中，发现债务人资产不足以清偿债务的，相关主体应当向人民法院申请破产清算。同时，破产法司法解释（一）第5条规定，企业法人已解散但未清算或者未在合理期限内清算完毕，债权人申请债务人破产清算的，除债务人在法定异议期限内举证证明其未出

---

① 《中华人民共和国企业破产法》起草组编：《〈中华人民共和国企业破产法〉释义》，人民出版社2006年版，第163页。

现破产原因外,人民法院应当受理。据此,在公司解散过程中,债务人公司存在破产原因的情况下,依法负有清算责任的人负有申请破产清算的义务,同时债权人亦有权在此期间申请破产清算。但是,对于债务人同时符合破产清算条件和公司强制清算条件情况下,债权人坚持提起公司强制清算申请的应如何处理,理论和实践存在两种不同观点:一种观点认为,破产原因和强制清算原因竞合时,债权人依法享有申请破产清算或者强制清算的选择权,理由是:债权人依法申请强制清算后,如经清算,债务人财产足以偿还全部债务的,人民法院应当在债务人财产清偿完全部债务并分配剩余财产给出资人后依法裁定终结强制清算程序;如经清算,债务人财产不足以清偿全部债务的,清算组或债权人仍然可以通过程序转化适用破产清算程序。另一种观点认为,当债务人同时具备强制清算原因和破产原因的情况下,债权人只能对债务人提起破产清算的申请,理由是:破产清算程序系对全体债权人更为公平的清偿程序,且法律和司法解释均规定在此情形下,负有清算责任的人有义务申请破产清算,体现了破产清算程序应当优先适用的原则和精神。

## 【理解与适用】

根据《企业破产法》第7条第3款的规定,企业法人已解散但未清算或者未清算完毕,资产不足以清偿债务的,依法负有清算责任的人应当向人民法院申请破产清算。企业法人解散,是指已经成立的企业法人因企业章程的规定、成员大会的决议、企业法人合并或者分立、依法被吊销营业执照、责令关闭或者被撤销等法定事由的出现而停止企业法人的经营活动,开始企业法人的清算,处理未了结的企业法人事务的法律行为。企业法人解散时,按照法律规定应当成立清算组,依法进行清算。按照公司法的规定,清算组在进行清算时,应当对企业法人的债权、债务进行清理,编制资产负债表和财产清单,并应当制订清算方案。当发现企业法人的资产不足以清偿债务的,清算组就应当立即向人民法院申请企业法人破产,移交人民法院进行破产清算。可见,与其他破产申请主体不同,企业法人清算组的破产申请既是清算组的一项权利,也是一项义务。原因在于企业法人资不抵债,又不能继续经营挽回损失,实际上已经不能清偿到期债务,已达破产界限,而破产清算基于债务人资不抵债的客观事实,在清偿顺序、清偿程序、对执行和保全的效力以及合同解除、撤销权、抵销权、无效制度等方面,均作出不同于公司解散清算的规定,目的是在债权无法获得全额清偿的情况下,更为公平地清理债权债务。

对于债权人而言，公司法司法解释（二）第7条规定了债权人申请强制清算的权利，即在公司解散逾期不成立清算组进行清算；虽然成立清算组但故意拖延清算；违法清算可能严重损害债权人或者股东利益的情况下，债权人有权申请人民法院指定清算组进行清算。同时，根据破产法司法解释（一）第5条的规定，在公司解散过程中，债务人公司存在破产原因的情况下，债权人亦有权申请破产清算。实践中，存在解散原因需要清算的公司往往同时具有破产原因，而清算义务人不组织清算组进行清算的情况又非常普遍，从而存在强制清算原因与破产原因的竞合。在此情况下，由于从立法目的和制度功能上看，公司解散（强制）清算与破产清算有着不同的适用条件和制度目标，尤其是在公司明显具备破产原因的情况下，公司解散（强制）清算无法达到破产清算的诸多功能。虽然根据相关法律和司法解释规定，公司解散（强制）清算可以向破产清算转化，但从提升效率的角度考虑，也没有必要人为增加程序转换成本。据此，本条规定采纳了第二种观点。理解本条需要把握如下三点：

一是要依法区分公司解散清算与破产清算的不同功能和不同适用条件。公司解散清算与破产清算是两种性质、适用条件有所不同但又密切相关的程序。通常在公司能够清偿全部债务的情况下，解散之后由其自行清算，或者在其不自行清算时由法院组织强制清算。如果公司发生破产原因，不能清偿到期债务，或在清算过程中发现公司资不抵债时，则应进入破产程序。但是二者有着不同的适用原因和程序特点，相比之下，为了确保所有债权人得到最大限度的公平清偿，破产清算不但公权力的介入程度更深，程序的每一个阶段基本都有法院的监督，而且企业破产法还有专门的制度规范，如破产案件受理后，有关债务人财产的保全措施应当解除，执行程序应当中止；破产法上还设立了撤销权制度和无效行为制度，将破产程序的效力溯及至程序开始前。而公司解散清算或者强制清算，公权力的介入具有有限性，而且基于公司具备清偿能力的假设条件，在程序开始后并不会产生上述破产清算程序启动的后果。二者差异将直接影响债权人依据不同程序所获得的清偿，这也是本条要求严格区分适用的基本依据。

二是要注意适用本条的前提条件，即存在强制清算原因与破产原因竞合的情形。正常情况下，公司解散后原则上应当自行组织清算，而且公司解散清算与破产清算的程序衔接，因上述《企业破产法》第7条第3款规定以及《公司法》第187条的规定而具有法定性，但在企业被依法吊销营业执照、责令关闭或者被撤销的情况下,尤其是在企业因多年不进行工商年检、被吊销营业执照的方式退出市场时,由于这种不规范行为本身就具有违法性质,加之往往还蕴涵着其他违法动机,如欺诈债权人、逃避债务或其他法定义务等,所以在实践中清算义务人不成立清算组进行清算的情况非常普遍。而且在实践中,解散的企业特别是被吊销营业执照的企业中,有相当一部分是存在破产原因的,从而造成强制清算原因与破产原因竞合。此情况下,破产法司法解释(一)第5条赋予了债权人直接申请破产清算的权利,目的也是在于这类企业即使进行强制清算,大多数最后也要依法转入破产程序,所以规定债权人也可选择直接申请其破产,以简化程序,节省司法资源与诉讼时间,更好地保障债权人的合法权益。此时对于债务人是否具备破产原因,法院应当根据企业破产法规定的条件和程序进行实质判断,只有在明显存在破产原因并符合破产受理条件时,才能裁定不予受理债权人对债务人提起的强制清算申请。

三是要对债权人予以释明。根据本条规定,法院在以债务人已经具备破产原因而裁定不予受理债权人对债务人提起的强制清算申请前,应当对债权人予以释明,告知申请强制清算的债权人,债务人已经达到破产条件,应当通过适用破产清算程序清理债权债务,并可以向债权人解释两种程序的不同性质、适用条件和相关制度规定。债权人同意撤回强制清算的申请或者变更为申请破产清算的,法院应当许可或者按照破产受理条件进行审查。债权人经法院释明仍坚持申请强制清算的,法院应当裁定不予受理。

## 【实务问题】

关于公司解散清算与破产清算衔接和适用,实务中还应当注意以下问题:从实践情况来看,债权人在强制清算原因与破产原因竞合的情况下,更倾向于申请强制清算的原因主要在于《最高人民法院关于审理公司强制清算案件工作座谈会纪要》"十四、关于无法清算案件的审理"的相关规定,据此,部分强制清算案件即便是在符合破产原因的情况下,由于无法清算或者无法全面清算也不再转入破产清算程序,而是直接裁定终结强制清算程序,并由债权人依据公司法司法解释(二)第18条的规定,要求被申请人的股东、董事、实际控制人等清算义务人对其债务承担偿还责任。由于破产清算程序终结后并不会产生上述后果,因此,在债务人同时具备破产原因的情况下,债权人坚持申请强制清算的动力主要在于强制清算程序终结后可向相关主体继续要求承担责任,从而避免适用破产清算程序不能全额受偿的损失,这在一定程度上导致债权人正常的风险损失被不当转嫁给股东、董事、实际控制人。对此,除本条对程序适用作出限制性规定外,此次会议纪要对公司法司法解释(二)第18条第2款关于有限责任公司清算义务人的责任予以明确和缩限后,将使无法清算后责任的承担更加公平合理,从而引导债权人更加理性地行使申请权。

118.【无法清算案件的审理与责任承担】人民法院在审理债务人相关人员下落不明或者财产状况不清的破产案件时,应当充分贯彻债权人利益保护原则,避免债务人通过破产程序不当损害债权人利益,同时也要避免不当突破股东有限责任原则。

人民法院在适用《最高人民法院关于债权人对人员下落不明或者财产状况不清的债务人申请破产清算案件如何处理的批复》第3款的规定,判定债务人相关人员承担责任时,应当依照企业破产法的相关规定来确定相关主体的义务内容和责任范围,不得根据公司法司法解释(二)第18条第2款的规定来判定相关主体的责任。

上述批复第3款规定的"债务人的有关人员不履行法定义务,人民法院可依据有关法律规定追究其相应法律责任",系指债务人的法定代表人、财务管理人员和其他经营管理人员不履行《企业破产法》第15条规定的配合清算义务,人民法院可以根据《企业破产法》第126条、第127条追究其相应法律责任,或者参照《民事诉讼法》第111条的规定,依法拘留,构成犯罪的,依法追究刑事责任;债务人的法定代表人或者实际控制人不配合清算的,人民法院可以依据《出境入境管理法》第12条的规定,对其作出不准出境的决定,以确保破产程序顺利进行。

上述批复第3款规定的"其行为导致无法清算或者造成损失",系指债务人的有关人员不配合清算的行为导致债务人财产状况不明,或者依法负有清算责任的人未依照《企业破产法》第7条第3款的规定及时履行破产申请义务,导致债务人主要财产、账册、重要文件等灭失，致使管理人无法执行清算职务，给债权人利益造成损害。"有关权利人起诉请求其承担相应民事责任"，系指管理人请求上述主体承担相应损害赔偿责任并将因此获得的赔偿归入债务人财产。管理人未主张上述赔偿，个别债权人可以代表全体债权人提起上述诉讼。

上述破产清算案件被裁定终结后，相关主体以债务人主要财产、账册、重要文件等重新出现为由，申请对破产清算程序启动审判监督的，人民法院不予受理，但符合《企业破产法》第123条规定的，债权人可以请求人民法院追加分配。

## 【条文主旨】

本条是关于无法清算案件的审理和责任承担的规定。

## 【争议观点】

关于债务人相关人员下落不明或者财产状况不清的破产案件应当如何审理、相关主体应如何承担责任的问题，2008年《最高人民法院关于债权人对人员下落不明或者财产状况不清的债务人申请破产清算案件如何处理的批复》（法释〔2008〕10号）进行了相关规定。实践中，主要是对该批复第3款的理解和适用存在争议，尤其对批复第3款所涉"债务人的有关人员"的主体范围、"法定义务"的内容、"相应法律责任"和"相应民事责任"的责任性质和追责方式的理解不够统一。多数无法清算的破产案件直接参照《最高人民法院关于审理公司强制清算案件工作座谈会纪要》"十四、关于无法清算案件的审理"、公司法司法解释（二）第18条第2款的规定，法院以无法清算或者无法全面清算裁定终结破产程序后，由债权人向股东、董事、实际控制人等清算义务人直接主张对公司债务承担连带赔偿责任。上述适用情形客观上导致一个破产案件终结后，又衍生出众多个别诉讼，本应在破产程序中对债权债务统一概括清理的制度目标无法实现，公司有限责任制度被不当突破，并在一定程度导致强制清算与破产清算制度适用的混乱。对此，本条基于强制清算制度与破产清算制度的不同制度目标、不同适用条件和不同规则设计，重点就此类破产清算案件中的责任主体范围、责任性质、责任承担方式等问题予以进一步明确。

## 【理解与适用】

对于本条的理解和适用，需要着重把握以下几点：

一是明确此类案件的审理原则。企业破产法开宗明义提出破产法目标之一就是"保护债权人的合法权益"，人民法院在审理债务人相关人员下落不明或者财产状况不清的破产案件时，也应当充分贯彻债权人利益保护原则。尤其是此类案件的出现，大多与债务人相关人员未及时在公司解散后进行清算，并在资产不足以清偿债务的情形下，未及时启动破产清算程序有关，从而导致企业财产状况不清，给破产清算程序的进行造成阻碍。因此在审理此类案件中，应当重视对破产债权的保障，通过破产法上的制度设计发现、追收债务人财产，避免债务人通过破产程序恶意逃避债务、诈害债权人的债权。与此同时，也要注意尊重公司有限责任原则，严格遵守公司法及其司法解释关于股东等责任主体对公司债务承担连带责任的规定，避免不当扩大相关人员责任范围，导致公司有限责任这一基本原则被随意突破。

二是明确审理此类案件的法律适用依据。《最高人民法院关于债权人对人员下落不明或者财产状况不清的债务人申请破产清算案件如何处理的批复》主要解决的是债权人对人员下落不明或者财产状况不清的债务人申请破产清算的案件，是否应当受理以及受理后如何审理的问题。因此，该批复第3款有关债务人相关人员责任承担的规定，也应当在企业破产法及司法解释的规定内予以理解和把握，尤其是在判定债务人相关人员是否承担责任、承担何种责任的问题上，应当以企业破产法规定的相应义务是否履行为依据，不宜直接参照公司法及其司法解释中有关公司解散清算或强制清算的规定予以判定，原因在于，破产清算与公司解散后的清算有着不同的制度目标、适用条件和具体制度设计，对此，纪要第114条已经予以明确和强调，故不再赘述。

三是关于债务人相关主体的义务内容和责任范围。《公司法》第183条规定，公司因法定事由解散后，应在解散事由出现之日起15日内由股东、董事等组成清算组进行清算。在此基础上，公司法司法解释（二）第18条规定了上述主体未在法定期限内成立清算组开始清算，从而导致公司财产减损时应向债权人承担的责任。与上述公司法规定的相关主体负有解散后的清算义务不同，企业破产法采取的是破产申请主义，并未规定债务人符合破产原因时，债务人相关主体一律负有申请破产清算的义务，以及未及时申请破产而应向债权人承担的责任，仅在第7条第3款规定了债务人企业解散后发现有破产原因的必须转入破产清算程序。《最高人民法院关于债权人对人员下落不明或者财产状况不清的债务人申请破产清算案件如何处理的批复》主要在于明确债务人人员下落不明或者财产状况不清的破产清算案件如何审理的问题，因此，在理解该批复第3款所指"债务人的有关人员不履行法定义务，人民法院可依据有关法律规定追究其相应法律责任"时，应当明确系指，债务人相关人员不履行企业破产法规定的配合清算义务，以及由此根据企业破产法应当承担的责任，以确保此类案件受理后能够顺利进行，而非公司法及其司法解释规定的不及时履行解散后的清算义务而应对公司债务承担的责任。具体而言，企业破产法规定的配合清算义务主要包括第15条、第126条、第127条规定的内容及其责任后果。此外，为了进一步强化债务人相关人员配合清算的义务和责任，确保此类案件受理后顺利进行以及管理人履职需要，本条在总结实践经验的基础上，借鉴和参照了民事诉讼法、出境入境管理法的规定，进一步丰富了债务人相关主体配合清算义务的责任内涵。

四是关于无法清算或者造成损失的责任性质、责任主体和追责方式。《最高人民法院关于债权人对人员下落不明或者财产状况不清的债务人申请破产清算案件如何处理的批复》第3款还规定了债务人相关人员行为导致无法清算或者造成损失，有关权利人可以请求其承担相应民事责任。对此，由于文字表述上的相似性，实践中往往将其与《最高人民法院关于审理公司强制清算案件工作座谈会纪要》"十四、关于无法清算案件的审理"的规定相等同，进而根据后者的规定参照公司法司法解释（二）第18条的规定，要求被申请人的股东、董事、实际控制人等清算义务人对其债务承担偿还责任。但如前文所述，强制清算案件中相关主体的上述责任，来自公司法明确规定的清算义务以及公司资大于债的前提假设，即债权人本来可以在公司解散后通过清算获得的足额清偿，但由于相关主体未依法及时履行清算义务而导致债权损失，故根据侵权责任理论和构成，债权人可以向负有清算义务的主体要求其承担赔偿责任。但在企业破产法未普遍规定破产清算申请义务的前提下，仅以无法清算为由，不考虑债权人损失与债务人相关主体行为之间的因果关系，要求其对债权人的债务承担偿还责任，缺乏制度前提和逻辑基础，从而导致公司解散强制清算制度与破产清算制度的混同，以及对公司有限责任的不当突破。因此，本条基于侵权行为构成理论，着重对此问题予以了明确：

首先，根据前述企业破产法规定的法定义务明确债务人相关主体"行为"的内涵，系指债务人的有关人员未履行配合清算义务的行为或者负有清算责任的人未依照《企业破产法》第7条第3款的规定及时履行破产申请义务。其次，由于无法清算并非企业破产法规定的破产程序终结原因，而破产程序本身具有彻底清理债务人债权债务的功能，且破产制度还设立了管理人负责财产追收等破产事务管理，故"导致无法清算或者造成损失"系指相关人员的行为导致债务人主要财产、账册、重要文件等灭失，致使管理人无法执行清算职务，给债权人的债权造成损害。再次，由于相关主体不配合清算导致的债务人财产灭失，损失理论上属于债务人破产财产，应当由管理人依法追回后分配给全体债权人，不应在法院裁定终结破产程序后，由债权人个别进行追偿并用于清偿其自身债权，因此本条明确"有关权利人起诉请求其承担相应民事责任"系指，管理人请求上述主体承担相应损害赔偿责任并将因此获得的赔偿归入债务人财产，或者在管理人未主张上述赔偿的情况下，由个别债权人代表全体债权人提起上述诉讼，并将因此获得的赔偿归入债务人财产。最后，此类案件因无财产可供分配被裁定终结后，债权人或者债务人的相关主体又以债务人主要财产、账册、重要文件等重新出现为由，申请对破产清算程序启动审判监督的，基于破产宣告后的程序不可逆性，故人民法院应当裁定不予受理，但是符合《企业破产法》第123条规定的追加分配情形的，债权人可以请求人民法院追加分配。

# 【实务问题】

关于债权人对人员下落不明或者财产状况不清的债务人申请破产清算案件如何处理，实务中还应当注意以下几个方面的问题：

一是《最高人民法院关于债权人对人员下落不明或者财产状况不清的债务人申请破产清算案件如何处理的批复》的适用范围。该批复虽然针对的是地方高院《关于企业法人被吊销营业执照后，依法负有清算责任的人未向法院申请破产，债权人是否可以申请被吊销营业执照的企业破产的请示》，但该批复有关内容以及本条的适用不限于企业法人被吊销营业执照后，依法负有清算责任的人未向法院申请破产的情形，即便企业法人尚未被吊销营业执照，债权人根据企业破产法的规定提出破产清算申请的案件，在受理审查、案件审理和责任追究方面也应当依法予以适用。

二是要严格按照《最高人民法院关于债权人对人员下落不明或者财产状况不清的债务人申请破产清算案件如何处理的批复》的规定进行受理和审理。首先，对于债权人提起的此类破产申请，人民法院应当依法受理，不得以债务人不能提供相应的财产状况说明、债权债务清册等材料为由，不予受理或者受理后驳回申请。其次，上述破产申请受理后，应当通过强化债务人有关人员配合清算的义务、充分发挥管理人作用，发现和追收债务人财产。最后，根据《企业破产法》第 43 条、第 120 条的规定，无法清算并非法院裁定终结破产程序的法定事由，因此实践中，应当严格按照破产法的要求裁定终结程序，并予以公告。

三是本条责任承担的适用要强调侵权因果关系理论。本条和《最高人民法院关于债权人对人员下落不明或者财产状况不清的债务人申请破产清算案件如何处理的批复》第 3 款规定的债务人有关人员承担的民事责任，在性质上应当属于侵权责任，故债权人的损失及其范围与相关主体行为之间应当存在因果关系为必要前提。除非存在《公司法》第 20 条规定的股东滥用公司法人独立地位和股东有限责任，逃避债务，严重损害公司债权人利益，应当对公司债务承担连带责任外，不能仅以违反配合破产清算义务为由，要求债务人相关主体对公司债务承担连带清偿责任。

# 第十一章　关于案外人救济案件的审理

案外人救济案件包括案外人申请再审、案外人执行异议之诉和第三人撤销之诉三种类型。修改后的民事诉讼法在保留案外人执行异议之诉及案外人申请再审的基础上,新设立第三人撤销之诉制度,在为案外人权利保障提供更多救济渠道的同时,因彼此之间错综复杂的关系也容易导致认识上的偏差,有必要厘清其相互之间的关系,以便正确适用不同程序,依法充分保护各方主体合法权益。

## 【说明】

"没有救济，就没有权利。"在当事人就一项权利义务发生争议并诉讼后，其他权利义务主体因非本案诉讼法律关系主体，可能无法及时获知诉讼信息，也无法向法院提出诉讼请求和进行诉讼上的攻击防御。法院仅以本案诉讼当事人提供的诉讼资料和证据材料为基础作出的裁判，可能对案外人的民事权益产生消极影响，因此，需要赋予其救济权利。我国经过多次立法、修法，目前已经初步建立了较为完备的案外人权益救济法律体系，包括执行异议、执行异议之诉、案外人申请再审以及第三人撤销之诉制度。执行异议属于执行程序，涉及审判程序的为执行异议之诉、案外人申请再审与第三人撤销之诉。

在审判实践中，选择何种程序进行救济，各救济途径之间的联系与区别是什么，不仅困扰着当事人，也困扰着广大法官。因为执行异议之诉、案外人申请再审与第三人撤销之诉是民事诉讼法上比较新的制度，其虽在一定程度上填补了对案外人实体权利救济的空白，但现阶段仍然面临理论研究欠缺、裁判理念反复、具体规则不够完善等问题。案外人救济制度通过赋予案外人异议权利，为其提供了对违法和不当执行行为的救济途径。审判实践中面临事实认定难、法律适用难等诸多困扰，加之所涉及的民事权利类型非常广泛，导致此类案件审理难度较大。近年来，涉及案外人救济的案件收案数量呈爆发式增长，审理此类案件，不仅要解决事实认定及法律适用难题，还要面对多方主体的巨大压力，同案不同判的情况时有发生，相关问题亟待规范。因此，本次纪要将其作为一个专题予以规定。

### 一、当前审判实践面临的问题

一是法律规定相对简单。最高人民法院于2015年出台了执行异议复议规定，但其仅适用于执行异议和复议程序。目前，专门针对执行异议之诉的规定主要为民事诉讼法及其司法解释中的相关规定。第三人撤销之诉与案外人申请再审在民事诉讼法及其司法解释中只有寥寥几个条文，且仅涉及程序性事项。审理此类案件时，一方面要准确把握民事诉讼法及其司法解释相关规定的立法本意及立法变化，正确适用相关实体法律规范；另一方面也要注意学习、参考相关典型案例的有益经验，避免随意作出扩大解释。

二是法律依据相对分散。案外人救济案件的审理主要围绕两方面展开，其一要区分当事人的诉讼请求系针对执行行为还是执行依据，其二要判断当事人主张的民事实体权利是否具有阻却执行的效力。具体到个案审理中，既要求裁判者熟练掌握有关执行程序的相关规定，以确定当事人进行权利救济的程序选择是否正确；也要求裁判者必须精通物权法、合同法、担保法、婚姻法等实体法律法规，以对案外人的权利救济作出最终判断，以上对裁判者的业务能力和业务水平提出了更高要求。

三是地方实践日益丰富。目前，许多地方法院结合自身实践，积极开展探索。例如，江苏、江西等地法院出台执行异议之诉案件审理指南，树立裁判理念，作出案件指引；上海、重庆、浙江、吉林、黑龙江等地出台执行异议之诉案件问答；广东、北京等地法院针对第三人撤销之诉案件作出地方性规定，对相关问题作出具体回应，解决疑难复杂问题。实践中因对相关问题的认识存在不同理解，而相关领域的地方具体政策又各有不同，故不同法院出台的文件在具体问题处理上会有所不同，但地方司法实践的探索，对保证本地区裁判尺度统一具有积极意义。

**二、审理该类案件的基本原则**

审理有关案外人救济的案件，应当遵循以下原则：

一是坚持利益平衡原则。执行异议之诉通常涉及申请执行人、被执行人以及案外人等多方主体，申请执行人需要通过执行程序实现生效法律文书所确定的权利义务内容，而案外人则以其系执行标的物的所有权人或者其他足以排除强制执行民事权利主体提起异议之诉，对抗申请执行人的执行申请，主体之间利益冲突和对抗情绪激烈。审理此类案件时，一方面要依法维护申请执行人的合法权益，确保生效法律文书司法权威，避免让执行异议之诉制度成为被执行人拖延执行的工具；另一方面，因经济活动的复杂性和物权公示制度在彰显权利归属上的有限性，实践中被执行人并非实际权利人的情况大有所在，此时，应当为案外人提供充分的实体性救济渠道，妥善平衡申请执行人、被执行人与案外人之间的利益关系。案外人申请再审与第三人撤销之诉，在维护第三人合法权益的同时，如果运用不当，可能会损害生效裁判的权威性与稳定性，应妥善平衡各方利益关系，防止当事人滥用诉权。

二是坚持实质审查原则。执行异议复议规定确立了"以形式审查为主，实质审查为辅"的案外人异议程序审查原则，以强调案外人异议程序侧重效率的价值取向。基于此，执行异议之诉应当坚持实质审查原则，以纠正民事执行机构因"表面权利判断规则"可能带来的执行错误，充分保障案外人作为实际权利人的合法权益。审理中应当注意的是，其一在涉及登记、借名、挂靠等名义权利人与实际权利人不一致的情况下，不能仅依据权利外观表象即作出裁判,否则将会使执行异议之诉制度目的落空;其二要加大打击虚假诉讼的力度,防止案外人与被执行人恶意串通转移执行标的物;其三在证明责任问题上,严格适用自认规则,即使被执行人承认案外人的主张,案外人仍应就其对执行标的物享有所有权或者其他足以阻却对执行标的物强制执行的事实承担举证责任。

三是坚持权利甄别原则。执行异议之诉案件涉及权利义务关系相对复杂,对同一执行标的物上所涉不同权利的识别难度较大,金钱债权与民生权利、实体权利与程序权利相互交织。处理此类纠纷,应当按照物权法、合同法、担保法、婚姻法等实体法的规定,严格做好权利甄别。在正确认定相关权利属于物权还是债权、是否具有优先权属性等基础上,按照物权优先于债权、法律规定的特殊债权优先于普通债权的原则,正确处理纠纷。在对执行标的物上实体权利类型查明的基础上,对案外人实体权利与申请执行人债权发生冲突时,做好法律上的评价,进而对执行标的物的权属以及是否符合继续执行条件作出判断。在第三人撤销之诉案件中,要区分当事人享有的是物权还是债权、是普通债权还是法律有特殊规定的债权。

四是坚持生存利益优先原则。现阶段,我国相关市场交易规则及交易秩序有待进一步完善,相关主体法律意识有待进一步提高,市场交易不规范的现象仍然存在。基于当前现实情况,要特别注重保护当事人的生存权利,在坚持依法审理的前提下,遵循消费者生存利益优先于银行、企业等主体经营利益原则,在兼顾双方利益保护的同时,适度向相对弱势一方倾斜。

119.【案外人执行异议之诉的审理】案外人执行异议之诉以排除对特定标的物的执行为目的,从程序上而言,案外人依据《民事诉讼法》第227条提出执行异议被驳回的,即可向执行人民法院提起执行异议之诉。人民法院对执行异议之诉的审理,一般应当就案外人对执行标的物是否享有权利、享有什么样的权利、权利是否足以排除强制执行进行判断。至于是否作出具体的确权判项,视案外人的诉讼请求而定。案外人未提出确权或者给付诉讼请求的,不作出确权判项,仅在裁判理由中进行分析判断并作出是否排除执行的判项即可。但案外人既提出确权、给付请求,又提出排除执行请求的，人民法院对该请求是否支持、是否排除执行，均应当在具体判项中予以明确。执行异议之诉不以否定作为执行依据的生效裁判为目的，案外人如认为裁判确有错误的，只能通过申请再审或者提起第三人撤销之诉的方式进行救济。

## 【条文主旨】

本条是关于案外人执行异议之诉审理的规定。

## 【争议观点】

在案外人执行异议之诉案件的审理中，司法实践中存在的困惑是，是否要在执行异议之诉判决中作出确权判项以及对于当事人的给付请求是否在执行异议之诉判项中予以明确。一种观点认为，案外人执行异议之诉的根本目的是对案外人享有的权利能否排除执行作出判断，而非确权，判决中只需写明是否排除执行，确权判项是画蛇添足。另一种观点认为，案外人权利的确认与否是判断其是否排除执行的基础，判决中应当先作出确权判项，再作出是否排除执行的判项。还有观点认为，是否作出确权判项，不能一概而论，应取决于案外人是否提出明确的确权的诉讼请求。

对于在执行异议之诉中的给付请求是否在判项中予以明确，涉及执行异议之诉的审理范围问题。一种观点认为，执行异议之诉只解决是否排除执行的问题，不应扩大其审理范围，对于给付请求应不予审理，以避免案件拖延。另一种观点认为，为减轻当事人的诉累，应当在执行异议之诉中对于当事人的给付请求进行审理。

## 【理解与适用】

在理解与适用本条时，应当注意以下几点：

一是要明确执行异议之诉的性质。执行异议之诉并不能简单地定性为形成之诉、确认之诉或者给付之诉，而是一种复合性的新类型诉讼，兼具形成之诉、确认之诉的特点。执行异议之诉在形式上体现为是否排除强制执行行为的纠纷，在实质上是案外人与被执行人对该执行标的的权属纠纷和案外人对执行标的所享有权益与申请执行人的请求权的优先效力纠纷。根据传统大陆法的理论，案外人执行异议之诉只解决能否排除执行的问题，不解决权利归属的问题，对于权属争议第三人可以另诉。但在审判实践中，无论案外人是否提出了确认其权利的诉讼请求，人民法院都需要对执行标的的权属作出认定，才能就能否支持案外人排除对该执行标的的执行的诉讼请求作出判断。因此，执行标的的"真实权属"和"能否阻止执行"两项内容都应纳入执行异议之诉的审查范围。所以根据民事诉讼法司法解释的规定，案外人同时提出确认其权利的诉讼请求的，人民法院可以在判决中一并作出裁判。

二是要针对当事人的诉讼请求。民事诉讼奉行"不告不理"原则，是否在判决中作出确权判项，取决于当事人是否有明确的诉讼请求，如果案外人在诉讼请求中明确要求确权，同时提出排除执行的请求。在判决书的理由阐述部分以及判项中对此问题都应予明确。反之，如果案外人在诉讼请求中并未要求确权，而是仅仅提出排除执行的请求，此时，在判决中不应作出确权判项，仅需对于案外人享有的权利是否排除执行作出回应。案外人是否对于涉案标的享有权利，在判决书中的说理部分阐明即可。对于当事人给付的诉讼请求，判项中予以明确是否支持其请求。如果给付请求相对简单，可以就执行异议之诉请求一并审理一并判决。如果给付请求的审理相对复杂，为避免执行异议之诉案件过分拖延，可以先就是否排除执行先行判决。

三是要准确甄别案外人享有的权利的性质。是否能够阻却执行，应当对案外人对于执行标的是否享有权利、享有什么性质的权利，进行准确的甄别与判断。执行异议之诉案件涉及权利义务关系相对复杂，对同一执行标的的物上所涉不同权利的识别难度较大，金钱债权与民生权利、实体权利与程序权利相互交织。处理此类纠纷，应当按照物权法、合同法、担保法、婚姻法等实体法的规定，严格做好权利甄别。在正确认定相关权利属于物权还是债权、是否具有优先权属性等基础上，按照物权优先于债权、法律规定的特殊债权优先于普通债权的原则，正确处理执行异议之诉纠纷。在对执行标的物上实体权利类型查明的基础上，对案外人实体权利与申请执行人债权发生冲突时，做好法律上的评价，进而对执行标的物的权属以及是否符合继续执行条件作出判断。

四是全面把握足以排除执行的权利类型。关于"足以排除强制执行的民事权益"的理解，认识上相对一致，主要包括所有权以及能够排除强制执行的其他合法权益。（1）所有权。以对标的物支配范围为划分标准，物权可分为所有权和定限物权。所有权，是指所有人依法对标的物为全面支配的物权。(2) 能够排除强制执行的其他合法权益。除所有权外，在一物之上还可能存在其他合法权利，同样具有对抗他人执行申请的法律效果。①物权期待权。物权期待权是指因已符合部分权利取得之要件，而对未来取得完整所有权且依法律及当事人约定而受到保护的期待权利。"期待权是对未来完整权利的一种期望，因取得权利之部分要件而受到法律保护。"②用益物权。用益物权是指以支配标的物的使用价值为内容的物权。③担保物权。担保物权是以债务人或者其他人的特定财产作为清偿债务的标的，在债务人不履行其债务时，债权人可以将该财产换价，并从中优先受清偿，使其债权得以实现的定限物权。担保物权主要包括抵押权、质权、留置权及优先权。担保物权是否能够阻却执行，不能一概而论。通说认为，质权与留置权可以阻却执行。抵押权人与优先权人，仅享有顺位上的优先性，不能提起执行异议之诉。④租赁权。租赁法律关系中，承租人依据租赁合同对租赁物实际享有占有、使用、收益等权利，属于有权占有。⑤到期债权。特定情况下，到期债权人可以提起执行异议之诉。

五是正确区分执行异议之诉与案外人申请再审。执行异议之诉是针对执行标的本身，核心在于以案外人是否对执行标的享有足以阻却执行的正当权利为前提，就执行程序应当继续还是应当停止执行，作出评价和判断。执行异议之诉不以否定作为执行依据的生效裁判为目的，如认为裁判有错误，只能适用申请再审或撤销之诉的救济途径。如果案外人的权利义务关系或者其诉讼请求所指向的标的物，与原判决、裁定确定的民事权利义务关系或者该权利义务关系的客体具有同一性，执行标的就是作为执行依据的生效裁判所确定的权利义务关系的特定客体，其则属于"认为原判决、裁定错误"的情形，应依照审判监督程序处理。反之，则应依照执行异议之诉程序处理。

## 【实务问题】

一是案外人另行提起确权之诉如何处理？对于当事人能否不在执行异议之诉中确权，另行提起确权之诉存在争议。理论界存在两种观点，一种观点认为，民事诉讼法并未禁止当事人另案确权，因此，当事人可以另案确权。另一种观点认为，如果已经提起执行异议之诉，当事人应当在执行异议之诉中确权，不能另案确权。因为另案诉讼容易造成案外人与被执行人恶意串通、逃避执行的情况，且申请执行人并非另案判决的当事人，并不受该判决的约束。因此，应当在执行异议之诉中确权，一并解决案外人、申请执行人与被执行人之间的权利纠纷。案外人另行确权的，人民法院应当裁定不予受理，已经受理的，应当裁定驳回起诉。关于在执行异议之诉外能否再另案提起确权之诉的问题，实务中争议也非常大。《江苏省高级人民法院执行异议之诉案件审理指南》指出：执行过程中，案外人以其对执行标的享有实体权利为由提出执行异议，人民法院裁定驳回其异议后，案外人仍然不服的，既可以提起执行异议之诉，并可在执行异议之诉案件中同时提出确认其实体权利的诉讼请求；也可以单独提起确认之诉。案外人向有管辖权的人民法院单独提起确认之诉的，不能产生阻却执行的法律效果。如果案外人既要单独提起确认之诉，又要对执行产生影响，就应当向执行法院提起确认之诉。《北京市高级人民法院关于审理执行异议之诉案件适用法律若干问题的指导意见（试行）》规定：法院针对执行标的物的强制执行过程中，案外人以被执行人为被告就执行标的物另行提起确权之诉的，不予受理，已经受理的，应当裁定驳回起诉，并告知其可以依据《民事诉讼法》第204条的规定主张权利。我们认为，对于能否允许当事人不提执行异议之诉，另行起诉确权的问题，《最高人民法院关于执行权合理配置和科学运行的若干意见》明确规定，人民法院的查封排除了其他法院关于该查封物的另案确权。执行异议复议规定也规定，案外人依据执行标的被查封、扣押、冻结后作出的另案生效法律文书提出排除执行异议，人民法院不予支持。因此，从目前来看，不宜再允许当事人另案确权。所以，目前根据《最高人民法院关于依法制裁规避执行行为的若干意见》第9条和第11条、《最高人民法院关于执行权合理配置和科学运行的若干意见》第26条的规定，案外人对已经被法院查封、扣押、冻结的财产主张确权，只能提起执行异议之诉，不能另行提起确权之诉，对另案提出的确权之诉，裁定不予受理，已经受理的，裁定驳回起诉。

二是案外人认为仲裁裁决本身有错误，针对仲裁裁决提起执行异议之诉如何处理？如果认为判决裁定本身有错误，案外人的救济途径是案外人申请再审。如果认为仲裁裁决本身有错误，案外人如何救济？《最高人民法院关于人民法院办理仲裁裁决执行案件若干问题的规定》于2018年3月1日起施行。根据该司法解释第2条的规定，案外人对仲裁裁决执行案件申请不予执行的，负责执行的中级人民法院应当另行立案审查处理。可见，案外人如果对作为执行依据的仲裁裁决或仲裁调解书有异议的，该司法解释赋予了案外人依法申请不予执行的权利。当事人提起执行异议之诉的，应当不予受理，已经受理的，应当驳回起诉。

三是案外人认为公证债权文书本身有错误，针对公证债权文书提起执行异议之诉如何处理？此种情况下，案外人系针对执行依据提出异议，案外人提起执行异议之诉的，应当不予受理，已经受理的，应当驳回起诉。案外人认为作为执行依据的公证债权文书存在错误应通过其他法定程序进行救济。第一，案外人可依照《公证法》第 39 条的规定，向公证机关提出复查。公证书内容违法或者与事实不符的，公证机关应当撤销该公证书。案外人亦可提起诉讼，请求人民法院判令公证机关撤销公证债权文书。第二，执行终结前，案外人可以依照《民事诉讼法》第 238 条第 2 款及《公证法》第 37 条的规定向执行法院提出申请裁定不予执行该公证债权文书。第三，根据《最高人民法院关于公证债权文书执行若干问题的规定》第 24 条规定，就公证债权文书涉及的民事权利义务争议直接向有管辖权的人民法院提起基础关系诉讼。

120.【债权人能否提起第三人撤销之诉】第三人撤销之诉中的第三人仅局限于《民事诉讼法》第 56 条规定的有独立请求权及无独立请求权的第三人，而且一般不包括债权人。但是，设立第三人撤销之诉的目的在于，救济第三人享有的因不能归责于本人的事由未参加诉讼但因生效裁判文书内容错误受到损害的民事权益，因此，债权人在下列情况下可以提起第三人撤销之诉：

（1）该债权是法律明确给予特殊保护的债权，如《合同法》第 286 条规定的建设工程价款优先受偿权，《海商法》第 22 条规定的船舶优先权；

（2）因债务人与他人的权利义务被生效裁判文书确定，导致债权人本来可以对《合同法》第 74 条和《企业破产法》第 31 条规定的债务人的行为享有撤销权而不能行使的；

（3）债权人有证据证明，裁判文书主文确定的债权内容部分或者全部虚假的。

债权人提起第三人撤销之诉还要符合法律和司法解释规定的其他条件。对于除此之外的其他债权，债权人原则上不得提起第三人撤销之诉。

## 【条文主旨】

本条是关于债权人能否提起第三人撤销之诉的规定。

## 【争议观点】

对于第三人的债权受侵害是否能提起第三人撤销之诉,司法实践中争议很大。一种观点持完全否定的态度;另一种观点是持有条件的肯定态度,即债权人在特定条件下具有提起第三人撤销之诉的主体资格。

否定说认为,债权人就前诉中的标的物不能独立地主张实体权利,不是该案的有独立请求权第三人。债权具有相对性和独立性,债权人与前诉诉讼结果仅具有经济上的利害关系而非法律上的利害关系,不是无独立请求权第三人,不符合《民事诉讼法》第 56 条规定的主体要件。此外,第三人撤销之诉中侵害的"民事权益"通常指《侵权责任法》第 2 条规定的权益及法律明确规定的享有优先权的债权或享有撤销权的债权,不包括债权人的金钱债权。采否定说观点的法院有江苏[①]。

有条件的肯定说认为,第三人撤销之诉的立法目的在于为受虚假诉讼侵害合法权益的第三人提供救济,应对《民事诉讼法》第 56 条进行扩大解释,将普通债权人纳入第三人范畴。但是考虑到第三人撤销之诉为特殊救济程序,为防止其滥用诉权,且考虑到生效裁判文书的权威性,故应对普通债权人提起第三人撤销之诉设置严格的条件。对普通债权人提起第三人撤销之诉限于存在虚假诉讼且无法经由常规救济程序进行救济的情形下。[②] 普通债权人应对存在虚假诉讼提出初步证据。《北京市高级人民法院关于审理第三人撤销之诉案件适用法律若干问题的研讨纪要》认为,以侵害金钱债权为由提

---

[①] 江苏省高级人民法院在其执行异议之诉问答中针对普通债权人是否可以提起第三人撤销之诉,作如下表述:普通债权人不属于原生效裁判对应法律关系中的第三人,不符合《民事诉讼法》第 56 条规定的第三人的主体资格,因此,普通债权人不能提起第三人撤销之诉。普通债权人认为自己的合法权益受到人民法院生效裁判的损害,可以依据《民事诉讼法》第 200 条的规定,向人民法院申请再审。案件进入执行程序后,案外人对驳回其执行异议裁定不服的,可以依照《民事诉讼法》第 227 条的规定,提起执行异议之诉。

[②] 参见贺小荣主编:《最高人民法院民事审判第二庭法官会议纪要——追寻裁判背后的法理》,人民法院出版社 2018 年版,第 106~112 页。

起撤销之诉的,一般应当驳回起诉,但前诉当事人利用诉讼转移财产、逃避执行的除外。①《广东省高级人民法院关于审理第三人撤销之诉案件疑难问题的解答》也认为,普通债权人原则上不适用第三人撤销之诉进行保护,但第三人以金钱债权受到侵害为由起诉,有证据证明前诉为虚假诉讼的除外。

**【理解与适用】**

一是要正确理解第三人撤销之诉的设立目的。立法设立第三人撤销之诉的主要目的是对民事权益受到侵害而未能参加诉讼的案外人提供救济。第三人撤销之诉制度的引入,最初目的就是为了遏制、打击实践中出现的虚假诉讼,保护案外人合法权益。在当前,当事人利用虚假诉讼侵害案外人合法权益,尤以对物权和债权的侵害最为多见,其中,债务人与他人恶意串通转移财产、逃避债务,损害普通债权人合法权益的案例成为虚假诉讼的典型表现。在我国民事诉讼中,当事人通过恶意诉讼等手段侵害第三人合法权益时有发生,尤其是在调解结案后,当事人利用调解进行诉讼欺诈,侵害第三人合法权益日渐增多。在比较再审程序、执行异议、另行起诉等方式对第三人救济的优劣后,增设了第三人撤销之诉。赋予受虚假诉讼侵害的普通债权人提起本诉的主体资格更符合立法目的,也有利于实现实体正义。为实现这一规范目的,有必要对《民事诉讼法》第 56 条进行扩张解释,特定情况下应当将债权人纳入第三人范畴。债权本身所具有的平等性和相对性特征,决定了债权人在法律上难以获得如物权人那样优越的地位,债权人往往并不能参加到他人间的诉讼中去,使得债务人在逃避债务时更加方便。在事前程序保障不够完善的情况下,特定情况下,有必要为其提供一条有效的事后救济途径。②

二是对于债权人提起第三人撤销之诉的条件应当作严格的限定。为防止案外人滥用诉讼权利,也有必要对债权人作为原告提起诉讼设置严格的条件。考虑到第三人撤销之诉系事后特殊救济程序,为防止案外人滥用诉讼权利,影响生效裁判的稳定性和权威性,有必要对债权人作为原告提起第三人撤销之诉设置严格的条件。欲赋予普通债权人第三人撤销之诉的原告资格,

---

① 参见 2016 年 4 月 15 日《北京市高级人民法院关于审理第三人撤销之诉案件适用法律若干问题的研讨纪要》。

② 参见贺小荣主编:《最高人民法院民事审判第二庭法官会议纪要——追寻裁判背后的法理》,人民法院出版社 2018 年版,第 106~112 页。

必须首先将其身份限定在《民事诉讼法》第 56 条所规定的主体范畴之内，即普通债权人或界定为有独立请求权第三人或为无独立请求权第三人。同时也要满足法律、司法解释对于第三人撤销之诉的其他要求。而且，债权人提起第三人之诉，仅是例外情形。主要限于以下情形：

第一，第三人受到法律明确给予特殊保护的债权受到损害，如《合同法》第 286 条规定的建设工程价款优先权，《海商法》第 22 条规定的船舶优先权。法律上明确给予特殊保护的债权，是出于特殊目的的考虑，法律一般赋予这些债权以优先性。因此，其不同于普通债权，在其权利受到侵害时，可以提起第三人撤销之诉。

第二，第三人的普通债权受到损害，但其受侵害的债权是第三人依法可以行使撤销权的原裁判文书主文确定的债权，如《合同法》第 74 条规定的债权，《企业破产法》第 31 条规定的债权。上述法律规定的债权人本身就有权撤销债务人放弃到期债权、无偿转让财产以及以不合理低价转让财产等不当行为。因此，侵害的债权如果是第三人依法可以行使撤销权的原裁判文书主文确定的债权，第三人可以提起撤销之诉。此时需要注意的是，在实务中存在债务人恶意利用生效判决和执行方式转移破产财产的情形，最常见的做法是提起一个诉讼将非正常交易、为原本没有财产担保的债务提供担保行为的效果通过判决书、裁定书、调解书、仲裁裁决书的形式固定下来，从而凭借这些法律文书的执行效力实现个别清偿或恶意转让财产的目的。对于生效判决和执行行为是否可以行使撤销权，司法实践中争议很大，我们认为，对个别清偿的执行行为原则上不能撤销，理由是：（1）破产撤销权执行的行为是民事主体之间基于意思表示而作出的行为，而执行行为是在认定当事人之间行为效力的基础上的公权力行为，如果把执行行为作为撤销权的行使对象，那么从对象上不符合撤销权的要件。（2）撤销权的行使对象是民事行为，这是撤销权的本来含义。对于民事行为已经被生效判决确认并被执行完毕的，如仍对该民事行为主张撤销，那么确认该民事行为的生效判决所依据的基础关系变化了，该生效判决的效力应该如何认定？此时，在程序上管理人应通过再审程序撤销错误裁判，为此需要赋予管理人再审申请权，且法院对管理人提出的再审申请应予受理；在实体上则由法院依据破产法有关撤销权的规定进行审理。①

第三，第三人的普通债权受到损害，但第三人有证据证明，原裁判文书

---

① 韩长印主编：《破产法学》（第二版），中国政法大学出版社 2016 年版，第 127 页。

主文确定的债权内容部分或者全部虚假。此种情况下，如果不能为在虚假诉讼中受损的普通债权人提供救济，将大幅减损第三人撤销之诉遏制虚假诉讼的制度功能。虚假诉讼的泛滥会扰乱正常的诉讼秩序，并且对司法权威和司法公信力形成冲击。对普通债权人起诉时提交的证据材料的审查，虽系实体审查，但应以初步适度审查为原则，而不是以查证属实足以证明前诉系虚假诉讼为标准。具言之，应综合当事人的主观恶意、案件处理结果的正确与否、对受侵害人合法权益的侵害程度、各当事人之间的关系、各证据之间的关系等因素决定，只要普通债权人提供的证据使法官形成裁判结果极不自然、虚假诉讼的存在具有较大可能性的内心确信，即可认定其已完成立案受理阶段的举证责任。

## 【实务问题】

一是"一房二卖""一屋数租"的债权人能否提起第三人撤销之诉。上述债权人为有独立请求权的第三人，"一房二卖""一屋数租"的债权系基于物的所有权及使用权而产生，系对涉案标的物产生争夺、支配关系的非金钱债权人，而非一般意义上的金钱债权人，不属于普通的债权人范畴。其可以提起第三人撤销之诉。

二是基于保全行为对前诉标的物享受权利的债权人能否提起第三人撤销之诉。保全行为会对被执行人所有权占有、使用、收益及处分权能形成剥夺或限制，同时申请人对于保全财产处分后所有价款的分配享有优先权。此时，基于保全行为对前诉标的物享受权利的债权人能否提起第三人撤销之诉，在司法实践中存在争议。一种意见认为，此种情况下的第三人可以比照有优先效力的金钱债权人处理，可以赋予其提起第三人撤销之诉的主体资格。另一种意见认为，不宜对第三人作扩大化的解释，其提起第三人撤销之诉缺乏法律的明确依据。我们认为，此种情况下，债权人享有的优先受偿的权利，并非对被查封资产享有的实体上的权利。案外人无法以查封人的名义参加到原审诉讼，因此其也无法以第三人的名义提起撤销权诉讼。案外人的查封权利虽然因为原审案件中物权的成立而受到影响，但其享有的实体权利即债权并未受到影响。案外人作为查封权利人，可以在执行程序中对查封标的优先受偿，虽然前诉判决中致使案外人的优先受偿权受到影响，但该种影响并未导致案外人自身的债权灭失，其仍可以查封、执行被执行人的其他财产。

三是股东能否提起第三人撤销之诉。公司与股东之间的关系十分复杂，一方面因为投资关系，两者是天然的利益共同体。另一方面，公司作为独立的拟制主体，具有独立的意志，可以作出自己的意思表示。我们认为，公司对外活动应当推定为股东整体意志的体现，公司在诉讼中活动中的主张也应认定其代表股东的整体利益。虽然公司诉讼的处理结果会间接影响到股东的利益，但股东的利益和意见已经在诉讼过程中由公司所代表和表达，所以股东不能提起第三人撤销之诉。

【典型案例】

### 张某与朱某、田某第三人撤销诉讼纠纷案①

**裁判要旨：**债权人提起第三人撤销之诉，主张债务人与案外人通过另行提起的虚假诉讼获取调解书，并对债务人的财产采取保全措施且不实际执行，损害债权人的合法利益。经人民法院审理，认为债务人与案外人另行提起的民事诉讼属于虚假诉讼的，对于债权人的诉讼请求应当予以支持。

121.【必要共同诉讼漏列的当事人申请再审】民事诉讼法司法解释对必要共同诉讼漏列的当事人申请再审规定了两种不同的程序，二者在管辖法院及申请再审期限的起算点上存在明显差别，人民法院在审理相关案件时应予注意：

（1）该当事人在执行程序中以案外人身份提出异议，异议被驳回的，根据民事诉讼法司法解释第423条的规定，其可以在驳回异议裁定送达之日起6个月内向原审人民法院申请再审；

（2）该当事人未在执行程序中以案外人身份提出异议的，根据民事诉讼法司法解释第422条的规定，其可以根据《民事诉讼法》第200条第8项的规定，自知道或者应当知道生效裁判之日起6个月内向上一级人民法院申请再审。当事人一方人数众多或者当事人双方为公民的案件，也可以向原审人民法院申请再审。

---

① 案例来源：《最高人民法院公报》2018年第6期（总第260期）。

## 【条文主旨】

本条是关于被遗漏的必要共同诉讼人申请再审的规定。

## 【争议观点】

被遗漏的必要共同诉讼人申请再审应遵循何种程序,民事诉讼法司法解释出台前,存大很大争议。后民事诉讼法司法解释第422条、第423条对此作了明确规定。

## 【理解与适用】

准确理解该条,需要把握以下几点:

**一、对必要共同诉讼人规定两种申请再审程序的意义**

根据《民事诉讼法》第227条和民事诉讼法司法解释第423条的规定,案外人对驳回其执行异议的裁定不服,认为原判决、裁定、调解书错误的,可以申请再审。被遗漏的必要共同诉讼人未在原判决、裁定中列为当事人,属于案外人,可以以案外人的身份根据前述规定申请再审。但是,被遗漏的必要共同诉讼人和其他一般的案外人不同,前者属于本应参加原诉的主体,即本应在原判决、裁定中列为当事人,后者是无须也无法以当事人身份参与原诉。因此,被遗漏的必要共同诉讼人的利益受到原生效法律文书影响的可能性更大。为了尽可能保护被遗漏的必要共同诉讼人的合法权益,民事诉讼法司法解释第422条赋予了被遗漏的必要共同诉讼人与原生效法律文书的当事人相同的直接申请再审的权利,即可以依据《民事诉讼法》第200条第8项的规定申请再审。

**二、两种申请再审程序的要件**

1. 根据民事诉讼法司法解释第422条的规定,被遗漏的必要共同诉讼人直接申请再审应符合下列条件:

首先,再审申请人属于未参加原诉的必要共同诉讼人。必要的共同诉讼是指当事人一方或双方为两人或两人以上,其诉讼标的是共同的,人民法院必须合并审理的诉讼。必要共同诉讼人,就是指对原诉讼标的有共同的权利义务,应共同参加诉讼的主体。

其次，必要共同诉讼人未能参加诉讼系因不能归责于本人或者其诉讼代理人的事由。《民事诉讼法》第 132 条规定，必须共同进行诉讼的当事人没有参加诉讼的，人民法院应当通知其参加诉讼。可见，对于未参加诉讼的必要共同诉讼人，人民法院应依据职权追加其参加诉讼，如果遗漏了必要共同诉讼人，则构成程序违法。当人民法院应当追加而未追加必要共同诉讼人时，由于诉讼主体的缺失，导致未能参加诉讼的人失去行使诉讼权利来维护自身权益的机会，法律上有必要通过再审程序保障被遗漏的必要共同诉讼人的程序和实体权益。反过来说，如果必要共同诉讼人未能参加诉讼系本人或其诉讼代理人的原因造成，譬如人民法院通知其参加诉讼，但其选择不参加诉讼，则法律上没有必要再赋予其申请再审的程序权利。

再次，自知道或者应当知道生效裁判之日起 6 个月内申请再审。根据《民事诉讼法》第 205 条规定，当事人申请再审应当在判决、裁定生效之后的 6 个月内提出。被遗漏的必要共同诉讼人没有参加诉讼，无法及时知晓原诉情况，造成其可能无法在裁判生效之后的 6 个月提出再审申请，故有必要作出特别规定，应从知道或者应当知道生效裁判之日起 6 个月内申请再审。

最后，案件未进入执行程序。为避免和民事诉讼法司法解释第 423 条规定的案外人申请再审程序相冲突，民事诉讼法司法解释第 422 条就必要共同诉讼人申请再审设置了前提条件，即案件未进入执行程序。案件一旦进入执行程序，被遗漏的必要共同诉讼人应通过提出执行异议主张权利，执行异议被驳回后，则根据民事诉讼法司法解释第 423 条的规定申请再审。

2. 根据《民事诉讼法》第 227 条和民事诉讼法司法解释第 423 条的规定，被遗漏的必要共同诉讼人以案外人身份申请再审应符合下列条件：

首先，再审申请人提出了执行异议，并被人民法院裁定驳回。被遗漏的必要共同诉讼人根据《民事诉讼法》第 227 条和民事诉讼法司法解释第 423 条规定申请再审，是以一般意义上的案外人的身份提出。为了保护生效裁判的稳定性，法律上应对案外人申请再审的权利予以必要的限制，即案外人申请再审的，需先对人民法院的执行行为提出异议。只有在人民法院裁定驳回案外人执行异议后，案外人仍不服，认为执行行为依据的原判决、裁定、调解书内容错误且损害其民事权益的，才可提出再审申请。

其次，申请再审的期限为 6 个月。根据《民事诉讼法》第 205 条规定，当事人申请再审应当在判决、裁定生效之后的 6 个月内提出。案外人申请再审比照前述规定，设定了 6 个月的申请再审期限，自执行异议裁定送达之日起算。

最后，原判决、裁定、调解书的主文内容错误，且损害到申请人的合法权益。这是申请人提出再审的实质要件。《民事诉讼法》第227条有关"原判决、裁定错误的"表述，应扩展理解为原判决、裁定和调解书的错误，但仅限于裁判文书主文方面的错误。此外，裁判文书的错误损害到申请人的合法权益，这是案外人申请再审的实质要件和根本动机。

### 三、两种程序的比较

被遗漏的必要共同诉讼人根据民事诉讼法司法解释第422条和第423条申请再审的两种程序，存在明显差异：一是申请再审的法院不同。前者一般是向上一级人民法院申请再审，但当事人一方人数众多或者当事人双方为公民的案件，也可以向原审人民法院申请再审，后者是向执行法院也是原审法院申请再审。二是申请再审六个月期限的起算点不同。前者是从知道或者应当知道生效裁判文书之日起计算六个月，后者是从执行异议裁定送达之日起计算六个月。三是前置程序的不同。前者无须前置程序，但后者存在前置程序，须以提出执行异议并被裁定驳回为前提。

除了以上三点明显差异外，这两种程序还存在两个方面的不同。一方面，两种程序申请再审的事由不同。根据民事诉讼法司法解释第422条直接申请再审的事由应是符合《民事诉讼法》第200条第8项规定的情形。再审申请人必须证明其符合《民事诉讼法》第200条第8项的规定，人民法院才能直接启动再审。但是，申请人根据民事诉讼法司法解释第423条申请再审的事由则不局限于《民事诉讼法》第200条第8项规定的情形，只要符合《民事诉讼法》第200条规定的情形的一种，就应再审。另一方面，正是因为申请再审的事由不同，导致两种程序中申请人所承担的举证责任不同。申请人根据民事诉讼法司法解释第422条申请再审时，应当提交初步证据证明其系被遗漏的必要共同诉讼人。案外人提出的执行异议被驳回后，其申请再审时无须承担前述初步的举证证明义务。

## 【实务问题】

一是申请人对两种程序如何选择。法律上为被遗漏的必要共同诉讼人申请再审提供了两种路径，但并不是说申请人可以自由选择。在案件进入执行程序前，申请人提出执行异议的前置程序无法实现，故其只可能根据民事诉讼法司法解释第422条申请再审。在案件进入执行程序后，则申请人不能再根据民事诉讼法司法解释第422条申请再审，只能根据民事诉讼法司法解释第423条申请再审。

二是申请人直接申请再审被驳回后，能否再提出执行异议，然后申请再审。从前述分析可知，被遗漏的必要共同诉讼人申请再审的程序选择，是以案件是否进入执行程序来区分的。案件进行执行程序后，申请人只能根据民事诉讼法司法解释第423条申请再审，但如果案件进入执行程序前，申请人已经根据民事诉讼法司法解释第422条申请再审，之后案件进入执行程序，如果申请人之前的再审申请被驳回后，能否再提出执行异议，然后申请再审？应该说，申请人根据民事诉讼法司法解释第422条申请再审被驳回，说明其不属于被遗漏的必要共同诉讼人，不符合《民事诉讼法》第200条第8项规定的情形，但遗漏必要共同诉讼主体只是构成《民事诉讼法》第200条规定的再审情形之一。如果申请人认为原生效裁判符合《民事诉讼法》第200条规定的其他再审情形，则仍然有权以案外人的身份提出执行异议，执行异议被驳回后申请再审。

122.【程序启动后案外人不享有程序选择权】案外人申请再审与第三人撤销之诉功能上近似，如果案外人既有申请再审的权利，又符合第三人撤销之诉的条件，对于案外人是否可以行使选择权，民事诉讼法司法解释采取了限制的司法态度，即依据民事诉讼法司法解释第303条的规定，按照启动程序的先后，案外人只能选择相应的救济程序：案外人先启动执行异议程序的，对执行异议裁定不服，认为原裁判内容错误损害其合法权益的，只能向作出原裁判的人民法院申请再审，而不能提起第三人撤销之诉；案外人先启动了第三人撤销之诉，即便在执行程序中又提出执行异议，也只能继续进行第三人撤销之诉，而不能依《民事诉讼法》第227条申请再审。

## 【条文主旨】

本条是关于案外人既有申请再审的权利又符合第三人撤销之诉的条件时其是否享有选择权的规定。

## 【争议观点】

第三人撤销之诉与案外人申请再审功能相似,《民事诉讼法》第227条规定,在执行程序中,案外人对执行标的提出书面异议,对人民法院驳回其异议的裁定不服,认为原判决、裁定错误的,依照审判监督程序办理,明确规定了此种情况下,案外人享有申请再审的权利。如果该案外人又符合《民事诉讼法》第56条关于第三人撤销之诉的条件时,案外人是选择适用第三人撤销之诉还是再审程序?一种观点认为,于此情形下,应当赋予当事人选择权。首先,民事诉讼法于此情形下明确规定了第三人撤销之诉和再审两种不同救济程序,都属于当事人的权利;其次,第三人撤销之诉与再审程序是两种不同的程序,各有其程序利益,如何适用,应由权利人自行选择。另一种观点认为,不宜由当事人选择,则应当优先适用再审程序。第三种意见认为应当按照启动程序的先后,当事人只能选择相应的救济程序:案外人先启动执行异议程序的,对执行异议裁定不服,认为原裁判内容错误损害其合法权益的,只能向作出原裁判的法院申请再审,而不能提起撤销之诉;案外人先启动了第三人撤销之诉,即便在执行程序中又提出执行异议,也只能继续进行撤销之诉,而不能依《民事诉讼法》第227条申请再审。民事诉讼法司法解释第303条采纳的是第三种意见,① 即相对限制案外人的程序选择权。纪要对于民事诉讼法司法解释第303条的规定作了进一步的细化规定。

## 【理解与适用】

一是要正确区分执行异议之诉与案外人申请再审、第三人撤销之诉。案外人救济制度包括案外人申请再审、案外人执行异议之诉、第三人撤销之诉

---

① 沈德咏主编:《最高人民法院民事诉讼法司法解释理解与适用》,人民法院出版社2015年版,第809页。

三种类型。修改后的民事诉讼法在保留执行异议之诉及案外人申请再审的基础上，新设立第三人撤销之诉制度，在为案外人权利保障提供更多救济渠道的同时，因彼此之间错综复杂的关系也容易导致认识上的偏差，有必要厘清其相互之间的关系，以便正确适用不同程序，依法充分维护各方主体合法权益。

　　执行异议之诉、案外人申请再审与第三人撤销之诉虽然同属案外人权益救济法律体系，但三者间存在较大区别，主要体现在以下方面：在针对对象方面，执行异议之诉针对的对象是执行行为所指向的执行标的，案外人申请再审、第三人撤销之诉针对的对象是已经发生法律效力的判决、裁定、调解书。在提出主体方面，执行异议之诉由执行当事人以外的其他人提出，案外人申请再审由对法院驳回其执行异议的裁定不服，认为原判决、裁定、调解书内容损害其民事权益的案外人提出，而第三人撤销之诉由未参加原审的案外第三人提出。在管辖法院方面，执行异议之诉由执行法院管辖，案外人申请再审、第三人撤销之诉则是由作出生效判决、裁定、调解书的人民法院管辖。在提出时间方面，执行异议之诉应自执行异议裁定送达之日起15日内提出，案外人申请再审应自执行异议裁定送达之日起6个月内提出，第三人撤销之诉自第三人知道或者应当知道其民事权益受到损害之日起6个月内提出。在立案审查期限方面，执行异议之诉案件应自收到起诉状15日内决定是否立案，案外人申请再审案件应自收到再审申请书之日起3个月内审查，特殊情况经院长同意可延长，而第三人撤销之诉案件应当自收到起诉状30日内决定是否立案。在审理程序方面，执行异议之诉、第三人撤销之诉适用普通程序，案外人申请再审则适用审判监督程序。在原生效法律文书是否中止执行方面，就执行异议之诉而言，审理期间法院不得对执行标的进行处分，申请执行人请求法院继续执行并提供相应担保的，法院可以准许；就案外人申请再审而言，当事人申请再审不停止判决、裁定的执行，但决定再审后，则裁定中止原判决、裁定、调解书的执行，但追索赡养费、抚养费、抚育费、医疗费用、劳动报酬等案件，可以不中止执行；就第三人撤销之诉而言，案件受理后，原告提供相应担保，请求中止执行的，法院可以准许。在裁判结果方面，执行异议之诉中，人民法院判决不得执行、判决驳回时，可以同时判决确认权利；案外人申请再审中，裁判结果包括维持、撤销和改变；第三人撤销之诉中，裁判结果包括改判、撤销和驳回。

　　二是准确把握第三人撤销之诉与案外人申请再审的实体审查条件。民事诉讼法司法解释第423条对案外人依照《民事诉讼法》第227条规定申请再审的条件作了明确规定："案外人对驳回其执行异议的裁定不服,认为原判决、裁定、调解书内容错误损害其民事权益的,可以自执行异议裁定送达之日起六个月内,向作出原判决、裁定、调解书的人民法院申请再审。"该规定的再审条件与第三人提起撤销之诉的条件相比,就实体条件而言,完全相同,都是生效裁判、裁定、调解书内容错误且损害到第三人的民事权益;程序条件上,两者有所不同,单就权利保护的期间看,申请再审的期间起算点始自人民法院驳回其执行异议裁定送达之日,较之于第三人撤销之诉的自知道或者应当知道生效裁判损害其民事权益之日,更有利于第三人。就管辖法院来看,两类诉讼也完全相同。实务操作上,在审查两类案件时,在实体条件上应当注意保持完全一致。

三是正确理解民事诉讼法司法解释的限制选择原则。民事诉讼法司法解释第 303 条规定:第三人提起撤销之诉后,未中止生效判决、裁定、调解书执行的,执行法院对第三人依照《民事诉讼法》第 227 条规定提出的执行异议,应予审查。第三人不服驳回执行异议裁定,申请对原判决、裁定、调解书再审的,人民法院不予受理。案外人对人民法院驳回其执行异议裁定不服,认为原判决、裁定、调解书内容错误损害其合法权益的,应当根据《民事诉讼法》第 227 条规定申请再审,提起第三人撤销之诉的,人民法院不予受理。从上述规定看,民事诉讼法司法解释相对限制了当事人的选择权。即按照启动程序的先后,当事人只能选择相应的救济程序:案外人先启动执行异议程序的,对执行异议裁定不服,认为原裁判内容错误损害其合法权益的,只能向作出原裁判的法院申请再审,而不能提起撤销之诉;案外人先启动了第三人撤销之诉,即便在执行程序中又提出执行异议,也只能继续进行撤销之诉,而不能依《民事诉讼法》第 227 条申请再审。换言之,不能一条路走不通,重新换一条救济途径,要防止当事人滥用诉权。

## 【实务问题】

一是当事人既针对执行依据本身,同时也针对执行标的提出异议,如何处理?适用本条的前提是针对执行依据本身提起异议。当事人既针对执行依据,同时也针对执行标的提出异议的,如何处理?我们认为,应当向当事人释明,令其明确诉讼请求。如果是针对执行标的的,告知当事人提起执行异议之诉。

二是案外人针对担保物权提出异议,其救济途径是案外人申请再审、第三人撤销之诉还是执行异议之诉？适用本条的前提是针对执行依据本身提起异议。司法实践中，争议比较大的问题是，担保物权等优先受偿权人在生效判决确认其优先权后，就其优先权客体依据生效裁判申请强制执行的情况下，案外人提出异议的，其救济途径是应当提起执行异议之诉还是申请再审。例如，消费者购房人针对抵押权生效判决提出异议的处理。此种情况下如系针对裁判本身提出异议，应申请再审或者提起第三人撤销之诉，比如认为抵押权不成立、无效或者抵押权设立是虚假的，此时，案外人挑战的是判决本身，应当申请再审或者提起第三人撤销之诉。反之，案外人如果不挑战判决本身，认可抵押权的存在，仅仅认为从顺位上其应当排在抵押权前面，系针对执行标的提出的异议，应提起执行异议之诉，而非申请再审或者提起第三人撤销之诉。

三是同时符合当事人申请再审条件与第三人撤销之诉条件，如何处理？此时，当事人申请再审与第三人撤销之诉均受理，但一般原则可再审优先处理，即再审审理程序与第三人撤销之诉程序并行时，再审审理程序吸收第三人撤销之诉程序。民事诉讼法司法解释第301条规定："第三人撤销之诉案件审理期间，人民法院对生效判决、裁定、调解书裁定再审的，受理第三人撤销之诉的人民法院应当裁定将第三人的诉讼请求并入再审程序。但有证据证明原审当事人之间恶意串通损害第三人合法权益的，人民法院应当先行审理第三人撤销之诉案件，裁定中止再审诉讼。"从上述规定看，第三人撤销之诉与当事人申请再审两种程序依法分别可以起诉，相互之间并不影响。但第三人撤销之诉与当事人申请再审程序都启动后，由于两诉的对象为同一生效判决、裁定或者调解书，审理范围上就会交叉，如果完全独立进行，则可能会出现裁判矛盾的情况，同时对于当事人来说，就同一诉讼对象却要同时进行两个不同的程序，诉讼负担会增大。所以解释明确规定如果两个程序均启动的，通过诉的合并方式来一次性解决两个诉。再审吸收第三人撤销之诉，以两个案件均受理为前提。如果第三人撤销之诉还没有立案，或者当事人申请再审仅仅进入审查阶段还没有裁定再审，均不发生合并的问题。第三人撤销之诉请求并入再审程序审理，应当在再审裁判作出之前进行。第三人撤销之诉在一审终结前并入再审的，没有什么问题。但第三人撤销之诉一审判决已经作出，其是否还需要并入再审程序，值得进一步研究。并入的例外，即有证据证明原诉当事人之间存在恶意串通损害第三人利益的情况，此时应当先行审理第三人撤销之诉，再审案件应当中止诉讼。

123.【案外人依据另案生效裁判对非金钱债权的执行提起执行异议之诉】审判实践中,案外人有时依据另案生效裁判所认定的与执行标的物有关的权利提起执行异议之诉,请求排除对标的物的执行。此时,鉴于作为执行依据的生效裁判与作为案外人提出执行异议依据的生效裁判,均涉及对同一标的物权属或给付的认定,性质上属于两个生效裁判所认定的权利之间可能产生的冲突,人民法院在审理执行异议之诉时,需区别不同情况作出判断:如果作为执行依据的生效裁判是确权裁判,不论作为执行异议依据的裁判是确权裁判还是给付裁判,一般不应据此排除执行,但人民法院应当告知案外人对作为执行依据的确权裁判申请再审;如果作为执行依据的生效裁判是给付标的物的裁判,而作为提出异议之诉依据的裁判是确权裁判,一般应据此排除执行,此时人民法院应告知其对该确权裁判申请再审;如果两个裁判均属给付标的物的裁判,人民法院需依法判断哪个裁判所认定的给付权利具有优先性,进而判断是否可以排除执行。

【条文主旨】

本条是关于案外人依据另案生效裁判主张排除非金钱债权执行的规定。

【争议观点】

不同当事人针对执行标的物可能构建起不同的法律关系,不同的生效裁判根据法律关系的不同作出不同的确权裁判以及不同的给付裁判。这些确权裁判、给付裁判所认定的权利彼此之间可能存在冲突,进而产生案外人依据其他生效裁判主张排除申请执行人对标的物的执行。由于不同裁判均是生效裁判,一个生效裁判能否排除另一生效裁判的执行,成为实务中的一个难点问题。一种观点认为,应当根据不同裁判的类型来对其效力等级进行判断,认为确权裁判的执行效力高于给付裁判的执行效力。另一种观点认为，不应简单根据裁判的类型来对其执行效力等级进行认定，而是应当识别裁判背后所基于的实体权利性质，以及法律有无对该等权利进行特殊保护来综合判断不同裁判之间的效力等级。

## 【理解与适用】

在理解与适用本条时，应当注意以下几个问题：

一是要正确理解确权裁判和给付裁判的效力。确权裁判和给付裁判本身并不改变当事人之间的权利义务关系，确权裁判是对当事人对执行标的物权利状态的确认，给付裁判是在认定当事人享有请求权的基础上，判令对方当事人履行原已存在的义务。[①] 因此，申请执行人依据确权裁判申请法院对执行标的物不正确的物权登记状态进行更正时，案外人若依据另一确权裁判提出执行异议，则属于对执行依据有异议，不应当在执行异议之诉中解决，而是应当对作为执行依据的确权裁判申请再审。确权裁判与给付裁判的性质存在本质区别，给付裁判本身不会对确权裁判的执行产生任何影响，如作为执行依据的确权裁判确认申请执行人对某处房屋享有所有权，同时案外人可以依据另一给付裁判合法占有该房屋，案外人不能因为自己有权占有该房屋就要求排除对该房屋进行更正登记的执行。如案外人认为该房屋的所有权不应属于申请执行人所有，则亦应当提起对作为执行依据的确权裁判的再审程序。同样地，若作为执行依据的是给付裁判，案外人依据确权裁判亦不能排除对给付裁判的执行。试举一例：如某甲基于法院生效给付裁判，有权承租某乙所有之房屋，某甲遂申请法院强制执行，要求某乙将房屋出租给自己。与此同时，某丙基于法院生效裁判，而对该房屋享有所有权，某丙并不能据此生效确权裁判排除某甲的强制执行申请，这是因为某丙虽有所有权，但根据"买卖不破租赁"的规则并不享有对该房屋的直接占有。而某甲是否有权要求某丙移转占有的关键在于，某丙相对于某甲是否构成无权占有。

二是要合理判断给付裁判的优先性。给付裁判本身并不改变当事人之间的权利义务关系，而只是赋予权利人基于请求权要求义务人为一定行为的强制执行力。当不同的给付裁判之间产生抵牾之时，特别是案外人基于另一给付裁判要求排除作为执行依据的给付裁判的执行时，就需要对二者的优先地

---

[①] 参见房绍坤：《导致物权变动之法院判决类型》，载《法学研究》2015年第1期。

位进行排序。从给付裁判的性质来看，何者处于优先地位取决于给付裁判所基于的请求权的优先顺位，而请求权的优先地位又基于其实体权利的优先性。基本判断思路是，除法律、司法解释另有规定外，物权优先于债权，特殊债权优先于普通债权。即当作为执行依据的给付裁判中确定具有强制执行效力的给付行为本身是基于申请执行人对执行标的物享有所有权，而案外人申请执行异议的给付裁判中确定具有强制执行效力的给付行为是基于案外人对执行标的物享有债权的，则申请执行人的执行权利基础优先于案外人的权利基础，不应当认为案外人有权排除执行。如申请执行人依据对执行标的物享有抵押权的基础，取得了法院裁定拍卖执行标的物的给付裁判，案外人基于对执行标的物享有承租权（租赁发生在抵押之后）的基础，取得了法院判决承租人接收执行标的物的给付裁判，案外人不能依据该基于承租权的给付裁判排除申请执行人基于抵押权的给付裁判的执行。

对于特殊债权的保护顺位则基于法律、司法解释的特别规定，如《最高人民法院关于建设工程价款优先受偿权问题的批复》第2条规定，消费者交付购买商品房的全部或者大部分款项后，承包人就该商品房享有的工程价款优先受偿权不得对抗买受人。若承包人基于工程价款优先受偿权已取得对案涉房屋进行拍卖、变卖的给付裁判，消费者基于上述规定取得了有权继续占有、使用案涉房屋的给付裁判，则消费者作为案外人，有权据此排除作为执行依据的给付裁判的执行。

## 【实务问题】

纪要中提到的"如果作为执行依据的生效裁判是给付标的物的裁判，而作为提出异议之诉依据的裁判是确权裁判，一般应排除执行，此时人民法院应告知其对该确权裁判申请再审"，这里的"给付标的物的裁判"，指的是裁判将标的物给付某人。其裁判基础是该标的物的所有权归某人。这与本条理解与适用中谈到的一个确权判决将房确权给某人，而一个给付判决是某人应当将该房屋交给他人使用不同，因这二者实质是不矛盾的，但前者实质是矛盾的，因为一物只能归一人所有，除非存在共有关系。

124.【案外人依据另案生效裁判对金钱债权的执行提起执行异议之诉】作为执行依据的生效裁判并未涉及执行标的物，只是执行中为实现金钱债权对特定标的物采取了执行措施。对此种情形，《最高人民法院关于人民法院办理执行异议和复议案件若干问题的规定》第26条规定了解决案外人执行异议的规则，在审理执行异议之诉时可以参考适用。依据该条规定，作为案外人提起执行异议之诉依据的裁判将执行标的物确权给案外人，可以排除执行；作为案外人提起执行异议之诉依据的裁判，未将执行标的物确权给案外人，而是基于不以转移所有权为目的的有效合同（如租赁、借用、保管合同），判令向案外人返还执行标的物的，其性质属于物权请求权，亦可以排除执行；基于以转移所有权为目的有效合同（如买卖合同），判令向案外人交付标的物的，其性质属于债权请求权，不能排除执行。

应予注意的是，在金钱债权执行中，如果案外人提出执行异议之诉依据的生效裁判认定以转移所有权为目的的合同（如买卖合同）无效或应当解除，进而判令向案外人返还执行标的物的，此时案外人享有的是物权性质的返还请求权，本可排除金钱债权的执行，但在双务合同无效的情况下，双方互负返还义务，在案外人未返还价款的情况下，如果允许其排除金钱债权的执行，将会使申请执行人既执行不到被执行人名下的财产，又执行不到本应返还给被执行人的价款，显然有失公允。为平衡各方当事人的利益，只有在案外人已经返还价款的情况下，才能排除普通债权人的执行。反之，案外人未返还价款的，不能排除执行。

## 【条文主旨】

本条是关于案外人依据另案生效法律文书对金钱债权的执行提起执行异议之诉的规定。

## 【争议观点】

在执行异议之诉中,案外人依据另案生效法律文书对金钱债权提起执行异议之诉,请求排除执行,人民法院是否应支持,实践中有不同的观点。第一种观点认为,人民法院应当予以支持。另案生效法律文书无论对于人民法院还是执行异议之诉当事人,均具有拘束力。第二种观点认为,人民法院不应予以支持。申请执行人并未参加被执行人与案外人之间的另案诉讼或仲裁,没有受到充分的程序保障,其效力当然不能及于申请执行人。第三种观点认为,对另案生效法律文书应当具体情形具体分析。对于基于所有权等物权请求权所进行的确权,除非申请执行的债权优先于所有权,人民法院应当承认其排除执行的效力。

## 【理解与适用】

准确理解该条,需要把握以下几点:

一是正确理解执行异议之诉的设立目的。关于上述三种争议观点,从执行异议之诉的设立目的看,我们认为以第三种观点为妥。第一种观点与现行执行异议之诉的法律制度设计不符。第二种观点只看重程序权利却忽视实体权利。第三种观点从权利基础的角度出发综合考虑,更具合理性。在同一物上既存在物权又存在债权时,无论其成立次序先后,物权优先于债权。

二是准确把握能够排除执行的另案生效法律文书的类型。物权属于绝对性权利,具有对世性,物权优先于债权属基本民法原则。如果案外人持针对执行标的的物权纠纷作出的另案生效法律文书,基于物权优先原则,足以请求排除债权人对执行标的的强制执行。案外人基于物权请求权获得的胜诉裁决,相当于确认了其物权权利主体的身份,从而足以排斥他人干涉,包括对标的物的执行。有关物权纠纷的法律文书生效后,通常直接发生物权变动的效果。《物权法》第 28 条规定："因人民法院、仲裁委员会的法律文书或者人民政府的征收决定等，导致物权设立、变更、转让或者消灭的，自法律文书或者人民政府的征收决定等生效时发生效力。"与物权的支配权不同，债权为权利人只能请求债务人履行给付义务的权利。譬如，基于买卖合同等债权请求权作出的法律文书，虽判令交付标的物，但仅有生效法律文书，在债务人未履行给付标的物的义务之前，物权未发生变动，该债权和申请执行人要实现的金钱债权同属债权性质，基于债权平等原则，案外人的该债权不具有优先效力，故该债权法律文书不能排除执行。但是，借用、保管、租赁等合同纠纷，虽为合同纠纷，但该类合同不以转移物的权属为目的，其涉及保管、租赁费用等债权请求权，同时也是对借用、保管、租赁标的物的所有权的确认，或判令返还原所有权人，这实际包括对物权权属的确认或返还原物，性质上属于物权请求权，故案外人持该类法律文书可请求排除对标的物的强制执行。除此之外，人民法院在执行过程中出具的拍卖成交裁定书、变卖成交裁定书和以物抵债裁定书，该类执行裁定书生效即产生物权变动的效力，同样可以作为案外人对执行标的主张享有物权的依据。综上，参照执行异议复议规定第 26 条的规定，通常情况下，可请求排除执行的另案生效法律文书的类型包括：（1）案外人和被执行人之间权属纠纷的法律文书，并确认案外人对执行标的享有物权；（2）案外人和被执行人之间租赁、借用、保管等不以转移财产权属为目的的合同纠纷，判决、裁决执行标的归属于案外人或者向其返还执行标的；（3）人民法院在执行程序中作出的拍卖成交裁定书、变卖成交裁定书和以物抵债裁定书。

三是妥善处理案外人依据确认合同解除或者无效的另案生效法律文书提起执行异议之诉的情形。另案生效法律文书确认合同解除或者无效，并判定不动产或者股权等返还给出卖人的，出卖人据此要求买受人返还，此时出卖人享有的是物权性质的返还请求权，本可排除金钱债权的执行，但在双务合同无效或者已经解除的情况下，双方互负返还义务，在出卖人未返还价款的情况下，如果允许其排除金钱债权的执行，将会使申请执行人既执行不到被执行人名下的财产，又执行不到本应返还给被执行人的价款，显然有失公允。为平衡各方当事人的利益，只有在出卖人已经返还价款的情况下，才能排除申请执行人的执行。反之，出卖人未返还价款的，不能排除执行。这里所指"物权"性质的返还请求权，是因为标的物原来的权属就属于案外人。这里讲"物权性质"，并不就是物权请求权，因为标的物权属已经转移，而是具有物权请求权性质。

【实务问题】

　　本条规定是否适用于买受人没有支付对价的情形？另案生效判决、裁定不动产或者股权等因合同解除、无效须返还给出卖人的，之前买受人就没有支付对价，此时，出卖人排除执行的诉讼请求是否应当得到支持？我们认为，此种情况与出卖人已经返还对价的情形极其相似，举重明轻，出卖人对该不动产或者股权等享有足以排除强制执行的民事权益。

　　125.【案外人系商品房消费者】实践中，商品房消费者向房地产开发企业购买商品房，往往没有及时办理房地产过户手续。房地产开发企业因欠债而被强制执行，人民法院在对尚登记在房地产开发企业名下但已出卖给消费者的商品房采取执行措施时，商品房消费者往往会提出执行异议，以排除强制执行。对此，《最高人民法院关于人民法院办理执行异议和复议案件若干问题的规定》第29条规定，符合下列情形的，应当支持商品房消费者的诉讼请求：一是在人民法院查封之前已签订合法有效的书面买卖合同；二是所购商品房系用于居住且买受人名下无其他用于居住的房屋；三是已支付的价款超过合同约定总价款的百分之五十。人民法院在审理执行异议之诉案件时，可参照适用此条款。

　　问题是，对于其中"所购商品房系用于居住且买受人名下无其他用于居住的房屋"如何理解，审判实践中掌握的标准不一。"买受人名下无其他用于居住的房屋"，可以理解为在案涉房屋同一设区的市或者县级市范围内商品房消费者名下没有用于居住的房屋。商品房消费者名下虽然已有1套房屋，但购买的房屋在面积上仍然属于满足基本居住需要的，可以理解为符合该规定的精神。

　　对于其中"已支付的价款超过合同约定总价款的百分之五十"如何理解，审判实践中掌握的标准也不一致。如果商品房消费者支付的价款接近于百分之五十，且已按照合同约定将剩余价款支付给申请执行人或者按照人民法院的要求交付执行的，可以理解为符合该规定的精神。

## 【条文主旨】

本条是关于商品房消费者提起执行异议之诉的规定。

## 【争议观点】

对于消费者购房人如何认定，司法实践中存在争议。消费者购房人是否仅仅指没有住房的人。买受人名下有一套面积不大的房屋，后来又买了一套涉案房屋，是否应认定为消费者购房人。一种观点认为，在赋予消费者购房人优先权的同时应当对此严格进行把握。消费者购房人应当严格限定于"一套房"购房者，对于一套以上的购房者，不应认定为消费者购房人。另一种意见认为，符合《执行异议复议规定》第29条第1项和第3项条件，如果查明买受人家人较多，确为适当改善居住条件，也应支持买受人阻却执行的请求。我们倾向于第二种观点。

对于名下无其他用于居住的房屋的范围的认定问题，一种观点认为，对于消费者购房人的认定应当严格把握。只要购房人名下有房屋，又在其他地域购房，第二套房屋的买受人都不是基于消费需求购房，而是基于投资需求购房，因此，都不应当认定为消费者购房人。另一种观点认为，应当在地域上予以限定。但是，名下无其他用于居住的房屋是限定在同一省份还是同一个市，也存在争议。我们认为，对于名下一套房的把握问题，由于房屋所处区域不同，导致价格相差甚远，"买受人名下无其他用于居住的房屋"一般情况下可以理解为买受人名下在与涉案房屋同一设区的市和县级行政区（不包括设区的市的"区"）无其他用于居住的房屋。

对于支付的价款没有达到百分之五十是否一概不支持，司法实践中亦存在很大争议。一种观点认为，不应支持。理由是消费者购房人的权利由于缺乏公示，本身对于现有的交易秩序就会造成冲击，应当严格适用，不应扩大。只要支付的价款没有达到百分之五十，就不应支持购房人。另一种观点认为，对于执行异议复议规定第29条中价款的支付数额不能作机械的理解，如果支付的价款接近于合同约定总价款的百分之五十，但商品房买受人已按照合同约定将剩余价款支付给抵押权人或者按照人民法院的要求交付的，人民法院还不予支持购房人的主张有失公平。纪要采纳了第二种观点。

## 【理解与适用】

准确理解该条，需要把握以下几点：

一是对于消费者购房的认定应着重把握是否为居住需求。消费者购房人的期待权是基于生存权至上的考虑设置的特别规定，目的是保护消费者购房人的权利。是否构成消费者，对于只有十五天审查期的执行异议程序来讲，只能从形式上进行判断，其标准必须简单直接明确，因此执行异议确立的审查标准就是买受人名下是否有其他房屋。对此，在执行异议之诉中可以参照适用。但若在执行异议之诉中不区分情况完全照搬，则不合适。我们认为，对此不能作过于机械的理解。法院应综合案件的实际情况，衡量利益，作出取舍和判断。比如，购房人囿于经济原因，开始仅购买了30平方米的开间，后由于添丁进口，又购买了一处30平方米的开间，此时，不宜认定第二套房不符合用于居住的目的。又如，涉案的购房人早在诉讼几年前已经将名下的原有房屋转让，因为各种非归于自身的原因未办理过户，现又只购买了一套房，此时认定其名下有房，而不能阻却执行，亦有失公允。"买受人名下无其他用于居住的房屋"一般情况下可以理解为与涉案房屋同一设区的市和县级行政区（不包括设区的市的"区"）无其他用于居住的房屋。是否构成消费者购房人，审查的着眼点在于是否用于居住需求。随着人们生活水平的提高以及人员的流动，异地购房的现象比较普遍，比如在出生地有一套住房，在工作地又购置一套住房，均为用于居住，应认定买受人为消费者购房人，从可操作的角度看，应当界定为一个范围，范围过窄，不利于对消费者购房人的保护，范围过宽，则损害其他权利人的合法权益。纪要结合各地司法实践，将范围界定在与涉案房屋同一设区的市和县级行政区（不包括设区的市的"区"）无其他用于居住的房屋。

二是准确把握纪要本条规定与纪要第127条规定的区别。建设工程优先受偿权属于法定优先权，法律赋予其很强的效力，若排除享有建设工程优先受偿权的债权的执行，自无纪要第127条适用的余地，因为该条规范的是一般不动产买受人的物权期待权。而本条是来源于《最高人民法院关于建设工程价款优先受偿权问题的批复》，按照该批复，建设工程价款的优先受偿权优先于抵押权，滞后于消费者购房人的物权期待权。该规定是法律基于生存权至上考虑所作的特殊规定，应当严格把握，不宜扩大适用。对于房屋的性质应当限定在居住用房，商业用房不在保护之列。若要阻却普通金钱债权的执行，则既可以适用纪要第 125 条的规定，也可以适用纪要第 127 条的规定。

　　纪要第 125 条与第 127 条两个条文既有共性，也有不同。相同点是申请执行的债权均是金钱债权，均要求在人民法院查封前已经签订合法有效的书面买卖合同。不同之处在于，纪要第 127 条适用于一切不动产，而纪要第 125 条仅适用于房屋，且其指向的仅仅是房地产开发商所开发的商品房。纪要第 125 条保护的是消费者买房人的期待权，而消费者是与经营者相对的概念，因此，二手房的买卖并无纪要第 125 条的适用余地。且消费者保护的标准，既不要求其主观上无过错，也不要求支付全部价款，更不要求占有房屋，总体上比较宽泛。如果放宽到所有的房屋，将造成对消费者保护的泛滥，给被执行人与案外人通谋逃避执行以可乘之机。因此，必须从严把握。对房地产经营开发者的商品房销售而言，由于其有比一般民事主体相对严格的监管制度，一般都签订有规范的商品房销售合同，绝大部分还要办理销售合同备案、网签或者预登记手续，比较容易判断。[①] 纪要第 125 条要求买房人交付大部分房款，名下无其他用于居住的房屋，而无须考虑是否占有，是否对于未办理过户登记无过错。而纪要第 127 条要求买房人支付全部价款，或者已经按照合同约定支付部分价款且将剩余价款按照人民法院的要求交付执行。同时还要满足在人民法院查封前已经合法占有不动产，且非因买受人自身原因未办理过户。

　　三是申请实现的债权限于金钱债权。

　　四是在价款的支付问题上，不宜作机械的理解。如果支付的价款接近于合同约定总价款的百分之五十，但商品房买受人已按照合同约定将剩余价款支付给抵押权人或者按照人民法院的要求交付的，人民法院还不予支持购房人的主张有失公平。此种情况下，应支持消费者购房人排除执行的请求。

## 【实务问题】

　　一是网签是否视为双方签订了书面合同。一般而言，书面买卖合同以买

---

[①] 江必新、刘贵祥主编：《最高人民法院关于人民法院办理执行异议和复议案件若干问题规定理解与适用》，人民法院出版社 2015 年版，第 432 页。

卖双方签订的纸质的买卖合同居多，但近年来房屋行政主管部门一直推行房屋买卖合同网签备案制度，当事人若未签订纸质房屋买卖合同，而仅仅是进行了网签，是否构成上述规定中的书面买卖合同，十分关键。然何谓书面买卖合同？《合同法》第 11 条规定了书面合同的形式，即以合同书、信件和数据电文（包括电报、电传、传真、电子数据交换和电子邮件）等可以有形地表现所载内容的形式。质言之，只要买卖合同可以有形的方式记录和固定在载体上，即成立书面买卖合同。记录买卖合同的载体既可以是传统的纸张等物质性媒介，也包括数据、电文等非物质性媒介。无论采用物质性媒介记录，还是采用非物质性媒介记录，只要买卖双方就《商品房销售管理办法》第 16 条规定的商品房买卖合同的主要内容形成意思合致，并以有形的方式加以记录、固定，就应当认为双方成立了书面买卖合同。就房屋买卖中的网签而言，系买卖双方就房屋买卖具体内容协商达成一致后，在网络交易平台上进行签约的一种交易方式，网签系统是房屋行政主管部门为防止一房多卖而建立的网络化管理系统。因此，网签除反映了买卖双方的意思表示以外，还附加了房屋行政主管部门对双方合同关系的确认及公示，① 足以认定为买卖双方就标的房屋签订了书面房屋买卖合同。在不存在其他无效事由的情况下，网签可以认定为执行异议复议规定第 28 条第 1 项规定的合法有效的书面买卖合同。江苏省高级人民法院 2019 年 2 月份发布的《执行异议及执行异议之诉案件审理指南（二）》亦持此种观点。② 综上所述，房屋出卖人与买受人在房屋行政主管部门建立的网络交易平台上，就标的房屋买卖事宜所进行的网上签约，在包含《商品房销售管理办法》第 16 条规定的商品房买卖合同主要内容的情况下，由于已经以有形的方式将双方的意思表示记录和固定下来，符合书面合同的本质特征，构成执行异议复议规定第 28 条、第 29 条规定的书面买卖合同。

二是商铺、写字楼、商住两用房是否参照适用本条的规定。商住两用房由于也具备居住属性，亦应当予以保护，可以参照适用该条规定。商铺、写

---

① 参见司伟、王小青：《执行异议之诉中不动产买受人排除强制执行的要件审查》，载《人民司法》2019 年第 23 期。

② 《江苏省高级人民法院执行异议及执行异议之诉案件审理指南（二）》第 9 条规定："金钱债权执行中，执行法院对被执行人为房地产开发企业名下的商品房采取强制执行措施，商品房买受人（仅限自然人）以其系消费者为由提起案外人异议及由此引发执行异议之诉，同时符合以下条件的，应予支持：（1）案外人与被执行人在案涉房屋被查封之前已签订合法有效的书面买卖合同（含网签）且已办理商品房预售登记。"

字楼具有投资属性，不属于消费者生存权保护的范畴，不能参照适用本条规定。

三是如何理解"买受人名下"，买受人名下无房屋，但其配偶、未成年子女名下有房屋，此时，能否排除执行。对于"名下"应当作宽泛的理解，应当将买受人、实行夫妻共同财产制的配偶一方以及未成年子女作一并考虑。只要三者之一名下有房屋，即可视为已有居住用房。

四是对购房人已支付价款的审查证明标准如何把握。一种观点认为，执行异议之诉与普通商品房买卖纠纷案件并无本质区别，在审查和证明标准上不宜强调特殊性。对于购房人已支付的价款是否超过合同约定总价款的百分之五十的问题，如果购房人能够提供发票、收据，或者房地产开发企业对付款事实表示认可，即可认定购房人对房屋享有足以排除强制执行的权利。另一种观点则认为，执行异议之诉涉及案外人、申请执行人和被执行人三方当事人的利益，与普通商品房买卖纠纷案件并不相同，在审查和证明标准上应注意其特殊性。如果购房人仅能提供发票、收据，或者房地产开发企业对付款事实表示认可，尚不足以认定该条件已满足。人民法院还应当对购房人的购房款转账凭证予以查实。现金支付购房款的，应对购房款来源等事实予以查实，在此基础上才能对购房人是否对房屋享有足以排除强制执行的权利做出认定。我们倾向于第二种观点。赋予符合一定条件的商品房买受人对房地产开发企业所享有的转移所购房屋所有权之债权，优先于其他债权人对房屋开发企业所享有的金钱债权的效力，是对债权平等原则的突破。同时，这一规定使此种情况下的买受人购买商品房的行为产生了对抗房屋开发企业金钱债权人的效力，突破了合同的相对性原则，但又缺乏足以产生公信力的公示方式，对交易安全和作为被执行人的房地产开发企业的金钱债权人的利益影响甚大，也增加了被执行人和案外人通过执行异议之诉恶意串通逃避执行的道德风险。因此，在适用该条规定时应当从严审查。

五是名下仅有一套房的公司能否适用本条，是否构成消费者购房人？本条的规定是基于自然人生存利益至上的考虑，公司为经营主体，因此，公司购房人并不属于消费者购房人，不适用本条，可以适用纪要第127条。另外，需要注意的是，如果公司购房系以公司名义购买，为了满足公司内部个人成员消费且将房屋分配给公司内部个人居住的，此时公司是否为消费者购房人。一方面，从购房人主体上看，自然人可以成为消费者并无争议，但对法人或者其他组织能否成为消费者存在争议。有观点认为，如果法人或者其他组织以单位名义购买，但已经分配给职工个人居住，可以认定其为消费者。①

126.【商品房消费者的权利与抵押权的关系】根据《最高人民法院关于建设工程价款优先受偿权问题的批复》第1条、第2条的规定，交付全部或者大部分款项的商品房消费者的权利优先于抵押权人的抵押权，故抵押权人申请执行登记在房地产开发企业名下但已销售给消费者的商品房，消费者提出执行异议的，人民法院依法予以支持。但应当特别注意的是，此情况是针对实践中存在的商品房预售不规范现象为保护消费者生存权而作出的例外规定，必须严格把握条件，避免扩大范围，以免动摇抵押权具有优先性的基本原则。因此，这里的商品房消费者应当仅限于符合本纪要第125条规定的商品房消费者。买受人不是本纪要第125条规定的商品房消费者，而是一般的房屋买卖合同的买受人，不适用上述处理规则。

【条文主旨】

本条是关于商品房消费者的权利与抵押权关系的规定。

【争议观点】

由于我国采不动产登记生效主义，而商品房预售过程中，自签约至过户登记往往存在时间间隔，购房人即使已支付全部或大部分价款，甚至占有房屋，在办理房屋过户登记前，仍未取得房屋所有权。此时，如对房屋享有优先受偿权的抵押权人申请执行房屋，房屋买受人向法院诉请排除抵押权人对房屋的强制执行时，是否应支持买受人的主张，存在分歧。一种观点认为，应当优先保护抵押权人的利益。因为抵押权人享有的是物权，而房屋买受人

---

① 江必新、刘贵祥主编：《最高人民法院关于人民法院办理执行异议和复议案件若干问题规定理解与适用》，人民法院出版社2015年版，第432~433页。

享有的仅仅是要求出卖人将涉案房屋过户至其名下的债权,根据物权优于债权的原则,在两者冲突时,应当优先保护抵押权人的权利,即只要债权人的债权未获得清偿,抵押权人均有权行使抵押权。另一种观点认为,应当优先保护买受人的权利,房屋是人们安身立命的根本。从生存利益的角度出发,应当优先保护房屋买受人的权利。还有一种观点认为,应当区分情况,看买受人是否为消费者购房人。其理由在于,物权优先于债权是一般原则,基于生存利益角度的考虑,在特定条件下,优先保护消费者购房人的权利,非消费者购房人则不保护。

## 【理解与适用】

### 一、消费者购房人的权利优先于抵押权

首先,从房屋买受人享有的权利性质看,其享有的是物权期待权。其优先于抵押权有理论依据。物权优先于债权,本来是民法的一项基本原则,但基于生存利益至上的考虑,可以有例外规定。为了保护房屋买受人的权利,民法理论将本来属于一般债权的房屋买受人的权利,定性上升为物权期待权。物权期待权的本质仍然为债权,房屋买受人对于成为房屋的所有权人享有很大的期待利益,法学理论将其定义为物权期待权,但涉案房屋并未办理过户登记,买受人享有的是请求出卖人将涉案房屋过户至其名下的债权请求权,其本质仍为债权。本来抵押权人享有的权利类型是物权,根据"物权优于债权"的原则,应当是抵押权优先于买受人的权利,但是基于生存利益至上的考虑,法学理论上将买受人的权利定性为"物权期待权",赋予其优先于抵押权的效力。该期待权起源于德国,是指"对于签订买卖合同的买受人,在已经履行合同部分义务的情况下,虽然尚未取得合同标的物的所有权,但赋予其类似所有权人的地位,其物权的期待权具有排除执行等物权效力"。我国对物权期待权的保护,首见于《最高人民法院关于建设工程价款优先受偿权问题的批复》,该批复对具有消费者身份的房屋买受人予以优先于金钱债权人的特殊保护。尔后,《最高人民法院、国土资源部、建设部关于依法规范人民法院执行和国土资源房地产管理部门协助执行若干问题的通知》第15条将物权期待权保护的对象扩大至自开发商处受让房屋的所有买受人。此后,《最高人民法院关于人民法院民事执行中查封、扣押、冻结财产的规定》第17条将物权期待权保护的对象再次扩大到所有登记财产的买受人。物权法生效后,《最高人民法院关于人民法院民事执行中查封、扣押、

冻结财产的规定》第 17 条所确定的原则存在一定争议。经过研究，我们认为，《最高人民法院关于人民法院民事执行中查封、扣押、冻结财产的规定》第 17 条适用的基本社会环境和制度基础并未得到根本改变，社会上仍然存在大量非买受人的原因而未登记的不动产，如果不加分别一律准许强制执行，将会危及社会稳定。因此，《最高人民法院关于人民法院民事执行中查封、扣押、冻结财产的规定》第 17 条的基本精神仍应当予以坚持，但是，应当根据适用中出现的问题进行修改和补充。执行异议复议规定第 28 条规定了一般房屋买受人的物权期待权。执行异议复议规定第 29 条规定了房屋消费者物权期待权。它是指在执行程序中，基于对消费者生存权这一更高价值的维护，赋予消费者对买受房屋的物权期待权以排除执行的效力。这一原则是从《最高人民法院关于建设工程价款优先受偿权问题的批复》中推论出来的。消费者对房屋的物权期待权在顺位上应当优先于其他债权。[1] 纪要的规定也一样来源于《最高人民法院关于建设工程价款优先受偿权问题的批复》。

其次，从交易安全的保护角度来看，对于消费者购房人来说，在开发商的房屋能够预售的情况下，完全有理由相信其所购买的房屋不存在任何权利瑕疵。而在消费者购房人支付了购房款或者大部分购房款的情况下，如果还不能取得标的物，则其对于交易安全的信赖会受到严重损害，合同法立法指导思想中的在价值取向上应注意交易安全保护的目标就无法实现。而在一个交易安全无法保障的社会中，经济交易则不得不退步到现货交易的状态，经济交往所需要的信用交易会萎缩至死，生产率将变得极为低下。

再次，从交易成本支出的角度看，应保护消费者购房人的利益。一方面，对于购房人来说，其对于出卖人如何使用所收取的款项并不关心，往往也无能力控制，购房人也很难对开发商清偿银行借款的情况进行调查。与此相反，抵押权人则更有能力控制开发商，其既可以在设定抵押时同开发商约定，出售商品房之前应先清偿其债务，也可以在出借款项时设定一定的条件限制开发商在未清偿其债务之前销售，且抵押权人实施这种控制行为比起购房人来说成本更少且效果更直接。另一方面，针对我国现实的经济发展要求，对于房地产这种高杠杆化的产业，高效率及缩短开发周期是其开发盈利的基本要求。如果要求购房人在购买商品房时，需要调查开发项目是否存在

---

[1] 江必新、刘贵祥主编：《最高人民法院关于人民法院办理执行异议和复议案件若干问题规定理解与适用》，人民法院出版社 2015 年版，第 422~423 页。

抵押权负担，这必然影响交易的效率，延缓交易的完成，从而影响房地产项目的开发进度，进一步影响到房地产业的持续发展。①

**二、理解本条应当注意的几点问题**

一是应当严格把握本条适用的条件。纪要特别强调，此情况是针对实践中存在的商品房预售不规范现象为保护消费者生存权而作出的例外规定，必须严格把握条件，避免扩大范围，以免动摇抵押权具有优先性的基本原则。法定优先权制度的作用机理在于，通过突破债权的平等性原则，来赋予弱势债权人以优先保护机制。消费者买受人的物权期待权之所以在无须任何公示手段的情况下，仍被赋予了强大的超级优先性，乃是基于对不动产消费者居住权的维护。根据权利层次理论，在多重权利发生冲突时，当事人的居住权优先于财产权。② 也正是基于此，消费者买受人物权期待权即便不具备任何公示方式，创设上述权利的正当性也未遭受质疑。但不能回避的是，法定优先权的隐蔽性缺陷，也使各国立法司法对此持一种审慎且克制的态度。

二是应当区分消费者购房人和非消费者购房人。前者有居住利益优先保护的价值，而后者并不具备该价值。因此，消费者购房人的权利应当优先于抵押权，反之，非消费者购房人的权利不应优先于抵押权。因为物权优先于债权是民法上的一项基本原则，只有基于居住利益至上的考虑，才能作特别的突破，而这种突破不能无限扩大，否则会冲击现有的交易秩序。

三是应当区分所购房屋为一手房还是二手房。对于房屋买受人的权利优先于抵押权能否适用于二手房，司法实践中存在争议。有人指出，买不起一手房的二手房购房者其生存利益更值得保护，所以二手房购房人在房屋上的权利更应当优先于抵押权。我们认为，物权优先于债权是一般原则，突破该原则仅仅是例外，且该突破必须有实体法上的依据，否则会对民法基本理论以及交易秩序造成冲击。如前所述，消费者购房人的物权期待权来源于《最高人民法院关于建设工程价款优先受偿权问题的批复》。消费者购房人的概念相对应的是房地产企业，因此，二手房并无适用的余地。二手房购房人的权利不应当优先于抵押权人，除非抵押权人同意出卖人转让涉案房屋。

---

① 张燕、仲伟珩：《银行抵押权、预售商品房购房人权利的冲突与解决》，载《人民司法》2017年第16期。

② 潘军锋：《商品房买卖合同审判新类型研究》，载《法律适用》2015年第8期。

## 【实务问题】

1. 未取得商品房预售许可证，购房人的权利是否优先于抵押权？该问题在司法实践中争议很大。有观点认为即使是消费者购房人，在交易时也应当审查房地产企业是否取得商品房预售许可证。在房地产企业取得商品房预售许可证时，消费者购房人才有值得保护的信赖利益，反之，消费者购房人的权利则不应优先得到保护。换言之，在满足纪要规定的消费者购房人排除执行的条件的同时，还应满足房地产企业取得商品房预售许可证的条件，消费者购房人的权利才优先于抵押权。我们认为，不应当区分是否取得商品房预售许可证，无论是否取得商品房预售许可证，消费者购房人的权利均应优先于抵押权，这是基于"生存利益至上"的考虑。《最高人民法院关于建设工程价款优先受偿权的批复》中并未对消费者购房人的权利作限定条件，因此，即使没有取得商品房预许可证，消费者购房人的权利也优先于抵押权。另外，预售许可证是行政管理手段，没有预售许可证，开发商应当受到行政处罚，但不应当影响民事合同的效力。没有预售许可证，购房合同无效的法律规定属于管理性强制性规定，而非效力性强制性规定。

2. 消费者购房人的权利与建设工程价款优先受偿权冲突时，何者优先？按照《最高人民法院关于建设工程价款优先受偿权问题的批复》，当两者发生冲突时，消费者购房人的权利优先，从权利的排序看，消费者购房人的权利优先于建设工程价款优先受偿权，优先于抵押权。同理，当建设工程价款优先受偿权人与抵押权人的权利发生冲突时，前者的权利优先。

3. 出售在先，抵押权设定在后，购房人的权利优先还是抵押权优先？应当区分是否为消费者购房人，如果是一般购房人，其取得的不是物权期待权，本质是债权，其并不优先于抵押权。如果是消费者购房人，基于生存利益至上的考虑，其权利优先于抵押权。实际上，购房人的权利是否优先于抵押权，取决于其是一般购房人还是消费购房人，而与抵押权设定在出售之前还是出售之后无关。

4. 如果消费者购房人明知存在抵押权，其权利能否优先保护？我们认为，不应当区分是否明知，只要符合消费者购房人排除执行的条件，就应当优先保护消费者购房人的权利。从物权法与相关行政法规规定的协调上，也应该保护购房人的利益。物权法规定买卖抵押物需要征得抵押权人同意，并且需要将买卖价款优先清偿抵押权人的债务。对于购房人来说，其在开发商已经对商品房进行预售的情况下，能够相信抵押权人同意转让抵押物，且相信其所交付的购房款已经按照物权法的规定用于提前清偿抵押权所担保的债务。在此基础上，即使购房人明知所购买的房屋有抵押权负担，也应该优先保护购房人的利益。至于行政法规中所规定的预售条件则应通过完善行政管理的途径来解决，而不能让购房人来承担此种风险。①

5. 对于在房地产开发企业没有建成房屋的情况下，交付全部或者大部分款项的购房者享有的购房款返还请求权是否优先于抵押权人的抵押权的问题，在司法实践中也存在争议。一种观点认为，购房者的购房款返还请求权属于债权请求权，根据物权优先于债权的原则，其不能优先于抵押权。另一种观点认为，从《最高人民法院关于建设工程价款优先受偿权的批复》规定的精神看，根据生存权至上的原则，其应优先于抵押权。我们倾向于第二种观点。对于《最高人民法院关于建设工程价款优先受偿权的批复》不能作机械的理解。基于《最高人民法院关于建设工程价款优先受偿权的批复》保护处于弱势地位的房屋买受人的精神，对于《最高人民法院关于建设工程价款优先受偿权的批复》第2条"承包人的工程价款优先受偿权不得对抗买受人"的规定，应当理解为既不得对抗买受人在房屋建成情况下的房屋交付请求权，也不得对抗买受人在房屋未建成等情况下的购房款返还请求权。综合考虑《最高人民法院关于建设工程价款优先受偿权的批复》的立法目的、相关制度的衔接、各方主体的利益平衡等多种因素，对于房地产开发企业没有建成房屋的情况，交付全部或者大部分款项的购房者享有的购房款返还请求权应当优先于抵押权人的抵押权。

附最高人民法院相关问题答复供参考：

**最高人民法院针对山东省高级人民法院就处置济南彩石山庄房屋买卖合同纠纷案请示的答复**（〔2014〕执他字第23、24号）

山东省高级人民法院：

你院在办理有关案件中，就"开发商未建成房产时购房者的购房款能否优先于建筑工程价款和土地使用权抵押债权受偿问题"形成两种意见。多数人认为交付全部或者大部分款项的购房者享有的购房款返还请求权优先于承包人的建设工程价款优先权和抵押权人的抵押权。少数人认为债权应当平等保护，购房者享有的购房款请求权不应优先于其他一般债权。因该问题涉及《最高人民法院关于建

---

① 张燕、仲伟珩：《银行抵押权、预售商品房购房人权利的冲突与解决》，载《人民司法》2017年第16期。

设工程价款优先受偿权问题的批复》（法释〔2002〕16 号，下称《批复》）的理解和适用，你院向我院提交（2014）鲁执三他字第 9 号、第 10 号两个报告进行请示。因两个报告请示的系同一法律问题，经研究，一并答复如下：

一、《批复》第一条规定：人民法院在审理房地产纠纷案件和办理执行案件中，应当依照《中华人民共和国合同法》第二百八十六条的规定，认定建筑工程的承包人的优先受偿权优于抵押权和其他债权。第二条规定：消费者交付购买商品房的全部或者大部分款项后，承包人就该商品房享有的工程价款优先受偿权不得对抗买受人。上述两个条文明确规定了房屋买受人的权利优先于建筑工程承包人的优先受偿权与抵押权人的抵押权，体现了优先保护处于相对弱势地位的房屋买受人的精神。

二、基于《批复》保护处于弱势地位的房屋买受人的精神，对于《批复》第二条"承包人的工程价款优先受偿权不得对抗买受人"的规定，应当理解为既不得对抗买受人在房屋建成情况下的房屋交付请求权，也不得对抗买受人在房屋未建成等情况下的购房款返还请求权。

三、综合考虑《批复》的立法目的、相关制度的衔接、各方主体的利益平衡等多种因素，我院认为你院审判委员会的多数人意见更符合《批复》的精神，处理结果更为妥当。我院原则同意你院审判委员会的多数人意见。

四、请你院依照《批复》的规定与精神，以你院审判委员会的多数人意见为基础，结合具体案情依法妥善处理相关案件。同时注意以下几个问题：

1. 对于房屋买受人主张的违约金是否优先保护问题，你院应当在兼顾建筑工程承包人、抵押权人等各方当事人合法权益的基础上妥善处理，避免相关主体之间的利益失衡。

2. 与执行程序相比，破产程序能更好地清理债权债务。在破产程序中，《批复》关于优先保护商品房买受人权利的规定也应予以适用，请你院考虑可否引导相关案件通过破产程序处理。

3. 如相关案件债务人不能进入破产程序，在房屋买受人的购房款返还请求权未经生效法律文书确认的情况下，根据现行法律规定，应通过参与分配程序实现其优先受偿。在参与分配程序中，应注意确保对各方当事人依法进行程序性救济。

你院请示问题涉及相关案件中大量房屋买受人的利益保护，关系到社会稳定的大局，山东省委、省政府一直予以密切关注。你院要紧紧依靠山东省委的领导，积极争取山东省政府的支持，坚持司法为民，严格把握法律规定与政策精神，针对可能出现的问题制定相应预案，依法妥善处理相关案件，切实防止出现社会性群体事件,依法保护各方当事人的合法权益。

二〇一四年七月十八日

127.【案外人系商品房消费者之外的一般买受人】金钱债权执行中,商品房消费者之外的一般买受人对登记在被执行人名下的不动产提出异议,请求排除执行的,《最高人民法院关于人民法院办理执行异议和复议案件若干问题的规定》第28条规定,符合下列情形的依法予以支持:一是在人民法院查封之前已签订合法有效的书面买卖合同;二是在人民法院查封之前已合法占有该不动产;三是已支付全部价款,或者已按照合同约定支付部分价款且将剩余价款按照人民法院的要求交付执行;四是非因买受人自身原因未办理过户登记。人民法院在审理执行异议之诉案件时,可参照适用此条款。

实践中,对于该规定的前3个条件,理解并无分歧。对于其中的第4个条件,理解不一致。一般而言,买受人只要有向房屋登记机构递交过户登记材料,或向出卖人提出了办理过户登记的请求等积极行为的,可以认为符合该条件。买受人无上述积极行为,其未办理过户登记有合理的客观理由的,亦可认定符合该条件。

【条文主旨】

本条是关于案外人执行异议之诉中,案外人为商品房消费者之外的不动产买受人如何处理的规定。

【争议观点】

在执行异议之诉司法解释出台之前,大量的不动产买受人作为案外人提起的执行异议之诉,参照适用的是执行异议复议规定第28条的规定。但该规定中,对于"非因买受人自身原因未办理过户"如何理解与认定,在司法实践中并不统一。是否归结于买受人自身原因，属于主观判断的问题，在具体审理案件中很难把握。本纪要对此作了细化的规定。买受人只要有向房屋登记机构递交过户登记材料，或向出卖人提出了办理过户登记的请求等积极行为的，可以认为符合该条件。买受人无上述积极行，其未办理过户登记有合理的客观理由的，亦可认定符合该条件。

## 【理解与适用】

### 一、要正确区分执行异议与执行异议之诉

在执行异议之诉中案件审理过程中，可参照适用《执行异议复议规定》的规定。在裁判文书的表述上，准确的表述应当是"参照"而非"依照"。因为执行异议复议规定规定的是执行异议的审查标准，而非执行异议之诉的审查标准。执行异议与执行异议之诉虽同为执行中对于第三人权利的救济制度，但性质不同。执行异议为执行程序，而执行异议之诉为审判程序。执行程序的价值理念为"效率优先，兼顾公平"，而审判程序的价值理念为"公平优先，兼顾效率"。前置异议审查程序对执行异议之诉的裁判结果不能产生影响。两者的审查标准和程序应有所不同。执行异议以形式审查为原则，以实质审查为例外，这既是由两者的价值理念决定的，也取决于两者的制度设计。执行异议只有15天的审查期，在这15天内要求对当事人享有的所有权利均进行实质审查，既不现实，也不可能。因此，执行异议审查以形式审查为原则，以实质审查为例外。而执行异议之诉作为审判程序，有一审、二审和再审程序，其制度设计使实质审查具备了可能性。从这一意义上讲，执行异议之诉对于当事人的保护更为周到。

执行异议复议规定中的大多数条文规定的都是形式审查原则，而第28条、第29条规定了部分实质审查的内容。因此，大多数情况下，执行异议之诉的审理可以参照适用执行异议复议规定第28条、第29条的规定。纪要征求意见稿规定，不动产买受人提起执行异议之诉，参照适用执行异议复议规定第28条，其表述如下："人民法院审理案外人系不动产买受人执行异议之诉案件，在判断案外人对执行标的是否享有足以排除强制执行的民事权益时，可以参照适用执行异议复议规定第28条的规定。在认定因'买受人自身原因'没有办理产权过户手续时，可以理解为包括但不限于如下原因：（1）因购房政策限制不能办理过户登记；（2）买受人怠于办理过户登记；（3）在二手房买卖中，出卖人已经将房屋办理抵押登记手续，但抵押权人同

意转让的除外。"但是，在征求意见过程中，有法院提出能否将不动产买受人提起执行异议之诉的实体审查标准直接表述出来，这样更加清晰明确，我们认为，最高人民法院正在起草执行异议之诉的司法解释，纪要不宜直接规定实体审查条件。另对于"因购房政策限制不能办理过户"是否属于买受人自身原因，在征求意见过程中争议很大，由于房屋限购系行政管理手段，能否直接影响到当事人的实体权利存疑，因此，我们暂不规定。

**二、准确把握排除执行的四个要件**

1. 关于在人民法院查封之前已签订合法有效的书面买卖合同。对于书面买卖合同的强调，其主要目的之一就是便于执行机构甄别真实的买受人。然而，不可不察的是，由于目前尚无鉴定合同确切签订时间的有效技术手段，所以不能过于依赖书面买卖合同这一单一书面证据的证明力，而应当结合对不动产合法占有的时间点、购房款的来源和支付方式等综合判断是否存在恶意串通逃避执行的情形。由于书面合同的时间点存在被倒签的可能性，因此严格把关合法占有的时间点，确保其早于人民法院对不动产的查封时间就显得意义重大。对在"人民法院查封之前"的固守，不仅能有效防范恶意串通逃避执行的可能，还有利于维持申请执行人与买受人之间的利益平衡。因为倘若买受人在签订书面买卖合同和合法占有前，该不动产早已被法院查封，则基于查封的公示效力，买受人对于未办理过户登记就难谓不存在过错。就买受人合法占有不动产的时间点而言，在结合诉状内容、案外人全部陈述、经济交易习惯、大众生活常理等诸多因素后，如果买受人无法通过高度盖然性的证据来证明其在法院查封前已合法占有不动产，则应当判定其未在法院查封前已合法占有不动产。再者，出于防范买受人与被执行人恶意串通逃避执行的考量，在无有力证据予以支撑的情况下，被执行人在诉讼中对于买受人的有利陈述应当一般不予采信。

2. 关于在人民法院查封之前已合法占有该不动产。如何判断第三人在查封前已经实际占有系争房屋？作为判断实际占有的事实依据，执行法院可以根据实际控制的原则对第三人是否实际占有系争房屋作出判断。第三人应当向执行法院提供房屋交接单，或者物业进户单，或者户名为第三人的水电煤等支付凭证，或者物业、保安、邻居书面证明。执行法院经审查认为单一上述证明材料尚不足以证明第三人实际占有事实的，可以要求第三人提供多个证明材料。对于物业、保安或邻居提供的书面证明，执行法院应当要求相关人员到庭陈述所证明的事实。对于占有，应当限于合法占有，非法占有不予保护。占有既包括直接占有，也包括间接占有，比如买受人将涉案房屋出租的情况。实际入住或者使用并非占有的唯一必要条件。合法占有，应以实际控制为标准，买房人是否实际入住并不是占有的必要条件。合法占有系基于真实有效的不动产买卖合同的占有，且符合法律的规定。

3. 关于已支付全部价款，或者已按照合同约定支付部分价款且将剩余价款按照人民法院的要求交付执行。对于如何判断已经支付全部价款这一问题，第三人应当向执行法院提供价款转账证明或现金提取证明及被执行人的收款证明。执行法院可以按照房屋交易的一般交易习惯进行判断。对于仅剩少量尾款作为公益事业费用结算和户口迁移保证的，可以视为已经支付全部价款。对于采用抵债方式的，可以视为支付价款，但第三人应当提供所抵债务客观存在及符合抵债要件的证据材料。对于采用抵押贷款方式支付部分价款的，第三人能够证明银行在查封、冻结、扣押前已经核准抵押贷款的，如第三人要求继续履行合同且银行也同意继续办理相关抵押贷款手续的，可以视为已经支付全部价款。第三人在法院查封、冻结、扣押后付清全部价款的，不能视为已经支付全部价款。

4. 关于非因买受人自身原因未办理过户登记。对于买受人因自身原因未办理过户，应当结合个案综合考量。一般而言，买受人只要有向房屋登记机构递交过户登记材料，或向出卖人提出了办理过户登记的请求等积极行为的，可以认为符合该条件。买受人无上述积极行为，其未办理过户登记有合理的客观理由的，亦可认定符合该条件。应综合主观、客观两方面因素认定未办理过户登记原因，主观方面重点应考察买受人是否存在怠于甚至故意不办理权属变更登记，或由于自身没有尽到合理注意义务，而导致权属变更登记不能等情形。如为逃税等而故意未办理登记，没有注意到他人设定的抵押或是政策限制等所造成的变更登记障碍等。客观方面应重点考察是否存在诸如登记机构、出卖人及其他不归属买受人所能控制的原因而办理不能，如案涉房屋所在土地未取得土地使用权证，出卖人不配合提供相关购房原始发票，标的物系车库、无法单独办理权属证书，案涉房屋被法院查封无法过户以及出卖人被采取刑事强制措施无法取得联系等等。实践中，同类地点、相近购买时间的其他购房人过户登记办理情况可作为参考依据。"因买受人自身原因未办理过户"，主要在于主观状态的认定，是否归于买受人自身原因，应当结合个案，结合合同约定情况、履行情况以及买受人自身情况，比如受教育程度，综合进行考量。对于合理期限的把握，有约定的，从当事人的约定，没有约定的，结合同类交易中的交易惯例加以判断。

## 【实务问题】

一是执行异议之诉案件中,案外人对车库或车位主张排除执行的,人民法院该如何处理?金钱债权执行中,具有独立产权的车库、车位作为被执行人的财产被人民法院强制执行的,案外人以其购买了该车库、车位为由提起执行异议之诉的,人民法院可以参照执行异议复议规定第28条的规定进行审理;金钱债权执行中,无独立产权的车库、车位的使用权作为房地产开发企业的财产性权益被人民法院强制执行,案外人以该车库、车位的使用权已经被房地产开发企业处分给自己为由提起执行异议之诉的,如其为该车库、车位所在小区的业主,在人民法院查封之前已经签订了合法有效的书面合同、已经支付了全部价款或者按照合同约定支付部分价款且将剩余价款按照人民法院的要求交付执行的,其排除执行的请求,人民法院可以支持。

二是执行标的上存在另案查封时,买受人签订了不动产买卖合同但因此未能办理不动产权属转移登记,在该查封解除后,本案中查封实施或轮候查封生效,此时买受人对未办理不动产权属转移登记是否存在过错?有观点认为,相对于前一个查封而言,买受人未能注意到不动产存在权利负担,对未能办理不动产权属转移登记存在过错;但本案审查的执行措施并非另案查封,现另案查封已经解除,而本案中查封措施实施或轮候查封生效,买受人在签订合同后始终无法办理不动产权属转移登记,故对此不存在过错。另一种观点认为,买受人对此存在过错。执行异议复议规定第28条是基于不动产登记制度不完善的情况,相对于普通金钱债权,对未登记不动产买受人在执行程序中给予优先保护,故在认定第28条构成要件"非因买受人自身原因未办理过户登记"时应严格适用,避免利益过于失衡。另外,该执行标的无论是在买受人签订不动产买卖合同之前被法院查封,还是之前法院查封、解除后又被执行法院查封,都至少说明该不动产被法院查封却仍然签订不动产买卖合同,虽然先前的查封被解除了,但买受人对因此可能无法办理不动产权属转移登记的风险应自行承担。因此,买受人在执行标的被另案查封后签订不动产买卖合同,并因此导致其未能在本案查封生效之前办理权属转移登记的,应认定为买受人自身的原因。①

---

① 司伟、王小青:《执行异议之诉中不动产买受人排除强制执行的要件审查》,载《人民司法》2019年第23期。

三是对于买受人现实占有未经竣工验收的房屋能否构成合法占有？该问题存在争议。一种观点认为，占有与合法占有是两个不同的概念，只有合法占有方可能达到排除执行的效果。而根据建筑法和《建设工程质量管理条例》的规定，房屋只有经过竣工验收合格才能交付使用，出卖人向买受人交付未经竣工验收合格的房屋属于违法交付，买受人基于违法交付所为占有，不是合法占有，不应认定为执行异议复议规定第 28 条第 2 项所称的合法占有。另一种观点认为，执行异议复议规定第 28 条第 2 项规定的合法占有是买受人基于真实合法有效的房屋买卖合同对房屋的占有，而竣工验收合格才能交付使用是基于房屋安全的考虑，是对开发商交付房屋条件的要求，以此来评判买受人的占有是否合法，并不合理，在非因买受人的原因而出卖人迟迟未办理竣工验收的情况下，买受人根据合同实现对房屋的占有，就属于合法占有。最高人民法院民二庭对此问题并未研究，本条作者倾向于第一种观点，即买受人对未经竣工验收合格的房屋的占有，不能认定为合法占有。虽然竣工验收合格才能交付使用是法律基于房屋安全的考虑，对开发商交付房屋条件的要求，但只有具备了这一条件，才具备进一步办理房屋所有权登记并成为法律所认可和保护的权利的前提。显然，从这一角度而言，该条件实际涉及对该类房屋能否成为法律认可的承载着权利的物的评判，而不仅仅是对开发商交房条件的规范。因此，将执行异议复议规定第 28 条第 2 项规定的合法占有理解为买受人基于合法有效的买卖合同，并对经竣工验收合格符合交付使用条件的房屋的占有，更为妥当。

# 第十二章　关于民刑交叉案件的程序处理

会议认为，近年来，在民间借贷、P2P等融资活动中，与涉嫌诈骗、合同诈骗、票据诈骗、集资诈骗、非法吸收公众存款等犯罪有关的民商事案件的数量有所增加，出现了一些新情况和新问题。在审理案件时，应当依照《最高人民法院关于在审理经济纠纷案件中涉及经济犯罪嫌疑若干问题的规定》《最高人民法院关于审理非法集资刑事案件具体应用法律若干问题的解释》《最高人民法院最高人民检察院公安部关于办理非法集资刑事案件适用法律若干问题的意见》以及民间借贷司法解释等规定，处理好民刑交叉案件之间的程序关系。

## 【说明】

　　本部分是对处理民刑交叉纠纷程序问题相关背景和裁判依据的规定。

　　民刑交叉纠纷主要涉及的程序问题是涉嫌刑事犯罪，民商事案件应否受理以及如果受理和审理后是否应中止的问题。最高人民法院先后颁布了相关司法解释、司法政策对民刑交叉案件所涉程序问题进行规定，本部分进行了部分列举，具体阐释如下。

　　最高人民法院于1998年颁布实施的《最高人民法院关于在审理经济纠纷案件中涉及经济犯罪嫌疑若干问题的规定》对该问题进行了较为系统的规定。其在第1条明确规定，在同一当事人之间，因不同法律事实分别涉及经济纠纷和经济犯罪嫌疑的，民事案件和刑事案件应分开审理，确定了分开审理的原则。该规定第8条对被害人另行提起民事诉讼进行了规定。第10条规定了人民法院在审理经济纠纷案件过程中，应对与本案有牵连但不是同一法律关系的刑事犯罪嫌疑线索、材料进行移送，民商事案件应继续审理。第11条规定，如果人民法院作为经济纠纷受理的案件不属于经济纠纷而有经济犯罪嫌疑的，应当裁定驳回起诉，将有关材料移送公安机关、检察机关。第12条规定，人民法院已立案审理的经济纠纷案件，公安机关或检察机关认为有经济犯罪嫌疑，函告受理人民法院后，人民法院对民商事纠纷案件可以视情况分别采取全案移送或继续审理两种方式。

　　《最高人民法院关于审理民间借贷案件适用法律若干问题的规定》《最高人民法院关于审理非法集资刑事案件具体应用法律若干问题的解释》等司法解释以及最高人民法院、最高人民检察院、公安部先后颁布的《关于办理非法集资刑事案件适用法律若干问题的意见》《关于办理非法集资刑事案件若干问题的意见》等司法解释和司法政策分别对审理民间借贷纠纷以及涉嫌集资诈骗、非法吸收公众存款等涉众型经济犯罪的民事案件应否受理等问题进行了规定。《最高人民法院关于审理民间借贷案件适用法律若干问题的规定》第5条规定："人民法院立案后，发现民间借贷行为本身涉嫌非法集资犯罪的，应当裁定驳回起诉，并将涉嫌非法集资犯罪的线索、材料移送公安或者检察机关。公安或者检察机关不予立案，或者立案侦查后撤销案件，或者检察机关作出不起诉决定，或者经人民法院生效判决认定不构成非法集资犯罪，当事人又以同一事实向人民法院提起诉讼的，人民法院应予受理。"第6条规定："人民法院立案后，发现与民间借贷纠纷案件虽有关联但不是同一事实的涉嫌非法集资等犯罪的线索、材料的，人民法院应当继续审理民间借贷纠纷案件，并将涉嫌非法集资等犯罪的线索、材料移送公安或者检察机关。"第 7 条规定："民间借贷的基本案件事实必须以刑事案件审理结果为依据，而该刑事案件尚未审结的，人民法院应当裁定中止诉讼。"2014 年颁布实施的《最高人民法院最高人民检察院公安部关于办理非法集资刑事案件适用法律若干问题的意见》在"关于涉及民事案件的处理问题"部分规定，公安机关、人民检察院、人民法院正在侦查、起诉、审理的非法集资刑事案件，有关单位或者个人就同一事实向人民法院提起民事诉讼或者申请执行涉案财物的，人民法院应当不予受理，并将有关材料移送公安机关或者检察机关。

128. 【分别审理】同一当事人因不同事实分别发生民商事纠纷和涉嫌刑事犯罪，民商事案件与刑事案件应当分别审理，主要有下列情形：

（1）主合同的债务人涉嫌刑事犯罪或者刑事裁判认定其构成犯罪，债权人请求担保人承担民事责任的；

（2）行为人以法人、非法人组织或者他人名义订立合同的行为涉嫌刑事犯罪或者刑事裁判认定其构成犯罪，合同相对人请求该法人、非法人组织或者他人承担民事责任的；

（3）法人或者非法人组织的法定代表人、负责人或者其他工作人员的职务行为涉嫌刑事犯罪或者刑事裁判认定其构成犯罪，受害人请求该法人或者非法人组织承担民事责任的；

（4）侵权行为人涉嫌刑事犯罪或者刑事裁判认定其构成犯罪，被保险人、受益人或者其他赔偿权利人请求保险人支付保险金的；

（5）受害人请求涉嫌刑事犯罪的行为人之外的其他主体承担民事责任的。

审判实践中出现的问题是，在上述情形下，有的人民法院仍然以民商事案件涉嫌刑事犯罪为由不予受理，已经受理的，裁定驳回起诉。对此，应予纠正。

## 【条文主旨】

本条是关于民刑交叉案件分别受理、分别审理原则以及司法实务对民商事案件应予受理情形的规定。

## 【争议观点】

关于民刑交叉案件，民商事案件能否受理问题，存在两种观点：

第一种观点认为，在当事人同一、法律事实同一或者存在牵连的情形下，应由刑事案件吸收民事案件，人民法院不应受理民商事案件。

第二种观点认为，民事诉讼与刑事诉讼在价值取向、诉讼目的、诉讼原则、证据认定标准、责任构成要件等方面均存在较大的差异，刑事法律关系与民商事法律关系、刑事责任与民事责任是完全异质的两种法律关系和法律责任，两者不能相互替代，因此，一般而言，只要民商事案件的当事人之间存在民商事法律关系的，民刑案件就应遵循分别受理、分别审理原则。

## 【理解与适用】

### 一、分别受理、分别审理原则的确定及其表现样态

本条第1款确定了分别受理、分别审理原则并采用列举和概括相结合的方式规定了分别受理、审理的具体情形。

（一）分别受理、分别审理原则的确定

同一公民、法人或其他组织因不同法律事实分别涉及刑事法律关系和民事法律关系，因法律事实之间具有一定的牵连关系而形成民刑交叉案件。民事诉讼与刑事诉讼在价值取向、诉讼目的、诉讼原则、证据认定标准、责任构成要件等方面均存在较大的差异，刑事法律关系与民商事法律关系、刑事责任与民事责任是完全异质的两种法律关系和法律责任，两者不能相互替代，因此，一般而言，民刑交叉案件应遵循分别受理、分别审理原则，即如果其既存在民商事法律关系又存在刑事法律关系，则应分别作为民商事案件、刑事案件受理、审理。《最高人民法院关于在审理经济纠纷案件中涉及经济犯罪嫌疑若干问题的规定》第1条对此进行了规定，即："同一公民、

法人或其他经济组织因不同的法律事实,分别涉及经济纠纷和经济犯罪嫌疑①的,经济纠纷案件和经济犯罪嫌疑案件应当分开审理。"分别审理实质意味着对于民刑交叉案件,因不同的法律事实分别引发民事法律关系和刑事法律关系,尽管当事人同一,但由于法律关系不同、前述民事责任与刑事责任的不同,故在当事人之间存在民商事法律关系的情形下,原则上,民事案件和刑事案件应分别立案,再分别进行审理。

在适用分别受理、分别审理原则时,应注意严格把握其可以作为民商事纠纷案件立案和审理的标准,即在民商事诉讼当事人之间存在民商事法律关系,符合《民事诉讼法》第119条规定的受理条件以及不存在《民事诉讼法》第124条规定的不予受理的情形,或者其他法律规定的不予受理的情形。如果在作为民商事案件立案中,发现与案件有牵连的刑事犯罪嫌疑线索、材料,但上述刑事犯罪嫌疑与民商事案件不是同一法律关系的,则法院应将犯罪嫌疑线索、材料移送有关公安机关或检察机关查处。由于在民商事案件当事人间存在民商事法律关系,故不能因存在刑事犯罪嫌疑就全案移送、一概驳回起诉。如果虽然是作为民商事纠纷案件立案,但最终认定其实质为刑事犯罪案件,民事诉讼的当事人之间并无民商事法律关系的,则应裁定驳回起诉,将全案移送公安机关或检察机关。最高人民法院有关司法解释曾作出相应规定。如《最高人民法院关于审理存单纠纷案件的若干规定》第3条第1款规定:"存单纠纷案件当事人向人民法院提起诉讼,人民法院应当依照《民事诉讼法》第108条的规定予以审查,符合规定的,均应受理。"

关于该原则的把握,应注意两点:一是民刑交叉发生在同一当事人之间;二是因不同的法律事实存在民事法律关系和刑事法律关系。

此外,如果民商事案件与刑事案件的当事人并不同一,只不过法律事实有牵连,则由于在不同的当事人之间分别存在民事法律关系和刑事法律关系,故民事案件和刑事案件当然应当分别受理和审理。

(二)分别受理和审理的具体情形

1. 主合同的债务人涉嫌刑事犯罪或者刑事裁判认定其构成犯罪,债权人请求担保人承担民事责任的。

这里的担保人,包括人保情形下的保证人和物保情形下的担保人。因刑事诉讼与民事诉讼的当事人并不相同,前者为刑事被告,后者为刑事被告外

---

① 经济纠纷和经济犯罪嫌疑的规定与我国目前的法律规定和司法实务不符,因此,本条作者倾向意见认为,将其改为民商事纠纷与刑事犯罪嫌疑更为妥当。

的第三人即担保人，因此，不存在两种诉讼审理的法律事实同一、民事诉讼能够被刑事诉讼吸收问题，故人民法院应当受理民事案件。此外，刑事诉讼法及其司法解释关于刑事诉讼追缴、退赔措施，附带民事诉讼程序均不能解决保证责任承担、第三人提供的物的担保优先受偿问题，故有必要通过民事诉讼程序分案审理来解决。

2. 行为人以法人、非法人组织或者他人名义订立合同的行为涉嫌刑事犯罪或者刑事裁判认定其构成犯罪，合同相对人请求该法人、非法人组织或者他人承担民事责任的。

由于刑事案件的被告人是行为人，而民事诉讼的被告是法人、非法人组织或者他人，故民事诉讼和刑事诉讼的法律主体和法律关系并不相同，刑事诉讼并不解决民事诉讼被告方的责任问题，故权利人需另行提起民事诉讼救济自己的民事权利，民事案件与刑事案件应当分别受理和审理。

3. 法人或者非法人组织的法定代表人、负责人或者其他工作人员的职务行为涉嫌刑事犯罪或者刑事裁判认定其构成犯罪，受害人请求该法人或者非法人组织承担民事责任的。

该情形下分别受理和审理的法理同前述第 2 项情形，但其与第 2 项规定的不同之处在于：本项规定着重强调的是法人或者非法人组织的法定代表人、负责人或者其他工作人员的职务行为构成刑事犯罪，被害人以单位为被告提起民事诉讼。而第 2 项则是除此之外的行为人以法人、非法人组织名义从事行为的情形。司法实务中，原告方提起民事诉讼主要基于两种法律关系提出诉求。第一种情形是行为人涉嫌犯罪，合同相对人主张构成表见代理、表见代表，要求行为人所在单位承担合同法律关系项下的民事责任。第二种情形是合同相对人认为单位对行为人具有管理上的过错，由于其管理上的过错导致相对人信赖行为人可以代表或者代理单位行为而致损失，诉求单位承担侵权赔偿责任。

4. 侵权行为人涉嫌刑事犯罪或者刑事裁判认定其构成犯罪，被保险人、受益人或者其他赔偿权利人请求保险人支付保险金的。

该情形下，民事诉讼的被告方是保险人，而刑事诉讼的被告方是侵权行为人，民事诉讼与刑事诉讼的被告方并不相同，保险人的民事责任并不能在刑事诉讼中一体解决，故民事案件与刑事案件应分别受理和审理。

5. 受害人请求涉嫌刑事犯罪的行为人之外的其他主体承担民事责任的。

此为兜底规定，防止前述列举挂一漏万。

### 二、关于第 2 款规定的理解

针对司法实践中存在的部分法院认为只要涉嫌刑事犯罪，民事案件就不予受理问题，本款特别强调，在前述第 1 款列明的情形下，人民法院不能仅因涉及刑事犯罪嫌疑而不受理民事案件。

## 【实务问题】

### 一、关于民刑案件分别受理、审理原则与刑事附带民事诉讼程序的区别与联系问题

在审判实务中，在受理、审理民刑交叉案件时，应注意处理好前述两个程序的关系。关于刑事附带民事诉讼程序，《刑事诉讼法》第 101 条规定："被害人由于被告人的犯罪行为而遭受物质损失的，在刑事诉讼过程中，有权提起附带民事诉讼。""如果是国家财产、集体财产遭受损失的，人民检察院在提起公诉的时候，可以提起附带民事诉讼。"《最高人民法院关于刑事附带民事诉讼范围问题的规定》① 第 1 条第 1 款规定："因人身权利受到犯罪侵犯而遭受物质损失或者财物被犯罪分子毁坏而遭受物质损失的，可以提起附带民事诉讼。"第 5 条规定："犯罪分子非法占有、处置被害人财产而使其遭受物质损失的，人民法院应当依法予以追缴或者责令退赔。被追缴、退赔的情况，人民法院可以作为量刑情节予以考虑。经过追缴或者退赔仍不能弥补损失，被害人向人民法院民事审判庭另行提起民事诉讼的，人民法院可以受理。"因此，在民刑交叉案件中，为使民刑纠纷一体解决，当事人可以提起刑事附带民事诉讼。但由于刑事附带民事诉讼相对于单独提起的民事诉讼而言，对当事人的民事权利的保护尚有不充分之处，如不能贯彻民事责任的全面赔偿原则，不保护精神损害部分，或者在其他民事责任人并不构成犯罪的情形下，被害人也不可能在刑事附带民事事实中对其他民事责任人提起民事权利主张，故究竟采取刑事附带民事诉讼程序保护民事权利还是选择另行提起民事诉讼应是当事人自主选择的问题，"民事案件可以独立于刑事案件，而不应当完全通过刑事附带民事诉讼的方式解决"。②

### 二、关于判定民商事法律关系是否存在的法律依据

判断当事人之间是否存在民商事法律关系时，应当以民商事法律规范来

---

① 该司法解释已于 2015 年 1 月 12 日废止，此处引用为说明法理。
② 王利明：《论责任聚合》，载《判解研究》2003 年第 2 期。

进行判断而非以刑事法律关系进行判断，以充分保护当事人通过民事诉讼途径实现对其合法权益的救济。

## 【典型案例】

再审申请人中国中轻国际控股公司与被申请人中国远大集团有限责任公司进出口代理合同纠纷案［最高人民法院（2017）最高法民申1914号］

**裁判要旨：**

1. 民刑交叉案件，当事人之间存在民事法律关系，具备民事诉讼法规定的起诉条件的（包括积极条件和消极条件），对于当事人的起诉，人民法院应予受理。法人部门负责人的职务行为涉嫌刑事犯罪，受害人请求该法人或者非法人组织承担民事责任的。人民法院对民事案件应予受理和审理。

2. 在民事诉讼的被告方不是刑事诉讼当事人的情形下，尽管刑事案件确定了追赃，但对于刑事被害人对刑事被告人之外的民事主体提起的民事诉讼，人民法院应予受理和审理，但应避免民事权利人（同时为刑事被害人）双重受偿。在民事案件审理过程中，赃款追回并给予民事原告方（同时为刑事被害人）的，追赃款应从民事责任人的责任范围中扣减。在民事案件执行过程中，对于刑事追赃与民事责任，应依据实体责任的认定进行综合处理。在民事责任人已全部承担民事责任情况下，应将追赃款返还给民事责任人。

3. 由于刑事责任和民事责任在保护法益、证明标准、归责原则、责任形式等方面均存在不同，故刑事判决认定的事实在民商事领域的法律效力应根据民商事法律规定进行认定。刑事上构成合同诈骗罪，一般而言，在民事上属于以欺诈手段订立合同，应认定合同为可撤销合同，除非存在无效事由。

129.【涉众型经济犯罪与民商事案件的程序处理】2014年颁布实施的《最高人民法院最高人民检察院公安部关于办理非法集资刑事案件适用法律若干问题的意见》和2019年1月颁布实施的《最高人民法院最高人民检察院公安部关于办理非法集资刑事案件

若干问题的意见》规定的涉嫌集资诈骗、非法吸收公众存款等涉众型经济犯罪，所涉人数众多、当事人分布地域广、标的额特别巨大、影响范围广，严重影响社会稳定，对于受害人就同一事实提起的以犯罪嫌疑人或者刑事被告人为被告的民事诉讼，人民法院应当裁定不予受理，并将有关材料移送侦查机关、检察机关或者正在审理该刑事案件的人民法院。受害人的民事权利保护应当通过刑事追赃、退赔的方式解决。正在审理民商事案件的人民法院发现有上述涉众型经济犯罪线索的，应当及时将犯罪线索和有关材料移送侦查机关。侦查机关作出立案决定前，人民法院应当中止审理；作出立案决定后，应当裁定驳回起诉；侦查机关未及时立案的，人民法院必要时可以将案件报请党委政法委协调处理。除上述情形人民法院不予受理外，要防止通过刑事手段干预民商事审判，搞地方保护，影响营商环境。

当事人因租赁、买卖、金融借款等与上述涉众型经济犯罪无关的民事纠纷，请求上述主体承担民事责任的，人民法院应予受理。

## 【条文主旨】

本条是关于涉嫌涉众型经济犯罪的民商事案件应否受理问题的特别规定。

## 【争议观点】

关于对涉嫌涉众型经济犯罪的民商事案件应否受理问题，存在两种观点：

第一种观点认为，依据前述分别受理和分别审理的一般原则，即使是涉众型经济犯罪，在符合民事案件分别受理和审理的条件的情形下，也应对民事案件分别受理和审理。

第二种观点认为，2014 年颁布实施的《最高人民法院、最高人民检察院、公安部关于办理非法集资刑事案件适用法律若干问题的意见》和 2019 年 1 月颁布实施的《最高人民法院、最高人民检察院、公安部关于办理非法集资刑事案件若干问题的意见》规定，涉嫌集资诈骗、非法吸收公众存款等涉众型经济犯罪，对于受害人就同一事实提起的以犯罪嫌疑人或者刑事被告人为被告的民事诉讼，人民法院应裁定不予受理。故对该类民商事案件，不应受理。

## 【理解与适用】

关于本条规定的理解与适用，应注意以下两点：

第一，根据2014年颁布实施的《最高人民法院、最高人民检察院、公安部关于办理非法集资刑事案件适用法律若干问题的意见》和2019年1月颁布实施的《最高人民法院、最高人民检察院、公安部关于办理非法集资刑事案件若干问题的意见》的规定，涉嫌集资诈骗、非法吸收公众存款等涉众型经济犯罪，对于受害人就同一事实提起的以犯罪嫌疑人或者刑事被告人为被告的民商事案件，人民法院应裁定不予受理。对于该类民商事案件不予受理的理由是：其所涉人数众多、当事人分布地域广、标的额特别巨大、影响范围广，严重影响社会稳定。受害人的民事权利保护通过刑事追赃、退赔的方式一体解决，有助于被害人公平受偿，维护社会稳定。

关于不予受理的理解，应把握两个要点：（1）应当是刑事案件已经立案或者立案后已经通过刑事案件对当事人的权利进行了救济。司法实务中，存在着公安机关或者检察机关不予立案，或者立案侦查后撤销案件，或者检察机关作出不起诉决定，或者经人民法院生效判决认定不构成非法集资犯罪，刑事程序没有对民事诉讼的原告方的权利进行救济的情形，在该情形下，刑事程序没有对民事诉讼的原告方的权利进行救济，故如果当事人又以同一事实向人民法院提起诉讼的，人民法院应予受理。（2）民事案件不予受理，应包括对刑事附带民事诉讼也不予受理。刑事附带民事诉讼本质上也是民事诉讼。2019年1月颁布实施的《最高人民法院、最高人民检察院、公安部关于办理非法集资刑事案件若干问题的意见》即规定："十、关于集资参与人的权利保障问题集资参与人，是指向非法集资活动投入资金的单位和个人，为非法集资活动提供帮助并获取解决利益的单位和个人除外。……对集资参与人提起的附带民事诉讼等请求不予受理。"

第二，对上述意见规定不予受理的情形不能扩大适用。本条第1款规定，除上述情形人民法院不予受理外，要防止通过刑事手段干预民商事审判，搞地方保护，影响营商环境。本条第2款列明了应予受理的情形，即：

当事人因租赁、买卖、金融借款等与上述涉众型经济犯罪无关的民事纠纷，请求上述主体承担民事责任的，人民法院应予受理。

## 【实务问题】

第一，根据条文所涉民商事案件和刑事案件所处的不同阶段，在实务中注意采取不同的方式处理民商事案件。在总体把握不予受理原则的基础上，在司法实务中，应注意区分民商事案件和刑事案件所处的不同阶段，对民商事案件进行处理。2014年3月25日颁布实施的《最高人民法院、最高人民检察院、公安部关于办理非法集资刑事案件适用法律若干问题的意见》在"关于涉及民事案件的处理问题"部分规定："对于公安机关、人民检察院、人民法院正在侦查、起诉、审理的非法集资刑事案件，有关单位或者个人就同一事实向人民法院提起民事诉讼或者申请执行涉案财物的，人民法院应当不予受理并将有关材料移送公安机关或者检察机关。人民法院在审理民事案件或者执行过程中，发现有非法集资嫌疑的，应当裁定驳回起诉或者中止审理，并及时将有关材料移送公安机关或者检察机关。公安机关、人民检察院、人民法院在侦查、起诉、审理非法集资刑事案件中发现与人民法院正在审理的民事案件属同一事实，应当及时通报人民法院。人民法院经审查认为确属涉嫌犯罪的，依照前款规定处理。"纪要根据上述规定，在本条第一款作出相应规定，主要包括两种情形：一是刑事案件已经立案的，对于受害人就同一事实提起的以犯罪嫌疑人或者刑事被告人为被告的民商事案件，人民法院应裁定不予受理，并将有关材料移送侦查机关、检察机关或者正在审理该刑事案件的人民法院。二是民商事案件在审理过程中，发现有前述涉众型犯罪线索的，应当及时将犯罪线索和有关材料移送侦查机关。侦查机关作出立案决定前，人民法院应当中止审理；作出立案决定后，应当裁定驳回起诉。侦查机关未及时立案的，必要时可以将案件报请党委政法委请求协调处理。纪要细化了《最高人民法院、最高人民检察院、公安部关于办理非法集资刑事案件适用法律若干问题的意见》中关于民商事案件在审理过程中，发现有前述涉众型犯罪线索的，民商事案件应中止审理或裁定驳回起诉的具体情形。

第二，当事人在二审审理期间才提出案件移送请求如何处理问题。一方当事人在二审审理期间以民商事案件涉嫌刑事犯罪为由请求人民法院移送案件的，人民法院经审理认为符合本条规定不予受理情形、且公安机关、检察机关确已立案侦查的，应当按照本条规定依法裁定撤销一审判决、驳回起诉，将案件移送公安机关、检察机关办理。

130.【民刑交叉案件中民商事案件中止审理的条件】人民法院在审理民商事案件时，如果民商事案件必须以相关刑事案件的审理结果为依据，而刑事案件尚未审结的，应当根据《民事诉讼法》第150条第5项的规定裁定中止诉讼。待刑事案件审结后，再恢复民商事案件的审理。如果民商事案件不是必须以相关的刑事案件的审理结果为依据，则民商事案件应当继续审理。

## 【条文主旨】

本条是关于民刑交叉案件中民商事案件中止审理条件的规定。

## 【争议观点】

关于该问题，存在两种观点：

第一种观点认为，应当先刑后民，民商事案件应中止审理。理由为：刑事诉讼中采取的侦查手段较之民事诉讼查明事实的方法查明事实更为深入，而且，刑法和刑事诉讼法均为公法，公权力的保护优先于私权利的保护。

第二种观点认为，应以是否存在民事诉讼法规定的中止审理的情形为判断标准确定民刑交叉案件中民事案件和刑事案件的审理顺序。理由为：并无法律和司法解释将"先刑后民"作为处理民刑交叉案件的一般原则。该原则有悖于"私权优先"的现代司法理念，且一些案件因犯罪嫌疑人潜逃、长期无法归案，导致刑事诉讼程序无法正常启动，民事诉讼程序也无法进行，降低了案件审理的效率，不利于对被害人的权益予以及时救济。

## 【理解与适用】

在起草纪要过程中，倾向意见认为，"先刑后民"并不能作为处理民刑交叉案件的一般原则。应根据"一案的审理是否必须另案的审理结果为依据"的原则判断民刑交叉案件中民事案件和刑事案件的审理顺序。我国《民事诉讼法》第150条第1款第5项对该原则进行了规定,即:"有下列情形之一的,中止诉讼:……(五)本案必须以另一案的审理结果为依据,而另一案尚未审结的;……"因此,如果民商事案件必须以相关的刑事案件的审理结果为依据,则民商事案件应当中止审理,反之,民商事案件应当继续审理。

关于民刑交叉案件中民事案件和刑事案件的审理顺序,在司法实务中存在着先刑后民、刑民并行以及先民后刑三种处理方式。司法实务中比较典型的民商事案件需等待刑事案件审理结果、需要中止审理的情形是《保险法》第45条规定的情形。该条规定:"因被保险人故意犯罪或者抗拒依法采取的刑事强制措施导致其伤残或者死亡的,保险人不承担给付保险金的责任。投保人已交足二年以上保险费的,保险人应当按照合同约定退还保险单的现金价值。"根据该条规定,民事案件中对保险人应否承担给付保险金责任的认定,应当以刑事案件关于被保险人是否构成故意犯罪或者是否存在抗拒依法采取的刑事强制措施这一处理结果为前提。

《民事诉讼法》第150条第2款规定:"中止诉讼的原因消除后,恢复诉讼。"根据该款规定,中止审理后,刑事案件审结的,应恢复民商事案件的审理。

## 【实务问题】

### 一、关于恢复审理的具体情形

审判实务中,已经中止审理的民商事案件具有下列情形之一的,人民法院应当恢复民商事案件的审理:(1)有关主管机关不予刑事立案的;(2)侦查机关撤销案件的;(3)人民检察院作出不起诉决定的;(4)人民法院作出生效刑事裁判的;(5)其他应当恢复民商事案件审理的情形。

### 二、关于恢复审理的程序问题

民事诉讼法司法解释第246条规定:"裁定中止诉讼的原因消除,恢复诉讼程序时,不必撤销原裁定,从人民法院通知或准许当事人双方继续进行诉讼时起,中止诉讼的裁定即失去效力。"因此,恢复审理的,不必撤销原裁定,从人民法院通知或准许当事人双方继续进行诉讼时起,中止审理的裁定即失去效力。

# 后 记

《全国法院民商事审判工作会议纪要》于2019年11月8日面向社会公开发布。纪要的顺利出台，首先要感谢刘贵祥专委！刘贵祥专委带领起草小组讨论30余次、共计200多小时，很多次讨论都是利用节假日休息时间，可以说每一个条文都进行了反复推敲，严格把关，并精准阐述。感谢最高人民法院各位审委会委员对纪要提出宝贵的修改意见！感谢人民银行、银保监会、证监会等相关监管部门，以及最高人民法院有关部门、地方各级人民法院、民法学会、商法学会、部分高等院校、研究机构，纪要是你们心血的共同结晶！黑龙江高院承办了本次全国法院民商事审判工作会议，第二巡回法庭、广东高院、浙江高院、广西高院为前期的调研提供了大力帮助，在此特别表示感谢！

《〈全国法院民商事审判工作会议纪要〉理解与适用》由纪要起草小组成员撰写，确保能原汁原味呈现起草过程中的争议以及最终定稿的理由。全书在行文上力求"能简则简、当繁则繁"，尽可能简洁准确全面地诠释条文的精神以及司法实践面临的实际问题，做到方便实用。

撰写分工如下：

杨永清（第1~7条、第9~16条、第20条、第22条）

潘勇锋（第8条、第21条、第24~27条）

麻锦亮（第17~18条、第30~45条、第54~59条、第63~71条）

郑　勇（第19条、第72~87条）

周伦军（第23条、第88~96条、第103~105条）

王毓莹（第28~29条、第119~127条）

林文学（第46~53条、第60~62条）

高燕竹（第97~99条）

张雪楳（第100~102条、第106条、第128~130条）

关　丽（第107~110条）

郁　琳（第111~118条）

本书由林文学、杨永清、麻锦亮统稿。

纪要代表的是最高人民法院民二庭到目前为止的认识，疏漏之处在所难免。欢迎社会各界多批评指正，多提宝贵意见，以便我们下一步更好地做好民商事审判指导工作！

最高人民法院民二庭<br>
2019 年 12 月 6 日